《苏州通史》编纂委员会 ◇ 编

苏州通史

先秦卷

吴恩培 ◇ 著

学术总顾问

戴 逸

学术顾问

李文海　张海鹏　朱诚如　汝 信
茅家琦　段本洛　熊月之

总主编

王国平

苏州大学出版社
Soochow University Press

图书在版编目(CIP)数据

苏州通史.先秦卷/《苏州通史》编纂委员会编；
吴恩培著.—苏州：苏州大学出版社，2019.3
ISBN 978-7-5672-2515-2

Ⅰ.①苏… Ⅱ.①苏… ②吴… Ⅲ.①苏州－地方史
－先秦时代 Ⅳ.①K295.33

中国版本图书馆CIP数据核字(2018)第270283号

苏州通史 先秦卷

著　　者	吴恩培
篆　　刻	陈道义
责任编辑	沈海牧　施　放
装帧设计	唐伟明　吴　钰
出版发行	苏州大学出版社
地　　址	苏州市十梓街1号
邮　　编	215006
电　　话	0512-67481020　65222617(传真)
网　　址	http://www.sudapress.com
邮　　箱	sdcbs@suda.edu.cn
印　　刷	苏州工业园区美柯乐制版印务有限责任公司
开　　本	787 mm×1 092 mm　1/16　印张31.5　字数566千
版　　次	2019年3月第1版 2019年3月第1次印刷
书　　号	ISBN 978-7-5672-2515-2
定　　价	160.00元

版权所有　侵权必究

序

在苏州市委、市政府领导和市委宣传部的组织实施下,经过长达十年的努力,皇皇16卷本的《苏州通史》即将出版,实在可喜可贺。

盛世修史,是中华民族的优良传统。伴随着经济的发展和社会的进步,2002年8月,党中央、国务院郑重做出了启动国家清史纂修工程的重大决定。在国家清史纂修工程的成功示范下,不少地方政府也开始组织力量,对本地区的历史文化进行深入挖掘和梳理,编纂区域性通史即是其中的重要途径。

苏州是我国重要的历史文化名城,在2 500多年的发展史上,苏州先民创造了光辉灿烂的地方文化,成为中华文化的重要组成部分。宋代以来,苏州就有"人间天堂"的美誉。明清时期的苏州,在很多方面都达到了中国封建社会发展的顶峰。当今的苏州,作为改革开放的前沿,在经济、社会和文化诸方面都取得了令人瞩目的成就,综合实力位居全国前列。深入挖掘苏州的历史文化内涵,总结苏州发展的得失成败,是历史赋予当今苏州人的光荣使命。《苏州通史》在这种背景下应运而生。

十年来,在苏州市委、市政府和市委宣传部的大力支持下,总主编王国平教授带领课题组的数十位专家学者,心怀高度的历史责任感,反复切磋,努力钻研,通力合作,高质量地完成了《苏州通史》的撰写,堪称"十年磨一剑"。可以说,这部《苏州通史》系统地厘清了苏州发展的历史脉络,全面展现了苏州丰厚的文化积淀,是第一部完全意义上的苏州通史。我认为,这部《苏州通史》不但可以作为苏州城市的文化名片,也可以作为爱国主义教育的乡土教材。

古人云:"鉴于往事,有资于治道。"对于一个国家如此,对于一个地区何尝不是如此。相信《苏州通史》的出版,必将会为苏州的进一步发展提供强大精神力量。

苏州是我魂牵梦萦的家乡。八年前,我曾为《苏州史纲》作序;八年后的今天,又躬逢《苏州通史》出版的盛事,何其幸哉!对于家乡学术界在苏州历史文化研究方面取得的历史性跨越,我感到由衷的喜悦,故赘述如上,谨以为序。

戴逸

2017年10月25日

绪 言

苏州是中国重要的历史文化名城。早在一万多年前,太湖的三山岛就已出现了光辉灿烂的旧石器文化,成为中华文明的摇篮之一。商代末年,泰伯奔吴,带来了先进的中原文化。此后,吴国在此立国。吴王阖闾时期,兴建了吴大城,吴国也渐臻强盛,最终北上称霸。秦汉时期,今苏州地区纳入统一王朝的治理,经过孙吴政权的经营和东晋南朝的发展,到唐代中叶,苏州已经成为中国的经济中心之一。宋元时期,苏州的经济文化得到长足发展。到明清时期,苏州的发展水平已臻历史巅峰,成为全国著名的经济和文化中心,影响直至今日。晚清至民国时期,苏州逐渐从传统走向现代。中华人民共和国成立后,特别是改革开放以来,苏州再度强势崛起,成为当今中国发展最快、率先基本建成高水平全面小康社会的地区之一,创造了新的奇迹。这是苏州历史进程的主要脉络,构成了《苏州通史》的主线。

作为第一部完全意义上的苏州通史,我们希望能够以16卷的体量,系统完整地厘清苏州历史发展的脉络,全方位地展现苏州政治、军事、经济、社会、文化各方面的历史风貌。《苏州通史》撰写所涉及的主要内容与问题说明如下:

一、《苏州通史》的时空界定

1. 时间界定:苏州的历史包括这一区域的史前史。今日苏州所辖吴中区的太湖三山岛,早在一万多年前就出现了旧石器文化,这就成了《苏州通史》的起点。《苏州通史》的时间下限为公元2000年。

2. 政区空间界定:兼顾政区空间的现状与历史,以现行行政区域为基准,详写;历史行政区域超越现行行政区域部分,在相关历史时期中略写。

二、《苏州通史》的体例

参照中国传统史书编撰体例,借鉴国家清史纂修工程的《清史》主体设计,《苏州通史》主体部分为导论以及从先秦至中华人民共和国时期的历史(分为若干阶段的断代史),另设人物、志表、图录等三部分。人物、志表、图录中的内容是对通史部分相关内容的补白与补强。

《苏州通史》共分16卷。第1卷为导论卷,第2卷为先秦卷,第3卷为秦汉至隋唐卷,第4卷为五代宋元卷,第5卷为明代卷,第6卷为清代卷,第7卷为中华民国卷,第8卷为中华人民共和国卷(1949—1978),第9卷为中华人民共和国卷(1978—2000);第10卷为人物卷(上),第11卷为人物卷(中),第12卷为人物卷(下),第13卷为志表卷(上),第14卷为志表卷(下),第15卷为图录卷(上),第16卷为图录卷(下)。

三、"导论卷"的结构与内容

"导论卷"为丛书首卷,包括苏州历史地理概要、苏州史研究概述以及苏州史论三个部分。

"导论卷"上篇为苏州历史地理概要。在对苏州各历史时期地理环境要素演变做分期分类的基础上,重点对苏州历史沿革地理和苏州历史自然地理演变做概要性叙述,主要包括苏州历史气候与生态变迁、苏州地质与地貌变迁、苏州古城水道变迁、苏州历史建置沿革以及苏州城池防务沿革。

"导论卷"中篇为苏州史研究概述。《苏州通史》是学术界业已取得的研究成果的集中体现。对于苏州各个时期历史的研究,学术界已有或多或少的成果,并以著作、论文等为载体展现世间。《苏州通史》的作者们充分关注和汲取了这些宝贵的学术营养。"导论卷"的苏州史研究概述,分别列举并适当评述了先秦、秦汉至隋唐、五代宋元、明代、清代、中华民国、中华人民共和国等历史时期苏州史的研究成果。

"导论卷"下篇为苏州史论。按照通史的体例,正文中不可能就论题展开详细的专题性论述,这些相关论述即构成了"导论卷"下篇的苏州史论。这些专题论述有:《春秋吴国国号及苏州城市符号的"吴"及其溯源》《秦汉至隋唐时期吴城所辖行政区域及政治地位的变迁》《五代宋元时期来苏移民问题》《明代苏州地位论纲》《晚清苏州的现代演进》《民国以降苏州经济社会发展的传统规定性》《人民公社时期苏州农村社队工业的兴起与发展》《改革开放时期苏州经济发展的三次跨越》,大体上覆盖了苏州历史发展进程中的一些重要节点。

四、自先秦至中华人民共和国各卷的章节体系

自先秦至中华人民共和国各卷是通史的主体,分为8卷断代史。各卷采用纵横结合的结构,根据本卷所跨时段的政治经济发展状况,划分若干客观发展阶段为若干章,主要写政治、军事、经济状况;另设社会一章,主要写整个时段苏州人口家族、宗教信仰、民风节俗等;另设文化一章,主要写科学技术、教育、文化艺术等。这样,以"X+2"模式架构和贯通8卷断代史。

自先秦至中华人民共和国共8卷的章节体系,展示了苏州历史进程的主要脉络,体现了《苏州通史》的主线。各卷设章如下:

先秦卷 第一章,远古文明;第二章,泰伯南奔与立国勾吴(泰伯至寿梦);第三章,从徙吴至强盛(诸樊至吴王僚时期);第四章,"兴霸成王"与吴大城建筑(阖闾时期);第五章,从称霸到失国(夫差时期);第六章,战国时期的吴地;第七章,吴国社会状况;第八章,吴国的文化。

秦汉至隋唐卷 第一章,秦汉时期的苏州;第二章,六朝时期的苏州;第三章,隋唐时期的苏州;第四章,秦汉至隋唐时期的苏州社会;第五章,秦汉至隋唐时期的苏州文化。

五代宋元卷 第一章,五代苏州从混战走向稳定;第二章,北宋苏州的稳固与发展;第三章,南宋苏州的复兴与繁华;第四章,元代苏州的持续发展;第五章,五代宋元时期苏州的社会组织与社会生活风俗;第六章,五代宋元时期苏州的文化。

明代卷 第一章,洪武时期苏州社会恢复性发展;第二章,建文到弘治时期苏州社会持续性发展;第三章,正德到崇祯时期苏州社会转型性发展;第四章,明代苏州社会生活;第五章,明代苏州文化。

清代卷 第一章,恢复、发展与繁荣(顺治至乾隆年间);第二章,衰退与剧变(嘉庆至同治初年);第三章,变革与转型(同治初年至宣统年间);第四章,社会风貌;第五章,文化成就。

中华民国卷 第一章,民初情势;第二章,革命洗礼;第三章,近代气象;第四章,战争浴火;第五章,社会生活;第六章,文化教育。

中华人民共和国卷(1949—1978) 第一章,向社会主义过渡;第二章,全面探索的十年;第三章,"文化大革命"的十年内乱;第四章,在徘徊中前进的两年;第五章,社会变迁;第六章,文教、卫生事业的曲折发展。

中华人民共和国卷（1978—2000） 第一章，全面拨乱反正和改革开放启动时期；第二章，推进改革开放和加快发展时期；第三章，深入改革开放和现代化建设勃兴时期；第四章，和谐多彩的社会生活；第五章，与时俱进的文化建设。

五、人物、志表、图录各卷的编排

人物卷　《苏州通史》第10—12卷为人物卷（上）（中）（下），所录人物共1600余人（含附传），包括苏州籍人士、寓居苏州有影响的非苏州籍人士，以及主要活动在外地的有影响的苏州籍人士。所录人物主要按人物生卒年排序。

志表卷　《苏州通史》第13—14卷为志表卷（上）（下），志表合一，分为建置、山川、水利、城市、街巷桥梁、园林、乡镇、人口、财政、职官、教育、藏书、文学、新闻出版、绘画、书法篆刻、音乐、昆曲、评弹、工艺美术、宗教、物产、风俗、古建筑、会馆公所、古迹等共26章。

图录卷　《苏州通史》第15—16卷为图录卷（上）（下），所录历史图片按政区舆图、军政纪略、衙署会所、城池胜迹、乡镇名景、水陆交通、市政设施、农林水利、工矿企业、店铺商社、苏工苏作、园林园艺、科学技术、科举教育、文学艺术、报纸杂志、书法绘画、文献藏书、文化设施、文娱体育、医疗卫生、风俗民情、宗教信仰、慈善救济、人物图像、故居祠墓等共26类编排。各类图片基本按图片内容发生时间排序。图录卷共收录图片2000余幅，每幅图片均附扼要的文字说明。

《苏州通史》的人物、志表、图录等卷与其他相关的人物传记、方志、专业志、老照片等著作体裁有别，详略不同，其内容取舍取决于丛书的学术需求。

六、苏州元素的体现

苏州通史，所以能区别于其他地区的通史，在于展现了苏州悠久的历史发展过程中形成的历史文化特色，这些特色又是通过其独特的元素来体现的。为此，《苏州通史》的撰写，对历史进程中的苏州元素予以重点关注与剖析。诸如三山旧石器文化、太湖与苏州水系、伍子胥建城、三国东吴、范仲淹与"先天下之忧而忧，后天下之乐而乐"、苏州府学、"苏湖熟，天下足"、"上有天堂，下有苏杭"、吴门画派、吴门医派、昆曲评弹、园林、丝绸、顾炎武与"天下兴亡，匹夫有责"、姑苏繁华、明清苏州状元、苏福省、冯桂芬与"中学为体，西学为用"、苏州洋炮局、东吴大学、社队企业、"苏南模式"、苏州工业园区等，都会在相关各卷进行重点论述。

从2007年撰写《苏州史纲》算起,至2010年《苏州通史》立项,再至2018年《苏州通史》付梓,整整十一年。若谓十年磨一剑,绝非虚语。

十余年里,我们怀抱美好的愿望,希望这部《苏州通史》能够成为第一部完全意义上的苏州通史,系统完整地厘清苏州历史发展的脉络,全方位地展现苏州政治、军事、经济、社会、文化各方面的历史风貌。希望这部《苏州通史》能够成为苏州城市的一张靓丽名片,展现苏州历史文化的丰厚积淀,展现当今苏州发展的辉煌成就,也在一定程度上展现苏州社会科学界在本土历史文化研究方面的学术成就。希望这部《苏州通史》能够成为苏州历史文化资源开发利用的一个坚实基础。

为此,《苏州通史》作者力求城市通史体系创新,力求新史料应用及史实考证的创新,力求观点提炼与论述创新,力求《苏州通史》能够达到同类通史的最高水平。

为此,《苏州通史》作者严格把握了保障学术水平的几个环节,诸如开题研讨、专题研讨、结项研讨、书稿外审、总主编审定、编委会审定等。在通史撰写过程中,熊月之、崔之清、姜涛、周新国、范金民、李良玉、戴鞍钢、马学强、张海林、王健、王永平、孟焕民、徐伟荣、汪长根、吴云高、卢宁、邓正发、涂海燕、陈其弟、陈嵘、尹占群、林植霖、张晓旭等专家学者参与了书稿的审阅,并提出了宝贵的意见与建议。

为此,苏州市领导还聘请了全国史学界及相关领域权威学者戴逸、李文海、张海鹏、朱诚如、汝信、茅家琦、段本洛、熊月之等先生担任学术顾问,并聘请戴逸先生担任总顾问。非常感谢他们听取相关事宜的汇报,并不吝赐教。

《苏州通史》作为市属重大社科研究项目,十余年来,得到苏州市委、市政府的高度重视和大力支持。先后担任中共苏州市委书记的王荣同志、蒋宏坤同志、石泰峰同志、周乃翔同志,以及先后担任苏州市市长的阎立同志、曲福田同志、李亚平同志等,都对《苏州通史》的研究编纂工作给予关心、指导和帮助。作为《苏州通史》编纂的主管部门,苏州市委宣传部历任部长徐国强同志、蔡丽新同志、徐明同志、盛蕾同志、金洁同志,历任分管副部长高志罡同志、孙艺兵同志、陈雪嵘同志、黄锡明同志等接续发力,从各方面为《苏州通史》编纂团队排忧解难,提供条件,创造了从容宽松的工作氛围。苏州市委宣传部副部长、市文明办主任缪学为同志和市社科联主席刘伯高同志积极支持项目立项和研究,并从资金等方面提供保障。苏州市委宣传部工作人员洪晔、吕江洋、徐惠、刘纯、刘锟、陆怡、盛征、陈华等同志先后参与了具体组织和协调推进工作。谨此致谢。

《苏州通史》杀青之际,掩卷而思著作之艰辛,能不感慨系之?感慨于《苏州通史》课题组各位同仁十余年来付出的难以言表与计量的刻苦与辛劳,感慨于众多学者专家审读各卷书稿所给评价与建议的中肯与宝贵,感慨于苏州市委宣传部历任领导对《苏州通史》从立项到出版全程的悉心呵护与大力支持,感慨于苏州大学领导从我们承接任务到付梓出版所给予的支持和关心,感慨于社会各界对《苏州通史》方方面面的关注与期待。

历经十余年打磨,《苏州通史》即将面世。果能得如所愿,不负领导希望,不负社会期待,不负同仁努力,则不胜欣慰之至!

王国平

2018年10月于自在书房

目 录

江湖夜雨十年灯（代前言）/ 001

第一章　远古文明 / 001

第一节　旧石器时期的三山文化：太湖地区历史文化的源头 / 003
一、三山岛自然环境 / 003
二、三山岛考古发现 / 004

第二节　新石器时期的苏州远古文化 / 006
一、马家浜文化 / 007
二、崧泽文化 / 015
三、良渚文化 / 020
附录：夏商时期环太湖地区的考古文化——马桥文化 / 042

第二章　泰伯南奔与立国勾吴（泰伯至寿梦）/ 045

第一节　泰伯、仲雍南奔 / 047
一、周族部族及其传承 / 047
二、泰伯、仲雍奔吴及立国勾吴 / 051
三、泰伯奔吴对海外的影响 / 055
四、泰伯奔吴的争议 / 056

第二节　周章至寿梦执政前的吴国 / 066
一、周章受封 / 066
二、周章至寿梦前吴国的政治、军事 / 067

第三节 "联晋抗楚":寿梦时期的政治与军事 / 072
　　一、寿梦执政之初的吴国对外战争——吴伐郯 / 072
　　二、晋国推行"联吴制楚"战略及其对吴国的影响 / 074
　　三、晋国对吴国的战略防范 / 075
　　四、楚国对"联吴制楚"的反制及对吴战争 / 076

第四节 泰伯至寿梦时期的历史文化遗存 / 079
　　一、泰伯仲雍时期的历史文化遗存 / 079
　　二、吴国最早的青铜器——宜侯夨簋 / 087
　　三、寿梦时期的文化遗存 / 092

第三章 从徙吴至强盛(诸樊至吴王僚时期) / 099

第一节 "诸樊南徙吴"与吴国的政治、军事 / 101
　　一、"诸樊南徙吴" / 101
　　二、诸樊"伐楚丧"与吴、楚庸浦之战 / 103
　　三、伐楚战败引发的外交、内政危机 / 104
　　四、吴、楚皋舟之战 / 106
　　五、吴、楚之战与诸樊战死 / 107

第二节 馀祭、馀昧执政时期的吴越战争和吴楚战争 / 110
　　一、馀祭执政时期的吴越战争 / 110
　　二、馀昧执政时期的对外交往与对楚战争 / 111

第三节 吴王僚执政时期的对外关系及对楚战争 / 117
　　一、吴王僚前期的政治与军事 / 118
　　二、吴王僚后期的政治与军事 / 124

第四节 吴王诸樊、馀祭、馀昧及吴王僚时期的历史文化遗存 / 131
　　一、吴王诸樊时期的历史文化遗存 / 131
　　二、吴王馀祭时期的历史文化遗存 / 133
　　三、吴王馀昧时期的历史文化遗存 / 135
　　四、吴王僚时期的历史文化遗存 / 139

目 录

第四章 "兴霸成王"与吴大城建筑（阖闾时期）/ 141

第一节 阖闾时期的政治 / 143
一、"兴霸成王"战略的形成 / 143
二、阖闾与伍子胥的君臣际合 / 144
三、"阖庐之教"与"子胥之教" / 146

第二节 吴大城的建城 / 149
一、从"诸樊南徙吴"到吴大城的诞生 / 149
二、伍子胥献策"立城郭"与受命筑吴大城 / 151
三、春秋时吴大城的规模、城门名称及后世演变 / 155

第三节 阖闾时期的对外战争 / 166
一、吴灭徐 / 166
二、伍子胥"七荐孙武"及"疲楚"之策 / 167
三、吴伐越与楚伐吴 / 171
四、吴伐楚及攻入郢都 / 173
五、吴、越檇李之战与阖闾身死 / 192

第四节 阖闾时期的历史文化遗存 / 195
一、苏州虎丘山阖闾墓葬 / 195
二、吴王阖闾现存部分用器 / 199
三、勾敔夫人墓与勾敔夫人季子媵簠 / 203

第五章 从称霸到失国（夫差时期）/ 209

第一节 夫差执政初期的吴国政治与军事 / 211
一、吴越战争与勾践乞和 / 211
二、吴楚战略对抗的延续与吴楚争夺于陈 / 217
三、吴再伐陈与吴楚的再次对峙 / 221

第二节 夫差执政中期的吴国政治与军事 / 223
一、夫差"北进争霸"战略与吴、鲁关系 / 223
二、夫差"北进争霸"战略与吴、齐关系 / 228

三、战略歧见与伍子胥之死 / 235
　　　四、黄池盟会与吴国称霸 / 242

第三节　夫差执政晚期的吴国政治与军事 / 266
　　　一、吴楚再争夺于陈 / 266
　　　二、"吴人伐慎"及吴楚百年战争的最后一战 / 267
　　　三、笠泽之战：吴、越间的战略决战 / 271
　　　四、夫差之死与吴国灭亡 / 276

第四节　夫差时期的历史文化遗存 / 285
　　　一、夫差墓 / 285
　　　二、夫差纪念地及与夫差有关的列入世界遗产的项目 / 287
　　　三、吴王夫差现存用器 / 288
　　　四、伍子胥纪念地与"苏州端午习俗"入选世界"非遗"项目 / 299
　　　五、伯嚭及伯嚭墓 / 305
　　　六、孙武墓 / 307

第六章　战国时期的吴地 / 309

第一节　吴地入越 / 311
　　　一、越国北进争霸 / 311
　　　二、越国迁都与苏州 / 313

第二节　吴地入楚 / 315
　　　一、楚灭越 / 315
　　　二、黄歇治吴 / 316
　　　三、春秋战国时期苏州城墙修建的考古印证 / 323
　　　四、黄歇修复古城的其他举措 / 337
　　　五、后世吴地对黄歇的纪念 / 341

第三节　吴地入秦 / 343
　　　一、秦灭楚及吴地入秦 / 343
　　　二、秦置"会稽郡"与秦置"吴县" / 347

第七章　吴国社会状况 / 351

第一节　农耕文明 / 353
　　一、农耕与蚕桑 / 353
　　二、水利与交通 / 357

第二节　生活习俗与民风 / 366
　　一、先秦长江流域"蛮夷"文化的定位 / 366
　　二、食俗——饭稻羹鱼 / 367
　　三、"裸国"与"断发文身" / 369
　　四、民风尚武 / 372

第八章　吴国的文化 / 375

第一节　科　技 / 377
　　一、造　船 / 377
　　二、冶　铸 / 380
　　三、建筑与园林 / 391

第二节　语言、文学与教育 / 420
　　一、语　言 / 420
　　二、文　学 / 425
　　三、教　育 / 430

第三节　兵　学 / 435
　　一、伍子胥与水军 / 435
　　二、孙武与《孙子兵法》 / 439

先秦时期的吴国与苏州大事记 / 445

参考文献 / 455

后　记 / 467

江湖夜雨十年灯(代前言)

一

　　江者,大江即长江也;湖者,大湖即太湖也。本文所述"江湖",概指这一大江大湖,即长江下游的太湖流域。乾隆《吴县志》等将太湖概括为"一水五名",分别为"太湖、震泽、具区、笠泽、五湖"[1]。上述诸名,与中国古籍相连而为世人所熟悉者,为《尚书·禹贡》之"三江既入,震泽底定"[2];为《尔雅·释地》之"吴越之间有具区"[3];为《左传·哀公十七年》记吴、越笠泽之战的"越子伐吴,吴子御之笠泽,夹水而陈"[4];为《吴越春秋》记范蠡助越灭吴后"乃乘扁舟,出三江,入五湖"[5]。

　　2007年3月,苏州市哲学社会科学重大研究项目——《苏州史纲》立项,笔者忝列其中并参与了"先秦吴国"章节的撰写。2010年《苏州史纲》出版,次年即2011年,苏州市社会科学研究重大项目《苏州通史》启动。在历经申报、公示、批准等学术程序后,笔者承担《苏州通史·先秦卷》撰写任务,开始了在《苏

---

[1] 乾隆《吴县志》卷之六,苏州图书馆藏本。
[2] 《尚书·禹贡》,见《尚书正义》,北京大学出版社1999年,第145页。
[3] 《尔雅·释地》,见《尔雅注疏》,北京大学出版社1999年,第191页。另,对之,晋郭璞注:"今吴县南大湖,即震泽是也。"见《尔雅注疏》,第191页。
[4] 《左传·哀公十七年》,见《春秋左传正义》,北京大学出版社1999年,第1696页。其中,越子指勾践,吴子指夫差。
[5] 赵晔:《吴越春秋》卷十,江苏古籍出版社1986年,第147页。另,元徐天佑注《吴越春秋》卷五"出三江之口,入五湖之中"句说:"五湖,一说贡湖、游湖、胥湖、梅梁湖、金鼎湖也。"见赵晔:《吴越春秋》,第68页。而贡湖、游湖、胥湖、梅梁湖、金鼎湖,均为太湖湖湾形成的内湖。

州史纲》相关章节基础上对先秦苏州历史的阐释和叙述。

2017年3月,《苏州通史·先秦卷》书稿杀青。岁月匆匆,这一和历史的对话,竟是十年。十年中,相当多日子的早晨都是从中午开始的笔者,如元好问诗句所说,"千里关河高骨马,四更风雪短檠灯"[1]的日子已然习惯。脱稿搁笔之际,难免感慨。谨就撰写中的相关问题及其思考,披陈如下,既求教于同好,亦兼作本卷之导读。

二

清乾隆间江西出土的"者减钟",为除宜侯夨簋外的现今所知年代最早的春秋吴国青铜器,制作年代在十九世吴王寿梦前。该器铭文"工䱷","工"者,擅长也;"䱷"者,鱼也。故"工䱷"为太湖流域擅长捕鱼的族群或国度的最早文字称呼,更为春秋吴国沾着乡土鱼腥味的最早国名。"䱷"的音读,与今吴方言中的"鱼"同音。

"工䱷"其后分别历经了春秋吴器铭文上的"工(攻)虞""工(攻)敔"及春秋宋器铭文上的"勾敔"等的演变,最后转化并定格为文献记载的"勾吴"。司马迁《史记》将之记作"句吴",这既是今苏州干将路宫巷口牌坊面北之匾"句吴神冶"的文化渊源,也是苏州石路现存泰伯立像下将之错译为"juwu"的历史原因。

《春秋经》《左传》等文献记载的吴国国号"吴",与现存春秋吴器铭文的吴国国号"䱷""虞""敔"等,呈现出文化背离现象。它表现为:一是现存春秋吴国青铜器铭文中出现的吴国国号"䱷""虞""敔"等在先秦文献中从未出现;另一为文献记载的吴国国号"吴"字也只是在春秋晚期吴王阖闾、夫差时期的吴器铭文中才部分出现。对这一文化背离现象,本卷原撰有《春秋吴国国号及苏州城市符号的"吴"字及其溯源》章节,试图对之做出解释。后因内容调整,该章节内容整体移入《苏州通史·导论卷》。

文献记载与考古发掘表明:苏州古城历经1957年"平门考古"及随着该考古报告《苏州市和吴县新石器时代遗址调查》在《考古》1961年第3期上发表,"二重证据法"下的苏州古城,实已完成其文献与考古相契合的学术论证。苏州古城建于春秋,这一认识其实并无创新,只是延续历史的传统观点而已。所谓存国粹、正人心,历史当回归其本来面貌。

---

[1] 元好问:《十二月十六日还冠氏,十八日夜雪》,见《元好问全集》上册,山西古籍出版社2004年,第241页。

三

先秦苏州史不等同于春秋吴国史,但研究先秦苏州却绕不开春秋吴国;同样,研究春秋吴国也绕不开先秦苏州。这是因为:首先,苏州城(即吴大城、阖闾城)诞生于春秋吴王阖闾之时,其建城之初即是以吴都即春秋吴国都城的面貌出现的。2 500余年来,苏州城址位置并未位移。而春秋吴国诸多历史事件,多以苏州城这一平台得以完成。其次,考历代苏州史志,如宋范成大《吴郡志》、明王鏊《姑苏志》此类古代苏州城市史,其开篇均为历史"沿革",且均从商末泰伯奔吴及春秋苏州建城始。如《吴郡志》卷第一《沿革》,高度概括了整个先秦吴国史。[1]而《姑苏志》卷第一《郡邑沿革表》,则以表格形式记载"吴泰伯五世孙周章始封吴子,都句吴。又十四世诸樊南徙",及"(周)敬王六年(前514)吴王阖闾元年始城姑苏,都之"[2]等与春秋吴国及先秦苏州均有紧密关联的重大历史事实。再次,在春秋列国都城中,以"吴"为城市名称的苏州与以"吴"为国别名称的吴国高度融合,并延续后世。这在中国古代城市史中,亦属罕见特例。随着秦统一中国前夜即公元前222年的秦置会稽郡并于故吴旧都设"吴县"及其后历朝所置"吴郡""吴州"等,"吴"字既成为苏州的城市符号,也成为后世以"吴县"(即苏州)为中心的这一地域的文化即吴文化的符号。故此,先秦苏州史的撰写,与先秦吴国史的内容高度重叠,两者有区别,更有紧密联系。

四

当人们以"名不见《经》《传》(指《春秋经》《左传》)"的俗语来指说一个人没有名声或未被相关传记记载时,《春秋经》中唯一记载的一位吴国女子——吴"孟子",却蒙受了夫君被后人"鲁"冠而"晋"戴的情况。

许倬云先生《西周史》(增补本)中关于"吴孟子"的叙述为:《左传》哀公十二年晋昭公娶于吴,为了避同姓不婚的忌讳,当时称昭夫人为吴孟子,足见吴国为姬姓的事,不是春秋的新兴势力冒攀,连老牌姬姓的晋国也承认如此。"[3]2012年该著作修订后出版的《西周史》(增补二版),对上述史实,依然作同样表述[4]。

此处的"晋昭公娶于吴"乃是作者笔误。晋国国君娶同姓女子的为晋平公,

---

[1] 范成大:《吴郡志》,江苏古籍出版社1986年,第1—2页。
[2] 王鏊:《姑苏志》卷第一,苏州方志馆藏本。
[3] 许倬云:《西周史》(增补本),三联书店2001年,第89页。
[4] 许倬云:《西周史》(增补二版),三联书店2012年,第103页。

其宫内蓄有四个姬姓侍妾,此即《左传·昭公元年》所记"今君内实有四姬焉"[1]。而关于"吴孟子",《春秋经·哀公十二年》记为:"夏,五月,甲辰,孟子卒。"[2]《左传·哀公十二年》记为:"夏,五月,昭夫人孟子卒。昭公娶于吴……"[3]《论语·述而》也对之记载说:"君取于吴,为同姓,谓之吴孟子。"[4]故《春秋经》记载的这位吴国女子,其与鲁昭公的关系,清晰且有多部先秦文献记载。

无意指责许倬云先生的笔误,但这一笔误背后,沉淀出的或才是让人真正感到沉重的东西——学界对春秋吴国历史的漠然与疏离。《西周史》初版于1983年,2001年再版《西周史》(增补本),2012年再次修订出版《西周史》(增补二版)。其间,专业能力较强的编辑及专业性较强的读者,均未对该著作"晋昭公娶于吴"的错误史实有所察觉和指正,以致竟迁延30余年。2 500多年前的一位吴国王室女子,北嫁鲁国为鲁昭公夫人。后虽名见《经》《传》,但时至今日,却被错讹为北嫁晋国为晋昭公夫人了。

许倬云先生在《西周史》(增补二版)三联版新印本的序中说:"对于二十多年来的新发现,《西周史》本应重写,但是我已经是八十岁的老人,没有力气再重起炉灶。……在新版出版前,我也有一些感想。伏枥老马,站立的力气都没有了,却是在梦中还希望嘶风嚼雪,驰骋草原。"[5]此段文字,读之令人动容。于斯直言,笔者也谨是希望《西周史》今后出版"增补三版""增补四版"时,上述笔误能得以纠正。

五

现今留存且构成先秦苏州史的文献基础,存有两大系统:一为《经》《传》叙述系统;一为《史记》叙述系统。

《春秋经》为春秋时鲁国编年史,《春秋序》"以为仲尼自卫反鲁,修《春秋》"[6]。唐孔颖达疏曰:"言孔子'自卫反鲁',则便撰述《春秋》,三年文成。"[7]

---

[1]《左传·昭公元年》,见《春秋左传正义》,北京大学出版社1999年,第1164页。
[2]《春秋经·哀公十二年》,见《春秋左传正义》,北京大学出版社1999年,第1663页。
[3]《左传·哀公十二年》,见《春秋左传正义》,北京大学出版社1999年,第1664页。
[4]《论语·述而》,见《论语注疏》,北京大学出版社1999年,第95—96页。
[5] 许倬云:《西周史·序》(增补二版),三联书店2012年,第2页。
[6]《春秋序》,见《春秋左传正义》,北京大学出版社1999年,第24页。
[7] 孔颖达疏,见《春秋左传正义》,北京大学出版社1999年,第25页。

《春秋经》因记事过于简略,故其后出现了对之进行补充、阐释的著作——向被称为"春秋三传"的《左传》《公羊传》《穀梁传》。《公羊传》《穀梁传》主要阐释《春秋经》"微言大义",即试图阐述清楚孔子在《春秋经》表述的本意,从而成为后世经学的重要著作。而《左传》则以史实为主,补充《春秋经》中没有记录或因某些原因而不记录的大事,故其史料价值远大于《公羊传》和《穀梁传》,并成为研究我国春秋时期权威性的史学著作。

成书于西汉武帝时的《史记》,是西汉著名史学家司马迁撰写的一部纪传体史书,向被列为"二十五史"之首。其中与先秦苏州历史有关联的篇章主要为《周本纪》《吴太伯世家》《伍子胥列传》《孙武列传》《春申君列传》及相关年表等。

两个文献记载系统对苏州先秦历史的叙述,大体相同,但在涉及春秋吴国的一些重要史实叙述中,却呈现出截然迥异的状况。如《左传》记载:吴王馀祭在位四年,吴王馀昧在位十七年;但《史记》颠了个倒,作馀祭十七年、馀昧四年。对之,唐司马贞《史记索隐》就已指出《史记·吴太伯世家》"倒错二王之年"[1]。故《苏州通史·先秦卷》在二王(馀祭、馀昧)在位年份问题上,只能采信由孔子修订而成的《春秋经》与《左传》。然而,当今一些世系年表著作,如《中国历代帝王世系年表》[2]等,对司马迁"倒错二王之年"错误,不做任何说明地保存。而其中印刷量极大、影响也极大且不录著者姓名的《中国历史年代简表》,无论是1973年第1版,还是2001年第2版,其关于"吴王余祭""吴王余昧"[3]在位年数记载,均与《春秋经》相悖而循《史记》叙述。

笔者无意也无力改变上述状况,只意在说明,《苏州通史·先秦卷》撰写中,遇有上述两大叙述系统的系统性冲突而难以兼容时,均以《经》《传》叙述为所宗之本。毕竟《经》《传》记载,时代早且具连续性。春秋后,《经》《传》已止,则当以《史记》叙述为主了。

十几年前的2000年前后,笔者在撰写个人著作《勾吴文化的现代阐释》[4]一书时,就曾以《左传》多部不同版本互参,并参以《国语》《史记》《越绝书》《吴越春秋》等文献,同时依赖着晋杜预注、唐孔颖达疏等完成全书。而在《苏州通史·先秦卷》的撰写中,笔者以该著作为基础,调整、修改其中的错讹或不规范叙

---

[1] 司马贞:《史记索隐》,见司马迁:《史记》,中华书局1959年,第1460页。
[2] 杜建民:《中国历代帝王世系年表》,齐鲁书社1995年,第21页。
[3] 《中国历史年代简表》,文物出版社1973年,第25—27页;2001年,第29—31页。
[4] 吴恩培:《勾吴文化的现代阐释》,东南大学出版社2002年。

述,但不改的依然是以《经》《传》叙述为主,架构起全书叙述体系。不读《经》《传》而侈谈吴国及苏州先秦历史,其实只是个笑话。不管你知道或不知道,先秦苏州的历史其实就在那里——在《经》《传》等文献的记载和地下出土材料对这些记载的补正和证明之中。时至今日,人们已无法复制历史,却可以尽可能地接近历史。《苏州通史·先秦卷》即意图在普及苏州历史时,为读者提供一个更为接近先秦苏州历史真实的叙述文本。

六

孔子本人对其所撰《春秋》(即《春秋经》)极为在意,《孟子·滕文公下》说:"《春秋》,天子之事也。是故孔子曰:'知我者其惟《春秋》乎!罪我者其惟《春秋》乎!'"[1]显见,其时孔子已清醒地意识到,后世对其所撰《春秋》,会有"知我""罪我"即肯定、否定的不同评价。尽管如此,孔子还是本着让后世去评说,坚定地走着自己的路。

笔者读《春秋经》《左传》,只是为阐释春秋吴国和先秦苏州寻找最早的历史文本。而相继完成《勾吴文化的现代阐释》及《苏州通史·先秦卷》等的经历,却是与名利保持着距离的漫长岁月。猛然回首,却已过了十七八年。在这经冬历夏、秋去春来的日子中,坐拥书斋却常常因翻箱倒箧寻一书不得而苦恼,枯坐黄昏亦多为不知如何再写下去而伤神。弱水三千,我本是只取一瓢饮。这"一瓢"即为笔者所聚焦的春秋列国争战视野下的东南一隅——春秋吴国与先秦苏州。

然而,"一瓢"连着的可是弱水三千。当把先秦时吴国的相关人与事放在列国争战背景下叙述时,有时却不得不面临着诸多构成历史文化背景的冗长求证与阐释。如,为证《春秋经·定公五年》记载的"於越入吴"[2]及《左传·定公五年》记载的"越入吴,吴在楚也"[3],从而说明《经》《传》对春秋吴都城墙的记载,本卷旁征博引地引《经》《传》中关于他国进入或攻入某国都城内城的行文惯例,从而证实《春秋经》《左传》即是以"入吴"句式记载了春秋时"吴都"的真实存在。而吴王诸樊、吴王僚伐"楚丧"、吴王阖闾伐"越丧"所涉及春秋时的"军礼不伐丧"[4],上述三王"伐丧"后均遭不同形式的厄运——诸樊在向城会见令吴

---

〔1〕《孟子·滕文公下》,见《孟子注疏》,北京大学出版社1999年,第178页。
〔2〕《春秋经·定公五年》,见《春秋左传正义》,北京大学出版社1999年,第1559页。
〔3〕《左传·定公五年》,见《春秋左传正义》,北京大学出版社1999年,第1560页。
〔4〕杜预注,见杜预:《春秋经传集解》,上海古籍出版社1978年,第813页;孔颖达疏,见《春秋左传正义》,北京大学出版社1999年,第828页。

国迅即被边缘化；吴王僚为公子光宫廷政变提供时机后被刺身亡；而得益于吴王僚伐"楚丧"的吴王阖闾，则又死于伐"越丧"之战。其间的因缘巧合，令人惶然不解个中的宿命。而《左传·哀公十七年》补记吴、鲁"鄫盟"时"吴公子姑曹"的"执牛耳"[1]，又涉及春秋盟誓的礼仪过程及记载这些礼仪专篇文献的亡佚等。所有这些，使得每走一步，都小心翼翼，生怕因阅籍不丰而弄出硬伤来。

《春秋经》《左传》叙述了近三分之一后，吴国才出现。但春秋后期，吴国所涉篇幅、文字的数量，却不亚于春秋任何一个二流诸侯国家。尽管，这些记载有的其实是把吴国当作负面材料而记录在案的。如吴王夫差和鲁、卫、宋国的国君、大臣于郧地举行多边会见，吴国意图与三国结盟，但三国抱团对吴国敬而远之，并拒绝与吴国结盟。令吴王夫差更恼火的是他们私下里却结了盟。夫差其时不便与三国同时为敌，故将愤怒情绪发泄在卫国国君卫出公头上，明面理由就是卫国过去曾杀死过吴国外交官。于是，吴国军队包围了卫出公下榻的馆舍，囚禁了卫出公。其后，经鲁国子贡游说，吴国释放了卫出公。而卫出公回到卫都（今河南濮阳）后，竟学讲起他被囚禁期间所接触到的吴方言来。这就是《左传》记载的"卫侯归，效夷言"[2]。后，又借卫国王室的一位小孩数落卫出公说，你恐怕会死在吴国那块蛮夷之地。

本意是鄙薄一下卫出公好贱般地"效夷言"，却无意成就了先秦文献关于吴方言的罕见且珍稀的记载，从而表明吴侬软语其实早在春秋时期，就受到了其他方言区人们的喜爱乃至效仿了。操鲁语的孟子，将南方难懂的方言称为鸟语，且语气肃杀地将操南方方言者称为鸟儿弄舌啼聒的"南蛮鴂舌之人"[3]。这一"效夷言"的记载，相比之下，就显得异常温柔和温馨了。

七

"世"同"代"，在民间辈分排序中，不同代人有着严格、清晰的排序。但上文所说的吴国第二十一世吴王馀祭、第二十二世吴王馀眛等，却系同一代人。它实际所指的是吴国第二十一位吴王馀祭、第二十二位吴王馀眛等。而本卷第二章"吴国、虞国与周王室关系及辈份对照"时所列"泰伯（吴一世）→仲雍（吴二世）→季简（吴三世）→叔达（吴四世）→周章（吴五世）"等表述，严格意义上讲也并不准确，因为泰伯、仲雍亦为兄弟关系的同一代人。

---

[1]《左传·哀公十七年》，见《春秋左传正义》，北京大学出版社1999年，第1700页。
[2]《左传·哀公十二年》，见《春秋左传正义》，北京大学出版社1999年，第1667页。
[3]《孟子·滕文公上》，见《孟子注疏》，北京大学出版社1999年，第148页。

吴国历史上共二十五位吴王,其中第一位泰伯、第二位仲雍乃系同一代人;而第二十位吴王诸樊、第二十一位吴王馀祭、第二十二位吴王馀眛亦系同一代人。古代君位继承中客观存在着"父死子继"式的上下两代人相传及"兄终弟及"式的同一代人相传之情况。

《越绝书》首先使用了"世"而记载为"昔者,吴之先君泰伯,周之世,武王封泰伯于吴,到夫差,计二十六世"[1](《越绝书》不知以何方法计算出"二十六世"。对此,本文不展开论述)。其后,唐陆广微《吴地记》亦以"世"称之而记为"自泰伯至寿梦十九世"[2]。

因此,《苏州通史·先秦卷》在"兄终弟及"与"父死子继"杂糅下的吴王世系排序的"世",并不完全等同于辈分中的"代",实际为依先后排序的"位",即第几位吴王之意。本卷中之所以依然称"世",则完全是依据《越绝书》《吴地记》等形成的书写惯例及约定俗成而已。

八

当申公巫臣带着春秋时的美女夏姬与中原地区的军事装备来到吴国时,这位逃晋楚臣执行的是捍卫晋国国家利益的"联吴制楚"战略。对之,吴王寿梦欣然接受之际,也相应制定了捍护吴国国家利益的"联晋抗楚"战略。而在这以前,吴国只是楚国的属国,以附楚而自保。因此,吴国崛起乃是在外部因素推动下,吴国自身国家利益需要而引发国家战略剧变的结果。而这一吴国国家战略的演变,又与苏州城的诞生及其后的种种命运相互缠绕。这一认识的产生及其后在阅读《左传》时不断进行着的小心求证,终逐渐明晰为《苏州通史·先秦卷》的撰写之纲。以下,谨简略述之。

1. **国家战略——在晋、楚争霸中客观存在的列国生存原则**

春秋时期为华夏社会早期列国混战的年代。这一时期霸主政治的产生,首先是由诸侯国家的综合国力所决定的。春秋首霸齐国,随着齐桓公的去世及国力的衰落,无奈地让位于其后的晋国和楚国。而晋、楚两霸及其组织起的政治、军事集团为争夺主导权不断交恶,既成为学者们所说的"晋楚两国的历史是一部《春秋》的中坚"[3],也构成了那一时期列国制定生存原则即国家战略的主要依据。

---

[1] 袁康、吴平:《越绝书》卷第二,上海古籍出版社1985年,第9页。
[2] 陆广微:《吴地记》,江苏古籍出版社1986年,第7页。
[3] 童书业:《春秋史》,山东大学出版社1987年,第181页。

衰落后屈尊于晋国集团内的齐国并不甘心沦为失去主导权的地位,于是屡屡挑战晋国的权威以获取地区性利益。而一些二三流国家,则在晋、楚争霸的夹缝中小心翼翼地寻求着生存之道。以夹在晋、楚间的宋、郑两国来说,两大集团的争夺使得宋、郑饱受战祸。《左传·宣公十五年》载,楚围宋都九月,城中竟到了"易子而食,析骸以爨"[1]即交换孩子当食物,以尸骨当柴烧的惨烈地步。为自身生存,郑国一方面感慨"天祸郑国,使介居二大国之间"[2];另一方面却是周旋、游移于二大国间,实行晋来降晋、楚来附楚的国家战略。故郑国政治家的智慧,多用于应付在晋、楚冲突中如何保存自己。而与郑国不同的宋国,因长期奉行亲晋政策,而常遭到来自楚国的讨伐和惩罚。故该国政治家的智慧多用于"弭兵",即助推实现晋、楚两霸间的停战,以使自身消弭战祸。春秋时仅有的两次列国"弭兵"即停战协定,均分别由宋国大夫华元和宋国左师向戌居间调停而成,或已说明这一时期宋国的国家战略。作为历史对倡举和平的回报,历史上这两次"弭兵"均深深地烙上了宋国烙印而分别被称为"华元弭兵"和"向戌弭兵";且因两次"弭兵"均在宋国都城的不同城门举行而又分别被称为"西门之盟"和"蒙门之盟"。

2. 十九世吴王寿梦前,地缘政治影响下的吴国"附楚"及"听命于楚"

对地处东南一隅的吴国及越国来说,两国在《春秋经》《左传》中同时出现且出现较晚。《春秋经》《左传》的始记年份为鲁隐公元年(前722),而吴、越在《左传》出现的年份为鲁宣公八年(前601)。这意味着《春秋经》《左传》在记写了121年后,吴、越两国才在《左传·宣公八年》中出现。也就是说,《春秋经》《左传》在叙述近三分之一后,吴、越才姗姗来迟地同时出现。楚国因众舒背叛,灭舒、蓼且楚庄王给它们划定疆界并到达滑水的转折处时,"盟吴、越而还"[3],故吴、越入《春秋》即以听命于楚的属国身份出现。其时,执政吴国的吴王当为寿梦之父——第十八世吴王去齐。故吴王去齐及在这以前的数代吴王时,受地缘政治影响下的吴国国家战略,均为附楚自保以求生存。

3. 从"附楚"到因应晋国"联吴制楚"而制定的"联晋抗楚"战略及"诸樊南徙吴"

公元前585年,第十九世吴王寿梦执政。时值晋、楚争霸处于战略对峙之时。逃晋楚臣申公巫臣因个人情感恩怨而请求出使吴国,这成为晋国"联吴制

---

[1]《左传·宣公十五年》,见《春秋左传正义》,北京大学出版社1999年,第668页。
[2]《左传·襄公九年》,见《春秋左传正义》,北京大学出版社1999年,第874页。
[3]《左传·宣公八年》,见《春秋左传正义》,北京大学出版社1999年,第619页。

楚"战略成型的助推动力。对晋国为争夺列国主导权而制约楚国并推出的"联吴制楚"战略,吴王寿梦从中感受到这一吴国崛起的机遇,故欣然接受并制定相应的"联晋抗楚"战略。为此,吴王寿梦亦多次参与晋国集团的盟会。这一时期,同时发生的事件为"吴伐郯"[1]及鲁国斥吴为"蛮夷入伐"[2]。其时,晋、鲁、齐、邾等联合伐郯,并以此对吴国上年的"伐郯"进行敲打,从而为吴国划设了只能西攻、不得北进的红线。对吴国的拉(拉拢)和打(打压)的交替运用,充分表现了晋国成熟的大国谋略。而吴国迎合晋国并制定的"联晋抗楚"战略,在第二十世吴王诸樊、第二十一世吴王馀祭时得以承继、守成,两位吴王为此分别死于楚人箭下和越人刀下。正是在这一战略守成时期,吴王诸樊做出了对其后苏州城屹立于东南有着重大影响的事件——"诸樊南徙吴"。其意义即在于,它使"吴"之地域成为后世苏州城的历史先声及最早雏形。

4. "联晋抗楚"战略的调整

吴国国家战略并非一成不变,而是因时、因事地予以调整。第二十二世吴王馀眛、第二十三世吴王僚父子时,对"联晋抗楚"即呈现出战略调整迹象。它表现为以下三个方面:其一,这一时期吴国在与楚国的争夺中继承了寿梦制定的"抗楚"战略,且在抗楚战争中几无败绩。其二,在与晋国及原属晋国集团的中原列国关系中,吴国表现出"拒盟"的调整态势。其标志性事件即为吴馀眛十五年(前529),晋国拟重建集团并召集列国诸侯会面,并告之于吴国。为此,晋昭公纡尊降贵到良地打算会见吴王,但吴王馀眛以水路不通婉辞而拒,从而反映出吴国对晋国重建集团的冷淡,更反映出吴国"联晋"战略已处于相应的调整期。正是这一调整思维,导致当年(指吴馀眛十五年,前529)晋国试图恢复集团而召开平丘盟会时,吴国拒绝参加。其三,吴王僚时,楚太傅之子伍子胥及宋司马之子华登在同一年逃亡至吴请兵。吴王僚未借兵与伍子胥,却借兵与华登,并派吴公子苦雒、偃州员领兵介入宋国内乱。其目的即是借此对踏破前述晋国集团为吴国划设的红线进行试水,从而表达出吴国对中原地区的兴趣和欲望。

5. 从"联晋抗楚"到"兴霸成王"的战略转型与吴都苏州的诞生及被越人首次攻入

公子光以暴力夺取王权并成为第二十四世王阖闾后,在历代吴王经略且吴国国家综合实力持续增长的基础上,吴国完成了从一个地区性有影响的诸侯

---

[1]《春秋经·成公七年》,见《春秋左传正义》,北京大学出版社1999年,第726页。
[2]《左传·成公七年》,见《春秋左传正义》,北京大学出版社1999年,第727页。

国向春秋后期崛起国转变的过程。是时,吴王阖闾适时提出"强国霸王"即"兴霸成王"的国家战略,既意味着吴国"联晋抗楚"战略调整的结束,也意味着吴国"兴霸成王"战略的转型与开始。尽管从实质上讲,吴王阖闾的"兴霸成王",在其政治、军事实践中也只是与南方楚、越等国的地区争夺而并未北进一步,但也正是在吴国"兴霸成王"战略转型过程中,苏州城应运而生。

随着吴阖闾九年(前506)的吴伐楚及攻入楚都郢都,吴国"兴霸成王"战略在获得巨大成功的同时,却也因吴军滞楚及楚、越的联盟关系导致苏州城在诞生十年后的吴阖闾十年(前505)首次为越军进入。而随着吴阖闾十一年(前504)吴军再次伐楚(考古文献证明,本次伐楚为安葬吴王阖闾之"勾敔夫人"),楚国的霸主地位受到严重挑战。这又立即在久受楚国胁迫的中原列国引发连锁反应。随着楚国威胁的趋弱,郑国率先表达出摆脱另一个霸主——晋国的意愿。《左传·定公六年》记载的郑国"灭许,因楚败也"[1],即郑国灭背楚从晋的许国,其原因正是楚国在对吴战争中的失败。其后,在晋国集团内屡屡与晋国争夺主导权的齐国,也开始出手并与郑、卫结盟,接着晋、卫绝交,齐国伐晋,以致晋国的传统盟友鲁国也从亲晋立场转为叛晋附齐的态度。中原列国关系的剧变为吴国北上争霸提供了时机。但年岁已老的吴王阖闾对伐楚时从背后捅了他一刀的越国依然耿耿于怀。故此,客观上吴王阖闾是将吴国"兴霸成王"战略再次转型为"北上争霸"的历史机遇及历史责任,全部留给了他的接位人夫差。

6. 吴王夫差的"北上争霸"及吴都苏州再次被越人攻入

公元前496年(吴阖闾十九年)吴王阖闾伐越战死,第二十五世吴王夫差为阖闾复仇而伐越时,《史记·楚世家》记载的吴国"不西伐楚"[2]与《国语·吴语》记载的夫差"有大志于齐"[3],即已表明吴王夫差拟将吴国"兴霸成王"战略调整并定位于"北进争霸"上。调整原因,既是前述吴王僚借兵与华登及介入宋国内乱,从而表达出吴国对觊觎中原欲望的继续,也是如前文所说,吴王夫差抓住了中原列国关系剧变为吴国北上提供的绝佳时机。因此,在强盛国力推动下,"北进争霸"成为吴王夫差视野更为宽广的霸业追求,也使得吴国在淮河以北的中原地区首次也是唯一一次地构筑起了吴国的势力范围。而吴王夫差的"北进争霸"是为争夺中原地区的主导权。但这一并不成功的历史实践背后,却凸显出了它在文化上的意义,并使得它成为春秋时期中国南北文化交融并留下诸多丰

---

[1] 《左传·定公六年》,见《春秋左传正义》,北京大学出版社1999年,第1564页。
[2] 司马迁:《史记》卷四十《楚世家》,中华书局1959年,第1717页。
[3] 上海师范大学古籍整理研究所校点:《国语·吴语》,上海古籍出版社1998年,第595页。

富史料的平台。吴夫差十四年(前482),当吴王夫差在黄池企图以春秋早、中期霸主政治的规范样式——以盟会形式将其在中原地区主导权的霸主地位予以固化时,却再次发生吴都被越军攻入事件,从而使得黄池盟会成为吴国由强转弱并断崖式衰退的转折点。而吴国倾全国之力的北进,为这一时期越国"韬光养晦,卧薪尝胆"的国家战略留下了运作空间。值吴王夫差黄池返归后,遭受重创的吴国,其国家战略本应顺时转变为生存第一。尽管吴王夫差在利用熊胜作乱楚国等方面也为吴国生存而有所作为,但其不谙变通的个性导致其杀庆忌,从而丧失了将国家战略转变为求生存自保的转圜空间。再者,被掏空了的吴国经济,使得历史也不再给它任何转寰时间了。因此,吴、越争霸的对抗结果,是在两国国家战略的体系对抗中,吴国输给了越国。

7. 小结

综上可知,吴国国家战略分别经历了"附楚自保""联晋抗楚"及其调整、"兴霸成王"及"北上争霸"等几个不同阶段。这既显现春秋吴国纵横捭阖的发展历程,也构成了《苏州通史·先秦卷》的内在叙述线索。而与这一演变过程交集且缠绕的是吴都苏州的命运——从诞生到两次为越人所入及最终两次易为越都。当吴都成为黄歇治下的楚国中心城邑时,历史已进入战国后期。是时,春秋吴国尽管已不复存在,但苏州城却城头屡换大王旗地依然向后世延续。而体现先秦苏州史最后华章且对后世这一地域产生重大影响的历史事件,无疑是公元前222年秦王朝统一前夜的置"吴县"——秦置会稽郡并于故吴旧都的苏州置郡治"吴县"。其文化意义在于:值此以前以春秋吴国为主体特征且具断代史性质的吴文化,自此转型为以"吴县"(苏州)为核心地区的长江下游太湖流域的地域文化。

九

从《苏州史纲》到《苏州通史》,前后十年,其间苏州相继更迭了五位宣传部部长。在这过程中,历任领导不焦不躁不催,更不求在本届任内出此业绩成果。这实在是为撰者留下了宽松、从容的撰写空间和时间。而在这从容环境下的撰写,心境也会从容起来。

对笔者而言,体现这一从容的首先是在先秦苏州历史的这座老屋中,得以从从容容地翻检着已不为世人所知的老货。吴王馀昧时期吴、楚鹊岸之战后走进历史的吴公子蹶由,在与楚灵王进行战争心理层面的对抗和较量中,可谓完胜。

然而这样一位《左传·昭公五年》记为"吴子(指馀昧)使其弟蹶由"[1]的吴公子,在后世的《吴氏世系图》中却借用为与"十九世馀昧"相距七世的"二十六世蹶由"[2]。而前文提及吴王僚时吴国介入宋国内乱而领兵的吴公子苦雏,今日或是更没人知晓其为何人了。他与偃州员共同领兵介入宋国内乱,却是一交手即被俘,然后从历史中消失。尽管如此,这一人物所组接的画面却是吴王僚时吴国对觊觎中原的欲望,而这一欲望到吴王夫差时则转变成"北进争霸"的行动。春秋时期的吴国,并不安于地处东南一隅。

体现从容的另一点是笔者往往就书稿中拟撰写的相关论题先行撰写论文发表。一是以听取学界意见;二是"缴纳皇粮"——完成高校任职时每年须完成的论文数量。论文的撰写过程,也是相关思考不断补充、充实的过程。如上述春秋吴国国家战略的演变等论题,随着思考的日臻成熟,均已以论文形式发表。

在撰写《苏州史纲》开始至今的近十年中(2006—2016),笔者完成并发表的论文情况,以倒溯排列如下表:

	论文标题	期刊名称	年份期号
1	吴掘邗沟及其深厚的历史文化背景——春秋吴国国家战略的演变	《苏州教育学院学报》	2016年第4期
2	春秋"吴都"之争与苏州古城的历史地位	《社会科学文摘》	2016年第4期
3	春秋"吴都""三都并峙"现状与苏州古城历史文化地位的叙述——近三十年来有关苏州古城历史的争议述论兼及纪念苏州古城建城二千五百三十周年	《苏州教育学院学报》	2016年第1期
4	文献典籍、考古材料相互关系下的苏州古城样本——兼及苏州城墙及苏州古城春秋时建、战国时修的考古印证	《苏州教育学院学报》	2013年第1期
5	苏州城墙春秋时建、战国时重修之文献考释	《苏州教育学院学报》	2012年第5期
6	名作背后的文化之争——枚乘《七发》后的曲江观涛处及江南之"胥山"	《名作欣赏》	2011年第25期
7	"吴人伐慎,白公败之"再探——兼及楚平王嫡孙熊胜与"吴人伐慎,白公败之"的动因	《甘肃社会科学》	2011年第6期
8	19世吴王寿梦时期的吴、晋国家关系——春秋时期吴、晋国家关系及文化互动论述之二	《晋阳学刊》	2016年6期
9	回望吴县	《苏州杂志》	2010年6期

---

[1] 《左传·昭公五年》,见《春秋左传正义》,北京大学出版社1999年,第1223页。
[2] 吴恩培点校:《至德志》,上海古籍出版社2013年,第79页。

（续表）

	论文标题	期刊名称	年份期号
10	苏州园林的文化传承	《文艺争鸣》	2010年第5期
11	春秋时期的吴、徐国家关系	《安徽史学》	2010年第5期
12	春秋吴爵位考释	《江苏社会科学》	2010年第3期
13	论战国时期的吴地	《甘肃社会科学》	2010年第3期
14	苏州城墙当适时、逐步、分段恢复修建	《苏州教育学院学报》	2010年第2期
15	宏观透视：春秋时晋楚、晋吴国家关系——《诗经·株林》篇的时代背景分析	《名作欣赏》	2009年第16期
16	从苏州沧浪亭五百名贤祠奉祀的六朝文士看吴地文化的嬗变	《安徽史学》	2009年第5期
17	《左传·定公六年》"吴大子终累"解析——兼及吴地文化的历代叠加与层累	《学术界》	2009年第5期
18	一个东方美人的情爱故事——《诗经·株林》篇中人物的历史分析	《名作欣赏》	2009年第2期
19	吴越国家关系与分界的演变及对后世影响	《浙江社会科学》	2009年第2期
20	苏州城墙产生的历史背景及其历史价值	《苏州教育学院学报》	2009年第2期
21	同为周后：吴、晋国家关系的源头爬梳——春秋时期吴、晋国家关系论述之一	《晋阳学刊》	2009年第1期
22	周代吴地诗歌散论	《苏州大学学报（哲学社会科学版）》	2008年第6期
23	文明对话视野下长江流域"蛮夷"文化与黄河流域中原文化的碰撞——以春秋时"吴来征百牢"及吴、鲁国家关系为例	《安徽史学》	2008年第6期
24	晋楚争霸与晋"联吴制楚"	《甘肃社会科学》	2008年第6期
25	"长三角"文化的远古溯源——远古时期"长三角"文化研究综述	《苏州科技学院学报（社会科学版）》	2007年第3期
26	伍子胥筑阖闾城之相关问题研究	《苏州教育学院学报》	2007年第2期
27	从上海的别称、简称看吴文化对上海的影响	《安徽史学》	2006年第6期
28	淮上的争夺——春秋后期吴、楚、晋在淮河流域的角逐及吴国与徐淮夷关系的论述	《苏州职业大学学报》	2006年第3期
29	草鞋山遗址的文化意义及其现状调查——兼及对该遗址保护、利用的若干建议	《苏州职业大学学报》	2006年第1期

上述论文，均系已经发表且网络可查找者。列之谨为从其标题名称可看出这些论文与《苏州通史·先秦卷》的内在关系，同时亦作为本卷撰写留下的一个个学术展痕。

在著作积累方面，除前文提及的《勾吴文化的现代阐释》外，笔者这一时期主编或编著、撰著的著作《吴文化概论》[1]、《伍子胥史料新编》[2]以及《泰伯与吴文化》[3]等,都成了本卷前期的学术成果积累。与其同时,笔者在承担相应课题的选择上,均有意识地与《苏州通史·先秦卷》撰写靠拢,从而留下下列出版著作及课题成果:

(1) 主编著作:《吴地民间炊火——兼及古代炊器研究》[4](与钱建荣合作,2012年12月获苏州市政府颁发的"苏州市第十一次哲学社会科学优秀成果奖二等奖"),该著作为本卷第一章论述太湖流域马家浜时期的典型器腰檐釜(腰沿釜)以及鼎、甗等早期炊器的叙述,作先期研究和学术积累。

(2) 主编著作:《苏州城墙》[5](2013年12月获国家新闻出版广电总局第四届"三个一百"原创图书出版奖),该著作对本卷论述"苏州城墙春秋时建、战国时重修"等相关内容,做系统学术积累。

(3) 点校古籍:《至德志》[6],据清吴鼎科辑、光绪丙子(即光绪二年,1876)冬月重刊本点校。《至德志》作为苏州泰伯庙专志,成为本卷第二章有关苏州泰伯庙论述的文献来源。

十

上述作为《苏州通史·先秦卷》撰写前期积累的论文和著作,在其后的书稿撰写中,成为全书框架中各个不同章节的"预制构件"。"预制构件"的制作及削足适履式的组装,既历经着种种艰难困苦,但实在也享受着一种过程。

夜雨敲窗,梦雨床连,几度七月江南如火,几番冬日吹雪阊门。在安徽省博物馆内看着标示着的"吴太子诸樊剑"的实物时,眼前却又仿佛叠印出诸樊伐楚,血溅巢门而中箭身死的血迹斑斑景象。而在山西博物院观看着1988年太原金胜村赵鞅(赵简子、赵孟)墓中发掘出的虎形灶等国宝级珍品时,却如旧相识般地产生了兴趣。不仅是该虎形灶录入前述《吴地民间炊火——兼及古代炊器研究》一书,更为主要的是,这位墓主可是黄池盟会上吴王夫差的政治竞争对手——时任晋国正卿(首相)的赵鞅。而让人扼腕痛惜的是,一对铭文中镌有

---

[1] 吴恩培:《吴文化概论》,东南大学出版社2006年。
[2] 吴恩培:《伍子胥史料新编》,广陵书社2007年。
[3] 吴恩培:《泰伯与吴文化》,古吴轩出版社2007年。
[4] 吴恩培:《吴地民间炊火——兼及古代炊器研究》,三晋出版社2011年。
[5] 吴恩培:《苏州城墙》,古吴轩出版社2012年。
[6] 吴恩培:《至德志》,上海古籍出版社2013年。

"禺(吴)邗王"夫差和"赵孟"(即赵鞅)名字从而将二人勾连在一起的国宝级文物——禺邗王壶,20世纪20年代出土于河南辉县后外流,如今藏于英国伦敦大不列颠博物馆。而在湖北省博物馆内,看着在同一室内展出的"吴王夫差矛"和"越王勾践剑"时,却想起仆仆风尘去这二器出土之地——江陵"马山五号墓"和江陵"望山一号墓"时的问道情景。二器出土处相距不过数里,并不很远。但历史的宿命是,这一对历史冤家的各自用器——矛与剑,在相隔不远的地下并峙两千余年后,如今却又在更近的距离——同一展室相距不过咫尺,继续并峙。而走在苏州吴江区那条以春秋吴、越笠泽之战命名的"笠泽路"上时,这矛与剑却蓦地化为吴王夫差与越王勾践各自搦矛、挺剑厮杀的定格画面,如全息影像般地悠悠飘浮在笠泽河的宽阔河面上,缓缓转动而又无声无息。

与古人相比,我辈实幸运得多,得以一睹地下出土的国宝。而《通史》要"通"起来,足不出户地囿于苏州一地,显然是做不到这一点的。在历史与岁月的流走中,当时光倒溯至距今五千年时,传说中的黄帝正分别与炎帝、蚩尤,在北方的阪泉和涿鹿进行着大战。而同一时期的太湖流域,却也在进行着同样血与火的部落战争。苏州良渚文化早期为后世留下两座混合着血腥场景的远古遗址。其一为昆山赵陵山遗址的杀俘殉葬——为了给战死的赵陵山部落首领殉葬,该部落将战争掠获的对方战俘,报复性地以石器敲击头颅等残酷方式处死,被处死者相当高的比例为妇女、儿童。其二为常熟罗墩遗址的战死者墓地——部落战争后的葬礼中,罗墩部落的先民们抬着战争中或断头、或断手的战死者尸体,正向着罗墩遗址的下葬处走去,伴随着滴在连天衰草上的殷红血迹,还有那远古时的殡曲歌谣……这些远古时期太湖流域的战争与祭祀,似乎要将后世《左传·成公十三年》记载的"国之大事,在祀与戎"[1]的文化意涵,竭力向前拉伸至距今五千年前的良渚文化时期。

时空交错中,同时交错的是历史岁月的沉重与阐释历史时的轻松。有幸能与苏州的历史对话,并参与其中而留下一部阐释苏州先秦历史的著作,实已足矣,夫复何求!只是本卷对历史的叙述、议论,难免叙有漏,议有谬。谨此,伏望海内方家指谬教正。

吴恩培
2017年3月记,
2018年11月改于
苏州园区贵都花园寓所

---

[1]《左传·成公十三年》,见《春秋左传正义》,北京大学出版社1999年,第755页。

第一章 远古文明

第一节 旧石器时期的三山文化：
太湖地区历史文化的源头

一、三山岛自然环境

长江下游太湖流域迄今为止发现的旧石器遗址为苏州三山岛。

三山岛位于苏州市西南约 50 千米处的太湖中,隶属于苏州吴中区东山镇,面积约 2 平方千米,因岛上有大山(当地人称为北山)、行山和小姑山三座山而得名。岛上的最高峰为大山主峰北山,海拔 83.3 米。苏州方志中,北宋朱长文《吴郡图经续记》卷中记有太湖中的"三山"岛曰:"湖中之山,有谓之大雷者,小雷者,三山者,昔人或号为三山湖。"[1]其后,南宋范成大《吴郡志》卷十七亦记曰:"《续图经》云:东西千余尺,前临太湖、洞庭三山,横跨松江。"[2]相比之下,清乾隆《吴县志》卷之五对三山岛的记载更为详尽:"东洞庭西南曰三山,有三峰相连。昔有吴妃姊妹三人各居一峰,殊有灵异,山人立祠祀之在三山。"[3]

今三山岛处于太湖之中。然而,古代太湖地区的地理环境和气候与今天有极大的差别。地质学研究表明,太湖底部为一片高低不平的洼地地形,由于第四纪冲积物的覆盖,晚更新世早期形成了一片广阔的平原地貌。晚更新世中期,发生了一次海侵,海水进入太湖地区,形成了一片宽浅的海湾。晚更新世后期,第四纪最后一个亚冰期——大理冰期达到了全盛阶段,海平面大幅度下降,比现在要低 100—200 米。[4]在距今 1 万年前的大理冰期的末期,气温已经回升,海平

---

[1] 朱长文:《吴郡图经续记》,江苏古籍出版社 1986 年,第 45 页。
[2] 范成大:《吴郡志》,江苏古籍出版社,1986 年,第 245 页。
[3] 乾隆《吴县志》卷之五,苏州图书馆藏本。
[4] 张家诚、林之光:《中国气候》,上海科学技术出版社 1985 年,第 510 页。

面仍低于现今40米左右。[1]而到距今8 500—7 500年左右,当时海平面仍低于现今10米左右。[2]现在太湖湖底高程为-0.25米。因此,1万多年前,太湖尚未形成今日的规模。当时的三山并不是岛,而是与今天的洞庭西山、洞庭东山连为一片,人类和各种动物共同在这里生存。

二、三山岛考古发现

1982年7月,三山岛村民在大山、小姑山采石时,发现了含有哺乳动物化石的裂隙堆积。1985年5月,南京博物院、苏州博物馆和当时吴县文管会的专家联合对大山的裂隙堆积进行了发掘,并于岛西北端清风岭下一溶洞前的湖滩沙砾石层中,发现一处面积约500平方米的旧石器地点。同年12月,南京博物院、上海大学文学院、苏州博物馆和吴县文管会联合组成考古发掘队,对三山岛旧石器地点进行了发掘。[3]

1985年考古发掘情况为:石器地点位于岛西北端清风岭下一溶洞前,文化遗物分布在面积约500平方米的湖滩沙砾石层中,以接近溶洞口部位较为集中。旧石器地点发掘面积36平方米,出土石制品5 263件。

石制品原料主要为燧石、石髓、玛瑙等。石制品种类有石核、石片、石器,其中有些石片有使用过的痕迹,石器类型有刮削器、尖状器、锥、钻、砍砸器和雕刻器等,其中刮削器数量、种类最多。此外,使用石片数量之多,为三山岛旧石器组合的一大特色。发现的石制品中部分阶段有明显被水冲的痕迹,而那些埋藏在文化层下部的石制品往往保留着打击和加工痕迹。

三山出土的砍砸器数量少、个体小、重量轻,不像是用来砍断树木或挖掘块根的工具,而更像是敲砸用的工具。刮削器和小型尖状器是用来切割剥剔兽肉兽皮的。凹刃刮削器的形状很适合于加工木质或骨质的鱼钩鱼叉。从石器组合的状况来分析,三山先民的经济生活应以渔猎为主。由于缺少石镞、石矛、石球等杀伤力较大的狩猎工具,因此在三山先民的渔猎经济中渔业比狩猎更重要。这和太湖地区的自然环境正相适应。[4]

---

[1] 褚绍唐:《中国海岸的历史变迁初探》,《历史地理》第2辑。
[2] 赵希涛:《中国海岸演变研究》,福建科学技术出版社1984年,第183页。
[3] 发掘成果见陈淳、张祖方、王闽闽、顾文明、姚勤德等撰写的《三山文化——江苏吴县三山岛旧石器时代晚期遗址发掘报告》,发表于《南京博物院集刊》总第9期(1987年);车广锦、王奇志撰写的《三山文化——太湖地区历史和文化的源头》,刊于吴县政协史资料委员会编写的《吴地文化一万年》一书(中华书局1994年)。
[4] 陈淳:《太湖地区远古文化探源》,《上海大学学报》1987年第3期。

图1-1　苏州吴中区三山岛(左)及三山岛大山北端清风岭下的溶洞(右)(吴恩培摄)

图1-2　三山岛发现的旧石器(旧石器时代,吴中区文管会藏)[1]

在三山岛上的大山和小姑山的岩石裂隙中发现了丰富的动物化石,经鉴定有猕猴、兔、黑鼠、豪猪、貉、棕熊、黑熊、鼬、狗獾、猪獾、鬣狗、猞猁、虎、野猪、似水鹿、斑鹿、鹿、牛等18种之多。这么多种类的动物绝不是今天这个只有2平方千米的小岛所能容纳的,这也印证前文所说,当时的三山与今天的东、西山连成一片。这同时也说明当时太湖还没有形成。三山动物群中既有狗獾、水鹿等南方种类,也有棕熊、猞猁等北方种类,说明当时的气候比现在略为寒冷;三山动物群中有生活在山地森林的猕猴、熊、虎、野猪,也有生活在草地和近水灌木丛中的豪猪、鹿等,说明当时周围呈疏林草原地貌。[2]

据此,如前文所述,有学者提出了"三山文化"的概念,并以之为苏州历史上最早的旧石器文化,并因其地处苏州太湖中的三山岛而命名。关于三山文化的年代,因"三山岛石制品中未见磨光石器和陶片,说明其时代要早于新石器,可以认为三山岛旧石器文化距今约10 000年左右"[3]。

三山岛旧石器的文化内涵与我国目前已知的其他旧石器晚期文化相比,既

---

[1]《苏州文物菁华》,古吴轩出版社2004年,第2页。
[2] 张祖方、王闽闽:《三山岛哺乳动物化石》,见《南京博物院集刊》第9集,1987年。
[3] 车广锦、王奇志:《三山文化——太湖地区历史和文化的源头》,见吴县政协文史资料委员会:《吴地文化一万年》,中华书局1994年,第23—24页。

有一定的共性,又有明显的个性。它可被看作是长江下游或太湖地区旧石器时代晚期文化的代表。

"三山文化"的主体——三山岛先民来自何方已无从考证,但联系考古发掘距今30万—50万年前江南地区远古人类——"南京人"及溧水回峰山神仙洞发现的人类颞骨、丹徒县高资镇发现的人类股骨化石、镇江莲花洞出土的古人类牙齿以及太湖南岸浙江湖州境内的上马坎旧石器遗址发现等,尽管无确切材料证明三山岛先民与上述远古人类的直接联系,但其间间接的联系还是隐然可见的。

长江以南的三山岛,发现了旧石器时代的文化遗址,为长江下游特别是太湖地区寻找旧石器时代人类及其文化提供了线索。对苏州来说,其重要意义更在于:它将苏州文化的上限,推至一万多年前的旧石器时代。因此,三山先民是苏州最早的原始先民,而三山旧石器文化,不但是苏州最早的原始文化,同时也是太湖地区远古文化的源头。

第二节　新石器时期的苏州远古文化

旧石器时代,人类以狩猎、采集活动为主要生存方式而生产粗糙石制工具。随着社会的发展,更随着农业和畜牧业的出现,人类使用的磨制石器愈加精细。这一时期的人类社会,进化到以使用磨制石器为标志的人类物质文化发展的新的阶段——新石器时代。

长江下游的太湖流域,目前已发掘出多处古文化遗址。依据其年代,学者们为这些遗址进行排序并力图从这些排序中,寻找出人类社会由低级向高级发展的内在规律。江南及太湖流域的新石器文化,发展序列及出现的时间为:

马家浜文化(距今约7 000年至6 000年)→崧泽文化(距今约6 000年至5 300年)→良渚文化(距今约5 300年至4 200年)。

良渚文化后,中国历史已进入夏、商时期。这一时期分布于环太湖地区的考古文化,为因上海市闵行区马桥镇马桥遗址的发掘而命名的马桥文化。署名"上海市文物管理委员会"并由宋建、何继英、周丽娟、李峰、江松执笔的《上海市闵行区马桥遗址1993—1995年发掘报告》论及"马桥文化的年代"时即指出说:"当马桥遗址第一、二次发掘时,就已经注意到第4层有些出土遗物'与河南偃师二里头、郑州二里冈的商代早中期文化有着紧密的联系'……这两次发掘的马桥遗址第4层年代大约相当于夏代和商代前期。"[1]故此,本书将马桥文化作为夏、商时期环太湖地区的考古文化而附录于本章节后。

一、马家浜文化

马家浜文化,以发现地浙江嘉兴的马家浜遗址命名。这是长江下游太湖流域新石器文化的早期阶段。马家浜文化分布在长江以南的太湖流域,南达钱塘江北岸,西到常州一带。迄今为止已发现的马家浜文化遗址近50处,其重要遗址除该文化命名地的嘉兴南湖马家浜外,尚有桐乡罗家角、湖州邱城、杭州吴家埠、苏州工业园区(原吴县)唯亭镇草鞋山、吴江梅堰袁家埭、吴江桃源广福村、张家港东山村(下层)、昆山正仪绰墩村、上海青浦崧泽遗址下层、常州圩墩等处。

(一) 马家浜文化时期的社会生活

1. 渔猎

马家浜时期,在太湖流域的水网地区,先民的渔猎活动,是他们维系生存的重要物质来源。在马家浜文化地层中出土的大量动物遗骸说明,马家浜先民其时在森林里猎取梅花鹿、野猪、獐等动物;从河湖沼泽捕捞鱼、蚌、龟、鳖、蛤蜊、螺蛳等作为食物。常州圩墩遗址中发现马家浜先民遗留下的螺蛳壳,不但数量很多,堆积成层,更令人惊讶的是这些螺蛳壳竟然绝大多数都已截去尾部。[2]截去尾部显然是为便于吮吸而食。是时远古先民究竟使用何种工具截去螺蛳壳尾部,这也构成一个不解之谜。

2. 采集与原始农业

旧石器时期的采集活动,在马家浜时期,依然存在并成为这一时期古代先民最重要的生活来源。考古出土的杏、梅、桃的果实及水生植物菱的果实等,说明采集是获得生活资料的补充手段。另一方面,旧石器时期的采集活动已发展成为原始的农业。它主要体现在水稻等作物的种植上。草鞋山、崧泽等遗址的马家浜文化层发现的炭化稻谷,经确定为人工栽培稻,表明长江下游地区是中国乃至世界栽培稻的起源地之一。而在农业的水田开发等方面,草鞋山遗址出现了有灌溉系统的古稻田。昆山绰墩遗址也发现了马家浜时期的水稻田及相关的蓄

---

[1] 上海市文物管理委员会:《上海市闵行区马桥遗址1993—1995年发掘报告》,《考古学报》1997年第2期。

[2] 吴苏:《圩墩新石器时代遗址发掘简报》,《考古》1978年第4期。

水坑、水沟、水口等农田灌溉系统。[1]

3. 原始畜牧业

马家浜时期，原始畜牧业已开始出现。出土的动物遗骸中，大多数猪的骨骼标本的年龄集中在 0.5—1 岁之间，幼仔和老年个体特别少，据此可以认为系人类饲养所为。[2] 由此可见，6 000 多年前的马家浜时期，尽管渔猎在经济生活中依然占有相当比重，但原始畜牧业业已出现。

4. 居住

现有考古已发现马家浜时期的一些不完整的房址，其居住形式多为平地起筑的地面建筑。[3] 如苏州工业园区草鞋山遗址中发现的房址，即为在草鞋山马家浜文化层发现的一处由一圈 10 个柱洞围成的圆形居住遗迹，同一层中还发现保存下来的木柱和柱下垫板。[4] 由此可见，马家浜时期的远古先民，已开始在地面建筑的房屋中定居，从而完成从穴居野处到平地起筑居室这一生活方式的重大转变。

5. 手工制作

据现今考古资料可知，马家浜时期的手工制作主要为陶器与玉器。陶器多为与先民日常生活有关的容器、炊器等。而玉器则多为玉玦、玉璜等生活装饰品。

（1）陶器

马家浜时期，处于手制阶段的陶器已经出现并在先民的生活中使用。这一时期的陶器，为露天低温（800 ℃—700 ℃）烧制。具体制作方法大致分为手捏捏塑，即将泥土以手捏塑成所需要的形状，然后置放在火中烧制成形。这种手捏捏塑，仅适合制作小型器具。人们为制作器形较大的容器罐、釜等，开始出现较复杂的泥条盘筑制法，即先将泥土搓制成泥条，然后将泥条一圈圈螺旋上升叠好盘筑成形，再用手将外表抹平。泥条盘筑法虽然可以制作一些较大的陶器，但这种纯手工制作出来的陶器存在着圆度不够圆、厚度不均匀等的缺憾。

马家浜时期的陶器以夹砂红褐陶和泥质红陶、红衣陶等为多见，这与各地土

---

[1] 丁金龙：《苏州史前文化概述》，《苏州文博论丛》2010 年（总第 1 辑），第 6 页。
[2] 谷建祥、邹厚本、李民昌、汤陵华、丁金龙、姚勤德：《对草鞋山遗址马家浜文化时期稻作农业的初步认识》，《东南文化》1998 年第 3 期。
[3] 丁金龙：《苏州地区新石器时代居住址及相关问题之探讨》，《苏州博物馆建馆四十周年纪念文集（1960—2000 年）》，《东南文化》2000 年增刊 1，第 17 页。
[4] 谷建祥：《草鞋山遗址与中国早期稻作文化》，见吴县政协文史资料委员会：《吴地文化一万年》，中华书局 1994 年，第 27 页。

壤差异有关。在马家浜时期的陶器器型中,首先出现的当是与先民生活密切相关的炊器——陶釜、陶鼎等。

远古先民为解决熟食问题,制作出既可当容器又可当炊器的圜底(亦有平底)的釜、罐、钵等类陶器。而在炊事过程中,为保持平衡,垫三块石头作为支架,进行烧炊。其后又出现了专门制作代替这些石头的釜支架(又称陶支座),以完成炊事过程。当先民把辅助器具的釜支架(陶支座)与釜、罐、钵等连为一体时就出现了三足的鼎。

马家浜先民食物来源之一为水稻。由于食用稻米,马家浜先民做饭用的圜底或平底的宽沿釜,其腰间有一圈翘起的沿,故又称为腰沿釜(又作腰檐釜)。该腰沿(腰檐)釜搁在灶的口沿上时,腰沿不仅起了搁置、承重的作用,而且起了遮蔽灶膛口沿的作用。釜中因食物沸煮而溢出羹汤,会先流在腰沿上,而腰沿宽于灶之口沿,所以这些羹汤不会流入灶膛而熄灭灶火。同时,这种腰沿的遮蔽作用,还可以防止因为火焰、柴灰上升而污染了釜中的食物。[1]由此可知,形状奇异的腰沿,既可防止釜中液体沸腾溢出熄灭灶中火,又可防止灶中的灰扬起落入釜中,实用、卫生之中,足可见先民的智慧。是故,有学者称此器(腰檐釜)为马家浜系统的典型器物。[2]

 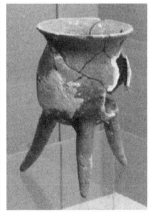

图1-3 吴江博物馆展出的夹砂褐陶鼎(马家浜文化,吴江桃源广福村遗址出土)(左)及嘉兴博物馆展出的红陶圆锥足鼎(马家浜文化,嘉兴吴家浜遗址出土)(右)(吴恩培摄)

---

[1] 俞为洁:《饭稻衣麻:良渚人的衣食文化》,浙江摄影出版社2007年,第91页。
[2] 任式楠:《长江黄河中下游新石器文化的交流》,见《庆祝苏秉琦考古五十五年论文集》,文物出版社1989年,第75页。

图1-4 南京博物院展出的陶釜(新石器时代,苏州草鞋山遗址出土)(吴恩培摄)

釜及鼎等,加工食品时可用来烧煮肉食。但将去壳的稻谷(即米)加工成食物时,却只能加工成流质食物,即今天所说的稀饭、粥。为改善生活质量,马家浜时期出现了陶制的"甑",苏州草鞋山遗址及张家港东山村遗址的马家浜文化层均有该器物出土。

图1-5 苏州博物馆展出的红陶甑(马家浜文化,苏州草鞋山遗址出土)(左)及其内部构造(右)(吴恩培摄)

甑,底部有若干小孔,孔眼的作用如同当今的笼箅。陶甑与陶罐、陶盖配套使用,形成三连套,缺一不可。在加工食物时,将陶甑配装在盛有水的陶鼎(或罐等)上,盖上陶盖,然后在陶罐底部烧火加热,当水沸腾时,蒸汽便通过小孔进入陶甑,使陶甑中的食物变熟。6 000多年前,马家浜文化及北方黄河流域的其他文化区,都出现了"甑"。甑的功用,在于使生食变成熟食的同时,更使流食变成了干饭。这一充满智慧的发明,不仅改善了饮食的结构,而且更增强了先民的体质,这是马家浜先民饮食结构上的一次革命性的质的飞跃。

(2)玉器

苏州的玉器制作可追溯至距今六七千年的马家浜时期。据考古文献记载,马家浜时期的吴江广福村遗址,曾出土玉玦。而草鞋山遗址的相关报告中亦提及少数墓随葬骨笄、玉玦,小玉环等装饰品。[1]而现属吴江区平望镇梅堰社区龙南村的袁家埭遗址,1960年2月至4月由南京博物院、苏州市文管会等联合组成的江苏省文物工作队在这里主持发掘时,也出土了马家浜时期的玉器等多件。此外,张家港东山村遗址的马家浜文化层也出土多件玉管、玉玦、玉璜等。尽管这些玉器数量不多且器物制作也相对简单,但在距今六七千年前,且在制作工具极为原始状态下,远古先民制作的这些玉器,仍然达到了很精致的水平。而从苏州草鞋山遗址、吴江袁家埭遗址及张家港东山村遗址出土的玉器,其型制的高度相似可以看出,距今六七千年前的苏州境内,不同地区间的文化交流是显而易见的。

 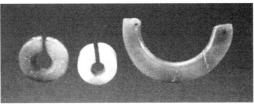

图1-6 南京博物院展出的玉石玦(马家浜文化,前4500年,苏州工业园区草鞋山出土)(左)(吴恩培摄)及玉玦、玉璜(马家浜文化,吴江平望镇梅堰袁家埭出土)[2]

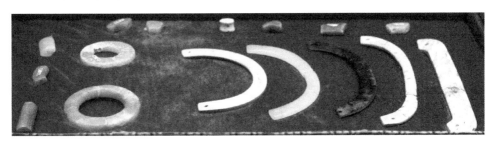

图1-7 张家港博物馆展出的东山村遗址出土的玉管、玉玦、玉璜
(马家浜文化,前5000—前4000年)(吴恩培摄)

(二) 苏州重要的马家浜文化遗址

1. 我国目前堆积层最厚的古遗址——草鞋山

苏州草鞋山遗址不仅是苏州,同时也是太湖流域最重要的马家浜文化遗址。

草鞋山遗址位于苏州工业园区唯亭镇陵南村阳澄湖南岸,距苏州古城城东15千米。遗址原先有两处土墩,一处土墩外形像草鞋,故被称为草鞋山或草履

---

[1] 谷建祥:《草鞋山遗址与中国早期稻作文化》,见吴县政协文史资料委员会:《吴地文化一万年》,中华书局1994年,第28页。
[2] 苏州博物馆:《苏州博物馆藏出土文物》,文物出版社2009年,第79页。

山,另一处土墩就是与草鞋山隔路相望且现存的夷陵山。

图1-8　苏州工业园区(原吴县)草鞋山遗址全景[1]

草鞋山遗址2013年列入第七批全国重点文物保护单位名单。1956年江苏省文物管理委员会在文物普查中发现该遗址。随后,又进行了多次调查。由于唯亭砖瓦厂在取土中发现了玉琮、玉璧等文物,南京博物院在原吴县有关部门协助下,于1972年和1973年进行了两次发掘。其后,该遗址又进行过多次发掘。

1972年、1973年两次发掘时,考古人员发现这里的古文化堆积厚处达11米,共分为10个文化地层,这是目前我国古遗址文化层堆积最厚的一处,在世界也属罕见。该遗址文化堆积层分属不同文化时期,其先后次序是:最下面的第10、9、8层属马家浜文化,其次的第7、6、5层属崧泽文化,再其次的第4、3、2层属良渚文化,而覆盖在上面的第1层则属春秋时期的吴、越文化。这个序列从新石器时代的较早阶段开始到太湖地区早期国家的繁荣阶段(即春秋时期),几乎跨越了长江下游太湖地区先秦历史的全部编年。[2]因此,它记录着草鞋山先民从距今约7 000年至距今约3 000年漫长岁月的生活痕迹,更显示该遗址成为除三山岛外,目前已知苏州人最早生活过的地方。不仅如此,这批先民在这里连续生活的时间,长达4 000多年,超过苏州城诞生至今的所有时间。

草鞋山遗址古文化堆积的10个文化地层中,下层的第10、9、8层属马家浜文化。其最下层(第10层)距今约7 000年,发现有炭化稻谷粒,经江苏省农业科学院鉴定除籼稻外还有粳稻,这是我国长江流域发现的最早的人工栽培稻之一。在这一文化层,还出土了3小块炭化织物残片,经上海市纺织科学研究院、上海丝绸工业公司鉴定,其原料可能是野生葛,都属纬线起花的罗纹编织物,花

---

[1] 林华东:《良渚文化研究》,浙江教育出版社1998年,扉页彩图。
[2] 谷建祥:《草鞋山遗址与中国早期稻作文化》,见吴县政协文史资料委员会:《吴地文化一万年》,中华书局1994年,第26页。

纹为山形和菱形的斜纹。这是我国目前所发现的最早的纺织品实物。[1]

在草鞋山马家浜文化层还发现了一处由一圈10个柱洞围成的圆形居住痕迹。同一层中还发现保存下来的木柱和柱下垫板,说明当时的土著居民已直接在地面上建造房屋。[2]这是目前所知苏州人最早居住的房屋。

草鞋山遗址是20世纪70年代太湖地区重要的考古新发现,且为太湖地区新石器时代遗址中地层堆积最为丰富、时间跨度最为完整的一处遗址。由此,考古学界首次建立了由马家浜文化、崧泽文化、良渚文化组成的三种相承袭的文化序列,并确立了太湖地区史前文化发展的先后关系,从而完整地展示了远古时期太湖流域不同阶段人类的生存和生活状态。同时,更以实证的方式,展示了包括苏州地区在内的太湖流域远古先民跨越文明门槛的历史过程。

草鞋山遗址发现的其最下层(第10层)距今约7 000年的炭化稻谷粒,是我国发现的最早的人工栽培稻之一。1992年至1995年,中日联合考古队在草鞋山遗址进行中国首次水田考古学研究。参加的单位有南京博物院、江苏省农业科学院、日本国立宫崎大学及苏州博物馆、当时的吴县文管会等。[3]本次发掘研究,发现马家浜文化时期分三种时间先后形成的水田。早期利用不规则自然洼地,稍加改造,在两侧种植;中期为小面积带状分布畦田,田间有水口相通,专设水沟与蓄水坑;晚期由畦田、水口和浅水槽组成基本单元,所在单元均围绕一个大塘分布,大塘可起蓄排兼容作用,反映本区域的农业已由自然种植向人工的有一定模式的耕种方式演进。而经科学鉴定,种植的水稻属粳稻。这是我国首例发现的古稻田,也是目前世界上发现的最古老的水田遗迹。[4]所有这些均表明,草鞋山遗址发现的距今6 000年的水稻田,是中国目前发现最早有灌溉系统的古稻田。

全国各地的古代遗址众多,但能以"文化"命名的并不多。以"文化"命名的遗址,意味着经过专家认定,并不只代表着这一遗址本身,同时也代表着这一地区时间相同的其他遗址,从而显示并承载着这一区域的文明。

---

[1] 谷建祥:《草鞋山遗址与中国早期稻作文化》,见吴县政协文史资料委员会:《吴地文化一万年》,中华书局1994年,第27页。
[2] 谷建祥:《草鞋山遗址与中国早期稻作文化》,见吴县政协文史资料委员会:《吴地文化一万年》,中华书局1994年,第27页。
[3] 谷建祥:《草鞋山遗址与中国早期稻作文化》,见吴县政协文史资料委员会:《吴地文化一万年》,中华书局1994年,第38—39页。
[4] 邹厚本:《江苏考古的回顾与思考》,《考古》2000年第4期;谷建祥、邹厚本、李民昌、汤陵华、丁金龙、姚勤德:《对草鞋山遗址马家浜文化时期稻作农业的初步认识》,《东南文化》1998年第3期。

图1-9　草鞋山遗址出土的织物残片(左)[1]
及南京博物院展出的草鞋山东片水田遗迹图片(右)

1977年10月,"长江下游新石器时代文化学术讨论会"召开。在这次学术讨论会上,有学者提出定名"草鞋山文化"的意见说:"从目前已经发现的遗址来看,江苏吴县草鞋山,位置比较适中,文化内容比较丰富,特别是它的中下层,包括了从马家浜到崧泽期的基本内容,这比马家浜遗址和崧泽遗址都更具有代表性。因为马家浜只包括马家浜时期的遗存,崧泽下层尽管也有马家浜期的遗存,但资料甚少,难以看出富有特征的器物群。因此,还是定名为草鞋山文化为好。"[2]此意见从草鞋山无与伦比的考古学地位——太湖流域,没有任何一个文化遗址能像草鞋山这样,以其出土的典型实物实证其跨越太湖地区远古文化(马家浜、崧泽、良渚)的全部编年,并成为"太湖地区史前时期社会发展的一根标尺"[3]及"太湖地区古代文化序列的一把标尺"[4],更成为太湖流域典型的远古文化考古学样本。然而,"草鞋山遗址1972—1973年发掘后,其简报到80年代初才在《文物资料丛刊》上发表"[5],而涉及定名的"长江下游新石器时代文化学术讨论会"在1977年10月召开。这就是说,地市合并前的苏州,由于未能及时发表草鞋山的相关考古报告及给上述学术讨论会的材料准备不充分,从而失去了"草鞋山文化"的命名可能。

2. 苏州其他的马家浜文化遗址

苏州现存的马家浜文化遗址,除园区草鞋山遗址及吴江袁家埭遗址外,另有上方山下的越城遗址、张家港东山村遗址以及吴江桃源镇广福村遗址、昆山巴城镇正仪绰墩遗址等。

---

[1] 苏州市地方志编纂委员会:《苏州市志》,江苏人民出版社1995年,第一册彩色插图第9页。
[2] 吴绵吉:《"青莲岗文化"长江南北之间的文化关系》,《厦门大学学报》1978年Z1期。
[3] 吴汝祚:《再论良渚文化文明产生的渊源》,见良渚文化博物馆:《良渚文化论坛》(良渚文化学术讨论会专辑),中国文化艺术出版社2003年,第51页。
[4] 汪遵国:《太湖地区史前玉文化历程——苏州草鞋山出土的玉器》,见良渚文化博物馆:《良渚文化论坛》,浙江古籍出版社2002年,第50页。
[5] 钱公麟、徐亦鹏:《苏州考古》,苏州大学出版社2000年,第35页。

越城遗址位于苏州市西南郊,地处横山之下,石湖之滨。1960 年 5 月至 7 月,江苏省文物工作队苏州分队,为配合吴县蠡墅砖瓦厂取土,对遗址进行正式发掘,在文化堆积层的第 4 层出土马家浜文化陶器遗存,以夹砂红陶和泥质红陶为主,多为残器,有宽檐釜、牛鼻耳罐、平底盉、带把壶形器和豆等。[1]

张家港东山村遗址位于江苏张家港市金港镇南沙街道办事处东山村内,1989—1990 年,苏州博物馆会同张家港市文管会组成考古队对遗址展开全面调查与试掘,发现了该遗址内的马家浜文化遗存。其后,由南京博物院主持,张家港市文广局、张家港博物馆等单位联合参加,又分别于 2008 年 8 月至 11 月和 2009 年 3 月至 2010 年 2 月,再次对该遗址进行了两次抢救性发掘,发现该处遗址为一处揭露出崧泽文化早中期高等级大墓的文化遗址(另见下文)。

张家港东山村遗址出土于马家浜文化层墓葬中的 1 件外形像炮弹的尖底器,令学界尤为注意。该器口沿下饰弦纹带,其下堆贴一周器耳,再往下饰斜向绳纹。该器形在环太湖流域尚未发现,也找不到源头,但具有黄河流域仰韶时代尖底瓶的风格,推测可能是由北方传入。故有学者做判断说:"可见长江下游与中原地区在距今 6 000 年前后已经有非常密切的文化交流。"[2]但这一推测亦带来新的课题:6 000 年前的先民如何渡过长江?这一在黄河流域颇为流行的尖底瓶器型,其后为何在长江下游并未得以传播?等等。

广福村遗址位于吴江区桃源镇广福村,为江苏省最南部。昆山绰墩遗址位于江苏省昆山市巴城镇正仪绰墩村。这些遗址都发现了属于马家浜文化的遗存。

二、崧泽文化

崧泽文化,以发现地上海市青浦区崧泽村崧泽遗址而命名。该文化上承马家浜文化,下接良渚文化,是长江下游太湖流域新石器文化的重要阶段。崧泽文化遗址主要分布于长江以南的太湖流域,行政区域包括今上海市、江苏省的苏州、无锡、常州诸市以及浙江省的嘉兴市等。

(一)崧泽时期的社会生活

1. 居住

崧泽时期的苏州先民,承继了马家浜时期在地面建筑的房屋中定居的生活

---

[1] 南京博物院:《江苏越城遗址的发掘》(执笔者:汪遵国、李文明),《考古》1982 年第 5 期。
[2] 林留根:《从东山村遗址看长江下游社会复杂化进程》,《东南文化》2010 年第 6 期。

方式,先民聚集居住在茅舍村落中。常熟钱底巷崧泽文化遗存表明,当时的先民住在直径6—7米的圆形房屋中,房屋墙壁厚0.10—0.15米,圆形居住面表面平整,中间隆起,略高于边缘。其结构系用黄土掺和大量砂粒铺垫而成,并经拍打和焙烧,十分坚实。[1]还有些居址中心凹陷处有红烧土堆残迹,面积分别为1或1.5平方米。凹陷的底部均发现有夹砂红褐陶鼎、泥质红陶罐、壶等残片,当为火塘。[2]新石器时期的火塘,为居址内挖成的小坑,四周垒上砖石,中间生火,白天煮饭,晚上烤火取暖,燃料为木柴等。

2. 手工制作

作为对马家浜文化的继承,崧泽时期的手工制作,也主要为陶器、玉器以及石器等。

(1) 陶器

崧泽文化的陶器,生产技术、品种及内容较马家浜时期已更为丰富。崧泽文化时期的制陶,轮制陶器技术已经出现。这一时期的陶器制作,虽仍以手制为主,但在有些崧泽文化遗存中,已能见慢轮修整的痕迹。[3]所谓慢轮,即为采用木制的轮轴机械转动制陶方法,使陶坯成型。其具体制作过程是:将泥料放在木制的水平圆盘——陶轮上,利用陶轮的旋转,用双手将泥料拉成陶器坯体。这种方法制作的陶器规整匀薄。轮制陶器经历了从慢轮到快轮的过程,也就是说,装有直立转轴的圆盘工作台,随着社会的发展,其转速由慢到快。崧泽时期,远古先民开始运用的轮制陶器技术,是制陶技术的一大进步。这一技术的进步,使得陶器的器形更加规整、精美。同时,随着轮制陶器技术的运用,陶器的生产数量亦较前有大幅提高。这从陶器大量作为陪葬品亦可看出。以前述的张家港东山村遗址的M90大墓为例,该墓中的陶器陪葬器物竟达56件,其中陶器有26件。[4]

崧泽时期的制陶已出现彩绘。青浦崧泽遗址79号墓、60号墓曾分别出土红黄彩绘碗形陶豆和红彩宽带纹陶罐。而在苏州地区,张家港塘桥镇徐家湾遗址则出土了崧泽文化时期的彩绘陶球。

中国新石器时代同一时期且具备线条构成的图案等绘画要素的彩绘陶器,多出于今青海、甘肃,陕西南部和河南北部的仰韶文化、马家窑文化及齐家文化

---

[1] 南京大学历史系考古专业、常熟博物馆:《江苏常熟钱底巷遗址发掘报告》(执笔者:宋建、戴宁汝、吴慧虞),《考古学报》1996年第4期。
[2] 苏州博物馆、张家港市文物管理委员会:《江苏张家港徐家湾新石器时代遗址》(执笔者:王德庆),《考古学报》1995年第3期。
[3] 上海市文物管理委员会:《青浦福泉山遗址崧泽文化遗存》,《考古学报》1990年第3期。
[4] 丁金龙:《苏州史前文化概述》,《苏州文博论丛》2010年(总第1辑)。

等黄河流域的新石器文化中。辽河流域距今5 000年的小河沿文化也出现彩陶钵(赤峰市解放营子乡出土)。在这一背景下看太湖流域张家港塘桥镇徐家湾遗址出土的彩绘陶球,尽管该器物线条简单,色彩并不丰富,但其线条构成的图案却反映了崧泽时期江南陶器艺术的成就,从而成为现存苏州绘画中最早也最原始的手绘图案、图形。

与先民生活密切相关的炊器制作,有一个引人注目的情况是腰沿釜的消失与太湖流域另一型制独特的陶制炊器——甗的出现。崧泽文化的遗存中,已不见马家浜文化盛行的腰沿釜。而太湖流域的甗的内部构造,其下部外形似鼎,但其内部有一圈突起的箍状物,其作用是搁置箅子或蒸架。箍状物下部放入水,盖上甗的盖后,甗下面烧火。这样就成为一个类似于今天的蒸笼,放在蒸架或陶制容器的生食,经隔水蒸煮后变成可食的熟食。在张家港东山村遗址M91大墓中,就发现了甗。这一上为甑、下为外形似鼎(内部构造不同)的分体而合为一的甗,在崧泽时期,曾广泛出现于太湖流域,并延续到良渚时期为良渚文化的甗所继承。

图1-10 张家港博物馆展出的甗(崧泽文化,前4000—前3000年,东山村遗址出土)(上左、上中)(吴恩培摄)、张家港徐家湾遗址出土的灰陶甗(崧泽文化,距今5 500年)(上右)〔1〕及吴江博物馆展出的夹砂红陶甗(良渚文化,吴江平望梅堰龙南遗址出土)(下左)及其内部构造(下右)(吴恩培摄)

---

〔1〕 苏州博物馆:《苏州博物馆藏出土文物》,文物出版社2009年,第47页。

和太湖流域分体的甗同一时期出现的北方的甗,是将"甑"与太湖流域较为少见的"鬲"组合一起,并制成一体。故汉字"甗"字里有"鬲",它显示古代造此字时,受北方文化影响而将其与"鬲"作联系。《周礼·考工记·陶人》有"陶人为甗,实二鬴,厚半寸,唇寸"[1]的记载,郑玄注引郑司农曰:"甗,无底甑。"[2]这些,都说明古人对甗与甑密切关系的认知。

无论是太湖流域分体的甗,还是北方地区合体的甗,都对后世出现的青铜甗产生了很大影响。

(2) 玉器

太湖流域崧泽时期的玉器,具有以下特点:其一,在制作材料上开始以透闪石软玉为主体。其二,在制作技术上,这一时期的璜是最重要的器种,片形璜逐渐占据了显要的地位,不规则的片状坠饰占有相当的数量。这说明玉料获取的制作技术取得了重要进展,加工大面积玉件的切割技术也取得了重要突破。其三,在玉器器型和品种上,品种丰富,但玉琮尚未出现。崧泽时期出现少量的条形、扁环形环镯,而环璧、玉钺等大型礼仪性玉件开始少量出现。此外,墓地出土玉器的数量、种类和质量已经成为墓葬和聚落等级的标识。[3]有学者研究崧泽文化的玉器出土情况指出:上海市青浦县崧泽遗址"其中出土24件玉器璜、环、玲、镯等";上海青浦福泉山遗址"崧泽文化玉器璜、管、玲、坠、璧、玉铲形器等";苏州草鞋山遗址"出土玉器,计有钺、璜、珮、玦、玲以及小环、小型坠饰等"。常州圩墩遗址"主要品种有环、瑗、镯、玲、璧形饰和坠饰等"。浙江嘉兴南河浜遗址"出土玉器64件,品种有璜、镯、钺、圆环形玉饰、圆片形玉饰、梯形玉饰、舌形玉饰、三角形玉饰"等。南京营盘山遗址,分别出土有玉璧、玉双联璧、玉环、玉条形璜、玉璜、玉三角形饰、玉半璧形璜等。江苏丹徒磨盘墩遗址"其第5层和第4文化层相当于崧泽文化中晚期和良渚文化早期。出土物中除少量磨制石器和陶器,主要有大量的打制石制品和一些玉制品,第5层出土有玉璜1件、玦1件、系璧3件。第4层出土有玦1件、系璧1件、锥形器1件、柱形器1件"[4]。由此可见,崧泽文化时期的玉器品种中,琮尚未出现,即崧泽时期无琮。

---

[1]《周礼·考工记·陶人》,见《周礼注疏》,北京大学出版社1999年,第1132页。
[2] 郑玄注,见《周礼注疏》,北京大学出版社1999年,第1133页。
[3] 方向明:《崧泽文化玉器及其相关问题的研究》,《东南文化》2010年第6期。
[4] 孙维昌:《崧泽文化玉器综论》,《长江文化论丛》2005年10月,第30—45页。

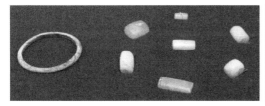 

图 1-11　张家港博物馆展出的东山村遗址出土的玉镯、玉管（崧泽文化,前 4000—前 3000 年）（左）及玉璜、玉饰件（崧泽文化,前 4000—前 3000 年）（右）（吴恩培摄）

（3）石器

崧泽时期的石器,数量很多,且有斧、锛、凿等形式。张家港东山村遗址 M91 大墓中,就出土了器形一大一小的两件石锛。其中大的尺寸为：长 8.3 厘米、宽 3.6 厘米、厚 1.1 厘米,平面呈长方形,器身有打制疤痕,顶部未打磨,较粗糙。而小的尺寸为：长 3.2 厘米、宽 1.8 厘米、厚 0.7 厘米,平面亦呈长方形,磨制较细,通体光滑。[1]而 M90 大墓中,随葬器物达 56 件,其中有大型石钺 5 件,大型石锛 1 件。[2]所有这些,既反映了社会生产的发展,也反映了崧泽时期石制技术的进步。

（二）社会出现分层

自崧泽文化发现以来,揭示的崧泽时期的墓葬多是中小型墓葬,规模较大的墓葬难得一见。而张家港东山村大墓的发现,填补了长江下游地区崧泽文化时期没有高等级大墓的空白,为良渚文化高度发达的文明找到了源头,为重新认识环太湖流域崧泽文化整体面貌和社会生产力发展水平提供了新资料。[3]同时,也改变了学术界以往对崧泽文化时期尤其是崧泽文化早中期社会文明化进程的认识。

东山村遗址高等级大墓大体分为两期。一期相当于崧泽文化的早期,二期相当于崧泽文化的中期,具体年代为距今 5 800—5 500 年。这些崧泽文化早、中期的高等级大墓与一般小墓实行分区埋葬。这种分区埋葬现象,在同时期的长江下游或者在全国范围内都是首次发现,其中,M90 大墓随葬品数量最多,有陶器、石器和玉器等竟达 67 件之多。正因为其等级高、规模大,且随葬品丰富,被考古学家严文明称为"崧泽王"。该墓打破马家浜文化层堆积,是本次发现的迄今崧泽文化墓葬中墓坑规模最大的 7 座墓之一。

东山村遗址崧泽文化早中期大墓与小墓的分区埋葬以及大房址的出现,证

---

[1]　南京博物院、张家港博物馆：《江苏张家港东山村遗址 M91 发掘报告》,《东南文化》2010 年第 6 期。
[2]　丁金龙：《苏州史前文化概述》,《苏州文博论丛》2010 年（总第 1 辑）。
[3]　林留根：《从东山村遗址看长江下游社会复杂化进程》,《东南文化》2010 年第 6 期。

明至少在距今 5 800 年前后,社会已有明显的贫富分化,出现了明显的社会分层。这为研究长江下游社会文明化进程提供了新的考古资料,对中华文明起源的研究也具有重要意义。[1]

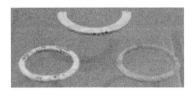

图1-12　张家港博物馆展出的东山村遗址90号大墓出土的玉环、玉玦、玉璜(崧泽文化,前4000—前3000年)(上左)及玉管、玉坠饰、玉饰件(崧泽文化,前4000—前3000年)(上右、下)(吴恩培摄)

（三）苏州重要的崧泽文化遗址

苏州重要的崧泽文化遗址,首推为张家港东山村遗址。该遗址作为崧泽文化的高等级大墓所在地,2009年入选中国社科院公布的"中国六大考古新发现"。2013年5月,东山村遗址被国务院核定公布为第七批全国重点文物保护单位。

除东山村遗址外,苏州越城遗址、昆山绰墩遗址、吴中区光福虎山遗址、苏州工业园区—吴中区澄湖遗址、昆山少卿山遗址、张家港徐家湾遗址、常熟钱底巷遗址、吴江区同里遗址及工业园区独墅湖遗址等,亦在不同地层发掘有崧泽文化的遗存。此外,位于昆山市张浦镇赵陵村的赵陵山遗址、位于吴中区甪直镇的张陵山遗址也发现有崧泽文化遗存。

三、良渚文化

良渚文化,以发现地浙江余杭良渚镇而命名。该文化上承崧泽文化,下接有学者所说的马桥文化,是长江下游太湖流域新石器文化的重要阶段。良渚文化的地理范围大致以太湖流域为中心,南至杭州湾,北达苏北海安,东起东海,西到宁镇山脉东侧。

---

[1] 南京博物院、张家港市文广局、张家港博物馆:《江苏张家港市东山村新石器时代遗址》(执笔者:周润垦、钱峻、肖向红、张永泉),《考古》2010年第8期。

第一章 远古文明

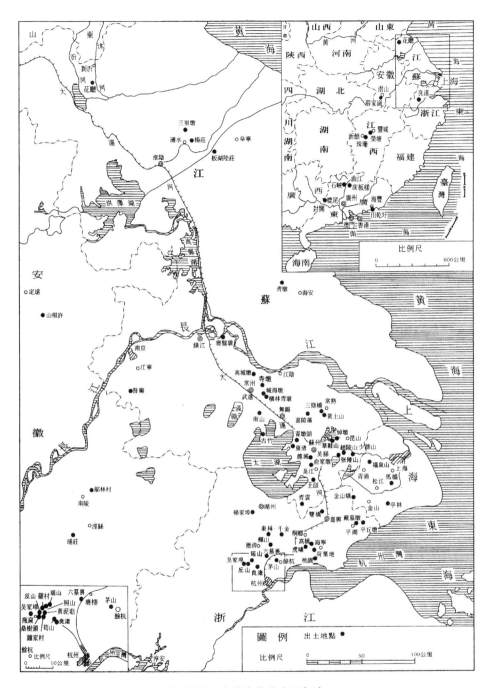

图 1-13　良渚文化分布图[1]

---

[1] 周膺：《美丽洲——良渚文化与良渚学引论》，中华书局 2000 年，第 14 页。

(一) 良渚时期的社会生活及特色

1. 良渚时期社会生活

太湖流域的良渚文化上承马家浜文化和崧泽文化,使得这一时期的经济和社会发展都达到了一个新的高度。

良渚时期的苏州农业,已出现石镰、石斧等石制农具。农作物的品种,沿袭马家浜、崧泽时期的农业,以水稻生产为主。如龙南遗址,出土石器有穿孔石斧、有柄石斧、石镰、石凿等。[1]而从一些遗存的灰土中淘洗出大量炭化稻谷,说明当时该地已有以从事稻作来获得生活必需食物的迹象。[2]

良渚时期苏州的手工业生产已相当发达。其种类主要有竹、木器、丝麻纺织、陶器、石器、玉器等。竹编织物有竹篓、竹篮子、谷箩、刀、簸箕、倒梢、竹席、篷盖、门扉和竹绳等。木器有木桨、木盆、有柄千、木杵、木榔头和木槽等。丝织物有绢片、丝带和丝线,纤维原料都属家蚕丝。麻织物发现有麻布残片和细麻绳。这一时期,苏州首次出现了象牙制品。昆山赵陵山遗址77号大墓即出土象牙镯环2件。出土时该器已断裂破碎,灰褐色,象牙质,有明显的牙纹,器表打磨光洁。修复径8.99—9.2厘米、体宽1.38厘米、最大孔径6.3厘米、高1.85—1.88厘米。[3]

良渚时期的陶器已大多使用轮制,器型有豆、杯、簋、碗、罐、瓿、盆、钵、贯耳壶、尊、器盖、缸和瓮等。而石器则有三角形石犁、斜把破土器、双翼形耘田器、石镰、石刀等农业生产工具。尤为值得一说的是这一时期的苏州玉器制作,在继承了马家浜、崧泽时期的玉器生产传统的同时,更达到一个新的高峰。在至今留存的实物器中,不仅有昆山赵陵山遗址出土的人鸟兽透雕玉饰、吴中区张陵山遗址出土的人形饰件等极其精美的玉器产品,更出现了其后对太湖流域有着重要影响的玉器创新品种——冠状饰、玉双龙牌饰、玉琮、玉璧及其出现的兽面纹等。

昆山赵陵山遗址 M77 号大墓出土的象牙镯环,说明距今 4 000 余年前的良渚时期,江南太湖流域乃至中国长江流域,大象(亚洲象)曾广泛分布,且象牙其时就已开始被人类用作手工艺品的材料。时至今日,长江流域已无大象踪迹,而亚洲象更是成为濒危物种之一的动物了。上述昆山赵陵山遗址 M77 号大墓出土的象牙镯环,既成为良渚时期苏州手工业生产的记录,更成为那一时期江南生

---

[1] 苏州博物馆、吴江县文物管理委员会:《江苏吴江龙南新石器时代村落遗址第一、二次发掘简报》(执笔:钱公麟、丁金龙、姜节余、吴国良),《文物》1990年第7期。

[2] 汤陵华、邹江石、王才林、李和标:《江苏梅埝龙南遗址古稻作的调查》,《农业考古》1992年第1期。

[3] 南京博物院:《赵陵山——1990—1995年度发掘报告》,文物出版社2012年,第153页。

态状况的记录。

图1-14　昆山赵陵山遗址 M77 号大墓出土的象牙镯环(左、右为该器不同视角)〔1〕

2. 良渚时期社会生活形成的特色

(1)原始聚居村落形成

良渚早期,在濒临太湖的吴江龙南村落遗址已出现原始聚居村落。该村落遗址位于河道两岸的多处半地穴式和浅地穴式房址以及房前有石台阶式门道,河边还有木构埠头(即后世俗称的河滩头),村落的空地上散布着的室外灶等设施,原始村落中甚至可能出现了公共活动场所。所有这些,既成为后世江南乡村枕河而居格局的最早雏形,更体现着包含着农业、畜牧业在内的当时经济和社会发展的进步。

(2)部族间战争出现

良渚早期,苏州乃至太湖流域不但出现了不同部落、族群间的战争,更出现战争后的部族战死者墓地及战争被俘人员的杀殉附葬墓地。常熟罗墩遗址墓地,系为部族战死者而立。而赵陵山遗址的杀殉附葬者,则为战争中战败方的被俘人员,其中包括战斗人员和被战败部族的社会成员。这些战败被俘者的被杀方式极其残酷,多为敲击、挤压头部而致头颅破碎、破裂而死。以上,均说明在良渚早期的太湖流域,已出现部族间的战争。

(3)社会严重分层

前文说,崧泽时期出现了明显的分层社会。而到良渚时期,已发展为严重的分层社会。社会间不但出现特权阶层,且不同阶层间更呈现出严峻的对立关系。它表现为:一方面,高等级贵族大墓位于专门造筑的高台墓地,墓地随葬有大量精美玉器;另一方面,杀殉附葬的现象出现。所有这些表明,良渚时期的社会财

---

〔1〕 南京博物院:《赵陵山——1990—1995 年度发掘报告》,文物出版社 2012 年,彩版一四七"象牙镯环"。

富和权力日益集中和垄断,社会严重分化。而较典型体现这些社会现象的为良渚早期的昆山赵陵山遗址。

（4）一夫多妻现象出现

良渚时期,社会婚姻关系已出现一夫多妻的现象。在苏州草鞋山遗址良渚文化地层中发现的 M198 墓葬,墓深 1.45 至 1.75 米,有墓圹,南北长 4.5 米,东西宽 2 米,深 0.3 米,合葬一男二女,都有众多的玉璧、玉琮、石器和精美的陶器等随葬。这两个女子应是墓主人的妻妾,说明一夫多妻制已经存在。[1]

（5）良渚陶器刻符的出现与文字

图 1-15　澄湖遗址出土的刻文陶罐[2]

现今出土的良渚陶器上,已发现多个人为刻符。这些刻符,是否属于文字的范畴,目前学界尚存不同看法。李学勤在分析包括苏州澄湖遗址出土的黑陶罐等几件良渚陶器上的刻符后说:"良渚陶器的这些例子最符合严格的文字标准。它们有多个符号,可以用分析文字的方法去解读,恐怕不易否认它们就是文字。由此也可推论,和它们时代大致相当的其他文化的若干符号,很可能同样是文字。……近年学术界对良渚文化的估价日益增高,很多论作认为这种文化已经临近文明门槛,甚至可以说已经属于文明时代了。肯定良渚文化存在文字,而且是汉字的始源,是有助于这一看法的。"[3] 对之,另一种意见认为:"单个符号缺乏记事功能,还不可能称其为文字。……良渚文化的陶器和玉器上刻有一些符号,也包括象形的画面,不论单个或成组的图像,都不可能作为记事的文字。"[4] 文字的出现,是人类社会从野蛮进入文明的重要标志之一。良渚陶器的刻符,与后世已有成文篇幅的甲骨文相比,多为单个符号出现且数量较少,从而为其释读带来困难。但良渚陶器的刻符,与北方同一时期先后出现的山东大汶口、陕西半坡等陶器刻符,共同成为后世甲骨文乃至汉字的最早滥觞,则是可以肯定的。

（6）原始信仰产生

良渚时期,苏州已开始出现原始信仰。昆山赵陵山遗址 M77 号大墓,墓主腰部

---

[1] 李文明:《关于良渚文化的两个问题》,《考古》1986 年第 11 期。
[2] 苏州市地方志编纂委员会:《苏州市志》,江苏人民出版社 1995 年,第一册彩色插图第 9 页。
[3] 李学勤:《良渚文化的多字陶文——吴文化历史背景的一项探索》,见吴县政协文史资料委员会:《吴地文化一万年》,中华书局 1994 年,第 10 页。
[4] 安志敏:《良渚文化及其文明诸因素的剖析》,《考古》1997 年第 9 期。

右侧放置的大石钺孔内,有一神人鸟兽透雕玉饰。玉饰顶端为一鸟形物,底部为一戴冠屈身人像,人的左手托住一个小兽,冠上饰物和小兽连接人和鸟。这种由人、兽、鸟构成的图案,有学者认为是人、兽、鸟合一,即天神、地祇、祖先三位一体,是先民天人合一观念的体现。[1]它的出现所具有的意义是:人、鸟、兽分别寓意祖先、天、地,其实质是对祖先、天、地的崇拜。[2]也有学者对之总结说,良渚文化神祇图像的四大要素——人、兽、太阳、鸟。其中,神人、神兽复合徽像(包括其简化型),应是当权者的祖神与图腾神,在良渚玉器上到处可见,且皆雕于器体显著位置,故可以肯定,这是良渚文化人们所崇拜的主要神祇。[3]而作为良渚文化代表遗物的玉琮及其神人兽面纹,具有一定的神秘性,可能与原始的巫术信仰有关。[4]

与昆山赵陵山遗址相距不远的吴中区张陵山遗址,也出土了类似的人形饰件。该饰件只是神人的上半身胸像,头部平冠之上竖起的高大羽冠,与赵陵山神人鸟兽透雕玉饰相同,从而象征神人的至高无上地位。而与赵陵山神人鸟兽透雕玉饰相比,不同的是,该饰件上既未见顶部的鸟,也未见向上攀爬的兽。

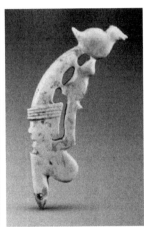

图1-16　昆山赵陵山遗址M77号大墓出土的神人鸟兽透雕玉饰(左、中为该器两面)[5]及南京博物院展出的人形饰件(新石器,苏州张陵山遗址)(右)(吴恩培摄)

赵陵山神人鸟兽透雕玉饰及张陵山人形饰件,都反映了良渚时期的苏州先民们在精神领域的追求——为沟通与天地、神灵的联系,从而创造出的这些或是

---

[1]　丁金龙:《苏州史前文化概述》,《苏州文博论丛》2010年(总第1辑)。
[2]　王书敏:《史前太湖流域的原始宗教》,《中原文物》2006年第3期。
[3]　杜金鹏:《良渚神祇与祭坛》,《考古》1997年第2期。
[4]　安志敏:《良渚文化及其文明诸因素的剖析》,《考古》1997年第9期。
[5]　南京博物院:《赵陵山——1990—1995年度发掘报告》,文物出版社2012年,彩版一二七"玉插件"。

神人鸟兽、或是神人的形象。所有这些,体现出良渚时期的苏州,在精神领域已经出现最初和原始的信仰意识。

(7)出现以抽象艺术图形表达复杂抽象思维的器物

这一时期的苏州,在精神领域的创造上,更出现了以抽象艺术图形表达复杂抽象思维的倾向。出土于赵陵山56号墓的一件陶器盖上的刻纹,南京博物院编著的《赵陵山——1990—1995年度发掘报告》将之与《太极图》类比而称为"源极图",并指出二者有如下共通之处:其一,既无起点,也无终点,即以任何一点为起点,都可以进入一个无限循环系统之内。其二,虽系图像却无法确指是何种物象,可谓无形之形,无象之象,即老子所谓"大象"。其三,图中方圆、曲直或谓之阴阳,互相缠绕,互相依存、互根互生,对立统一。其四,图中心一个四角形(结蒂纹),图的上半部左溯有一个圆圈,图的左下方有一圆环和一角环外凸,右上方有一角凸出上伸,这些部位颇类《太极图》阴阳鱼中的"鱼眼",面积虽小,却具点睛之要。其五,从图案法则上讲,中心部位使用了中心对称和中轴对称两种手法。但整体观之,既非中心对称,又非中轴对称。从上下、左右以及对角视之,处处均衡。有《河图》《洛书》之妙。故为抽象思维发展史上的高级阶段——复合思维式的"人造的图像"。[1]也有学者将之提高到哲学的层面而论述说,该图案是时间无始终、空间无边际的朦胧时空观念在良渚文化先民中的一种哲学体现。[2]这一产生于距今5 000年的良渚文化图形,其所蕴含的抽象艺术及复杂的思维形式,无论是在远古艺术发展史,还是在远古思想发展史上,都留下了浓墨重彩的历史记忆。

图1-17 赵陵山56号墓的一件陶器盖上的刻纹(左)及其细描图(右)[3]

同样蕴含着复杂与深邃思想的还有出土于赵陵山81号墓的黄色泥质陶盘。

---

[1] 南京博物院:《赵陵山——1990—1995年度发掘报告》,文物出版社2012年,第348—349页。
[2] 李之龙:《良渚文化社会形态探析》,《考古》2002年第9期。
[3] 南京博物院:《赵陵山——1990—1995年度发掘报告》,文物出版社2012年,彩版一一"陶器盖"及第59页。

该盘"口径23.2厘米,沿上对称有4个椭圆形镂孔,镂孔两侧对称半镂尖状三角花纹;底部中心图案与太极八卦的思想结构极为近似,这种条状刻画或是八卦中卦象的雏形;外侧绞索状纹饰表示连绵不绝、无穷无尽之意,可理解成生命与思想的连续、生生不息"[1]。

图1-18　赵陵山81号墓的黄色泥质陶盘(左)及其线描图(右)[2]

(二) 苏州重要的良渚文化遗址

苏州的良渚文化遗址众多,有些遗址还分别与马家浜文化、崧泽文化共生,如今草鞋山遗址。在这众多的良渚文化遗址中,最有影响和最为重要的良渚文化遗址为常熟罗墩遗址、吴江龙南村落遗址、昆山赵陵山遗址和今吴中区(原吴县)张陵山遗址。兹分述如下:

1. 常熟罗墩遗址——5 000多年前太湖流域部族战争的战死者墓地

(1) 遗址年代

罗墩遗址位于常熟市练塘镇罗墩村,东北距常熟市区约7千米。《江苏常熟罗墩遗址发掘简报》指出,罗墩遗址经测定的碳14数据1个:BK—93073(CHLM9木炭),距今5885±309年(经树轮校正),这个数据年代偏早,根据一些学者对早期良渚文化分期成果分析,罗墩墓地年代大致在距今5 000年前后。[3]

罗墩遗址为一处墓地,墓内随葬器以玉器最丰富,达116件之多。玉器品种以管、珠、镯、戒、环、坠等小件器物为主,其中有玉环、冠状玉饰、穿孔玉珠、象鼻

---

[1] 左骏:《重说赵陵山遗址》,《中国文化遗产》2013年第1期。
[2] 南京博物院:《赵陵山——1990—1995年度发掘报告》,文物出版社2012年,彩版三〇"陶盘"及第72页。
[3] 苏州博物馆、常熟博物馆:《江苏常熟罗墩遗址发掘简报》,《文物》1999年第7期。

孔玉珠、玉管、玉镯、玉戒、穿孔玉珠(8粒)等,但并无玉琮。这些情况,和崧泽时期的张家港东山村遗址的大墓相类似。

苏州有玉琮出土的两处良渚文化早期遗址为赵陵山、张陵山遗址,其年代均为公元前3000年,即距今约5000年。因此,从玉琮出土的情况来看,罗墩遗址的年代更靠近无琮的崧泽时期而早于有玉琮出土的赵陵山、张陵山遗址。若以琮的有无作为标尺,罗墩遗址的年代显然更早于赵陵山、张陵山遗址。因此,它的年代只会早于而不会晚于"距今5 000年前后"。

(2)遗址性质

在罗墩遗址墓地上,大致属同一时期的14座墓葬中,发现有人骨的墓有5座(M3、M7、M8、M10、M13),其余9个墓未见人骨或痕迹。而发现有人骨的墓,其骨架都有一个共同的特征,骨骼或残缺或分离。M3左手缺尺、桡骨,M7人骨架缺少头骨,而墓坑西南角发现另有一头骨;M8左手缺尺、桡骨;M10上半身和下半身骨骼分离达1米左右,且骨骼残缺不全,上半身主要缺头骨、上肢骨和盆骨,下半身缺大腿骨上部;M13仅见小腿骨。未见人骨架的9座墓葬,随葬物品排列有序,其规律与有骨架的墓相同,如M6,玉器位于宽的一端,石钺位置在中部,陶器位于窄的一端,似有意按人体位置放置。

M7墓主人骨架上缺少头骨,而同坑西南角的头骨顶端出有冠状饰,显示出其地位的高贵,与整个墓的规模和丰富的随葬品相吻合。M7墓主虽然身首相离,但手中仍握有一把带柄的石钺,而石钺主要用作兵器,或代表军事指挥权。该墓处于整个墓地的中心位置并为罗墩墓地中最大的墓。[1]

该墓地与其他高台墓地相比,有一个显著特点,墓主人骨或残缺,或分离,保存有骨骼的4个墓葬都存在这样的情形。[2]从许多迹象看,这种现象不是人骨腐朽所致,如M3左手缺尺、桡骨,如果是腐朽所致,则17号玉镯应在尺、桡骨的位置,而出土时,玉镯却套在肱骨上,说明墓主入殓时已没了下臂,故玉镯只能套在上臂上,另外骨骼腐烂,不会仅烂尺、桡骨。

罗墩14个墓有9个墓出土有石钺,一些墓被打破或遭破坏,原来很有可能也随葬石钺。随葬石钺的墓比例很高,为罗墩墓地的特点之一。同M7一样,其他墓的石钺一般位于左手位,石钺磨制精致,体形扁薄,刃部锋利,少见使用后形成的缺口,不像一般用于砍砸的工具,联系当时部族战争频繁的情况,推测石钺

---

[1] 苏州博物馆、常熟博物馆:《江苏常熟罗墩遗址发掘简报》,《文物》1999年第7期。
[2] 《江苏常熟罗墩遗址发掘简报》中此句与前文"14座墓葬中,发现有人骨的墓有5座(M3、M7、M8、M10、M13)"句抵牾。

作为兵器的可能性更大。再与人骨残缺分离的现象联系起来分析,考古报告认为:这些死者很可能死于部族间的战斗,死后被本部族人运回埋葬。没有任何人骨或人骨痕迹的10个墓的性质也应与之相同。[1]

《罗墩发掘简报》还显示,该墓地见有尸骨的墓穴多与石钺紧密联系。新石器时期的斧和钺,其外形相似,功用差异不大。新石器时期的石斧源自旧石器时期的砍砸器。后为操作方便,出现带柄石斧,而从带柄石斧分化出的战争武器则为石钺。它在远古时就成为部族首领生前死后所拥有的权力象征。这种权力象征,作为一种文化,为后世的玉钺和青铜钺所继承。这些5 000多年前埋入土中的石钺,其文化意义和后世祭祀中"事死如事生、事亡如事存"[2]并无两样。且在当时的部族葬礼中埋入石钺的同时,即完成把石钺从战争实用器转化为礼仪、祭祀性质的明器(冥器)过程了。因此,罗墩遗址墓地作为陪葬器的石钺,就成为罗墩遗址这座5 000多年前可能是部族战争战死者墓地的实物佐证。

图1-19 《江苏常熟罗墩遗址发掘简报》所附罗墩遗址M3墓出土石钺图片(左一、左二)、山东博物馆展出的"亚醜钺"(商代,前1600—前1046,1995年青州苏埠屯1号墓出土。正背口部两侧各有铭文"亚醜"二字,器身透雕人面纹,狰狞中透出威严。钺是古代的兵器或刑具,如此巨大之钺,乃权力的象征)(左三)及中国国家博物馆展出的"亚启"青铜钺(商王武丁时期,1976年河南安阳殷墟妇好墓出土。此器内部铸铭文"亚启")(右)(吴恩培摄)

(3) 遗址价值

罗墩遗址墓地群体性战死者的战殁时间和《史记·五帝本纪》所记载的中国北方部族联盟领袖黄帝"与炎帝战于阪泉之野"[3]"与蚩尤战于涿鹿之野"[4]几乎同时。这意味着,5 000多年前当中国北方的不同部族或部族联盟正在发生战争时,中国南方的长江流域也在发生着不同形式的部族或部族联盟战争。所

---

[1] 苏州博物馆、常熟博物馆:《江苏常熟罗墩遗址发掘简报》,《文物》1999年第7期。
[2] 《中庸》第十九章,引自宋元人注《四书五经》上册,天津市古籍书店影印1988年,第8页。
[3] 司马迁:《史记》卷一《五帝本纪》,中华书局1959年,第3页。
[4] 司马迁:《史记》卷一《五帝本纪》,中华书局1959年,第3页。

不同的是,北方的战争经口口相传在后世被载入史书而流传下来;而南方的战争在湮灭5 000多年后,却是以群体性的战死者墓地这一实物形式面世,从而为5 000多年前江南史前的社会生活描绘出了一幅部族战争后充满悲壮气氛的历史画卷。

中国考古发掘的成千上万座古代墓葬中,如罗墩遗址墓地这样有着明确的社会属性(部族战争战死者墓地),有着明确的考古学年代(新石器时代,距今5 000多年),有明确的死因(墓主人骨或残缺,或分离)和独特的文化面貌(随葬物品极为丰富,且14个墓有9个墓出有作为兵器的石钺),却找不出相同案例。因此,这一实物遗存所蕴含的在江南文明进程中的独特价值——其所具有的人文资源的历史久远性、保存不易的珍稀性及其绝无仅有的独特性,均国内无双,极具特色。

2. 吴江龙南村落遗址——太湖流域首次发现的原始村落遗址

龙南村落遗址位于吴江区平望镇龙南村。《江苏吴江龙南新石器时代村落遗址第一、二次发掘简报》将遗址的新石器文化分为三期。第一期(距今5 360年左右),是崧泽文化向良渚文化的过渡期,发现1座房址;第二期(距今5 200年左右),发现2座墓葬,11座房址,均为竖穴式;第三期(距今4 760年左右),发现15座墓葬,1座房址,为竖穴式。有学者为讨论方便把上述第二期称为龙南遗址早期,把第三期称为龙南遗址晚期时指出:尽管龙南遗址有这样早、晚两期的差别,但若把这两期放到良渚文化的分期表中做整体考察的话,这两期仍同属于良渚文化的第一期,而良渚文化一般都分为四期。可见,龙南遗址的年代总体上处在良渚文化的早期阶段。[1]

在考古中发现一条东北、西南走向的古河道,河道内有渔网坠、石鱼标、石镞及大量的碗、蚬、螺蛳壳。古河道两岸分布三个集合的房址13座,为半地穴式和浅地穴式,房内有垫有苇草、蒲草、草木灰的睡坑。河畔房屋依河而筑,房前有石台阶式门道,河边还有木构埠头(俗称河滩头)等格局、情景[2],俨然是后世江南乡村枕河而居格局的最早雏形。两次发掘共发现良渚文化期墓葬15座,并有石、玉、陶器等陪葬遗物。出土一具猪坑,尚有粳籼稻、红蓼、酸枣、河菱、芝麻、甜瓜、葫芦等植物种子。是太湖流域首次发现的原始村落遗址。[3]

---

[1] 高蒙河:《从江苏龙南遗址论良渚文化的聚落形态》,《考古》2000年第1期。
[2] 《江苏吴江龙南新石器时代村落遗址第一、二次发掘简报》(执笔:钱公麟、丁金龙、姜节余、吴国良),《文物》1990年第7期。
[3] 引自"龙南村落遗址"文物标志碑碑后的文字说明。

3. 昆山赵陵山遗址——良渚时期严重社会分层的标志

赵陵山遗址,位于昆山张浦镇南2.5千米处的赵陵村北,1984年发现,经国家文物局批准,1990年、1991年和1995年由南京博物院、苏州博物馆和昆山市文管会联合进行了三次考古发掘,先后发掘面积2 000平方米,占整个遗址的四分之一,文化堆积层厚9米,上层为春秋时代遗存,中层为良渚文化,下层为崧泽文化。遗址共清理大中小94座墓葬,出土各种文物600余件,其中玉器206件,石器136件,陶器270件。特别是神人鸟兽透雕玉饰,在国内现存良渚玉器中堪为制作精美的稀世瑰宝。2013年5月,该遗址被国务院核定公布为第七批全国重点文物保护单位。南京博物院在展出"良渚文化早期墓葬——赵陵山77号墓"时,将其时代定为"公元前3000年"。

赵陵山77号墓,为苏州良渚文化早期的又一座重要墓葬。该墓不仅其葬具有彩绘痕迹,而且出土了丰富的随葬器物,除了陶器、石器外,仅玉器就达125件(套)之多,在墓主腰部右侧放置的大石钺,其孔内即为神人鸟兽透雕玉饰。除神人鸟兽透雕玉饰外,赵陵山77号墓另出土有玉琮。作为杀殉附葬的该遗址高土台的外围西北部发现一批附葬墓葬。在这些墓葬中,墓主尸骨被砍掉下肢、双脚,或身首异处。如此大规模的杀殉附葬现象在良渚文化中尚属首次发现。[1]

据南京博物院展板说明,M77墓"墓主为青壮年男性,当为氏族首领"。如这一判断成立,则不排除这是一次部族战争后,作为青壮年男性的部族首领的M77墓主,在战争中阵亡。故赵陵山所在地的部族,在埋葬他们首领的同时,疯狂地将劫掠来的对方部族社会成员进行集体性的报复、杀戮并作殉葬。由此可以看出,这一时期,苏州和太湖流域地区已进入严重的社会分层的状态。社会分化与重组的激烈、残酷程度,都在这一对比的强烈反差中表现出来。

而将赵陵山遗址的杀殉墓葬与早于赵陵山遗址的常熟罗墩战死者墓地作一比较,则可看出:太湖流域的部族或部族联盟间的战争连绵不断,已非偶然现象。常熟罗墩墓地,系为本部族战死者而立,故墓地中除有精美的玉器随葬外,更有或为战死者生前所用的兵器石钺随葬。而赵陵山遗址的杀殉,其墓坑多为无随葬品的丛葬墓群。殉葬者的被杀方式,多为敲击、挤压头部而致头颅破碎、破裂的残酷方式。这些殉葬者或为战争中战败方的被俘战士,或为该战败部族的全体或部分社会成员。而从年龄、性别等层次来看,可谓妇孺老幼均有。这些被杀而殉葬者死后的埋葬方式,与罗墩墓地不可同日而语。

---

〔1〕 丁金龙:《苏州史前文化概述》,《苏州文博论丛》2010年(总第1辑)。

4. 张陵山遗址及其玉琮、玉璧的出土

张陵山遗址位于吴中区甪直镇西南1.5千米处,1956年江苏省文管会调查发现该遗址。遗址处有东、西两座土墩,当地人称为东山、西山。1977年5月,南京博物院配合砖瓦厂取土发掘西山,清理崧泽文化墓葬6座,早期良渚文化墓葬5座,并出土璧、琮等玉器。[1]

张陵山遗址良渚文化层的出土器,除前述人形饰件外,另出土的琮、璧等玉器在良渚文化中有着重要地位。

张陵山东山遗址的文化序列自下而上依次是崧泽文化、良渚文化及以几何印纹陶和原始青瓷器为特征的吴文化。而关于其良渚文化层的年代,有学者指出说:"碳14测定该期遗存的年代为距今5 160±230年,树轮校正为5 785±240年,一般认为此数据可能偏早,其年代约在公元前3 000年左右。"[2]也有学者指出:"1977年在吴县张陵山遗址四号墓也出土了琮璧,同出有鱼鳍足鼎、黑皮陶贯耳壶,属良渚文化早期,同层出土的木炭经碳14测定为5 160±230年,树轮较正5 785±240年。由于木炭数量较少,这个标本的误差可能较大,但大致年代可定在距今五千年前后。"[3]由上述论述可知,张陵山良渚早期文化层的年代为公元前3 000年左右,距今5 000年前后。

(三)良渚时期的玉器

良渚时期,苏州诸多良渚文化遗址中玉器出土数量众多,品种丰富,雕琢精湛。这一时期的玉器制作,继承了马家浜、崧泽时期的制玉工艺,且玉的制作种类,除原有的器型、品种如钺、瑗、环、镯、璜、带钩、管、珠等外,其创新品种且对其后太湖流域的制玉有着重要影响的种类为冠状饰、玉龙牌和琮、璧等。

1. 罗墩遗址出土的冠状饰与玉双龙牌饰

(1)冠状饰

冠状饰,后来发现下面有梳,又作玉梳背,为良渚早期出现、其后逐渐淡出历史的一个玉器品种。

常熟罗墩遗址墓地M7墓出土的冠状饰,在后世产生重要影响。这种影响一是由良渚中、后期墓葬如上海福泉山遗址良渚文化层及浙江反山遗址、瑶山遗址

---

[1] 南京博物院、甪直保圣寺文物保管所:《江苏吴县张陵山东山遗址》(执笔:汪遵国、王新),《文物》1986年第10期。
[2] 王巍:《良渚文化玉琮刍议》,《考古》1986年第11期。
[3] 汪遵国:《琮璧在中国古代文化中的地位》,《江苏社联通讯》1980年第1期。

等出土的冠状饰实物器体现出来的。从外形上可以看出,这些其后出现的冠状饰都继承了罗墩遗址冠状饰的外形。

图1-20　常熟罗墩遗址M7墓出土的冠状饰[1]

随着对冠状饰的研究深入,学者们发现,"冠状饰是良渚文化独有的一种玉器,在良渚文化玉礼器系统中,占有十分重要的地位","冠状饰在使用与随葬方面"具有"单一性"的特点,这就是"在反山、瑶山墓地中,每座墓都有一件冠状饰,而在张陵山、草鞋山、寺墩、福泉山、汇观山以及中等级的许多墓地中,冠状饰都是出在地位较高的墓葬之中"。[2]显见,冠状饰作为部族显贵者的主要随葬品之一,在整个罗墩墓地仅此一件。所有良渚中、晚期墓葬中冠状饰的使用规则,在苏州良渚早期的罗墩遗址、张陵山遗址已隐然

图1-21　浙江余杭瑶山出土的玉梳背(瑶山M10出土,高3.15厘米,宽6.4厘米,厚0.4厘米)(上左)[3]、上海青浦福泉山出土的玉梳背(良渚文化,1987年青浦福泉山高台墓地109号墓出土,高2.3厘米,长4.75—5厘米,厚0.35厘米)(上右)[4]、冠状玉饰(新石器时代,约一万年—四千年前,上宽9.2厘米,下宽7.5厘米,厚0.4厘米。浙江省杭州市反山出土,浙江省文物考古研究所藏)(下左)[5]及浙江余杭反山出土的玉梳背(反山M16出土,通高5.27厘米,上宽5.4厘米,中宽10.34厘米,最厚0.4厘米)(下右)[6]

---

[1]　苏州博物馆、常熟博物馆:《江苏常熟罗墩遗址发掘简报》,《文物》1997年第7期。
[2]　刘斌:《神巫的世界》,浙江摄影出版社2007年,第115页。
[3]　《浙江博物馆典藏大系·史前双璧》,浙江古籍出版社2009年。
[4]　上海文物管理委员会:《上海考古精萃》,上海人民美术出版社2006年。
[5]　《中国文物精华·1990》,文物出版社1990年。
[6]　苏州博物馆、常熟博物馆:《江苏常熟罗墩遗址发掘简报》,《文物》1997年第7期。

出现,进而对其后的良渚中、晚期墓葬产生影响。因此,罗墩遗址不仅出现了冠状饰这一祖型器饰,且其在墓葬中的使用规则,也成为罗墩遗址后良渚墓葬中沿用的规则。而从良渚早期常熟罗墩遗址出土的冠状饰,到浙江海盐周家浜遗址出土的玉背象牙梳,再到商代妇好墓出土的玉梳,既可大致窥见这一当时上层人士生活用器的演化过程,也可看出常熟罗墩遗址的冠状饰对其后的影响。

（2）玉双龙牌饰

玉双龙牌饰出土于罗墩遗址 M8 墓。据《江苏常熟罗墩遗址发掘简报》,M8 墓出土"玉双龙牌饰 1 件(M8:14)。圆形,中部两面对钻一孔,一侧浅浮雕出两相对的龙首,龙首由嘴、眼、角组成,另一侧为共用的龙身,构思巧妙,精致动人,出土时位于 M8 墓主大腿骨之间,可能是挂于腰间的牌饰,直径 3.4 厘米、宽 1.1 厘米、厚 1 厘米。……从整个雕琢面透视,龙面轮廓清晰,诸部位皆突出于饰体表面,具有较强的立体感,既简练传神,又充满力度,不失为一件艺术精品。

图 1-22　常熟罗墩遗址 M8 墓出土的玉双龙牌饰[1]

关于此类龙首形牌饰,良渚早期遗址中尚未见到,而在良渚中期的反山 M26 及瑶山 M2 大墓中曾分别出过 6 件和 2 件。后 8 件牌饰均是先用减地浅浮雕,再以阴刻线来烘托和表现龙首上各部位特征。鼻以复线菱形纹做出,两侧刻有卷云纹等,阴刻线条已蔓延至饰体的平面。此外有的雕琢二龙首,也有三龙首,均非对称相连,仅有龙首而不能视作龙的全形。从发展序列而言,反山、瑶山牌饰上的龙形图案应是从罗墩纹饰中进一步演化而来,二者之间有着明显的递承关系"[2]。而刊登《江苏常熟罗墩遗址发掘简报》的《文物》编辑部在"卷首语"中也特别指出:"近年发现的常熟市罗墩遗址是一处良渚文化的高台墓地。已发掘的 14 座墓葬出土各种遗物 250 余件,其中双龙圆形牌饰造型独特,是首次发现。"[3]

这件良渚早期的玉双龙牌饰,对后世良渚中、晚期同类的玉器产品的影响,很容易从形制上看出。以下列浙江余杭反山 M22 出土的龙首纹小玉环来看,它和罗墩遗址 M8 墓出土的玉双龙牌饰存在着某种相似度。再以上海青浦福泉山

---

[1] 苏州博物馆、常熟博物馆:《江苏常熟罗墩遗址发掘简报》,《文物》1999 年第 7 期。
[2] 苏州博物馆、常熟博物馆:《江苏常熟罗墩遗址发掘简报》,《文物》1999 年第 7 期。
[3] 《文物》1999 年第 7 期"卷首语"。

遗址良渚文化层出土的一件良渚玉器,《上海考古精萃》称为"猪首小玉坠"[1],而其他学者则将该器命名为"龙首纹玉环"[2]。

图1-23　浙江余杭瑶山遗址出土的玉圆牌(上左)[3]和玉龙首镯(上中、上右)[4]、上海青浦福泉山遗址出土的"猪首小玉坠"(下左)及其他学者将该器命名为"龙首纹玉环"(下右)

如上所述,从良渚中、晚期浙江省余杭市瑶山遗址出土的玉圆牌、玉龙首镯及上海青浦福泉山遗址出土的"猪首小玉坠"或称为"龙首纹玉环"的器型中,如《罗墩发掘简报》所说,都能看到与罗墩遗址玉双龙牌饰"有着明显的递承关系"。

中国现存最早的一部著录玉器的著作为元代昆山朱德润著《古玉图》,该著作著录的"蚩尤环",或当是元代时已现于世的良渚时期类于玉双龙牌饰的玉器。该著作对此类玉器的外形做记录说:"色如赤瑂,而内质莹白,循环作五蚩尤形,首尾衔带,雕镂古朴。"另一方面对其年代作准确判断说:"真三代前物也。"同时,该著作对"蚩尤环"的名称来源的阐释为:"盖古者黄帝氏平蚩尤,因大雾作指南车,饰以文玉,今其文作蚩尤形,盖当时舆服所用之物也。"[5]

从元代昆山人氏朱德润《古玉图》已著录此类良渚玉器来看,在元代或元代

---

[1] 上海文物管理委员会:《上海考古精萃》,上海人民美术出版社2006年,第144页。
[2] 刘斌:《神巫的世界》,浙江摄影出版社2007年,第135页。
[3] 蒋卫东:《神圣与精致》,浙江摄影出版社2007年,第233页。
[4] 良渚博物院:《良渚文化——实证中华五千年文明》,良渚博物院内部出版,第28页。
[5] 朱德润:《古玉图》,见《丛书集成初编本》,中华书局1991年,第8页。

前,昆山乃至苏州一带良渚古墓已遭挖掘,且相当多玉器已流入于市。有文献记载,清朝末年余杭安溪乡一个农民曾一次挖出了几担良渚玉器,从此良渚镇一带的农民就把盗掘良渚古玉当作一种副业并称之为"掏玉",从而致使相当数量的良渚玉器被古董商买去并流散到国内外。[1]朱德润《古玉图》著录的"蚩尤环",或也出于良渚古墓的类似于罗墩遗址玉双龙牌饰的玉器,并于元代时已被著录的例证。

罗墩遗址玉双龙牌饰的另一个意义,则是对其后诸如张陵山玉琮等良渚玉器兽面纹的影响。有学者研究后认为:"龙首纹就是兽面纹的母体和原初形态,而兽面纹只不过是龙首纹不同表现形式需要所产生的变体而已,两者所表现的是同一对象。"[2]这或许意味着,其后从张陵山玉琮发端的良渚玉器上的兽面纹,或与罗墩玉双龙牌饰的纹饰有着渊源关系。

2. 良渚早期苏州所产琮、璧及其地位

(1) 琮

琮,方柱形,中有圆孔。用为礼器等。从苏州现存良渚文化遗址,如越城遗址的良渚文化层、吴江龙南遗址、常熟罗墩遗址、昆山赵陵山遗址及吴中区张陵山遗址等,均为良渚文化早期遗址。在这些遗址中,越城遗址、罗墩遗址、龙南遗址的良渚文化层均有各种品种的玉器出土,但无玉琮出土。学界关于最早出现的琮,目前存有以下三说:

其一为安徽潜山薛家岗的玉琮。该琮考古学年代距今约5 100年,故向为考古、文博单位所认可。如南京博物院玉器馆介绍"玉琮"时说:"最早的玉琮见于安徽潜山薛家岗第三期文化,距今约5 100年。"2016年3月,值河南殷墟妇好墓考古发掘40周年时,北京首都博物馆举办名为《王后·母亲·女将》展览时展出妇好墓出土玉琮的展板也介绍说:"最早的玉琮见于5 100年前的安徽潜山史前文化。"上述展出所说的玉琮即为安徽潜山薛家岗遗址M47墓出土的"玉琮2件,形制相同,均乳白色,近似长方体,外方内圆,一端略大,另一端略小"。二琮的尺寸,一为器最高2.2厘米、边长1.7厘米;另一则为器最高2.1厘米、边长1.8厘米。[3]正因为该二器尺寸如同小学生用的一块橡皮大小,故主持该考古的专家在收入《潜山薛家岗》一书的《薛家岗考古散记》中将之称为"一对高2.1

---

[1] 戈春源、叶文宪:《吴国史》,人民出版社2001年,第37页。
[2] 蒋卫东:《神圣与精致——良渚文化玉器研究》,浙江摄影出版社2007年,第234页。
[3] 安徽省考古研究所:《潜山薛家岗》,文物出版社2004年,第140—141页。

厘米、直径1.6厘米的小玉琮"[1]。

图1-24　薛家岗遗址M47墓出土的玉琮(左)[2]及昆山赵陵山遗址77号大墓出土的素面无纹玉琮(中、右为同一器的不同视角)[3]

二为昆山张浦赵陵山遗址77号大墓出土的素面无纹玉琮。该琮出土时，位于墓主右手上，琮下端叠压墓主右手指骨。外方内圆，外形质朴，呈矮立方柱形，四面平直、倭角，光素无纹，细节未做精细化处理；中部管钻对穿孔，通体打磨光洁；最大对角径10.8厘米、最高4.2厘米；玉质呈灰绿色，不透光。该琮被学者们认为是良渚方体玉琮的最早形态，弥足珍贵。[4]关于其年代，如前所述，南京博物院展出时介绍该墓，将之年代定为公元前3 000年。距今约5 000年。

三为张陵山遗址出土的玉琮。王巍《良渚文化玉琮刍议》一文指出："张陵山M4与AI式琮同出的陶器有鱼鳍形足鼎、带把杯等，均为良渚文化早期的典型器。……其年代约在公元前3 000左右。""良渚文化的玉琮以张陵山M4出土的AI式琮的年代最早，同时，它也是我国新石器时代遗存中迄今所见年代最早的玉琮。因此，探讨玉琮的起源应以此式玉琮为重点。"[5]汪遵国《琮璧在中国古代文化中的地位》一文也指出："1977年在吴县张陵山遗址四号墓也出土了琮璧……张陵山出土的琮璧是全国年代最早的玉制礼器。"[6]上述，"张陵山M4出土的AI式琮的年代最早"及"张陵山出土的琮璧是全国年代最早的玉制礼器"，其年代即"可定在距今5 000年前后"。

---

[1]　安徽省考古研究所：《潜山薛家岗》，文物出版社2004年，第612页。
[2]　安徽省考古研究所：《潜山薛家岗》，文物出版社2004年，彩版一二—8。
[3]　南京博物院：《赵陵山——1990—1995年度发掘报告》，文物出版社2012年，彩版一二六"玉琮"。
[4]　左骏：《重说赵陵山遗址》，《中国文化遗产》2013年第1期。
[5]　王巍：《良渚文化玉琮刍议》，《考古》1986年第11期。
[6]　汪遵国：《琮璧在中国古代文化中的地位》，《江苏社联通讯》1980年第1期。

图1-25　南京博物院展出的兽面纹镯形琮(新石器,苏州张陵山遗址出土)(左)及其阴线刻兽面细部(中)以及该院展器标示牌上据之而绘的标志性图案(右)(吴恩培摄)

以上三器(指潜山薛家岗、昆山赵陵山及苏州吴中区张陵山出土的琮)均为距今5 000年以上,当为中国最早出现的玉琮。

三器中,潜山薛家岗玉琮年代最早,但体量太小。而昆山赵陵山玉琮,虽光素无纹,但作为方体玉琮的最早形态,却是奠定了这一玉器外方内圆的立方柱形制。其所蕴含的天圆地方观念,在此器中最早得以体现。这一认识所表达出外方内圆的形制,在后世三代(夏、商、周)时保留下来,并成为《周礼·春官·大宗伯》所说的"以礼天地四方"[1]的规范、标准形态。

而苏州吴中区张陵山玉琮的兽面纹,对后世良渚玉器器型图案的影响更大。

首先,吴中区张陵山玉琮琮面上的兽面纹——即阴线刻兽面,成了其后苏州草鞋山遗址良渚文化层及常州寺墩遗址等出土的兽面纹玉琮的直接源头,也成为浙江余杭反山、瑶山出土体量硕大玉琮及其他类型玉器兽面图案的最初滥觞和渊源。

图1-26　南京博物院展出的兽面纹玉琮(又作"神人兽面纹琮")(良渚文化,前2500年,苏州园区草鞋山出土)(左)及玉琮(良渚文化,前2500年,江苏省武进市寺墩出土)(右)(吴恩培摄)

---

[1]《周礼·春官·大宗伯》,见《周礼注疏》,北京大学出版社1999年,第477页。

其次,它也成为商、周青铜器上常见的兽面纹(即饕餮纹)图案的最早源头,从该器兽面纹与商、周青铜器兽面纹比较,则可明显看出,商、周兽面纹与由张陵山玉琮兽面纹为发端的良渚玉器兽面图形的传承关系。

图1-27 中国国家博物馆展出的青铜鼎(商前期,约公元前16世纪—前14世纪,1974年河南郑州杜岭出土,此鼎在目前已发现的商代前期青铜器中体积最大)(左)及其鼎器上的兽面纹(右)(吴恩培摄)

图1-28 淳化大铜鼎(西周,公元前11世纪—771年,通高122厘米,口径83厘米,1979年12月陕西省淳化县出土,陕西省淳化县文物管理所藏。纹饰以兽面纹为主,是目前我国发现的西周时期最大的铜鼎)及其鼎身上的兽面纹(上左、上右)[1]及南京博物院展出的青铜兽面纹铙(商,南京市江宁区出土)(下左)及其局部兽面纹(下右)

---

[1]《中国文物精华·1990》,文物出版社1990年,第51器"淳化大铜鼎"。

图1-29　上海博物馆藏兽面纹斝(商代中期,公元前15世纪中叶—前13世纪)上的兽面纹(上左)及兽面纹卣(西周早期,公元前11世纪)上的兽面纹(上右)[1]及南京博物院展出的青铜甗(西周,仪征市破山口墓出土)(下左)及其局部兽面纹(下右)(吴恩培摄)

从这里,大致可以看出从良渚早期苏州张陵山玉琮所发端的兽面,到良渚中晚期玉器上神人兽面形象,再到商、周时期钟鼎彝器上的兽面纹即饕餮纹及其融入政治、社会生活所寓告诫的文化含义。由此,也就不难理解学者们对张陵山玉琮的极端重视。黄宣佩分析良渚时期的玉琮时指出,"结合张陵山等地所见,可分五式",其中"Ⅰ式,矮圆筒形,孔大,器壁较薄,或可称琮形镯,外壁凸出四块弧面凸块,在分节与纹饰雕琢上有二型:A型,凸块中间无凹槽,不分节,其上用阴线刻兽面,出于张陵山上层墓葬"[2]。再如前引的王巍《良渚文化玉琮刍议》一文所指出的"探讨玉琮的起源应以此式玉琮为重点"[3]。

如前列图片所示,前些年,南京博物院展器标示牌左侧置放的图案即为张陵山遗址出土玉琮兽面纹线描图案。这也说明该器及其纹饰在良渚文化中无可比拟的独特地位。综上可见,良渚时期苏州生产的"琮"这一玉器并延及后世青铜器的器种,贡献如下:

一是贡献了"形"——基本形态,其代表器即为赵陵山玉琮及前述薛家岗的小玉琮。该器及前述薛家岗的小玉琮作为方体玉琮的最早形态,奠定了琮的外

---

[1]　《上海博物馆·中国古代青铜馆》,上海博物馆内部出版,第7、12页。
[2]　黄宣佩:《论良渚文化的分期》,见国际良渚学中心:《良渚学文集》(1949—2001),综论。
[3]　王巍:《良渚文化玉琮刍议》,《考古》1986年第11期。

方内圆的立方柱形制。

二是贡献了琮面上的"纹"——兽面纹图饰,其代表器为张陵山玉琮的兽面纹。该器不但对良渚中晚期玉器器型图案产生影响,更成为商周时青铜器兽面纹(又称饕餮纹)的最早源头。

良渚早期所贡献的琮的"形""纹"及其蕴含的天圆地方观念,为三代(夏、商、周)时保留下来,并成为《周礼·春官·大宗伯》所说的"以礼天地四方"[1]的规范、标准形态。

(2)璧

璧,玉器名。扁平、圆形、中心有孔。边阔大于孔径。古代贵族用作朝聘、祭祀、丧葬时的礼器,也作佩戴的装饰。在中国文化中,"璧"有着特殊的社会含义。

关于"璧"出于何时,有学者论述说:"璧的出现与发展和琮并不同步。崧泽文化就有玉璧,但形体很小,直径只有几厘米,就像是纺轮。良渚文化早期也有这种小玉璧,并和珠、管、璜等穿在一起组成胸饰,这种作饰品的小璧称为系璧。"[2]显然,上述"崧泽文化"时期的"形体很小,直径只有几厘米"的"玉璧",若以后世的标准——《尔雅·释器》所说的"肉倍好"[3]及邢昺疏所诠释的"边大倍于孔者名璧"[4],即该器的边,要数倍于孔,这才能称为璧——来看,显然还难以真正称得上"璧",不过是具备了后世"璧"的外形要素而已。毕竟,后世用于庙堂之上"以苍璧礼天"[5]的"璧",不是"直径只有几厘米"的尺寸所能承受的。

前引汪遵国《琮璧在中国古代文化中的地位》一文指出:"1977年在吴县张陵山遗址四号墓也出土了琮璧……属良渚文化早期……大致年代可定在距今五千年前后。因此,张陵山出土的琮璧是全国年代最早的玉制礼器。"[6]

张陵山1号墓出土的玉璧,其直径23.5厘米,而其好径(即璧中间的圆孔的直径)为4厘米,其边5倍多于孔,完全符合《尔雅·释器》所说"肉倍好"的标准。

---

[1]《周礼·春官·大宗伯》,见《周礼注疏》,北京大学出版社1999年,第477页。
[2] 戈春源、叶文宪:《吴国史》,人民出版社2001年,第42页。
[3]《尔雅·释器》,见《尔雅注疏》,北京大学出版社1999年,第151页。
[4] 邢昺疏,见《尔雅注疏》,北京大学出版社1999年,第151页。
[5]《周礼·春官·大宗伯》,见《周礼注疏》,北京大学出版社1999年,第478页。
[6] 汪遵国:《琮璧在中国古代文化中的地位》,《江苏社联通讯》1980年第1期。

3. 玉器制作的特点

前述良渚时期苏州玉器制作的创新品种，如冠状饰、玉龙牌、琮、璧等，都处于开创地位且对其后太湖流域的制玉有着重要影响。良渚时期的苏州玉器制作，呈现出以下两个显著特点：

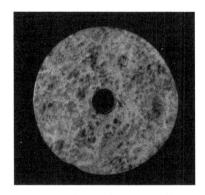

图1-30 苏州吴中区（原江苏吴县）张陵山1号墓出土的玉璧（直径23.5、好径4、厚1—1.1厘米，张陵山东山出土）[1]

一为精湛的"苏工"。赵陵山出土的神人鸟兽透雕玉饰及张陵山出土的人形饰件等，在目前出土的良渚文化玉器中，也堪为制作精美的稀世瑰宝。这些诞生于5 000多年前的苏州玉器，已体现出苏州工匠治玉的雕琢精湛。这一特点，延续至后世春秋时期的吴国冶铸和制剑。在这些"苏工"背后，是苏州最早的一大批没留下姓名的工匠及其以精湛、精细见长的苏州工匠精神的原始雏形。

二为开风气之先、引领玉器制作潮流的"苏样"——苏州样式。尽管当时苏州的名称尚未出现，故也不可能出现"苏样"这个词汇，但人们还是能从"苏样"的流传中寻迹到它草蛇灰线的痕迹。从罗墩遗址出土的冠状饰与玉双龙牌饰到赵陵山玉琮外方内圆的最早形态，再到张陵山玉琮的兽面纹以及玉璧等。所有这些，对当时及其后的玉器制作乃至对商、周时期的"以苍璧礼天，以黄琮礼地"[2]的礼仪典章制度等，都产生了重要影响。5 000多年前的远古时期，囿于交通等因素，地区间的人员交往、文化交融会受到种种限制，但从苏州样式的冠状饰、玉双龙牌饰及琮、璧及兽面纹的流传、发展来看，虽无文献记载此类"苏样"的传播过程，但至今留存的一件件实物，还是使人们看到5 000年前"苏样"传播的真实存在。

由此可见，"苏工""苏样"的核心意涵即在于工艺制作中的首创或原创所具有的引领作用。这也是后世明万历年间学者王士性在其著作《广志绎》中所说的："苏人以为雅者，则四方随而雅之；俗者，则随而俗之。"[3]

附录：夏商时期环太湖地区的考古文化——马桥文化

上海马桥遗址位于闵行区马桥镇东俞塘村。1959年12月在深1.5米的地层发现鹿角和红色印纹软陶碎片，上海市文物保管委员会于1960年、1966年两

---

[1] 南京博物院、甪直保圣寺文物保管所：《江苏吴县张陵山东山遗址》，《文物》1986年第10期。
[2] 《周礼·春官·大宗伯》，见《周礼注疏》，北京大学出版社1999年，第478页。
[3] 王士性：《广志绎》，见《王士性集》上册，浙江古籍出版社2013年，第254页。

次发掘,出土有新石器时代良渚文化遗物及唐、宋、明、清各代文物,分布于 5 个地层。1978 年,上海马桥遗址发掘报告发表,以马桥四层为代表的文化内涵的特殊性开始受到考古学界的关注。有的学者将这类文化遗存命名为"马桥文化"。"马桥文化,广泛分布于太湖流域,以上海闵行区马桥遗址的发现为典型而命名。"[1]

马桥文化的时间,为距今约 4 000 年至 3 000 年[2]。这一时期,中国北方正处于三代中的夏、商时期。"马桥文化"概念出现后,引起学界诸多争论。但须指出的是:马桥文化时期,已有铜器出现。在太湖流域的新石器时期诸文化中,马桥文化是目前已经发现的青铜时代文化。

马桥文化青铜器的出现,有着重大的意义。它的起源既关系着太湖流域青铜时代的发端,也关系着在青铜时代早期太湖流域的社会发展状况等重大问题。

在苏州的考古文献中,无单一的马桥文化遗址出现,而多为与良渚文化遗址伴生,叠压在良渚文化层之上。如丁金龙《苏州澄湖遗址发掘报告》中,提及马桥文化遗存的 14 座灰坑及 5 口水井等。[3]朱伟峰《独墅湖遗址发掘报告》,记载独墅湖遗址发掘出的马桥文化的陶器鼎、盘、釜等共 16 件。[4]再如太仓市双凤镇南的维新遗址,发掘材料证明:该遗址是一处从良渚文化到马桥文化的早期文化遗址。这一发现使太仓人文历史从原来的 2 000 多年推进到了 4 000 多年以前。[5]

从上可以看出,到了马桥文化时期时,苏州之前马家浜、崧泽以及良渚文化时期曾出现过的精良玉器及良渚时的象牙器等,至此时均已无影无踪。这一时期的陶器、石器,也乏善可陈,没有可称得上精美制品的实物出土。产生此类倒退或文化变异情况的原因或许很复杂,但不外乎与气候变化所导致的原住民迁徙等因素有关。

马桥文化或后马桥文化时期所发生的对日后苏州及太湖流域的历史、文化均产生重大影响的一个事件,就是随着泰伯南奔而与之俱来的中原文化的融入。

---

[1] 马学强:《上海通史》第 2 卷(古代),上海人民出版社 1999 年,第 15 页。
[2] 焦天龙:《论马桥文化的起源》(刊《南方文物》2010 年第 1 期)说:"马桥文化最早出现于公元前 1900 年左右,消失于公元前 1200 年左右,前后共有约 700 余年的历史。"曹峻:《马桥文化再认识》(刊《考古》2010 年第 11 期)也指出说:马桥文化的"绝对年代约为距今 3 900—3 200 年"。
[3] 丁金龙:《苏州澄湖遗址发掘报告》,见苏州博物馆:《苏州文物考古新发现》,古吴轩出版社 2007 年,第 62 页。
[4] 朱伟峰:《独墅湖遗址发掘报告》,见苏州博物馆:《苏州文物考古新发现》,古吴轩出版社 2007 年,第 168 页。
[5] 丁金龙:《苏州史前文化概述》,《苏州文博论丛》2010 年(总第 1 辑)。

对此,李学勤先生指出:"良渚文化的下限已接近由文献推算的夏代,继之而起的文化,有学者称为马桥文化,已有铜器出现。泰伯、仲雍遇到的荆蛮,很可能与这种文化有关。"[1]商末泰伯、仲雍南奔至太湖流域,终引起江南社会生活的改变。泰伯、仲雍所遭遇的太湖流域的本土文化,即是前述马桥文化或后马桥文化。其文化主体——江南土著,即为其时的太湖流域原住民。

随着中原文化的融入,苏州历史将翻开新的一页。

---

[1] 李学勤:《良渚文化的多字陶文——吴文化历史背景的一项探索》,见吴县政协文史资料委员会:《吴地文化一万年》,中华书局1994年,第3页。

◎ 第二章 泰伯南奔与立国勾吴（泰伯至寿梦）◎

第一节　泰伯、仲雍南奔

文字记载的苏州及吴地的历史文化,当追溯到《史记·吴太伯世家》等所记载的商朝末年周族部族的泰伯(又作太伯)、仲雍(又作吴仲、虞仲)兄弟南奔至太湖流域并建立勾吴古国的历史史实,迄今有3 140余年。

泰伯南奔,立国勾吴,是文献记载的中原文化与江南土著文化之间早期的文化融合,对其后江南和太湖流域产生极其深远的影响。作为文献记载的中国早期的南北文化融合,其一方为江南本土文化;另一方则为中原文化,即为孕育、浸润泰伯、仲雍成长的夏、商时期的周族部族文化。

一、周族部族及其传承

(一) 泰伯先祖后稷

周族部族的始祖为后稷。后稷"其母有邰氏女,曰姜原,姜原为帝喾元妃"[1]。关于邰氏的"邰",张守节《史记正义》引《说文》指出:"邰,炎帝之后,姜姓,封邰。"[2]由此可知,后稷的母亲姜原(《吴越春秋》作"姜嫄")乃是炎帝之后。这位炎帝的后人嫁给了帝喾,并成为帝喾诸多夫人中的"元妃",即第一夫人。

《史记·五帝本纪》记载说:"帝喾高辛者,黄帝之曾孙也。"[3]意为,帝喾又叫作高辛,为黄帝的曾孙。

姜原嫁给了黄帝的曾孙、中国古代五帝之一的帝喾,并成为其四个妻子中的

---

[1] 司马迁:《史记》卷四《周本纪》,中华书局1959年,第111页。
[2] 张守节:《史记正义》,见司马迁:《史记》,中华书局1959年,第111页。
[3] 司马迁:《史记》卷一《五帝本纪》,中华书局1959年,第13页。

元妃,其子当为帝喾所生。但司马迁的《史记·周本纪》和《吴越春秋》给姜原之子后稷安排的父亲却都不是帝喾。

《史记·周本纪》对后稷的父亲语焉未详,但稍做暗示说:"姜原出野,见巨人迹,心忻然说,欲践之,践之而身动如孕者。"[1]接下,《史记·周本纪》记载说,孩子出生后,姜原将这孩子"弃之隘巷,马牛过者皆辟不践;徙置之林中,适会山林多人,迁之,而弃渠中冰上"[2]。于是,这个弃而不去的婴孩,"初欲弃之,因名曰弃"[3]。弃长大成人,爱上了种植庄稼,能根据土地的栽培特性,选择适宜的谷物加以种植培养。于是"民皆法则之"[4]。弃(后稷)成为中国古代农耕文明的代表人物。

帝尧任命弃主管农业。帝舜执政时,对弃给予嘉勉并给予分封。这就是《史记·周本纪》所记载的:"帝舜曰:'弃,黎民始饥,尔后稷播时百谷。'封弃于邰,号曰后稷,别姓姬氏。"[5]

"姬"姓本为黄帝的姓氏。唐司马贞《史记索隐》引文说:"皇甫谧云:'黄帝生于寿丘,长于姬水,因以为姓。居轩辕之丘,又以为号。'是本姓公孙,长居姬水,因改姓姬。"[6]据《史记·五帝本纪》《史记·夏本纪》记载,姬姓的黄帝有二子:一为玄嚣(青阳);一为昌意。黄帝世系由此分为二支,传承如下:

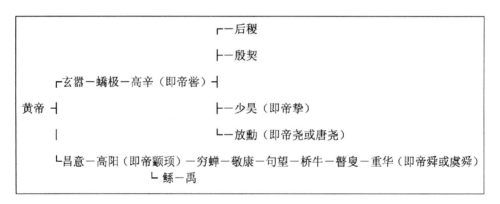

图2-1 黄帝家族传承世系示意

---

[1] 司马迁:《史记》卷四《周本纪》,中华书局1959年,第111页。
[2] 司马迁:《史记》卷四《周本纪》,中华书局1959年,第111页。
[3] 司马迁:《史记》卷四《周本纪》,中华书局1959年,第111页。
[4] 司马迁:《史记》卷四《周本纪》,中华书局1959年,第111页。
[5] 司马迁:《史记》卷四《周本纪》,中华书局1959年,第111页。
[6] 司马贞:《史记索隐》,见司马迁:《史记》,中华书局1959年,第2页。

| 黄帝→高阳(帝颛顼)→高辛(帝喾)→少昊(帝挚)→放勋(帝尧)→重华(帝舜或虞舜)→禹 |

图 2-2　黄帝后的帝位传承示意

因此,高辛(帝喾)名义上的儿子弃(后稷),本当就为姬姓。帝舜时弃受赐而"别姓姬氏",此处的"姬氏",既有"姓"的含义,也有"氏"的含义,从而体现备受重视之意。而孔颖达疏《左传·隐公八年》"胙之士而命之氏"[1]句时说:"晋语(指《国语·晋语》)称炎帝姓姜,则伯夷炎帝之后。姜自是其本姓,而云赐姓曰姜者,黄帝之后,别姓非一,自以姜姓赐伯夷,更使为一姓之祖耳,非复因旧姓也。犹后稷别姓姬,不是因黄帝姓也。"[2]上述不管作何诠释,于是弃成了后稷,成了周人记忆中的始祖。

有了封地和姓氏的后稷,其后便成为周族部族的始祖——一姓之祖;更成为周族尊为稷神的祖先。中国古代,从事农业生产的部族和国家,都要以社神和稷神作为崇拜对象。社神就是土地之神,而稷神则是五谷(又作百谷)之神。《白虎通·社稷》里说:"故封土列社,示有土也;稷,五谷之长,故立稷而祭之也。"[3]

(二) 泰伯之父古公亶父

由于自然条件及生产方式等的差异,中国历史上农耕民族的农耕文明与游牧民族的草原文明有很大的差异。奉农神后稷为始祖且以农耕文明而著称的周族部族,其封地与北方游牧地区杂处,故在后稷后的二世不窋时,因"夏太康失国,废稷之官,不复务农"[4],不窋亦"奔戎狄之间"[5]。而至四世公刘时,部族迁至豳地(今陕西彬县)。公刘"虽在戎狄之间,复修后稷之业,务耕种……周道之兴自此始"[6]。所有这些,就是学者们所说的"文献上记载的周人祖先活动的传说,可以有三个阶段,后稷时代周人已发展农业,不窋以后周人奔于戎狄,以及公刘以后又以农业为主要的生产方式"[7]。

公刘后,传至第十三世古公亶父时,"复修后稷、公刘之业,积德行义,国人皆

---

[1]《左传·隐公八年》,见《春秋左传正义》,北京大学出版社 1999 年,第 112 页。
[2] 孔颖达疏,见《春秋左传正义》,北京大学出版社 1999 年,第 113 页。
[3]《白虎通疏证》,见《续修四库全书》,上海古籍出版社 2002 年,第 242 册第 230 页。
[4] 裴骃:《史记集解》,见司马迁:《史记》,中华书局 1959 年,第 113 页。
[5] 司马迁:《史记》卷四《周本纪》,中华书局 1959 年,第 112 页。
[6] 司马迁:《史记》卷四《周本纪》,中华书局 1959 年,第 112 页。
[7] 许倬云:《西周史》(增补本),三联书店 2001 年,第 34 页。

戴之"[1]。意即古公亶父重新恢复后稷、公刘的农耕之业,积德行义,部族中的人都拥戴他。其后,因屡受北方游牧民族戎狄的侵迫,无力抵抗,古公亶父带领整个部族翻越岐山,"度漆、沮,逾梁山,止于岐下"[2],即渡过漆水和沮水,翻过梁山,迁居到了岐山下的周原。

周原位于今陕西宝鸡市的岐山县与扶风县。商代时,古公亶父率众由豳地迁居是处,为他的周族部族寻找到了一个日后崛起于渭上的富饶的根据地;同时,也使这一部族有了一个正式的名称——"周"。唐代张守节《史记正义》说:"因太王所居周原,因号曰周。"[3]周族迁居周原,揭开了周族部族后世克殷翦商、建立西周王朝的帷幕。

从事农耕的周族部族来到周原,勤恳经营,日见强盛。这一时期,商朝廷既面临西方、北方游牧民族的掠夺、滋扰;同时,又面临东部东夷的挤压、威胁。有学者研究指出:"甲骨文中有不少关于'人方'的卜辞。人方即夷方,也就是东夷。她是商在东南方的劲敌。甲骨文中记'征人方'的卜辞很多,如'王征人方''王来征人方'等。反映商王朝和东夷发生多次战争,而且规模也不小。……东夷在商代的力量并不小,山东境内的薄姑、奄,就是著名的两个东夷族的国家。在整个商代时期,今山东、江苏、安徽一带,一直是东夷的势力范围,直到商末周初,其力量仍不小。"[4]

面对来自东夷的挤压,商朝廷对地处周原的周族部族,在加以防范的同时也不乏加以利用——利用其地理位置易遭受北方游牧民族掠夺和滋扰,将其变成为商朝廷北部靖边的屏障从而成为阻挡游牧民族南下的战略缓冲。正是出于这一动机,商朝廷不断对周族部族施行笼络政策。王国维《古本竹书纪年辑校》记载的"命古公亶父,赐以岐邑"[5],指武乙三年(前1145)商朝廷将岐邑赐予周族部族首领古公亶父,即是明证。

古公亶父年老时面临部族权力传承。古公亶父子嗣的情况是:"长子曰泰伯,次曰虞仲。太姜生少子季历,季历娶太任,皆贤妇人,生昌,有圣瑞。"[6]另参照《史记·吴太伯世家》中的记写:"季历贤,而有圣子昌,太王欲立季历以

---

[1] 司马迁:《史记》卷四《周本纪》,中华书局1959年,第113页。
[2] 司马迁:《史记》卷四《周本纪》,中华书局1959年,第114页。
[3] 张守节:《史记正义》,见司马迁:《史记》,中华书局1959年,第111页。
[4] 孙淼:《夏商史稿》,文物出版社1987年,第654—655页。
[5] 王国维:《古本竹书纪年辑校》,见方诗铭、王修龄:《古本竹书纪年辑证》,上海古籍出版社1981年,第227页。
[6] 司马迁:《史记》卷四《周本纪》,中华书局1959年,第115页。

及昌。"[1]

正是古公亶父的欲立三子季历,终使得泰伯、仲雍南奔江南,以让季历。

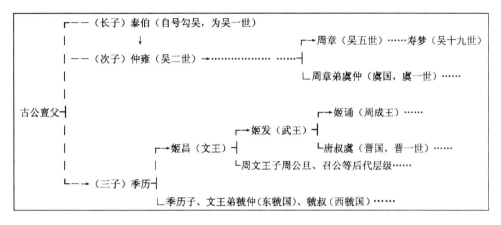

图2-3 古公亶父及其传承世系(箭头所指为王位传承)

二、泰伯、仲雍奔吴及立国勾吴

(一)泰伯、仲雍奔吴立国

据王国维《古本竹书纪年辑校》等推算,商王武乙时期的公元前1147年,泰伯、仲雍的父亲古公亶父率领整个部族迁徙到周原。公元前1145年,商王武乙将周原的岐邑赐予古公亶父。公元前1127年,古公亶父去世。因此,泰伯、仲雍奔吴的时间,当在古公亶父去世前的数年乃至十数年内。具体地说,即大致在公元前1145年至公元前1127年之间的18年内。勾吴立国的时间,也大致在这距今(指2017年)约3 162年至3 144年的时间范围内。

距今3 100多年的商王武乙时期,泰伯、仲雍南奔至长江下游的太湖流域后,建立了一个小国——勾吴国。

泰伯奔吴对后世产生了很大影响,对泰伯做出"至德"即道德最高境界评价的是孔子。《论语·泰伯》篇说:"子曰:'泰伯,其可谓至德也已矣,三以天下让,民无得而称焉。'"[2]即孔子说:"泰伯,他可以称得上是道德最高尚的人了,几次把王位禅让给季历,老百姓简直不知道怎样称赞他才好。"泰伯、仲雍的"让",为儒家思想接过,从而纳入了儒家的主流意识形态。其意义在于,在社会大裂变的春秋时期,孔子推出"至德"的泰伯,从而树立起了一个"礼让"的楷模

---

[1] 司马迁:《史记》卷三十一《吴太伯世家》,中华书局1959年,第1445页。
[2] 《论语·泰伯》,见《论语注疏》,北京大学出版社1999年,第100页。

和样板。

泰伯、仲雍奔吴后,对国家治理方面,采取了不同方式。

泰伯刚来到江南时,尚未建立勾吴国,故"服其本服,自治周礼"[1]。汉代王符《潜夫论》将之诠释为:"泰伯君吴,端垂衣裳,以治周礼。"[2]显然,是时泰伯穿着中原服饰,以"本国岐周之礼"[3],即以中原文化作为治理该"荆蛮"地区的思想信条和行为准则,所有这些,就是《左传·哀公七年》记载的"大伯端委以治周礼,仲雍嗣之,断发文身,裸以为饰"[4]。但在文化的交融与冲突中,作为中原文化的周族部族文化(即"岐周之礼"及服饰等),极易为江南本土文化视为外来异质文化而被抵制,故效果并不佳。

泰伯后,"仲雍嗣之"。或是考虑到"端委以治周礼"的效果"不能行礼致化",仲雍于是"权时制宜"地进行政策调整和变通。其具体做法就是"效吴俗"[5]——"断发文身,裸以为饰"。仲雍"效吴俗",显示了他对当地江南土著文化的尊重,从而化解了土著居民的敌意。其代价却是对中原文化及"岐周之礼"的调整和部分舍弃。

仲雍又名虞仲、吴仲。此处,"虞"通"吴"。前文曾引《吴越春秋》记载吴人问泰伯说,你所立之国,为什么称为"勾吴"?泰伯回答说:"吾以伯长居国,绝嗣者也。其当有封者,吴仲也。故自号勾吴,非其方乎?'"[6]意即"我是一个排行老大而应该住在国内继承君位却又没有儿子能继承君位的人,那应该受封的是吴仲(即仲雍,又作虞仲)。但他也没能受封,所以我把自己所立之国称为'勾吴'。这不是合乎道义的事吗?"按此,泰伯所立国名"勾吴"为取仲雍名号。故清代学者俞樾《曲园杂纂》第十八《读吴越春秋》即指出说:"泰伯因仲雍名吴仲,而号其国为吴。"[7]

仲雍"效吴俗",并非完全是迎合江南地区的落后习俗,其间切合实际的做法实为江南的自然条件所致。江南地区为水乡泽国,居民多从事渔猎等劳作。唐孔颖达疏引《汉书·地理志》云:"越人'文身断发,以辟蛟龙之害'。应劭曰:

---

[1] 孔颖达疏,见《春秋左传正义》,北京大学出版社1999年,第1641页。
[2] 王符:《潜夫论》,见《潜夫论笺校正·志氏姓第三十五》,中华书局1985年,第452页。
[3] 孔颖达疏,见《春秋左传正义》,北京大学出版社1999年,第1641页。
[4] 《左传·哀公七年》,见《春秋左传正义》,北京大学出版社1999年,第1641页。
[5] 杜预注,见杜预《春秋经传集解》,上海古籍出版社1978年,第1748页。
[6] 赵晔:《吴越春秋》卷一,江苏古籍出版社1986年,第3页。
[7] 俞樾:《曲园杂纂》卷十八《读吴越春秋》,见光绪刻本《春在堂全书》,苏州图书馆藏。

'常在水中,故断其发,文其身,以象龙子,故不见伤害。'"[1]故此,因江南水多,从水中劳作的角度来认识,为避免水草的缠绕,"断发"是必要的。故这种带有地域特点的文化方式,无疑是当时社会生产环境的产物。再者,异于中原习俗的文身断发,既是习俗的差异,也包含着古代江南先民对美的认识和追求。《淮南子·泰族训》写江南越人文身情景说:"剡肌肤,镵皮革,被剑流血,至难也,然越为之以求荣也。"[2]甘受肉体痛楚,为的是"求荣",即某种精神的快乐和荣誉。而"裸以为饰",它首先表明其时太湖流域生产力低下,落后的生产方式无法满足人们穿衣的需要;其次,南方温暖湿润的气候条件,使得裸体并不妨碍人们最原始的生存需要。《史记·越世家》写越人"断发文身,披草莱而邑焉"[3];《越绝书》卷第七说"吴、越二邦,同气共俗"[4];《吕氏春秋·知化》篇则说吴、越地区是"接土邻境壤,交通属,习俗同,语言通"[5]。由此,大致可以看出"裸国"的土著居民,"披草莱而邑焉"的生活场景及其生存状态。这种生活场景和生存状态,完全是和南方温暖湿润的自然环境相统一的产物。正因如此,故这一时期的吴国如当代学者指出的:"吴国建立者泰伯开始想用周族的制度统治吴地人民,但行不通,他的继位人仲雍便采取灵活措施,尊重当地风俗,断发文身,裸以为饰,打扮得与当地人一样,取得土人认同,获得成功。"[6]而据现今考古发现,如"丹徒大港背山顶春秋时期吴王余眛墓中出土一件鸠杖,青铜杖首上立一鸠,枝镦的末端有一裸身跪坐的人像,其胸、背、臀部和腿部皆刻画花纹……类似的铜杖镦也出现于谏壁青龙山春秋大墓中。背山顶墓中一件青铜悬鼓的环座上还铸有四个跪坐的人像,额前短发,身上也满刻花纹"[7]。所有这些地下考古材料,也证实了上述《左传》《史记》记载的商周太湖流域"断发文身"习俗。

(二)勾吴国的特点及其建立的文化意义

1. 特点

商末泰伯南奔而建立的勾吴国,为长江下游太湖流域最早出现的诸侯国家。

---

[1] 孔颖达疏,见《春秋左传正义》,北京大学出版社1999年,第1641页。
[2] 《淮南子·泰族训》,见刘文典:《淮南鸿烈集解》,中华书局1989年,第681页。
[3] 司马迁:《史记》卷四十一《越王句践世家》,中华书局1959年,第1739页。
[4] 袁康、吴平:《越绝书》卷第七,上海古籍出版社1985年,第49页。
[5] 《吕氏春秋·知化》,见陈奇猷校释:《吕氏春秋校释》,学林出版社1984年,第1552页。
[6] 熊月之、马学强、胡敏:《吴地文化的人文传统与现代价值》,见周向群:《吴文化与现代化论坛》,江苏古籍出版社2002年,第314页。
[7] 肖梦龙:《吴、越"断发文身"习俗探索》,《东南文化》1988年第1期。

它所具有的最显著特点为:从诞生之日起,勾吴国既与黄河流域的中原文化有着血缘联系,又与长江流域的"蛮夷"文化有着地缘联系。其与中原文化的血缘联系表现为"吴为周后"——其宗室成员与黄河流域的中原周族部族宗室间有着血缘的联系。如前文述,泰伯是远古时期周族部落首领后稷的后代。后稷的母亲姜原,为炎帝之后。姜原为黄帝曾孙帝喾的"元妃"。所有这些,既使得后稷和他的周族部族,文化上成了黄帝的后代(即使是名义上的血缘关系)。而泰伯、仲雍为周族部族首领古公亶父之子,故由泰伯建立的勾吴国,与周族部族及其后的周王室有着密切的血缘联系。而这份血缘关系,最终可追溯到5 000年前的黄帝那里。

而在地缘上,勾吴国位于长江下游的太湖流域。这一地缘因素,对吴文化其时被中原文化定位于歧视性的"蛮夷"文化,起了至关重要的作用。文献记载,春秋后期吴王阖闾上台后在与伍子胥"与谋国政"的谈话中言及吴国的现实状态,首先说起的就是"吾国僻远,顾在东南之地"[1]。而吴、楚争夺时,楚国子西说起吴国与周王朝的渊源时也说:"吴,周之胄裔也,而弃在海滨,不与姬通。"[2]即指吴国王室与周王室的血缘关系与"弃在海滨"地缘关系的交错。这一特点,在吴王夫差"北进争霸"时,终以政治、文化的争夺形式充分表现出来。

2. 勾吴国建立的文化意义

(1) 长江下游太湖流域最早出现的早期国家形态

长江下游的太湖流域,历经新石器时代的马家浜、崧泽、良渚等文化时期。迄今为止,没有文献证实上述时期在这一地区出现"国家"。作为中国古代文明与国家形成且与中原地区国家相异的特例,商后期出现的勾吴国,与浙东地区这一时期出现的於越国(越国)一样,是长江下游地区最早出现的早期国家形态。

(2) 为吴文化的产生提供了一个有着行政意义的承载平台

作为中国南方的早期国家形态,勾吴国的建立成为新的文化承载平台。在这一平台之上,商、周时期的华夏主流文化——黄河流域的中原文化与长江流域的江南本土文化进行了最初的整合与交融,从而产生了一个新的文化形态——吴文化。

(3) 促进中国南、北文化的交融

春秋时期,勾吴国(吴国)与於越国(越国)为文献记载且地处南方的诸侯

---

[1] 赵晔:《吴越春秋》卷四,江苏古籍出版社1986年,第24页。
[2] 《左传·昭公三十年》,见《春秋左传正义》,北京大学出版社1999年,第1517页。

国。而勾吴国承载的长江下游太湖流域的吴文化,也成为《左传》等文献较多篇幅记载的春秋时期南方"蛮夷"文化的主要代表。因此,作为长江流域的南方"蛮夷"文化在与黄河流域的北方中原文化的交融与冲突中,集中体现了春秋时期中国南、北文化的交融。

三、泰伯奔吴对海外的影响

泰(太)伯、仲雍南奔及建立勾吴国,对海外也产生了文化影响。

《三国志·魏志·倭人传》记载:"倭人在带方东南大海之中,依山岛为国邑。……男子无大小皆黥面文身。"[1]

《晋书·列传第六十七·倭人》记载与《三国志·魏志·倭人传》大致相同,又粘连上与太伯的关系说:"倭人在带方东南大海中,依山岛为国……男子无大小,悉黥面文身。自谓太伯之后,又言上古使诣中国,皆自称大夫。"[2]

由此可以看出,上述两部中国史书均记载的日本早期的"倭人"特征——"黥面文身",无疑是太伯、仲雍"文身断发"[3]的海外翻版。而"自谓太伯之后",或是倭人攀附,抑或是与春秋末期吴亡于越及战国时越亡于楚等社会变动时期故吴、故越上层人士的海外逃亡有关。董楚平《吴越文化新探》一书指出吴越地区造船业对这种海外交流所起的作用说:"中国江南土著东渡日本,由来已久。到春秋战国时期,吴越的造船业在整个太平洋地区居领先地位。可能使这种东渡进入新阶段。"[4]日本学者鸟越宪三郎的著作《倭族之源——云南》一书所附《倭族对比表》[5],相关内容如下:

表 2-1 倭族对比表

中国与倭族		日本
吴被越讨伐而灭亡	(前)473—(前)450 左右	倭人渡海到来

故,《吴越文化新探》一书指出说:"该书(指《倭族之源——云南》)最后的《倭族对比表》把'倭人渡海'到日本的时间,排在公元前 450 年左右,即越灭吴以后。"[6]这里的"倭人渡海"即前述春秋末期吴亡于越及战国时越亡于楚等社

---

[1] 陈寿:《三国志·魏志·倭人传》,中华书局 1959 年,第 854—855 页。
[2] 房玄龄等:《晋书》列传第六十七《倭人》,中华书局 1974 年,第 2535 页。
[3] 司马迁:《史记》卷三十一《吴太伯世家》,中华书局 1959 年,第 1445 页。
[4] 董楚平:《吴越文化新探》,浙江人民出版社 1988 年,第 290 页。
[5] 鸟越宪三郎:《倭族之源——云南》,段晓明译,云南人民出版社 1986 年,第 195 页。
[6] 董楚平:《吴越文化新探》,浙江人民出版社 1988 年,第 290—291 页。

会变动时期故吴、故越上层人士的海外逃亡。

也有学者考证日本和服与"吴"的关系说:"据《三国志·吴书》载:孙权曾颁布诏令鼓励农桑。据传,孙权曾派人到日本传授吴地衣织和缝纫技术,日本的'和服'便以孙吴传入的丝织物所制成,故又称'吴服'。"[1]也有学者将这一时间推得更早,说:"秦时,吴地的养蚕和丝织技术已开始传到日本。内田星美《日本纺织技术史》载,秦时吴地有兄弟两人,东渡黄海,前往日本避难,并将吴地的养蚕、丝织技术传入当地。"而"具有吴地式样的美丽纺织品和服装(即'吴服'),另据日本学者所著的《纺织技术之历史》一节说,日本民族的传统服饰'和服',即'吴服'的谐音"[2]。今日日本东京银座经营和服面料并名为"吴服の老铺·越後屋"的店铺招牌,也似乎在隐隐昭示着日本"和服"与中国东南吴越民族服饰的联系。

图2-4　日本东京银座名为"吴服の老铺·越後屋"的店铺牌匾(左)
及该店店内经营的和服面料(右)(吴恩培摄)

四、泰伯奔吴的争议

长期以来,文献记载的泰伯、仲雍奔吴事,学界多有争议。争议主要集中在泰伯奔吴这一历史事件的真实性及泰伯、仲雍所奔之地望及其南奔路线等焦点上。兹将部分论述分述如下:

(一)泰伯奔吴历史事件的真实性之争

1. 否定说

1930年,吴越史地学者卫聚贤在刊于《吴越文化论丛》中的《吴越民族》一文中说:"就理想上推测太伯不能远奔吴地",因此,"太伯仲雍由周奔吴,就没有这

---

[1] 孙柔刚:《吴地的社会生活》,见朱永新:《吴文化读本》,苏州大学出版社2003年,第43页。
[2] 徐吉军:《吴地文化与日本》,见吴县文史资料委员会:《吴地文化一万年》,中华书局1994年,第367—368页。

一回事"。[1]其后,卫聚贤又在《太伯之封在西吴》一文中继续自己的观点说:"太伯仲雍二人当不能东向沿陇海路穿过殷人的势力范围而至江苏";"不能绕道汉中东行穿过羌人的势力范围而至江苏";"亦不能绕四川顺江而下,至于江苏"。[2]

白寿彝主编的《中国通史》第三卷,在解读、诠释新中国成立后镇江丹徒出土的《宜侯矢簋》铭文时,也对泰伯奔江南的事实提出疑问说:"从《宜侯矢簋》看,吴与虞仲的关系恰与《史记》相反,因此太伯、仲雍逃奔于吴的传说是否可信,颇需研究。"[3]杨宽《西周史》也表达同样的观点:"吴国,应该是虞的分支,宜侯矢簋所说康王时虞侯矢分封到宜的事,该即吴国的始祖。"[4]另,杨宽《西周史》还表述对泰伯奔吴的否定意见说,《史记·吴太伯世家》的记载为一个"传说",且"这个传说尽管春秋时代已经存在,但是,不符合事实"[5]。该著作在注释中还认为:"春秋初期,已有人认为太伯为吴之始祖。实际上,当太王时,周的势力决不可能到达吴国。"[6]

2. 肯定说

和以上否定泰伯奔吴的意见不同的是,学术界更多存在着《史记·吴太伯世家》记叙泰伯、仲雍奔吴应是信史的肯定意见。1986年纪念苏州建城2500年时,苏州市举办了多种学术讨论会。其后,这些学术讨论会中讨论的问题,载入了《苏州年鉴·1987》。讨论会就"关于是否发生过'太伯奔吴'的史事"的论题,曾展开讨论,其中的主流"意见认为,《吴越春秋》《史记》等书记载的太伯奔无锡梅里的历史是可信的,至今梅里尚有遗迹,族谱记载也相合,因此我们不能轻易否定二千年前的史家的记录"[7]。

李学勤、徐吉军主编的《长江文化史》对太伯奔吴的争议概括说:"对于太伯、仲雍奔荆蛮,学术界颇多歧见。或否定其事,认为太伯的封国吴在今甘肃境内,江南的吴到春秋晚期才冒认是太伯之后。或认为太伯所奔之地是在今晋、陕之交的'虞',奔吴是后人的附会,用来游说吴王,借以牵制楚人。或认为吴是虞

---

[1] 卫聚贤:《吴越民族》,见吴越史地研究社:《吴越文化论丛》,江苏研究社1937年,第315页。
[2] 卫聚贤:《太伯之封在西吴》,见吴越史地研究会:《吴越文化论丛》,江苏研究社1937年,第27—28页。
[3] 白寿彝:《中国通史》第三卷,上海人民出版社1994年,第340页。
[4] 杨宽:《西周史》,上海人民出版社1999年,第63页。
[5] 杨宽:《西周史》,上海人民出版社1999年,第62页。
[6] 杨宽:《西周史》,上海人民出版社1999年,第62页。
[7] 苏州市档案局:《苏州年鉴·1987》,上海社会科学院出版社1988年,第126页。

的支族,与楚相近,建国于汉水附近的荆蛮之地,后来随周人南征至汉东。或认为这个传说应该是西周前期周朝势力达到江南的史影,不容否定。"分析以上诸说后,该书总结说:"太伯、仲雍奔荆蛮,应是信史。"[1]

其后,李学勤在《勾吴史集·序》中,又进一步表述道:"吴国是周朝最重要的诸侯国之一,在古代历史上曾起有显著作用,但近代学者对其事迹争论甚多。""关于吴国历史的疑谜,最关键的莫过于太伯、仲雍建立吴国一事。种种涉及吴国族属、年祚、都邑位置、社会构成的问题,均与此联系。实际各种文献中,对于吴国的创建过程本有相当详细的记述,足以证明《史记·吴太伯世家》的真实可据。""怀疑吴国早期史事的原因,归根结底是不相信当时江南有较发达的文明。近年的考古发现和研究证明,长江流域和黄河流域一样,是中国文明孕育发祥之地,而江浙一带的古文化早就同中原文化有交流影响的关系。对太伯、仲雍事迹的质疑,实是对先民的能力过分低估了。"[2]

(二) 泰伯、仲雍所奔地望及其南奔路线的争议

泰伯、仲雍所奔地望有东吴、西吴、北吴及始江、汉流域后东徙于吴等多种说法。

1. 东吴之太湖流域苏、锡、常地区说

东吴苏、锡、常地区说,即指今太湖流域的苏、锡、常地区。《史记·周本纪》:"长子太伯、虞仲知古公欲立季历以传昌,乃二人亡如荆蛮,文身断发,以让季历。"[3],对"亡如荆蛮"句,唐代张守节《史记正义》注释说:"太伯奔吴,所居城在苏州北五十里常州无锡界梅里村,其城及冢见存。"[4]

《史记·吴太伯世家》"太伯、仲雍二人乃奔荆蛮"[5]句,张守节《史记正义》对此注释说:"吴,国号也。太伯居梅里,在常州无锡县东南六十里。至十九世孙寿梦居之,号句吴。寿梦卒,诸樊南徙吴,至二十一代孙光,使子胥筑阖闾城都之,今苏州也。"[6]

张守节的两处注释,即指出泰伯、仲雍所奔之地望为东吴太湖流域的苏、锡、常地区。

---

[1] 李学勤、徐吉军:《长江文化史》,江西教育出版社1995年,第148—149页。
[2] 李学勤:《勾吴史集·序》,江苏古籍出版社1998年,第1—3页。
[3] 司马迁:《史记》卷四《周本纪》,中华书局1959年,第115页。
[4] 张守节:《史记正义》,见司马迁:《史记》,中华书局1959年,第115页。
[5] 司马迁:《史记》卷三十一《吴太伯世家》,中华书局1959年,第1445页。
[6] 张守节:《史记正义》,见司马迁:《史记》,中华书局1959年,第1445页。

2. 东吴之宁、镇地区说

有学者认为,太伯、仲雍所奔之东吴地区,其地望为今江苏的宁、镇地区。

董寿平撰《吴越文化新探》一书,依据近几十年江南地区的考古实物,认为这些考古新发现纠正了"一般文献记载的另一个错误,即周人初到江南的地点,不是无锡、苏州一带,而是宁镇至皖南一带"[1]。陆九皋《从矢簋铭文谈太伯仲雍奔吴》一文,也是在考察宁镇地区出土的"众多的西周青铜器"及西周墓后,对比"从武进县太湖以南至无锡、苏州等地,到目前为止,尚未发现有西周青铜器墓葬出土"[2],从而得出"可以肯定,太伯、仲雍'乃奔荆蛮'是到的宁镇地区,决不是当时越族人聚居的梅里或吴县"[3]的结论(关于矢簋即宜侯矢簋,前文已及,相关情况另见下文)。

3. 封吴——"封其元子太伯于东吴"说

此说出自《穆天子传》,但只是笼统地说古公亶父封其长子吴太伯于东吴,而未实指东吴何处。

《穆天子传》记载及晋代郭璞注(括号内)如下:"壬申,天子西征。甲戌,至于赤乌……天子使柽父受之,曰:赤乌氏,先出自周宗[郭注:与周同始祖],大王亶父[郭注:即古公亶父字也]之始作西土[郭注:言作兴于岐山之下。今邑在扶风美阳是也],封其元子吴太伯于东吴[郭注:太伯让国入吴,因即封之于吴]……以为周室主。"[4]

关于《穆天子传》,西晋太康二年(281)汲郡人不准盗发魏襄王墓,墓中出土了大量竹书。经荀勖等人整理成《汲冢书》七十五篇。《穆天子传》是《汲冢书》中唯一流传至今的一种。文正义《〈山海经〉〈穆天子传〉·跋》说:"出土于六国古墓,一般学者都相信是先秦古籍"的"《穆天子传》又名《周王传》《周穆王传》《周王游行记》。今传荀勖本全书六卷……其成书时代当在战国之际"[5]。

4. 西吴之陕西宝鸡及建虢国说

西吴指的是今陕西宝鸡境内的吴山。早在20世纪30年代,卫聚贤在《太伯

---

[1] 董楚平:《吴越文化新探》,浙江人民出版社1988年,第143页。
[2] 陆九皋:《从矢簋铭文谈太伯仲雍奔吴》,见江苏省吴文化研究会:《吴文化研究论文集》,中山大学出版社1988年,第92页。
[3] 陆九皋:《从矢簋铭文谈太伯仲雍奔吴》,见江苏省吴文化研究会:《吴文化研究论文集》,中山大学出版社1988年,第92页。
[4] 《山海经·穆天子传》,岳麓书社1992年,第213—218页。
[5] 文正义:《〈山海经〉〈穆天子传〉·跋》,岳麓书社1992年,第7—9页。

之封在西吴》一文中说:"太伯的封地在周原以西"[1],"陕西陇县有吴山","正在岐山的西北,距岐山约五百里。以方向之西与距离之近言,太伯的封国在陕西陇县的吴山。"[2]当代学者尹盛平《关于太伯、仲雍奔"荆蛮"问题》一文,也认为吴国始封地在陕西宝鸡一带。该文先是引文证实"句吴是族号而不是地名",接着在分析"近年来的考古发现证实,商末至西周中期,宝鸡市渭水两岸和凤县故道河谷一带,曾存在一个异姓方国——彊国"[3]。

中国社会科学院考古研究所编著的《中国考古学》(两周卷)介绍说:"彊国墓地由茹家庄、竹园沟和纸坊头三个墓地组成。茹家庄、竹园沟位于宝鸡市区渭水南岸、清姜河东岸两河交汇处……纸坊头则在宝鸡市区西部的渭水北岸第一级台地,隔渭水和茹家庄、竹园沟遥遥相对。"纸坊头墓地"出有彊伯簋2件,可知墓主为'彊伯'。由墓中所出青铜礼器推断,该墓的年代在西周成王前期"[4]。

尹盛平《关于太伯、仲雍奔"荆蛮"问题》一文即以"宝鸡市纸坊头彊伯铜器、竹园沟彊季铜器,以及茹家庄彊伯较早的铜器,铭文中彊字皆作彊,茹家庄彊伯较晚的铜器,铭中彊字写作彊或彊,不从自。……这说明彊字写法上早期从自从弓从鱼。"[5]作者最后得出的结论性推导意见是:"金文中吴国诸王自称为工敔、攻敔、攻吴王。工、攻与弓音同字通,敔、敔、吴与鱼音同字通,因此工敔、攻敔、攻吴都是弓鱼的假借。句音勾,勾与弓、工、攻乃一声之转,所以弓鱼即文献中的'句吴'。"[6]因此,"太伯、仲雍奔'荆蛮'是投奔了当时在宝鸡市区一带的彊族"[7]。"吴国的始封地当在宝鸡市附近。"[8]"'太伯居梅里'之说不可

---

[1] 卫聚贤:《太伯之封在西吴》,见吴越史地研究社:《吴越文化论丛》,江苏研究社1937年,第20页。
[2] 卫聚贤:《太伯之封在西吴》,见吴越史地研究会:《吴越文化论丛》,江苏研究社1937年,第22—23页。
[3] 尹盛平:《关于太伯、仲雍奔"荆蛮"问题》,见《吴文化研究论文集》,中山大学出版社1988年,第96页。
[4] 中国社会科学院考古研究所:《中国考古学·两周卷》,中国社会科学出版社2003年,第119页。
[5] 尹盛平:《关于太伯、仲雍奔"荆蛮"问题》,见《吴文化研究论文集》,中山大学出版社1988年,第96页。
[6] 尹盛平:《关于太伯、仲雍奔"荆蛮"问题》,见《吴文化研究论文集》,中山大学出版社1988年,第96页。
[7] 尹盛平:《关于太伯、仲雍奔"荆蛮"问题》,见《吴文化研究论文集》,中山大学出版社1988年,第96页。
[8] 尹盛平:《关于太伯、仲雍奔"荆蛮"问题》,见《吴文化研究论文集》,中山大学出版社1988年,第96页。

依据。"[1]

图2-5　宝鸡西关纸坊头村出土的弜伯簋(左)及簋内底铸有的
铭文"弜伯作宝尊簋"拓片(中)及其局部"弜"字(右)[2]

如前所述,1986年纪念苏州建城2 500年时,苏州市举办了多种学术讨论会。讨论会就"关于是否发生过'太伯奔吴'的史事"的论题,曾展开讨论。而其中的一种意见就是:"太伯奔吴的历史是发生过的,但所奔的不是无锡、苏州一带,而是陕西宝鸡一带。陕西有吴、荆、弓鱼(句吴)之类的地名或族名。太伯所奔之地当是在今宝鸡一带的历史上的弓鱼国,可能因靠近荆楚,又不是和周同祖,故被周人称之为荆蛮,后被改封到长江下游。"[3]

5. 先陕西西吴、后江苏东吴说

叶书宗、马洪林、朱敏彦主编的《长江文明史》论述泰伯、仲雍"为避祸害,也为了成就太王的意愿,就逃奔到江南"并指出"陕西有吴、荆、弓鱼(句吴)之类的地名或族名"后,接着提出了太伯始封陕西,后又逃奔江南的说法:"宝鸡之吴山、吴地是太伯的始封地,后来太伯、仲雍逃奔江南,所建立的国家也号吴。""宝鸡市渭水两岸所居住的弓鱼族,实为太伯初封在吴地的采邑居民。弓鱼即攻郚[4],亦即句吴。太伯曾封在那里,或在那里居住过,故号吴太伯。后来太伯出奔至江南、海滨,而仍保持其原来居住地的名号,故江南太伯、仲雍的居住地仍号句吴,建立国家政权后,就用'吴'作为国名。"[5]

---

[1] 尹盛平:《关于太伯、仲雍奔"荆蛮"问题》,见《吴文化研究论文集》,中山大学出版社1988年,第100页。

[2] 《中国青铜器全集》编辑委员会:《中国青铜器全集》第六卷《西周(二)》,文物出版社1995年,第155、70页。

[3] 苏州市档案局:《苏州年鉴·1987》,上海社会科学院出版社1988年,第126页。

[4] 攻郚,疑似为"攻敔"。

[5] 叶书宗、马洪林、朱敏彦:《长江文明史》,上海教育出版社2001年,第47页。

显见,叶书宗、马洪林、朱敏彦主编的《长江文明史》提出的说法,前半部分吸收西吴说意见,后半部分依从《史记》及张守节注释主张的东吴——苏南苏、锡、常地区说。

6. 北吴之山西平陆说

"北吴"之说,本见诸《史记·吴太伯世家》:"封周章弟虞仲于周之北故夏虚,是为虞仲,列为诸侯"[1]的记载。卫聚贤在上述《太伯之封在西吴》一文中提到"北吴",指为是"河东大阳(今山西平陆县)"[2],但卫氏并不同意泰伯奔之北吴之说,称其为一种"附会",更称"周武王当年无封周章之弟于北吴"的说法[3]。

童书业在《春秋左传研究》提出"大伯(太伯)、虞仲皆虞国之初祖,大伯、仲雍所奔为山西之虞,而非'荆蛮'或江苏之吴"[4]。

杨宽《西周史》一书也认为:"西周有两个封国都是仲雍的后裔,即在北方的虞(国都在今山西平陆北)和南方的吴(国都在今江苏无锡东)。'虞'字从'吴',古'虞'、'吴'读音相同,实为一字的分化。……太伯、仲雍是虞的始祖,所以仲雍又称虞仲。《左传·僖公五年》记载晋献公第二次假道虞国进伐虢国,虞国大夫宫之奇向虞君进谏,讲到虞的开国历史,就说:'大伯、虞仲,大王之昭也,大伯不从(《史记·晋世家》"不从"作"亡去"),是以不嗣。'足以证明虞的始祖是太伯、仲雍。至于吴国,应该是虞的分支。……从当时商、周关系以及周对戎狄部族的战斗形势来看,太王传位给幼子季历,而让长子太伯、次子仲雍统率部分周族迁到今山西平陆以北,创建虞国,是一项很重要的战略措施。"[5]

显然,上述卫聚贤、童书业、杨宽的学术观点,都是建立在否认《史记·吴太伯世家》相关记载的基础之上的。

与此相异的是《江苏史纲·古代卷》。该著作在肯定《史记·吴太伯世家》关于"太伯奔吴"记载的基础上阐释说:"在周章为吴君之时,周武王开始灭亡了商朝,建立了姬姓周王朝,大封同姓诸侯,加封周章于吴为'吴伯',作为太伯之后,又封周章之少子赟于吴都邑附近。同时,封周章之弟虞仲于周东都之北故夏

---

[1] 司马迁:《史记》卷三十一《吴太伯世家》,中华书局1959年,第1446页。
[2] 卫聚贤:《太伯之封在西吴》,见吴越史地研究会:《吴越文化论丛》,江苏研究社1937年出版,第34页。
[3] 卫聚贤:《太伯之封在西吴》,见吴越史地研究会:《吴越文化论丛》,江苏研究社1937年出版,第34页。
[4] 童书业:《春秋左传研究》,中华书局2006年,第32页。
[5] 杨宽:《西周史》,上海人民出版社1999年,第62—63页。

墟(今山西平陆东北60里)为虞侯,作为仲雍之后的封国。"[1]

上述周章之"少子赟",又作"少子斌",最早见诸晋周处撰《阳羡风土记》(简称《风土记》)记载:"周武王追封周章于吴,又封章少子斌于无锡安阳乡。"[2]因此,《江苏史纲·古代卷》引《阳羡风土记》而指出周武王时的三封,一为封周章;二为封周章少子斌(赟);三为封周章之弟。其中,"周章的吴国,因地在荆蛮之乡,所以史称'荆蛮之吴'或'蛮夷之吴'。虞仲的虞国,地在北方,史称'中国之虞'或'北吴'。两国是南北分立的兄弟之国"[3]。显然,此说为北吴说与东吴苏、锡、常说的结合体。

7. 先江、汉流域后东徙于吴说

徐中舒的先江、汉流域后东徙于吴说,见诸《殷周之际史迹之检讨》一文。徐氏表述为:"《史记》谓太伯仲雍逃之荆蛮者,或二人所至即江、汉流域,其后或因楚之兴盛,再由江、汉而东徙于吴。"[4]该说虽为假设,并无文献支持,却在学界影响很大。顾颉刚《苏州史志笔记》即将该说与乾隆年间江西临江府出土的吴国早期青铜器"者减钟"作联系("者减钟"情况,另见下文),并再做出推测假说——"疑吴始立国于江、汉,其后迁于鄱阳湖滨,最后乃迁至无锡、苏州。"[5]而许倬云《西周史》(增补本)及社科院王宇信、王震中、杨升南、罗琨、宋镇豪所著的《中国古代文明与国家形成研究》一书,亦均引述徐中舒此说。若再联系在清代江西临江府地域内的今江西樟树市1973年发现的"吴城商代遗址"、江西余干县1989年发现的"新干大洋洲商墓"等商代青铜文化遗存,则吴国早期青铜器"者减钟"与这些商代青铜遗存间的联系隐然浮现,尽管目前还不能明确其间的联系究竟是什么,而春秋吴国灭国二百余年后的秦汉之际,在鄱阳湖滨出现的吴芮,"秦时番阳令也,甚得江湖间民心,号曰番君"[6],后"徙为长沙王,都临湘"[7]。西汉刘邦所封的异姓长沙王吴芮——江西历史上第一个有明确记载的历史人物——则又隐现并印证了吴灭国后,姬姓的吴国王室成员逃散于鄱阳湖滨并以"吴"姓承"姬"姓的民间吴氏谱牒的种种记载。笔者点校的《至德志·吴氏世谱跋》引邵

---

[1] 王文清:《江苏史纲》(古代卷),江苏古籍出版社1993年,第32页。
[2] 周处:《阳羡风土记》,见张智:《中国风土志丛刊》32册,广陵书社2003年,第9页。
[3] 王文清:《江苏史纲》(古代卷),江苏古籍出版社1993年,第32页。
[4] 徐中舒:《殷周之际史迹之检讨》,《中央研究院历史语言研究所集刊》第七本第二分,1936年。
[5] 顾颉刚:《苏州史志笔记》,江苏古籍出版社1987年,第15页。
[6] 班固:《汉书》,中华书局1962年,第1894页。
[7] 班固:《汉书》,中华书局1962年,第1894页。

宝说:"予观吴氏家谱,其先世本姓姬。"[1]而该《志》所载《吴氏世系图》中,吴芮已为自泰伯、仲雍为吴氏"始祖一世"而排序的"二十八世"[2]。建于汉代的苏州泰伯庙,其主奉祀的奉祀侯吴如胜、吴允承亦为吴芮后人。这就是《至德志·优恤后裔志》中所记载的:"汉桓帝永兴二年(154),诏建泰伯庙,命吴郡守麋豹访其子孙主之。四十一世孙如胜以世系进。帝览而赞曰:'贤哉吴泰伯,庆泽弥留长。'遂命太尉黄琼等议如胜次子允承为奉祀侯,永主其庙祀。"[3]显然,这是吴灭国后,逃散鄱阳湖滨的吴氏后人再次辗转回到苏州而主祀泰伯庙所呈现出的历史循环。因此,在后世泰伯、仲雍所奔地望的争议中,徐中舒此说及顾颉刚所做的补充——"吴始立国于江、汉,其后迁于鄱阳湖滨,最后乃迁至无锡、苏州"的推测,成为影响较大的一种说法,其因盖源于此。

现谨将徐中舒之后,诸学者对此说的补充、阐释罗列于下:

顾颉刚《苏州史志笔记》:"徐中舒于《殷周之际史迹之检讨》中论太王翦商与太伯、仲雍之君吴曰:'盖周之王业自太王迁岐始。岐在渭水河谷,土地丰沃,宜于稼穑,南接褒、斜,可通江、汉、巴、蜀,周人骤得此而国势始盛,因此肇立翦灭殷商之基础。'又云:'太王之世周为小国,与殷商之力夐乎不侔。当其初盛之时,决不能与殷商正面冲突,彼必先择抵抗力最小而又与殷商无甚关系之地经略之,以培养其国力。此兼弱攻昧之道,其例正多……余疑太伯、仲雍之在吴即周人经营南土之始,亦即太王翦商之开端。《史记》谓太伯仲雍逃之荆蛮者,或二人所至即江、汉流域,其后或因楚之兴盛,再由江、汉而东徙于吴。'此论为前人所未发,而极确切。周之经营南方,只看武王伐纣有庸、蜀、虞、彭、濮诸国人可知。太王之时,继统法未定,原不必长子继承,太伯、仲雍之开国于南方,正如术赤之后为钦察汗国也。又者减钟十一枚以乾隆二十六年出土于江西临江府,者减为工𠭰王皮鞻之子。'工𠭰'即'句吴'。疑吴始立国于江、汉,其后迁于鄱阳湖滨,最后乃迁至无锡、苏州也。"[4]由此可知,顾颉刚引徐中舒"谓太伯仲雍逃之荆蛮者,或二人所至即江、汉流域……再由江、汉而东徙于吴"的假说意见,并在此基础上结合考古实物——乾隆二十六年(1761)出土于江西临江府的吴国青铜器者减钟,从而对徐中舒说进行微调,再做出推测假说——"疑吴始立国于江、汉,其后迁于鄱阳湖滨,最后乃迁至无锡、苏州"。

---

[1] 吴恩培点校:《至德志》,上海古籍出版社2013年,第78页。
[2] 吴恩培点校:《至德志》,上海古籍出版社2013年,第78—79页。
[3] 吴恩培点校:《至德志》,上海古籍出版社2013年,第15页。
[4] 顾颉刚:《苏州史志笔记》,江苏古籍出版社1987年,第14—15页。

许倬云《西周史》(增补本):"泰伯仲雍为什么跋涉江湖,远去东南建立吴国。徐中舒以为不外以下两个原因:一为帅远征之师以经营南土,一为因与季历争位逃亡,受殷商卵翼立国东南。但他认为后者不可能,不仅泰伯季历的友谊,史所明载;更重要的,如果商人收容周族逃亡的王子,当置国于周的近旁以害周,远置东南,殊无谓也。因此,徐氏主张,太王之世,周为小国,实力远逊殷商,正面冲突,势所不能,必行选择抵抗力最小而又与殷商无甚关系的边缘着手经营。而且周人经营江汉流域,至迟已在武王之世。或者泰伯仲雍原来的目标是江汉流域,因楚之兴而由江汉东徙于吴。"〔1〕"检讨徐氏的假设,楚的兴起当仍须俟诸后世。……则成王之世,楚还不成气候,岂能在太王、王季时即有足以威胁周人远征军的声势? 然而商人在湖北自有据点,盘龙城的遗址,俨然是镇守一方的气象。泰伯仲雍由渭河流域出来,经过汉水上游的河谷,进入湖北,其势不难,在湖北立足就未必容易。商人势力可远到江西吴城。这支远征军也只有远趋长江下游,方可立足,后来周人克商之后,句吴这一着闲棋,没有发挥功用,但徐氏之说如果诚然,太王翦商的策略,实由泰伯仲雍南征为始。"〔2〕显然,许倬云《西周史》(增补本)把徐中舒关于"周人在克商之前即在江汉流域建立若干据点"〔3〕的推测,流变为"句吴一着闲棋,没有发挥功用",即没有发挥出当初设计时所设想的战略作用。尽管如此,该著作不仅把泰伯、仲雍的南奔引申为"南征",更认为"太王翦商的策略"就是从"泰伯仲雍南征为始"。

王宇信、王震中、杨升南、罗琨、宋镇豪著《中国古代文明与国家形成研究》:"徐中舒先生曾解释说,太王之世,周为小国,实力远逊殷商,正面冲突,势所不能,必先择抵抗力最小而又与殷商无甚关系的边缘着手经营,所谓太伯、仲雍'亡如荆蛮',实是率远征之师经营南土,跋涉江湖,原目标是江汉流域,后因楚之兴而东徙于吴。许倬云先生又作了补订,认为太王时楚尚不成气候,太伯、仲雍由渭河流域出来,经汉水上游河谷,进入湖北,其势不难,但在湖北立足就未必容易,商人在此俨然是镇守一方气象,势力可远到江西吴城,故这支远征军只有长趋长江下游,方可立足,后来周人克商,句吴这一着闲棋,没有发挥功用,然则太王翦商的策略,实由太伯、仲雍南征为始。看来太伯、仲雍南下又另行立国,初意

---

〔1〕 许倬云:《西周史》(增补本),三联书店2001年,第93页。原文于此加注,指出系引自徐中舒《殷周之际史迹之检讨》一文,该文载1936年《历史语言研究所集刊》第七本第二分,第143页。

〔2〕 许倬云:《西周史》(增补本),三联书店2001年,第93页。原文于此加注,指出系引自徐中舒《殷周之际史迹之检讨》一文,该文载1936年《历史语言研究所集刊》第七本第二分,第90页。

〔3〕 许倬云:《西周史》(增补本),三联书店2001年,第93页。原文于此加注,指出系引自徐中舒《殷周之际史迹之检讨》一文,该文载1936年《历史语言研究所集刊》第七本第二分,第93页。

有迁回东进扩张领土图谋。"[1]

第二节 周章至寿梦执政前的吴国

一、周章受封

《史记·吴太伯世家》记载:"周武王克殷,求泰伯、仲雍之后,得周章。周章已君吴,因而封之。"[2]与其同时,还"封周章弟虞仲于周之北故夏虚,是为虞仲,列为诸侯"[3]。虞国其后为晋所灭。

为直观表述吴国、虞国与周王室的关系及其辈分关系,兹列图如下:

图2-6 吴国、虞国与周王室关系及辈分对照

由上图可见,周章与周成王姬诵,在血缘世系上系血缘较近的同一辈分的堂房兄弟。裴骃:《史记集解》引"徐广曰:'《封禅书》曰:武王克殷二年,天下未宁而崩'"[4]。即周武王克殷商后二年去世。同时,又由于地理遥远及古代交通、通信等极不发达的原因,故上述"周武王克殷,求泰伯、仲雍之后"的具体时间,不排除有以下两个时间点的可能:一为周武王在世时;另一为周武王之子成王诵时。若此,则因姬诵年幼,实际由周公旦辅佐并主持分封。但不管在何时间点,西周王朝对吴的"因而封之",都属周王朝建立后执行"封建亲戚,以蕃屏周"[5]政策的延续,或本就属该政策的一个组成部分。其具体时间,当在武王

---

[1] 王宇信、王震中、杨升南、罗琨、宋镇豪:《中国古代文明与国家形成研究》,云南人民出版社1997年,第511—512页。
[2] 司马迁:《史记》卷三十一《吴太伯世家》,中华书局1959年,第1446页。
[3] 司马迁:《史记》卷三十一《吴太伯世家》,中华书局1959年,第1446页。
[4] 裴骃:《史记集解》,见司马迁:《史记》,中华书局1959年,第132页。
[5] 《左传·僖公二十四年》,见《春秋左传正义》,北京大学出版社1999年,第418页。

克殷的公元前1046年后的一两年或两三年内。它反映西周初年的分封及权力分配中,无法回避泰伯、仲雍南奔一支在周族宗族系统中的客观存在。

吴五世周章时的受封,也意味着当时的中央朝廷——西周王朝对已客观存在的吴国王权的承认。由于地理相隔遥远,昔日周族的泰伯、仲雍一支与留在岐山下的季历一支,各自平行发展,在西周王朝成立前,二者并无交集。故"周武王克殷"后对"已君吴"的周章"因而封之",可说是上述周族两支仅有的一次交集。自此后至十九世吴王寿梦执政前,二者又各自平行发展,后世亦无材料证明地处东南一隅的勾吴国与西周有着实质性的政务及礼仪联系。前及春秋时,楚国子西在与楚昭王的谈话中所说的"吴,周之胄裔也,而弃在海滨,不与姬通"[1],指的就是这一情况。

因此,西周初吴国的分封,其意义对西周王朝来说,只是证明其行政管辖的范围已达东土;而对勾吴国来说,却有着行政和宗法的双重意义。首先,在行政上,它表明,是时吴国已纳入了西周朝廷的行政范畴,并为西周中央王权所承认;其次,在宗法上,它表明周人奔自江南的这一支脉的归宗,且为西周王室所承认。

这种认祖归宗,在寿梦执政前的十几世吴王时,其实际意义并不大,二者亦无交集。但当吴国崛起且跻身于中原争霸行列、同时又因地理上处于长江流域从而被中原国家视为"蛮夷"时,这层血缘关系以及吴国的先祖泰伯系周太王(古公亶父)长子的身份,其意义则非同小可了。这从后世吴王夫差与晋侯在黄池盟会"吴、晋争先"时,"吴人曰:'于周室,我为长。'晋人曰:'于姬姓,我为伯'"[2]的争论中亦可看出,在祖先历史地位的论争中,吴人因其周室长子地位所占的上风,使得吴国在诸侯争霸中的地位一下子提高许多,政治上的获益亦是无法衡量了。

二、周章至寿梦前吴国的政治、军事

吴国从五世吴王周章到十八世吴王去齐,共14位吴王相继执政。这一时期,吴国王位传承世系如下:周章(五世)→熊遂(六世)→柯相(七世)→彊鸠夷(八世)→馀桥疑吾(九世)→柯卢(十世)→周鹞(十一世)→屈羽(十二世)→夷吾(十三世)→禽处(十四世)→转(又作柯转,十五世)→颇高(又作颇梦,十六

---

[1]《左传·昭公三十年》,见《春秋左传正义》,北京大学出版社1999年,第1517页。
[2]《左传·哀公十三年》,见《春秋左传正义》,北京大学出版社1999年,第1670页。

世)→句卑(又作毕轸,十七世)→去齐(十八世)[1]。

这一时期,历经的重大事件是:西周覆亡和周平王东迁。东迁后的周朝称为东周,东周又分为春秋和战国两个历史时期。东周时的春秋时期,周天子的权力大为削弱,而"诸侯力政,疆(强)者为君"[2]。天子王权衰落形成的权力真空,致使诸侯大国打着"尊王攘夷"的旗号争当霸主以填补。在"周室微,唯齐、楚、秦、晋为强"[3]时,中国社会已完成从西周的王权政治向春秋诸侯霸主政治转移的过程。而这一时期的吴国,为地处东南、依附于楚的三流小国。在上述吴五世至吴十八世的14位吴王的权力传递中,吴国也从西周过渡至东周时期。唐陆广微《吴地记》所说"自泰伯至寿梦十九世"[4],而寿梦前的历代吴王作为,现存史籍记载极少。

(一) 吴灭干之战

《管子·小问》记载了西周晚期或春秋早期吴国扩充领土期间所发生的吴灭干之战:"昔者吴干战,未龀不得入军门,国子擿其齿,遂入,为干国多。"[5]意思是说,昔日吴国和干国发生战争,干国规定,未脱尽乳齿的少年不得入军门,干国的少年就敲掉了牙齿,才进入军门,为干国立下了许多战功。尽管干国的少年为报效国家,采取了非常手段,但"经过一场激战,吴国灭掉江北干国(亦称邗)。根据当时惯例,此后吴亦有时称干","吴的疆域北达江淮之间","其时约在西周晚或春秋之初"。[6]

干,即干国,西周晚期或春秋初期的方国。其地望现存两说:一说为"邗,在今长江北岸之江苏扬州一带。又名'干'或'吴干'"[7]。另一说为苏州昆山。商志䪩《吴国都城的变迁及阖闾建都苏州的缘由》一文引述俞樾《诸子平议》云:干,"盖古国名,后为吴邑"后,指出其地望为今江苏昆山,"干城当在今昆山县北约二公里处的马鞍山即今名玉峰山附近"。[8]

---

[1] 上述"又作"之名称,均出于司马贞:《史记索隐》,见司马迁:《史记》,中华书局1959年,第1447—1448页。
[2] 袁康、吴平:《越绝书》卷第三,上海古籍出版社1985年,第25页。
[3] 司马迁:《史记》卷三十二《齐太公世家》,中华书局1959年,第1491页。
[4] 陆广微:《吴地记》,江苏古籍出版社1986年,第7页。
[5] 《管子·小问》,见谢浩范、朱迎平译注:《管子全译》,贵州人民出版社1996年,第631页。
[6] 肖梦龙:《吴国的三次迁都试探》,见《吴文化研究论文集》,中山大学出版社1988年,第21页。
[7] 陈江:《吴地民族》,河海大学出版社1999年,第55页。
[8] 商志䪩:《吴国都城的变迁及阖闾建都苏州的缘由》,见《吴文化研究论文集》,中山大学出版社1988年,第11页。

吴灭干后，作为历史记忆，语言上出现"吴""干"互文现象。《庄子·刻意》篇有"夫有干越之剑者，柙而藏之，不敢用也，宝之至也"[1]。清郭庆藩撰、王孝鱼点校《庄子集释》引曰："干，吴也。吴越出善剑也。"[2]被吴国兼并了的"干"（又作"邗"），作为与"吴"互文通用的一个词语保存下来，记录了吴国历史上的领土扩充过程，也揭示了"吴""干"之间的文化融汇。下文言及的吴王夫差时期的"禺邗王壶"即"吴干王壶"，就是明证。

西周晚期或春秋早期的"吴干战"，文献未记载是时在哪一位吴王手中完成。推测可能为十四世吴王禽处或十五世吴王转执政时期。这一时期，吴国西接强大的楚国，因地缘政治、国家实力等因素，吴国成为楚国的属国。

（二）吴国参与的对齐战争

鲁庄公九年（前685）齐公子小白在齐国内乱中上台，是为齐桓公。齐桓公执政后任用管仲改革，选贤任能，加强武备，发展生产，从而一步步以军事实力为基础，"桓公于是始霸焉"[3]。在齐国完成北方霸主政治之时，南方的楚国也开始崛起。"齐桓公称霸，楚亦始大。"[4]"始大"而崛起的楚国连年出兵攻郑，将势力伸入中原，不可避免地与已成中原首霸的齐桓公发生碰撞。

在齐、楚相争的大环境下，作为楚国属国的吴国，也被卷入楚国与齐国的对抗，并与楚国一样从反对齐国的事件中获取精神鼓舞的力量。《战国策·齐策六》记载说，齐桓公称霸天下以后，诸侯都去朝拜，而鲁国的曹沫，凭借手中的一把宝剑，在坛位上劫持齐桓公，使得三次战败所丧失的领土在一个早晨都返回来了。这一使齐国丢脸的举动，"天下震动惊骇，威信吴、楚，传名后世"[5]。当天下人为曹沫的举动感到震动和惊惧之时，《战国策》的记载独独对吴、楚二国的反应，特别予以强调。它无疑显示，吴、楚这两个长江流域的国家对这一事件的兴趣及从曹沫的举动中获取的精神力量；同时，它也显示出吴、楚间的结盟关系及吴国在楚国集团中的重要地位。这一事件发生的时间，《史记·刺客列传》记为值"齐桓公许与鲁会于柯而盟"[6]的柯地盟会上。而《春秋经·庄公十三年》

---

[1]《庄子·刻意》，见王孝鱼点校：《庄子集释》，中华书局1961年，第544页。
[2]《庄子·刻意》，见王孝鱼点校：《庄子集释》，中华书局1961年，第545页。
[3] 司马迁：《史记》卷三十二《齐太公世家》，中华书局1959年，第1487页。
[4] 司马迁：《史记》卷四十《楚世家》，中华书局1959年，第1696页。
[5]《战国策·齐策六》，见王锡荣、韩峥嵘译注：《战国策译注》，吉林文史出版社1998年，第327页。
[6] 司马迁：《史记》卷八十六《刺客列传》，中华书局1959年，第2515页。

记为"冬,公会齐侯,盟于柯"[1]。故该盟会的时间,为公元前681年(鲁庄公十三年)。

(三)吴国被裂解的"分吴半"

齐桓公在中原地区称霸之际,南方的楚国也开始坐大,并与齐国发生碰撞。其间,亦波及徐国。《春秋经·僖公十五年》记载,本年(鲁僖公十五年,前645)"楚人伐徐"[2]。其时,已届晚年的齐桓公与鲁、宋、陈、卫、郑、许、曹等国的诸侯或代表"盟于牡丘",并派鲁国"公孙敖帅师""救徐"[3]。

"楚人伐徐"的原因——"徐即诸夏故也"[4],意即徐国亲附中原各国的缘故。而在《左传·僖公十七年》中写齐桓公去世留下的三个未亡人中,有一个出自徐国宗室的女人——"徐嬴"[5]。这意味着齐桓公在世时,齐、徐间已存在联姻关系。故"楚人伐徐",主要是针对齐国而言。在这种情况下,齐国不能不"救徐"。地处战略要冲的徐国,在齐、楚相争时成为双方争夺的要地。

当徐国陷入齐、楚相争的政治旋涡中时,作为楚国属国的吴国,势必受楚人之命,牵制齐国。《管子·大匡》载:"卒岁,吴人伐榖,桓公告诸侯未遍,诸侯之师竭至,以待桓公。桓公以车千乘会诸侯于境,都师未至,吴人逃,诸侯皆罢。"[6]这段记载,揭示了齐桓公执政时吴国曾攻伐齐国的榖地。可当齐桓公反击,率领着战车同各诸侯国君相会于齐国边境,在齐军尚未赶到时,吴国人就逃跑了。

然而,齐军不会每次都让吴国人逃走。《管子·小匡》记载了齐桓公"东救徐州"时,打到吴国和越国,并对吴国采取了严厉的制裁手段"分吴半",即肢解并分得吴国土地的一半;同时还"割越地"[7]即分割越国的土地。

春秋时期的齐国和越国,领土并不相接,上述"割越地"究系指是割一块土地出来,重新建立一个臣属于齐的方国,还是在越国的土地上建立一个隶属于齐的"飞地"?因古代典籍无有进一步的相关记载,今人不得而知。但这一文献记载

---

[1]《春秋经·庄公十三年》,见《春秋左传正义》,北京大学出版社1999年,第249页。
[2]《春秋经·僖公十五年》,见《春秋左传正义》,北京大学出版社1999年,第371页。
[3]《春秋经·僖公十五年》,见《春秋左传正义》,北京大学出版社1999年,第371页。
[4]《春秋经·僖公十五年》,见《春秋左传正义》,北京大学出版社1999年,第372页。
[5]《左传·僖公十七年》,见《春秋左传正义》,北京大学出版社1999年,第389页。
[6]《管子·大匡》,见谢浩范、朱迎平译著:《管子全译》,贵州人民出版社1996年,第285页。
[7]《管子·小匡》,见谢浩范、朱迎平译著:《管子全译》,贵州人民出版社1996年,第326页。

表明：齐桓公时，吴、越因同为楚国属国而受到齐国的惩罚。

吴、越的存在及其影响，引起了齐桓公的极大忧虑，他在与管仲的一次谈话中谈到了这一忧虑。"桓公曰：'四夷不服，恐其逆政游于天下而伤寡人，寡人之行为此有道乎？'管子对曰：'吴越不朝，珠象而以为币乎。……然后，八千里之吴、越可得而朝也。'"〔1〕齐桓公问话的意思是："吴、越这些周边的蛮夷诸国不肯臣服，我怕他们落后的文化流行天下而伤害我国，我们有对付它的办法吗？"管子（即管仲）回答说："吴、越不来朝见，请用南方出产的珍珠、象牙作为货币吧！……用它来作货币，八千里外的吴、越，就会来朝见了。"

在生产力低下的春秋时期，尽管经济在齐国政治家管仲的话语中只是作为政治的延续和补充手段来利用，但毕竟已高明地提出了以经济作为联系，以国家间的互惠互利作为纽带的外交方略。这一方略试图通过经济联系方式，与吴、越等以期建立一种经济合作、政治提携、军事和平的局面。同时，这段对话，也显示齐桓公称霸之时，吴、越等南方国家，并不听命于齐，亦不朝拜齐王。在这"不朝"背后，显然有着楚国的影响。因此，吴、越对齐国采取的"不朝"，只是当时地缘政治的产物，并为当时的政治格局所决定。

这一时期的执政吴王，以十七世吴王句卑的执政年份为标尺，则大致可推算出。《史记·吴太伯世家》记载"颇高卒，子句卑立"，有一处标尺性质的时间节点提示："是时，晋献公灭周北虞公，以开晋伐虢也。"〔2〕由此可知，十七世吴王句卑开始执政的年份与"晋献公灭周北虞公，以开晋伐虢"的时间相勾连。参《春秋经·僖公五年》的记载"冬，晋人执虞公"〔3〕，可知"晋献公灭周北虞公"为公元前655年（鲁僖公五年）。由此亦可推算出，从五世周章至十七世句卑，吴国历经了十三世吴王（含五世周章在内），其时间大致从公元前1046年至公元前655年（鲁僖公五年）。

（四）寿梦执政前吴国"听命于楚"及以附楚而自保的国家战略

晋、楚城濮之战后，在晋、楚争霸的大环境下，吴国依然是楚国的附属小国。《左传·宣公八年》载，"夏，楚为众舒叛故，伐舒蓼灭之。楚子疆之，及滑汭，盟吴、越而还"〔4〕。意为，鲁宣公八年（前601）夏天，楚国因为众舒背叛的缘故，攻

---

〔1〕《管子·轻重甲》，见谢浩范、朱迎平译著：《管子全译》，贵州人民出版社1996年，第977页。
〔2〕司马迁：《史记》卷三十一《吴太伯世家》，中华书局1959年，第1447页。
〔3〕《春秋经·僖公五年》，见《春秋左传正义》，北京大学出版社1999年，第338页。
〔4〕《左传·宣公八年》，见《春秋左传正义》，北京大学出版社1999年，第619页。

打舒、蓼这两个小国,并把它们给灭了。楚庄王给他们划定疆界在到达滑水拐弯的地方。接着和吴国、越国结盟就回去了。

"盟吴、越而还",使得长江下游的吴、越两国同时在《左传》中出现。杜预注此句说:"《传》(《左传》)言楚强,吴、越服从。"[1]指出吴、越两国在《左传》出现时,都是以听命于楚的属国身份出现的。

此年为鲁宣公八年(前601),上距十七世吴王句卑开始执政的鲁僖公五年(前655)已过了54年,而下距十九世吴王寿梦开始执政的公元前585年尚有16年。按通常情况下的推测,此年(前601)楚王"盟吴、越"时的执政吴王,大致可确定为寿梦之父,即十八世吴王去齐。

楚"盟吴、越"4年后的鲁宣公十二年(前597),晋、楚间又爆发了另一次大战——"邲之战"。此战,楚胜晋败。楚庄王以一场胜利的战争,奠定了楚国的霸主地位。晋、楚"邲之战"时,吴国仍为十八世吴王去齐执政。

上述十九世吴王寿梦祖父句卑(十七世吴王)、父亲去齐(十八世吴王)时期,关于吴国历史的史籍记载,多为片言只语,故难以准确描绘出事件的清晰面貌,也难以详细描述出吴国其时在楚国集团中的作为。但可确定的是:这一时期(指十九世吴王寿梦前)的吴国,是以听命于楚的属国身份出现。而其时吴国的国家战略,当以附楚而自保。

第三节 "联晋抗楚":寿梦时期的政治与军事

春秋后期的吴王寿梦执政之初,晋国制定、执行"联吴抗楚"战略,是一个改变当时列国现状和力量对比的重大事件。同时,也是改变吴国其时在列国间地位及促使吴国崛起的重大事件。作为对晋国"联吴制楚"战略的因应,吴王寿梦适时制定吴国"联晋抗楚"战略。从而在这一"联晋抗楚"战略的开创时期中,吴国在对楚战争中迅速崛起。

一、寿梦执政之初的吴国对外战争——吴伐郯

鲁成公六年(前585),吴王去齐之子执政吴国,是为吴王寿梦。寿梦,《春秋经·襄公十二年》又作"乘"[2];司马贞《史记索隐》引《系本》又作"孰姑"[3]。

---

[1] 杜预注,见杜预:《春秋经传集解》,上海古籍出版社1978年,第565页。
[2] 《春秋经·襄公十二年》,见《春秋左传正义》,北京大学出版社1999年,第904页。
[3] 司马贞:《史记索隐》,见司马迁:《史记》,中华书局1959年,第1449页。

《史记·吴太伯世家》中"王寿梦二年"句,司马贞《史记索隐》释为:"自寿梦已下始有其年,《春秋》惟记卒年。计二年当成七年也。"[1]由此可知,自吴王寿梦起,吴国始有准确纪年。而上述"成七年"即鲁成公七年,亦即公元前584年为"寿梦二年"。按此推知,则寿梦执政元年当为鲁成公六年,即公元前585年。

寿梦执政之初,列国间晋、楚争霸的政治格局依然,吴国不可避免地继续着与楚结盟的政治路线,故其军事、外交也不能不受到楚国的制约和影响。

寿梦二年(鲁成公七年,前584)吴国北上,进行了一次讨伐郯国的战争。《春秋经·成公七年》记载"吴伐郯"[2]。而同年《左传·成公七年》说:"七年春,吴伐郯,郯成。"[3]意为,吴国攻打郯国,并迫使郯国向吴国请求讲和,奉寿梦为盟主。

郯国其时为鲁国属国,而鲁国为晋国集团的重要盟国。因此,吴国北上攻打郯国的目的,不外以下两种可能或原因:一为系晋、楚争霸政治格局下的代理人战争。按此,则吴王寿梦执政初,吴国国家战略依然在"听命于楚"及以附楚自保的道路上做惯性运行。另一则不排除吴国为打通与中原国家的联系通道。童书业《春秋左传研究》指出,"吴自鲁宣、成(指鲁国宣公、成公时)间兴起,伐郯之役,盖欲启通晋之道,与'上国'之盟会,非欲侵犯中原也"[4]。按此,"吴伐郯"乃是吴国自身利益需求——"欲启通晋之道"。寿梦执政下的吴国,对联结中原地区的"通晋之道",极为在意,亦极为重视。吴国内部或已孕育着欲与中原国家加强联系的内在因素。

吴国伐郯之役震惊鲁国朝野。鲁国正卿(首相)季文子对此大声疾呼:"中国不振旅,蛮夷入伐……吾亡无日矣!"[5]意思是说,中原各国不整顿军队,现在蛮夷国家都在向中原国家进攻了,我们不久就要灭亡了。此处的"中国不振旅,蛮夷入伐"句,可说是吴入春秋后,中原国家第一次称其为"蛮夷",并且是作为"中国"(中原国家)对立面的"蛮夷"。

吴国系由周王室后裔组成的姬姓国之一且受过周封,但由于地理上远离王畿、且处于当时被称为"蛮夷"的长江下游地区,故吴国在走向中原的过程中,往往会受到中原文化的抵制和排斥。

---

[1] 司马贞:《史记索隐》,见司马迁:《史记》,中华书局1959年,第1448页。
[2] 《春秋经·成公七年》,见《春秋左传正义》,北京大学出版社1999年,第726页。
[3] 《左传·成公七年》,见《春秋左传正义》,北京大学出版社1999年,第727页。
[4] 童书业:《春秋左传研究》,上海人民出版社1980年,第79页。
[5] 《左传·成公七年》,见《春秋左传正义》,北京大学出版社1999年,第727页。

二、晋国推行"联吴制楚"战略及其对吴国的影响

晋、楚争霸时的城濮之战,晋胜楚败;而在隔了30多年后的邲之战中,楚胜晋败。邲之战后,在楚国势力大增之际,晋国击败北方的赤狄。解决边患后,晋国国力有所增强。接下来,晋国又在晋、齐"鞌之战"中击败齐国,国势重振,从而使得晋景公图谋复霸。是时,楚庄王已去世,其子楚共王执政。晋、楚在新一轮的争霸中处于军事对峙的均衡状态。就在晋、楚争霸处于对峙时,从楚国逃亡至晋国的楚国大臣申公巫臣,向晋侯提出请求——"请使于吴"[1]。意图拆散楚国与吴国的联盟,进而拉拢、扶植吴国,借吴而制楚。"晋侯许之"[2],"使申公巫臣如吴"[3]。

晋国"联吴制楚"战略的推出与施行,既改变了吴国的战略地位,也促进了吴国的发展;更改变了春秋后期以晋、楚为核心的两大军事集团的力量对比格局和列国间的国家关系。从这一意义上讲,它是春秋后期改变当时列国格局及晋、楚间力量对比的重大事件。

寿梦二年(鲁成公七年,前584),吴国刚刚征服了郯国,晋国派申公巫臣来吴国推行"联吴制楚"之策。对此,吴国的反应非常积极,"吴子寿梦说之"[4],"说"通"悦"。

对吴国来说,为了本国的国家利益,奉行独立的外交路线以及和中原列国修好,是增强吴国实力,促进吴国发展的战略目标。因此,面对晋国推行的"联吴制楚"战略,寿梦适时做出调整并相应制定"联晋抗楚"的战略,并随之进行重大外交转变。

吴国"联晋抗楚"战略的制定,是春秋后期吴国的重大方向性、战略性转变,从而对其后的吴国产生重大而深远影响,促成吴国的全面变化与崛起。它表现在:

1. 军事

申公巫臣给吴国带来了中原地区先进的军事装备和军事战术思想,以提高吴国对抗楚国的军事实力。从申公巫臣从晋国带来了三十辆战车可见,在这以前地处水网地区的吴国并不熟悉战车制造技术,更不熟悉中原战车列阵、攻防等

---

[1]《左传·成公七年》,见《春秋左传正义》,北京大学出版社1999年,第728页。
[2]《左传·成公七年》,见《春秋左传正义》,北京大学出版社1999年,第728页。
[3]《左传·成公八年》,见《春秋左传正义》,北京大学出版社1999年,第734页。
[4]《左传·成公七年》,见《春秋左传正义》,北京大学出版社1999年,第728页。

战术的运用。因此,随着申公巫臣的到来,吴国在军事装备、战术素养等方面都有了量级式的提高。

2. 外交

为在国家层面上促使吴国从盟楚转向为"叛楚",申公巫臣让自己的儿子狐庸担任吴国主管外交的"行人"职务,这实际上是把吴国的外交控制在了晋国手里,从而更方便地对吴国"教之叛楚"[1],即引导、唆教吴国脱离楚国集团,真正落实晋国"联吴制楚"的战略性目标。

申公巫臣代表晋国的上述作为,与吴国的外交方针和国家利益并行不悖。经申公巫臣在军事、政治、外交上的全面渗透,吴、楚间的联盟开始瓦解,两国呈现出对抗态势,吴、楚间开始了战争。这就是《春秋经·成公七年》记载的"吴入州来"[2]及《左传·成公七年》所概述的"吴始伐楚,伐巢、伐徐。子重奔命。马陵之会,吴入州来。子重自郑奔命。子重、子反于是乎一岁七奔命。蛮夷属于楚者,吴尽取之"[3]。而在与楚国的对抗中,吴国"是以始大,通吴于上国"[4]。吴国开始崛起,并得以和中原诸国交通往来。吴国战略进击方向的变化,标示着吴国脱离楚国集团并且向晋国集团靠拢。

三、晋国对吴国的战略防范

作为大国战略的体现,晋国对吴国采取拉拢的同时,也伴随着对吴国军事上的防范。这一防范是通过晋国联合齐、鲁、邾等国共同伐郯而得以实现的。"吴伐郯"次年,即寿梦三年(前583),晋国联合齐、鲁、邾等国共同伐郯。而原因即是"以其事吴故"[5],即因郯国顺服了吴国的缘故。上年晋国刚刚派遣申公巫臣来吴国并唆教吴国脱离楚国集团,次年就发动针对吴国的战争。

晋国为防止崛起的吴国成为新的威胁,故以四国联军伐郯,不但间接敲打吴国,还让吴国把北进所获之利全部吐出来,从而明确地为吴国划设了一条不得逾越的红线——只能西进进攻楚国,而不得北进威胁、侵扰晋国集团的势力范围。

---

[1]《左传·成公七年》,见《春秋左传正义》,北京大学出版社1999年,第729页。
[2]《春秋经·成公七年》,见《春秋左传正义》,北京大学出版社1999年,第727页。
[3]《左传·成公七年》,见《春秋左传正义》,北京大学出版社1999年,第729页。
[4]《左传·成公七年》,见《春秋左传正义》,北京大学出版社1999年,第729页。
[5]《左传·成公八年》,见《春秋左传正义》,北京大学出版社1999年,第735页。

其后的历史证明：晋国这一战略举措，基本获得成功。从寿梦到阖闾，吴国多位吴王执政时，一直西进而与楚国杀伐，对北方晋国集团的诸国，却未有侵犯。只是到吴王僚时曾借参与宋国内乱而试水中原，而至夫差执政且吴国有实力与晋国争夺霸主地位时，这一状况才有所改变。

四、楚国对"联吴制楚"的反制及对吴战争

（一）切断晋、吴间联系的"楚伐彭城"及晋、楚靡角之谷之战

吴国和晋国及晋国集团的中原国家间的联系，其薄弱处在于地缘上相距太远。晋国援助吴国的军事物资及双方交流的生活资料等，大多依赖从彭城经过的平道。彭城平道为经由彭城的吴、晋通道。彭城地望，杨伯峻《春秋左传注》注为："彭城即今江苏徐州市。"[1]为了切断晋、吴间的联系，吴寿梦十年（前576），距晋、楚签署"弭兵"盟约3年后，楚国人的眼睛盯住了宋国的彭城。

宋国是晋国的盟国，因内政原因，国内分成亲晋和亲楚两派，亲楚的几个叛臣叛逃至楚。吴寿梦十三年（前573），为切断晋、吴间的联系，楚国派兵攻打彭城，并护送宋国叛将来到彭城，用三百辆战车让他们驻防，然后回国。楚军以军事力量护送宋国叛臣归宋，引起宋国的忧虑。宋国大臣西鉏吾指出：楚国此举是"毒诸侯而惧吴、晋"[2]，意即妨害各国往来，尤其是堵塞吴国、晋国间必经之道，使得吴、晋有所恐惧。

楚国夺下彭城，威胁着晋国"联吴制楚"战略的实施，于是，宋国的亲晋派发兵包围彭城。接着，楚国为救援彭城而攻打宋国。宋国向晋国告急。晋侯率师救援宋国，并与楚军在靡角之谷相遇，两国再次开始了兵戎相见。此战，楚军溃败，晋军夺回彭城并归还给宋国。

围绕彭城争夺的晋、楚此战，吴国虽未参与，但此战却与吴国息息相关。晋国为维系住与吴国的联系，不惜动用武力与楚国进行角逐。此番晋、楚间在淮河流域的政治、军事较量，以楚国失掉东方的势力范围而告终。

（二）楚"伐吴"并深入吴国腹地的衡山之战与"吴人伐楚，取驾"

晋、楚靡角之谷之战后，晋、楚两国又爆发鄢陵之战，楚国再次战败。北进受

---

[1] 杨伯峻：《春秋左传注》，中华书局1990年，第911页。
[2] 《左传·成公十八年》，见《春秋左传正义》，北京大学出版社1999年，第809页。

阻的楚国,于是开始东扩而直接攻打吴国。

吴寿梦十六年(前570),"春,楚子重伐吴,克鸠兹,至于衡山"[1]。楚军在令尹子重统帅下攻克"鸠兹",并一直打到吴国腹地"衡山"。鸠兹,杜预注曰:"吴邑,在丹阳无湖县东。"[2]即今安徽芜湖一带。衡山,为今南京江宁近郊。蒋赞初《关于南京地方史(古代部分)研究中的一些问题》一文指出:"最早见于《左传》的吴、楚之间于公元前570年在今南京郊县江宁县小丹阳镇附近发生的一次战争——'衡山(今名横山)之战'。"[3]按此,楚军在此战中实已攻入吴国腹地的今南京附近。

楚军的长驱直入遭到了吴国军队的阻击和拦截,吴国在衡山进行了有效的抵抗,致使楚国未能深入吴国国都梅里(今无锡梅村)。而战争演变到后来,竟成了"吴人伐楚,取驾。驾,良邑也"[4],即吴国军队攻打楚国并夺取了楚国上等的城邑。楚国人因此而责备统帅子重,以致子重"遇心病而卒"[5]。

寿梦执政下的吴国,在和春秋时期的一流强国——楚国的战争中,战争实力得以提升,国力也有所增强。

吴寿梦二十五年(前561)"秋九月,吴子乘卒"[6]。吴王寿梦去世,在位二十五年。这位把吴国从楚国属国脱离出来并与中原列国开始交往的吴王,去世时在《春秋经》里第一次有了"子"爵爵位的记载。至此,吴国国君的去世像中原列国国君一样,也开始有了历史文献的确切记载。如杨伯峻所说:"吴君书卒,以此为始,盖以其与列国会同也。"[7]

---

[1]《左传·襄公三年》,见《春秋左传正义》,北京大学出版社1999年,第823页。
[2] 杜预注,见杜预:《春秋经传集解》,上海古籍出版社1978年,第806页。
[3] 蒋赞初:《关于南京地方史(古代部分)研究中的一些问题》,见蒋赞初:《长江中下游历史考古论文集》,科学出版社2000年,第293页。
[4]《左传·襄公三年》,见《春秋左传正义》,北京大学出版社1999年,第823页。
[5]《左传·襄公三年》,见《春秋左传正义》,北京大学出版社1999年,第823页。
[6]《春秋经·襄公十二年》,见《春秋左传正义》,北京大学出版社1999年,第904页。
[7] 杨伯峻:《春秋左传注》,中华书局1990年,第995页。

(三) 寿梦欲传四子未果及其后的君位传承遗命

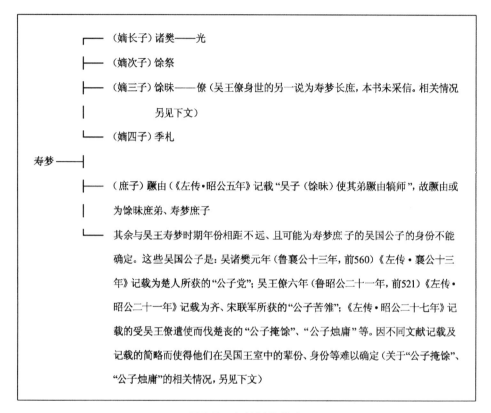

图2-7　寿梦子嗣排序

由上可以看出,若按当时传嫡长子的正常传承,寿梦后当由嫡长子诸樊继承君位。但年老的寿梦去世前,对王位继承的安排却是"季札贤,寿梦欲立之……季札让,曰:'礼有旧制,奈何废前王之礼,而行父子之私乎?'"[1]意即,寿梦欲立四子季札而废嫡长子诸樊,但此举遭到四子季札出于礼制为由的拒绝。故而寿梦不得已依"父死子继"的方式将王位传于嫡长子诸樊时,要求诸樊后的王位继承改为"兄终弟及",这就是《吴越春秋》记载的"寿梦乃命诸樊曰:'我欲传国及札,尔无忘寡人之言。'"[2]意思是说,我想把王位传给季札,你不要忘了我说的话。

诸樊对寿梦的想法,显然非常了解,于是说:"周太王(古公亶父)知晓姬昌

---
[1] 赵晔:《吴越春秋》卷二,江苏古籍出版社1986年,第7页。
[2] 赵晔:《吴越春秋》卷二,江苏古籍出版社1986年,第7页。

的圣行,于是'废长立少'地传位于三子,周王朝才得以兴盛。现在父亲您想把国家交给四弟季札,我一定会心甘情愿地去乡下种地。"寿梦听了,说:"今子不忘前人之言,必授国以次及于季札。"[1]意为,你不要忘了我这个前人所说的话,你们弟兄们一个一个地传,非要传到季札手上不可!

《吴越春秋》的上述记载,也得到《左传》印证。据《左传·襄公十四年》记载:"吴子诸樊既除丧,将立季札。"[2]意即吴王诸樊主持办了寿梦的丧事后,就想立季札为吴王,从而把王位传到季札手中。然而,其后的吴国历史证明:正是"寿梦病将卒"时的继承遗命,为日后吴国的宫廷流血政变,埋下了种子。

第四节　泰伯至寿梦时期的历史文化遗存

一、泰伯仲雍时期的历史文化遗存

(一)泰伯墓

泰伯去世后,关于其墓地,先秦文献无记载。东汉《吴越春秋》有"太(泰)伯祖卒,葬于梅里平墟"[3]的记载,元徐天佑音注为:"即太伯故城之地。刘昭云'无锡县东皇山有太伯冢,去墓十里有旧宅,其井犹存。'《皇览》云:'太伯墓在吴县北梅里聚。'二说不同。"[4]

徐天佑音注所说的"二说",为唐宋文献中出现的泰伯墓的两处记载。其一为唐代陆广微《吴地记》:"太伯筑城于梅里平墟,周三里二百步,外郭三百余里。今日梅李乡,亦日梅里村,泰伯庙在焉。城东五里曰皇山,一名鸿山,有泰伯墓。"[5]另一为"太伯冢在吴县北,去城十里"[6]。

唐代后,北宋朱长文《吴郡图经续记》记载:"太伯墓,《皇览》云:'在吴县北梅里聚,去城十里。'刘昭案:'无锡县东皇山有太伯冢,去墓十里有旧宅,其井犹存。'二说固不同。今吴县、无锡界,俱有梅里之名,未知孰是,要当访之耳。"[7]

南宋范成大的《吴郡志》卷三十九记载:"吴太伯墓。《吴越春秋》云:吴太

---

[1] 赵晔:《吴越春秋》卷二,江苏古籍出版社1986年,第7页。
[2] 《左传·襄公十四年》,见《春秋左传正义》,北京大学出版社1999年,第919页。
[3] 赵晔:《吴越春秋》卷一,江苏古籍出版社1989年,第4页。
[4] 徐天佑音注,见赵晔:《吴越春秋》卷一,江苏古籍出版社1989年,第4页。
[5] 陆广微:《吴地记·佚文》,江苏古籍出版社1986年,第165页。
[6] 陆广微:《吴地记·佚文》,江苏古籍出版社1986年,第183页。
[7] 朱长文:《吴郡图经续记》卷下,江苏古籍出版社1986年,第65页。

伯卒,葬于梅里平墟。梅里,今属常熟县。又《史记正义》引《括地志》:太伯冢在吴县北五十里,无锡县界西梅里村鸿山上,去太伯所居城十里。《吴地记》又云:'太伯冢在吴县北,去城十里。'未详孰是。"〔1〕

明初,据明洪武十二年(1379)卢熊《苏州府志》卷第四十四记载说:"吴太伯墓,《吴越春秋》云:'太伯卒,葬梅里平墟。'梅里,今属常熟县。《史记正义》引《括地志》:'太伯冢在吴县北五十里,无锡县界西梅里村鸿山上,去太伯所居城十里。'《吴地记》又云:'太伯冢在吴县北,去城十里。'未详孰是。"〔2〕

由上可以看出,唐代文献所记载的泰伯墓存有二说:一为无锡;一为吴县(苏州)。宋代时,学者们对上述二说,已是"未知孰是,要当访之"及"未详孰是"了。而这一不能确定的"未详孰是",一直延续到明初。正是这不确定的"未详孰是""未知孰是"及其屡屡重复,为后世的争议埋下了种子。

两地(指无锡、吴县)平衡打破以致从文献记载的争议到泰伯墓实体的争议,当在明弘治十三年(1500)前后。且这一事件的启端,与苏州学者王鏊有关。王鏊原籍吴县东山,明成化十年(1474)乡试解元,成化十一年(1475)会试会元,殿试探花(一甲第三名)。孝宗即位(1488),迁侍讲学士,充任讲官。后转少詹事,擢吏部右侍郎等职。

王鏊与出任无锡知县的姜文魁交集时,正充任京官。据王鏊《无锡县太伯庙碑》记载:"无锡之板村,有丘隆焉,相传曰太伯之墓也,按汉刘昭云:'无锡县东皇山,有太伯冢。'《皇览》云:太伯之葬,'在梅里之平墟。'则非山,明也。今板村正居吴县之北,去梅村不二里而近。败屋颓垣,刍牧不禁,予尝过而伤之。弘治十三年(1500),南昌姜侯文魁来知无锡,予曰:'邑有圣人之墓而芜焉,令之耻也。'姜曰:'诺。'甫下车,则复议之,且捐俸倡民。于是,富者输财,壮者效力,期年庙成。殿、寝、门、堂,圭洁靓深;石表对峨,过者瞻悚。姜侯请予文于碑,以示后世。"〔3〕

从这一记载中,可知以下几点:其一,无锡板村有一隆起的小丘,相传这里就是文献记载的泰伯之墓。其二,至明弘治十三年(1500)南昌姜文魁来无锡任知县时,这一相传为泰伯之墓的小丘已是荒芜不堪。其三,原籍苏州且是时为京

---

〔1〕 范成大:《吴郡志》,江苏古籍出版社1986年,第546页。
〔2〕 卢熊:《苏州府志》卷第四十四,广陵书社2015年,第556页。
〔3〕 吴建华点校:《王鏊集》,上海古籍出版社2013年,第299页。另,吴恩培点校:《至德志》卷之四(上海古籍出版社2013年,第34—35页)亦载该碑,碑名作《重修泰伯墓庙碑记》,文字与《王鏊集》稍异。

官的王鏊,值姜文魁任职无锡知县之初,即以"邑有圣人之墓而芜焉,令之耻也"之语而使其修泰伯之墓。而姜文魁应"诺",即当面采纳了王鏊的修墓意见。其四,与王鏊晤面后,姜文魁即开始率先"捐俸"以"倡民",于是,在有钱出钱、无钱出力式的"富者输财,壮者效力"下,修庙、修墓,期年而成。

王鏊使无锡任知县姜文魁修泰伯之墓,但其任总纂的《姑苏志》卷第三十四《冢墓》中,却依然有着"泰伯冢在吴县上,去城十里"〔1〕的记载。这一现象说明:在王鏊眼中,历史留存的泰伯墓的两处文献记载,在难以确定其真实性的情况下,作为两地对泰伯的纪念遗存,都可接受,且并不存在非此即彼式的排他意识。适如一句俗语所说,祖宗大家拜。

而将唐宋以来文献记载的"未知孰是"予以具体化落实且形成日后争讼的为姜文魁修复泰伯墓后杨文撰文并于明弘治十四年(1501)所立的《泰伯墓碑阴记》。该文将前述王鏊《无锡县泰伯庙碑》中"相传曰泰伯之墓"的小丘予以明确化地记为"伯(泰伯)殁葬鸿山之西岭,去梅村地五里,今乡人所指吴王墩者即伯墓也"〔2〕。

这一排他性论述,百年后引起苏州文人、学者的反弹。万历四十二年(1614)苏州文人、学者马之骏、范允临、赵宦光等,在吴县境内的灵岩山亦为泰伯立墓、立碑。据《至德志》卷六记载:"《吴县志》:灵岩山,在吴县西南三十里,其下有泰伯墓。新野马之骏《灵岩赎山碑》文云:'山在坤维,不宜琢泄,伤川陆之灵。矧去灵岩数武,有芃然马鬣者,则泰伯氏所藏蜕也。畴昜文身而衽裾,譬则河之星宿地脉伤震及躬矣。若辈无念其父若祖则已,念之而穷若祖之祖,以及入吴之初一人,又奚忍焉?'按,此碑万历四十二年撰,范允临书丹,赵宦光篆额,必有所据。"〔3〕

上文所说马之骏《灵岩赎山碑》,亦为《灵岩山赎山记》,载于《至德志》卷之八。该碑或该文,本是针对明代时灵岩山无序采石而吁请保护并严加管控的文章。个中字义诠释如下:矧:长,长度。数武,指数步脚步之间。芃然:草茂盛貌。马鬣:马颈上的长毛。蜕:道家、佛家谓人死为解脱。故此处的"蜕",即"蜕委",死亡的婉辞。亦有"蜕质"之意,指先人的遗体、遗骨处。故上述"矧去灵岩数武,有芃然马鬣者,则泰伯氏所藏蜕也"句,意为,灵岩山下草木茂盛如马鬣之处,即为泰伯葬身之处。显然,这里针对无锡学者所说泰伯"殁葬鸿山之西岭"而作另一说而已。书碑者范允临,乃是范仲淹第十七世孙,明太仆徐泰时的女婿。而马之骏、赵宦光均为当时的苏州文人。

---

〔1〕 王鏊:《姑苏志》卷第三十四,苏州方志馆藏本。
〔2〕 杨文:《泰伯墓碑阴记》,见吴恩培点校:《至德志》,上海古籍出版社2013年,第36页。
〔3〕 吴恩培点校:《至德志·古迹遗像志》,上海古籍出版社2013年,第47页。

苏州文人在灵岩山为泰伯墓立碑9年后的明天启三年(1623),无锡的东林党党魁高攀龙再写下了《泰伯墓碑阴记》立于无锡鸿山,此即为今无锡鸿山泰伯墓前有《泰伯墓碑记》两块中的另一块。该《泰伯墓碑阴记》说:"吾邑之鸿山,古所称皇山。皇山有泰伯墓。《南徐记》及《圣贤墓记》同其为泰伯墓,审矣。"无法确定是否对万历四十二年(1614)苏州的马之骏《灵岩赎山碑》有所指,高攀龙《泰伯墓碑阴记》接着论述说:"万历之季,绅矜始谋立碑而表之。"以致"既立石欲予记其事于碑阴"。[1]

唐宋乃至明初文献中"未知孰是"的文字记载,至此已转化为苏、锡两地泰伯墓的实体形式,争讼于世。

其后的苏州地方文献中,亦屡屡记载了苏州灵岩山泰伯墓的情况。如:清乾隆《吴县志》亦对泰伯墓记载说:"泰伯墓在灵岩山西北麓敕山坞,前代屡有敕赠,故名,又呼赤山。其地有三让原、至德乡。《吴越春秋》云:泰伯葬梅里平墟,《史记正义》引《括地志》云:在吴县五十里梅里村鸿山上,去泰伯所居城十里。汉刘昭云:无锡东皇山有泰伯冢。王文恪鏊《碑》云:在无锡县板村去梅里不二里而近。然则泰伯墓究无定属?想古人事迹传流在在,引据类若此。"[2]清道光十四年(1834)顾震涛编撰的《吴门表隐》一书中,也记载了明代时苏州泰伯墓的立碑情况:"泰伯墓在灵岩山西敕山坞,明万历四十二年(1614),马之骏立碑,范允临书,赵宧光篆。"[3]

至清同治(1861—1875)年间,道光二十年(1840)的苏州榜眼冯桂芬任总纂的同治《苏州府志》情况发生变化。该《府志》在记写"周"代的冢墓时,未记写"泰伯墓"条,但有一段说明性质的文字:"前《志》并载泰伯墓。案:《吴越春秋》:'泰伯卒,葬梅里平墟。'又,《史记正义》引《括地志》云:'泰伯冢在吴县北五十里,无锡县界西梅里村鸿山上,去泰伯所居城十里。'案:今梅里属金匮县,吴县村镇有梅梁里,无梅里。前《志》云:今无锡、吴县界俱有梅里之名,或因梅梁里而误也。《括地志》明言无锡县界,则此当删。至《康熙志》谓泰伯墓在敕山坞,援至德乡、三让原为证其说,创于明万历中马之骏为之立碑,黄习远《灵岩山志》为之附会,不足据。"[4]此段文字表明,清同治年间苏州再纂《苏州府志》时,

---

[1] 高攀龙:《泰伯墓碑阴记》,见吴恩培点校:《至德志》,上海古籍出版社2013年,第36页。
[2] 乾隆《吴县志》卷之八十五,苏州图书馆藏本。
[3] 顾震涛:《吴门表隐》,江苏古籍出版社1986年,第23页。
[4] 同治《苏州府志》卷第四十九,见《中国地方志集成·江苏府县志辑⑦·同治苏州府志》第二册,江苏古籍出版社1991年,第419页。

对泰伯墓的"吴县说"及其后作对应的"泰伯墓在敕山坞"等,以"不足据"为由,做出退让而不再予以记载。

然而,《至德志》光绪丙子(1876)年冬月重刊本却并不同意同治《苏州府志》中的上述"附会,不足据"说,故依然记录了"三让原,在吴县敕山坞。至德乡昌舟里,在吴县西,管都二。端季乡,一在常熟县,管都五;一在昭文县东北,管都二"[1]。

民国时编纂的《吴县志》卷第四十记载说:"前《志》并载泰伯墓。案:《吴越春秋》,泰伯卒葬梅里平墟。又《史记正义》引《括地志》云:泰伯冢在吴县北五十里无锡县界西梅里村鸿山上,去泰伯所居城十里。案:今梅里属无锡县。吴县村镇有梅梁里无梅里,前《志》云今无锡、吴县界俱有梅里之名,或因梅梁里而误也。《括地志》明言无锡县界,则此当删。至《康熙志》谓泰伯墓在敕山邬,援至德乡、三让原为证其说,创于明万历中,马之骏为之立碑,黄习远《灵岩山志》因之附会,不足据。"[2]

由上可以看出,清同治至民国时的《苏州府志》和《吴县志》,均摒弃了唐宋文献中关于吴县泰伯墓的记载。形成这一状况的原因或为:唐宋文献关于泰伯墓的记载为两处,揭示其纪念地性质。而因此与他处争夺泰伯墓,既与泰伯"三以天下让"的"至德"精神相悖,也与儒家"以礼让为国"[3]的思想相悖。正是在泰伯"至德"精神的感召下,这一时期的苏州儒家知识分子以学术的理性及泰伯的礼让精神,对两地曾经发生的泰伯墓争夺,主动退让而息讼。

同治《苏州府志》和民国《吴县志》的这一处理,对后世也产生了影响。中华人民共和国成立后,大部分时间苏州实行地、市分治,无锡泰伯庙、墓所在的无锡县及吴县,均隶属苏南苏州行政区专员公署(后相继改称苏南人民行政公署苏州专员公署、苏州专员公署、苏州专区、苏州地区、苏州地区行政公署等)辖治。改革开放后的1983年3月,实行市管县新体制,苏州地区与苏州市合并,原苏州地区所属江阴、无锡二县划归无锡市辖,吴县属苏州市辖。至此,无锡泰伯庙、墓,划属无锡市辖范畴。此类因行政区划变迁而极易引发的地域文化资源争执,最终亦未形成泰伯墓文化资源的争夺和争论。

(二)苏州泰伯庙

苏州的泰伯祠庙,即为泰伯庙,亦名至德庙,位于苏州市西中市阊门内下塘

---

[1] 吴恩培点校:《至德志》,上海古籍出版社2013年,第47页。
[2] 民国《吴县志》卷第四十,苏州方志馆藏本。
[3] 《论语·里仁》,见《论语注疏》,北京大学出版社1999年,第51页。

街250号桃花坞历史街区。苏州泰伯庙为江南祭祀泰伯最早的祠庙,向被称为"祖庭""祖庙"。

据《至德志》载:苏州泰伯庙始建于东汉"永兴二年(154),太守麋豹建于阊门外雁宕村南"[1]。迄今已近1900余年。其后,泰伯庙历代修葺,连绵不断。其情况为:"(南朝)宋元嘉中(424—453),刘损为郡,命葺之。唐垂拱四年(688)河南道巡抚使狄仁杰奏焚吴楚淫祠一千七百余所,独留夏禹、吴泰伯、季札、伍员(伍子胥)四祠。朱梁乾化四年(914),吴越钱氏(钱镠)徙庙今所。宋元祐七年(1092),诏庙号为至德。乾道元年(1165),知府沈度重修。淳祐十二年(1252),提刑潘凯重修,悉屏去附祀之神,惟绘仲雍、季札二像侑享。明宣德五年(1430),知府况钟修。成化中(1465—1487),巡按御史张淮;嘉靖中(1522—1566),巡按御史陈瑞、巡按御史饶天民;万历中(1573—1620),巡按御史甘士价、知府石崐玉、巡盐御史胡继升先后修葺。崇祯二年(1629),知府史应选修,南尚宝卿吴尔成助成之。本朝(清朝)康熙二十三年(1684),巡抚都御史汤斌重修。五十九年(1720),巡抚都御史吴存礼廓而新之,并记立石。"[2]

从上可以看出,苏州泰伯庙在近1900余年中,传承有序,记录完整。

苏州泰伯庙地位显赫,主要体现在以下三个方面:首先,体现在历朝历代对泰伯的褒崇和加封。如"周武王(前1046—前1043)追封为吴伯。晋明帝太宁元年(323),尊崇为三让王。宋哲宗元符三年(1100),诏封号为至德侯。徽宗崇宁元年(1102),进封王。明太祖洪武二年(1369),敕封吴泰伯之神"[3]。其次,是历代朝廷对泰伯庙含诏建、诏祀、敕祀及遣臣工致祭等在内的优裕隆恩。现谨就《至德志》记载,排列如下:"汉桓帝永兴二年(154),诏建泰伯庙于吴郡阊门外雁宕村南。""晋明帝太宁元年(323),诏祀泰伯,用王者礼乐,具王者冕服。""宋武帝永初元年(420)三月,敕祀泰伯以太牢。""唐太宗贞观十三年(639),诏重广门殿。遣礼部尚书兼御史韩太忠祀泰伯以太牢……十五年(641),赐泰伯六十世孙、驸马吴世伟吴、长、无锡等县苗田千顷,永充庙祀。玄宗开元二十年(732),赐嘉、湖二州湖泊三百八十六顷,永充庙祀。""宋太宗太平兴国二年(977),敕命平江军州朝散大夫太子左中允梁周翰祀泰伯以太牢,兼赐金帛、祝文。仁宗景祐四年(1037),遣龙图阁直学士孔道辅祭吴泰伯,兼赐金帛、祝文。哲宗元祐七年(1092),诏吴泰伯庙以'至德'为额,遣官致祭。""元成宗元贞元年

---

[1] 吴恩培点校:《至德志》,上海古籍出版社2013年,第19页。
[2] 吴恩培点校:《至德志》,上海古籍出版社2013年,第19页。
[3] 吴恩培点校:《至德志》,上海古籍出版社2013年,第9页。

(1295)，命祭三让王于姑苏至德庙，兼赐金帛。英宗至治二年(1322)九月遣银光禄大夫、御史中丞察罕帖木儿祭三让王吴泰伯。""明太祖洪武二年(1369)，御制祭文，遣官致祭。""国朝康熙四十四年(1705)，圣祖仁皇帝(即康熙帝爱新觉罗·玄烨)南巡，驻跸苏州行宫，御书'至德无名'匾额，钦赐庙中，敬谨供奉。乾隆十六年(1751)二月二十一日，皇上(即乾隆帝爱新觉罗·弘历)南巡，遣散秩大臣乌米泰致祭并赐谕祭文一道。二月二十五日，驻跸苏州行宫，御书'三让高踪'匾额，钦赐庙中，敬谨供奉。乾隆二十二年(1757)二月二十日，皇上第二次南巡，遣工部侍郎钱维城致祭，并赐谕祭文一道。乾隆二十七年(1762)二月二十二日，皇上第三次南巡，遣吏部侍郎程岩致祭。乾隆三十年(1765)二月二十七日，皇上第四次南巡，遣内阁学士兼礼部侍郎张若澄致祭。乾隆四十五年(1780)三月二十五日，皇上第五次南巡，遣都察院左副都御史王昶致祭。乾隆四十九年(1784)三月初八日，皇上第六次南巡，遣礼部右侍郎兼管太常寺乐部事德明致祭。"[1]

由上可以看出，中国封建社会的历朝历代，苏州泰伯庙都备受礼遇。其中清代时，不仅两位有作为的皇帝(康熙、乾隆)御书匾额，且乾隆帝六下江南，每一次都派官员致祭。

苏州泰伯庙传承1900余年，其奉祀官制度几与孔府媲美，然而，其历史上却屡毁屡建。主要原因是其地理位置——地处"中市"的市内繁华之地。苏州历史上的任何一次动乱和战火，它都极易被波及。尤其近代以来，苏州泰伯庙和苏州古城一样，经历了多次大的社会动乱。其中一次为清咸丰帝时期太平天国攻占苏州。太平天国将领李秀成于1860年至1863年建苏福省并统治苏州。这一期间，江南和苏州笼罩于战火之下。兵燹中，苏州泰伯庙难以幸免战火。据文献记载："兵燹过后，被毁无存，仅有小屋一椽，供设神位。"[2]"军兴，庙毁于火。克复后，生(指奉祀生)等仅就原址精葺低屋一间，供奉神位三座。""至德庙向在贵治北利二图，兵燹被毁。"[3]此次战乱，几将泰伯庙尽然毁去。事隔十余年后的光绪元年(1875)，苏州的官府开始清理地基，对泰伯庙进行重修，并于光绪二年(1876)竣工。据修成后吴县制定的《吴县禁约告示》指出："照得泰伯庙兵燹被毁，现奉大宪札饬兴建，工竣顿复旧观。"[4]

光绪初年的修复，仅维持至1911年辛亥革命时。在辛亥革命前后的社会大

---

[1] 吴恩培点校：《至德志》，上海古籍出版社2013年，第10—11页。
[2] 吴恩培点校：《至德志》，上海古籍出版社2013年，第90页。
[3] 吴恩培点校：《至德志》，上海古籍出版社2013年，第93页。
[4] 吴恩培点校：《至德志》，上海古籍出版社2013年，第92页。

变革中,苏州泰伯庙昔为清朝廷批准的奉祀官管理制度,随着清廷被推翻,也倏地失去权力基础和经济来源。同时,由于泰伯庙地处闹市,寸土寸金难免被人觊觎而侵占。同时,由于泰伯庙为一处人文景观,它不具备佛宇、道观所具有的直指人心的精神威慑及转世轮回的恐吓作用,故前述光绪元年(1875)时官府作修复准备并开始清理地基时,其相关情况即为"庙前地基半被居民侵占作践"[1],故"地基被人侵占,当先确查清理……将泰伯庙前被占地基共有若干,确切查明"[2]。由此可见,当清廷被推翻,泰伯庙的管理者奉祀生失去权力基础时,庙产及地基的再一次被侵占就已不可避免。

民国时期,泰伯庙既无力重修,且亦无人有效管理,延续到新中国成立后的20世纪50年代,由于思想观念等方面的原因,泰伯庙等文物古迹被视为封建主义的糟粕。是时,连传承了近2 500年的苏州城墙都未能保下而尽然被毁去时,地处皋桥的泰伯庙就更不可能得以妥善保护了。正是上述诸原因的交互作用,牵延至21世纪初时,泰伯庙已成了一处名为"庙桥"的农贸市场。这里的"庙"指的是泰伯庙,"桥"则是指庙门外的至德桥。"庙桥农贸市场"内,昔日肃穆的大殿,成了嘈杂的叫卖市场。叫卖声中,昔日的香火已是不再。

2011年下半年,开始了苏州泰伯庙历史上最近一次的修复。为大力弘扬泰伯文化,中共苏州市委、苏州市政府对泰伯庙开始了保护和修复工程。该工程历时3年,于2014年年初土建竣工并进入内装修程序。后于同年5月18日举行落成仪式,正式对市民开放。此次修复的泰伯庙总占地面积7 492平方米,真实还原了清代时泰伯庙的原貌。整个泰伯庙分东、西两部分。东面为泰伯庙的主体,用于祭祀泰伯、仲雍;西面辟为吴门书道馆。

(三) 仲雍墓

常熟虞山仲雍墓,始建年代已不可考。梁简文帝撰虞山《招真治碑记》中已有"远望仲雍而高坟萧瑟,旁临齐女则哀垄苍茫"[3]句。梁简文帝在位2年,即大宝元年至大宝二年(550—551),距今近1 500年。故由此推测,仲雍墓的年代当不低于1 500年。唐司马贞《史记索隐》引《吴地记》曰:"仲雍冢在吴郡常熟县西海虞山上,与言偃冢并列"[4]。由此可见,唐代时已出现虞山之名。

---

[1] 吴恩培点校:《至德志》,上海古籍出版社2013年,第90页。
[2] 吴恩培点校:《至德志》,上海古籍出版社2013年,第90页。
[3] 何振球、严明:《常熟文化概论》,苏州大学出版社1995年,第25页。
[4] 司马贞:《史记索隐》,见司马迁:《史记》,中华书局1959年,第1447页。

现存仲雍墓等建筑,"建于明成化年间(1465—1487),由其106世裔孙浙江参政周木奉旨修缮,并建墓道,直达绣屏巷(又名清权坊巷),在巷口建石坊一座"[1]。其后,明弘治七年(1494),江南巡抚都御史刘延赞重建石坊于北门大街,名清权坊。明崇祯九年(1636)巡按御史路振飞立墓碑。清乾隆十年(1745),常熟知县张耀璧建虞仲墓坊(今墓道第三座石坊,位于墓前),立墓碑"先贤虞仲周公墓"。虞仲墓坊为三间花岗石冲天式,中间正面匾额镌刻"先贤虞仲墓"。坊柱镌楹联为江苏参议程光炬为仲雍墓撰,联曰:"一时逊国难为弟,千载名山还属虞",背额镌"至德齐光"。乾隆三十一年(1766),裔孙周縈等于山麓建"南国友恭"坊,两旁石柱镌刻江苏学政曹秀先书联:"道中清权垂百事,行侔夷惠表千秋",背镌江苏督粮道胡文伯书"让国同心"。[2]

图2-8 常熟虞山仲雍墓牌坊(左)、仲雍墓墓碑(中)及
"先贤虞仲周公墓"即仲雍墓(右)(吴恩培摄)

二、吴国最早的青铜器——宜侯夨簋

图2-9 现藏中国国家博物馆的宜侯夨簋[3](左)
及该器出土资料《江苏丹徒县烟墩山出土的古代青铜器》1955年发表时的首页书影(右)

---

[1] 何振球、严明:《常熟文化概论》,苏州大学出版社1995年,第25页。
[2] 何振球、严明:《常熟文化概论》,苏州大学出版社1995年,第25页。
[3] 中国青铜器全集编辑委员会:《中国青铜器全集》第六卷《西周(二)》,文物出版社1997年,第115页。

宜侯夨簋是中华人民共和国建国初期在江苏镇江大港镇烟墩山出土的最重要的西周青铜器之一。该器的断代年代为西周康王时期,即公元前1020年—公元前996年[1],距今3000余年。而该器的价值和意义,已超越吴文化研究范畴从而在更大的层面上体现出来。唐兰在该器出土次年发表的《宜疾夨殷考释》一文已指出:"这个殷的发现,总是十分重要的。它的制作在公元前一千多年,它是吴国的最早的铜器,而且是在吴地发现的。它记载了周初分配给领主们奴隶和土地,即所谓'受民受疆土'的一些史料,跟盂鼎可以互相比较。过去有些人曾经怀疑吴国不是周的同姓,怀疑周王的势力不能达到吴地等等,由于这个殷的发现,使古书上这一部分的史料复活了。"[2]该器出土资料发表30年后,李学勤《宜侯夨簋与吴国》一文也指出:"宜侯夨簋的珍贵,正在于它是已发现的唯一详记'封建'诸侯的金文。"[3]而关于该器是否为吴器,李学勤《宜侯夨簋与吴国》同时还指出:"1956年,唐兰先生在《考古学报》发表《宜侯夨簋考释》,已指出簋为吴器。最近,由于探讨西周诸侯国青铜器,我又接触到宜侯夨簋,反复考虑,觉得唐说是正确的。"[4]

由此可见,该器为吴国最早的青铜器。对中国早期的西周历史来说,文献记载的中国的分封制始于西周初年周王对同姓和功臣的分封,即所谓"封建亲戚以蕃屏周"[5],但至宜侯夨簋出土时止,只有这件从地下发掘的实物明确记载了西周的分封情况,从而如王国维"二重证据法"所说的是以"地下之新材料"的出土实物形式,"补证"和"证明"[6]了文献记载的中国历史大事件——西周的分封。谨此,已说明这件现珍藏于中国国家博物馆,且列为一级甲等的国宝级文物在研究中国早期历史及西周分封制等学术领域中的无可替代的地位。

该器自20世纪50年代出土后,即引发学者们的重大关注。对该器做出考释、论述的论文、著作,数量较多而难以列全。故谨按时间先后,罗列其中部分如下:

陈梦家《夨殷考释》[7]《西周铜器断代(一)》《西周铜器断代》[8],陈邦福《夨

---

[1]《夏商周年表》,见夏商周断代工程专家组:《夏商周断代工程1996—2000年阶段成果报告》(简本),世界图书出版公司北京公司2000年,第88页。
[2] 唐兰:《宜疾夨殷考释》,《考古学报》,1956年第2期。
[3] 李学勤:《宜侯夨簋与吴国》,《文物》,1985年第7期。
[4] 李学勤:《宜侯夨簋与吴国》,《文物》,1985年第7期。
[5]《左传·僖公二十四年》,见《春秋左传正义》,北京大学出版社1999年,第418页。
[6] 王国维:《古史新证》,清华大学出版社1994年,第2页。
[7] 陈梦家:《夨殷考释》,《文物参考资料》,1955年第5期。
[8] 陈梦家:《西周铜器断代(一)》,《考古学报》,1955年第1期。陈梦家:《西周铜器断代》,中华书局2004年,第14—17页。

㲃考释》[1],岑仲勉《西周社会制度问题》一书"附录"[2],郭沫若《矢㲃铭考释》[3],谭戒甫:《周初矢器铭文综合研究》[4],唐兰《宜庆矢㲃考释》[5],郭沫若主编《中国史稿》第一册[6],刘启益《周矢国铜器的新发现与有关历史地理问题》[7],黄盛璋《铜器铭文宜、虞、矢的地望及其与吴国的关系》[8],李学勤《宜侯矢簋与吴国》[9],杨向奎《"宜侯矢簋"释文商榷》[10],陆九皋《从矢簋铭文谈太伯仲雍奔吴》[11],肖梦龙:《吴国的三次迁都试探》[12],尹盛平《关于太伯、仲雍奔"荆蛮"问题》[13],董楚平《吴越文化新探》[14],刘建国《宜侯矢簋与吴国关系新探》[15],白寿彝总主编《中国通史》第三卷[16],王克陵《"矢簋考释"铭记〈武王、成王伐商图〉〈东国图〉及西周地图综析》[17],顾孟武《从宜侯矢簋论周初吴的战略地位》[18],董楚平《吴越徐舒金文集释》[19],王文清主编《江苏史纲》古代卷[20],沈长云《〈俎侯夨簋〉铭文与相关历史问题的重新考察》[21],王宇信、王震中、杨升南、罗琨、宋镇豪著《中国古代文明与国家形成研究》[22],王永波《宜侯矢簋及其相

---

[1] 陈邦福:《矢㲃考释》,《文物参考资料》,1955年第5期。
[2] 岑仲勉:《西周社会制度问题》,新知识出版社1956年,第155—162页。
[3] 郭沫若:《矢㲃铭考释》,《考古学报》,1956年第1期。
[4] 谭戒甫:《周初矢器铭文综合研究》,《武汉大学人文科学学报》,1956年1期。
[5] 唐兰:《宜庆矢㲃考释》,《考古学报》,1956年第2期。
[6] 郭沫若:《中国史稿》第一册,人民出版社1976年,第229页。
[7] 刘启益:《周矢国铜器的新发现与有关历史地理问题》,《考古与文物》,1982年第2期。
[8] 黄盛璋:《铜器铭文宜、虞、矢的地望及其与吴国的关系》,《考古学报》,1983年第3期。
[9] 李学勤:《宜侯矢簋与吴国》,《文物》,1985年第7期。
[10] 杨向奎:《"宜侯矢簋"释文商榷》,《文史哲》,1987年第6期。
[11] 陆九皋:《从矢簋铭文谈太伯仲雍奔吴》,见《吴文化研究论文集》,中山大学出版社1988年,第92页。
[12] 肖梦龙:《吴国的三次迁都试探》,见《吴文化研究论文集》,中山大学出版社1988年,第17页。
[13] 尹盛平:《关于太伯、仲雍奔"荆蛮"问题》,见《吴文化研究论文集》,中山大学出版社1988年,第100页。
[14] 董楚平:《吴越文化新探》,浙江人民出版社1988年,第145—151页。
[15] 刘建国:《宜侯矢簋与吴国关系新探》,《东南文化》,1988年第2期。
[16] 白寿彝:《中国通史》第三卷,上海人民出版社1989年,第340页。
[17] 王克陵:《"矢簋考释"铭记〈武王、成王伐商图〉〈东国图〉及西周地图综析》,《地图》,1990年第1期。
[18] 顾孟武:《从宜侯矢簋论周初吴的战略地位》,《学术月刊》,1992年第6期。
[19] 董楚平:《吴越徐舒金文集释》,浙江古籍出版社1992年,第2—23页。
[20] 王文清:《江苏史纲》(古代卷),江苏古籍出版社1993年,第33页。
[21] 沈长云:《〈俎侯夨簋〉铭文与相关历史问题的重新考察》,《人文杂志》,1993年第4期。
[22] 王宇信、王震中、杨升南、罗琨、宋镇豪:《中国古代文明与国家形成研究》,云南人民出版社1997年,第537—538页。

关的历史问题》[1]，王晖《西周春秋吴都迁徙考》[2]，许倬云《西周史》（增补本）[3]，王卫平《半个世纪以来围绕"俎侯夨簋"的论争》[4]，镇江市地方志办公室编《镇江要览》[5]，严其林、程建著《京口文化》[6]，吴恩培《勾吴文化的现代阐释》[7]，杨正宏、肖梦龙主编《镇江出土吴国青铜器》[8]，王健主编《江苏通史》（先秦卷）[9]等。

如上所列，因学者们的不同释读和理解，在他们的著述中，该器器名又分别作"夨毁"（郭沫若）、"宜厌夨毁"（唐兰）、"柤侯夨簋"（谭戒甫）、"俎侯夨簋"（王晖）、"俎侯夨簋"（王卫平）、"俎侯夨簋"（沈长云）等。近年，该器名称渐统一为"宜侯夨簋"。

学者们对该器铭文释读及铭文解读的争论，相当部分集中在古文字研究领域的青铜铭文释读方面。而与先秦吴国关系密切的为以下两点：

其一，对该器铭文"宜"的释读，如前所述，分别作"宜""柤""俎"等，其不同地望的解读，则涉及该器是否为吴国青铜器等问题。对该器铭文中的"宜"，郭沫若《夨簋铭考释》首先指出该字"是古宜字，其地望或即在今丹徒附近"[10]。唐兰《宜厌夨毁考释》一文也指出："簋铭所说的宜，可能就在丹徒或其附近地区。"[11]前列镇江市地方志办公室编著的《镇江要览》一书，承此而将"宜"列入镇江最早的建制。[12]

其二，对该器铭文中的人物"虞公丁父"及其子"虞侯夨"（受封后为宜侯夨），有读"虞"为"虔"。而有将"夨"释为在今陕西陇县一带的夨国等，其间亦涉及北虞、南吴等的关系等。关于该器铭文中的人物，唐兰释读为"虞公父丁"与其子"虞侯夨"即"宜侯夨"，并与《史记·吴太伯世家》对接说："虞公父丁可能是《史记》的叔达，是周章和虞仲的父亲。"[13]而李学勤《宜侯夨簋与吴国》一文，则从辈分推算

---

[1] 王永波：《宜侯夨簋及其相关的历史问题》，《中原文物》，1999年第4期。
[2] 王晖：《西周春秋吴都迁徙考》，《历史研究》，2000年第5期。
[3] 许倬云：《西周史》（增补本），三联书店2001年，第143—146页。
[4] 王卫平：《半个世纪以来围绕"俎侯夨簋"的论争》，《文博》，2001年第5期。
[5] 镇江市地方志办公室：《镇江要览》，江苏古籍出版社1989年，第9页。
[6] 严其林、程建：《京口文化》，南京大学出版社2001年，第23—27页。
[7] 吴恩培：《勾吴文化的现代阐释》，东南大学出版社2002年，第80—86页。
[8] 杨正宏、肖梦龙：《镇江出土吴国青铜器》，文物出版社2008年，第1—2页、第6页、第28页。
[9] 王健：《江苏通史》（先秦卷），凤凰出版社2012年，第158—160页。
[10] 郭沫若：《夨簋铭考释》，《考古学报》，1956年第1期。
[11] 唐兰：《宜厌夨毁考释》，《考古学报》，1956年第2期。
[12] 镇江市地方志办公室：《镇江要览》，江苏古籍出版社1989年，第9页。
[13] 唐兰：《宜厌夨毁考释》，《考古学报》，1956年第2期。

将簋铭人物辈分关系下挪一辈说:"周章是吴国事实上的始封之君,簋铭'虞(吴)公'很可能是他,而夨是辈分相当康王的熊遂。"[1]

以图示之,如下(其中→为周、吴、虞的各自王位传承):

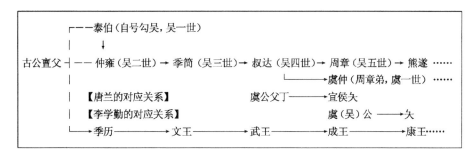

图2-10　唐兰、李学勤"宜侯夨簋"释文对该器人物与吴国世系的对应图

关于这件吴国最早的青铜器,1997年出版的《中国青铜器全集》第六卷西周(二),对之所作介绍如下:

> 宜侯夨簋
>
> 西周康王
>
> 通高一五.七、口径二二.五厘米
>
> 一九五四年江苏丹徒烟墩山出土
>
> 中国历史博物馆(今中国国家博物馆)藏
>
> 平口方唇,浅腹微鼓,四兽首形耳,高圈足有四扉棱与耳相应。腹壁纹饰,两耳间排列二火纹与回顾式龙纹,周围共有四组。圈足纹饰,两扉棱间排列一对分尾龙纹,周围也有四组。器底铸铭文十二行约一百三十字(其中十六字残泐不清)。铭文内容大致可分三段:第一段,记周康王省视武王、成王伐商图和东国图,并在宜地举行祭祀活动;第二段,王册封夨于宜地为宜侯,赏赐以礼器、土田和奴隶;第三段,宜侯夨颂扬王的美德,制作此器以纪念亡父虞公。唐兰所作考释以为,被徙封于宜的宜侯夨,即吴国事实上的始封之君周章(《宜侯夨簋考释》《考古学报》一九五六年二期)。此簋铭文是有关周初分封制度和江南开发的重要资料(马秀银)。[2]

---

[1] 李学勤:《宜侯夨簋与吴国》,《文物》,1985年第7期。
[2] 中国青铜器全集编辑委员会:《中国青铜器全集》第六卷《西周(二)》,文物出版社1997年,附第37页。

图2-11　宜侯夨簋腹底铭文[1]（左）及该铭文拓本[2]（右）

三、寿梦时期的文化遗存

（一）寿梦墓址

典籍未记载寿梦的墓址，因此，当代人关于寿梦墓址的讨论，更多地停留在考古层面，现存如下两种说法：

1. 镇江丹徒磨子顶大墓说

吴奈夫《春秋吴都研究的若干问题》一文中说："在丹徒谏壁到大江一带沿江低山丘陵墓葬中，出土了大量西周以来的具铭青铜器，其中包括著名的'宜侯夨簋'等。近年来，又先后发掘了青龙山磨子顶和背山顶大墓，发现了大批吴国的青铜器。有人经过考证，认为……磨子顶大墓墓主可能是吴王寿梦。"[3]

2. 苏州通安真山大墓说

《苏州考古》一书指出位于吴县通安的苏州西部山区的真山墓地之位于真山峰顶的1号墓（即D9M1）"是苏南目前发现春秋时期的规格、级别最高的葬墓。根据发掘人员推断，其墓主为吴王寿梦"。另，该著作在解读《春秋经·襄公十四年》"楚公子贞帅师伐吴"句时，认为寿梦"墓应该在这时被盗"，且"这次盗墓是政治性

---

[1] 陈梦家：《西周铜器断代（四）》（所附图版二）。《考古学报》，1956年第2期。
[2] 中国青铜器全集编辑委员会：《中国青铜器全集》第六卷《西周（二）》，文物出版社1997年，附第67页。
[3] 吴奈夫：《春秋吴都研究的若干问题》，《苏州大学学报》1992年第4期。

报复,并不是私盗"[1]。显然,这一苏州真山为"吴王寿梦墓"之说,并无考古实物印证,且亦无文献记载支持(关于"楚公子贞帅师伐吴"的"盗墓",另见下文的相关史实分析)。

(二) 寿梦时期制作的青铜器

1. 邗王是野戈

邗王是野戈著录于《商周金文录遗》五六九,现藏北京故宫博物院。据董楚平、金永平等撰《吴越文化志》一书说:该吴器"正反面共有铭文8字,郭沫若读作'邗王是野作为元用'。'邗王'即吴王,吴灭邗后,袭用其国名。'是野',郭沫若与罗常培皆以声韵考为寿梦"[2]。董楚平:《吴越徐舒金文集释》另指出:"此戈拟为寿梦,是凭声类推论,器文是否确为寿梦,尚难论定。此为原邗国之器的可能性也难以排除。"故"此器可能是寿梦戈,也可能是原邗王戈。吴灭干后,吴干混称"[3]。

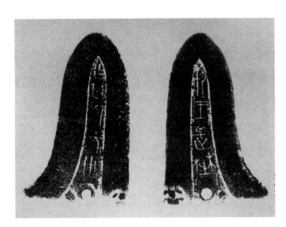

图2-12 被指说为寿梦用器的"邗王是野戈"铭文(左为背面,右为正面)[4]

2. 制作于寿梦时期的吴太子诸樊剑

该剑为青铜剑,1959年安徽淮南蔡家岗2号墓出土,现藏安徽省博物馆。该馆展出时,将该剑命名为"吴太子诸樊剑"。上海博物馆编《商周青铜器铭文选》命名为"工𢦏太子姑发𧊒反剑";董楚平《吴越徐舒金文集释》则称此剑为"工𢦏太子姑发剑",并指出"此剑出土,说明'诸樊'是'姑发𧊒反'四字的缩写。……

---

[1] 钱公麟、徐亦鹏:《苏州考古》,苏州大学出版社2000年,第115页。
[2] 董楚平、金永平等:《吴越文化志》,上海人民出版社1998年,第72页。
[3] 董楚平:《吴越徐舒金文集释》,浙江古籍出版社1992年,第88页。
[4] 上海博物馆:《商周青铜器铭文选》第二册,文物出版社1988年,第334页。

公元前五六一年寿梦卒,次年诸樊即位,此剑作于即位前"[1]。由此可知,该把"工𠩺"铭文的剑,制作于寿梦时期。

图2-13　安徽省博物馆展出的"吴太子诸樊剑"(左一)及其展出说明标牌(左二),标牌上的说明文字为"吴太子诸樊剑,春秋,1959年安徽淮南蔡家岗二号墓出土"(吴恩培摄)。该剑的其他命名:"工𠩺太子姑发𦅫反剑"(左三)和"工𠩺太子姑发剑"(右)

3. 制作于寿梦时期且绍兴出土的寿梦之子(馀祭或馀眛)剑

1997年,浙江省绍兴市在市区鲁迅路改造工程中,出土一件春秋时期的青铜剑,剑身铸有铭文40字,是当时所知出土青铜剑铭文字数最多的一件。该剑现藏绍兴越文化博物馆。该剑为吴王寿梦时期所铸,故亦可认为寿梦时期的文化遗存。关于该剑器主,有学者认为"器主为吴王寿梦之子,即后来继位于吴王的馀祭"[2]。也有学者持不同意见说:"关于鲁迅路剑,我和李家浩先生都认为器主是馀眛。""苏博藏剑与鲁迅路剑的器主都为吴王馀眛。"[3]对上述"馀祭"或"馀眛"的器主之争,本卷不做判断,谨将该剑作寿梦之子剑,置于"寿梦时期制作的兵器"内论述。

4. 制作于寿梦时期且盱眙出土的工𠩺季生匜

1985年盱眙出土的"工𠩺季生匜",展出时名为"工吴季生匜"。关于该器,笔者撰写的《苏州通史》第一卷之《春秋吴国国号及苏州城市符号的"吴"字及其溯源》中,曾作详尽论述,本卷不再重复。其要点如下:首先,"工𠩺季生匜"与前述"工𠩺太子姑发𦅫反剑"一样,均为吴王寿梦时期铸造。今存吴国青铜器含"工𠩺"铭文者,共有三器,分别为吴王寿梦前铸造的"者减钟"(者减钟情况,另见本卷第八章)及吴王寿梦时期铸造的"工𠩺太子姑发𦅫反剑""工𠩺季生匜"。其次,"工𠩺季生匜"为吴王寿梦为其四子季札即"季生"而制。如前所述,吴王寿梦曾为其太子诸樊铸"工𠩺太子姑发𦅫反剑",故吴王寿梦为其宠爱四子季札

---

[1] 董楚平:《吴越徐舒金文集释》,浙江古籍出版社1992年,第91页。
[2] 曹锦炎:《吴王寿梦之子剑铭文考释》,《文物》2005年第2期。
[3] 董珊:《新见吴王馀眛剑铭考证》,《故宫博物院院刊》2015年第5期。

铸同样含有"工䥯"铭文的青铜器,则完全讲得通。且寿梦为季札铸"工䥯季生匜"时,季札只是个八九岁的少年,但这并不影响寿梦以铸"工䥯季生匜"的方式,表明其对季札的舐犊之情。而铭文称季札为"季生",则为寿梦时"通吴于上国"[1]即和中原诸国交通往来后,吴国受中原文化影响所致。其三,"工䥯季生匜"出土于盱眙,故该器与盱眙当存在着内在联系,其最大的可能性为春秋时在盱眙附近进行的与吴国有关的某一外交活动,并因该器作该外交活动宴前洗手用的礼器而遗留。这一可能性推测与《春秋经·襄公五年》"仲孙蔑、卫孙林父会吴于善道"[2]的记载及杨伯峻《春秋左传注》"善道,今江苏省盱眙县北"[3]的地望诠释吻合,从而为该器在盱眙出土,提供了有其内在逻辑联系的确凿文献依据。

图2-14 "工䥯季生匜"及其铭文拓片、摹本[4]

（三）后世方志记载的与寿梦有关的宫苑、建筑

1. 夏驾湖

文献记载的苏州最早、且与吴王寿梦有关的吴国王家苑囿为夏驾湖。唐代陆广微《吴地记》记载:"夏驾湖,寿梦盛夏乘驾纳凉之处,凿湖为池,置苑为囿,故今有苑桥之名。"[5]其后,南宋范成大《吴郡志》记载说宋代时夏驾湖已不存的情况为:"夏驾湖,在吴县西城下。……今城下但存外濠,即漕河也。河西悉为民田,不复有湖。民犹于河之傍种菱,甚美,谓之夏驾湖菱。"[6]清代姚承绪

---

[1]《左传·成公七年》,见《春秋左传正义》,北京大学出版社1999年,第729页。
[2]《春秋经·襄公五年》,见《春秋左传正义》,北京大学出版社1999年,第842页。
[3] 杨伯峻:《春秋左传注》（修订本）,中华书局1990年,第941页。
[4] 苏州博物馆"大邦之梦——吴越楚青铜器特展"时展出的"工䥯季生匜"（左）。展出时,该器作"工吴季生匜",且展器名牌上的文字为:"工吴季生匜,春秋,长28.7厘米,腹宽22.4厘米,高16.1厘米,1985年江苏盱眙旧铺镇马桥村王庄组出土,盱眙博物馆藏。器身呈椭圆形,筒形流,流上部前端浮雕兽面纹,后端浮雕饕餮纹,拱身螭龙形鋬,螭嘴衔住匜口沿,螭无足,尾部上翘。内底有竖行铭文9字:'工虞（疑为䥯）（吴）季生乍（作）其盥会匜"（中）及该器铭文拓片局部"工䥯"二字（右）（录自秦士芝:《盱眙县王庄出土春秋吴国铜匜》,《文物》1988第9期）。
[5] 陆广微:《吴地记》,江苏古籍出版社1986年,第41页。
[6] 范成大:《吴郡志》,江苏古籍出版社1986年,第257页。

《吴趋访古录》则将夏驾湖与长船湾作联系,说:"夏驾湖,在西城下,吴王避暑于此,故名。昔时截河筑城,外濠为长船湾,连运河而水浸广。旧产菱茭,今多湮为民居。"[1]长船湾位于苏州金门外南新桥东堍南侧城墙与外城河之间,南接胥门外大街,北至金门口。原名南湾子,后因其地有修船作坊,遂改今名。

2. "都驿""都亭"与都亭桥

唐代陆广微《吴地记》另记载:"都亭桥,寿梦于此置都驿,招四方贤客,基址见存。"[2]北宋朱长文《吴郡图经续记》记载:"都亭桥,在吴县西北,故传吴王寿梦尝于此作都亭,以招贤士也。"[3]显见,唐代时已有或是记载、或是附会于吴王寿梦所作的"都驿",至北宋时演变为"都亭"。而上述唐、宋文献均以"都亭桥"桥名来记载这一与吴王寿梦有关的建筑。南宋时,该桥已出现在著名的平江图上,其位置位于今皋桥之东。

3. 寿梦城

《世本》卷二记载:"吴孰姑徙勾吴。"[4]孰姑,即寿梦。陆广微《吴地记》记载:"周章卒。其后至寿梦,始别筑城,为宫室于平门西北二里。"[5]关于寿梦这一"始别筑城"的性质,曹林娣点校《吴地记》时对之注曰:"寿梦所筑之城,张云'基址见存',未知何据。据今人考,光之父诸樊即将国都从梅里迁至苏州,所筑小城为'吴子城',在今苏州市体育场北面。"[6]

曹林娣注中所说"张云",指《吴地记》版本之一的清张海鹏《学津讨原》本。该本据明毛晋《津逮秘书》重行编订而成,简称"张本";张海鹏校文简称"张云"。由此可见,《吴地记》点校者曹林娣对张海鹏校文所说"基址见存",并未采信。而曹林娣注其后的"据今人考,光之父诸樊即将国都从梅里迁至苏州,所筑小城为'吴子城',在今苏州市体育场北面"等语,一是与寿梦无关;二是该文字当引自廖志豪、张鹄、叶万忠、浦伯良编著的《苏州史话》中的一段话:"到泰伯第二十世孙诸樊当吴王的时候,由于政治势力的扩张和经济发展的需要,诸樊就把国都从梅里迁到了现在的苏州。诸樊在苏州定居后不久,先筑起了一个小城,叫'吴子城'。过去,在苏州体育场北面,苏州专员公署对面尚能见到一些起伏的

---

[1] 姚承绪:《吴趋访古录》,江苏教育出版社1993年,第22页。
[2] 陆广微:《吴地记》,江苏古籍出版社1986年,第98页。
[3] 朱长文:《吴郡图经续记》,江苏古籍出版社1986年,第24页。
[4] 《世本》卷二,见《续修四库全书》三〇一史部别史类《世本》,上海古籍出版社2002年,第60页。
[5] 陆广微:《吴地记》,江苏古籍出版社1986年,第7页。
[6] 曹林娣注,见陆广微:《吴地记》,江苏古籍出版社1986年,第11页。

土丘,据说就是当年吴子城的残迹。"[1]《苏州史话》指说的"苏州体育场北面……据说就是当年吴子城的残迹"等,仅说是"传说"而并未指出其文献来源,且迄今亦未见关于是处进行考古发掘的公开报告。故上述《世本》及《吴地记》记载,或只是后世苏州方志关于吴王寿梦时期所建的"寿梦城"记载等的文献来源。这些文献记载如下:

《姑苏志》卷第七:"昆山县,在府东七十里。秦、汉娄县地,以娄江名。相传其城吴子寿梦所筑。"[2]另,《姑苏志》卷第十六、卷第三十三等,亦均有类似记载。而《昆新两县续修合志》卷一记载:"邑本故娄县地,旧有城在东南三百步。《元和郡县志》:'吴子寿梦所筑。'《吴郡志》谓之'东城'。"[3]另,《昆新两县续修合志》卷十二亦有类似记载。

---

[1] 廖志豪、张鹄、叶万忠、浦伯良:《苏州史话》,江苏人民出版社1980年,第18页。
[2] 王鏊:《姑苏志》卷第七,苏州方志馆藏本。
[3]《昆新两县续修合志》卷一,苏州方志馆藏本。

◎ 第三章 从徙吴至强盛（诸樊至吴王僚时期）◎

寿梦后,吴王诸樊、吴王馀祭忠实执行"联晋抗楚"战略,并分别在与楚国及其盟国——越国的争斗中身死。尽管自吴王诸樊"伐楚丧"后,在晋国集团的向城会面时吴国已渐被边缘化,但这两位吴王(诸樊、馀祭)还是将他们的执政时期成为吴国执行"联晋抗楚"战略的守成时期。

馀祭后的吴王馀昧及其子吴王僚执政时期,因第二次"弭兵"等导致的列国形势发生重大变化,吴国处于独立抗楚且被列国边缘化的孤立境地。这一时期(指吴王馀昧、吴王僚父子时),吴国的综合国力极大提高,其表现为吴国"抗楚"即对楚战争中的多次获胜而几无败绩。而另一方面,这一时期的后半叶吴国在"联晋"即与晋国集团的关系中,却发生了战略调整和变化,其表现为晋国借楚国内乱和衰落而"寻盟"欲夺回霸主地位并重新拼凑集团时,吴国对之拒绝。吴国在"联晋"政策上呈现出的调整与其在"抗楚"方面的坚定执行并行不悖。楚平王死,吴王僚再次"伐楚丧",诱使吴国王权传承危机爆发,终发生吴国历史上唯一一次以暴力流血形式转移王权的事件——专诸刺王僚。

第一节 "诸樊南徙吴"与吴国的政治、军事

一、"诸樊南徙吴"

寿梦去世后,诸樊即位为第二十世吴王。诸樊,寿梦嫡长子,《春秋经·襄公二十五年》作"遏"[1],《公羊传·襄公二十九年》记作"谒"[2]。

诸樊即位后所做的一件大事就是"南徙吴"。多种文献记载了这一重大事件。

---

[1] 《春秋经·襄公二十五年》,见《春秋左传正义》,北京大学出版社1999年,第1011页。
[2] 《公羊传·襄公二十九年》,见《春秋公羊传注疏》,北京大学出版社1999年,第464页。

唐张守节《史记正义》说:"吴,国号也。泰伯居梅里,在常州无锡县东南六十里。至十九世孙寿梦居之,号句吴。寿梦卒,诸樊南徙吴。至二十一代孙光,使子胥筑阖闾城都之,今苏州也。"[1]南朝宋裴骃《史记集解》注司马迁《史记·吴太伯世家》"王诸樊元年"句时引"《世本》曰:'诸樊徙吴'也"[2]。

后世苏州方志多循此记载。如南宋范成大《吴郡志》卷第四十八《考证》记载:"《世本》又云:诸樊徙吴安,即今苏州。'"[3]("安"为衍文,即刻版时误刻而多出的字)明卢熊洪武《苏州府志》卷第四"阖闾都"条,据此而阐释说:"《正义》云:'诸樊南徙吴。至光使子胥筑阖闾城都之,今苏州也。'《通典》云:'苏州,春秋吴国之都,自阖闾后,并都此。'"[4]明杨循吉《长洲县志》卷八:"吴自泰伯筑城于梅里……号为勾吴。至寿梦,十九世皆以为都,盖无锡之境也。其后诸樊南徙六十里,即今吴地。当时未大兴建。"[5]清徐崧、张大纯《百城烟水》卷之一"苏州府"条:"府城,泰伯筑城梅里。诸樊徙都于此。迨阖闾时,子胥筑大城、小城。"[6]

由上可知,吴国从第一世泰伯至第十九世寿梦,其都城在梅里(今无锡梅村)。但诸樊元年(前560)或其后的"徙吴",并非为南徙当时吴国都城,而只是选择了供后世南徙的地域——"吴"。其位置如《长洲县志》所说,以梅里为参照而"南徙六十里,即今吴地"。故此,这一"诸樊南徙吴"与后世吴王阖闾时"使子胥筑阖闾城都之"的苏州城有着密切联系。清代《百城烟水》对之解读为"诸樊徙都于此",虽并不准确,但从"诸樊南徙吴"导致后世吴都"阖闾城"的诞生这一角度来认识,则可看出两者(指"诸樊南徙吴"与"子胥筑阖闾城都之")的紧密关联度了。

"诸樊南徙吴"对其后的苏州城在太湖东南屹立有着极其重大的影响。吴,此处为地域概念。其时,以"吴"为城市名称的阖闾城(今苏州城)尚未诞生,故"诸樊南徙吴"所迁徙至"吴"者,或只是如前引《吴地记》所记载的与其父寿梦"凿湖为池,置苑为囿"、"始别筑城"等性质类似的造筑离宫别苑而已。其功能或与处理公务、或与休闲享乐有关。由于这一地域与后世阖闾时所建之吴都阖闾城的地域重合,故史籍中以"吴"称之。吴国真正意义上的迁都,乃是在诸樊

---

[1] 张守节:《史记正义》,见司马迁:《史记》,中华书局1959年,第1445页。
[2] 裴骃:《史记集解》,见司马迁:《史记》,中华书局1959年,第1450页。
[3] 范成大:《吴郡志》,江苏古籍出版社1986年,第617页。
[4] 卢熊:《苏州府志》卷第四,广陵书社2015年,第79页。
[5] 杨循吉:《长洲县志》,广陵书社2006年,第78页。
[6] 徐崧、张大纯:《百城烟水》卷之一,江苏古籍出版社1986年,第1页。

之子阖闾(公子光)时完成,即如前引张守节所说:"至二十一代孙光,使子胥筑阖闾城都之,今苏州也。"

春秋后期,越灭吴;战国时,楚又灭越。《史记·春申君列传》载:楚相春申君(黄歇)"请封于江东,考烈王许之。春申君因城故吴墟,以自为都邑"〔1〕。唐张守节《史记正义》对之诠释说:"墟音虚。今苏州也。"〔2〕

若作历史倒溯,则可见:唐代时的苏州城,战国黄歇治吴时为"故吴墟";在春秋吴王阖闾时为"子胥筑阖闾城都之"的"吴都";而在阖闾之父吴王诸樊时,则为"当时未大兴建"的"南徙"之"吴"。故"诸樊南徙吴",乃是第二十世吴王诸樊所做的一件日后对苏州的发展有着奠基意义的重大事件。其意义在于:它为其后阖闾时期吴国在"吴"这一地域筑阖闾城(今苏州城)并将都城迁徙于斯,作了最初同时也是战略性的准备。从这一意义上讲,"诸樊南徙吴"成为阖闾时吴国迁都于阖闾城(即今苏州城)的历史先声,更成为苏州古城的最早雏形。

二、诸樊"伐楚丧"与吴、楚庸浦之战

吴诸樊元年(前560)"秋,楚共王卒"〔3〕。楚共王去世,与吴王寿梦仅相隔一年。是时,正当楚国的大臣们在商量、讨论着给过世的楚共王用什么谥号时,身处国丧期的吴王诸樊却乘楚国国丧而对楚用兵。这就是《左传·襄公十三年》记载的"吴侵楚"及楚国大夫养由基所说的"吴乘我丧"〔4〕。

诸樊选择"伐楚丧"的战争时机,是因楚共王去世,楚国政坛因新君选择而发生内讧。据《左传·昭公十三年》记载说:"初共王无冢适,有宠子五人,无适立焉。"〔5〕意为,起初楚共王没有嫡长子,而有五个宠爱的庶子,他们中不知立哪个好。但《史记·十二诸侯年表》有"共王太子出奔吴"〔6〕的记载。按此,楚共王不仅有嫡长子即太子,且这位太子在王权争夺中失败而逃亡吴国。因此,在楚国诸王子争夺王权且楚康王以庶夺嫡上台、政坛动荡的情况下,吴王诸樊"伐楚丧",显然是为了抓住稍纵即逝的战机,以求取得对楚战争的胜利了。而随着吴、楚两国国君的相继更迭,诸樊也需要一场战争来对外宣示,吴国将继承吴王寿梦制定的"联晋抗楚"战略,并不会因王权更迭而改变。

---

〔1〕 司马迁:《史记》卷七十八《春申君列传》,中华书局1959年,第2394页。
〔2〕 张守节:《史记正义》,见司马迁:《史记》,中华书局1959年,第2394页。
〔3〕 《左传·襄公十三年》,见《春秋左传正义》,北京大学出版社1999年,第911页。
〔4〕 《左传·襄公十三年》,见《春秋左传正义》,北京大学出版社1999年,第911—912页。
〔5〕 《左传·昭公十三年》,见《春秋左传正义》,北京大学出版社1999年,第1317页。
〔6〕 司马迁:《史记》卷十四《十二诸侯年表》,中华书局1959年,第636页。

吴国入侵楚国,楚将养由基即为此奔走而迎战吴军,楚国主管军事的司马子庚统帅大军随后支援。养由基对子庚说,吴军乘我国丧而兴兵,他们必定以为我们在哀伤中不能迅速做出反应,故会因轻视我们而放松戒备。您设三重埋伏来等待我,我去把敌军引诱来。子庚听从了他的计策。其后,楚军在庸浦伏击而大败吴军,并俘获了吴国的一位王室成员——公子党。

本次吴国伐楚丧,具有突然性同时更具有道德缺陷的特点。春秋时期,作为军中礼仪,有所谓"礼不伐丧"之说。《礼记·杂记下》有"君子不夺人之丧"[1]的记载。这一战争礼仪和军中道德,已为当时人们接受。以死去的楚共王为例,其生前因陈国背约,楚军驻扎在繁阳准备攻打陈国时,但听说陈国国君陈成公去世,楚军于是"闻丧乃止"[2],即停止了军事行动。对此,后世注家无论是晋代杜预注,抑或是唐代孔颖达疏,均指为"军礼不伐丧"[3]。因此,当楚共王刚刚去世,吴王诸樊不顾本国也处于国丧期间而"伐楚丧",尽管其间有着寻捕战机的军事原因,但毕竟有违"军礼不伐丧"的战争礼仪和军中道德,从而使得吴国从战争一开始就存在着道德缺陷。而吴军发动战争的突然性特点,是以楚国不能迅速做出反应为前提的,故战争初期取得了效果,但也助长了吴军的麻痹情绪。而从吴军的对手——楚国名将养由基处变不惊地研判出吴军的情绪、动向,并有针对性地设下诱敌的圈套来看,这已决定了战争的结局——吴军不仅大败,且还让一位王室成员公子党成为楚军俘虏。

三、伐楚战败引发的外交、内政危机

吴军伐楚战败的军事危机,立即引发吴国的外交、内政危机。

(一)外交危机

外交上,诸樊执政下的吴国立即面临如何向盟主晋国交代的问题。晋国集团内,有着重大事件须向盟主报告及盟主有权监督成员行为的实际先例。如吴寿梦十七年(前569)鲁国终在得到晋国首肯的情况下,将本是莒国保护国的鄫国变成为鲁国的属国。可两年后,莒国、邾国在齐国的暗中支持下,抗鲁灭鄫。当时,鲁国的不作为引发盟主晋国的不满,于是,"晋人以鄫故来讨,曰:'何故亡

---

[1]《礼记·杂记下》,见《礼记正义》,北京大学出版社1999年,第1200页。
[2]《左传·襄公四年》,见《春秋左传正义》,北京大学出版社1999年,第828页。
[3] 杜预注,见杜预:《春秋经传集解》,上海古籍出版社1978年,第813页;孔颖达疏,见《春秋左传正义》,北京大学出版社1999年,第828页。

鄫?'"[1]其后,鲁国派季武子去晋国进见,同时听候晋国的处理。

吴军伐楚大败,故也必然地要向盟主晋国报告。吴诸樊二年(前559)春天,"吴告败于晋。会于向,为吴谋楚故也"[2]。吴国向晋国通报伐楚失败。晋国召集集团内的列国派人到向城参加会见。原本议题是帮助吴国策划向楚国进攻,以行报复。然而,主持会见的"范宣子数吴之不德也,以退吴人"[3]。对之,杜预注释为:"吴伐楚丧,故以为不德。数而遣之,卒不为伐楚。"[4]范宣子斥"退"吴人并"卒不为伐楚"。这意味着,刚刚加入晋国集团的吴国,非但不能得到晋国集团的帮助,而且迅速被边缘化。

(二) 内政危机

吴国"伐楚丧"所引发的军事、外交危机,立刻波及吴国内政。"吴子诸樊既除丧,将立季札。"[5]吴王诸樊以主动让位于季札的方式,一是以示承担责任;二则履行当日对父亲寿梦的承诺。但面对兄长的让位,季札在推辞的同时,引曹国子臧让位故事称:"曹宣公去世时,列国诸侯和曹国人都认为自立为国君的公子负刍(曹成公)不合道义,打算另立子臧为国君。子臧出走,使得另立子臧君的计划没能实现,因此而成全了公子负刍(曹成公)。君子认为子臧能够保持节操。兄长(指诸樊)您是已故父王的合法接位人,谁敢冒犯您的君王权位?"而"有国,非吾节也。札虽不才,愿附于子臧,以无失节"[6]。意即,据有国家权力,并不是我的节操。季札我虽没什么才能,但我愿意追随子臧,以不失节操。

季札的推辞,并没有打消诸樊"将立季札"的念头,诸樊"固立之,弃其室而耕,乃舍之"[7]。即诸樊坚持要立季札为国君。季札于是抛弃了他的家产而去种田,诸樊这才放弃了让位的打算。显然,就像子臧当日成全其兄曹成公一样,季札在乃兄诸樊遭受军事、外交挫折之际,也以自己"愿附于子臧"的言行,成全了其兄吴王诸樊。

---

[1]《左传·襄公六年》,见《春秋左传正义》,北京大学出版社1999年,第848页。
[2]《左传·襄公十四年》,见《春秋左传正义》,北京大学出版社1999年,第916页。
[3]《左传·襄公十四年》,见《春秋左传正义》,北京大学出版社1999年,第916页。
[4] 杜预注,见杜预:《春秋经传集解》,上海古籍出版社1978年,第903页。
[5]《左传·襄公十四年》,见《春秋左传正义》,北京大学出版社1999年,第919页。
[6]《左传·襄公十四年》,见《春秋左传正义》,北京大学出版社1999年,第919页。
[7]《左传·襄公十四年》,见《春秋左传正义》,北京大学出版社1999年,第919页。

四、吴、楚皋舟之战

吴诸樊二年(前559),楚国令尹子囊(公子贞)率楚军伐吴。《春秋经·襄公十四年》记载:"秋,楚公子贞帅师伐吴。"[1]《左传·襄公十四年》则补充记载为:"楚子为庸浦之役故,子囊师于棠以伐吴,吴不出而还。"[2]由此可知,楚国新执政的楚王因为去年庸浦战役的缘故,派令尹子囊(公子贞)于棠邑屯兵以攻打吴国。吴国不出兵应战,楚军就退师了。子囊屯兵的"棠"邑地望,在"今江苏六合县稍西而北二十里"[3]。

本年楚国伐吴,而吴国不出兵应战,楚军退兵。退兵时,担任楚国令尹(首相)之职的子囊亲自殿后。他以为吴国不会对楚军构成威胁而不加警戒。而"吴人自皋舟之隘要而击之,楚人不能相救。吴人败之,获楚公子宜穀"[4]。即吴国人在皋舟这地方的险道拦腰截击楚军,使楚军首尾不能相互救应。就这样,吴军在此战中打败楚军,并俘虏了楚国的一位王室成员——公子宜穀。"楚子囊还自伐吴,卒。将死,遗言谓子庚:'必城郢。'"[5]即楚国令尹子囊(公子贞)进攻吴国回来后,就死了。临死前这位领教了吴国军事实力的楚国统帅,对子庚留下遗言说:"一定要把郢都的城墙修筑好。"

由此可见,本年楚国伐吴,实为一次失败而丧师辱国的军事行动。前引《苏州考古》论述位于吴县通安的真山墓地1号墓(即D9M1)"墓主为吴王寿梦"时,该著作引《春秋经·襄公十四年》的"楚公子贞帅师伐吴"句,以证寿梦"墓应该在这时被盗",且"这次盗墓是政治性报复,并不是私盗"[6]。显然,该墓墓主为吴王寿梦本无文献支持,而将所谓寿梦墓"被盗"及"政治性报复"的时间,置于楚国对吴国的一次失败的战争上,非但无文献依据,且也不合情理(关于"楚公子贞帅师伐吴"时的所谓"盗墓"不见《左传》记载及其分析,另见下文关于伍子胥"掘墓鞭尸"的相关论证)。

---

[1]《春秋经·襄公十四年》,见《春秋左传正义》,北京大学出版社1999年,第916页。
[2]《左传·襄公十四年》,见《春秋左传正义》,北京大学出版社1999年,第929页。
[3] 杨伯峻:《春秋左传注》,中华书局1990年,第1018页。
[4]《左传·襄公十四年》,见《春秋左传正义》,北京大学出版社1999年,第929页。
[5]《左传·襄公十四年》,见《春秋左传正义》,北京大学出版社1999年,第931页。
[6] 钱公麟、徐亦鹏:《苏州考古》,苏州大学出版社2000年,第115页。

五、吴、楚之战与诸樊战死

据《左传·襄公二十三年》载"晋将嫁女于吴"[1]，对吴国来讲，借助这一联姻而改变被边缘化的状况，当求之不得。而对楚国来说，引发他们担心的是这联姻背后晋、吴间的新的政治接近。吴、楚庸浦之战及皋舟之战，双方在相争、对峙中取得某种平衡。而晋、吴联姻，却使得这一平衡被打破。于是在晋、齐之战一年后的吴诸樊十二年（前549），《春秋经·襄公二十四年》记载说："夏，楚子伐吴。"[2]即楚康王又开始攻打吴国，而吴、楚间历经三年的连续战争，由此开启。

（一）吴军战败于舒鸠

《左传·襄公二十四年》记载，吴诸樊十二年（前549）"夏，楚子为舟师以伐吴，不为军政，无功而还"[3]。即夏天时，楚王出动水师对吴国动武，只是由于楚军内部原因，无功而还。由楚国主动发动的这一"无功而还"的"舟师"之役，其实只是一场双方未有接触的军事挑衅，其目的是楚国对晋、吴勾结的不满与担心并借之示衅与宣泄而已，故其政治意义远大于军事意义。吴国对楚国的军事挑衅，采取置之不理的处置方式，未做出反应。但楚国的这一军事行动在中国军事史上却有着重大意义——这是春秋时期第一次使用水军作战的文献记载。

围绕着郑国，晋、楚两个集团又进入战争状态。齐国联楚以自救，而楚国伐郑以救齐，晋国集团则忙着救郑。在这复杂的局面中，吴王诸樊却必须在隔岸观火与介入之间做出选择。被晋国集团边缘化的吴国，好不容易迎来了晋"嫁女于吴"式的地位改善。因此，继承并坚定执行寿梦时期制定的"联晋抗楚"战略的吴王诸樊，并无意置之度外。从这一意义上讲，晋、楚新一轮争夺促使吴国选边站而对楚国做出反应，从而被卷入了战争。

尽管，吴国并未介入中原地区的晋、楚争夺，但吴国牵制楚国以策应中原地区晋国集团的战略意图却显而易见。杜预注楚军"无功而还"的"舟师"之役及其后吴国的反应作关联说："为下吴召舒鸠起本。"[4]"吴召舒鸠"，即为吴国为策应中原战争而触动楚国的出血点。吴、楚战争开始升级。

---

[1]《左传·襄公二十三年》，见《春秋左传正义》，北京大学出版社1999年，第987页。
[2]《春秋经·襄公二十四年》，见《春秋左传正义》，北京大学出版社1999年，第1000页。
[3]《左传·襄公二十四年》，见《春秋左传正义》，北京大学出版社1999年，第1005页。
[4] 杜预注，见杜预：《春秋经传集解》，上海古籍出版社1978年，第1014页。

吴诸樊十二年(前549)"吴人为楚舟师之役故,召舒鸠人,舒鸠人叛楚"[1]。意为,吴国人为了楚国舟师之役的缘故,召集舒鸠人,舒鸠人背叛楚国。

吴诸樊十三年(前548),晋国与齐国媾和。吴国失去了策应中原晋国集团战事的战略支点,且楚国也面临着吴国策动舒鸠叛楚的事务及国内人事更迭等问题。当初,劝楚王不要对舒鸠事务动武的楚国令尹蒍子冯去世。楚国宫廷内主抚派人物去世,使得主剿派上台,这一人事变动立即对舒鸠事务产生影响——楚国对舒鸠事务采取强硬手段。舒鸠人终于背叛楚国,新担任令尹一职的屈建(子木)率军立即攻打它。

在这种情况下,怂恿乃至幕后策划舒鸠叛楚的吴国,不能不走到前台。因此,当楚国军队到达舒鸠城时,吴人派了军队前来救援舒鸠。在舒鸠城附近出现吴国军队,这一情况立刻打乱了楚军的军事部署,楚国令尹屈建急忙率领右翼部队前进,楚将子强、息桓、子捷、子骈、子孟率领左翼部队后退。吴国军队处在楚国右师(右翼部队)和左师(左翼部队)之间,长达七天。吴军强行突入楚军的两军之间,作军事牵制和挑衅。其后,楚将子强提出"请以其私卒诱之"[2],即请求带领家兵去引诱吴军的计策,故吴军中计而误入楚军圈套,导致"吴师大败"[3]的后果。击退吴军后,楚军"遂围舒鸠,舒鸠溃。八月,楚灭舒鸠"[4]。即楚军于是包围舒鸠,舒鸠人溃败。到了八月,楚国把舒鸠给灭了。

(二)诸樊战死于巢邑

吴王诸樊本想以舒鸠叛楚来牵制楚人,获取对淮河流域的控制权,没想到结果适得其反。而在这同时,晋国决策并主持"嫁女于吴"的正卿(首相)范宣子因病去世,赵文子(又作赵武)升任晋国正卿执政晋国。晋国权力结构的变化,对吴王诸樊来说,更增加了未来和晋国集团关系的不确定性。

吴王诸樊想以一场胜利以增加未来和晋国新正卿交往的筹码,同时,更想把吴国失去的地区利益捞回来。正是在这种浮躁心态指导下,年底时,吴王诸樊又开始攻打楚国。

《左传·襄公二十五年》记载了吴国伐楚的原因:"十二月,吴子诸樊伐楚,

---

[1]《左传·襄公二十四年》,见《春秋左传正义》,北京大学出版社1999年,第1008页。
[2]《左传·襄公二十五年》,见《春秋左传正义》,北京大学出版社1999年,第1021页。
[3]《左传·襄公二十五年》,见《春秋左传正义》,北京大学出版社1999年,第1021页。
[4]《左传·襄公二十五年》,见《春秋左传正义》,北京大学出版社1999年,第1021页。

以报舟师之役。"[1]十二月吴王诸樊攻打楚国,是对一年前楚国发动的舟师之役进行报复。如前分析,"吴子诸樊伐楚"的真实原因,实为"楚灭舒鸠"。吴王诸樊终为浮躁的心态付出了代价。当吴国军队攻打楚国巢邑的城门时,楚国巢邑守将牛臣说:"吴王勇敢而轻率。如果我们打开城门,他将会亲自冲入城门。我们乘机用箭射他,一定能把他射死。这个好战的吴国国君如果死了,吴楚两国的边境上就能稍稍安定些了。"诸樊果然如楚人所料地冲进了城门。牛臣隐藏在矮墙后面用箭射他,吴王诸樊被箭射死。这就是《左传·襄公二十五年》记载的:"牛臣隐于短墙以射之,卒。"[2]这样,诸樊就成了吴国历史上第一位死在伐楚战场上的吴王。而楚将口中的"勇而轻"[3],即逞勇而轻率,正是对是时诸樊浮躁心态的客观评价。

诸樊战死的"巢"地,为吴、楚最早的争夺之地,吴王寿梦时期,"吴始伐楚,伐巢、伐徐"[4]时,这里已成为吴、楚争夺的主要战场之一。而关于"巢"邑地望,杨伯峻《春秋左传注》注曰:"今安徽省巢县东北五里有居巢故城址,当即古巢国。"[5]

表3-1 寿梦、诸樊时期吴楚战争情况表

年代	战争内容	战争结果
吴寿梦十年（前576）	楚为切断晋、吴间联系的"伐彭城"及晋、楚靡角之谷之战	楚败
吴寿梦十六年（前570）	楚军伐吴,攻克吴国"鸠兹",至于吴国腹地"衡山"（今南京附近）	楚败
吴诸樊元年（前560）	吴、楚庸浦之战	吴败楚胜
吴诸樊二年（前559）	吴、楚皋舟之战	吴胜楚败
吴诸樊十一年至吴诸樊十三年（前550—前548）	因"晋将嫁女于吴"引发吴、楚战争,历时三年。该战实战从吴诸樊十二年（前549）楚舟师之役起,至吴诸樊十三年（前548）吴王诸樊战死在伐楚战场止	吴败,诸樊战死

---

[1]《左传·襄公二十五年》,见《春秋左传正义》,北京大学出版社1999年,第1027页。
[2]《左传·襄公二十五年》,见《春秋左传正义》,北京大学出版社1999年,第1027页。
[3]《左传·襄公二十五年》,见《春秋左传正义》,北京大学出版社1999年,第1027页。
[4]《左传·成公七年》,见《春秋左传正义》,北京大学出版社1999年,第729页。
[5] 杨伯峻:《春秋左传注》,中华书局1990年,第585—586页。

第二节　馀祭、馀眜执政时期的吴越战争和吴楚战争

一、馀祭执政时期的吴越战争

吴王诸樊战死,其弟馀祭继位,为吴国第二十一世吴王。馀祭,《左传·襄公二十八年》作"句馀"[1],《左传·襄公三十一年》又作"戴吴"[2]等。接位甫初,馀祭就遭遇了一场来自楚、秦的未遂战争。吴馀祭元年(前547),楚国国君楚康王和秦国的将领统率两国联军入侵吴国,抵达雩娄时,听说吴国已有防备,于是退军攻打郑国去了。

吴馀祭三年(前545),曾为齐国首相的庆封,逃亡至吴国。《左传·襄公二十八年》记载,庆封"奔吴。吴句馀予之朱方"[3]。即齐国庆封逃亡至吴国,吴国句馀把朱方给予庆封。"朱方"的地望,为吴国腹地的"今江苏镇江市东丹徒镇南"[4]。上述"句馀",后世有不同解读。杜预注为:"吴子夷末也"[5],意指"句馀"为吴王馀眜。而孔颖达疏则指出:"此时吴君是馀祭也。明年馀祭死,乃夷末代立。……服虔以句馀为馀祭。"[6]孔颖达所引东汉经学家服虔的"句馀为馀祭"说,古代和当代学者均倾向于此,故前文"句馀"当指馀祭。文献关于"句馀"解读的歧异,又牵涉到对吴国青铜器铭文的释读(相关内容,另见下文关于湖北谷城吴王剑铭文的释读及争议)。

吴王馀祭时期,楚国王权更迭,郏敖为君,楚国的内政隐含危机。对吴国而言,弱君的楚国可是难得才有的情况。在楚国政局处于不稳定状态及楚国君臣注意力都集中在内政情况下,吴国剪除楚国羽翼越国的机会终于来了。

新石器时期后,江南土著文化在太湖流域的一支,借助泰伯及其建立的国家政治实体平台——勾吴国,与中原周文化进行了最初的交集而融汇成吴文化。而江南土著文化在浙北及宁绍地区的一支,也借助于历史人物大禹,建立起国家政治实体越国,并渐渐整合成后世称之为的越文化。春秋时期,吴、越为现存文献记载的地处纬度最南的两个诸侯国。晋、楚争霸环境下,如前文述,《左传》记

---

[1]《左传·襄公二十八年》,见《春秋左传正义》,北京大学出版社1999年,第1081页。
[2]《左传·襄公三十一年》,见《春秋左传正义》,北京大学出版社1999年,第1131页。
[3]《左传·襄公二十八年》,见《春秋左传正义》,北京大学出版社1999年,第1081页。
[4] 杨伯峻:《春秋左传注》,中华书局1990年,第1149页。
[5] 杜预注,见杜预:《春秋经传集解》,上海古籍出版社1978年,第1105页。
[6] 孔颖达疏:见《春秋左传正义》,北京大学出版社1999年,第1081—1082页。

载鲁宣公八年(前601)的史事中,吴、越两国同出现时,都是以听命于楚的楚国属国身份出现的。其后,晋国推行"联吴制楚"的战略,吴国与楚国分道扬镳,而越国却依然是楚国属国。

吴馀祭四年(前544),吴国攻打越国,俘获了越国战俘。这是吴、越历史上发生的第一次有文献记载的战争。从吴国俘虏越国战俘来看,此战当为吴胜越败。被俘虏了的越国战俘,吴国让他们去做守门人,看守船只。"吴子馀祭观舟,阍以刀弑之。"[1]即吴王馀祭去察看这些船只时,被看守船只的越国俘虏用刀砍死。

二、馀昧执政时期的对外交往与对楚战争

吴馀昧元年(前543),吴王馀昧在其兄馀祭被越俘砍死后,按十九世吴王寿梦所定"兄终弟及"的传承程序,即位为二十二世吴王。

馀昧,《春秋经·昭公十五年》作"夷末"[2],《公羊传·昭公十五年》作"夷昧"[3],《史记·吴太伯世家》作"馀昧"[4],《吴越春秋》卷二作"馀眜"[5],顾震涛《吴门表隐》卷四作"夸昧"[6]。其在位十七年,吴馀昧十七年(前527)去世。

馀昧执政时期,是吴、楚对抗关系的一个重要阶段。这一时期内,吴王馀昧继承了其父吴王寿梦制定的"联晋抗楚"战略,并接续了寿梦、诸樊、馀祭时期所开始的对楚、对越战争。因馀昧在位长达17年,故这一时期对当时及其后的吴国政治、军事,都有着重要影响。

馀昧执政时期,吴国的对外交往主要体现在馀昧上台之初,即派遣季札去列国访问,这就是《左传·襄公二十九年》中记载的"其出聘也,通嗣君也"[7]。意为,季札的出国访问,是由于为新立国君通好的缘故。因此,季札出访的主要使命就是向受访的鲁、齐、郑、卫、晋等诸侯国家通报吴国国君的变更情况。而这一时期的吴楚战争,主要有其后吴楚间的朱方之战、棘栎麻之战、鹊岸之战、房钟之战、豫章之战及"吴灭州来"等。

---

[1] 《左传·襄公二十九年》,见《春秋左传正义》,北京大学出版社1999年,第1092页。
[2] 《春秋经·昭公十五年》,见《春秋左传正义》,北京大学出版社1999年,第1339页。
[3] 《公羊传·昭公十五年》,见《春秋公羊传注疏》,北京大学出版社1999年,第503页。
[4] 司马迁:《史记》卷三十一《吴太伯世家》,中华书局1959年,第1460页。
[5] 赵晔:《吴越春秋》卷二,江苏古籍出版社1986年,第7页。
[6] 顾震涛:《吴门表隐》卷四,江苏古籍出版社1986年,第43页。
[7] 《左传·襄公二十九年》,见《春秋左传正义》,北京大学出版社1999年,第1107页。

(一) 季札出访

季札出访,首站即为鲁国。到鲁国后,季札即与提出"三不朽"(立德、立功、立言)之说的鲁国名贤叔孙豹会面。其后,季札向东道主提出"请观于周乐"[1],即请求观摩周朝乐舞的要求。鲁国为西周初期周王室重要成员周公旦长子伯禽封地,且因周朝的礼乐典章制度系周公旦所作,故"鲁有天子礼乐者,以褒周公之德也"[2]。即后世的鲁国国君可以动用天子礼乐,以之祭祀、褒扬周公旦的德行。季札"请观于周乐",既是出于对鲁国文化的尊重,亦是借此表达对与吴国先祖有着密切血缘关系的西周先祖文化的崇敬,更同时是带有与鲁国进行文化交流,以加深两国情感的目的。鲁国满足了季札的请求,为他安排了用各国乐曲谱写的弦歌,并先后由乐工为他歌唱了《周南》《召南》《邶风》《鄘风》《卫风》《王风》《郑风》《齐风》《豳风》《秦风》《魏风》《唐风》《陈风》《桧风》及《小雅》《大雅》、周王室用于祭祀的《颂》、周文王时代的乐舞《象箾》《南籥》、殷初的乐舞《韶濩》、夏初的乐舞《大夏》和舜时的乐舞《韶箾》等。而季札在观乐的同时,也一一做出评论和比较。其后,季札相继又出访了齐国、郑国、卫国和晋国,并与当时这些国家的著名文化代表人物及执政者见面。其中如齐国的晏平仲(即晏子、晏婴),郑国的子产,卫国的蘧瑗、史狗、史鳅、公子荆、公叔发、公子朝以及晋国的赵文子、韩宣子、魏献子和叔向等人。

季札从晋国归返吴国途中,途经徐国时,发生了挂剑不忘徐君之谊的悲凉故事。据《史记·吴太伯世家》记载,季札出访列国之初时,佩带宝剑北行经过徐国并看望徐国国君。徐君观赏了季札的那柄宝剑,非常喜欢,但嘴里却没有说。从徐君爱不释手的表情中,季札已然看出,但因要佩此宝剑以示身份地去列国访问,故而没将此剑进献给徐君,但其心中已将此剑许之。当季札返归时又经过徐国,他再去看望徐君并准备把这柄剑送给他时,徐君已死。于是季札来到徐君墓前,将宝剑挂在墓地旁的树枝上,就离开了。季札的随从人员感到奇怪,就问他说:"徐君已死,这宝剑还给谁呀?"季札说:"不是要给谁。是当初我内心已答应了他,怎么能因为徐君之死我就违背自己的心愿呢!"这一挂剑不忘徐君之谊的故事,显现出季札的高义和信守心底的承诺,从而使得这个苍凉的故事影响深远。

---

[1]《左传·襄公二十九年》,见《春秋左传正义》,北京大学出版社1999年,第1095页。
[2] 司马迁:《史记》卷三十三《鲁周公世家》,中华书局1959年,第1523页。

（二）吴、楚朱方之战

吴馀眜三年（前541）楚国令尹王子围（公子围）亲手弑杀了楚国国君、同时也是他侄儿的郏敖，自立为楚王，史称楚灵王。

吴馀眜六年（前538）楚灵王召开了申地盟会。申地盟会刚开完，楚灵王就对吴国动手。"楚子以诸侯伐吴……使屈申围朱方。"[1]即楚灵王率领参加申地盟会的各国诸侯攻打吴国腹地的"朱方"（今江苏镇江东）。是时，宋国太子和郑国国君已先期回国，故由宋国大夫华费遂和郑国的一位大夫随军出征。楚灵王派楚将屈申围攻吴国的朱方。八月，攻占了吴国朱方，活捉齐国庆封并把他的族人全部杀了。

楚围朱方之战中，文献未记载吴国的抵抗。但从其后吴国迅速做出对楚进行报复的军事行动来看，是时吴国的军事力量并未受损。

楚围朱方之战，是第二次"弭兵"盟会后，吴、楚对抗且楚国军事力量攻至当时吴国都城最近、也最为深入吴国腹地的一次军事战役。它标志着春秋后期规模性军事冲突的主战场已由昔日的中原地区转向了东南地区；同时，它也为吴、楚间的新一轮争夺揭开了帷幕。而从这一军事战役中，也可看出这一时期吴国独自承受楚国压力的艰难处境。

（三）吴、楚棘栎麻之战

吴馀眜六年（前538），"冬，吴伐楚，入棘、栎、麻，以报朱方之役"[2]。即本年冬天，吴国伐楚，并相继攻入楚国东部的棘邑、栎邑和麻邑，以报复楚国攻克吴国朱方的那场战役。"棘、栎、麻"的地望，杜预注为："棘、栎、麻，皆楚东鄙邑。"[3]面对吴国的攻伐，楚国沈地地方长官沈尹射奔命于夏汭去应命，咸地的地方长官宜咎赶紧修筑钟离的城墙，而担任楚国大宰的薳启强则修筑巢地的城墙，然丹也赶紧修筑州来的城墙。由于楚国东部遭遇水患，上述筑城事务难以进行，于是楚国官员彭生让原赖国地区的筑城也停了下来。

在吴国的军事打击下，楚国东部全线吃紧。由此不难看出吴军攻势的猛烈与凌厉。

---

[1]《左传·昭公四年》，见《春秋左传正义》，北京大学出版社1999年，第1202页。
[2]《左传·昭公四年》，见《春秋左传正义》，北京大学出版社1999年，第1204页。
[3] 杜预注，见杜预：《春秋经传集解》，上海古籍出版社1978年，第1249页。

(四) 吴、楚鹊岸之战与吴公子蹶由前往楚军犒师

吴馀眛七年(前537),吴、楚间又爆发鹊岸之战。冬季十月,楚灵王统率楚、蔡、陈、许、顿、沈、徐、越等国军队及东夷各部族的军队攻打吴国,报复去年吴军攻陷棘、栎、麻三邑的那场战役。薳射率领繁扬的军队,在夏汭会师。越国大夫常寿过带领军队在琐地和楚王会合。听说吴国军队出动,薳启强领兵跟踪追击,但"薳不设备,吴人败诸鹊岸"[1]。"鹊岸在今安徽无为县南至铜陵市北沿长江北岸一带。"[2]

吴军在鹊岸击败楚国联军后,"吴子使其弟蹶由犒师,楚人执之,将以衅鼓"[3]。即吴王馀眛派他的弟弟公子蹶由前来作羞辱式的犒劳楚军。于是楚军将蹶由抓起来,准备杀了他并取其血涂祭军鼓。杀蹶由前,楚灵王召来蹶由,问他说:"你来我们这里之前,进行过兆象是吉利的占卜吗?"蹶由回答说:"进行过且占卜为吉利。我国国君听说贵国君您将在我国用兵,特意用王室守龟进行占卜。占卜时致告的问题是:'我们准备赶紧派人去犒劳楚军,请求到达后能观察楚王的怒气大小,以便相机做准备,请神灵让我们预先知道其结果的凶吉如何?'守龟显示的兆象是'吉',并预示:'结果是可以知道的。'因此,作为吴国使者的我前来贵国,贵国国君您若是高兴而又友好地欢迎,那就会滋长吴国的懈怠、麻痹,从而忘记死亡的危险。如果这样,那吴国距离灭亡也就不远了。而现在您勃然盛怒并大发雷霆,不但拘捕我,还准备将我杀死取血以涂祭鼓。这样,吴国就知道,应该提高戒备了。吴国虽然弱小,但是若及早整饬军备,大概还是可以阻止贵军的任何进攻的。对无论是面临祸难还是面临平安,吴国都做到能有所准备,这可以说就是兆象所预示的吉利了。况且,吴国是为整个国家社稷的命运进行占卜,又哪里会是为我这个使者的个人命运占卜呢!如果以我的死亡,换来整个国家提高戒备,这难道不是最大的吉利吗!再说吴国王室的守龟,没有什么事不能占卜。一时的凶险,一时的吉利,谁又能肯定它会应验在哪一件事上?昔日晋、楚城濮之战,我国王室的守龟也曾占卜过,得到的兆象是楚国吉利(此战楚败),然而这一兆象的结果却应验在晋、楚间的邲之战上(此战楚胜)了。如今,我出使前守龟占卜是'吉'但我却被杀害。故此,守龟占卜的吉利兆象或许会应验在今后另一场吴国战胜楚国的战争上呢!"

---

[1]《左传·昭公五年》,见《春秋左传正义》,北京大学出版社1999年,第1223页。
[2] 杨伯峻:《春秋左传注》,中华书局1990年,第1271页。
[3]《左传·昭公五年》,见《春秋左传正义》,北京大学出版社1999年,第1223页。

蹶由与楚灵王的这一番对话,其直接效果就是使得楚灵王从准备杀其并"将以衅鼓",一变为"乃弗杀"[1]了。吴国在"鹊岸之战"大败楚军后,蹶由受吴王派遣前来楚军"犒师",本就是对楚国的羞辱和奚落。因此,对前来"犒师"的蹶由来说,风险极大。故蹶由受命前来时,早已将生死置之度外。其次,是楚灵王对龟卜兆象有着复杂心态。据《左传·昭公十三年》记载,当初,楚灵王曾用龟甲占卜说:"我希望得到天下!"但占卜结果是不吉利,气得他扔掉龟甲,责骂上天而高喊:"是区区者而不余畀,余必自取之。"[2]意即,就这一点点东西也不肯给我,我一定要自己取得。《史记·龟策列传》将他的这一占卜而未得吉兆称为"龟逆"说:"楚灵将背周室,卜而龟逆,终被乾溪之败。"[3]故此,是时在楚灵王内心深处,曾经"龟逆"的心理创伤,使得他对龟卜既存敬畏之心,然又极不愿相信。在这种情况下,他存在着力图证明龟卜并不灵验的潜在心理。因此,他对蹶由的困惑,并不是蹶由为什么敢来送死,而是他来之前有没有进行过兆象为"吉"的占卜。在得到证实后,他将以手中的权力非要将蹶由占卜的兆象"吉"变成"凶"——杀其并"将以衅鼓"。正是这种极其复杂的心理及混杂着的好奇心,终驱使他召来吴公子蹶由,以证明他来之前所进行的龟卜并不灵验。然而,蹶由一番充满智慧的话语,却使得他不能杀、不敢杀了。蹶由以吴国实力为后盾的语言技巧及对占卜极其精通的学识,再加上吴国本就在连续两年的战争中战胜了楚国。如果楚国竟杀其前来"犒师"的使者,这既使吴国处于道德高地,同时亦会极大地激怒吴国将士并激励吴军的士气。这一后果,不能不使楚灵王仔细掂量了。掂量的结果,就是对蹶由不能杀、不敢杀了。其后,楚灵王只能"以蹶由归"[4],即将他带回楚国。

(五) 吴、楚房钟之战

吴馀眛八年(前536),吴、楚之间又爆发了"房钟之战"。战争的起因与经过是,徐国太子仪楚去楚国访问,楚灵王将其囚禁,但又被他逃回了徐国。楚灵王担心徐国会因此而反叛楚国,于是派大夫薳泄去攻打徐国。吴国立即做出反应救援徐国。楚国令尹(首相)子荡于是率领军队进攻吴国,在豫章出兵而驻扎在乾豁(即上文《史记·龟策列传》中的乾溪)。吴国人在房钟击败了楚国令尹子荡率领的军队,并俘虏了楚国担任"宫厩尹"官职的弃疾。子荡把罪过推在薳泄

---

[1]《左传·昭公五年》,见《春秋左传正义》,北京大学出版社 1999 年,第 1224 页。
[2]《左传·昭公十三年》,见《春秋左传正义》,北京大学出版社 1999 年,第 1317 页。
[3] 司马迁:《史记》卷一二八《龟策列传》,中华书局 1959 年,第 3224—3225 页。
[4]《左传·昭公五年》,见《春秋左传正义》,北京大学出版社 1999 年,第 1224 页。

身上而杀了他。

上述"房钟"等地望,据杨伯峻《春秋左传注》诠释,房钟"即今安徽蒙城县西南,西淝水北岸之阚疃集"[1]。豫章,"《左传》凡八言豫章,据成瓘《箧园日札·春秋豫章考》,当起自今安徽之霍邱、六安、霍山诸县之间,西迄河南光山、固始二县,抵信阳市及湖北应山县之东北"[2]。由此可知,"豫章"大致为今鄂豫皖接壤边区。而乾谿"在今安徽亳县东南七十里,与城父村相近"[3]。

(六) 吴、楚豫章之战

吴馀眛十四年(前530),楚灵王跑到州来去打猎,并驻扎在颍尾。同时,又派遣荡侯、潘子、司马督、嚣尹午、陵尹喜等楚国将领带兵"围徐以惧吴"[4],即包围徐国以威慑吴国。其时,楚灵王驻扎在乾谿,以作他们的后援。

楚灵王为了楚国东扩必不可免地与吴国发生战争,而在战争正在进行时,楚国却发生了内乱——楚灵王的弟弟公子比、公子黑肱、公子弃疾以及蔓成然、蔡朝吴率领的陈、蔡、不羹、许、叶等地的军队和族人,进入楚国国都郢都,杀了楚灵王之子,楚国的新权力中心成立。吴馀眛十五年(前529),楚灵王自杀。围攻徐国的楚军获讯后,慌忙撤退。"楚师还自徐,吴人败诸豫章,获其五帅。"[5]即楚军从徐国撤退,在豫章被吴国军队打败,而当日围徐的五个楚军将领,都成了吴军俘虏。

随着豫章之战的结束,吴王馀眛执政后期,吴国对楚战争四战(指棘栎麻之战、鹊岸之战、房钟之战及楚"围徐惧吴"的豫章之战)四胜、无一败绩。而从其地点均在淮河流域地区来看,这一地区已成为吴楚反复争夺的主要区域。而成为阻遏楚国东扩的主要力量,吴国独立地抗楚并与楚国及其盟国作战且无败绩,这也从一个侧面反映了这一时期的吴国国力已十分强大。其在列国中的政治、军事影响,也远不是春秋二三流国家所可比拟的了。

(七) "吴灭州来"

楚灵王死后,公子弃疾即位为楚平王。面对楚国因内乱而动荡的局势,他采取多种对内、对外的措施以巩固权力、稳定政权。就在楚平王整饬内政之时,吴

---

[1] 杨伯峻:《春秋左传注》,中华书局1990年,第1280页。
[2] 杨伯峻:《春秋左传注》,中华书局1990年,第1280页。
[3] 杨伯峻:《春秋左传注》,中华书局1990年,第1280页。
[4] 《左传·昭公十二年》,见《春秋左传正义》,北京大学出版社1999年,第1303页。
[5] 《左传·昭公十三年》,见《春秋左传正义》,北京大学出版社1999年,第1316页。

国又开始对楚用兵——"吴灭州来"[1],即吴国攻灭了州来。州来为吴、楚边境之地,在两国间曾多次易手。州来归属吴国时,曾为季札封邑。前文叙述"楚子狩于州来"[2]即楚灵王到州来打猎时,表明州来又已易手为楚邑。此时,州来为吴所灭,即为吴国再次攻占。

在吴国咄咄逼人的攻势面前,新担任楚国令尹一职的子期(蔓成然)请求反击,楚平王拒绝说:"州来在吴,犹在楚也。子姑待之。"[3]意即州来在吴国,就像在楚国一样。您姑且等着吧。楚王避吴锋芒、韬晦以待的策略,为吴、楚间下一轮争夺留下空间。

第三节　吴王僚执政时期的对外关系及对楚战争

吴馀眜十七年(前527)第二十二世吴王馀眜去世,其子吴王僚即位。

吴王僚,《左传·昭公二十年》作"州于"[4],吴国第二十二世吴王。关于吴王僚的身世存有两说:一为馀眜之子;另一为寿梦长庶。后者出诸《公羊传·襄公二十九年》:"僚者,长庶也。"[5]即僚是寿梦的庶长子。本卷据前者《史记·吴太伯世家》中"王馀眜卒,欲授弟季札。季札让,逃去。于是……乃立王馀眜之子僚为王"[6]的记载,采信其为馀眜之子。而由此亦可见,吴王馀眛(馀眜)去世前,欲将王位传于季札,季札又一次拒绝并逃避而去,这才使得馀眛(馀眜)之子成为吴王僚。季札在完成其道德升华的同时,其实是再次拒绝父亲寿梦的遗命。寿梦去世前欲废长而立幼,季札出于礼制为由而拒绝。吴国王位自诸樊传馀祭、馀祭传馀眛,接而再从馀眛传至季札时,吴国王权"兄终弟及"的传承程序已经历其多位兄长。《公羊传·襄公二十九年》记载这一"兄终弟及"情况说:"谒(诸樊)也、馀祭也、夷眛(馀眜)也,与季子(季札)同母者四。季子弱而才,兄弟皆爱之,同欲立之以为君。……弟兄迭为君,而致国乎季子。……故谒也死,馀祭也立;馀祭也死,夷眛也立;夷眛也死,则国宜之季子者也。季子使而亡焉。"[7]显见,此时已不存在废长立幼及有违礼制状况。但由于季札放弃社会责任而"逃去",导

---

[1]《春秋经·昭公十三年》,见《春秋左传正义》,北京大学出版社1999年,第1311页。
[2]《左传·昭公十二年》,见《春秋左传正义》,北京大学出版社1999年,第1303页。
[3]《左传·昭公十三年》,见《春秋左传正义》,北京大学出版社1999年,第1331页。
[4]《左传·昭公二十年》,见《春秋左传正义》,北京大学出版社1999年,第1389页。
[5]《公羊传·襄公二十九年》,见《春秋公羊传注疏》,北京大学出版社1999年,第465页。
[6] 司马迁:《史记》卷三十一《吴太伯世家》,中华书局1959年,第1461页。
[7]《公羊传·襄公二十九年》,见《春秋公羊传注疏》,北京大学出版社1999年,第464—465页。

致吴国王权传承从"兄终弟及"一变为"父死子继",并使得吴王僚得以执政,从而导致日后吴国王室的内部相残及吴国历史上唯一一次的流血宫廷政变。

由此亦可见,馀眜后的吴国王权传承,从"兄终弟及"一变为"父死子继"时,已伴生并孕育着深刻的内政危机,而与这一内政危机同时出现的吴国政治人物为第二十世吴王诸樊之子公子光。关于公子光,下文另作叙述,而值此当指出的是,由于吴国王权"兄终弟及"式的传承,吴王诸樊战死后,其子公子光非但与王权无缘,且处于困顿之中。战国时的屈原在《天问》中曾记写阖闾少年时的生活状况说:"勋阖梦生,少散离亡。"[1]意即后世有功的阖闾是寿梦的子孙,少年时曾遭受困厄和流离逃亡。屈原"大约生于公元前339年,死于公元前278年"[2]。故这也意味着,当吴国于吴夫差二十三年(前473)灭国百多年后,战国时屈原诗句所透露的这些历史事实,当有其很高可信性。同时,这也预示着,沦于社会底层而成长起来的公子光,一旦执掌了吴国权柄,就绝不会是一个胸无大志、碌碌无为的庸才了。

一、吴王僚前期的政治与军事

(一) 吴、楚长岸之战

吴王僚二年(前525)冬天,"吴伐楚"[3]。吴王僚执政次年,吴国主动对楚示强而攻打楚国。本年吴国主动挑起对楚战争的原因,《左传》未做叙述,而作为吴王僚执政后的首次对外用兵,不能不慎重,也不能没有原因。因此,本战的原因当是:吴王僚企图以一场胜利的战争巩固其国内的权力。而从此战吴军由公子光统率来看,不排除吴军若出师不利,吴王僚乘机剪除公子光的用心。

战争开始后,吴、楚两军"战于长岸,子鱼先死"[4],即楚将子鱼先战死,但楚军接着跟上去,把吴军打得大败,并缴获了吴国先王乘坐过的"馀皇"号战舰。楚军派其属国——随国的士兵和后来到达的人看守该战舰。为防止该战舰被吴军夺回,他们环绕这条船开挖深沟,一直挖掘到见了泉水,然后再往沟里填满木炭。

吴军"馀皇"号战舰被楚人缴获,使得吴军统帅公子光的处境极为困难。公子光设计夺回"馀皇"号战舰"以救死"[5],即选派士兵三人先行潜伏"馀皇"号

---

[1] 屈原:《天问》,见黄寿琪、梅桐生译注:《楚辞全译》,贵州人民出版社1984年,第75页。
[2] 黄寿琪、梅桐生译注:《楚辞全译·序》,贵州人民出版社1984年,第4页。
[3] 《左传·昭公十七年》,见《春秋左传正义》,北京大学出版社1999年,第1369页。
[4] 《左传·昭公十七年》,见《春秋左传正义》,北京大学出版社1999年,第1369页。
[5] 《左传·昭公十七年》,见《春秋左传正义》,北京大学出版社1999年,第1370页。

战舰旁。夜半时分,吴军出击。伏兵应声暴露被杀。楚军不知伏兵有多少,"楚师乱,吴人大败之,取馀皇以归"[1]。

(二)吴、楚州来之战

吴王僚八年(前519),吴、楚间又爆发战争,且该战亦为吴国主动发起。

《左传·昭公二十三年》记载说:"吴人伐州来,楚薳越帅师及诸侯之师奔命救州来。吴人御诸钟离。"[2]意为,吴国军队又进攻州来,楚国薳越率领着楚军以及其他诸侯国的军队一起奉命奔赴援救州来。吴军在钟离抵御以楚国为首的七国联军。

被称为"吴、楚间之要塞"[3]的州来,成为两国反复易手的边境城邑。州来地望,杜预注为:"楚邑,淮南下蔡县是也"[4],杨伯峻《春秋左传注》释为:"今安徽凤台县。"[5]历史上的吴王寿梦二年(前584),晋推行"联吴制楚"战略时,吴、楚间的联盟开始瓦解,两国反目并进入了战争状态。其时,吴国攻入的第一个楚国城邑就是州来,这就是《春秋经·成公七年》记载的"吴入州来"[6]。其后,州来在吴、楚国间反复易手。

现谨以吴寿梦二年(前584)的"吴入州来"为始,至吴王僚八年(前519)"吴人伐州来"止的65年间,文献记载州来反复易手的情况,略加评述,列表如下:

表3-2 文献记载"州来"在吴楚间反复易手的情况表

年代	文献记载	评述
吴寿梦二年 (前584)	《春秋经·成公七年》:"吴入州来。" 《左传·成公七年》:"吴始伐楚,伐巢、伐徐。子重奔命。马陵之会,吴入州来。"	州来原为楚邑,吴入州来,州来属吴。
吴馀祭元年 (前547)	《左传·襄公二十六年》:申公巫臣:"通吴于晋,教吴叛楚,教之乘车、射御、驱侵,使其子狐庸为吴行人焉。吴于是伐巢、取驾、克棘、入州来,楚罢于奔命。"	此为蔡声子对楚令尹子木(屈建)讲述"楚材晋用"时,所引实例,即本表上条所列情况。
吴馀昧六年 (前538)	《左传·昭公四年》:"楚沈尹射奔命于夏汭,咸尹宜咎城钟离,薳启强城巢,然丹城州来。"	州来属楚,故楚将然丹又筑州来城墙。

---

[1]《左传·昭公十七年》,见《春秋左传正义》,北京大学出版社1999年,第1370页。
[2]《左传·昭公二十三年》,见《春秋左传正义》,北京大学出版社1999年,第1434页。
[3] 童书业:《春秋左传研究》,中华书局2006年,第79页。
[4] 杜预注,见杜预:《春秋经传集解》,上海古籍出版社1978年,第687页。
[5] 杨伯峻:《春秋左传注》,中华书局1990年,第832页。
[6]《春秋经·成公七年》,见《春秋左传正义》,北京大学出版社1999年,第727页。

(续表)

年代	文献记载	评述
吴馀眜十一年（前533）	《左传·昭公九年》："二月庚申,楚公子弃疾迁许于夷,实城父,取州来淮北之田以益之。"	州来属楚,故楚公子弃疾(后为楚平王)"取州来淮北之田以益之"。
吴馀眜十四年（前530）	《左传·昭公十二年》："楚子狩于州来,次于颍尾,使荡侯、潘子、司马督、嚣尹午、陵尹喜帅师围徐以惧吴。"	州来属楚,故楚灵王"狩于州来"。
吴馀眜十五年（前529）	《春秋经·昭公十三年》："吴灭州来。"《左传·昭公十三年》："吴灭州来。令尹子期(即曼成然,《左传·昭公十九年》又作"子旗")请伐吴,王弗许,曰:'吾未抚民人,未事鬼神,未修守备,未定国家,而用民力,败不可悔。州来在吴,犹在楚也。子姑待之。'"	吴灭州来,州来属吴。
吴王僚四年（前523）	《左传·昭公十九年》："楚人城州来。沈尹戌曰:'楚人必败。昔吴灭州来,子旗(即曼成然,《左传·昭公十三年》作"子期")请伐之。'王曰:'吾未抚吾民。今亦如之,而城州来以挑吴,能无败乎?'"	州来属楚,故"楚人城州来。"即又筑州来城墙。
吴王僚八年（前519）	《左传·昭公二十三年》："吴人伐州来,楚薳越帅师及诸侯之师奔命救州来。"	州来属楚,故"吴人伐州来。"

上表中,吴、楚争夺州来,《春秋经》分别用"吴入州来""吴灭州来"等予以记载。关于其间的区别,《左传·襄公十三年》曾说:"凡书取,言易也;用大师焉曰灭。弗地曰入。"[1]意为,凡是《春秋经》记载的"取",就是说事情进行得很容易;要是使用了重兵攻占就叫作"灭";如果是虽得了其国家,并不占有它的土地,就叫作"入"。

（三）吴、楚鸡父之战与"吴大子诸樊"取楚平王原配夫人蔡女归吴

1. 鸡父之战

"鸡父"为"今河南固始"[2]。《春秋经·昭公二十三年》记载:"吴败顿、胡、沈、蔡、陈、许之师于鸡父。"[3]故由此可知,鸡父之战为吴国一国与以楚国为首的七国联军所进行的战争。

《左传·昭公二十三年》记载,七月二十九日,吴军与楚国联军在鸡父决

---

[1]《左传·襄公十三年》,见《春秋左传正义》,北京大学出版社1999年,第908页。
[2] 顾德融、朱顺龙:《春秋史》,上海人民出版社2001年,第152页。
[3]《春秋经·昭公二十三年》,见《春秋左传正义》,北京大学出版社1999年,第1429页。

战。吴王僚先用三千罪犯组成的敢死队向胡国、沈国和陈国的军队发起冲击,而这三国的军队争着来俘虏这些罪犯。吴国分为三军紧紧跟在后面:中军跟随吴王僚,公子光率领右军,吴王僚和公子掩馀率领左军。担当敢死队的吴国罪犯有的逃跑,有的停步不动,胡、沈、陈三国的军队被他们扰乱了阵势。而敢死队后面的吴国军队乘势大举进攻。在吴军的攻势下,胡、沈、陈三国的军队慌忙败退。败退中,胡国、沈国的国君以及陈国的大夫都被吴军俘虏。吴国军队把俘虏了的胡国、沈国的士兵们释放,让他们逃回到许国、蔡国和顿国的军队里到处散布说:"我们的国君死了!"就在许、蔡、顿国的军队听说胡、沈、陈国已遭败绩而正处惊惶之际,吴国的军队擂鼓呐喊着追杀了过来。于是许、蔡、顿这另外三个国家的军队也开始争相逃跑。"三国奔,楚师大奔。"〔1〕即许、蔡、顿三国的军队溃逃,楚军还没弄清楚怎么回事也跟着拼命逃跑起来。

楚国联军大败,而吴军大胜。后世对吴国以一国的力量主动进攻以楚国为首的七国联军并取得辉煌胜利的这一战例而做出了吴军"扬威于鸡父"〔2〕的高度评价。

鸡父之战显示,从吴馀眛元年(前543)吴王馀眛上台及传于其子吴王僚执政至此,在吴王馀眛父子相继执政的25年中,吴国的对楚战争,历经棘栎麻之战、鹊岸之战、房钟之战到"获"楚军"五帅"的豫章之战,再到吴王僚时期的长岸之战及以本年吴国一国对楚国七国联军的鸡父之战,无一败绩。这在春秋史上其实是个奇迹。强大的楚国北进中原时曾经所向披靡,但面对吴国时,近25年中却是逢吴必败。中国古代,战争从来都是国家间综合国力的较量与比拼,更是一个国家综合国力强弱的指针和标尺。从这一角度来看,这一时期的吴国,已跃入强国之列。

2."吴大子诸樊"取楚平王原配夫人蔡女归吴

吴王僚八年(前519)楚平王失宠的原配夫人、太子建生母蔡女被吴国太子诸樊率军带回吴国。这就是《左传·昭公二十三年》所记载的:"楚大子建之母在郧,召吴人而启之。冬十月甲申,吴大子诸樊入郧,取楚夫人与其宝器以归。"〔3〕意为,楚国太子建的母亲住在娘家郧城,暗中召来吴国人并为他们打开城门。冬季的十月十六日,吴国太子诸樊潜入郧城,带走了楚国夫人和她的宝器返回了吴国。

这一事件,显然是太子建母蔡女事先与吴国密谋好的,而主持这一行动者为

---

〔1〕《左传·昭公二十三年》,见《春秋左传正义》,北京大学出版社1999年,第1435页。
〔2〕《说苑·尊贤》,见刘向著、钱宗武译:《白话说苑》,岳麓书社1994年,第388页。
〔3〕《左传·昭公二十三年》,见《春秋左传正义》,北京大学出版社1999年,第1436页。

"吴大子诸樊"。杜预注:"诸樊,吴王僚之大子。"〔1〕即诸樊是吴王僚的长子、吴国的太子。

吴王僚的伯父——吴国第二十世吴王即为诸樊,吴王僚为其"大子"——太子取名为"诸樊"。《左传》这一记载,引发后世学者的各种质疑。杜预注此指出:"吴子遏,号诸樊,王僚是遏之弟子(弟弟的儿子,即馀眜之子),先儒又以为遏弟(诸樊的弟弟。此处指即使宗《公羊传》中僚系寿梦庶子的相关记载,僚也是诸樊的庶弟)何容僚子乃取遏号为名,恐传写误耳,未详。"〔2〕杜预从吴王僚身世的两个不同说法论证,从而指出吴王僚不管是"馀眜子",抑或是"寿梦长庶",第二十世吴王诸樊都或是其伯或是其兄,且为前国君。因此,吴王僚身世两个说法中的任何一种,都不可能让他为其子取吴王诸樊的名号。故杜预说"恐传写误耳",就反映了对《左传》这一记载的疑惑。而孔颖达疏则直指其误说:"吴子诸樊,吴王僚之伯父也。僚子又名诸樊,乃与伯祖同名。吴人虽是东夷,理亦不应然也。此久远之书,又字经篆隶,或误耳。"〔3〕《左传·昭公二十三年》记载中的"吴大子诸樊",突兀出现并完成迎接楚平王夫人蔡女抵吴的使命后,在《左传》其后的记载中,再没出现。而其他文献记载蔡女抵吴时,则完全摈弃了"吴大子诸樊"这一人物。如《史记·吴太伯世家》和《史记·楚世家》,均记载为"吴使公子光伐楚……迎楚故太子建母于居巢以归"〔4〕,即将主持迎接楚平王原配夫人者指为是公子光。

(四)吴王僚时期伍子胥逃亡于吴

吴王僚五年(前522),一位日后对苏州和吴国都产生极为深远影响的楚人"员如吴"〔5〕,即伍员(伍子胥)逃亡来到了吴国。

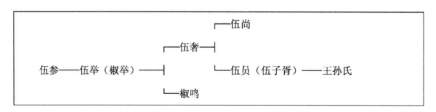

图3-1 《左传》等文献记载的春秋时伍氏世系

---

〔1〕 杜预注,见杜预:《春秋经传集解》,上海古籍出版社1978年,第1503页。
〔2〕 杜预注,见杜预:《春秋经传集解》,上海古籍出版社1978年,第1503页。
〔3〕 孔颖达疏,见《春秋左传正义》,北京大学出版社1999年,第1436—1437页。
〔4〕 司马迁:《史记》卷三十一《吴太伯世家》,《史记》卷四十《楚世家》,中华书局1959年,第1462、1714页。
〔5〕 《左传·昭公二十年》,见《春秋左传正义》,北京大学出版社1999年,第1389页。

第三章 从徙吴至强盛(诸樊至吴王僚时期)

伍子胥逃亡吴国的原因,与其家族在楚国历史上的作为、地位及楚国当时的政治有着密切关系。伍子胥曾祖伍参,晋、楚邲之战中辅佐楚庄王把握了战争胜利的走向;伍子胥祖父伍举,从逃亡到侍奉三任楚王,主持楚国外交事务;伍子胥父伍奢,时为楚平王之子太子建的老师,即太师,又作太傅。

伍奢有二子,即任棠邑大夫的长子伍尚及次子伍员(伍子胥)。伍奢因直谏而遭楚平王逮捕后,佞臣费无极为了斩草除根,又向楚平王献计诱捕伍奢之子说:"伍奢的两个儿子都很有才能,如果他们到了吴国,一定会危害楚国从而使楚国担忧。为何不用赦免他们父亲的办法,诱使并召回他们呢!他们为人仁爱,一定会回来。如果不这样的话,他们将要成为楚国的祸患。"

于是,楚平王派人召回伍氏兄弟说:"你们回来,我就赦免你们的父亲。"面对着楚平王的诱捕,棠邑大夫伍尚对他的兄弟伍员(伍子胥)说:"你逃往吴国,而我准备回去死。我的才智不如你,但我能够为父亲去死,而你能够为父亲复仇。听到诱捕我们回去就可赦免父亲的大王命令,我不能不回去。而亲人被杀戮,我们也不可以不为之复仇。我奔走回去肯定是死,但也存在着使父亲如他们所说的能够得到赦免的可能,这是孝;估计效果后再采取行动,这是仁;选择承担不同的责任(指殉父为孝及复仇为孝)而毅然前往,这是智;明知是死而不予回避,这就是勇。父亲不可抛弃,名誉不能败毁,你也去努力。听从我的意见吧,这总比两人都回去死要好。"

显然,兄弟俩分别选择了"以死殉父尽孝"及"逃亡复仇尽孝"的不同道路。而当伍尚回到了楚都,其父伍奢听说伍员没回来时说:"楚国的国君、大夫们今后恐怕不能安安稳稳地吃饭了。"而楚平王则把伍奢、伍尚父子俩都处死。伍奢临死前所说之语,系一位父亲对其子政治、军事才能及其个性的了解,亦为其后的历史所证实。楚国历史上的"楚材晋用",至此变为"楚材吴用"。

伍子胥逃亡至吴国时,并非一人,其时,他还带着太子建的儿子熊胜。《史记·伍子胥列传》记载说,太子建在郑国被处死。时,"建有子名胜。伍胥惧,乃与胜俱奔吴。到昭关,昭关欲执之。伍胥遂与胜独身步走,几不得脱"[1]。于是,伍子胥和熊胜各自只身徒步逃跑,差一点不能脱身。其后,伍子胥带着熊胜来到了吴国。

---

[1] 司马迁:《史记》卷六十六《伍子胥列传》,中华书局1959年,第2173页。

(五) 吴王僚借兵华登并参与宋国内乱而试水中原

吴王僚五年(前522),伍子胥逃亡来到了吴国,"劝王伐楚者,欲以自报其雠"[1]。同年,宋国发生"华、向之乱"[2],右师(首相)华亥和左师(副首相)向宁等担心被宋元公杀之而发生反对公室的政变。其时,华亥族人且掌管宋国军事的大司马华费遂未参与政变,但其三子华登却参与。政变失败后"华、向奔陈,华登奔吴"[3],即华登于伍子胥奔吴的同年也逃亡到吴国。

吴王僚未借兵与伍子胥伐楚,而与此不同的是,次年即吴王僚六年(前521)"冬十月,华登以吴师救华氏"[4]。即华登从吴国借得兵后率吴军奔宋救援华氏。援华氏的吴军,被宋军及支援宋国公室的齐国援军联手击败,且宋、齐联军还"获其二帅公子苦雉、偃州员。"[5]即宋、齐联军俘虏了吴国的两个领兵将领——公子苦雉和偃州员,而华登则率领吴军余部又击败了宋军。

此次宋国内战,从吴王僚五年到七年(前522—前520),历时三年。卷入宋国内战的国家有:支持宋公室宋元公一方的晋、齐、曹、卫四国及支持华氏与公室对抗一方的吴、楚二国,从而使得吴、楚这对世仇冤家在宋国内战中竟成为同一战壕里的战友。而本战又系吴国历史上唯一一次应宋国私人所请而参与中原宋国内战的出兵。吴国参战的目的,当与吴寿梦三年(前583)晋纠集齐、鲁、郯伐郯并为吴国划设了一条不得逾越的红线——只能西进攻楚,不得北进威胁、侵扰中原列国有关。晋画红线后,吴王寿梦及诸樊、馀祭、馀昧等相继执政吴国时,从未北进一步。然而,这并不表明吴国不想北进。故吴王僚在借兵华登及伍子胥的选择中,不能不考虑到:借兵与伍子胥只是吴、楚争夺的又一轮往复循环,而借兵华登并参与宋国内战,这行为本身就已踏破前述的红线。故借兵与华登,显然是借此对踏破前述红线进行试水,同时也表达出吴国觊觎中原的欲望。

二、吴王僚后期的政治与军事

(一) 吴"灭巢及钟离"之战(吴、楚争桑之战)

吴王僚九年(前518),吴、楚间又爆发一场战争。此战,《左传·昭公二十四

---

[1] 司马迁:《史记》卷六十六《伍子胥列传》,中华书局1959年,第2174页。
[2] 《左传·昭公二十年》,见《春秋左传正义》,北京大学出版社1999年,第1395页。
[3] 《左传·昭公二十年》,见《春秋左传正义》,北京大学出版社1999年,第1396页。
[4] 《左传·昭公二十一年》,见《春秋左传正义》,北京大学出版社1999年,第1416页。
[5] 《左传·昭公二十一年》,见《春秋左传正义》,北京大学出版社1999年,第1416页。

年》记为吴"灭巢及钟离"之战。"楚子为舟师以略吴疆"〔1〕,楚平王组织水军去吴国边境巡弋,而"吴人踵楚"〔2〕,即吴军紧紧追赶楚军。由于楚国边境的守军没有戒备,于是吴国人"灭巢及钟离而还"〔3〕,即灭掉楚国的巢邑和钟离而归。

此战,《史记》记为吴、楚"争桑之战",二者为同一场战争。《史记》记载吴"灭巢及钟离"之战时,为之记写了另一个经济原因——吴、楚"争桑",即经济资源的争夺。故在《史记》叙述的版本中,这一"争桑之战"分别见诸《史记·吴太伯世家》《史记·楚世家》和《史记·伍子胥列传》等。

《史记·吴太伯世家》记载说:吴王僚"九年,公子光伐楚,拔居巢、钟离。初,楚边邑卑梁氏之处女与吴边邑之女争桑,二女家怒相灭,两国边邑长闻之,怒而相攻,灭吴之边邑。吴王怒,故遂伐楚,取两都而去"〔4〕。意为,吴王僚九年(前518)时,公子光率军攻打楚国,攻打下居巢和钟离这两个城邑。而引起这军事纠纷的原因是:当初,楚国边邑卑梁氏的小姑娘与吴国边邑的妇女为争采桑叶发生民事纠纷,终引起楚小姑娘和吴国妇女各自所在的两个家族互相械斗。而两国的边防部队的长官听说,也都介入了这场争执。双方边防部队卷入了边境冲突,楚国人把吴国的边邑给灭了。吴王僚听说后,大怒,于是派公子光去攻打楚国,夺取了楚国的两个边境城邑——居巢、钟离,这才归去。

此战值得注意的是以下三点:

其一,吴王僚时期,在吴、楚"长岸之战"和"鸡父之战"中,楚国颓势未挽,以致出现楚平王原配夫人被吴人取之而归的大失颜面的情况。值此,楚平王也只是组织水军到吴国边境巡弋一番,以作发泄。而楚国联手越国挑衅吴国的结果,导致出现"吴人踵楚""灭巢及钟离而还"的情况。从吴王馀眛到其子吴王僚执政时期,在吴、楚军事力量的对抗中,楚国已无一场可圈可点的"胜利"。非但如此,当楚平王为发泄而"为舟师以略吴疆"时,时已为楚臣的沈尹戌竟发出了让历史后来都感到吃惊的预言:"亡郢之始,于此在矣。"〔5〕而这预言的应验,则是公子光成为吴王阖闾(阖庐)后攻入郢都的事了。

其二,本年吴"灭巢及钟离"之役的军事指挥将领,《左传·昭公二十四年》未及。但参《史记》所述,可知为公子光。因此,吴王僚时期,吴国在与楚国的战

---

〔1〕《左传·昭公二十四年》,见《春秋左传正义》,北京大学出版社1999年,第1443页。
〔2〕《左传·昭公二十四年》,见《春秋左传正义》,北京大学出版社1999年,第1443页。
〔3〕《左传·昭公二十四年》,见《春秋左传正义》,北京大学出版社1999年,第1443页。
〔4〕司马迁:《史记》卷三十一《吴太伯世家》,中华书局1959年,第1462页。
〔5〕《左传·昭公二十四年》,见《春秋左传正义》,北京大学出版社1999年,第1443页。

争中,吴王僚已为自己造就了一个在军事上享有巨大威望的政治对立面——公子光,从而加速了吴国政治变化的进程。

其三,春秋时吴、楚两国争夺于淮河流域,这与淮河流域蕴含的铜矿资源有着密切的联系。而《史记》记载的"争桑"之战,则指出了吴、楚间对另一经济资源——桑叶的争夺。其背后,则是春秋时期两国业已出现的绸丝生产业。

(二)吴国内政危机与"专诸刺王僚"

伍子胥逃亡来到吴国后,"言伐楚之利于州于。公子光曰:'是宗为戮而欲反其仇,不可从也。'员曰:'彼将有他志。余姑为之求士,而鄙以待之。'乃见鱄设诸焉,而耕于鄙。"[1]意即,伍子胥向吴王僚(州于)游说进攻楚国对吴国的好处。公子光说:"这是因他的家族成员被楚国杀戮而想要报私仇,不能听从他的话。"伍子胥暗自想道:"他这人将要有别的志向,我姑且为他寻求勇士,而在郊外等着他。"于是,他把鱄设诸(即专诸)推荐给了公子光,自己在郊野种地。

显然,来到吴国的伍子胥,对吴国的内政危机已有所了解。同时,他也敏锐地察觉到了公子光的"将有他志"。于是,为实现借助吴国力量以复仇的目的,他选择了吴王寿梦的嫡孙公子光。伍子胥奔吴,本是为复仇以尽孝。故当公子光揭其"是宗为戮而欲反其仇"的目的而致吴王僚不用他时,他将吴王僚的迟重、颟顸和公子光的精明、睿智两相比较,立刻意识到公子光的未来极可能就是吴国的未来。只有依靠他,方能实现自己的复仇计划。于是,如前所述,他选择了公子光。与之同时,他也将自己来吴国后结识的勇士鱄设诸(即专诸),作为一个见面礼送了上去。

对公子光来说,随着伍子胥的投靠及其推荐的鱄设诸(专诸),组织上已完成了政变班底的成员配置。接下,就是等待时机了。

在公子光政变班底成员的配置中,专诸(鱄设诸)是一个将承担刺杀吴王僚之责的刺客角色。《史记·刺客列传》记载其生平说:专诸,是吴国堂邑人。伍子胥逃离楚国而前往吴国时,认识并知道专诸的能力和本领,于是推荐给了公子光。

专诸此类刺客,是春秋时期吴地民风尚武的产物。班固《汉书·地理下》指出:"吴、粤之君皆好勇,故其民至今好用剑,轻死易发。"[2]意思说,吴、越(粤)

---

[1]《左传·昭公二十年》,见《春秋左传正义》,北京大学出版社 1999 年,第 1389 页。
[2] 班固:《汉书·地理志下》,中华书局 1962 年,第 1667 页。

的君主都喜好勇武,所以这里的百姓到现在(指班固撰《汉书》时的东汉时期)都喜欢用剑,看轻死亡且容易冲动。正是在这"好用剑,轻死易发"的尚武民风熏陶及引导下,《战国策·魏策四·秦王使人谓安陵君》里记载春秋以来的三大刺客分别为"专诸之刺王僚也……聂政之刺韩傀也……要离之刺庆忌"[1]。显见,《战国策》记载的先秦三大刺客,其中有二人(专诸、要离)出自吴地。

《史记·刺客列传》记载"吴人乃立夷眛之子僚为王"后,公子光曾对此表示不满说:"'使以兄弟次邪,季子当立;必以子乎,则光真适嗣,当立。'故尝阴养谋臣以求立。"[2]意为夷眛(馀眛)之子为吴王僚后,公子光说:"如果按兄弟次序,季札当立;如果一定要传给子一辈的话,那我才是真正的嫡子,应当立我为君。"所以他秘密地供养一些有智谋的人,以取得王位。

"阴养谋臣以求立"的公子光"既得专诸,善客待之"[3]。即公子光得到专诸以后,像对待宾客一样善待他,从而将其成为"阴养"的"死士"[4]——敢死的勇士。

《吴越春秋》卷三记载公子光与专诸讨论谋刺的细节和操作方法时,专诸说:"凡是要杀人,必先觅得他所喜好的东西。吴王僚喜欢什么呢?"公子光回答说:"他喜好美味佳肴!"专诸说:"他所喜欢的是哪种美味佳肴?"公子光说:"他喜欢吃烤鱼。"听了这话,专诸便到太湖边上去学习烤鱼。学了三个月,便会做吴王喜欢吃的烤鱼了。今苏州吴中区香山南宫塘畔有"炙鱼桥",当为后世附会上述记载而建。

吴王僚十一年(前516)"九月,楚平王卒"[5]。楚平王在位十三年后去世。次年即吴王僚十二年(前515),吴王僚"欲因楚丧而伐之,使公子掩馀、公子烛庸帅师围潜"[6]。同时,吴王僚准备再次"伐楚丧"时,因担心中原国家反对,故另派遣季札出访晋国,"以观诸侯"[7],即观察晋国及中原列国的态度和反应。而关于"帅师"的公子掩馀和公子烛庸,晋杜预注指出:"二子,皆王僚母弟。"[8]

---

[1]《战国策·魏策四》,见王锡荣、韩峥嵘译注:《战国策译注》,吉林文史出版社1998年,第796页。

[2] 司马迁:《史记》卷八十六《刺客列传》,中华书局1959年,第2517页。

[3] 司马迁:《史记》卷八十六《刺客列传》,中华书局1959年,第2517页。

[4] 死士,见《左传·定公十四年》:"勾践患吴之整也,使死士再,禽焉,不动"句(引自《春秋左传正义》,北京大学出版社1999年,第1602页。

[5]《左传·昭公二十六年》,见《春秋左传正义》,北京大学出版社1999年,第1471页。

[6]《左传·昭公二十六年》,见《春秋左传正义》,北京大学出版社1999年,第1481页。

[7]《左传·昭公二十七年》,见《春秋左传正义》,北京大学出版社1999年,第1481—1482页。

[8] 杜预注,见杜预:《春秋经传集解》,上海古籍出版社1978年,第1552页。

母弟,有二义。一为同母之弟,以别于庶弟。《尚书·牧誓》"昏弃厥遗王父母弟不迪"[1]句,孔颖达疏曰:"《春秋》之例,母弟称'弟',凡《春秋》称'弟'皆是母弟也。'母弟'谓同母之弟。"[2]按此,则公子掩馀和公子烛庸,均为吴王僚的同母之弟,亦即吴王馀眛之子。

母弟,另一指母亲的弟弟,即舅。《史记·季布栾布列传》:"季布母弟丁公,为楚将。"[3]司马贞《史记索隐》:"谓布之舅也。"[4]按此,则公子掩馀和公子烛庸,为吴王僚的两个舅舅。

本书前列《寿梦子嗣排序表》,曾提及《左传·昭公二十七年》记载的受吴王僚遣使而伐楚丧的"公子掩馀""公子烛庸"等。因文献记载简略而使得他们在吴国王室中的辈分、身份等难以确定。这是因为:首先,若按上述杜预注、孔颖达疏等说,公子掩馀和公子烛庸均为吴王僚的同母之弟,则与其吴国王室的"公子"身份吻合。另,按本书所宗《史记·吴太伯世家》之"馀眛之子僚"[5]即吴王僚为吴王馀眛之子说,则同母之弟的公子掩馀和公子烛庸,则既为馀眛之子,亦同时为吴王寿梦之孙。其次,若按《公羊传·襄公二十九年》的"僚者,长庶也"[6]即吴王僚为寿梦长庶,则吴王僚同母之弟的公子掩馀和公子烛庸,则当同为吴王寿梦之庶子。

鉴于上述不同文献记载的复杂情况,本书前列"寿梦子嗣排序图"说《左传·昭公二十七年》记载的受吴王僚遣使而伐楚丧的"公子掩馀""公子烛庸"等,因不同文献记载及记载的简略而使得他们在吴国王室中的辈分、身份等难以确定,说的就是这一复杂情况。

而按"母弟"为母亲的弟弟,即舅之说,则从吴王僚已执政十一年且由其两个舅舅执掌吴国军权来看,不排除的一种情况是,其时吴王僚借助母亲娘家势力已建立起制约公子光的外戚政治力量。故按此则吴王僚欲伐"楚丧"而派兵围攻楚国潜邑时,并不敢再让公子光拥有兵权而是派遣他的两个舅舅领兵。然而,吴王僚的此番"伐楚丧",非但未让公子光领兵伐楚,而是将自己的两个舅舅派出率兵伐楚,从而为公子光的阴谋起事,提供了时机。其后发生的情况——掩馀和烛

---

[1]《尚书·牧誓》,见《尚书正义》,北京大学出版社1999年,第285页。
[2] 孔颖达疏,见《尚书正义》,北京大学出版社1999年,第285页。
[3] 司马迁:《史记》卷一〇〇《季布栾布列传》,中华书局1959年,第2733页。
[4] 司马贞:《史记索隐》,见司马迁:《史记》,中华书局1959年,第2733页。
[5] 司马迁:《史记》卷三十一《吴太伯世家》,中华书局1959年,第1461页。
[6]《公羊传·襄公二十九年》,见《春秋公羊传注疏》,北京大学出版社1999年,第465页。

庸率领的吴军入侵楚国后,受到楚军的阻遏和夹击,陷入"吴师不能退"[1]境地时,吴王僚终以自己的错误为公子光创造了发动政变的极佳时机。

"伐楚丧"的吴军陷入"不能退"境地,公子光立刻意识到他等待的时机已经到来。曾领过兵的他当然知道,战场情况瞬息万变,一旦入侵楚国的吴军返归,则其举事的极佳时机转瞬即逝。而作为一个善于抓住机遇的政治强人,他的过人之处在于,他立刻知道他该做什么和该怎么去做了。"公子光曰:'此时也,弗可失也。'告鱄设诸(专诸)曰:'上国有言曰,不索何获?我王嗣也,吾欲求之。事若克,季子虽至,不吾废也。'"[2]即公子光说:"这正是大好时机啊!不可错失。"接着他告诉鱄设诸(专诸)说:"中原国家有句话说,不去索取,又怎么能得到?我是吴国王位的继承人,我想要得到这个王位。事情如果顺利,即使四叔季札回来,他也不能废掉我的。"

专诸听公子光一说,也立刻知道,要他献身的时刻到了。可自己去了家中又怎么办?于是,他对公子光说:"王可弑也。母老子弱,是无若我何。"[3]意思是说,吴王僚是可以杀掉的。但是我母亲老了,儿子还小,我将他们怎样安排?杜预注此句为:"欲以老弱托光。"[4]而是时的公子光,也立刻就知道专诸的内心想法。见专诸说起"母老子弱",于是他极富情感地说:"我,尔身也。"[5]《史记·刺客列传》则将之表述为:"光之身,子之身也。"[6]意思都是说,我就是你啊!当然,你的母亲就是我的母亲,你的儿子,也就是我的儿子了。赡养和抚养他们当为我义不容辞的责任。在这里,公子光实际上是以一种情感上生死相托的兄弟交心,彻底买断了专诸的一条命。

《左传·昭公二十七年》记写了吴国历史上公子光取代吴王僚而成为吴王阖闾(阖庐)的过程。"夏四月,光伏甲于堀室而享王。"[7]意为,本年夏季四月,公子光在地下室埋伏甲士而设享礼招待吴王。

吴王僚赴公子光所设的宴会时,安全保卫做得极为严密。吴王僚布置、安排的士兵排于道路两旁,一直排到公子光宅的大门口。而公子光宅的大门、台阶、里门以及座席旁,都布置了吴王的亲信卫兵,他们手持短剑护卫在吴王僚的身畔

---

[1]《左传·昭公二十七年》,见《春秋左传正义》,北京大学出版社1999年,第1482页。
[2]《左传·昭公二十七年》,见《春秋左传正义》,北京大学出版社1999年,第1482—1483页。
[3]《左传·昭公二十七年》,见《春秋左传正义》,北京大学出版社1999年,第1483页。
[4] 杜预注,见杜预:《春秋经传集解》,上海古籍出版社1978年,第1552页。
[5]《左传·昭公二十七年》,见《春秋左传正义》,北京大学出版社1999年,第1483页。
[6] 司马迁:《史记》卷八十六《刺客列传》,中华书局1959年,第2517页。
[7]《左传·昭公二十七年》,见《春秋左传正义》,北京大学出版社1999年,第1483页。

两旁。将菜肴端上宴席的人,都须在门外先脱光衣服然后再换穿别的衣服,这才让他们跪着端着菜肴,膝行而入。在他们膝行上菜时,持剑的吴王亲兵、卫士,用剑夹着对方,剑尖几乎碰到他们身上。

宴会处布满吴王僚的亲兵、卫士,公子光怕混乱中伤及自身,于是,"光伪足疾,入于堀室"[1]。即公子光假装脚有病,进入了自家的地下室。那里,已埋伏了他的许多甲士。

公子光借故避开。专诸把短剑置放在烧炙好的鱼腹中,然后端着这盆炙鱼去进献给吴王僚,在接受了脱衣、换衣等的严密安全检查程序后,专诸端着那盆藏有短剑的炙鱼,跪着膝行以进献。到了吴王僚座前时,专诸猛地从鱼腹中抽出剑而刺向吴王。是时,吴王僚亲兵卫士手中的武器——铍也交叉着刺进专诸的胸膛。尽管如此,专诸还是完成了他的使命而"遂弑王"[2],即吴王僚被专诸刺死。

吴王僚一死,"公子光竟代立为王,是为吴王阖庐"[3]。阖庐,又作阖闾。

整个政变过程中,伍子胥既参与政变的策划,又推荐了刺客专诸,于是"阖庐既立,得志,乃召伍员为行人,而与谋国事"[4]。即公子光既已立为吴王,实现其心中的志向后,让伍子胥担任了吴国"行人"这一职务,并和他共同策划国事。

吴王僚被弑后,季札出使归来,即表示:"苟先君废无祀,民人无废主,社稷有奉,国家无倾,乃吾君也。吾谁敢怨?哀死事生,以待天命。非我生乱,立者从之,先人之道也。"[5]从而表达了对公子光成为新王的认可和拥戴。接着,他"复命哭墓,复位而待"[6]。即到吴王僚的墓前去哭泣,并汇报自己出使的经过,然后回到原来的职位上等待吴国新君的命令。

季札以对现实的接受来换取新王对吴国宗庙祭祀连续性的承诺。这显然是一个历史上真实的季札——既对现实善于变通,又对王权无所恋栈。而这,又实是秉承了他一以贯之的态度。在馀昧去世、吴王僚刚上台时,他的为人处世亦是如此。据汉代刘向《新序·节士》篇记载:馀昧去世的时候,"季子(季札)使而未还",而当"长子之庶兄"的吴王僚"自立为吴王"时,"季子使而还,至则君事

---

[1]《左传·昭公二十七年》见《春秋左传正义》,北京大学出版社1999年,第1484页。
[2]《左传·昭公二十七年》见《春秋左传正义》,北京大学出版社1999年,第1484页。
[3] 司马迁:《史记》卷三十一《吴太伯世家》,中华书局1959年,第1463页。
[4] 司马迁:《史记》卷六十六《伍子胥列传》,中华书局1959年,第2174页。
[5]《左传·昭公二十七年》,见《春秋左传正义》,北京大学出版社1999年,第1484页。
[6]《左传·昭公二十七年》,见《春秋左传正义》,北京大学出版社1999年,第1484页。

之"[1]。而对新上台的吴王阖闾(即阖庐)来说,这位对王权从无欲望的叔叔,其表态分量极重。故当季札表达了对阖闾成为新王的认可和拥戴时,既增加了阖闾权力来源的正当性,也增加了阖闾权力来源的合法性。而对王权从无欲望的季札可以回来,而受吴王僚派遣"伐楚丧"的公子掩馀和公子烛庸,因兵权在握,就有家难回了。于是,"吴公子掩馀奔徐,公子烛庸奔钟吾"[2]。即将兵在外的公子掩馀逃奔至徐国,公子烛庸则逃奔至钟吾国。

随着公子光成为吴王阖闾,吴国的历史翻开新的一页。

第四节 吴王诸樊、馀祭、馀眜及吴王僚时期的历史文化遗存

一、吴王诸樊时期的历史文化遗存

关于诸樊墓葬,时至今日,古代文献与当代考古文献均无记载。而诸樊时期留存至今的实物,均为兵器。现分为诸樊用器及诸樊时期制作用器进行介绍。

(一) 诸樊用器

1. 安徽淮南及山东沂水出土的吴太子诸樊剑

现存吴国青铜器中,明确为诸樊用器的为安徽淮南出土的吴太子诸樊剑。该剑上海博物馆编《商周青铜器铭文选》命名为"工𠨍太子姑发䰯反剑",而董楚平《吴越徐舒金文集释》则称此剑为"工𠨍太子姑发剑"。该剑因属寿梦时期铸,故归类于寿梦时期制作的青铜器,前文已叙述,此处不再重复。

另,山东沂水出土、且有学者指器主"疑即诸樊"的工䖒王剑,情况如下:

图3-2 山东沂水出土的"工䖒王剑"[3]

该"工䖒王剑"为1983年1月在山东沂水县诸葛公社北坪子春秋晚期墓出土。铭文系凿款。李学勤《试论山东新出青铜器的意义》一

---

[1]《新序·节士》,见刘向著、石光瑛校释:《新序校释》,中华书局2001年,第860—862页。
[2]《左传·昭公二十七年》,见《春秋左传正义》,北京大学出版社1999年,第1484页。
[3] 董楚平:《吴越徐舒金文集释》,浙江古籍出版社1992年,第93页。

文释读为:"工虞王乍(作)元巳用,囗又江之台,北南西行。""'又'训为治、理。'台',读为'浂'。'其又江之浂',意思是平定长江两岸,反映出吴王的雄心。"关于该剑主人,即铭文中的"工虞王",该文认为,该剑"剑铭有'工虞',属于年代较早的一类。……目前只能从字体推断为春秋中晚期物,由于没有吴王的名字,无法和吴世系比对"。但"比夫差早一个时期,是可以肯定的"〔1〕。而董楚平则以为:"此工虞王,疑即诸樊。"〔2〕

(二)诸樊时期制作用器

1. 江苏六合程桥出土的吴王馀祭用器——"工虞大叔盘"

据董楚平《吴越徐舒金文集释》介绍,该盘"1988年出土于江苏省六合县程桥东周三号墓。……(年代为)春秋末期。南京市博物馆藏"〔3〕。"工虞大叔盘"铭文"工虞大叔",董楚平《吴越徐舒金文集释》指为:"工虞大叔,吴王之首弟。"〔4〕显然,即指馀祭。曹锦炎《程桥新出铜器考释及相关问题》一文说该器器主"就是余祭"〔5〕(即馀祭);在《吴王寿梦之子剑铭文考释》一文中另以加注形式指出说:"工敔大叔之称见程桥三号墓出土的盘铭,原作'工虞',器主为馀祭,做于诸樊为王时。因其是诸樊首弟,故称'大叔'。"〔6〕

2. 山西榆社出土诸樊时期所铸的季札剑——"工虞季子剑"

1985年8月,山西省晋中市下辖的榆社县城关村民在县城东北三角坪取土烧砖时,发现一件青铜剑,后交县博物馆收藏。该剑即为工虞季子剑。曹锦炎《吴季子剑铭文考释》释读该剑铭文"工虞王"等指出:"剑铭大意是说,吴王诸樊的弟弟季子者尚接受了下属的献铜,用来作了自己的'元用'剑。"〔7〕关于器主,该文说:"'季子'是身份、称谓,'者尚'是人名,即为季札无疑。"〔8〕董楚平《吴越徐舒金文集释》也指出:"今山西出土此剑,是现存唯一的季子剑。"〔9〕故本器铭文"工虞王",当指第二十世吴王诸樊。

---

〔1〕 李学勤:《试论山东新出青铜器的意义》,《文物》1983年第12期。
〔2〕 董楚平:《吴越文化新探》,浙江人民出版社1988年,第334页。
〔3〕 董楚平:《吴越徐舒金文集释》,浙江人民出版社1988年,第40页。
〔4〕 董楚平:《吴越徐舒金文集释》,浙江人民出版社1988年,第41页。
〔5〕 曹锦炎:《程桥新出铜器考释及相关问题》,《东南文化》1991年第1期。
〔6〕 曹锦炎:《吴王寿梦之子剑铭文考释》,《文物》2005年第2期。
〔7〕 曹锦炎:《吴季子剑铭文考释》,《东南文化》1990年第4期。
〔8〕 曹锦炎:《吴季子剑铭文考释》,《东南文化》1990年第4期。
〔9〕 董楚平:《吴越徐舒金文集释》,浙江古籍出版社1992年,第97页。

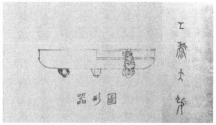

图3-3 "工𠂌大叔盘"(左)及该器上的"工𠂌大叔"铭文(中)以及"工𠂌季子剑"及其铭文摹本(右)[1]

二、吴王馀祭时期的历史文化遗存

关于馀祭墓葬,同诸樊一样,时至今日,古代文献与当代考古文献均无记载。而现存馀祭用器除上述诸樊时期所铸"工𠂌大叔盘"外,尚有如下:

(一)浙江省绍兴出土的馀祭剑

该剑为寿梦时期所铸,故前文寿梦时期的文化遗存已提及,并作"绍兴出土的寿梦之子(馀祭或馀昧)剑"。如前文所述,该剑剑身铸有铭文40字,是当时所知出土青铜剑铭文字数最多的一件,而"器主为吴王寿梦之子,即后来继位于吴王的馀祭"[2]。有学者作不同解读,如董珊《新见吴王馀昧剑铭考证》一文认为:"关于鲁迅路剑,我和李家浩先生都认为器主是馀昧。""苏博藏剑与鲁迅路剑的器主都为吴王馀昧。"[3]

上述,"苏博剑"指苏州博物馆新入藏的吴王余昧(馀昧)剑(相关情况见下文),而"鲁迅路剑"则是指前文"寿梦时期制作的青铜器"所说的1997年浙江绍兴鲁迅路出土的寿梦之子剑。

(二)湖北谷城出土的吴王馀祭剑——"攻𠂌王叡戉此邻(郐)剑"

据陈千万《湖北谷城县出土"攻𠂌王叡戉此邻(郐)剑"》一文介绍:"1988年7月下旬,湖北省谷城博物馆在该县城关镇征集到一件带铭文铜剑。……剑身近格处有两行竖排铭文,共12字,为'攻𠂌王叡戉此邻(郐)'自乍(作)元用鐱(剑)。"[4]而关于该剑主人,则涉及对"叡戉此邻(郐)"的释读。对此,陈文

---

[1] 董楚平:《吴越徐舒金文集释》,浙江古籍出版社1992年,第40—41页。
[2] 曹锦炎:《吴王寿梦之子剑铭文考释》,《文物》2005年第2期。
[3] 董珊:《新见吴王馀昧剑铭考证》,《故宫博物院院刊》2015年第5期。
[4] 陈千万:《湖北谷城县出土"攻𠂌王叡戉此邻(郐)剑"》,《考古》2000年第4期。

说:"疑'叡戗此郐'即'勾余'之省称。'勾余'乃《左传》襄公二十八年所记之'句馀'。"[1]"'勾馀'之名,或以为是寿梦第二子——吴王余祭;或以为是寿梦第三子——吴王余昧(也作余眛、夷末)。历史上有两种观点。服虔在《春秋左传正义》中以'勾馀'为'余祭'。《左传》襄公二十八年杜预注曰:'勾馀,吴子夷末也'。今从杜注。"[2]显见,陈千万《湖北谷城县出土"攻虞王叡戗此郐(郐)剑"》一文从杜注将该剑器主作馀昧。关于《左传·襄公二十八年》记载的"吴句馀"[3],前文曾指出后世有不同解读。一为杜预注为:"吴子夷末也"[4],即"句馀"为吴王馀昧。另一为孔颖达疏指出的:"此时吴君是馀祭也。明年馀祭死,乃夷末代立。……服虔以句馀为馀祭。"[5]即孔颖达引东汉经学家服虔的"句馀为馀祭"说。而从文献解读来看,孔颖达疏所指是时吴王为馀祭,故"句馀"当为馀祭,而该剑亦当为馀祭剑。

(三)无锡博物院收藏的吴王馀祭剑——"工(攻)虞(敔)王虘伐此郐剑"

吴镇烽《记新发现的两把吴王剑》一文,介绍无锡博物院收藏的一把吴王馀祭剑——攻敔王虘伐此郐剑。该剑"两纵铸铭文12字。铭文是:攻敔王虘伐此郐自乍(作)其元用"[6]。

(四)中国国家博物馆新入藏文物特展展出的吴王馀祭剑——"工吴大叔叡矣工吴剑"

中国国家博物馆新入藏文物特展展出了该馆2014年征集的"工吴大叔叡矣工吴剑"。据该馆展出时的说明标牌指出:该剑"近茎处铸有铭文12字'(工)虞大弔叡矣(工)虞自乍元用'。由铭文得知剑主为'叡矣工吴',即吴王余祭的别名。'大叔'是对诸侯国君首弟的称呼。余祭为寿梦之子,诸樊之弟,故该剑是余祭未继吴王位时所用之剑。……此剑铸造精良,上错金,铸铭文,规格很高"。

---

[1] 陈千万:《湖北谷城县出土"攻虞王叡戗此郐(郐)剑"》,《考古》2000年第4期。
[2] 陈千万:《湖北谷城县出土"攻虞王叡戗此郐(郐)剑"》,《考古》2000年第4期。
[3] 《左传·襄公二十八年》,见《春秋左传正义》,北京大学出版社1999年,第1081页。
[4] 杜预注,见杜预:《春秋经传集解》,上海古籍出版社1978年,第1105页。
[5] 孔颖达疏:见《春秋左传正义》,北京大学出版社1999年,第1081—1082页。
[6] 吴镇烽:《记新发现的两把吴王剑》,《江汉考古》2009年第3期。

图3-4 浙江绍兴出土的吴王寿梦之子馀祭剑(左一)[1]、湖北谷城县出土的吴王馀祭剑(左二)[2]、无锡博物院收藏的"工(攻)敔王虘伐此郘剑"(左三)[3]及中国国家博物馆新入藏文物特展展出的该馆2014年征集的"工吴大叔叡矣工吴剑"(左四)与该剑展出时的说明标牌(右)(吴恩培摄)

三、吴王馀昧时期的历史文化遗存

(一)馀昧墓

馀昧墓,清顾震涛《吴门表隐》卷四有"吴夸昧墓在六直夸陵山"[4]的记载。六直,即今苏州吴中区甪直镇。

民国《吴县志》卷十九:"夷亭山在城东三十里阳城湖南,去夷亭镇三里,高六丈余。相传为吴王养鱼处,或曰夷陵,夷昧陵也。"[5]另,民国《吴县志》卷三十五:"吴夸王庙在唯亭山,麓神即吴王夸昧,里人奉为土穀神。"[6]

由上可知,至清代、民国时,吴王"馀昧"被方志记为"夸昧",且今属苏州工业园区唯亭街道的夷陵山,被传为"夷昧陵"。而吴王馀昧也被神化为夷陵山"麓神",即山神,当地人奉为"土穀神"。历史在这向神化的方向发展。

1984年镇江博物馆、丹徒县文教局、中山大学人类学系考古教研室和南京博物院的考古人员组成丹徒考古队,对大港至谏壁沿江的墓葬进行了科学发掘。对北山顶春秋墓的发掘获重大发现。并引发了关于墓主身份与随葬器主推断的学术争鸣。

一种意见认为,"墓室中随葬的馀昧矛,当为死者的近身之物。据此推断墓主可能为吴王馀昧"[7]。严其林、程建著《京口文化》一书表述为:"吴王余昧

---

[1] 曹锦炎:《吴王寿梦之子剑铭文考释》,《文物》2005年第2期。
[2] 陈千万:《湖北谷城县出土"攻敔王叡戉此郘(郘)剑"》,《考古》2000年第4期。
[3] 吴镇烽:《记新发现的两把吴王剑》,《江汉考古》2009年第3期。
[4] 顾震涛:《吴门表隐》卷四,江苏古籍出版社1986年,第43页。
[5] 民国《吴县志》卷十九,苏州方志馆藏本。
[6] 民国《吴县志》卷三十五,苏州方志馆藏本。
[7] 江苏省丹徒考古队:《江苏丹徒北山顶春秋墓发掘报告》,《东南文化》1988年第3、4期合刊。

死后葬在丹徒大港,1984年在大港北山顶发现了余眜的墓葬,出土有余眜矛(骹部铭文为'余眜自乍工其之用')及钟、磬、鼎、悬鼓、虎钮淳于、鸠杖等青铜礼器、乐器、车马器、兵器400余件。"[1]

镇江市地方志办公室编著《镇江要览》说:"丹徒县大港背山顶春秋吴国墓,1984年在丹徒县发掘。出土器物中,有确定墓主身份的'馀眜矛'和'尸祭缶'。在尸祭缶上,有铭文30余字,记载了此器是馀眜哥哥馀祭为祖父去齐为君时所作。在一件悬鼓环上有额前短发如刘海,身上布满花纹的人像,这是第一次发现的吴国人'断发文身'之实物。根据墓葬的形制和出土器物,初步考定墓主为公元前527年的吴王馀眜,是至今在古代吴国疆域内所发现的唯一有铭文可以佐证的吴王墓葬。"[2]

另一种意见对墓主是否为馀眜未下结论,但称该墓葬为"丹徒大港背山顶春秋晚期随葬有吴王馀眜矛的吴墓"[3]。从而认可随葬器之矛为吴王馀眜矛。

还有一种意见对墓主身份与随葬器主做了更谨慎的推断。朱凤瀚《中国青铜器综论》第十二章"春秋青铜器"在论述"1984年在大港至谏壁间的最高峰丹徒北(背)山之顶部发掘了一座较大型墓葬"时,言及"墓主人是吴国的王室贵族"[4]。故该著作未言及"馀眜矛""馀眜墓",仅作"墓主人是吴国的王室贵族"的判断。钱公麟、徐亦鹏撰写的《苏州考古》一书认为:"即使在墓中出土带有吴国王者的铭文青铜器,也不能仅以此为依据,断定其墓一定是吴王墓……大港至谏壁一线山顶上的春秋时期大墓,达不到吴国王陵级的水准。"[5]

今南京博物院展出该矛时,未将该器与"馀眜"作联系,而只是标示为"青铜有铭文矛"。

图3-5　南京博物院展出的"青铜有铭文矛"(左)及其铭文细部(中)及展出时的标示牌(右)(吴恩培摄),其文字为"青铜有铭文矛,春秋时期,镇江市丹徒区北山顶墓出土"

---

[1] 严其林、程建:《京口文化》,南京大学出版社2001年,第27页。
[2] 镇江市地方志办公室:《镇江要览》,江苏古籍出版社1989年,第174—175页。
[3] 王文清:《江苏史纲》(古代卷),江苏古籍出版社1993年,第124页。
[4] 朱凤瀚:《中国青铜器综论》第十二章《春秋青铜器》,上海古籍出版社2009年,第1819页。
[5] 钱公麟、徐亦鹏:《苏州考古》,苏州大学出版社2000年,第124—126页。

前及"馀眛墓"和"馀眛矛"的肯定与否,均涉及对镇江市丹徒区北山顶墓出土的"青铜有铭文矛"的铭文释读。

董楚平《吴越徐舒金文集释》将该器定名为"余眛矛",但同时指出,吴王馀眛墓,"确定墓主的唯一物证,就是这件铜矛。此矛出于墓室之内。……矛的骹部有铭文两行九字,其中合文一字。发掘报告释读如下:龡(余眛)自乍𢦏工其元用(《江苏丹徒北山顶春秋墓发掘报告》,载《东南文化》一九八八年三、四期合刊。)周晓陆、张敏《北山四器铭考》一文说:'自乍'之下,当为器铭……姑称之为矛。(载上刊同期)"[1]。该著作接着介绍其他学者的解读:商志𩉃、唐钰明在《文物》1989年第4期发表《江苏丹徒背山顶春秋出土钟鼎铭文释证》一文说:"由于矛上铭刻较浅,笔画稍泐,难于目识,但谛审原器,合文之字迹尚可辨析:其上半部作畬,此字形又见于一号镈钟和一号纽钟,可定为余即徐;下半部似作'王',如不误,当是王字,此为徐王自作之矛。"[2]

而《吴越徐舒金文集释》撰者董楚平在该书表述的意见为:"笔者只看过原拓本,未看过原器。拓本首字笔迹难辨,与上引二家隶定的字形皆不合,究竟何字,暂且存疑。兵器铭'元用'二字,是吴国的特点,本铭元用二字的构形与《邗王是埜戈》相同;又因张敏等是此器的发掘者与发掘报告的执笔人,姑从其说,将此矛放在吴器章内叙述。商志𩉃说首字上半部作畬,引同出的钟铭为例,说畬即徐,不确。畬是舒字……张敏等也认为此字上部从余从日。分歧在于下部,如果从王,是舒王之器;如果从未,是馀眛之器,从原拓本看,不似从王。……此器倘为馀眛矛,器铭未称王,作于即位之前。"[3]

如上所述,镇江市丹徒区北山顶墓出土的"青铜有铭文矛",其铭文释读首先涉及该器究属吴器、徐器或舒器。其次,因释文歧异而存争议,故如董楚平所说的"确定墓主的唯一物证",因此,其粘连着的该墓是否为吴王馀眛墓也就难以确定了。

(二) 余眛(馀眛)剑

程义、张军政《苏州博物馆新入藏吴王余眛剑初探》一文说:"2014年底,苏州博物馆征集到一件春秋时期青铜剑,剑身铸有铭文70余字。从铭文得知,器主是寿梦之子、戲𢦏此邻之弟姑𤿌亓𧧒,即吴王余眛……本剑是吴国王室兵器中

---

[1] 董楚平:《吴越徐舒金文集释》,浙江古籍出版社1992年,第102页。
[2] 董楚平:《吴越徐舒金文集释》,浙江古籍出版社1992年,第103页。
[3] 董楚平:《吴越徐舒金文集释》,浙江古籍出版社1992年,第103页。

较为重要的一件,也是目前所见先秦兵器中铭文最长的一件。"[1]

图3-6 苏州博物馆新入藏的余眛(馀眛)剑(左)及剑身铭文(右)[2]

(三) 季札挂剑图漆盘

前文曾叙述,馀眛执政之初,遣季札访问列国,以通报吴国国君变更情况时,曾发生挂剑不忘徐君之谊的故事。后世,出现以季札"挂剑"为题材的艺术品——"季札挂剑图漆盘"。该盘1984年安徽省马鞍山市三国东吴朱然墓出土,现藏于安徽省文物研究所。

图3-7 季札挂剑图漆盘(左)及其局部(右)[3]

---

[1] 程义、张军政:《苏州博物馆新入藏吴王余眛剑初探》,《文物》2015年第9期。
[2] 程义、张军政:《苏州博物馆新入藏吴王余眛剑初探》,《文物》2015年第9期。
[3] 《中国文物精华·1990》,文物出版社1990年,第111器"季札挂剑图漆盘"。

四、吴王僚时期的历史文化遗存

(一) 吴王僚墓葬地

唐、宋文献记载吴王僚葬于苏州城西"岝崿山",即今狮子山,该山因山形如狮而得名,地处苏州市虎丘区(高新区)枫桥街道辖区内。相关记载如下:

唐陆广微《吴地记》:"岝崿山在吴县西十二里,吴王僚葬此山中,有寺号思益,梁天监二年置。"[1]

宋朱长文《吴郡图经续记》:"岝崿山,在吴县西南一十五里。《图经》云'形如师子。'今以此名山也。郦善长以为岝嶺山云。俗说此本在太湖中,禹治水,移进近吴。又东及西南有两小山,皆有石如卷芋云,禹所用牵山也……《吴地记》云:'吴王僚葬此山,山旁有寺,号曰思益。'"[2]

(二) 吴王僚现存用器

吴王僚现存用器如下:

1. 山西万荣出土的吴王僚矛——"王子于戈"

山西万荣县庙前村后土庙一带,历史上曾出土多件古代青铜器。1961年,后土庙附近贾家崖被黄河水冲塌,塌出不少铜器,其中出土有两件型制相同的错金鸟书戈,现藏山西博物院。

该错金鸟书戈"铜质极佳,援刃非常犀利。援长16厘米,胡长9.5厘米,内长8厘米。胡有三穿,内有一穿。戈上共有错金鸟书铭文七字。正面援上二字,胡上四字。背面胡上一字。从形制上看当为春秋晚期之物。正面援上第一字是为句首。六字释文当读为'王子于之用戈'"[3]。关于"王子于"究竟是谁,张颔《万荣出土错金鸟书戈铭文考释》一文从有关吴国的史料中寻找线索指出:"最有可能的

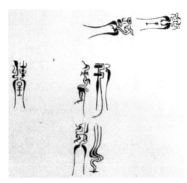

图3-8 万荣出土错金鸟书戈铭文摹本(左一字为背面之铭文)[4]

---

[1] 陆广微:《吴地记》,江苏古籍出版社1986年,第69页。
[2] 朱长文:《吴郡图经续记》,江苏古籍出版社1986年,第42—43页。
[3] 张颔:《万荣出土错金鸟书戈铭文考释》,《文物》1962年第4、5期。
[4] 上海博物馆:《商周青铜器铭文选》第二册,文物出版社1990年,第310页。

莫过于吴王僚。……州于的'于'字与'王子于戈'上的'于'字形音皆同。所以'王子于之用戈',当即吴王僚为王子时之器。"〔1〕

图3-9　万荣出土错金鸟书戈〔2〕

2. 无锡博物院收藏的吴王僚剑——"攻敔(敌)者彶叙剑"

吴镇烽《记新发现的两把吴王剑》〔3〕一文,在介绍无锡博物院收藏一把吴王馀祭剑的同时,还介绍该院收藏的一把吴王僚剑——攻敔(敌)者彶叙剑。

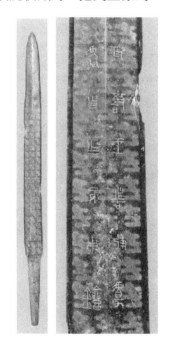

图3-10　无锡博物院收藏的"攻敔(敌)者彶叙剑"(左一)及其剑身铭文(右)〔4〕

---

〔1〕 张颔:《万荣出土错金鸟书戈铭文考释》,《文物》1962年第4、5期。
〔2〕 张颔:《万荣出土金鸟书戈》,《文物》1962年第4、5期。
〔3〕 吴镇烽:《记新发现的两把吴王剑》,《江汉考古》2009年第3期。
〔4〕 吴镇锋:《记新发现的两把吴王剑》,《江汉考古》2009年第3期。

◎ 第四章 「兴霸成王」与吴大城建筑（阖闾时期）◎

第四章 "兴霸成王"与吴大城建筑(阖闾时期)

第一节 阖闾时期的政治

一、"兴霸成王"战略的形成

阖闾,又作公子光、阖庐,第二十世吴王诸樊嫡长子。吴王僚十二年(前515)"专诸刺王僚"后,公子光成为第二十四世吴王阖闾。

关于公子光(阖闾)身世,存有两说。一为,阖闾为吴王诸樊之子。公子光首次出现在吴、楚长岸之战时,杜预注:"光,诸樊子阖庐。"[1]而《左传·昭公二十七年》记载公子光意欲行刺吴王僚时也自称:"我,王嗣也。"[2]杜预再次注曰:"光,吴王诸樊子也,故曰我王嗣。"[3]另一则说公子光(阖闾)为吴王馀眛(夷末、夷昧)之子。唐司马贞《史记索隐》注《史记·吴太伯世家》"公子光者,王诸樊之子也"句说:"此文以为诸樊子,《系本》(即《世本》)以为夷眛子。"[4]夷眛,即第二十二世吴王馀眛。对上述两说,本卷采信前说,即阖闾为吴王诸樊之子。

吴国"联晋抗楚"战略,在吴王馀眛和吴王僚时期,已处于调整状态。吴阖闾元年(前514),吴王阖闾与吴国"行人"伍子胥"与谋国政"的谈话中,说起"寡人欲强国霸王,何由而可?"[5]意为,我想使吴国强盛而称霸称王,如何做才能达到这一目的?伍子胥则条陈说起"凡欲安君治民,兴霸成王,从近制远者,必先立城郭,设守备,实仓廪,治兵库。斯则其术也"[6]。意即,凡是想要使国君安定,

---

[1] 杜预注,见杜预:《春秋经传集解》,上海古籍出版社1978年,第1428页。
[2] 《左传·昭公二十七年》,见《春秋左传正义》,北京大学出版社1999年,第1482页。
[3] 杜预注,见杜预:《春秋经传集解》,上海古籍出版社1978年,第1552页。
[4] 司马贞:《史记索隐》,见司马迁:《史记》,中华书局1959年,第1462页。
[5] 赵晔:《吴越春秋》卷四,江苏古籍出版社1986年,第24页。
[6] 赵晔:《吴越春秋》卷四,江苏古籍出版社1986年,第25页。

使民众有秩序,建立霸业,成就王业,既使近处的人服从,又能制服远处的人,那就一定要先筑起内城外郭,设置防守的器具,充实粮仓米仓,整治好军用仓库等,这就是手段。

这里,伍子胥将阖闾所说的"强国霸王"表述为"兴霸成王"。同时,为达到"兴霸成王"这一战略目的,他条陈了诸多必要而切实可行的措施。阖闾在欣然接受的同时,也提出疑问说:"善。夫筑城郭,立仓库,因地制宜,岂有天气之数以威邻国者乎?"[1]意即阖闾说:"好啊!那修筑内城外城,设置防守的器具,建造粮仓兵库,得根据各地的具体情况而制定出最适宜的办法。是否还有利用自然界自身的条件来威慑邻国呢?"在伍子胥给予肯定的回答后,"阖闾曰:'寡人委计于子'"[2]。意为阖闾说:"关于筑城墙等事宜,我就委托给你了!"

吴王阖闾时期"兴霸成王"战略,是对"联晋抗楚"战略调整后的转型和发展。因此,一方面它表现为吴国对楚关系中"抗楚"依然为主基调,而这是由吴国国家利益决定了这一时期吴国战略进击方向依然是与楚争夺于淮河流域;另一方面,在"联晋"即与北方中原列国的关系上,吴国依然保持着不与结盟、同时也不向北方发展的战略。显然,吴王僚时期借兵华登并介入宋国内乱,并借此既对晋国为吴国设置的只能西攻、不得北进的红线进行试探,同时又表达出对觊觎中原的欲望等做法,为吴王阖闾所回避。其原因或为因刺王僚而喋血吴宫,故执政后难免与吴王僚的对外政策保持距离而作某种区隔了。故吴国真正意义上的北进争霸,那已是其后吴王夫差时期对"兴霸成王"战略再作转型和发展时的事了。

二、阖闾与伍子胥的君臣际合

吴王阖闾是一位颇有政治远见及军事韬略的政治家。他少年时的经历及成年后率兵与楚军作战的经验,使得他与伍子胥讨论安君治民、兴霸成王的吴国国家发展战略时,本身就具有自己成熟的思路。而伍子胥亡命于吴本是为复仇,因此,只有在吴国国力强盛的情况下,他的复仇目的才能得以实现。故在吴国兴霸成王、强国强军等方面,伍子胥和吴王阖闾的目标一致。当阖闾执掌吴国权柄后,伍子胥也理所当然地成为其谋士和重臣。

由此可见,支撑吴国"兴霸成王"国家战略的组织架构,为吴国历史上绝无仅

---

[1] 赵晔:《吴越春秋》卷四,江苏古籍出版社1986年,第25页。
[2] 赵晔:《吴越春秋》卷四,江苏古籍出版社1986年,第25页。

有的最佳君臣组合。成书于战国末年的《吕氏春秋·首时》篇记写他俩最初的相见说,因伍子胥其貌不扬,王子光(即公子光)见到他,不想听他讲话就谢绝了他。门客问为什么这样,王子光说:他的相貌正是我特别讨厌的。门客把这话告诉了伍子胥。伍子胥说,这是容易的事情,晤面时让公子光(即王子光,下同)坐在堂上,我在两层帷幕里只露出衣服和手来,在互相不见面的情况下请让我同他谈话。公子光答应了这种晤面方式。晤面开始后,当"伍子胥说之半,王子光举帷,搏其手而与之坐"[1]。意即,伍子胥的话才说了一半,公子光就掀起了帷幕,紧握住他的手,然后跟他一起坐下。东汉高诱注这段记载说:"言于重帷中见衣若手者,为说霸国之说也……搏执子胥之手,与之俱坐,听其说。……子胥说霸术毕,子光大悦,其将必用之也。"[2]据此可知,显然是伍子胥的霸国之说打动了公子光。《吕氏春秋·当染》篇,论述君臣际遇臣子对国君的影响说:"吴王阖闾染于伍员。"[3]而《吕氏春秋·尊师》则进一步说:"吴王阖闾师伍子胥。"[4]意思均为伍子胥对吴王阖闾有着重大影响,以至吴王阖闾以伍子胥为师。而《越绝书》卷一记载,公子光与伍子胥两人"上殿与语,三日三夜,语无复者。王乃号令邦中:'无贵贱长少,有不听子胥之教者,犹不听寡人也,罪至死,不赦'"[5]。吴王阖闾与伍子胥见面谈话竟达三天三夜,且没有一句重复。两位君臣,一为曾率兵征战而又胸怀大志的国君;一为"为人少好于文,长习于武,文治邦国,武定天下,执纲守戾,蒙垢受耻,虽冤不争,能成大事"[6]的臣子,两人一见如故,相见恨晚,其情感基础即是在治国理念上的一致。正是这共同的思想基础,由此开始了两人的君臣际遇。而阖闾对伍子胥的欣赏,竟至以强制性的王命来强行推行"子胥之教"——伍子胥对吴国的教化之策了。长江流域的吴、楚等国,并未像一些中原国家那样,内政形成卿族擅权的局面。童书业先生指出:"吴国之臣如伍员、太宰嚭等,地位虽高,一切均尚听王命。"[7]因此,伍子胥倡导并且得到吴王阖闾支持的社会改革取得成功,使得吴国推行"兴霸成王"的战略有了以王权为基础的组织架构。

---

[1]《吕氏春秋·首时》,见陈奇猷:《吕氏春秋校释》,学林出版社1984年,第767页。
[2] 高诱注,见陈奇猷:《吕氏春秋校释》,学林出版社1984年,第772页。
[3]《吕氏春秋·当染》,见陈奇猷:《吕氏春秋校释》,学林出版社1984年,第95页。
[4]《吕氏春秋·尊师》,见陈奇猷:《吕氏春秋校释》,学林出版社1984年,第204页。
[5] 袁康、吴平:《越绝书》卷第一,上海古籍出版社1985年,第7页。
[6] 赵晔:《吴越春秋》卷三,江苏古籍出版社1986年,第12页。
[7] 童书业:《春秋左传研究》,上海人民出版社1980年,第335页。

三、"阖庐之教"与"子胥之教"

吴国"兴霸成王"战略的提出,起主导作用的是体现吴王阖闾雄才大略的"阖庐之教"。楚国大夫蓝尹亹曾说:"夫阖庐口不贪嘉味,耳不乐逸声,目不淫于色,身不怀于安,朝夕勤志,恤民之羸,闻一善若惊,得一士若赏,有过必悛,有不善必惧,是故得民以济其志。"[1]意即能得到民众的拥护从而成就了他兴霸成王的愿望。《吕氏春秋·上德》篇说:"阖庐之教,孙、吴之兵,不能当矣。"[2]意为,阖庐(阖闾)的教化,即使是孙武、吴起的军队,都是抵挡不住的。在"阖闾之教"中,显然也包含着伍子胥政治智慧的"子胥之教"。

"阖庐之教"和"子胥之教",异曲同工,目标一致。其具体内容及举措如下:

(一) 修法制

春秋时期的吴国,地处当时被称为蛮服、荒服的"蛮夷"之地,被中原列国视为缺少教化,不设法制的"蛮夷"国家。故此,吴国欲"兴霸成王",就不能不内修法制——修改和完善国家的法制、法令。《吕氏春秋·首时》篇说:"王子光(公子光)代吴王僚为王,任子胥,子胥乃修法制,下贤良,选练士,习战斗。"[3]伍子胥修改、制定的法制法令,文献虽无具体记载,但其"修法制"而治理吴国的效果,显然是成功的。《吴越春秋》记载,吴王夫差时,孔子的学生子贡在谈到吴国时说道:"吴王刚猛而毅,能行其令,百姓习于战守,明于法禁。"[4]这里所说的吴王能行其令,而百姓明于法禁,显然是伍子胥内修法制、教化民众的结果。而《越绝书》卷三写越王句(勾)践欲伐吴王阖庐而范蠡谏曰"不可"时,其依据就是"值伍子胥教化,天下从之,未有死亡之失"[5]。

(二) 下贤良

"下贤良"即人才使用上的任贤使能,语见上引《吕氏春秋·首时》篇。阖闾十分重视人才,据《吴越春秋》记载:"阖闾元年,始任贤使能,施恩行惠。"[6]而作为其推行"任贤使能"的标志,就是其"恐国人不就,诸侯不信,乃举伍子胥为

---

[1] 上海师范大学古籍整理研究所校点:《国语·楚语下》,上海古籍出版社1998年,第578—579页。
[2] 《吕氏春秋·上德》,见陈奇猷:《吕氏春秋校释》,学林出版社1984年,第1255页。
[3] 《吕氏春秋·首时》,见陈奇猷:《吕氏春秋校释》,学林出版社1984年,第768页。
[4] 赵晔:《吴越春秋》卷四,江苏古籍出版社1986年,第53页。
[5] 袁康、吴平:《越绝书》卷第三,上海古籍出版社1985年,第24页。
[6] 赵晔:《吴越春秋》卷四,江苏古籍出版社1986年,第24页。

行人,以客礼事之而与谋国政"[1]。同样,为了使吴国达到"兴霸成王"的战略目标并同时借重于吴国力量而复父兄之仇,伍子胥亦同样深谙选贤任能的道理。他说:"贤才,邦之宝也。"[2]他来到吴国后,发现公子光"将有他志",于是"为之求士……乃见鲇设诸焉"[3]。因此,鲇设诸(专诸)乃是伍子胥向公子光举荐的第一个人才。刺杀吴王僚后,吴王阖闾对逃往他国的吴王僚之子庆忌,心存忧虑,恐其纠合中原诸侯国家的兵力,返归复辟。是时,伍子胥又向阖闾推荐了身材瘦小的要离去充当刺客,并说:"臣子所厚其人者,细人也,愿从与谋。"[4]意为,我所看重的就是这个身材瘦小的"细人"。对伍子胥推荐一个弱不禁风的"细人"去刺杀武艺高强的庆忌,其时,吴王阖闾开始并不以为然。然而,要离成功刺杀庆忌,不仅解除了阖闾心中的忧虑,更使阖闾从伍子胥举荐要离的过程中看到了他对人才的知人善任。而当伍子胥"知孙子可以折冲销敌"是个将才并"七荐孙子"[5]时,尽管孙武在教场演兵斩杀吴王阖闾的两个宠妃,但这位从齐国而来,隐居于吴地并著有《兵法十三篇》(即《孙子兵法》)的大军事家,终还是被吴王阖闾任命为将,并"西破强楚,入郢,北威齐晋,显名诸侯,孙子与有力焉"[6]。所有这些知人善用的举措,终使得吴王阖闾成了春秋五霸之一。

(三)习战斗

春秋之时,战争频繁。前引阖闾与伍子胥的"与谋国政"的谈话中,阖闾说起的吴国现状"君无守御,民无所依;仓库不设"等,忧虑吴国在强军方面与其他强国的差距。而伍子胥为振军经武而条陈说起的"兴霸成王,从近制远者"及"立城郭,设守备,实仓廪,治兵库"等,正是针对吴王阖闾的忧虑与吴国其时的现状而提出的切实可行的强国、强军举措。

伍子胥在"修法制,下贤良"的同时,还提出了要"选练士,习战斗"[7]的具体军事训练要求,即一方面要使士卒做到陆战的"习术战,骑射御之巧"[8];另一方面则是结合吴国具体实际而注重于水战战术。

---

[1] 赵晔:《吴越春秋》卷四,江苏古籍出版社1986年,第24页。
[2] 袁康、吴平:《越绝书》卷第十二,上海古籍出版社1985年,第84页。
[3] 《左传·昭公二十年》,见《春秋左传正义》,北京大学出版社1999年,第1389页。
[4] 赵晔:《吴越春秋》卷四,江苏古籍出版社1986年,第29页。
[5] 赵晔:《吴越春秋》卷四,江苏古籍出版社1986年,第34页。
[6] 司马迁:《史记》卷六十五《孙子列传》,中华书局1959年,第2162页。
[7] 《吕氏春秋·首时》,见陈奇猷:《吕氏春秋校释》,学林出版社1984年,第768页。
[8] 赵晔:《吴越春秋》卷四,江苏古籍出版社1986年,第25页。

伍子胥在水战军事理论上的建树及其在开发"水战之具"这一领域所做的贡献,学者们多有论述。本卷第八章论及先秦吴国"兵学"文化时,另作系统论述。

(四)实仓廪

"实仓廪"乃是发展经济的形象表达。经济是一个国家军事发展的基础和综合实力的体现。前引《吴越春秋》记载的伍子胥为达到吴国"兴霸成王"战略目的而条陈的诸多措施,实为互相联系,互为依托。其中"实仓廪",即如上所述,为发展吴国经济的形象表达。

关于"实仓廪",有学者从考古发掘的资料予以论述并指出:新石器时期"句吴的先民就已种植粳稻和籼稻","西周时,农业已有一定的基础"。"到了阖庐时代,经伍子胥等人的社会改革,农业更加发展,种植面积扩大,产量也增加了。在丰收年,尚有较多的剩余,仅一次借贷给於越的稻谷就'万石'(《吴越春秋·勾践阴谋外传》)。同时还种植麦等(《吴越春秋·王僚使公子光传》)。所以这个时期是'禾稼登熟'(《吴越春秋·吴王占(寿)梦传》),因而'仓库实'(实仓廪)(《吴越春秋·吴王阖闾内传》)。"[1]

由于史书记载的缺略,吴国在这一时期经济发展的相关情况,多为上述片言只语,故难以描摹出全貌。但伍子胥提出并为吴王阖闾所接受的上述发展经济的措施,从其后吴王阖闾时期及吴王夫差执政的早期、中期吴国表现出的战争能力来看,吴国经济的发展实是支撑住了上述时期吴国的对外战争。关于春秋时期吴国的经济,本卷第七章"先秦吴地社会状况"中对这一时期吴国经济发展的各个层面,包括农业、冶炼等行业另作探讨。

"子胥之教"对吴国的深远影响首先表现在吴王阖闾时期及其后吴国的强盛上。对此,后世学者对吴国推行"子胥之教"与吴国的霸业均作因果联系。如《越绝书》卷第一说:"吴有子胥之教,霸世甚久。"[2]"子胥居吴三年,大得吴众。"[3]上述文献记载,说明吴国施行"阖庐之教"和"子胥之教"式的社会改革,既获得民心,更取得强国强军的社会效果。《战国策·秦策》载范雎语曰:子胥适吴,"卒兴吴国,阖闾为霸"[4]。直接点明"子胥之教"式的社会改革与吴国的"兴王成霸"间的因果联系。

---

[1] 辛土成:《春秋时代句吴社会经济初探》,《中国社会经济史研究》1984年第3期。
[2] 袁康、吴平:《越绝书》卷第一,上海古籍出版社1985年,第2页。
[3] 袁康、吴平:《越绝书》卷第一,上海古籍出版社1985年,第7页。
[4] 《战国策·秦策》,见王锡荣、韩峥嵘译注:《战国策译注》,吉林文史出版社1998年,第138页。

第二节　吴大城的建城

一、从"诸樊南徙吴"到吴大城的诞生

城墙,中国古籍方志中习称为"城池",乃掘土为池、培土为城之意。"城池"所圈起的空间,即同时架构成这座城市的空间。从这一意义上讲,城墙造筑的年代,即等同于这座城市建城的年代。故"城池"为不可分割的整体,共同构成一座城市历史的实物见证。

前文曾述,吴王诸樊时期做的一件大事就是"南徙吴"。这一事件对其后的苏州城在太湖东南屹立产生了重大影响。吴王阖闾即是子承父业而继承其父"南徙吴"的战略思维,并以"吴大城"(今苏州城,下同)的实体形态将这一思维固定下来。

春秋时期,各诸侯国已普遍筑城墙于国都及战略要地。"吴大城"的造筑,与伍子胥有着密切关系。而出身于楚国贵族世家的伍子胥,又与其生长的楚国依托城墙的防御性军事文化有着密切关系。

伍子胥曾祖伍参、祖父伍举、父亲伍奢、兄长伍尚等均仕于楚。因此,他对楚国在对外战争中所积累起的依托城墙防御的军事文化并不生疏。而有文献记载伍子胥奔吴前亦曾仕楚。明正德年间编撰的《光化县志》卷三记载说:"伍员,字子胥,奢次子也。尝为樊城守。"[1]樊城,今属襄阳。其历史可以上溯到2 800年前周宣王将此地封给仲山甫(樊穆仲)时,而与樊城隔汉水相望的襄阳,雄居汉水中游,楚国在此曾设北津戍,至今已有2 800多年的历史。曾担任樊城军事长官的伍子胥奔吴后为吴国造筑阖闾大城,完全可能将楚国的城墙造筑技术运用于吴大城的造筑。

据《左传·文公十四年》载:鲁文公十四年(前613)"楚庄王立","使公子燮与子仪守"时,"二子作乱,城郢"[2]。意为,楚庄王登位,楚令尹子孔和太师潘崇将去攻打群舒,于是委托楚庄王的老师公子燮和公子仪留守郢都。然后,他们去攻打群舒了。公子燮和公子仪乘机发动叛乱,并造筑郢都城墙。鲁文公十四年(前613),楚郢都城墙始建。其时,由于是公子燮和公子仪这两个政变者在政变时期为特殊目的的开工,故随着叛乱平复,这一城墙工程无以为继而并未

---

[1]《光化县志》,见天一阁明代方志选刊,1964年上海古籍书店据宁波天一阁藏明正德刊本景印。
[2]《左传·文公十四年》,见《春秋左传正义》,北京大学出版社1999年,第552页。

完工。

郢都城墙始建54年后的吴诸樊二年(前559),楚庄王之子、时任楚国令尹子囊统师楚军攻打吴国并在皋舟之战战败,"楚子囊还自伐吴,卒。将死,遗言谓子庚:'必城郢'"[1]。其时,这位楚国令尹显然已产生日后吴国将对楚都郢都形成威胁的预感,于是发出"必城郢"的遗言。杜预注上述"必城郢"句说:"楚徙都郢,未有城郭。公子燮、公子仪因筑城为乱,事未得讫。子囊欲讫而未暇,故遗言见意。"[2]

郢都城墙始建94年后的吴王僚八年(前519),吴、楚间爆发"鸡父之战"。公子光统师吴国军队,大败楚军,使得是时担任楚国令尹之职的囊瓦充满了恐惧,"楚囊瓦为令尹,城郢"[3]。意即子囊的孙子囊瓦(即子常)在担任楚国令尹职务时,又开始"城郢",即增修郢都城墙。对囊瓦的"城郢",杜预注曰:"楚用子囊遗言,已筑郢城矣。今畏吴,复增修以自固。"[4]而记载同一年、同一事的《史记·楚世家》则记为:楚平王"十年,楚太子建母在居巢,开吴。吴使公子光伐楚,遂败陈、蔡,取太子建母而去。楚恐,城郢"[5]。由此可见,吴王僚八年(前519)时,楚国在与吴国的争夺中,又是"楚恐,城郢"。张守节《史记正义》引"杜预云'楚用子囊遗言以筑郢城矣',今畏吴,复修以自固也"[6]。

综上梳理可知:吴阖闾元年(前514)吴国筑吴大城时,始建于鲁文公十四年(前613)的楚国郢都城墙经历代楚国令尹的续建、增修,已存在了近百年。

吴国在战争中学习战争,其对手和老师就是楚国。对吴王阖闾来说,其父诸樊就是在吴军攻打巢邑并冲入巢邑城门时,为楚将射死。在其后的吴、楚战争及阖闾为公子光且作为吴国将领率兵与楚作战时,楚国更是多次在战略要地修筑城墙。如前文提及的《左传·昭公四年》记载:"咸尹宜咎城钟离,薳启强城巢,然丹城州来。"[7]《左传·昭公十一年》记载:"楚子城陈、蔡、不羹。"[8]《左传·昭公十九年》记载:"十九年,春,楚工尹赤迁阴于下阴,令尹子瑕城郏……楚人城州来。"[9]等等。上述"城"字,均为修筑城墙之意。

---

[1]《左传·襄公十四年》,见《春秋左传正义》,北京大学出版社1999年,第931页。
[2] 杜预注,见杜预:《春秋经传集解》,上海古籍出版社1978年,第920页。
[3]《左传·昭公二十三年》,见《春秋左传正义》,北京大学出版社1999年,第1437页。
[4] 杜预注,见杜预:《春秋经传集解》,上海古籍出版社1978年,第1505页。
[5] 司马迁:《史记》卷四十《楚世家》,中华书局1959年,第1714页。
[6] 张守节:《史记正义》,见司马迁:《史记》,中华书局1959年,第1714页。
[7]《左传·昭公四年》,见《春秋左传正义》,北京大学出版社1999年,第1204页。
[8]《左传·昭公十一年》,见《春秋左传正义》,北京大学出版社1999年,第1289页。
[9]《左传·昭公十九年》,见《春秋左传正义》,北京大学出版社1999年,第1380—1384页。

而"吴灭州来"[1]及"楚人城州来"[2]等吴、楚在战略要地的反复拉锯式的争夺中,楚军依托城墙作战的经历,使得公子光和吴军更加深了对城墙在战争中所具作用的理解。因此,吴阖闾元年(前514)吴王阖闾在上台之初,就已经考虑到在其父当日"南徙吴"的基础上造筑新都城——"吴都"并迁都于斯。这也就成为吴国"兴霸成王"过程中的必然选择。

二、伍子胥献策"立城郭"与受命筑吴大城

(一)《吴越春秋》关于伍子胥筑城情况的记载

《吴越春秋》记载了伍子胥筑城的经过。公元前514年(吴阖闾元年),阖闾与伍子胥在一次"与谋国政"的谈话中,"阖闾谓子胥曰:'寡人欲强国霸王,何由而可?'"[3]意为,阖闾对伍子胥说,我想使吴国强盛起来而称霸称王,如何做才可以达到这一目的?

伍子胥听了,说起他心中的顾虑——当忧患解除,事态平定以后,他可能不会再被君王亲近。"阖闾曰:'不然。寡人非子无所尽议,何得让乎?吾国僻远,顾在东南之地,险阻润湿,又有江海之害;君无守御,民无所依;仓库不设,田畴不垦。为之奈何?'"[4]意为,阖闾说:不会这样的!我如果没有你,就没有人能够这么畅所欲言了,又哪会疏远你呢!我们吴国地处边远只是东南地区的一个国家,而地势艰险阻塞,气候潮湿,还有长江、大海的危害,国君没有防守的设施,民众也没什么依靠。仓库没有建立起来,田地又没有被开垦。面对这种情况,该怎么办呢!

子胥沉思良久,回答说:"臣闻治国之道,安君理民是其上者。"[5]即我听说治理国家最根本的道理,是使国君安定,使民众遵守秩序,这可是治国之道中的上策。

阖闾曰:"安君治民,其术奈何?"[6]意为,阖闾听了,又问道:"使国君安定,使民众遵守秩序,那手段是什么呢?"

伍子胥则条陈说起"凡欲安君治民,兴霸成王,从近制远者,必先立城郭,设守

---

[1]《左传·昭公十三年》,见《春秋左传正义》,北京大学出版社1999年,第1311页。
[2]《左传·昭公十九年》,见《春秋左传正义》,北京大学出版社1999年,第1384页。
[3] 赵晔:《吴越春秋》卷四,江苏古籍出版社1986年,第24页。
[4] 赵晔:《吴越春秋》卷四,江苏古籍出版社1986年,第24页。
[5] 赵晔:《吴越春秋》卷四,江苏古籍出版社1986年,第24页。
[6] 赵晔:《吴越春秋》卷四,江苏古籍出版社1986年,第24页。

备,实仓廪,治兵库。斯则其术也'"[1]。意即,凡是想要使国君安定,使民众有秩序,建立霸业,成就王业,既使近处的人服从,又能制服远处的人,那就一定要先筑起内城外郭,设置防守的器具,充实粮仓米仓,整治好军用仓库等,这就是手段。

显然,伍子胥为使吴国达到"兴霸成王"的战略目的,条陈了诸多必要而又切实可行的措施,诸如"立城郭,设守备,实仓廪,治兵库"等,于是,"阖闾曰:'善。夫筑城郭,立仓库,因地制宜,岂有天气之数以威邻国者乎?'子胥曰:'有。'阖闾曰:'寡人委计于子。'"[2]意为,阖闾听了非常高兴,说:"好啊!那修筑内城外城,设置防守的器具,建造粮仓兵库,得根据各地的具体情况而制定出最适宜的办法。是否还有利用自然界自身的条件来威慑邻国呢?"伍子胥回答说:"是的!"阖闾说:"筑城墙等事宜,我就委托给你了!"

在"兴霸成王"这一战略达成君臣一致的情况下,吴王阖闾把设计、建造吴国都城——"吴大城"的事宜委托给了伍子胥。正是在这一次"与谋国政"的谈话之后,伍子胥受命东去,"相土尝水,象天法地,造筑大城"[3]。即伍子胥观察、勘测土质,品尝水质的咸、涩、淡、甜,考察天文地理,建造起吴大城。

(二) 其他文献关于春秋时吴都(吴大城、阖闾城)真实存在的记载和印证

除前述《吴越春秋》记载吴大城的造筑经过外,中国古代重要的历史文献均对春秋"吴大城"的真实存在做了记载。

古代文献记载进入(含攻入)某城的行文惯例有二:

一为进入某城外城而未入其内城者,记为"入郛"或"入其郛"。如:

入宋外城——《左传·隐公五年》:"伐宋,入其郛,以报东门之役。宋人使来告命。公闻其入郛也,将救之……宋人伐郑,围长葛,以报入郛之役也。"[4]《左传·隐公九年》:"宋以入郛之役怨公,不告命。"[5]

入曹外城——《春秋经·文公十五年》:"齐侯侵我西鄙,遂伐曹,入其郛。"[6]

二为进入或攻入某国国都内城,均以"入×"表示。其中的"×",指该国国名并以之代指该国国都。如:

---

[1] 赵晔:《吴越春秋》卷四,江苏古籍出版社1986年,第25页。
[2] 赵晔:《吴越春秋》卷四,江苏古籍出版社1986年,第25页。
[3] 赵晔:《吴越春秋》卷四,江苏古籍出版社1986年,第25页。
[4] 《左传·隐公五年》,见《春秋左传正义》,北京大学出版社1999年,第100页。
[5] 《左传·隐公九年》,见《春秋左传正义》,北京大学出版社1999年,第116页。
[6] 《春秋经·文公十五年》,见《春秋左传正义》,北京大学出版社1999年,第555页。

入宋内城——《左传·隐公十年》:"九月,戊寅,郑伯入宋。"[1]

入郑内城——《春秋经·隐公十年》:"秋,宋人、卫人入郑。"[2]

入陈内城——《春秋经·宣公十一年》:"楚人杀陈夏征舒。丁亥,楚子入陈。"[3]

入齐内城——《春秋经·哀公六年》:"齐阳生入齐。"[4]

入楚内城——《左传·昭公十三年》:"楚公子比、公子黑肱、公子弃疾、蔓成然、蔡朝吴帅陈、蔡、不羹、许、叶之师,因四族之徒,以入楚。"[5]因楚国国都为郢都,故"入郢"即相当于"入楚"。《春秋经·定公四年》即记为:"蔡侯以吴子及楚人战于柏举,楚师败绩。楚囊瓦出奔郑。庚辰,吴入郢。"[6]对该"吴入郢"句,杨伯峻《春秋左传注》释曰:"郢,《公羊》《谷梁》俱作'楚。'"[7]故此,在这里"入楚"与"入郢"意义相同,都是指进入楚都郢都的内城。

入蔡内城——《春秋经·庄公十四年》:"秋,七月,荆入蔡。"[8]

入越内城——《左传·哀公元年》:"吴王夫差败越于夫椒,报槜李也。遂入越。"[9]

1. 《春秋经》《左传》记载的"入吴"

《春秋经》《左传》关于进入吴都内城即"入吴"记载,共有四处。分别为:《春秋经·定公五年》:"於越入吴。"[10]《左传·定公五年》:"越入吴,吴在楚也。"[11]《春秋经·哀公十三年》:"公会晋侯及吴子于黄池……於越入吴。"[12]《左传·哀公十三年》:"六月丙子,越子伐吴……丁亥,入吴。"[13]

由上可以看出,上述"入吴"主语,均为"越";"入吴"的背景,均为吴国军事力量在外(或阖闾伐楚,或吴王夫差会于黄池);而"入吴"的含义,均指越国的军事力量进入或攻入"吴都"内城。由此可见,先秦时期重要的史学著作《春秋经》《左传》

---

[1] 《左传·隐公十年》,见《春秋左传正义》,北京大学出版社1999年,第120页。
[2] 《春秋经·隐公十年》,见《春秋左传正义》,北京大学出版社1999年,第118页。
[3] 《春秋经·宣公十一年》,见《春秋左传正义》,北京大学出版社1999年,第627—628页。
[4] 《春秋经·哀公六年》,见《春秋左传正义》,北京大学出版社1999年,第1634页。
[5] 《左传·昭公十三年》,见《春秋左传正义》,北京大学出版社1999年,第1313—1314页。
[6] 《春秋经·定公四年》,见《春秋左传正义》,北京大学出版社1999年,第1541—1542页。
[7] 杨伯峻:《春秋左传注》,中华书局1990年,第1534页。
[8] 《春秋经·庄公十四年》,见《春秋左传正义》,北京大学出版社1999年,第250页。
[9] 《左传·哀公元年》,见《春秋左传正义》,北京大学出版社1999年,第1610—1612页。
[10] 《春秋经·定公五年》,见《春秋左传正义》,北京大学出版社1999年,第1559页。
[11] 《左传·定公五年》,见《春秋左传正义》,北京大学出版社1999年,第1559页。
[12] 《春秋经·哀公十三年》,见《春秋左传正义》,北京大学出版社1999年,第1669页。
[13] 《左传·哀公十三年》,见《春秋左传正义》,北京大学出版社1999年,第1670页。

等,均以"入吴"句式,记载了春秋时"吴都"及其内城城墙的真实存在。

2.《国语》记载的"入其郛"

先秦时另一部重要文献《国语》记载:"越王勾践,乃率中军泝江以袭吴。入其郛,焚其姑苏,徙其大舟。"[1]从《国语·吴语》的越"袭吴",并"入其郛"即攻入外城来看,春秋时"吴都"不但有内城,且有外城——"郛"即"郭"也。苏州东南今"郭巷"地名(今为郭巷镇,属苏州市吴中区辖)或与此外城城郭有关。而"焚其姑苏"句,则是指将位于吴都郊外的姑苏台焚毁。

姑苏台筑成时间为公元前485年(吴夫差十一年),筑成三年后的公元前482年(吴夫差十四年),该台毁于越人伐吴之战(另见下文)。

3.《史记》记载的"夫吴,城高以厚"

司马迁撰《史记·仲尼弟子列传》中,记写孔子批准其弟子子贡进行穿梭外交——"存鲁、乱齐、破吴、强晋而霸越"时,记述子贡"至齐,说田常曰:'君之伐鲁过矣。夫鲁,难伐之国,其城薄以卑,其地狭以泄'"后,接着又记述子贡怂恿田常说"君不如伐吴。夫吴,城高以厚,地广以深……"[2]显然,从与吴王夫差同时代人的子贡口中,可以看出春秋吴王夫差时期的吴国国都的外形及外在观感是"城高以厚"。

4.《越绝书》记载的"吴大城"

袁康、吴平撰著的《越绝书》提及"阖庐所造"的"吴大城"概念,也提及其造筑时间为春秋晚期说:"吴大城,周四十七里二百一十步二尺。陆门八,其二有楼。水门八。南面十里四十二步五尺,西面七里百一十二步三尺,北面八里二百二十六步三尺,东面十一里七十九步一尺。阖庐所造也。吴郭周六十八里六十步。"[3]"吴小城,周十二里。其下广二丈七尺,高四丈七尺。门三,皆有楼,其二增水门二,其一有楼,一增柴路。"[4]"吴王大霸,楚昭王、孔子时也。"[5]

5. 张守节《史记正义》记载的"子胥筑阖闾城都之,今苏州也"

唐张守节《史记正义》提出了"阖闾城"的概念说:"寿梦卒,诸樊南徙吴。至二十一代孙光,使子胥筑阖闾城都之,今苏州也。"[6]从上述互为印证的文献记载可以看出:春秋"吴都",又称"吴大城""阖闾城",它既是唐代的"今苏州

---

[1] 上海师范大学古籍整理研究所校点:《国语·吴语》,上海古籍出版社1998年,第604页。
[2] 司马迁:《史记》卷六十七《仲尼弟子列传》,中华书局1959年,第2197页。
[3] 袁康、吴平:《越绝书》卷第二,上海古籍出版社1985年,第9—10页。
[4] 袁康、吴平:《越绝书》卷第二,上海古籍出版社1985年,第10页。
[5] 袁康、吴平:《越绝书》卷第二,上海古籍出版社1985年,第9页。
[6] 张守节:《史记正义》,见自司马迁:《史记》,中华书局1959年,第1445页。

也",同时也是今日的苏州城。

以"吴"为名称代指的吴国都城及以苏州别名"姑苏"等与春秋时"吴都"以及今日苏州古城之间显然存在着同一关系(关于其考古印证及构成的史学界主流意见,另见后文论述)。

三、春秋时吴大城的规模、城门名称及后世演变

(一) 规模

关于春秋"吴大城"规模,后世文献记载多有歧异,罗列于下:

1. 东汉《吴越春秋》的记载

《吴越春秋》接着记载了伍子胥造筑的"大城"的规模:"周回四十七里。陆门八,以象天八风,水门八,以法地八聪。筑小城,周十里,陵门三,不开东面者,欲以绝越明也。立阊门者,以象天门通阊阖风也。立蛇门者,以象地户也。阖闾欲西破楚,楚在西北,故立阊门以通天气,因复名之破楚门。欲东并大越,越在东南,故立蛇门以制敌国。吴在辰,其位龙也,故小城南门上反羽为两鲵鱙以象龙角。越在巳地,其位蛇也,故南大门上有木蛇,北向首内,示越属于吴也。"[1]

2. 东汉《越绝书》的记载

《越绝书》记载:"吴王大霸,楚昭王、孔子时也"[2]时,明确提出了"吴大城""吴小城"的概念,并记载说:"吴大城,周四十七里二百一十步二尺。陆门八,其二有楼。水门八。南面十里四十二步五尺,西面七里百一十二步三尺,北面八里二百二十六步三尺,东面十一里七十九步一尺。阖庐所造也。吴郭周六十八里六十步。"[3]"吴小城,周十二里。其下广二丈七尺,高四丈七尺。门三,皆有楼,其二增水门二,其一有楼,一增柴路。"[4]

关于城门,上引《越绝书》提及的"吴大城"城门是"陆门八""水门八";"吴小城"城门是"门三""增水门二"。其具体城门名称,《越绝书》依次记载为:阊门、娄门、平门、蛇门、胥门、巫门、齐门以及地门、近门和楚门。[5]关于后三城门,《越绝书》记载如下:"地门外塘波洋中世子塘者,故曰干世子造以为田。塘去县

---

[1] 赵晔:《吴越春秋》卷四,江苏古籍出版社 1986 年,第 25 页。
[2] 袁康、吴平:《越绝书》卷第二,上海古籍出版社 1985 年,第 9 页。
[3] 袁康、吴平:《越绝书》卷第二,上海古籍出版社 1985 年,第 9—10 页。
[4] 袁康、吴平:《越绝书》卷第二,上海古籍出版社 1985 年,第 10 页。
[5] 袁康、吴平:《越绝书》卷第二,上海古籍出版社 1985 年,第 10—17 页。

二十五里。"[1]"近门外栖溪椟中连乡大丘者,吴故神巫所葬也,去县十五里。"[2]"楚门,春申君所造。楚人从之,故为楚门。"[3]

(二)城门及其名称的历史层累

所谓城门,指古代内城、外城为方便进出而设置的可开启、关闭的门。城门之上,多设置城楼(又作堞楼)等建筑。作为军事功能的设施配套,有些城门外的护城河(即壕,又作濠)上,还设有可断开、闭合的吊桥。苏州阊门外,明清时即有吊桥。今桥已为固定桥梁,但"吊桥"名称犹存于民间。

苏州古代城门,东汉时古籍始有记载。

东汉《吴越春秋》记载的城门为"陆门八""水门八",而城门名则未予一一记载,而仅记载"阊门"(复名破楚门)"蛇门"及另记为"南门""南大门"等。

东汉《越绝书》记载的"吴大城"城门是"陆门八""水门八";"吴小城"城门是"门三""增水门二"。其具体城门名称,《越绝书》依次记载为:阊门、娄门、平门、蛇门、胥门、巫门、齐门以及地门、近门和楚门。[4]其中,"平门"与"巫门"分列记载,且未及其间联系。而关于"楚门",本卷论及战国黄歇治吴时另作论述。"地门""近门",同时期的《吴越春秋》及后世方志均未见记载。故可能系古籍传抄、刊刻、排印等过程中出现的错误。

唐陆广微《吴地记》记载的苏州城门,为"西阊、胥二门,南盘、蛇二门,东娄、匠二门,北齐、平二门"[5],与今日苏州现存八城门——西阊、胥二门,南盘一门,东葑、娄、相(匠)三门,北齐、平二门——大致相同。故与唐时相比,今苏州城南失蛇门,而东增葑门,总数依然为八城门。

唐以后的苏州方志,如北宋朱长文《吴郡图经续记》、南宋范成大《吴郡志》、明王鏊《姑苏志》等,对苏州城门在不同历史时期的情况均有涉及,且或增或减。

苏州城门由于历代兴废及文献记载的不同,数量多且庞杂。又由于近代为方便交通而频繁开挖及填埋,故至今关于苏州城墙的城门数量及门名,已成为一个极其复杂、紊乱的问题。从最初记载时就已出现错讹和混乱(如《越绝书》中的"地门""近门"),到其后的记载中又不断叠加及出现文献所指"无所据"[6]

---

[1] 袁康、吴平:《越绝书》卷第二,上海古籍出版社1985年,第12页。
[2] 袁康、吴平:《越绝书》卷第二,上海古籍出版社1985年,第12页。
[3] 袁康、吴平:《越绝书》卷第一,上海古籍出版社1985年,第1页。
[4] 袁康、吴平:《越绝书》卷第二,上海古籍出版社1985年,第10—17页。
[5] 陆广微:《吴地记》,江苏古籍出版社1986年,第14—15页。
[6] 范成大:《吴郡志》,江苏古籍出版社1986年,第24页。

的情况,致文献记载中出现的城门名竟多达 30 余个。个中不乏本不存在的城门名称(如南门)。另,清太平天国据吴时期,曾改苏州城门名称而出现大西门、小西门、大东门、小东门、北门、南门等,因非正常时期且时间较短,不计入。谨此将苏州城门的文献记载及现状,列表如下(表中标示"昔日"的图片,均为老照片,分别录自《老苏州·百年旧影》《老苏州·百年历程》《苏州往事图录》《苏州旧梦》等[1],不一一标注。而标示"今日"的图片,均为本卷撰者拍摄,亦不一一标注)。

表 4-1　苏州城门的文献记载及现状表

名称及另名	文献记载内容及评述	现状或备注
阊门 复名破楚门	赵晔《吴越春秋》:"立阊门者,以象天门通阊阖风也。……阊阖欲西破楚,楚在西北,故立阊门以通天气,因复名之破楚门。"[2] 袁康、吴平《越绝书》:"邑中径从阊门到娄门,九里七十二步。"[3] 陆广微《吴地记》:"阊门,亦号破楚门。吴伐楚,大军从此门出。"[4] 昔日阊门(左)及水城门(右) 今日阊门(左)及水城门(右)	2003 年原址修复
楚门	袁康、吴平《越绝书》:"楚门,春申君所造。楚人从之,故为楚门。"[5]	即阊门

---

〔1〕　苏州市地方志编纂委员会办公室:《老苏州·百年旧影》,江苏人民出版社 1999 年。徐刚毅:《老苏州·百年历程》,江苏古籍出版社 2001 年。徐刚毅:《苏州往事图录》,广陵书社 2008 年。王稼句:《苏州旧梦》,苏州大学出版社 2001 年。
〔2〕　赵晔:《吴越春秋》卷四,江苏古籍出版社 1986 年,第 25 页。
〔3〕　袁康、吴平:《越绝书》卷第二,上海古籍出版社 1985 年,第 10 页。
〔4〕　陆广微:《吴地记》,江苏古籍出版社 1986 年,第 17 页。
〔5〕　袁康、吴平:《越绝书》卷第二,上海古籍出版社 1985 年,第 17 页。

(续表)

名称及另名	文献记载内容及评述	现状或备注
金门	《苏州市志》:"金门,位于城西,阊门之南,民国18年开始兴建。20年元旦竣工,36年曾经维修。城门系罗马纳司克式,上有飞檐斗拱,设三门,中门为车行道,两侧为人行道。此门至今仍较完好。"[1]	现存
新阊门	《金阊区志》:"阊门、胥门之间原来没有城门。民国初年(1912),城门商业兴盛。为便于交通,于民国十年(1921)在阊门、胥门之间开一城门,名'新阊门'。该门比阊门小,只有一个拱门,当时要由黄鹂坊桥弄翻过一个矮土墩才能出城。新阊门的位置,在今金门南60米长船湾航运公司内,直对城内孤恤局。遗址现在仍可见残迹。航运公司食堂东南的杂物库,就是利用城门洞改的,拱门还清晰可见,城基是青石、黄石、花岗石直横混砌,地面上还可见三层,文物调查时,测得城门深5米,宽4米,高5.3米。民国二十年金门建城后,新阊门逐渐被废弃。"[2]	不存
新胥门	《苏州市志》:"新胥门,位于城西,古胥门之北,与万年桥正对。民国27年,为便利城内外交通而辟,为两并列的门洞。1953年拆除。"[3]	不存
胥门	胥门之"胥",有多义。其一,"胥"即"苏",指苏州得名之山——姑苏山。姑苏,由"姑胥""故胥"音转而来。"故胥"指舜臣"胥"的封地。《越绝书》卷第二"阖闾之时……徙治胥山"[4]句,胥山即指姑苏山。其二,"胥"指春秋时人名。一说指伍子胥;另一说指夫差时的吴将胥门巢。 袁康、吴平《越绝书》:"胥门外有九曲路,阖庐造以游姑胥之台,以望太湖。"[5] 陆广微《吴地记》:"胥门,本伍子胥宅,因名。"[6] 朱长文《吴郡图经续记》:"胥门者,子胥居其旁,民以称焉。夫差伐齐之役,胥门巢将上军,盖当时以巢所居为号也。"[7] 范成大《吴郡志》:"胥门,伍子胥宅在其傍。"[8]	1958年拆城墙时保留

---

[1] 苏州地方志编纂委员会:《苏州市志》,江苏人民出版社1995年,第一册第429页。
[2] 苏州市金阊区地方志编纂委员会:《金阊区志》,东南大学出版社2005年,第36页。
[3] 苏州地方志编纂委员会:《苏州市志》,江苏人民出版社1995年,第一册第429页。
[4] 袁康、吴平:《越绝书》卷第二,上海古籍出版社1985年,第12页。
[5] 袁康、吴平:《越绝书》卷第二,上海古籍出版社1985年,第12页。
[6] 陆广微:《吴地记》,江苏古籍出版社1986年,第19页。
[7] 朱长文:《吴郡图经续记》,江苏古籍出版社1986年,第10页。
[8] 范成大:《吴郡志》,江苏古籍出版社1986年,第23页。

第四章 "兴霸成王"与吴大城建筑(阖闾时期)

(续表)

名称及另名	文献记载内容及评述	现状或备注
	又"胥门巢将上军"〔1〕，见《左传·哀公十一年》记写吴齐艾陵之战争。 昔日胥门(左)及今日胥门(右)	
姑胥门	袁康、吴平《越绝书》："阖庐子女冢，在阊门外道北。……隧出庙路以南，通姑胥门。并周六里。舞鹤吴市，杀生以送死。"〔2〕 参上引《越绝书》"胥门外有九曲路，阖庐造以游姑胥之台"句，姑胥门当为胥门的另一名称。	即胥门
盘门	陆广微《吴地记》："盘门，古作蟠门，尝刻木作蟠龙，镇此以厌越。又云水陆相半，沿洄屈曲，故名盘门。又云吴大帝蟠龙，故名。"〔3〕 范成大《吴郡志》："盘门，《吴地记》云：'吴尝名蟠门，刻木作蟠龙以镇此。'又云：'水陆萦回，徘徊屈曲，故谓之盘。'"〔4〕 昔日盘门(左、中)及今日盘门(右)	1958年拆城墙时保留
南门	《苏州市志》："苏州原无南门，南门系解放初期为繁荣经济，开展城乡物资交流，新建了南门大桥(今人民桥)，遂将附近城垣拆除，成为苏州城南面的一个出入口。"〔5〕	无名为"南门"的城门实体建筑

---

〔1〕《左传·哀公十一年》，见《春秋左传正义》，北京大学出版社1999年，第1658页。
〔2〕 袁康、吴平：《越绝书》卷第二，上海古籍出版社1985年，第11页。
〔3〕 陆广微：《吴地记》，江苏古籍出版社1986年，第20页。
〔4〕 范成大：《吴郡志》，江苏古籍出版社1986年，第23页。
〔5〕 苏州地方志编纂委员会：《苏州市志》，江苏人民出版社1995年，第一册第429页。

（续表）

名称及另名	文献记载内容及评述	现状或备注
蛇门，又记为小城南门、南大门	赵晔《吴越春秋》："立蛇门者，以象地户也。……欲东并大越，越在东南，故立蛇门以制敌国。吴在辰，其位龙也，故小城南门上反羽为两鲵鱙以象龙角。越在巳地，其位蛇也，故南大门上有木蛇，北向首内，示越属于吴也。"〔1〕 袁康、吴平《越绝书》卷第二："平门到蛇门，十里七十五步。"〔2〕 陆广微《吴地记》："蛇门，南面有陆无水，春申君造以御越军。在巳地，以属蛇，因号蛇门。"〔3〕又云："匠门……门南三里有葑门、赤门，有赤栏将军坟在蛇门东，陆无水道，故名赤门。东南角又有鲂鲟门，吴曾鲂鲟见，因号，并非八门之数也。"〔4〕 范成大《吴郡志》："蛇门，在巳方，故云。又云：越在巳地，吴作木蛇北向，示越属吴也。《吴地记》谓有陆无水，即与陆门八之说相迕。然今巳位正是漕河通过，安得无水？但门已废，不可考尔。"〔5〕 潘君明《苏州街巷文化》："蛇门，在今之南门东，约在今人民桥之东500米处。"〔6〕	宋初填塞废毁，今不存
赤门	陆广微《吴地记》："匠门……门南三里有葑门、赤门，有赤栏将军坟在蛇门东，陆无水道，故名赤门。"〔7〕 朱长文《吴郡图经续记》："南有赤门"〔8〕。 范成大《吴郡志》："今犹有赤门湾，近葑门。《吴地记》又云，又有葑门、赤门，栗门、鲂鲟门。葑、赤见上，鲂鲟之类，皆无所据。"〔9〕 王鏊《姑苏志》："赤阑相王庙，在府治东南赤门内。相传王为吴阖闾筑城死，而为神。洞庭西山亦有祠，神姓桑名湛璧，盖不可考。或谓赤阑以庙近赤门，故名。又《吴地记》云：南面讨击将军黑莫郝墓在蛇门里，周敬王六年筑城而死，今呼赤阑将军；或云赤阑即赤门，相王即伍相云。"〔10〕	湮灭不存

---

〔1〕 赵晔：《吴越春秋》卷四，江苏古籍出版社1986年，第25页。
〔2〕 袁康、吴平：《越绝书》卷第二，上海古籍出版社1985年，第10页。
〔3〕 陆广微：《吴地记》，江苏古籍出版社1986年，第22页。
〔4〕 陆广微：《吴地记》，江苏古籍出版社1986年，第24—25页。
〔5〕 范成大：《吴郡志》，江苏古籍出版社1986年，第23页。
〔6〕 潘君明：《苏州街巷文化》，古吴轩出版社2007年，第123页。
〔7〕 陆广微：《吴地记》，江苏古籍出版社1986年，第24—25页。
〔8〕 朱长文：《吴郡图经续记》，江苏古籍出版社1986年，第12页。
〔9〕 范成大：《吴郡志》，江苏古籍出版社1986年，第24页。
〔10〕 王鏊：《姑苏志》卷第二十七，苏州方志馆藏本。

（续表）

名称及另名	文献记载内容及评述	现状或备注
	顾震涛《吴门表隐》卷三："赤阑相王庙在南园赤门旁，行祠在巴家园。神姓桑名湛璧（旧志作黑莫郝），亦名荣，封东吴上乡土谷神、织造都城隍，唐时已建，国朝康熙四十年织造李煦重建，请加封护国忠显王。"[1]又，《吴门表隐》卷八："赤门自燕家桥直南，唐时塞。门外接灭渡桥，今盘葑间有赤门湾。"[2] 《苏州市志》："赤门，位于相门南三里。门朝正南方向，方位上南方在午位，属火，火色赤，故名。何时废塞，无考。"[3] 由上列北宋至清的文献记载可知，赤门名称有不同说法。该门南宋时或已不存，而仅存近葑门的"赤门湾"地名，清代时尚存此地名。该处民间祭祀的对象，无论是赤阑将军桑湛璧，抑或是南面讨击将军黑莫郝（二者或为同一人），或者为伍相（伍子胥），均与2 500多年前苏州筑城事件有关。	
鲂鱮门	陆广微《吴地记》："蛇门南面，有陆无水，春申君造以御越军。在巳地，以属蛇，因号蛇门。"[4]又云："匠门……门南三里有葑门、赤门，有赤栏将军坟在蛇门东，陆无水道，故名赤门。东南角又有鲂鱮门，吴曾鲂鱮见，因号，并非八门之数也。"[5]	
栗门、鲂鱮门	范成大《吴郡志》："今犹有赤门湾，近葑门。《吴地记》又云，又有葑门、赤门，栗门、鲂鱮门。葑、赤见上，鲂鱮之类，皆无所据。"[6] 栗门、鲂鱮门，或为南宋葑门的民间俗称，未见诸文献，故范成大撰《吴郡志》时，指为"无所据"。	
旧城堞影	桂花公园东景观性质的"城墙堞楼"，《苏州年鉴（2005）》载《桂花公园环境不断改善》一文中称该"城墙堞楼"为"旧城堞影"[7]。历史上此处无城门、城楼等建筑，且今所建建筑亦无城门，故系新建景观性质之城墙堞楼，至今未获正式命名。	2004年新建

---

[1] 顾震涛：《吴门表隐》卷三，江苏古籍出版社1986年，第32—33页。
[2] 顾震涛：《吴门表隐》卷八，江苏古籍出版社1986年，第94页。
[3] 苏州地方志编纂委员会：《苏州市志》，江苏人民出版社1995年，第一册第430页。
[4] 陆广微：《吴地记》，江苏古籍出版社1986年，第22页。
[5] 陆广微：《吴地记》，江苏古籍出版社1986年，第24—25页。
[6] 范成大：《吴郡志》，江苏古籍出版社1986年，第24页。
[7] 《苏州年鉴（2005）》，古吴轩出版社2005年，第360页。

(续表)

名称及另名	文献记载内容及评述	现状或备注
	桂花公园东景观性质且无城门的"城墙堞楼"	
葑门,又名东门、鳝门、鲟门、鳝鲟门、封门、富门	司马迁《史记·伍子胥列传》记伍子胥临死前:"告其舍人曰:'必树吾墓上以梓,令可以为器;而抉吾眼县吴东门之上。"[1]唐代张守节《史记正义》注曰:"东门,鳝门,谓鲟门也,今名葑门。鳝音普姑反。鲟音覆浮反。越军开示浦,子胥涛荡罗城,开此门,有鳝鲟随涛入,故以名门。顾野王云'鳝鱼,一名江豚,欲风则涌'也。"[2]又,张守节《史记正义》注《史记·吴太伯世家》"抉吾眼置之吴东门"[3]句曰:"《吴俗传》云'子胥亡后,越从松江北开渠至横山东北,筑城伐吴。子胥乃与越军梦,令从东南入破吴。越王即移向三江口岸立坛,杀白马祭子胥,杯动酒尽,越乃开渠。子胥作涛,荡罗城东,开入灭吴。至今犹号曰示浦,门曰鳝鲟'。是从东门入灭吴也。"[4] 显然,唐代时就出现的"葑门",在文献中还曾记为东门、鳝门、鲟门、鳝鲟门等不同名称。 陆广微《吴地记》:"匠门……门南三里有葑门、赤门,有赤栏将军坟在蛇门东,陆无水道,故名赤门。"[5] 朱长文《吴郡图经续记》:"封门者,取封禺之山以为名。封山,故属吴郡,今在吴兴。方言谓封曰葑。葑者,茭土掞结,可以种殖者也。其事或然。"[6] 范成大《吴郡志》:"葑门,《续经》(指朱长文《吴郡图经续记》)曰当作封门,取封禺之山以为名。故属吴郡,今属吴兴。今但曰葑门,葑门陆路尝塞,范文正公开之,今俗或讹呼富门。"[7]又云:"赤门、平门,《续经》谓不在八门之数。……今犹有赤门湾,近葑门。《吴地记》又云,又有葑门、赤门、栗门、鲂鲟门。葑、赤已见上。鲂鲟之类,皆无所据。"[8]	1936年门楼拆除,1958年拆除城门,今不存

---

[1] 司马迁:《史记》卷六十六《伍子胥列传》,中华书局1959年,第2180页。
[2] 张守节:《史记正义》,见司马迁:《史记》,中华书局1959年,第2180页。
[3] 司马迁:《史记》卷三十一《吴太伯世家》,中华书局1959年,第1472页。
[4] 张守节:《史记正义》,见司马迁:《史记》,中华书局1959年,第1473页。
[5] 陆广微:《吴地记》,江苏古籍出版社1986年,第24—25页。
[6] 朱长文:《吴郡图经续记》,江苏古籍出版社1986年,第12页。
[7] 范成大:《吴郡志》,江苏古籍出版社1986年,第22页。
[8] 范成大:《吴郡志》,江苏古籍出版社1986年,第24页。

(续表)

名称及另名	文献记载内容及评述	现状或备注
	昔日葑门(左)与位于昔日葑门水城门位置处的今葑门泵闸(中)以及今日葑门桥景况(右)	
匠门,又名干将门、将门,今作相门	陆广微《吴地记》:"匠门,又名干将门。东南水陆二路,今陆路废。出海道,通大莱,沿松江,下沪渎。阖闾使干将于此铸剑。"〔1〕 朱长文《吴郡图经续记》:"曰将门者,吴王使干将于此铸宝剑。今谓之匠,声之变也。"〔2〕 范成大《吴郡志》:"匠门,又曰干将门,《续经》(指朱长文《吴郡图经续记》)止曰将门。吴王使干将铸剑于此,故曰将门。今谓之匠,音之讹。此门本出海道,通大海,沿松江下沪渎,今废。"〔3〕 显见,此门当为"将门",后为"匠门",按北宋朱长文说,变化的原因为"声变",而南宋范成大称为"音之讹"。 近代,匠门(将门、干将门)一变为"相门"。民国时建苏州至嘉兴的苏嘉铁路(该铁路1935年2月开工,1936年7月通车,1944年3月被日寇拆除),"车站中间设相门、江、八坼、平望、盛泽、王江泾6站"〔4〕。此处"相门",或为最早见之于文献者。其后,从民国二十八年(1939)三月十六日吴县县公署建设科下达的《吴县县公署建设科为修理胥门相门城墙缺口改期开标的通知》及1939年3月16日吴县营造业同业公会据之下达的《吴县营造业同业公会为修理胥门相门城墙缺口改期开标致各会员的通知》〔5〕从中可看出,"相门"这一城门名称已为当时社会接受并予应用。 从"将门"到"相门",中国古代向有"出将入相"之说,个中之"将",乃相对于"相"而言。将、相在封建时代均位极人臣,本无高下而只是相对于文武而言。苏州文化精神从先秦时期的"尚武"至六朝时转型为"崇文"。其后,"崇文""重教"并举而文风大盛。明、清时,状元、宰相等人才辈出。故从"将门"到"相门"的变化中则可看出,此当为苏州文化精神中的崇文因素所致。	2012年在原址偏北位置修复

〔1〕 陆广微:《吴地记》,江苏古籍出版社1986年,第24页。
〔2〕 朱长文:《吴郡图经续记》,江苏古籍出版社1986年,第12页。
〔3〕 范成大:《吴郡志》,江苏古籍出版社1986年,第23页。
〔4〕 《苏嘉铁路建设始末》,见苏州地方志编纂委员会:《苏州市志》,江苏人民出版社1995年,第一册第566页。
〔5〕 《苏州城墙历史档案》,见吴恩培:《苏州城墙》,古吴轩出版社2012年,第291—292页。

(续表)

名称及另名	文献记载内容及评述	现状或备注
	昔日相门（左）及今日相门（右）	
娄门，又作䢝门	袁康、吴平《越绝书》："邑中径从阊门到娄门，九里七十二步。"[1] 陆广微《吴地记》："娄门本号䢝门，东南，秦时有古䢝县，至汉王莽改为娄县。"[2] 范成大《吴郡志》："娄门，秦娄县所直，又谓之䢝，今谓之昆山。"[3] 昔日娄门（左）及水城门（右） 今日娄门（左）及娄门桥与娄门（右）	2013年在原址偏北位置修复
齐门，又作望齐门	赵晔《吴越春秋》："女少思齐，日夜号泣，因乃为病。阖闾乃起北门，名曰望齐门，令女往游其上。"[4] 袁康、吴平《越绝书》："齐门，阖庐伐齐，大克，取齐王女为质子，为造齐门，置于水海虚。其台在车道左、水海右。去县七十里。齐女思其国死，葬虞西山。"[5] 陆广微《吴地记》："齐门，北通毗陵。昔齐景公女聘吴太子终累，阖闾长子、夫差兄也。齐女丧夫，每思家国，因号齐门。"[6]	1958年拆除城门，1978年拆除水城门，今不存

---

[1] 袁康、吴平：《越绝书》卷第二，上海古籍出版社1985年，第10页。
[2] 陆广微：《吴地记》，江苏古籍出版社1986年，第27页。
[3] 范成大：《吴郡志》，江苏古籍出版社1986年，第22页。
[4] 赵晔：《吴越春秋》卷四，江苏古籍出版社1986年，第47页。
[5] 袁康、吴平：《越绝书》卷第二，上海古籍出版社1985年，第12页。
[6] 陆广微：《吴地记》，江苏古籍出版社1986年，第28页。

(续表)

名称及另名	文献记载内容及评述	现状或备注
	朱长文《吴郡图经续记》："齐门者,齐景公女嫁吴世子者,登此以望齐也。"〔1〕 范成大《吴郡志》："齐门。齐景公与吴战不胜,以少女嫁吴太子终纍,所谓涕泣而女于吴者。终纍,阖闾长子,夫差兄也,早亡。齐女思家,吴王于此作九层飞阁,令女登以望齐,故名。"〔2〕 昔日齐门水城门（左、右） 位于昔日齐门水城门位置处的今齐门泵闸（左）及今日齐门遗址（右）	
平门 亦号巫门	袁康、吴平《越绝书》卷第二："平门到蛇门,十里七十五步。"〔3〕 袁康、吴平《越绝书》卷第二："巫门外麋湖西城,越宋王城也。"〔4〕 陆广微《吴地记》："平门,北面有水陆通毗陵。子胥平齐大军从此门出,故号平门。"〔5〕 范成大《吴郡志》："赤门、平门,《续经》谓不在八门之数。平门一名巫门,巫咸所葬。'巫''平'字画相近。"〔6〕 由上可知,平门名称有三种说法：其一为伍子胥平齐大军从此门出,故号平门。其二,又作巫门,与中国古代传说人物巫咸的所葬地有关。其三,因"巫""平"字形相近所致。	2012年在原址偏西位置修复

---

〔1〕 朱长文:《吴郡图经续记》,江苏古籍出版社1986年,第12页。
〔2〕 范成大:《吴郡志》,江苏古籍出版社1986年,第22页。
〔3〕 袁康、吴平:《越绝书》卷第二,上海古籍出版社1985年,第10页。
〔4〕 袁康、吴平:《越绝书》卷第二,上海古籍出版社1985年,第11页。
〔5〕 陆广微:《吴地记》,江苏古籍出版社1986年,第30页。
〔6〕 范成大:《吴郡志》,江苏古籍出版社1986年,第24页。

(续表)

名称及另名	文献记载内容及评述	现状或备注
	昔日平门(左、中)及平门桥(右,原梅村桥) 今日平门(左)及平门桥(右)	
地门	袁康、吴平《越绝书》卷二:"地门外塘波洋中世子塘者,故曰王世子造以为田。塘去县二十五里。"[1]苏州方志,均无此城门名称记载,该名称或为《越绝书》传抄过程中笔误。	无此城门实体建筑
近门	袁康、吴平《越绝书》卷二:"近门外欐溪栈中连乡大丘者,吴故神巫所葬也,去县十五里。"[2]苏州方志,均无此城门名称记载,该名称或为《越绝书》传抄过程中笔误。	无此城门实体建筑

第三节 阖闾时期的对外战争

一、吴灭徐

当公子光以非正常方式刺杀吴王僚并攫取吴国权力后,将兵在外的吴王僚的两位亲信将领率吴军至徐和钟吾这两个小国。这对以非正常方式执政的吴王阖闾来说,他们所拥之兵及其出奔,给吴国政坛带来的无疑是动荡。为巩固已到手的权力,吴王阖闾在执政的第三年即公元前512年,国内趋于稳定之时,于是决意追杀这两位吴国公子,以彻底清除内患危机。"吴子使徐人执掩馀,使钟吾人执烛庸,二公子奔楚。"[3]意即,吴王阖闾让徐国人逮捕逃往徐国避难的吴国公子掩馀,让钟吾国人逮捕逃往钟吾国避难的吴国公子烛庸。于是,这两位公子就逃往楚国。显然,他们所率的吴军,其时也分别带往了楚国。吴国内政的争斗,迅速转化为吴国与徐国、钟吾国及楚国的对抗与战争。

---

[1] 袁康、吴平:《越绝书》卷第二,上海古籍出版社1985年,第12页。
[2] 袁康、吴平:《越绝书》卷第二,上海古籍出版社1985年,第12页。
[3] 《左传·昭公三十年》,见《春秋左传正义》,北京大学出版社1999年,第1517页。

"钟吾"地望,杨伯峻《春秋左传注》指为"在今江苏省宿迁县东北"[1],即今徐州下辖的新沂市境内。

吴阖闾三年(前512),"吴子怒。冬十二月,吴子执钟吾子。遂伐徐,防山以水之。己卯,灭徐"[2]。意指,吴国国君阖闾因为徐、钟吾两国国君放走吴国两位公子而发怒。冬季十二月,吴王抓住了钟吾国国君。接着就又讨伐徐国,在山中堵住山水以淹灌徐国。二十三日,吴军灭亡徐国。

吴灭徐后,"徐子章禹断其发,携其夫人以逆吴子"[3]。即吴王亲率吴军兵临城下时,徐国国君章禹将头发剪断,以此断发示刑,并以示惧。同时,他领着他的夫人迎接并向吴国国君阖闾投降。阖闾抚慰了他一番后送走了他,并让他带上了自己的亲信。于是,章禹一行就投奔到了楚国。对吴国灭徐,"楚沈尹戌帅师救徐,弗及。遂城夷,使徐子处之"[4]。意为,楚国的沈尹戌领兵救徐国,没有赶上。于是就在夷地筑城,让徐国国君章禹住在那里。

《春秋经·昭公三十年》记为:"冬十有二月,吴灭徐,徐子章羽奔楚。"[5]个中,"章禹"记为"章羽"。吴王阖闾亲自领兵伐徐,并让徐国国君章禹逃奔楚国。这位章禹,即被楚人所拘而又逃回的徐国太子仪楚(徐仪楚)之父。而其母,为吴国宗女,其父即为当初季札挂剑于墓前的前徐国国君。正是有着这一层连带姻亲关系,吴王阖闾并未过于为难而送其出走并任其到了楚国。

二、伍子胥"七荐孙武"及"疲楚"之策

(一)伍子胥"七荐孙武"

《史记·孙子吴起列传》记载:"孙子武者,齐人也。以兵法见于吴王阖庐。"[6]而据《吴越春秋》记载,伍子胥和其后亦来到吴国的白州犁(即伯州犁)之孙白喜(即伯嚭)两人均与楚国有着深仇大恨。吴王阖闾深知他俩怨恨楚国,所以怕他们带兵伐楚,会因仇恨而缺少理性,于是登上高台,对着南风长啸,过了一会儿又是一声叹息,群臣中没有人知道此时吴王的心思,只有伍子胥知晓他的想法。

---

[1] 杨伯峻:《春秋左传注》,中华书局1990年,第1485页。
[2] 《左传·昭公三十年》,见《春秋左传正义》,北京大学出版社1999年,第1518页。
[3] 《左传·昭公三十年》,见《春秋左传正义》,北京大学出版社1999年,第1518页。
[4] 《左传·昭公三十年》,见《春秋左传正义》,北京大学出版社1999年,第1518页。
[5] 《春秋经·昭公三十年》,见《春秋左传正义》,北京大学出版社1999年,第1514页。
[6] 司马迁:《史记》卷六十五《孙子列传》,中华书局1959年,第2161页。

正是在这一情况下,伍子胥向阖闾推荐了一个并非楚人的将才——孙武。对此,《吴越春秋》卷四记载说:"孙子者,名武,吴人也,善为兵法。辟隐深居,世人莫知其能。胥乃明知鉴辩,知孙子可以折冲销敌,乃一旦与吴王论兵,七荐孙子。吴王曰:子胥托言进士,欲以自纳。"〔1〕意为,孙子,名武,吴国人,善于策划用兵的方法。在偏僻幽深的地方隐居,所以世人没有人知道他的这一才能。而伍子胥能明智地了解世事,所以知晓孙子擅长领兵而击败敌军,消灭敌人。于是在和吴王讨论军事的时候,多次推荐孙子。吴王心中明白:伍子胥借口推荐一个并非楚人的将才,只是想用这种方法来达到自己向楚国复仇的目的。

孙武出身于齐国军事世家,其先祖即为从陈国逃往齐国的陈完(又作田完),祖父为田书。齐景公时的公元前523年(吴王僚四年,齐景公二十五年),齐国攻莒,莒国国君逃奔至纪鄣。齐国派田书攻打下纪鄣。正是此番征战立功,田书获赐"孙"姓,故《左传·昭公十九年》记为"使孙书伐之"〔2〕。《新唐书·宰相世系三》记载:"书(指田书)字子占,齐大夫,伐莒有功,景公赐姓孙氏,食采于乐安。生凭,字起宗,齐卿。凭生武,字长卿,以田鲍四族谋为乱,奔吴,为将军。"〔3〕该记载说的就是孙武"奔吴,为将军"事。

孙武的相关事迹见诸《史记·孙子列传》《吴越春秋》卷四、《越绝书》卷二等,而《春秋经》《左传》《公羊传》《穀梁传》等均无记载。

《史记·孙子列传》记载孙武:"以兵法见于吴王阖庐。阖庐曰:'子之十三篇,吾尽观之矣,可以小试勒兵乎?'对曰:'可。'阖庐曰:'可试以妇人乎?'曰:'可。'"〔4〕

正是这一"小试勒兵",终试出了孙武于教场斩吴王阖闾二妃的故事。《史记·孙子列传》记载的该故事说,在阖庐答应孙武进行"小试勒兵"后,于是从后宫挑选宫女一百八十名,领到练兵场上,交给孙武演练。孙武将她们分为左、右两队,指定两名吴王宠妃为队长,进行操练。由于宫女们将操练视为儿戏,孙武一再申明军令、一再把操练要求、列队动作以及军纪约束详加讲解,可操练时,宫女依旧哈哈大笑,毫不把军中号令当回事。孙武于是沉下脸说:"约束没有讲清楚,申述命令没有让人熟记在心,是我为将者的过错。但是,既已将军中操练要求、列队动作以及军纪约束详加讲明,而军中士卒仍不遵军中号令,这便是士卒

---

〔1〕 赵晔:《吴越春秋》卷四,江苏古籍出版社1986年,第33—34页。
〔2〕 《左传·昭公十九年》,见《春秋左传正义》,北京大学出版社1999年,第1381页。
〔3〕 欧阳修:《新唐书·宰相世系表三》,中华书局1975年,第2945—2946页。
〔4〕 司马迁:《史记》卷六十五《孙子列传》,中华书局1959年,第2161页。

的过错了。按照军法,违令者斩,但士卒不可尽杀。领队者当受其罪。"说着,孙武下令将担任左、右两队队长的两名吴王宠妃绑起,以违抗军令斩头。正在观兵台上观看操练的吴王阖闾见竟要斩杀他的两个爱姬,赶紧派人去向孙武传令说:"寡人已知道你会用兵了。寡人我如果没这两个妃子,吃东西都不香呢。请不要杀掉她们!"而孙子却对传令的人说:"我孙武既已受命为将,在军中治军,对君王法外的命令可以不接受。"于是,他下令将那两位队长斩首示众。接下,孙武改排在两队的排头兵为队长,击鼓发号,继续操练。

这时,这些宫女组成的两队队列,或左、或右、或前、或后、或跪、或起,皆整齐划一、中规中矩,再没有敢发出嬉笑声的。于是,孙武派人向吴王阖闾报告说:"操练的军队,现已整齐划一,大王可以下来亲自校阅。现在这支军队,任凭大王想怎么使用都可以,即使要她们赴汤蹈火,都不会后退一步。"因二妃被杀,吴王阖闾心情不好,于是派人回复孙武说:"请将军解散队伍,回驿馆休息吧,寡人没有心情下来看了。"孙武听了,说:"大王只是喜好我纸上所谈的兵法罢了,而未能用我的理论来用兵。"

"于是阖庐知孙子能用兵,卒以为将。"〔1〕意指吴王阖闾最终知晓孙武真的会用兵,后终用他为将。正是孙武"卒以为将",《史记·孙子列传》记载其积极效果说:"西破强楚,入郢,北威齐晋,显名诸侯,孙子与有力焉。"〔2〕意思是说,其后吴国向西打败了强大的楚国,攻克郢都,向北威震齐国和晋国,在列国诸侯间名声赫赫,孙子都起了很大的作用。而阖闾其后成为吴国"兴霸成王"中卓有功勋的国君和春秋五霸之一,不能不说是和他的远见卓识、识人而又会用人以及胸襟大度,不让个人情感扰乱自己的既定目标等个人品质有着密切关系。

明王鏊《姑苏志》记载古代祭祀吴王阖闾及这二妃的"吴王庙""爱姬祠"说:"吴王庙,在香山南址,庙貌有二妃侍。相传即孙武所诛二队长也。又曰爱姬祠。"〔3〕

(二)伍子胥献"疲楚"之策

在吴国追杀吴公子掩馀、烛庸而他们奔楚及吴灭徐过程中,楚国军队赶来救援。昔日楚国作为攻伐者攻打徐国而吴国充当保护者角色,至此已迅速转换为吴国成为灭徐的攻伐者,而楚国则转换为徐国的保护者角色了。

---

〔1〕 司马迁:《史记》卷六十五《孙子列传》,中华书局1959年,第2162页。
〔2〕 司马迁:《史记》卷六十五《孙子列传》,中华书局1959年,第2162页。
〔3〕 王鏊:《姑苏志》卷第二十七,苏州方志馆藏本。

吴阖闾三年(前512),阖闾与伍子胥商量"伐楚何如"[1],即采取何种方法进行对楚战争时,伍子胥以其对楚国官场痼疾的了解说:楚国执政的官员多而又互相牵制,没有人敢承担责任,"若为三师以肄焉,一师至,彼必皆出。彼出则归,彼归则出,楚必道敝。亟肄以罢之,多方以误之。既罢而后以三军继之,必大克之"[2]。即为,吴国如果组织三支军队,对楚国突然袭击而又迅速撤退,一支军队进攻,楚军就会都出来应战。他们一出动,我们就撤退。他们回去,我们就用另一支部队又出击。这样,楚军一定会在路上不断地奔波而疲于奔命。屡次突袭快撤使他们疲劳。他们疲劳之后,我们率领三军继续攻击他们,一定能大胜他们。

这就是伍子胥提出的"疲楚"之策。该策略的提出,首先反映了出身于楚国贵族之家的伍子胥对楚国政治现状的精准了解——执政多冗员且相互牵制,但又无人敢于担责。其次,针对楚国的政治现状,他提出把吴军分为三支军队,轮番出击,使得楚军左支右绌,持续紧张而疲于奔命。而作为一种战略期待,则是值楚军疲劳或误判时,吴军集中三军的力量而攻击之。作为军事战术的"疲楚"之策,对后世的影响极大。从该策的"彼出则归,彼归则出"与毛泽东早年为工农红军创制的游击战争"十六字诀"——"敌进我退,敌驻我扰,敌疲我打,敌退我追"[3]对比,则可见"疲楚"之策在后世的深远影响。

"阖庐从之,楚于是乎始病。"[4]吴王阖庐(阖闾)听从了伍子胥的这一"疲楚"之策,并付诸实施。

吴阖闾四年(前511),"秋,吴人侵楚,伐夷,侵潜、六。楚沈尹戌帅师救潜,吴师还。楚师迁潜于南冈而还。吴师围弦。左司马戌、右司马稽帅师救弦,及豫章,吴师还。始用子胥之谋也"[5]。意即,本年秋天,吴军侵袭楚国,进攻夷邑,又侵入潜邑、六邑。楚国沈尹戌率兵赶去救援潜邑,可吴国的军队立即撤退了。楚军将潜邑的百姓搬迁到南冈才刚返还,吴国的军队又去围攻楚国的弦邑。左司马戌(即沈尹戌)和右司马稽又赶紧率领楚军去救援弦邑,楚军刚刚到达豫章,吴国的军队已经撤退了。这是吴王开始使用伍子胥的疲楚计谋了。

这一"疲楚"之战,因在淮河流域的潜邑(今安徽潜山)、六邑(今安徽六安)

---

[1]《左传·昭公三十年》,见《春秋左传正义》,北京大学出版社1999年,第1518页。
[2]《左传·昭公三十年》,见《春秋左传正义》,北京大学出版社1999年,第1518页。
[3]《毛泽东选集》第一卷,人民出版社1966年,第107页。
[4]《左传·昭公三十年》,见《春秋左传正义》,北京大学出版社1999年,第1518页。
[5]《左传·昭公三十一年》,见《春秋左传正义》,北京大学出版社1999年,第1520—1521页。

地区进行,故《吴越春秋》将之称为吴、楚"潜、六之役"的同时,并将时间延至两年后的吴阖闾"六年"(前509)〔1〕。

在吴国实施"疲楚"之策时,吴国的军事将领中,已出现孙武。据《史记·吴太伯世家》记载:"三年(指吴阖闾三年,前512),吴王阖庐与子胥、伯嚭将兵伐楚,拔舒,杀吴亡将二公子。光谋欲入郢,将军孙武曰:'民劳,未可,待之。'"〔2〕由此记载可知:公元前512年时,孙武已成为吴王阖闾的重要军事幕僚。而击败楚国并"谋欲入郢",其时已成为阖闾心中颇为急切的军事大事,因时机不成熟而劝阻吴王阖闾的正是孙武。因此,伍子胥向吴王阖闾进献的"疲楚"之计,极可能也包含着孙武这位古代军事家的军事智慧。

三、吴伐越与楚伐吴

(一)"吴伐越"

吴阖闾五年(前510)夏天,吴国攻打越国。《左传·昭公三十二年》记为:"夏,吴伐越,始用师于越也。"〔3〕即本年夏天,吴国攻打越国,这是吴国开始对越国用兵。

本卷前文曾述,在34年前的吴馀祭四年(前544),吴、越之间就曾爆发过战争。其时,"吴人伐越,获俘焉"〔4〕。即是年吴国人攻打越国,俘获了越人俘虏。正因此战吴国获胜并俘获越国俘虏,导致吴王馀祭其后死于越俘刀下。

因此,《左传·昭公三十二年》记载的吴阖闾五年(前510)"吴伐越"并对之作吴"始用师于越"的判断,并不准确。尽管《左传·昭公三十二年》未记载本年吴伐越战争的原因,但从其时吴、楚争夺及越国仍为楚之盟国这一地缘政治关系来看,确立"兴霸成王"战略的吴国,为日后与楚争夺时减少掣肘,事先对越国进行打击和清理,或是不能排除的主要原因。

对之,可资参考的是《吴越春秋》卷四叙述本年吴伐越的原因为:阖闾"五年,吴王以越不从伐楚,南伐越"〔5〕。即吴阖闾五年(前510),吴王因为越国不肯跟随自己攻打楚国,所以向南讨伐越国。

对本年的吴伐越之战,《左传·昭公三十二年》另记载关于春秋吴国的一个

---

〔1〕 赵晔:《吴越春秋》卷四,江苏古籍出版社1986年,第38—39页。
〔2〕 司马迁:《史记》卷三十一《吴太伯世家》,中华书局1959年,第1466页。
〔3〕 《左传·昭公三十二年》,见《春秋左传正义》,北京大学出版社1999年,第1524页。
〔4〕 《左传·襄公二十九年》,见《春秋左传正义》,北京大学出版社1999年,第1092页。
〔5〕 赵晔:《吴越春秋》卷四,江苏古籍出版社1986年,第38页。

死亡预言说:"史墨曰:'不及四十年,越其有吴乎!越得岁而吴伐之,必受其凶。'"[1]意即,吴国本年对越用兵,晋国的太史蔡墨说:"不出四十年,越国大概就会占有吴国了吧!越国得到岁星的临照而吴国去攻打它,吴国一定会受到岁星降下的灾殃。"杜预注对之阐释说:"存亡之数,不过三纪。岁星三周三十六岁,故曰不及四十年。哀二十二年(指《左传·哀公二十二年》),越灭吴,至此三十八岁。"[2]

这一死亡预言,由于吴国灭亡前吴王夫差曾间接提及(见《左传·哀公二十年》记载及下文叙述),且由于这一预言在日后应验,故增添其神秘性。然而,按春秋时军事占星术的说法,岁星所在方位的国家不可讨伐,否则讨伐者将反受其祸。姑且不论这种军事占星术的荒谬与否,即使这种占星术在当时流行,吴国其时拥有伍子胥、孙武等通晓军事的人才,他们也不会不知道这些天象知识。吴国在将对楚用兵以争雌雄时,先扫荡楚国的盟国以免日后受其掣肘,当是军事战略中的普通常识。《左传·昭公三十二年》借"史墨"之口而记录的这一预言,或给人据果导因,即根据后来吴、越相争的结果在这里借天象制造出一个日后似乎应验了的预言或谶言。杨伯峻《春秋左传注》在分析上述杜预注后指出:"史墨何以言'不及四十年',据杜预注,古人以为预测一国之存亡,不能超过木星周行三遍,即三十六年,史墨稍加宽限,故'不及四十年',其实哀二十二年越灭吴,自此年算起历三十八年。《左传》预言皆后加,故'不及四十年',并未言其根据,亦未见有根据。"[3]

(二)楚伐吴与吴、楚第二次豫章之战

吴国在攻打越国的同时,也开始谋划对楚战争。公元前508年(吴阖闾七年),地处淮河流域的桐国背叛楚国。"吴子使舒鸠氏诱楚人"[4],吴王阖闾唆使邻近桐国且其时为楚国属国的舒鸠去诱骗楚国,说:"请发兵逼近我国,我们为你们去攻打桐国。这样让他们对我们不产生猜忌。"对吴国背后的动作,楚国显然识破,于是立即做出反应。秋天时,楚国令尹囊瓦,率军进攻吴国军队并驻扎在豫章。吴国人让战船出现在豫章,并暗中在巢地集结部队。"冬,十月,吴军

---

[1]《左传·昭公三十二年》,见《春秋左传正义》,北京大学出版社1999年,第1524页。
[2] 杜预注,见杜预:《春秋经传集解》,上海古籍出版社1978年,第1596页。
[3] 杨伯峻:《春秋左传注》,中华书局1990年,第1516页。
[4]《左传·定公二年》,见《春秋左传正义》,北京大学出版社1999年,第1536页。

楚师于豫章,败之。遂围巢,克之,获楚公子繁。"[1]即冬季十月时,吴军在豫章对楚军发起攻击,并击败了他们。接着,吴军又包围了巢邑并攻克巢邑,俘虏了楚国巢邑的军政长官公子繁。

吴、楚在豫章已不是第一次开战。前文曾述,吴馀眛十五年(前529)吴、楚曾进行过豫章之战。其时,由楚灵王派往围攻徐国的楚军因楚国内乱而撤退时,就是在豫章被吴军队击败,五个楚军将领为吴人俘虏的。故本年(指吴阖闾七年,前508)吴、楚之战,当为两国间的又一次豫章之战。从本年吴国借楚属国桐国叛楚事,设局诱骗楚国并"败之"及"围巢,克之,获楚公子繁"等来看,个中除表达出吴王阖闾与楚国争夺的决心和意志外,不能排除的另一个因素即是"舒鸠氏"及"巢"与吴王阖闾之父——吴王诸樊曾经有过的交集。

前文曾述,吴王诸樊曾于吴诸樊十二年(前549)策动舒鸠叛楚。其后楚国出兵,对舒鸠或作警告、或作安抚,而舒鸠与之周旋,乃至再次叛楚。其时,吴军介入及楚灭舒鸠,并由此导致诸樊战死在"巢"邑城下。而本年出现的"舒鸠氏",杜预注释为:"舒鸠,楚属国。"[2]这意味着,吴王诸樊时期被楚国灭掉的舒鸠,其后又以某种形式复国。而"巢"邑,则为吴王诸樊当初未攻克而反被楚军射杀之地。或正是这些与诸樊战死有关的属国、城邑,吴王阖闾为报杀父之仇,利用桐国叛楚的事件,设局败楚,并"围巢,克之,获楚公子繁"。

四、吴伐楚及攻入郢都

公元前506年(吴阖闾九年),吴伐楚并攻入楚国国都郢都,这在春秋史上也堪为重大事件。此战和吴国以往单独与楚国战争不同的是,蔡国、唐国作为吴国盟国,共同参与了本年的伐楚之战。蔡、唐之所以成为吴国盟国,完全是楚国官员恃强凌弱、敲诈勒索的结果。

(一)唐、蔡成为吴伐楚的盟国

楚国权臣在与周边邻国的相处中,充满着贪婪和蛮横。蔡国的国君蔡昭侯制作了两块佩玉和两件皮大衣到楚国去,他把一块佩玉和一件皮大衣献给了楚昭王。楚昭王穿上蔡昭侯送的皮大衣并佩上了蔡昭侯送的佩玉设宴招待蔡昭侯。其时,蔡昭侯也穿上了另一件皮大衣、佩带上了另一块佩玉。楚国令尹"子

---

[1]《左传·定公二年》,见《春秋左传正义》,北京大学出版社1999年,第1537页。
[2] 杜预注,见杜预:《春秋经传集解》,上海古籍出版社1978年,第1611页。

常欲之,弗与。三年止之"[1]。即楚国令尹子常(囊瓦)也想得到皮衣和佩玉,但蔡昭侯不给。于是,子常就把蔡昭侯扣押在楚国达三年之久。同样,唐国国君唐成公前往楚国访问,带了两匹好马——肃爽马。子常想要这两匹肃爽马,唐成公不给,也被扣留在了楚国三年。

楚国权臣的索贿及不得满足就动辄对邻国国君扣押,从而不可避免地导致楚国与他国国家关系的恶化。国君被扣押的小国,无奈之际,只能以满足楚国令尹子常的欲望,以换回他们的国君回国。当蔡国人满足了楚国令尹子常的欲望后,蔡昭侯得以归国。在回国途中,蔡昭侯到达汉水拿出了那块给他带来厄运的玉佩抛入了水中,并发誓说:"我如果再渡过汉水南去楚国的话,我当受祸,请这条大河为我的誓言作证。"回到国内后,蔡昭侯即到晋国访问,并以他的儿子"元"和大夫的儿子作为人质"而请伐楚"[2]。即以此请求晋国出兵攻打楚国。

楚国的权臣,以贪欲而把邻国都变成了敌国。而这又为吴国提供了伐楚最佳的战略时机。早在6年前的吴阖闾三年(前512),吴王阖闾就想谋取攻占楚国郢都,但被孙武以时机不成熟而劝阻。故《史记·吴太伯世家》记载本年(指吴阖闾九年,前506)吴王阖闾对伍子胥、孙武说:"当初你们说不能攻打郢都,现在情况如何?"二人回答说,楚国子常(囊瓦)贪婪,唐国、蔡国都恨他,"王必欲大伐,必得唐、蔡乃可"[3]。即如今大王要大举伐楚,必须联合唐、蔡二国才能成功。蔡国本为楚之盟国,楚灵王时并吞该国,楚平王时又使该国重新复国。如今,这个昔日的盟国,请求晋国帮助他们出兵攻打楚国。于是,晋国举行十八个国家与会的召陵盟会,"谋伐楚也"[4]。召陵盟会的"谋伐楚"动议,同样是因为晋国权臣的贪欲而被搁置起来。而由于沈国未派人参加召陵盟会,"晋人使蔡伐之。夏,蔡灭沈"[5]。即晋国让蔡国攻打沈国。夏季,蔡国灭亡了沈国。蔡灭沈,手段极其极端。据《春秋经·定公四年》记载,蔡昭侯灭了沈国后,"以沈子嘉归,杀之"[6]。即抓住沈国国君,蔡昭侯竟把他给杀了。蔡昭侯欲以这种极端残忍的方式激怒并引起楚国干涉,从而把指使他伐沈的晋国拖入与楚国的战争。然而,晋国由于自身衰弱的原因,既不会轻易介入,更不会被小国绑架。因此,企图把事情做大的蔡昭侯,虽达到激怒楚国的目的,但并未等来晋国的出兵。晋国

---

[1]《左传·定公三年》,见《春秋左传正义》,北京大学出版社1999年,第1539页。
[2]《左传·定公三年》,见《春秋左传正义》,北京大学出版社1999年,第1539页。
[3] 司马迁:《史记》卷三十一《吴太伯世家》,中华书局1959年,第1466页。
[4]《左传·定公四年》,见《春秋左传正义》,北京大学出版社1999年,第1542页。
[5]《左传·定公四年》,见《春秋左传正义》,北京大学出版社1999年,第1552页。
[6]《春秋经·定公四年》,见《春秋左传正义》,北京大学出版社1999年,第1540页。

抽身而退,一下子把蔡昭侯置于极危险的境地。面临着楚国的报复,他转身又来求楚国的老对手吴国。

(二) 伍子胥的谋楚外交

吴阖闾九年(前506)"秋,楚为沈故,围蔡"[1]。意即,本年秋季,楚国由于沈国被灭而包围了蔡国。蔡国灭沈,成为楚国围蔡的直接原因。但真正原因则是蔡昭侯极端的反楚态度。楚国围蔡,晋国观望,这一方面使得蔡昭侯绑架晋国的目的没有实现;另一方面,却为吴国终于等来了伐楚的最佳时机。于是,"伍员为吴行人以谋楚"[2],即伍子胥以主管吴国外交的"行人"这一官职身份,谋划对付楚国。

在伍子胥主持的具体外交实务中,其谋楚对象首先就是蔡国。前文提及,蔡昭侯访问晋国寻求帮助时,曾将他的儿子"元"和大夫的儿子作为人质,请求晋国攻打楚国。其后,由于晋国抽身而退置蔡昭侯于困境中,故吴国外交顺势介入。蔡昭侯又"以其子乾与其大夫之子为质于吴"[3],即蔡昭侯将他的另一个儿子——"乾"和一个大夫的儿子放在吴国作人质,既显示蔡国与吴国共同伐楚的决心,也表示吴国对蔡外交的丰硕成果。而留存于世的出土器也表明,这一时期吴国为伐楚进行的卓有成效的外交活动中,还包括与蔡、胡等国的政治联姻(另见下文)。

《左传·定公四年》记载:"冬,蔡侯、吴子、唐侯伐楚。"[4]由此可见,是时伍子胥主持的吴国外交,建立了以吴、唐、蔡为主,同时还想拉更多国家结成的反楚联盟。《左传·哀公元年》有一段补叙,即叙述吴、蔡、唐结为联盟时,吴国也曾派人与陈国联系,想要拉拢陈国国君陈怀公参加反楚联盟之事。

陈国左邻楚国,右邻吴国,为夹在吴、楚之间的一个小国。时见吴国来拉拢、威胁,不敢不从——怕得罪吴国,遭受现实的打击;但又不敢从——怕得罪楚国,遭受日后的算账。对地缘政治下的陈国何去何从,陈怀公把握不定,于是"朝国人而问焉"[5],即矛盾向下,用全民公决的民主方式决定。公决的规则是"欲与楚者右,欲与吴者左"[6],即想要亲附楚国的站在右边,想要亲附吴国的站在

---

[1]《左传·定公四年》,见《春秋左传正义》,北京大学出版社1999年,第1552页。
[2]《左传·定公四年》,见《春秋左传正义》,北京大学出版社1999年,第1552页。
[3]《左传·定公四年》,见《春秋左传正义》,北京大学出版社1999年,第1553页。
[4]《左传·定公四年》,见《春秋左传正义》,北京大学出版社1999年,第1553页。
[5]《左传·哀公元年》,见《春秋左传正义》,北京大学出版社1999年,第1613页。
[6]《左传·哀公元年》,见《春秋左传正义》,北京大学出版社1999年,第1613页。

左边。这一春秋时的全民公决结果是:"陈人从田,无田从党。"〔1〕即田产位置靠近楚国的,都站到了亲附楚国的一边,而田产位置靠近吴国的,都赞同亲附吴国。而没有田产的,都选择了和亲戚、族人站在一起。显然,经济利益决定了陈国人的政治态度,而这一国民政治立场的选择,隐含着这个国家会因经济利益的冲突而面临族群撕裂的严重后果。于是,陈国大夫逢滑提出陈国当采取不左不右的中立立场说:"臣听说,国家的兴盛是由于它的福祉,而它的灭亡由于祸难。如今吴国还没有福祉,而楚国还没有祸难。因此,楚国还不能背弃,而吴国还不能跟从。"于是陈怀公听从他的不左不右的中立意见,没有选择与吴国结盟。

陈国当初的这一中立立场,吴王阖闾或许为了伐楚这一战略目标而并未予分兵问罪,但这一因吴国伐楚而遗留下的旧事,则是留与吴王夫差时,作为与楚国进行再次争夺的缘由和借口了。

(三) 吴、楚柏举之战

1. 吴国水军战船从太湖经胥溪而入长江

吴阖闾九年(前506)"冬,蔡侯、吴子、唐侯伐楚"〔2〕。意即本年冬天,吴国联合蔡、唐共同攻伐楚国。在具体的战争进程中,吴军"舍舟于淮汭,自豫章与楚夹汉"〔3〕。即吴军他们把战船停在淮河弯曲处,从豫章进发,和楚军隔着汉水对峙。杜预注曰:"吴乘舟从淮来,过蔡而舍之。"〔4〕

豫章一带,向为吴、楚争夺战场,前及吴、楚两次豫章之战以及潜、六之战等,均发生于此。此战吴人"舍舟于淮汭",则说明吴军系乘舟前来,且为吴国战船从太湖入长江再至江淮。春秋时吴入江淮的最短水道为从太湖至芜湖注入长江的水道,但其中一段需人工开挖以沟通,这一人工开挖的水道即"胥溪"。《太湖备考》卷一记载说:"胥溪在广通镇,即广通坝水。春秋时,吴伐楚,伍员开此运粮,由芜湖达震泽。……今之西坝即古银林堰处,东即古分水堰处,中间十八里即伍员所开之胥溪,苏、常之水利一大关锁也。"〔5〕此处"震泽",为太湖别名。而苏州境内的胥溪,有学者指出:"早在春秋时期,江南的水利工程就已开始进行。吴王阖闾命伍子胥开挖了胥溪。太湖湖口到横塘胥江的河道,就是胥溪的

---

〔1〕《左传·哀公元年》,见《春秋左传正义》,北京大学出版社1999年,第1613页。
〔2〕《左传·定公四年》,见《春秋左传正义》,北京大学出版社1999年,第1553页。
〔3〕《左传·定公四年》,见《春秋左传正义》,北京大学出版社1999年,第1553页。
〔4〕 杜预注,见杜预:《春秋经传集解》,上海古籍出版社1978年,第1631页。
〔5〕 金友理:《太湖备考》卷一,江苏古籍出版社1998年,第37—38页。

一部分。"[1]按此，苏州境内自胥门经吴中区胥口镇入太湖的水道"胥江"，亦为胥溪之一段。

从当时吴、楚争斗的形势看，吴国开凿这条运河，不仅可能，而且必要。关于此人工运河名"胥溪"，显与吴王阖闾派遣伍子胥开掘有关。是时，吴国已开始了伐楚的战争准备。而吴国水军战船从太湖经胥溪而入长江，进而抵达是时已为吴国控制的淮河流域，继而再把战船停在淮河弯曲处，并从豫章进发，"与楚夹汉"即与楚军隔着汉水（又作汉江）对峙。

吴军长途奔袭，在距太湖流域千里外的汉江与楚军隔江对峙。谨此，亦可见这一时期吴军长途投放兵力的战争能力。关于本次伐楚吴军的数量，战国后期的《吕氏春秋·用民》篇说："阖闾之用兵也，不过三万。"[2]即吴军乘战船自太湖经胥溪而入江淮长途奔袭楚国。鉴于当时的战船制造能力，若每只战船以百人计，这也得三百余艘战船以投放兵力。其背后映现的是吴国战船制造及支撑这三百余艘战船长途奔袭而必需的后勤保障能力。当然，伐楚的总兵力还得加上唐、蔡之军的兵力。

2. 楚军的内部倾轧、内斗导致临阵变策

在吴军经胥溪入江、入淮并舍舟与楚军隔着汉水对峙时，楚军将领——左司马沈尹戌立即抓住吴军孤军深入的弱点，向楚军统帅子常（囊瓦）提出作战建议说："您带领楚军主力沿汉水西岸与吴军周旋，从正面牵制、吸引吴军，以阻遏吴军的进攻，而我带领方城山外的全部兵力，迂回到吴军的侧后，摧毁吴军丢弃在那里的舟楫，接着回兵封锁汉水东面的大隧、直辕、冥厄这三关的隘口，切断吴军归路。然后，您带领楚军渡过汉水向吴军发起正面进攻，我从他们背后夹击，一定能够大败吴军。"

沈尹戌的意见，获得楚军统帅子常的认可和批准后，即开始行动。显然，沈尹戌是位头脑清醒、深通韬略的楚军将领，如果战争的进程是如其设计的作战方案进行的话，深入敌后纵深的吴军命运，同时也包含阖闾、伍子胥和孙武等的个人命运，或将是另一种结局。这里浮现出的问题是：当初吴军"舍舟"奔袭，是否考虑到楚军断其后路的可能？而如果楚军做出摧毁吴军战船并断吴军后路的军事安排，阖闾、伍子胥和孙武等组成的吴军大营是否有应对手段？文献记载的简略及其后战争的进程，没让后人看到这些情况发生，也无法对上述问题做出回

---

[1] 岳俊杰、蔡涵刚、高志罡：《苏州文化手册》，上海人民出版社1993年，第20页。
[2] 《吕氏春秋·用民》，见陈奇猷：《吕氏春秋校释》，学林出版社1984年，第1270页。

答。但此战,乃是中国古代军事家孙武唯一一次参与指挥的实战。故吴军在大战前暴露出的且被沈尹戍抓住的弱点,还是显而易见的。

导致沈尹戍的作战计划未能实现,且使楚军丧师辱国的是楚军上层的内部倾轧。沈尹戍提出的作战方案,经楚军统帅子常批准并已开始实施,沈尹戍也已北去方城予以落实。可此时,楚国将军武城黑却对这一方案提出异议说:"吴军的战车是用木头制的,而我们的战车是用皮革再加工包装上的,怕雨怕湿而不能耐久,所以不如速战速决。"其言下之意是,沈尹戍让我们在这儿和吴军周旋,可我们的装备和吴军装备有差异,不利我们长久驻此。

武城黑从军事装备的角度提出对交战双方的影响,若是这一意见尚有可取之处的话,那另一位楚国将军史皇的意见,则集中反映了楚军内部的钩心斗角和互相掣肘了。是时,史皇用一种挑拨、妒忌的口吻对子常说:"楚国人厌恶您而喜欢沈尹戍,假如沈尹戍把吴国的战船摧毁在淮水,再封锁住三关后回师而入,这场战争就成了他一个人战胜吴军了。您一定得速战速胜,否则会逃脱不了无能的责难。"

从史皇的话中可以看出,沈尹戍的方案可行且胜算概率极大,但若依沈尹戍的方案,仗即使打赢了,胜利的荣誉也不归统帅子常而是归于沈尹戍。史皇出于妒忌的卑劣情操,煽起了统帅子常心中的卑劣情操——如按沈尹戍的方案打,即使打赢,他个人也没什么好处时,事实上楚军和楚国的命运就已经被决定了。

楚军统帅子常,在个人名誉的盘算中抛弃了沈尹戍的作战方案。对这一极有可能战胜吴军的作战方案,楚军统帅子常和史皇将军等其实都有着清醒的判断。因此,他们并非是因战况不明的判断失误,而完全是因个人名利考虑并置国家利益于不顾了。于是,楚军统帅子常决定舍弃其批准且已在实施中的沈尹戍方案而另砌炉灶。他带领军队渡过汉水,从小别山打到大别山,和吴军三次交战都没有取胜。子常知道这样打下去战胜不了吴军,于是想要逃跑。

临阵变策,向为兵家大忌。楚军随意改动既定作战方案,导致了三战皆败。兵败之下,担负主要职责的主帅子常不是设法如何挽狂澜于既倒,而是想临阵脱逃。是时,那位心理阴暗的楚将史皇却表现出了一个军人的气概对子常说:"国家太平时,你争权而掌管国政。国家有难时,你想逃跑放弃职责。你要逃到哪里去呢?您一定要拼命打这一仗,从前你所犯下的罪才能完全解脱。"楚国令尹子常,此时被属下史皇又拖拽着回到了战场上。正是在这一情势下,吴、楚之间展开了柏举之战。

柏举,今湖北麻城县东北。韩湘亭《历代郡县地名考》:"柏举:地名,湖北麻城县东北有柏子山,县东有举水,故名。"[1]

3. 柏举之战

《春秋经·定公四年》以简略文字记载了吴、楚柏举之战及其结果说:"冬,十有一月,庚午,蔡侯以吴子及楚人战于柏举,楚师败绩。楚囊瓦出奔郑。庚辰,吴入郢。"[2]柏举之战被称为"东周时期第一个大战争"[3],意指此战的规模、意义等均超过晋、楚争霸时期的城濮之战(前632)、邲之战(前597)以及鄢陵之战(前575)等。如前所述,此战也是中国古代军事家孙武毕生参与指挥的唯一一次战争。

吴、楚两国历史上规模最大的军事战役——柏举之战,就在对楚军极为不利的氛围中揭开序幕。十一月十九日,吴楚两军对阵于柏举。吴王阖闾的弟弟夫概(《史记》作夫槩王),早晨向阖闾请求说:"楚国令尹囊瓦(即子常)不仁,他的部下都没有拼死的决心。我们先向他发动进攻,他的士兵一定会逃跑,然后我们的大军接着攻击,一定能大获全胜。"对这一作战计划,阖闾没有同意。

夫概并不把兄长阖闾放在眼里,于是,他擅自带领着他的五千人马,向楚国子常(囊瓦)统帅的军队冲击。此时的楚军已是不堪一击。在夫概冲击下,楚军溃不成军。吴国军队大败楚军。楚军统帅囊瓦(子常)逃往郑国,而史皇带着他所部属的战车和士卒与吴军力战而死。

春秋时著名的柏举之战,竟因夫概一个不听吴王号令的军事冲击,收到意外好的效果。对这场关系吴、楚两国命运的柏举之战,后世评论很多。战国后期的《吕氏春秋·义赏》篇在论及一个国家不得安定,患祸并非只是来自国外时,也提及此次战争说:"楚胜乎诸夏,而败乎柏举。"[4]意即楚国虽然战胜了诸多中原国家,可在柏举却打了败仗。柏举之战后,楚军已无法组织起有效的抵抗。

(四)吴入郢及后世叠加、层累出的伍子胥"掘墓鞭尸"

柏举之战后,吴军在清发河攻击渡河的楚军,后又在雍澨河击败楚军。是时,楚国令尹、楚军统帅子常(囊瓦)已逃往郑国。而十一月二十八日,楚昭王带了他的两个妹妹季芈和畀我逃出郢都,徒步渡过睢水。时楚臣鍼尹固和楚昭王同船,吴军在后面追赶。为了阻遏吴军的追赶,楚昭王让鍼尹固在大象尾巴上点

---

[1] 韩湘亭:《历代郡县地名考》,北京图书馆出版社2002年,第470页。
[2] 《春秋经·定公四年》,见《春秋左传正义》,北京大学出版社1999年,第1541—1542页。
[3] 范文澜:《中国通史》第一册,人民出版社1978年,第122页。
[4] 《吕氏春秋·义赏》,见陈奇猷:《吕氏春秋校释》,学林出版社1984年,第780页。

上火,让这些大象冲入吴军。这一惨烈的战争场景,毫不亚于后世齐将田单击溃燕军名将乐毅所使用的"火牛阵"。相比之下,楚军使用的这一"火象阵",尽管时间更早、使用的动物体形更庞大,但在溃败之时并未对战局的扭转产生积极影响,故其影响亦相对有限了。

"火象阵"后,吴军"五战,及郢"[1]。在楚昭王离开郢都的第二天——"庚辰,吴入郢"[2],意即十一月二十九日,五战五胜的吴军攻入楚国都城——郢都。

据某些文献记载,吴军攻入郢都后伍子胥为复仇而"掘墓鞭尸"。鉴于这一事件在其后的两千多年中对中华民族实是起着催生社会暴戾之气的负面影响,故不能不加以辨证。

伍子胥"掘墓鞭尸"究系历史事实,还是后世杜撰而层累的结果,要弄清这一问题,只有对现存文献记载进行梳理,弄清其发展脉络,方能下结论。为叙述方便,本文将现存文献关于伍子胥"掘墓鞭尸"的记载分为三个阶段,进行论述。

第一阶段:《史记》前的文献记载。这一阶段的文献有《吕氏春秋》《淮南子》和《榖梁传》。

《吕氏春秋·首时》的"鞭坟"——成书于战国晚期的《吕氏春秋·首时》记载吴军占领郢都后,伍子胥"亲射王宫,鞭荆平之坟三百"[3]。意即亲自箭射楚王宫,鞭打楚平王之墓三百下。显然,这里仅是"鞭坟",而非"鞭尸"。

《淮南子·泰族训》的"鞭墓"——《淮南子·泰族训》:"阖闾伐楚,五战入郢……鞭荆平王之墓,舍昭王之宫。"[4]此处亦为"鞭墓"。《淮南子》一书"于汉武帝建元二年(前139)献上"[5]。而《史记》成书年代,据《史记》出版说明为"武帝征和二年(前91)"。司马迁"在写给他的朋友任少卿的信里开列了全书的篇数,可见那时候基本上完成了"[6]。故《淮南子》早《史记》约四十余年。

《榖梁传·定公四年》的"挞墓"——《榖梁传·定公四年》记写吴军入楚后"坏宗庙、徙陈器、挞平王之墓"[7]。意指吴军进入郢都后,毁坏楚国的宗庙,搬走庙中的祭器,鞭挞平王之墓。这里,一是并未特指是伍子胥;二是"挞平王之墓"。《榖梁传》成书年代,其重要参照为解《春秋经》的另一部著作《公羊传》。

---

[1]《左传·定公四年》,见《春秋左传正义》,北京大学出版社1999年,第1554页。
[2]《左传·定公四年》,见《春秋左传正义》,北京大学出版社1999年,第1555页。
[3]《吕氏春秋·首时》,见陈奇猷:《吕氏春秋校释》,学林出版社1984年,第768页。
[4]《淮南子·泰族训》,见刘文典:《淮南鸿烈集解》,中华书局1989年,第687—688页。
[5]《淮南鸿烈集解·点校说明》,见刘文典:《淮南鸿烈集解》,中华书局1989年,第1页。
[6]《史记·出版说明》,见司马迁:《史记》,中华书局1959年,第1页。
[7]《榖梁传·定公四年》,见《春秋榖梁传注疏》,北京大学出版社1999年,第323页。

有学者指出:"有人认为公羊、穀梁是同一个人,公、穀双声,羊、梁叠韵,都是姜的切语,二传同为一个姓姜的人所假托。还有人认为公羊、穀梁都是卜商(即子夏)的转音,说法不一。……至于成书的年代,也有不同的说法,一说《穀梁传》在《公羊传》前,一说在后。一般以后一种说法为比较可信。"[1]而《公羊传》为"西汉景帝时才正式写定成书"[2]。《穀梁传》成书年代当与《公羊传》相差无几。而汉景帝执政为公元前156年至公元前141年,如前述《史记》为汉景帝之子汉武帝时征和二年,即公元前91年基本成书。故《穀梁传》成书早于《史记》,当无疑义。

上述文献均成书于司马迁《史记》之前,而它们对伍子胥复仇的记述,均为对楚平王坟或墓进行"鞭坟""鞭墓""挞墓"等。

第二阶段:西汉司马迁的《史记》。《史记》有三处记载,且有两处言及复仇情绪已趋于极端的伍子胥"鞭尸",但有一处是言及"鞭墓",如下:

《史记·吴太伯世家》:"吴兵遂入郢。子胥、伯嚭鞭平王之尸,以报父仇。"[3]这里,"鞭楚平王之尸"者,除伍子胥外,还有其时从楚国逃往吴国并已受重用的伯嚭。

《史记·伍子胥列传》:"吴兵入郢,伍子胥求昭王。既不得,乃掘楚平王墓,出其尸,鞭之三百。"[4]意为,吴兵攻进郢都,伍子胥搜寻昭王,没有找到,就挖开楚平王的坟墓,拖出他的尸体,鞭打了三百下。此处记载伍子胥"掘墓鞭尸",但未记载伯嚭参与其事。

《史记·季布栾布列传》:"夫忌壮士以资敌国,此伍子胥所以鞭荆平王之墓也。"[5]意为这种忌恨勇士而去资助敌国的举动,就是伍子胥所以要鞭打楚平王墓的原因了。此处记载仅是"鞭墓"。

第三阶段:《史记》后的记载。这一阶段的文献有东汉时的《越绝书》和《吴越春秋》,均成书于《史记》后。

东汉《越绝书》的"鞭墓"——《越绝书》卷第一:"子胥救蔡而伐荆。十五战,十五胜,荆平王已死,子胥将卒六千,操鞭捶笞平王之墓而数之,曰:'昔者吾

---

[1] 李运益、唐生周、顾之川注译:《春秋穀梁传·前言》,见《十三经今注今译》,岳麓书社1994年,第1738页。
[2] 严修注译:《春秋公羊传·前言》,见《十三经今注今译》,岳麓书社1994年,第1532页。
[3] 司马迁:《史记》卷三十一《吴太伯世家》,中华书局1959年,第1466页。
[4] 司马迁:《史记》卷六十六《伍子胥列传》,中华书局1959年,第2176页。
[5] 司马迁:《史记》卷一〇〇《季布栾布列传》,中华书局1959年,第2729页。

先人无罪而子杀之,今此报子也。'"[1]此处,"操鞭捶笞"的亦只是"平王之墓"。

《吴越春秋》则发展了在这以前的"掘墓鞭尸"记载,不但记为"掘墓""鞭尸",更发展为"践腹""抉目"——《吴越春秋》卷四:"吴王入郢,止留。伍胥以不得昭王,乃掘平王之墓,出其尸,鞭之三百,左足践其腹,右手抉其目。"[2]这里的记载,已趋向极端,伍子胥非但"掘墓""鞭尸三百",同时更对楚平王尸体进行毁尸式地"践腹""抉目"。

从以上对伍子胥"掘墓鞭尸"文献记载的历史层累过程可看出,从战国时的《吕氏春秋·首时》最早记载的"鞭坟",到西汉初年的《淮南子》记载的"鞭墓",再到《史记》的"掘墓鞭尸"及《吴越春秋》的"掘墓鞭尸"并"践腹""抉目",其间,复仇情绪一步步走向极端,而蔑弃人伦的量级也在一步步叠加。

值得注意的是,记载春秋史事最详、且最具权威的《春秋经》《左传》却对伍子胥"掘墓鞭尸"事无任何记载。同时,春秋国别史即分国记载史事的史书《国语》,其中的《楚语》《吴语》等亦无"掘墓鞭尸"的记载。

后世学者对伍子胥"掘墓鞭尸"提出了质疑。前已述及,《史记》三处记载,两处言及伍子胥"鞭尸",一处言及"鞭墓"。从这记载的不一致性来看,即使以《史记》证《史记》,亦可因此而提出质疑——到底是"鞭尸"还是"鞭墓"? 而在唐代时,司马贞《史记索隐》已针对《史记·吴太伯世家》的"子胥、伯嚭鞭平王之尸"的记载,提出质疑说:"左氏无此事。"[3]即《左传》无此记载,从而对伍子胥"掘墓鞭尸"的真实性提出质疑。

后世对这一问题论述最详的为明末清初的顾炎武。顾炎武在其《子胥鞭平王之尸辨》一文中说:"太史公言(指司马迁《史记》记载)子胥鞭楚平王之尸,《春秋》《传》(指《春秋经》《左传》)不载,而予因以疑之。疑春秋以前无发冢戮尸之事,而子胥亦不得以行之平王也。"[4]接着,该文对质疑论点进行论证说:"郑人为君讨贼,不过斲(斫)子家之棺而已。齐懿公掘邴歜之父而刖之,卫出公掘褚师定子之墓,焚之于平庄之上,《传》(《左传》)皆书之以著其虐,是春秋以前

---

[1] 袁康、吴平:《越绝书》卷第一,上海古籍出版社1985年,第7页。
[2] 赵晔:《吴越春秋》卷四,江苏古籍出版社1986年,第42页。
[3] 司马贞:《史记索隐》,见司马迁:《史记》,中华书局1959年,第1467页。
[4] 顾炎武:《子胥鞭平王之尸辨》,见《顾炎武全集》卷二十一,上海古籍出版社2011年,第191页。

无发冢戮尸之事也。"[1]

"斲子家之棺",事见《左传·宣公十年》:"郑子家卒。郑人讨幽公之乱,斲子家之棺而逐其族。"[2]斲,同"斫"。杜预注:"斫薄其棺,不使从卿礼。"[3]故《左传》上条意为,郑国的子家死。郑国人为了讨伐杀害幽公的那次动乱,打开了子家的棺材,不让他再享受卿大夫的丧葬规格,并赶走了他的族人。

"齐懿公掘邴歜之父而刖之",事见《左传·文公十八年》:"齐懿公之为公子也,与邴歜之父争田,弗胜。及即位,乃掘而刖之。"[4]刖:古代酷刑之一,指砍掉脚或脚趾。故《左传》上条意为,齐懿公未即位尚为公子时,和邴歜的父亲争夺田地,没有得胜。等到即位以后,他就掘出邴歜之父尸体而砍去他的脚(指"刖尸",即砍去尸体的脚)。

"卫出公掘褚师定子之墓",事见《左传·哀公二十六年》。卫军战败,卫出公"掘褚师定子之墓,焚之于平庄之上"[5]。意思是说,卫出公发掘褚师定子的坟墓,把棺材放在平庄之上放火烧了。

除顾氏所列上述事件外,《左传·僖公二十八年》亦记载:"晋侯围曹,门焉,多死,曹人尸诸城上,晋侯患之,听舆人之谋曰:'称舍于墓。'师迁焉,曹人凶惧,为其所得者棺而出之,因其凶也而攻之。三月丙午,入曹。"[6]意为,晋文公发兵包围曹国,攻城,战死的人很多。曹军把晋军的尸体挂在城墙上,晋文公为此感到烦恼,无意中听到随军而修理战车的舆人在议论此事说,我们应该把营帐迁移到曹国人的族葬墓地去。于是,晋文公下令照此办理。古代族人多葬于城外,坟墓相连,民乃有亲。此处,晋文公并未掘曹人之坟,而只是借宿营于曹人墓地而放出个曹人墓有被发掘可能的信息。曹国人恐惧,并把原来挂在城墙上的晋军尸体装进棺材运出来。晋军由于曹军恐惧而攻城。三月初八日,进入曹国。在这一与"墓"有关的事件中,先是曹人"陈尸城墙";而后,晋文公扎营做出准备发墓的姿态(后并未发墓)。双方都违背礼制。

《左传》记载的上述事件,时间有早于公元前506年吴军攻入郢都者,如上述晋、曹均违反礼制事为鲁僖公二十八年(前632);郑人斲子家之棺事为鲁宣公十

---

[1] 顾炎武:《子胥鞭平王之尸辨》,见《顾炎武全集》卷二十一,上海古籍出版社2011年,第191页。
[2] 《左传·宣公十年》,见《春秋左传正义》,北京大学出版社1999年,第626页。
[3] 杜预注,见杜预:《春秋经传集解》,见《春秋左传正义》,北京大学出版社1999年,第575页。
[4] 《左传·文公十八年》,见《春秋左传正义》,北京大学出版社1999年,第574页。
[5] 《左传·哀公二十六年》,见《春秋左传正义》,北京大学出版社1999年,第1711页。
[6] 《左传·僖公二十八年》,见《春秋左传正义》,北京大学出版社1999年,第443页。

年(前599);齐懿公事为鲁文公十八年(前609);亦有晚于者,如卫出公事为吴国灭亡4年后的鲁哀公二十六年(前469)。而事件的行为者如晋、曹、齐、卫等,均为与鲁国关系密切的中原诸国国君,其中包括春秋五霸之一的晋文公。

同时,上述"陈尸城墙""扎营以发墓""斫棺""掘墓而刖"及"掘墓焚之"等蔑视人伦的事件,其程度均轻于"掘墓鞭尸"(其中的晋文公"扎营以发墓",也只是恐吓曹人,并没有施行),而《左传》对这类事件,均一一记载。是故,吴军入郢后,伍子胥、伯嚭倘若真有"鞭平王之尸"事,《左传》断无不予记载之理。反之,因《左传》未做记载,则至少可以反推出伍子胥"掘墓鞭尸"事,并未发生。这就是顾炎武所说的因"《春秋》《传》(指《春秋经》《左传》)不载",故"因以疑之",即质疑《史记》等记载的真实性。

本卷前文论及吴寿梦二十五年、鲁襄公十二年(前561)去世的吴王寿梦时,曾引苏州考古学者的论述说:苏州西部山区的真山墓地一号墓"是苏南目前发现春秋时期的规格、级别最高的葬墓。根据发掘人员推断,其墓主为吴王寿梦"[1]。该墓在寿梦去世两年后的公元前559年(吴诸樊二年,鲁襄公十二年)"楚公子贞帅师伐吴"时,"墓应该在这时被盗",且"这次盗墓是政治性报复,并不是私盗"[2],等等。应当指出,春秋时若发生寿梦去世两年后墓被盗掘的"政治性报复"事件,则《春秋经》《左传》等也不可能不予记载,其道理同上。毕竟,寿梦去世时《左传·襄公十二年》曾记载:"吴子寿梦卒。临于周庙。"[3]即寿梦去世,鲁国国君鲁襄公到周文王庙里哭泣吊唁。若两年后发生寿梦墓被掘的非常之事,《左传》撰者绝不可能放过而不予记载。

顾炎武作《子胥鞭平王之尸辨》,其宗旨及意义正如其分析伍子胥所谓"掘墓鞭尸"事件的文献层累过程说:"考古人之事必于书之近古者。《穀梁传》云:'吴入楚,挞平王之墓。'贾谊《新书》亦云:'《吕氏春秋》云:鞭荆平之墓三百。'《越绝书》云:'子胥操捶笞平王之墓。'《淮南子》云:'阖闾鞭荆平王之墓,舍昭王之宫。'而《季布传》(指《史记·季布栾布列传》)亦言:'此伍子胥所以鞭平王之墓也。'盖止于鞭墓,而传者甚之以为鞭尸,使后代之人,蔑弃人伦,雠对枯骨。"[4]

伍子胥"掘墓鞭尸"说之所以出现在两汉时,有学者指出说,这"与当时的时

---

[1] 钱公麟、徐亦鹏:《苏州考古》,苏州大学出版社2000年,第128页。
[2] 钱公麟、徐亦鹏:《苏州考古》,苏州大学出版社2000年,第115页。
[3] 《左传·襄公十二年》,见《春秋左传正义》,北京大学出版社1999年,第905页。
[4] 顾炎武:《子胥鞭平王之尸辨》,见《顾炎武全集》卷二十一,上海古籍出版社2011年,第191页。

代氛围有很大的关系。战国、两汉是复仇之风炽盛的时代……被塑造成大侠的'伍子胥'就正好投合了这种时尚。由于这种时尚的风行,伍子胥'掘墓鞭尸'说在汉儒中获得顺利地通过,而后世学人又大多笃信汉儒和'太史公书',这便是'掘墓鞭尸'说传流至今的原因所在"[1]。

作为和苏州城诞生紧密相连的历史人物伍子胥,对其"掘墓鞭尸",古代史事记载最权威的历史著作《春秋经》《左传》以及《国语》等,均未作记载。这或已说明:"掘墓鞭尸"乃为后世所杜撰并加之于伍子胥头上的不实之词。其"蔑弃人伦,雠对枯骨"而催生社会暴戾之气的负面影响,后世流传近两千余年。

(五)战局变化与吴军返归

1. 申包胥哭秦庭乞师

楚昭王逃到随国后,申包胥前往秦国请求出兵援救。申包胥以楚国国土与其让吴国独吞,不如由秦与吴共分楚国说:"逮吴之未定,君其取分焉。"[2]即趁吴军现在还没有把楚国平定,您还是赶快出兵占领一部分土地。要是楚国就此灭亡,这一部分土地就成为您的领土了。如果仰仗您的威福派兵能安定楚国,楚国一定世世代代事奉您。申包胥怕秦国人以商量、研究为托词而没了下文,于是"立,依于庭墙而哭,日夜不绝声,勺饮不入口七日"[3]。对此,秦哀公大为感动,为他赋写了《诗经·秦风》里的《无衣》这首诗,含蓄表达秦国准备出兵的政治含义。秦国出兵救楚,也符合秦国国家利益的考量。随着秦国的介入,吴、楚战场力量的对比发生急剧变化。

2. 因"吴在楚"的"於越入吴"

吴阖闾十年(前505),记载本年史事的《春秋经·定公五年》记载:"於越入吴。"[4]而阐释上述经文的《左传·定公五年》亦记载为"越入吴,吴在楚也"[5]。意即越国人进入了吴国国都,这是由于吴国人正在入侵楚国的缘故。

从《左传·定公五年》的记载时间顺序来看,"越入吴"当发生在本年六月前的上半年。前文曾述,《春秋经》《左传》记载进入诸侯国国都时,该国都以其国号代指。故上述"於越入吴""越入吴",均指进入吴国国都内城。由于《左

---

[1] 张君:《伍子胥何曾掘墓鞭尸》,《武汉大学学报》1985年第3期。
[2] 《左传·定公四年》,见《春秋左传正义》,北京大学出版社1999年,第1558页。
[3] 《左传·定公四年》,见《春秋左传正义》,北京大学出版社1999年,第1558页。
[4] 《春秋经·定公五年》,见《春秋左传正义》,北京大学出版社1999年,第1559页。
[5] 《左传·定公五年》,见《春秋左传正义》,北京大学出版社1999年,第1560页。

传·定公五年》未有详细记载,此番"越入吴",究系指越人派小股人员潜入,或是越国派兵攻陷吴都而进入城内,并不得而知。但从当时的情势及力量对比来看,极可能是前者。而对吴国国都所进行的骚扰活动,从《史记·吴太伯世家》的"越闻吴王之在郢,国空,乃伐吴。吴使别兵击越"[1]的记载来看,吴国伐楚时已预留一支军队以备越。故按此,越军只是为了援楚而作的战略策应,并未攻克吴都、且为吴国预留的军队击败。故前述《春秋经》《左传》的"越入吴",很可能为小股人员潜入或进入吴都的军事骚扰行为,并为鲁国史官所采用。

越国值吴军伐楚时的军事牵制,客观表明楚、秦、越联手从不同方向分击吴国的态势已然形成。尽管越人"入吴"或只不过是牵制和骚扰而已,并没有对吴国的本土造成实质性威胁,然而其对滞楚而远离本土的吴军所造成的心理影响,却不容小觑。

再者,本年"於越入吴",究系为何种力量运作的结果?因文献未有明确记载,故不能排除的是以下两个原因:其一,楚国外交运作的结果。按此,则本年"於越入吴"为楚国策动越国所做的战略策应。其二,越人乘"吴在楚""国空"从而对五年前吴国攻打越国施行报复。五年前的吴阖闾五年(前510)夏天,吴国攻打越国事,即前文所引《左传·昭公三十二年》记载的"吴伐越,始用师于越也"[2]。

3. 秦军介入压力下的吴军内讧——夫概"自立"叛归与"奔楚"

"申包胥以秦师至,子蒲、子虎帅车五百乘以救楚。"[3]杜预《春秋经传集解》注:"五百乘,三万七千五百人。"[4]这就是说,秦国出动救楚的秦军人数,超过前述《吕氏春秋·用民》篇中所说的吴军伐楚人数的三万人。更何况,秦军以逸待劳,而吴军则劳师远征且已久滞于楚。

申包胥带着秦军到达,并在沂地大败夫概指挥的吴军。与此同时,吴军在柏举俘虏了楚国大夫蒍射,而蒍射的儿子率领溃逃的楚军士兵跟随子西(公子申),在军祥打败吴军。到秋季七月时,楚子期、秦将子蒲灭亡了吴国的盟友唐国。

秦国出兵成了吴国伐楚先胜而后败的分水岭,而随着秦、楚联军攻打吴军的战事呈胶着状态,吴军长期滞留楚国而远离本国的弱点渐显。在接连招致失败

---

[1] 司马迁:《史记》卷三十一《吴太伯世家》,中华书局1959年,第1467页。
[2] 《左传·昭公三十二年》,见《春秋左传正义》,北京大学出版社1999年,第1524页。
[3] 《左传·定公五年》,见《春秋左传正义》,北京大学出版社1999年,第1561页。
[4] 杜预注,引自杜预:《春秋经传集解》,上海古籍出版社1978年,第1638页。

后,吴国内部的权力斗争亦渐趋表面化而发生夫概"自立"的内讧事件。

吴军进入郢都之初,曾发生"以班处宫"事件,即《左传·定公四年》记载的"子山处令尹之宫,夫概王欲攻之,惧而去之,夫概王入之"[1]。杜预注:"子山,吴王子。"[2]意即吴王阖闾的儿子子山住进了楚国令尹的宅第,夫概王想要攻打他,子山害怕而离开,于是夫概王就住了进去(指楚令尹宅第)。显然,"以班处宫"引发并暴露出吴国上层内部的权力争斗。阖闾之弟夫概与阖闾之子子山的争斗,表面看是住房之争,其背后却反映出夫概是以这一行为表明自己为仅次于其兄阖闾的吴国二号人物,从而透露出其觊觎吴国王权的用心。

而在"以班处宫"中显露出觊觎吴国王权之心的夫概,在秦军出兵的压力下,决定铤而走险,抢班夺权。

吴阖闾十年(前505)九月时,"夫概王归,自立也。以与王战而败,奔楚,为堂谿氏"[3]。即夫概返回吴国,自立为王,旋即与吴王阖庐(阖闾)作战并被打败,于是逃亡到楚国,成为奔楚的姬姓或吴姓姓氏分支——堂谿氏的始祖。

夫概的叛归而回吴国,《史记·吴太伯世家》记为"阖庐闻之,乃引兵归,攻夫槩"[4]。即吴王阖闾听说,便立即引兵回吴国,攻打夫概(即夫槩)。

吴军内部的不和,亦为敌方知晓,并做出吴军不能占领楚国的结论。如入郢吴军"以班处宫"的争执传至楚国将军斗辛耳中时,他即指出:"不让,则不和;不和,不可以远征。吴争于楚,必有乱;有乱,则必归,焉能定楚?"[5]意为,不谦让就会不和睦,不和睦就不能远征。吴国人在楚国争夺,一定会演变成内讧和内乱,而发生了内讧和内乱,他们就必定会撤军回国,这又哪里能平定楚国呢?

4. 公壻之战与吴军归时在太湖北岸筑军事城堡——无锡"阖闾城"

吴王阖闾返回吴国平定夫概之乱后,又返回了伐楚战场。而滞留于楚国的吴军与秦、楚联军正面临着最后的决战——吴军在雍澨打败了向他们反攻的楚军,秦军赶到后又打败了吴军。吴军在雍澨河附近的麇地扎营,子期(公子结)准备用火攻方式来攻打吴军。他的兄长子西(公子申)劝他说:"我们的父兄亲戚战死沙场,也在这一带暴露尸骨,现在无法收敛他们,要是用火攻,那就连他们的尸体也一并焚烧了。这不行啊!"子期回答他说:"国家都快要灭亡了。死者

---

[1]《左传·定公四年》,见《春秋左传正义》,北京大学出版社1999年,第1555页。
[2] 杜预注,见杜预:《春秋经传集解》,上海古籍出版社1978年,第1633页。
[3]《左传·定公五年》,见《春秋左传正义》,北京大学出版社,1999年出版,第1561页。
[4] 司马迁:《史记》卷三十一《吴太伯世家》,中华书局1959年,第1467页。
[5]《左传·定公五年》,见《春秋左传正义》,北京大学出版社1999年,第1562页。

如果地下有知，国家保全了后他们就可以享有像以往一样的祭祀了，哪里还怕烧掉尸骨？"于是，楚军放火焚烧吴军，接着又大举进攻，吴军败退。其后两军又在公壻之溪展开大战而"吴师大败，吴子乃归"[1]。即在公壻之战中吴军大败，吴王阖闾这才回国去了。

吴军返归时，担心当时秦、楚联军的尾随而入吴国境内从而对"吴入郢"进行报复，故未雨绸缪地在太湖北岸的今无锡筑军事城堡——阖闾城。前文已述，历史上楚国曾两次攻入吴国腹地，一次为攻入今南京附近；另一次则是包围了今镇江附近的朱方而诛杀齐国逃臣庆封。故吴军伐楚而败退之际，筑造用于防御及拱卫吴都（今苏州）的军事城堡，就完全必要了。无锡现存最早地方文献——元王仁辅纂至正《无锡志》对吴军返归时造筑这一军事城堡记载说："阖闾城，在州西富安乡，相去四十五里。《越绝书》云：伍员取利浦及黄渎土筑阖闾城。《吴地记》云：阖闾城，周敬王六年伍员伐楚还，运润州利湖土筑之，不足，又取吴地黄渎土，为大小二城，当阖闾伐楚回，故因号之。'今按阖闾大城在姑苏，即今之平江是也。小城在州西北富安乡闾堽，其地边湖，其城犹在。"[2]

按上述记载，无锡"阖闾城"为吴国伐楚归时建。是年为公元前505年（吴阖闾十年，鲁定公五年，周敬王十五年），故上述"周敬王六年伍员伐楚还"，乃是将其建造时间误作"周敬王六年"了。而"周敬王六年"为公元前514年（吴阖闾元年），时吴王阖闾刚执政，吴、楚间并无战事发生，故并无"伍员伐楚还"的任何可能。至于该军事城堡名"阖闾城"，指的是阖闾时所筑之城。这与前文所引《姑苏志》卷第七记载的昆山"寿梦城"为"相传其城吴子寿梦所筑"[3]的性质一样。且从上述《无锡志》记载亦可看出，它（指无锡"阖闾城"）在该《无锡志》中被称为阖闾"小城"，并以之与"在姑苏"的"阖闾大城"，即撰者王仁辅所处时代——元代时的"平江"（今苏州）作区分。后世的无锡方志，如明弘治《重修无锡县志》、明万历《无锡县志》、清康熙《无锡县志》等，均承袭元至正《无锡志》记载。而明弘治《重修无锡县志》中，论述无锡沿革时，更以表格形式明确地注明"（周）敬王六年"（吴阖闾元年，前514）"阖闾城姑苏"[4]。而该句无论是作"阖闾城"（指阖闾大城）为"姑苏"，或是作吴王"阖闾"造筑（即"城"）"姑苏"

---

[1] 《左传·定公五年》，见《春秋左传正义》，北京大学出版社1999年，第1561页。
[2] 王仁辅：（元至正）《无锡志》，见《无锡文库》第一册，凤凰出版社2012年，第54页。另，本文引用该标点本时，有以下两处改动：一为原句"不足又取吴地黄渎土"，现标点为如上；二为原句"小城在州西北富安乡，闾堽其地边湖，其城犹在。"现标点为如上。
[3] 王鏊：《姑苏志》卷第七，苏州方志馆藏本。
[4] 弘治《重修无锡县志》，见《无锡文库》第一册，凤凰出版社2012年，第97页。

(即阖闾大城)的解读,其意相同。

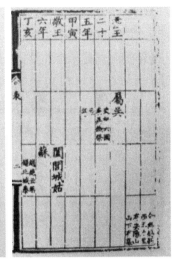

图 4-1　元王仁辅纂至正《无锡志》关于阖闾城的书影(左)
及明弘治《重修无锡县志》注明"周敬王六年""阖闾城姑苏"字样的书影(右)[1]

近年,在苏、锡二市关于"吴都阖闾城"的人为争端中,有专家"在无锡宣布,无锡'阖闾城遗址'可初步认定为公元前 515 年—公元前 496 年之间春秋时期一代吴王阖闾的都城"[2]。这一意见,既不专业,又无视多部先秦文献关于苏州古城的论述,更置上述无锡现存最早地方文献的记载于不顾。而上述争端未起之时,无锡阖闾城的军事城堡性质,则早已获无锡官方所修《无锡县志》《无锡市志》及《无锡通史》等无锡当代史志的认可。如:1994 年出版的无锡县志编纂委员会编《无锡县志》卷二十五第七章《文物胜迹》指出:"阖闾城遗址位于境内胡埭乡闾江村和武进县雪堰乡城里村之间。周敬王六年(前 514),伍子胥伐楚还师,吴王阖闾令他筑城。城筑成后,用吴王的名字命名,称阖闾城。距今已有 2 500 余年。城为土城,弧形,仅筑东、南、西三面。……吴国在此筑城,有力地控制了军事要地,进可攻,退可守。"[3]再如:1995 年出版的无锡市地方志编纂委员会编著的《无锡市志》第七卷《胜迹》"阖闾城"条说:"周敬王六年(前 514)伍员(字子胥)伐楚还师,吴王阖闾令其筑城,故名。阖闾城土筑,弧形,仅筑东南西三面,北背大河。……是吴国的军事要地。越灭吴后,阖闾城失去军事意义,

---

[1]《无锡文库》第一册,凤凰出版社 2012 年,第 54、97 页。
[2] 2008 年 9 月,在无锡举行的"无锡阖闾城遗址全国考古专家论证会"上,"国家文物局考古专家组组长黄景略代表专家组作上述宣布。"引自林杉:《阖闾城揽胜》,古吴轩出版社 2013 年,第 93 页。
[3]《无锡县志》卷二十五,上海社会科学出版社 1994 年,第 891 页。

渐至荒废,杂草丛生。"[1]而2003年出版的《无锡通史》在论述"吴越争霸战争"时,不但认为"自吴王诸樊时吴国都城自无锡迁苏州",且对位于"今无锡胡埭镇湖山村和武进县雪堰桥镇城里村间"的"无锡阖闾城遗址"以加注形式指出说:"从考古出土来看阖闾城是春秋时的城堡。"[2]

阖闾时期的本次吴国对楚国战争,在先胜情况下,其后几乎是被秦、楚联军赶出楚国。但对吴国而言,并不认为这是一次不成功的战争。仅是占领郢都,就标志着巨大的胜利。为刻意地渲染胜利归来的气氛,"诸将既从还楚,因更名阊门曰破楚门"[3]。意即吴国的将军们从楚国回来后,为表达伐楚时攻破楚国郢都的胜利,特意把吴都(今苏州)的"阊门"改称为"破楚门"。

(六)吴军返归次年的吴再伐楚与"取番"之战

1. 文献记载的吴再伐楚与"取番"之战

吴阖闾十年(前505)吴国刚从楚国撤军回国,次年(吴阖闾十一年,前504),却又兴师伐楚。对之,《左传·定公六年》记载说:"四月己丑,吴大子终累败楚舟师,获潘子臣、小惟子及大夫七人。楚国大惕,惧亡。子期又以陵师败于繁扬。令尹子西喜曰:'乃今可为矣。'于是乎迁郢于鄀,而改纪其政,以定楚国。"[4]意即,本年(吴阖闾十一年,前504)四月十五日,吴国的太子终累打败楚国的水军,俘虏了潘子臣、小惟子和七个大夫。楚国大为震惊,害怕会亡国。接着,公子期率领的陆军在繁阳又被吴军打败。楚国令尹子西对此却高兴地说:"现在可以有所作为了。"于是,楚国把国都从郢迁往鄀。同时,改革政治以安定楚国。

《史记·吴太伯世家》亦记载此战:"十一年,吴王使太子夫差伐楚,取番。楚恐而去郢徙鄀。"[5]即阖闾十一年(前504)吴国派遣太子夫差伐楚,夺取了番邑。楚国大为恐惧。于是,把国都从郢迁往鄀地。

上述《左传》《史记》记载的为同一次战争,即吴再伐楚与"取番"之战。而此战吴国统帅均为吴国太子。《左传》记为"吴大子终累",而《史记》则记为吴"太子夫差"。

---

[1]《无锡市志》第七卷,江苏人民出版社1995年,第612页。
[2] 宗菊如、周解清:《无锡通史》,江苏人民出版社2003年,第44页。
[3] 赵晔:《吴越春秋》卷四,江苏古籍出版社1986年,第47页。
[4]《左传·定公六年》,见《春秋左传正义》,北京大学出版社1999年,第1566页。
[5] 司马迁:《史记》卷三十一《吴太伯世家》,中华书局1959年,第1467页。

关于两部不同文献记载的"吴大子终累"与吴"太子夫差"的关系,后世学者则分别做出"兄弟说"及"同一人说"的不同判断。

杜预注作二人为兄弟说:"终累,阖庐子,夫差兄。"〔1〕因《左传·定公六年》出现的吴大子终累,在其后的《左传》记载中再未出现。甚至在公元前496年(吴阖闾十九年)阖闾在伐越时的檇李之战中,负伤身死而"卒于陉"〔2〕,即阖闾临死前后,吴大子终累也未出现。故杜预这一"兄弟说"的判断乃是建立在终累突兀出场后并再无下文且吴国王位其后由夫差即位而做出的判断,且并未指出"吴大子终累"为何未接位及其在《左传》中消失的原因。

司马贞《史记索隐》作二人(终累、夫差)为"同一人说"时指出:"定六年左传(即《左传·定公六年》)'四月己丑,吴太子终累败楚舟师'。杜预曰'阖庐子,夫差兄'。此以为夫差,当谓名异而一人耳。"〔3〕显然,此说从两部不同文献记写的为同一场战争,从而以《左传》《史记》互证,得出"当谓名异而一人耳"的结论。

2. 吴再伐楚与"取番"之战的疑谜与河南固始勾敔夫人墓

本年吴再伐楚"取番"留给后世的一个疑谜为:上年(指吴阖闾十年,前505)吴军伐楚刚返归,何以在本年(指吴阖闾十一年,前504)又再发动伐楚而"取番"的战争?前文述,越国值吴军伐楚时进入吴都内城即"入吴",故从常理上讲,吴军返归后,当首先对距吴国身边不远的越国施行报复。因此,若是无非常必要的情况,吴国似无必要在返归次年,丢下该报复的越国不管而又劳师远征地再行伐楚。另从本年吴再伐楚战争的过程来看,楚国对吴国的战略意图误判为吴军将再次攻打郢都,故把国都从郢迁往鄀。然而,其后吴军并未对郢或鄀进行攻击。显然,吴军释放出的攻"郢"讯息,乃是误导楚国,使其做出误判并诱使其将注意力转移至迁都于"鄀"及其防御上。吴国做此佯动,必有其目的和意图。

如前所述,对吴再行伐楚,无论是晋杜预、抑或是唐司马贞,古代史家的关注点只是停留在伐楚统帅人选不同文献记载的歧异上,而对其目的并未涉及。而从文献记载的角度来探讨,将吴军再伐楚"取番"及伐楚"取番"时对楚国的误导等因素叠加时,或可窥得本次战争的目的与"番"地有关。然而,仅靠上述文献的记载,似无从解开上述疑谜。而1978年河南固始(古番地)侯古堆出土的勾敔夫人墓所具有的对文献的补正作用,或真正成为解开吴再伐楚疑谜的钥匙——

---

〔1〕 杜预注,见杜预:《春秋经传集解》,上海古籍出版社1978年,第1468页。
〔2〕 《左传·定公十四年》,见《春秋左传正义》,北京大学出版社1999年,第1603页。
〔3〕 司马贞:《史记索隐》,见司马迁:《史记》,中华书局1959年,第1467页。

这就是吴军为安葬"勾敔夫人"即吴王阖闾的宋国媵妾季子(关于河南固始"勾敔夫人墓"与出土器"勾敔夫人季子媵簠",另见下文)。

五、吴、越槜李之战与阖闾身死

(一) 吴国伐越

地缘政治下的吴、越关系,从吴王馀祭时期的伐越及馀祭死于越俘刀下始,即已开始恶化。阖闾上台后,随着吴、楚争夺的加剧,受其影响的吴、越关系,更趋紧张。《史记·吴太伯世家》记载,早在吴伐楚并攻下楚都前的吴阖闾五年(前510)时,吴国就曾"伐越,败之"[1]。而伐越的原因即为地缘政治下的"吴王以越从不伐楚,南伐越"[2]。此战亦前文所说的"吴伐越,始用师于越"的吴伐越之战。

吴国攻打越国,越国亦寻机报复,这就是吴伐楚时,越国为策应楚国而乘机攻入吴都事。所有这些,在吴王阖闾伐楚返归并安葬了他的宋国籍"勾敔夫人"后,更成为心中难以释怀的旧恨新仇。故阖闾后期,吴、楚争夺随着《春秋经》《左传》等文献记载的7年空白而相对沉寂,但吴王阖闾一直在等待时机,报复越国。

《吴越春秋》记写了这一时期吴王阖闾在其所建离宫、离城(相关内容,另见本卷第八章)的悠闲岁月:"立射台于安里,华池在平昌,南城宫在长乐。阖闾出入游卧,秋冬治于城中,春夏治于城外,治姑苏之台。旦食鲲山,昼游苏台,射于鸥陂,驰于游台,兴乐石城,走犬长洲,斯且阖闾之霸时。"[3]意思是说,吴国在安里建立了射台,在平昌开掘了华池,在长乐建了南城宫。阖闾到这些地方出入,或游或卧于此。秋、冬两季在吴大城中料理政事,春、夏两季则或是在城外、或是在姑苏台(关于姑苏台的造筑,当为吴王夫差时。另见下文)上料理政事。早晨在鲲山吃早餐,白天在姑苏台游玩,在鸥陂射猎,在游台骑马驰骋,在石城寻欢作乐,在长洲茂苑驱狗奔走。这一段日子正是吴王阖闾称霸时的情况。

吴阖闾十九年(前496),阖闾终于等来了越王允常去世的消息。《史记·越王句践世家》记载:"吴王阖庐闻允常死,乃兴师伐越。"[4]

---

[1] 司马迁:《史记》卷三十一《吴太伯世家》,中华书局1959年,第1466页。
[2] 赵晔:《吴越春秋》卷四,江苏古籍出版社1986年,第38页。
[3] 赵晔:《吴越春秋》卷四,江苏古籍出版社1986年,第47—48页。
[4] 司马迁:《史记》卷四十一《越王句践世家》,中华书局1959年,第1739页。

是时,乘敌国国君去世而遽然发动战争,似乎成为吴国国君无法抑制的军事冲动。吴王诸樊时,因楚共王卒,吴伐楚丧。其后果是遭中原文化批判。向城会见时,晋范宣子"吴之不德也,以退吴人"[1]。对之,杜预注释为:"吴伐楚丧,故以为不德。数而遣之,卒不为伐。"[2]从而使得吴国外交、军事等,蒙受重大挫折,并在晋国集团中被边缘化。吴王僚时,因楚平王卒,吴伐楚丧。因担心中原国家出于道德原因的反对,故吴王僚小心翼翼地"使延州来季子聘于上国,遂聘于晋,以观诸侯"[3]。即派遣季札出访晋国,以观察晋国及中原列国对吴伐楚丧的态度和反应。而这一伐楚丧的后果,则是引发吴国宫廷政变——专诸刺杀王僚及吴王僚亲信统领的伐楚吴军逃亡奔楚。

对吴王阖闾来说,第一次吴王诸樊"伐丧"乃其父所为,子不责父。而第二次吴王僚"伐丧"恰给了他发动政变的机会。而他在吴王僚执政时,曾作为吴军统帅在与楚国的"鸡父"之战中,因楚军统帅——令尹子瑕(阳匄)死于军中,当时尚为公子光的他,在分析战情时即指出"子瑕卒,楚师熸"[4],即楚军主帅身死必影响楚军士气。其后,吴军在"鸡父"之战中的胜利,无疑成为他于本年"闻允常死,乃兴师伐越",即"伐越丧"以乘机取胜的经验和信心来源。一而再,再而三的吴国"伐丧",足以形成了春秋时期吴国军中文化的一个特点,即追求战争胜利的目的而不计较其手段是否符合当时的道德标准。而这又与吴国地处东南一隅,文明程度与中原文化尚存一定差距的"蛮夷"文化有关。

(二) 槜李之战与阖闾负伤身死

吴伐越,处于国丧期的越国立即做出反应。"越子勾践御之,陈于槜李。"[5]槜李,又作"檇李""醉李""就李""御儿""语儿"等。杨伯峻《春秋左传注》注为:"槜李当是越地。杜氏《土地名》'越地槜李'是也。"[6]杜预注则指出槜李地望为:"吴郡嘉兴县南醉李城。"[7]唐陆广微《吴地记》则指为是嘉兴县北:"县北三十里有槜李地,是吴越战敌处。"[8]

---

[1] 司马迁:《史记》卷四十一《越王句践世家》,中华书局1959年,第1739页。
[2] 杜预注,引自杜预:《春秋经传集解》,上海古籍出版社1978年,第903页。
[3] 《左传·昭公二十七年》,见《春秋左传正义》,北京大学出版社1999年,第1481—1482页。
[4] 《左传·昭公二十三年》,见《春秋左传正义》,北京大学出版社1999年,第1434页。
[5] 《左传·定公十四年》,见《春秋左传正义》,北京大学出版社1999年,第1602页。
[6] 杨伯峻:《春秋左传注》,中华书局1990年,第1595页。
[7] 杜预注,见杜预:《春秋经传集解》,上海古籍出版社1978年,第1694页。
[8] 陆广微:《吴地记》,江苏古籍出版社1986年,第46页。

吴军攻入越地,越王勾践率军抵御。两军陈于越地的檇李,摆开了阵势。"句践患吴之整也,使死士再禽焉,不动。使罪人三行,属剑于颈,而辞曰:'二君有治,臣好旗鼓,不敏于君之行前,不敢逃刑,敢归死。'遂自刭也。"[1]意即,勾践对吴军战阵的严整感到担忧,便先派遣敢死队冲上去,两次冲锋,这些"死士"——敢死队员都被吴军俘虏,而吴军的阵势丝毫没乱。于是越王又派出罪人排成三排,让他们自己把剑架在脖子上并齐声说:"两国国君交战,我们冒犯了军令,不配再做一个军人,如今不敢逃避刑罚,只敢一死以伏罪。"说着,越国的这些罪人们便一个个割颈自杀。

这一战阵,是春秋时期上百次的战阵中,极少有的一幕集体自杀场面。这一惨烈而又精心策划的战阵,系越王勾践的奇特战术。吴军将士"师属之目,越子因而伐之,大败之。灵姑浮以戈击阖庐,阖庐伤将指,取其一屦"[2]。意为,从没经过这奇特场面的吴国军队士兵们,一个个都看呆、看傻了。而越王勾践则指挥越军乘机进攻,把吴军打得大败。越军将领灵姑浮用戈击刺吴王阖闾(阖庐),阖闾(阖庐)的脚趾被刺伤。灵姑浮把阖闾(阖庐)的一只鞋子也抢去了。

这里,须作说明的是:上述所引《春秋左传正义》(北京大学出版社1999年版)对越王表述:一作"越子勾践御之";一作"句践患吴之整也"。两处表述如注释所示,均出自《春秋左传正义》(北京大学出版社1999年版)的同一页(第1602页)上。而《春秋左传正义》出现"勾(句)践"者凡四处,除以上《左传·定公十四年》的两处记载外,另见《左传·哀公元年》"句践能亲而务施"[3]句及《左传·哀公二十年》"勾践将生忧寡人"[4]句。这里,"勾"同"句"。因此,上述《春秋左传正义》(北京大学出版社1999年版)显然存在着"勾践""句践"混用现象。而《史记》(中华书局1959年版)、《国语》(上海古籍出版社1998年版)、《越绝书》(上海古籍出版社1985年版)等作"句践";而《吴越春秋》(江苏古籍出版社1986年版)作"勾践"。在这种情况下,本卷论述为避免"勾践""句践"的混用现象,引文各随原文,但不论引文为"勾践"或"句践"者,其后的正文论述中均统一作"勾践"并不另注。

吴、越"檇李之战"中,吴军大败而吴王阖闾负伤。正是这一外伤,导致了吴

---

[1]《左传·定公十四年》,见《春秋左传正义》,北京大学出版社1999年,第1602页。
[2]《左传·定公六年》,见《春秋左传正义》,北京大学出版社1999年,第1602—1603页。
[3]《左传·哀公元年》,见《春秋左传正义》,北京大学出版社1999年,第1612页。
[4]《左传·哀公二十年》,见《春秋左传正义》,北京大学出版社1999年,第1703页。

王阖闾的身亡。《春秋经·定公十四年》记载："於越败吴于槜李。吴子光卒。"[1]《左传·定公十四年》则记载槜李之战后，吴军大败的情况说，吴王阖闾"还，卒于陉，去槜李七里"[2]。意即，阖庐退兵并死在了陉地，这里距槜李七里。

阖闾和他的父亲诸樊一样，成为寿梦后第二位战死在战场上的吴王。不同的是，诸樊战死于伐楚战场，而阖闾则是战死在伐越战场。《左传·定公十四年》记载了阖闾后的吴国君位传承，即位者并非《左传·定公六年》记载的"吴大子终累"[3]，也不是前文吴入郢后因"以班处宫"事件而出现的"处令尹之宫，夫概王欲攻之"[4]且为杜预注为"吴王子"[5]的子山，而是《左传·定公十四年》的"夫差使人立于庭"[6]，即《左传》记载首次出现的王位继承人夫差。对之，杜预注为："夫差，阖庐嗣子。"[7] 嗣子：有多义。其一，帝王或诸侯的承嗣子（多为嫡长子）。其二，"嗣子"旧时称嫡长子。其三，旧时无子者以近支兄弟或他人之子为后嗣，亦称"嗣子"。显然，因夫差前有终累，故可排除其嫡长子身份。舍此，则可能为后一种情况，即夫差并非为阖闾亲生之子。然而，"吴大子终累"或死去，或废黜，可吴王阖闾还有另一子，即前文杜预曾注为"吴王子"的子山。何以阖闾去世后，被杜预称为"吴王子"的子山也不见踪影，以致让"嗣子"夫差即位？这一问题，以《左传》证《左传》显然无解。而杜预注的"终累，阖庐子，夫差兄"[8]则是建立在《左传·定公六年》出现的"终累"，在突兀出场后再无下文及吴国王位其后由夫差即位而做出的判断。且这一注释，并未指出"吴大子终累"为何未接位及其在《左传》中消失的原因。

第四节　阖闾时期的历史文化遗存

一、苏州虎丘山阖闾墓葬

阖闾死后，文献记载他被安葬在苏州虎丘——有"吴中第一山"之称的今日

---

[1]《春秋经·定公十四年》，见《春秋左传正义》，北京大学出版社1999年，第1600页。
[2]《左传·定公十四年》，见《春秋左传正义》，北京大学出版社1999年，第1603页。
[3]《左传·定公六年》，见《春秋左传正义》，北京大学出版社1999年，第1566页。
[4]《左传·定公六年》，见《春秋左传正义》，北京大学出版社1999年，第1566页。
[5] 杜预注，见杜预：《春秋经传集解》，上海古籍出版社1978年，第1633页。
[6]《左传·定公十四年》，见《春秋左传正义》，北京大学出版社1999年，第1603页。
[7] 杜预注，见杜预：《春秋经传集解》，上海古籍出版社1978年，第1697页。
[8] 杜预注，见杜预：《春秋经传集解》，上海古籍出版社1978年，第1468页。

苏州极具盛名的一处旅游地。

图4-2 有"吴中第一山"之称的苏州虎丘（左）
及传唐颜真卿书"虎丘剑池"石刻（右）（吴恩培摄）

（一）关于阖闾墓葬的文献记载

最早记载阖闾墓冢在虎丘山的为东汉《越绝书》。《越绝书》卷三记载说："阖庐冢，在阊门外，名虎丘。下池广六十步，水深丈五尺。铜椁三重。坟池六尺。玉凫之流。扁诸之剑三千，方圆之口三千。时耗、鱼肠之剑在焉。千万人筑治之。取土临湖口。筑三日而白虎居上，故号为虎丘。"[1]意为，阖闾的墓，在阊门外，称为虎丘。虎丘山下的池水宽六十步，水深一丈五尺。阖闾墓中的铜椁有三重。墓中的水银池深六尺。池中飘浮着玉石制成的玉凫等。三千把吴军实用器的扁诸之剑，分藏在墓中三千口或方或圆的井里。其中时耗、鱼肠等宝剑也都在阖闾的墓中。阖闾墓征用了成千上万的人来筑治。从临湖口运取来土石。筑成后三天，有一头白虎出现在筑治阖闾墓的山上，所以这座土丘似的小山就被称为"虎丘"。

上述文献记写阖闾死后，随葬有他生前珍爱的宝剑，且数量颇大。所有这些，使得这位吴王即使死后，也无法得到安宁。

其后，关于阖闾墓冢历代层累式的记载如下：南朝刘宋裴骃《史记集解》引《越绝书》的记载，除一些文字有差异外，基本上与东汉《越绝书》相同。唐代陆广微《吴地记》的记载，除承袭《越绝书》记载外，另记载秦代时秦始皇嬴政掘墓而求剑及虎丘剑池的形成情况说："秦始皇东巡，至虎丘，求吴王宝剑，其虎当坟而踞。始皇以剑击之，不及，误中于石。其虎西走二十五里，忽失。于今虎疁，唐讳虎，钱氏讳疁，改为浒墅。剑无复获，乃陷成池，故号剑池。"[2]

---

[1] 袁康、吴平：《越绝书》卷第二，上海古籍出版社1985年，第11页。
[2] 陆广微：《吴地记》，江苏古籍出版社1986年，第61—62页。

图4-3　虎丘剑池。两崖壁立,中涵石泉终年不涸。崖壁石刻鹅头篆书"剑池"二字为元代周伯琦所书。"风壑云泉"四字,相传出自宋米芾之笔,形容"寒风出幽壑,白雪映清泉"之情景(吴恩培摄)

北宋时朱长文《吴郡图经续记》,在承袭《吴地记》所记秦代掘墓求剑时,另记载了三国时孙权掘墓的情况:"旧传秦皇求剑,地裂为池。《太平寰宇记》云:'山涧是孙权所发,以求阖闾宝器。'"[1]

上述汉、唐至北宋文献,相继记载了虎丘阖闾墓后世两次被发掘(指秦皇求剑及孙权所发)的情况。当代学者的研究成果,还指出阖闾墓值此以前更早的一次被掘情况说:"据《古今图书集成》引刘向书云:'葬十余年,越人发之。'吴国灭亡后,越人怀着强烈的复仇心理,发掘了阖闾陵墓,这是第一次。据《吴地记》载:'秦始皇东巡至虎丘,求吴王宝剑,其虎当坟而踞,始皇以剑击之,不及,误中于石。其虎西走二十五里,忽失。'……《古今图书集成》也云:'相传秦始皇发阖闾墓,凿山求剑,无所得,其凿处遂成深渊,今名剑池。'这是第二次。据《吴郡图经续记》引《太平寰宇记》云:'山涧是孙权所发,以求阖闾宝器。'……这是第三次。"[2]

上述三次对阖闾墓的发掘,除越人系报复性质外,后两次均为求剑——以求获得文献所记阖闾墓中的三千把剑。这些发掘均非私盗,而为官方发掘行为。

---

[1] 朱长文:《吴郡图经续记》,江苏古籍出版社1986年,第40—41页。
[2] 吴奈夫:《春秋吴都研究的若干问题》,《苏州大学学报》1992年第4期,后刊入《吴文化研究论丛》,苏州大学出版社1998年,第31页。

(二) 虎丘山阖闾墓的历史之谜

在上述官方挖掘均求而未得的情况下,则给后人留下了一个历史之谜:吴王阖闾的墓是否在虎丘山下?

吴奈夫《春秋吴都研究的若干问题》一文引龙符赤《虎丘吴王阖闾坟的发现》一文所介绍的明代关于虎丘山下确有墓葬的记载:"明正德七年(1512)正月,虎丘剑池水突然干涸,在剑池底下显露出一个洞穴,于是惊动了苏州城内的文人学士和地方官吏,曾举火进入洞穴探幽。因甬道变小,深浅莫测,知难而返。地方官吏不敢亵渎神灵,急命掩埋封闭。这件事的经过,被当事人郑重其事地写成两则题记,刻在剑池石壁上。全文如下:'正德七年正月,郡士王山椿、侯权、任云藩、祖吴之登虎丘,于时××(疑为"剑池"两字)水涸,传亲□阖闾之幽宫。千年神密,一朝显露,可悼已已!□□□庭字利赡同游。少傅王鏊,解元唐寅,孝廉陈□□,少傅之子。□□延龄';'长洲令吾翁,吴令胡文静,昆山令方豪,闻剑池枯,见吴王墓门,皆往观焉,万年深关,一旦为人所窥,岂非数耶?命掩藏之!正德七年上元前一日志。'"[1]

当代关于虎丘剑池水涸后所见情况为:"1955年疏浚剑池,发现池东壁上石刻2方,系王鏊、唐寅等撰,载正德六年(1511)剑池水涸,于池底发现北端有洞穴,疑是吴王墓门事。当即戽干池水,见石壁平直,池底平坦,以岩壁灰白色水痕为准,量至池底为一丈五尺,池北果有洞穴,内叠砌不同于本山岩石的石板四块。"[2]曹林娣校注《吴地记》"虎丘山"条时亦记载此事并指出说:"穴北石缝以大青石板叠砌,为人工所作。据析,此处与春秋战国洞室墓形制相像,可能即是墓门。"[3]

钱正、丛止《吴王阖闾墓之谜》一文,也披露了1955年时准备发掘阖闾墓,而国务院领导最终决定不予开掘的相关情况。该文记写1955年,苏州市政府为抢修岌岌可危的云岩寺塔(俗称虎丘塔),因施工需要,抽干剑池池水,发现四百四十余年前曾露出的洞穴。为此,有关部门准备发掘时写道:"中央人民政府国务院办公厅接到文化部由郑振铎部长亲自签署的文件,并附来了江苏省文物管

---

[1] 吴奈夫:《春秋吴都研究的若干问题》,《苏州大学学报》1992年第4期,后刊入《吴文化研究论丛》,苏州大学出版社1998年,第31页。原文另加注为:"龙符赤:《虎丘吴王阖闾坟的发现》,原载《华年月刊》1932年1卷15期。转引自《吴文化资料选辑》第二辑(内部发行)。"
[2] 苏州市地方志编纂委员会:《苏州市志》,江苏人民出版社1995年,第一册第720—721页。
[3] 曹林娣:《吴地记》注文,见《吴地记》,江苏古籍出版社1986年,第63页。

理委员会的报告,要求对吴王幽宫正式进行考古发掘。立论依据是:'根据洛阳地区发现的大量东周墓葬证明:当时墓制是先从平地上打一竖穴,深入地层,再从穴底横向开掘,筑成甬道,在甬道终端建造墓室。总体成:L 形。吴王阖闾时处春秋晚期,历史断代相吻。看来,虎丘剑池为王墓竖穴,现穴底横向通道已经发现,只要清除封石,估计即能进入……'报告送到国务院办公厅齐燕铭主任的办公桌上。这位以稳健著称的文物行家掂出这件事的分量不轻,何况虎丘山正在抢救那座岌岌可危的国家级云岩寺古塔(即俗称的虎丘塔),开挖古墓时万一把这座全国知名的五代、北宋古塔搞塌了,那真要上无以告列祖列宗,下无以对子孙后代了。何况在目前条件下,对意想不到的出土珍贵文物,是否具有绝对安全的技术措施和保护条件,也很难说。他拿起报告,匆匆去找周总理。国务院的指示精神很快传达下来,中央从整个民族利益出发,决定不予开掘。"[1]

虎丘山上倾斜的虎丘塔,阻止了人们想解开阖闾墓之谜的任何努力,也保护住墓冢中墓主阖闾的安宁,或使得这一历史之谜在今后将继续存在下去。

二、吴王阖闾现存部分用器

吴王阖闾现存用器有多件,其中有"吴王光鉴",另有剑、戈等兵器。

(一) 剑

1. 山西省原平县峙峪出土"攻敔王光自乍用鐱"

该剑剑身近格处铸有两行八字铭文"攻敔王光,自乍用鐱"。该剑为吴王阖闾现存用器中最著名者,"一九六四年在山西原平县峙峪村一座晋墓内出土"[2],中国国家博物馆展出时作"吴王光"青铜剑。

图 4-4　中国国家博物馆展出的"吴王光"青铜剑(左)及说明标牌(右)。标牌文字为:"'吴王光'青铜剑,春秋·吴,1964 年山西原平出土,此剑为吴王光(即吴王阖闾)自作用器。"(吴恩培摄)

―――――――――

〔1〕 钱正、丛止:《吴王阖闾墓之谜》,见《苏州杂志》1980 年第 4 期。
〔2〕 戴遵德:《原平县峙峪出土的东周铜器》,《文物》1972 年第 4 期。

2. 安徽省南陵县出土"攻䣙王光自乍用鐱"

该剑剑身近腊处有含"攻䣙王光自乍用鐱"等两行十二字铭文。该剑为"安徽省南陵县博物馆藏。一九七八年在安徽南陵县三里公社与何湾公社交界的一座小山头上一座极普通的土墩墓中发现"[1]。

3. 安徽省庐江县出土的"攻䣙王光自乍用鐱"

该剑近剑格处有含"攻䣙王光自乍用鐱"等两行十六字铭文。该剑为"安徽省博物馆藏。一九七四年在安徽庐江县汤池公社边岗大队发现"[2]。

4. 荷兰波斯顿博物馆藏攻䣙王光韩剑

董楚平《吴越徐舒金文集释》一书指出:"此器鲜为人知,李家浩《攻敔王光韩剑与虡王光趄戈》始作吴王光剑介绍,文载《古文字研究》第十七辑。该剑"现藏荷兰波士顿博物馆。著录于《发掘中国的过去》九二页图三八。"[3]

(二) 戈

1. 北京故宫博物院藏"攻䣙王光戈"

董楚平《吴越徐舒金文集释》指出:"攻䣙王光戈(二件),其一,北京故宫博物院藏"[4],著录于《十二家吉金图录》(双四)、《三代吉金文存》(一九·四三)、《双剑誃古器物图录》(上四四)、《中山大学学报》一九六四年第一期《鸟书考》(图十八)、《金文总集》(七四四三)等。……其二,著录于《周金文存》(六·一八)、《商周金文录遗》(五六四)、《金文总集》(七四四四)。此戈已残,仅存三个半字:攻□□䣁自乍。光字只剩末画,字体款式与前器全同,当亦为'攻䣙王光戈'。"[5]

2. 上海博物馆藏"大王光趄戈"

董楚平《吴越徐舒金文集释》一书指出:该器"共三件,分别著录于邹安《周金文存》第六卷第十五、十六、十七页。为便于叙述,姑且分称为《周金》十五、《周金》十六、《周金》十七。三件大小不一,而铭文字数、内容、字体、款式全同,应是一人同时制作之器。铭文排列次序,皆由胡至援,转折于背,共八字,释文如下:'大王光(在正面胡上)趄自乍(在正面援上)用戈(在背面胡上)。'"[6]

该器,上海博物馆编《商周青铜器铭文选》作"大王光戈"。

---

[1] 董楚平:《吴越徐舒金文集释》,浙江古籍出版社1992年,第107页。
[2] 董楚平:《吴越徐舒金文集释》,浙江古籍出版社1992年,第109页。
[3] 董楚平:《吴越徐舒金文集释》,浙江古籍出版社1992年,第113页。
[4] 董楚平:《吴越徐舒金文集释》,浙江古籍出版社1992年,第114页。
[5] 董楚平:《吴越徐舒金文集释》,浙江古籍出版社1992年,第116页。
[6] 董楚平:《吴越徐舒金文集释》,浙江古籍出版社1992年,第117页。

第四章 "兴霸成王"与吴大城建筑(阖闾时期)

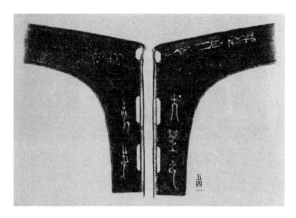

图 4-5　大王光戈[1]

（三）鉴、簠

1955年安徽寿县西门出土的吴王光鉴,铭文则证实吴王阖闾女儿叔姬寺吁（又作姬寺吁）嫁与蔡昭侯及吴、蔡间存在这一政治联姻的事实。[2]

图4-6　中国国家博物馆展出的"吴王光"青铜鉴(左)及其说明标牌(右)。标牌上的文字为："吴王光"青铜鉴,春秋·吴,1955年安徽寿县蔡侯墓出土,器腹内有铭文52字,记载此器是吴王光(即吴王阖闾)为其女"姬寺吁"(又作叔姬寺吁)所作的陪嫁器,反映了吴蔡两国为政治需要而联姻的史实。"(吴恩培摄)

---

[1] 上海博物馆:《商周青铜器铭文选》第二册,文物出版社1990年,第335页。
[2] 吴王光鉴出土两件,现藏安徽省博物馆和中国国家博物馆。鉴内底有铭文八行五十二字:"隹（唯）王五月,既字白期,吉日初庚,吴王光择其吉金、玄銧、白銧,台（以）乍（作）弔（叔）姬寺吁宗彝荐鉴。用享用孝,眉寿无疆。往已（矣）叔姬,虔敬乃后,子孙勿忘。"意为:在五月上弦月,初庚那个吉日,吴王光（阖闾）精心挑选用吉金、玄銧、白銧（铜、铅、锡）为叔姬寺吁做了这口"宗彝荐鉴"。愿以之祭祀故去的先人、善事在世的长辈,长寿而无疆。即将远去了叔姬,你要虔诚、恭敬地对待夫君。吴、蔡之间的良好关系,子子孙孙都不要勿记。关于铭文中的"叔姬寺吁",董楚平《吴越徐舒金文集释》阐释如下:"叔姬寺吁,吴王光之女名。叔姬之姬,确证吴国王室为姬姓,是中原周人后裔。"（董楚平:《吴越徐舒金文集释》,浙江古籍出版社1992年,第47页）。另,中国国家博物馆展出该器时的标牌说明:"器腹内有铭文52字,记载此器是吴王光（即吴王阖闾）为其女'姬寺吁'（又作叔姬寺吁）所作的陪嫁器,反映了吴蔡两国为政治需要而联姻的史实。"故可知"叔姬寺吁"（姬寺吁）为吴王阖闾女儿,已为学界的共识。

图 4-7 "吴王光"青铜鉴铭文拓本(左)及其"叔姬寺吁"四字(右)〔1〕

而现藏上海博物馆的传世器"獣叔乍吴姬簠"的铭文揭示这一时期,吴国不仅和蔡国进行了政治联姻,同时,还将另一位身份不详的吴国王室女子——"吴姬"嫁与胡国国君胡子豹。〔2〕吴王夫差执政初,楚国政局稳定后即对吴王阖闾伐楚入郢时与吴国关系密切的诸侯国进行清算,其时胡国为楚所灭。这就是《左传·定公十五年》记载的"吴之入楚也,胡子尽俘楚邑之近胡者。楚既定,胡子豹又不事楚……楚灭胡"〔3〕。故该器及其铭文证实了吴王阖闾时期,吴国与胡国间存在的联姻关系。

图 4-8 上海博物馆藏獣叔乍吴姬簠铭文(左)及其局部"吴姬"二字(右)〔4〕

---

〔1〕 上海博物馆:《商周青铜器铭文选》第二册,文物出版社 1990 年,第 334 页。

〔2〕 该器铭文为:"獣叔作吴姬尊簠,其万年子子孙孙永宝用。"而"獣,胡字初文。……胡国有二:一是姬姓,在今河南漯河市东;一是归姓,在今安徽阜阳县。此器獣叔夫人称吴姬,当为归姓之胡"。"春秋晚期,归姓之胡亲吴扰楚,最后被楚所灭。"(董楚平:《吴越徐舒金文集释》,浙江古籍出版社 1992 年,第 60—61 页)

〔3〕 《左传·定公十五年》,见《春秋左传正义》,北京大学出版社 1999 年,第 1606 页。

〔4〕 董楚平:《吴越徐舒金文集释》,浙江古籍出版社 1992 年,第 60 页。

三、勾敔夫人墓与勾敔夫人季子媵簠

1978年3月,河南固始县城关砖瓦厂在取土过程中发现一大型墓葬。后,河南省博物馆和信阳地区文管会等组织对陪葬坑和主墓一号墓进行了发掘。考古成果为河南省文物考古研究所编著的《固始侯古堆一号墓》等。

图4-9 河南固始侯古堆一号墓封土(左)、该墓出土器青铜簠铭文"有殷天乙唐(汤)孙宋公栾乍(作)其妹勾敔夫人季子媵簠"拓片(中)及其"勾敔夫人"局部(右)[1]

据《固始侯古堆一号墓》一书介绍,该墓墓主人主棺四周,共有殉人17具,靠近主棺的5具殉人,均为女性,年龄为20岁至30岁不等(其中有一为成年女性)。该墓出土器有青铜器等五大类。青铜器中的礼器为9鼎、1盏、2簠等。其中的青铜簠上有铭文。主棺内,墓主人为一年轻女性,头发较黑,年龄在30岁左右。关于其死亡原因,《固始侯古堆一号墓》一书出现以下两种表述:其一"在清理其骨架时,于腹部共发现14枚甜瓜籽,可见墓主人是在夏季吃过瓜果之后不久死去的"[2]。其二为"在棺底的淤泥中还发现14颗甜瓜籽,已碳化,仅剩下外壳,但轮廓清晰可辨,足以证明墓主人是在吃过甜瓜之后不久而发病死亡的"[3]。

对侯古堆一号墓出土青铜簠上的铭文,《固始侯古堆一号墓》也出现两种释读:一为两次出现的"有殷天乙唐(汤)孙宋公栾乍(作)其妹勾敔夫人季子媵臣

---

[1] 河南省文物考古研究所:《固始侯古堆一号墓》,大象出版社2004年,图版一"侯古堆一号墓封土"及第48页。

[2] 河南省文物考古研究所:《固始侯古堆一号墓》,大象出版社2004年,第14页。

[3] 河南省文物考古研究所:《固始侯古堆一号墓》,大象出版社2004年,第113页。

（簠）"[1]；另一为"有殷天乙唐（汤）孙宋公栾乍（作）其妹勾敔夫人季子媵臣（簠）"[2]，河南省博物院展出时展板介绍时，释读亦取此。

图4-10　河南省博物院展出的"固始侯古堆吴国勾敔夫人墓"实物图片及其相关标牌文字说明，说明文字中指出："墓主为勾敔夫人，系宋景公（公元前516—前441）之妹、吴太子夫差夫人。"（吴恩培摄）

图4-11　无锡阖闾城博物馆展出的河南固始侯古堆一号墓出土的青铜簠（左），展出时说明标牌的文字为："该器出土于河南固始侯古堆一号墓，由铭文可知，墓主人为句吴夫人，即吴国国君之妻。铭文称句吴夫人为'季子'，是宋景公的妹妹。吴宋联姻鲜见于史书，该墓葬的发掘，弥补了文献的不足。"河南省博物院展出的有关"宋公栾铜簠"的展板（右），展板上的文字为："春秋（公元前770—前476年），1978年固始县侯古堆一号墓出土，释文：'有殷天乙唐（汤）孙宋公栾作其妹勾敔夫人季子媵簠'，据考宋公栾即宋景公（前516即位）。宋是商的后裔，所以宋景公自称天乙唐（商汤）后世孙。此器是宋景公送其妹季子嫁于吴太子为夫人的陪嫁器物。"（吴恩培摄）

前者"其妹勾敔夫人季子媵臣（簠）"的释读，指宋公栾为其妹勾敔夫人季子媵做了一个簠。这里的"媵"为人名，即"宋妹季子媵"。然而，将铭文中的"𦀚"

---

[1] 河南省文物考古研究所：《固始侯古堆一号墓》，大象出版社2004年，第111、114页（系两处出现）。

[2] 河南省文物考古研究所：《固始侯古堆一号墓》，大象出版社2004年，第113页。

字释为"塍",乃是误读。高明、涂白奎编著的《古文字类编》(增订本),将该铭文的"𦘒"释为"媵"[1]。故其释读,当取后者。"媵"在后世,又泛指庶贱者及含有小妻、妾之意。《毛诗正义》孔颖达疏《诗·召南·江有汜序》指出:"嫡谓妻也,媵谓妾也。谓之媵者,以其从嫡,以送为名,故《士昏礼》注云:'媵,送也。'"[2] 由此看"宋公栾作其妹勾敔夫人季子媵簠",铭文即隐含宋妹季子嫁与吴王为非正房之意。

对墓主人勾敔夫人的身份推断,有两种说法:一为吴太子夫差夫人说,河南省博物院展出"固始侯古堆吴国勾敔夫人墓"时,即持此说(见前列河南省博物院展板文字)。另,《固始侯古堆一号墓》亦以为"墓主为勾敔夫人,系宋景公(公元前516—前441)之妹、吴太子夫差夫人"[3]。

另一为吴王阖闾夫人说。《固始侯古堆一号墓》一书,在"附录"部分指出:"季子(即宋妹季子)当是吴王阖闾夫人。"[4] 从各方面进行分析,当从以上第二说,即"勾敔夫人"的身份为吴王阖闾夫人。这是因为:

其一,如《固始侯古堆一号墓》一书所说的"勾敔夫人"只能特指吴王夫人。"夫人"一词,春秋时指诸侯正妻。《礼记·曲礼下》:"天子之妃曰'后',诸侯曰'夫人'。"[5]《论语·季氏》:"邦君之妻,君称之曰夫人。"[6] 邢昺疏:"邦君之妻者,诸侯之夫人也。"[7]

其二,该墓高规格的墓葬,排除勾敔夫人为太子夫差夫人的可能性。从殉人数量上讲,该墓殉人数达17人,而楚灵王在申亥家里上吊自杀后,"申亥以其二女殉而葬之"[8]。即申亥把两个女儿作为殉人安葬楚灵王。故侯古堆勾敔夫人墓的殉人,尽管"骨骼齐全,无刀砍斧伤,且各有一具小棺"[9],有的还有随葬的物品,从而使该墓与殷商、西周时的杀殉,有着区别。但是时已值春秋晚期,社会上不但出现反对殉人,甚至反对用木偶俑人陪葬的观念。《孟子·梁惠王上》记载:"仲尼曰:'始作俑者,其无后乎!'"[10] 意为,孔子说:"最初采用木偶俑人

---

[1] 高明、涂白奎:《古文字类编》(增订本),上海古籍出版社2008年,第168页。
[2] 孔颖达疏,见《毛诗正义》,北京大学出版社1999年,第97页。
[3] 河南省文物考古研究所:《固始侯古堆一号墓》,大象出版社2004年,第114—115页。
[4] 河南省文物考古研究所:《固始侯古堆一号墓》,大象出版社2004年,第131页。
[5] 《礼记·曲礼下》,见《礼记正义》,北京大学出版社1999年,第147页。
[6] 《论语·季氏》,见《论语注疏》,北京大学出版社1999年,第231页。
[7] 邢昺疏,见《论语注疏》,北京大学出版社1999年,第231页。
[8] 《左传·昭公十三年》,见《春秋左传正义》,北京大学出版社1999年,第1316页。
[9] 河南省文物考古研究所:《固始侯古堆一号墓》,大象出版社2004年,第14页。
[10] 《孟子·梁惠王上》,见《孟子注疏》,北京大学出版社1999年,第14页。

陪葬的人,该是会断子绝孙吧!"因此,在使用木偶俑人都遭激烈反对的情况下,该墓用真人殉葬,且人数多达17人,非诸侯等级墓葬,不能如此。

其三,联系该簠铭文释读中的"有殷天乙唐(汤)孙宋公欒乍(作)其妹勾敔夫人季子媵簠"句,其中,一是从宋公欒自称汤(即商汤)后代,可见其郑重态度。二是若按上述"太子夫人"说,则意味着宋国国君宋公欒将其妹季子嫁与吴太子夫差作小妻、妾等。显然,宋君之妹为吴国臣子的非正房夫人,则与宋国的地位极不相称。宋国为春秋"三恪"之一的商代成汤殷氏之后。且"诸侯宋、鲁,于是观礼"[1]。即中原列国中只有鲁国和宋国可以给他国提供观赏先王礼乐的机会。故从中原国家中可以动用前朝(殷商)与本朝(周)天子礼乐的诸侯国只有宋国与鲁国来看,宋国比肩于鲁国的显赫文化地位,由此可见。宋国国君之妹嫁与他国臣子为小妻、妾等,虽说并非绝无可能(郑穆公之女夏姬,嫁与同为"三恪"之一的陈国大夫夏御叔为正妻,与此并无可比性),但作为宋国国君宋公欒为嫁与他国臣子为小妻、妾的其妹作簠,并以"夫人"称之却绝无可能。这也就是说,宋公欒亦不可能为其妹所做的青铜簠中违反礼制地称非国君的吴国太子媵妾为"勾敔夫人"。故"勾敔夫人",只能是吴王阖闾的非正室夫人。

其四,吴王阖闾时期,不容臣下有僭越之举。吴国伐楚时发生的阖闾之弟夫概叛归自立,即"夫概王归,自立也。以与王战而败"[2]。即因夫概叛归,阖闾匆匆领兵返归吴国平叛,即说明吴王阖闾并不容臣下逾礼而对王权有觊觎之心——不管是兄弟,还是儿子。因此,即使太子当时有夫人死而葬之,也不可能以"勾敔夫人"的身份下葬,更不可能以17人殉及用九鼎葬之。中国古代的陪葬礼器,其种类和数量的多寡直接代表了其身份的高低,故向有天子"九鼎八簋"、诸侯"七鼎六簋"、大夫"五鼎四簋"之说。春秋后期,礼崩乐坏,诸侯可能僭越而用九鼎者,但诸侯的臣下或太子,擅用九鼎并不可能。故勾敔夫人墓,仅凭其出土青铜礼器之九鼎,即可认定为吴王阖闾夫人墓。

其五,夫差出征带着夫人、带着"陪嫁铜镈"以作陪葬器等,并不合情理。夫差其时身份,文献记载并不统一。依《左传》叙述,时太子为终累,而8年后才出现的夫差只是以吴王阖闾嗣子身份即位。而按《史记》记载,时为太子夫差。而有学者引《吴越春秋》"立夫差为太子,使太子屯兵守楚留止,自治宫室"[3]句,

---

[1]《左传·襄公十年》,见《春秋左传正义》,北京大学出版社1999年,第884页。
[2]《左传·定公五年》,见《春秋左传正义》,北京大学出版社1999年,第1561
[3] 赵晔:《吴越春秋》卷四,江苏古籍出版社1986年,第47页。

说勾敔夫人"就是吴王夫差当太子时'屯兵守楚'期间的年青夫人"[1]。其实在《吴越春秋》的叙述中,夫差的身份更为复杂。《吴越春秋》记载"立夫差为太子"前的阖闾太子为"太子波",而夫差与太子波的关系,即存有两说。一为元代徐天祐音注《吴越春秋》时说:"夫差为太子波之子。"[2]二为清代学者俞樾《读吴越春秋》认为的"夫差是太子波之弟"[3]。太子波死后,夫差为谋立太子而求助于伍子胥,且请伍子胥为其说项,方左右了阖闾对王位接班人的选择而被立为太子。故"立夫差为太子,使太子屯兵守楚留止,自治宫室"[4]事,当是在《春秋经》《左传》记载的公元前504年的召陵盟会"谋侵楚"之后,也就是在公元前505年(吴阖闾十年、宋景公十二年)吴军返归苏州"诸将既从还楚,因更名阊门曰破楚门"后。而将《吴越春秋》"太子定,因伐楚,破师,拔番。楚惧吴兵复往,乃去郢徙于蒍若"[5](蒍若,即"鄀")的记载,对应《左传》《史记》的相关记载,而夫差"屯兵守楚"当为公元前504年(吴阖闾十一年、宋景公十三年)即吴伐楚入郢而返归后的事。因此,说"当年正是宋景公十一年、吴王阖闾九年,吴太子夫差正驻扎在固始一带'屯兵守楚'。共谋侵楚的政治利益,促使宋景公嫁妹于夫差"[6]等,即是把《吴越春秋》叙述时间搞颠倒了。而关于吴伐楚前的"谋伐楚"的召陵盟会,一是该盟会的时间为公元前506年(吴阖闾九年,鲁定公四年),是年吴已伐楚,并于次年入郢;二是吴国并未参加;三是如前文所说,该盟会由于晋国权臣的索贿及晋国国力下降,导致召陵盟会伐楚动议流产。故召陵盟会不可能成为吴、宋"共谋侵楚的政治利益,促使宋景公嫁妹于夫差"[7]的媒介和平台。再者,即使"吴太子夫差为领兵大元帅",但"带兵出征的元帅夫差可以携带夫人"[8]也缺少文献依据。而领兵出征时带着夫人,还带着"出嫁时宋国君为其妹季子赠送的陪嫁铜镈"[9],于情于理都难以说通。带着这些"陪嫁铜镈"似乎是为了作陪葬器用,则更说不过去。

---

[1] 欧潭生:《固始侯古堆吴太子夫差夫人墓的吴文化因素》,《中原文物》1991年第4期。
[2] 赵晔:《吴越春秋》卷四,江苏古籍出版社1986年,第47页。
[3] 俞樾:《曲园杂纂》卷十八《读吴越春秋》,载光绪刻本《春在堂全书》,苏州图书馆藏。
[4] 赵晔:《吴越春秋》卷四,江苏古籍出版社1986年,第47页。
[5] 赵晔:《吴越春秋》卷四,江苏古籍出版社1986年,第48页。
[6] 欧潭生:《固始侯古堆吴太子夫差夫人墓的吴文化因素》,《中原文物》1991年第4期。
[7] 欧潭生:《固始侯古堆吴太子夫差夫人墓的吴文化因素》,《中原文物》1991年第4期。
[8] 河南省文物考古研究所:《固始侯古堆一号墓》,大象出版社2004年,第114页。
[9] 河南省文物考古研究所:《固始侯古堆一号墓》,大象出版社2004年,第114页。

◎ 第五章　从称霸到失国（夫差时期）◎

夫差执政时期大致可分为初、中、晚三个时期。初期从夫差接位执政之初的伐越之战及与楚国对峙,以楚昭王死于对峙前线止。时段自吴夫差元年(前495)至吴夫差七年(前489)止。中期以夫差北进鲁国至吴、晋黄池盟会止。时段自吴夫差八年(前488)至吴夫差十四年(前482)止。晚期则从吴军黄池返归后至吴国灭国时止。时段自吴夫差十五年(前481)至吴夫差二十三年(前473)止。

第一节 夫差执政初期的吴国政治与军事

一、吴越战争与勾践乞和

(一)吴越夫椒之战

《左传·定公十四年》记载,接位后的吴王夫差派人站在吴宫的厅堂门前,只要自己出入时,所派站立之人都一定要对自己说:"夫差!你忘记越王杀了你父亲吗?"夫差则回答:"只有这个,不敢忘记!"这一记载,深刻地反映了吴国和时为楚国盟国的越国因阖闾之死而结下的仇恨。对夫差来说,无论其是阖闾之子或是嗣子,在为阖闾复仇这一事件上都不能不有所作为。更何况《史记·伍子胥列传》记载的"诸公子争立"[1]中夫差取得王储地位,而竞争失败的其他"诸公子"亦会以其无作为而作为攻讦口实。故夫差"伐越"与否,已超越军事范畴而成为其执掌吴国王权正当性与合法性的试金石。因此,夫差接位后伐越,既成为他对阖闾伐越军事行动的延续,也成为其政治上以示作为的必然选择。《史记·

---

[1] 司马迁:《史记》卷六十六《伍子胥列传》,中华书局1959年,第2180页。

吴太伯世家》记载："王夫差元年,以大夫伯嚭为太宰。习战射,常以报越为志。"[1]

吴国作"以报越为志"的军事准备,刺激了年轻气盛的越王勾践,促使其试图采取先发制人的策略,先下手为强。《史记·越王句践世家》记载说:"三年(指越勾践三年,即吴夫差二年,前494)句践闻吴王夫差日夜勒兵,且以报越,越欲先吴未发往伐之。"[2]意为,越王勾践三年(吴夫差二年,前494)勾践闻吴王夫差日夜操练军队,且准备向越国报仇,便打算先发制人,在吴未发兵前去攻打吴国。其时,越国大夫范蠡进谏劝阻,并指出说,越国这样做绝对不利。但"越王曰:'吾已决之矣。'遂兴师"[3]。即越王说:"我已经做出了决定。"于是举兵进军吴国。其后的战争进程,就是《左传·哀公元年》所记载的:"吴王夫差败越于夫椒,报檇李也。遂入越。越子以甲楯五千,保于会稽。"[4]即吴王夫差在夫椒打败越军,报复了先王阖闾在檇李战死的仇恨。接着,吴军就乘势攻打并进入越国都城。越王带着披甲持盾的士兵五千人踞守在越国都城南面的会稽山。

关于本战战场"夫椒",杜预注指为"吴郡吴县西南大湖中椒山"[5]。韩湘亭《历代郡县地名考》:"夫椒,包山,一名夫椒山,即西洞庭山,在苏州吴县西南太湖中。"[6]显见,此战系水战,即越王勾践欲先发制人而以水军主动攻吴,吴军迎战。两军战于太湖中的西山(即西洞庭山,今苏州吴中区金庭镇),越败,而吴军乘胜势攻入越境并攻陷越国都城大越(今绍兴)。

《国语·越语下》的记载与上述文献记载大致相同,说:"越王句践即位三年而欲伐吴,范蠡进谏曰……王曰:'无是贰言也,吾已断之矣!'果兴师而伐吴,战于五湖,不胜,栖于会稽。"[7]"五湖",即太湖。

与上相同的是《史记·吴太伯世家》的记载:"二年,吴王悉精兵以伐越,败之夫椒,报姑苏也。"[8]意为,吴王夫差二年(前494),吴王出动全部精兵伐越,在夫椒大败越军,终于报了吴王阖闾时伐越身死之仇。这里的"姑苏",为代指吴国地域,进而代指吴国,而既非指当时尚未建造的姑苏台,亦非指吴都姑苏(今

---

[1] 司马迁:《史记》卷三十一《吴太伯世家》,中华书局1959年,第1469页。
[2] 司马迁:《史记》卷三十一《越王句践世家》,中华书局1959年,第1740页。
[3] 司马迁:《史记》卷四十一《越王句践世家》,中华书局1959年,第1740页。
[4] 《左传·哀公元年》,见《春秋左传正义》,北京大学出版社1999年,第1610页。
[5] 杜预注,见杜预:《春秋经传集解》,上海古籍出版社1978年,第1708页。
[6] 韩湘亭:《历代郡县地名考》,北京图书馆出版社2002年,第90页。另,原书标点为"包山一名夫椒山",现标点如上。
[7] 上海师范大学古籍整理研究所校点:《国语·越语下》,上海古籍出版社1998年,第641—643页。
[8] 司马迁:《史记》卷三十一《吴太伯世家》,中华书局1959年,第1469页。

苏州)城。

(二) 吴军兵临城下及越国乞和

发生于太湖之中的夫椒之战,吴军歼灭越军有生力量。"越子以甲楯五千,保于会稽。"[1]即越王勾践带着仅剩披甲持盾的士兵五千人,踞守在越都城南的会稽山上。《史记·越王句践世家》对之记载说:"越王乃以余兵五千人保栖于会稽。吴王追而围之。"[2]

吴军攻入越都,越王勾践退守会稽山,于是对三军发出号令说:"凡是越国父老兄弟的所有的老百姓,有人能协助寡人出谋划策而使吴国退兵者,我就和他共同掌管国家的权力。"是时,越国大夫文种批评说:"现在君主已经兵败退守到会稽山上,这才想起来寻求谋臣,未免太晚了吧!"勾践说:"如果现在能听到贤大夫您的话,也不算太迟吧。"于是,勾践拉着文种的手和他商量退吴计策。

《史记·越王句践世家》另记有勾践听从范蠡送礼于吴王之言而派遣文种出使的情节:越王对范蠡说:"因为没听您的劝告才落到这个地步,那该怎么办呢?"在范蠡的劝谏下,勾践派大夫文种去向吴国求和。

作为越国的外交干才,文种为达到求和目的来到吴军大营后,采取了软硬两手。据《国语》记载,他先以软的一手谦恭地说:"寡君句践乏无所使,使其下臣种,不敢彻声闻于天王,私于下执事曰:寡君之师徒不足以辱君矣,愿以金玉、子女赂君之辱,请句践女女于王,大夫女女于大夫,士女女于士。越国之宝器毕从,寡君帅越国之众,以从君之师徒,唯君左右之。"[3]意即,我们国君勾践缺乏人才,没有其他人可以派遣,现在派遣了下臣文种。我不敢高声讲话地把意见直接传达给大王,而只敢低声下气地请求您的手下人传话说:我们国君的军队不值得您屈尊来讨伐了,我们愿意把金珠美玉、美女作为礼物奉献给君王,来酬谢您屈尊讨伐我国。请您允许勾践的女儿给您当婢妾,并让越国大夫的女儿给吴国大夫当婢妾,让越国士人的女儿给吴国士人当婢妾。越国的宝物也随同着完全地进贡给吴国,我们的国君率领全国的臣民投降君王的军队,听凭大王任意处置。上述,《史记·吴太伯世家》表述为越人向吴国"请委国为臣妾"[4],即越国愿意成为吴国的臣妾奴仆之国;而《史记·越王句践世家》则记载文种来到吴军

---

[1]《左传·哀公元年》,见《春秋左传正义》,北京大学出版社 1999 年,第 1610 页。
[2] 司马迁:《史记》卷四十一《越王句践世家》,中华书局 1959 年,第 1740 页。
[3] 上海师范大学古籍整理研究所校点:《国语·越语上》,上海古籍出版社 1998 年,第 632 页。
[4] 司马迁:《史记》卷三十一《吴太伯世家》,中华书局 1959 年,第 1469 页。

大营后,膝行顿首曰:"君王亡臣句践使陪臣种敢告下执事:句践请为臣,妻为妾。"[1]意为,文种跪在地上边向前行边叩头说:"君王的亡国臣民勾践让我大胆的告诉您的执事人员:勾践请您允许他做您的奴仆,允许他的妻子做您的侍妾。"

乞求媾和到了不能再退的底线后,文种话锋一转,亮出硬的一手:"若以越国之罪为不可赦也,将焚宗庙,系妻孥,沈金玉于江,有带甲五千人将以致死,乃必有偶。是以带甲万人事君也,无乃即伤君王之所爱乎?与其杀是人也,宁其得此国也,其孰利乎?"[2]意为,如果认为越国的罪过是不可赦免的,即不同意越人的求和,那就逼得越国人烧掉宗庙,捆绑妻子儿女,连同金珠宝玉一同沉入江里等做出诸多过激行为了。况且,我们现在还有全副武装的精兵五千人,他们都会为国家拼死效命,那可会有加倍的勇气,这样一个抵两,就等于是全副武装的精兵一万人要和吴王您作战了。那样拼命一战,到头来岂不是要损害君王您所喜爱的那些东西了吗?大王您与其因为作战而杀死这些人,还不如坐享其成地得到越国,这样岂不是更有利吗!

而《史记·越王句践世家》《国语·越语上》等文献则记载了吴国对越政策的意见分歧及越人从吴国决策层撕开一个缺口的过程。

对文种的上述外交游说,"吴王将许之。子胥言于吴王曰:'天以越赐吴,勿许也。'"[3]意即,吴王将要答应文种的请求,而伍子胥对吴王说:"老天把越国赏赐给吴国,吴国不能不接受,因此,不能答应越国的求和。"《史记·越王句践世家》接着记载说:"种还,以报句践。句践欲杀妻子,燔宝器,触战以死。种止句践曰:'夫吴太宰嚭贪,可诱以利,请间行言之。'于是句践以美女宝器令种间献吴太宰嚭。嚭受,乃见大夫种于吴王。"[4]意为,文种回到越王处后,将情况告诉了勾践。勾践见求和无望,故想杀死妻子儿女,焚烧宝器,亲赴疆场准备拼一死战。文种阻止说:"吴国的太宰伯嚭十分贪婪,我们可以用重财诱惑他,请您允许我暗中去吴国通融他。"于是勾践便让文种给吴太宰伯嚭献上美女珠宝玉器。伯嚭欣然接受,于是就把大夫文种引见给吴王。《国语·越语上》则记载越人对伯嚭"诱以利"地进行性贿赂的详细过程:"越人饰美女八人纳之太宰嚭,曰:'子

---

[1] 司马迁:《史记》卷四十一《越王句践世家》,中华书局1959年,第1740页。
[2] 上海师范大学古籍整理研究所校点:《国语·越语上》,上海古籍出版社1998年,第632页。
[3] 司马迁:《史记》卷四十一《越王句践世家》,中华书局1959年,第1740页。
[4] 司马迁:《史记》卷四十一《越王句践世家》,中华书局1959年,第1740页。

苟赦越国之罪,又有美于此者将进之。'"〔1〕意即,越人向伯嚭进献了八位盛装打扮的美女,并留下一个诱惑说:你如果能帮助赦免越国的罪过,还有比这更美的美人儿进献给您。

越人诱以财、诱以色地抓住"吴太宰嚭贪,可诱以利"的人性弱点,为越国生存,终在吴国决策层撕开了一个缺口。伯嚭本系楚国逃臣,奔吴国后位居高位。就其个人而言,与越国本无瓜葛,故无理由成为越国的政治代理人。然而,人性的弱点及钱权、钱色交易下的贪婪腐败,很快使他变成为越国输送政治利益的代理人。而他为越国输送的政治利益就是"存越"——保存越国。

文种以软、硬两手策略,为越国生存而逼迫并利诱着吴王夫差做出选择。

(三) 吴国内部"灭越"与"存越"的争论及对越战争结果——"卒赦越,罢兵而归"

前文曾说,阖闾后期时,吴、楚在《春秋经》《左传》的记载中出现了极为罕见的 7 年空白期,即从吴阖闾十二年(前 503)至吴阖闾十八年(前 497)的整整 7 年中,《春秋经》《左传》均无吴国、也无楚国的任何直接记载,两国从而双双出现了一段空白期。该状况的形成原因,或是《左传》记事"常事不书"〔2〕的惯例所致,即吴、楚两国在这 7 年中,都没发生值得《左传》撰者记载的不寻常事件。

然而,在上述 7 年空白期中,《春秋经》《左传》却记载着因吴伐楚、入郢等引发的中原列国关系剧变,从而彰显出阖闾时期的吴国对楚战争及其胜利对中原列国间的关系产生重大影响。它依次表现为晋、郑反目;齐与郑、卫结盟及晋、卫绝交;齐伐晋及鲁国也从传统的亲晋立场转变为附齐而叛晋等。所有这些,为吴国北上提供了巨大的空间。而其时的吴王阖闾并未北进。其原因或为阖闾年事已高;或为仍耿耿于怀吴伐楚时越国进入吴都这一历史旧账而紧盯着越国,故而将吴国从"兴霸成王"战略再次转型为"北上争霸"的历史机遇及历史责任,全留待给了他的接位人夫差。而吴国在"兴霸成王"战略的进击方向上出现的重大调整和变化,首先表现为进击方向从西攻楚国到南伐越国的转变。《史记·楚世家》记载:楚昭王"二十一年,吴王阖闾伐越。越王句践射伤吴王,遂死。吴由此怨越而不西伐楚"〔3〕。即该年(楚昭王二十一年,前 495),吴王阖闾

---

〔1〕 上海师范大学古籍整理研究所校点:《国语·越语上》,上海古籍出版社 1998 年,第 634 页。
〔2〕 《公羊传·桓公四年》,见《春秋公羊传注疏》,北京大学出版社 1999 年,第 79 页。
〔3〕 司马迁:《史记》卷四十《楚世家》,中华书局 1959 年,第 1717 页。

讨伐越国身死,吴国因此怨恨越国而不再向西攻打楚国。上述,楚昭王二十一年为吴夫差元年(前495),而《春秋经·定公十四年》《左传·定公十四年》记载的阖闾伐越身死均为吴阖闾十九年(前496),两者相差一年。但"吴由此怨越而不西伐楚"却预示着阖闾死后,吴国进击方向已发生重大变化。

而此时吴王夫差攻占越国都城后,将在对"灭越"和"存越"间做出选择时,《国语·吴语》记载此时吴王夫差受北方中原列国形势剧变的诱惑,出现意图"北进争霸"的思维端倪:"吴王夫差告诸大夫曰:'孤将有大志于齐,吾将许越成,而无拂吾虑。若越既改,吾又何求?若其不改,反行,吾振旅焉。"[1]即吴王夫差对众大夫说,我将有大的志向在于齐国。故我将同意越人的讲和请求,请你们不要违背我所想的。如果越国能够臣服于吴国,我又有什么要求的呢!如果他们不臣服,那我再回来,带兵攻打他们。

显然,争夺北方中原地区的霸权,此时或已成为吴王夫差视野更宽广的霸业追求。故吴王夫差因"大志于齐"而对吴国"兴霸成王"战略做北进中原的战略调整,从而倾向于"存越",而当伍子胥反对并坚持"灭越"时,吴国决策层的两种意见僵持不下,而接受越人贿赂的吴太宰伯嚭,则成为压垮伍子胥"灭越"意见的最后一根稻草。《国语·越语上》记载在吴王夫差"将欲听与之成"及"子胥谏曰:'不可'"[2],接着记写伯嚭的意见:"太宰嚭谏曰:'嚭闻古之伐国者,服之而已。今已服矣,又何求焉。'"[3]意为,我伯嚭听说古代征伐别国的人,使对方投降、驯服就可以了。现在越国已经驯服了,又何必再做进一步的要求呢!伯嚭这一席貌似有理、实为越国输送政治利益的"存越"之言,立刻改变了僵持不下的争论。而伯嚭指斥的"又何求焉",则完全是针对伍子胥而来。于是,伍子胥的"灭越"意见,终被吴王夫差摒弃。

涉及吴国后来命运的"灭越"与"存越"之争,于是有了结果。《左传·哀公元年》:"三月,越及吴平。"[4]即吴夫差二年(前494)三月时,越国同吴国媾和。而《史记·吴太伯世家》则记载为,对伍子胥的谏言,"吴王不听,听太宰嚭,卒许越平,与盟而罢兵去"[5]。即吴王夫差不采纳伍子胥灭亡越国的意见,而听从太宰嚭存越之言,终与越国停战,两国订立盟约后,吴国撤军回国。随着吴伐越之

---

[1] 上海师范大学古籍整理研究所校点:《国语·吴语》,上海古籍出版社1998年,第595页。
[2] 上海师范大学古籍整理研究所校点:《国语·越语上》,上海古籍出版社1998年,第633页。
[3] 上海师范大学古籍整理研究所校点:《国语·越语上》,上海古籍出版社1998年,第634页。
[4] 《左传·哀公元年》,见《春秋左传正义》,北京大学出版社1999年,第1612页。
[5] 司马迁:《史记》卷三十一《吴太伯世家》,中华书局1959年,第1469页。

战及伍子胥意见的被拒,吴国权力结构亦已改变为夫差与伯嚭的组合。而伍子胥则被疏远,渐渐在吴国的政坛上消失了身影。

伍子胥被疏远的原因,首先是他对吴国战略在进击方向上与吴王夫差"不西伐楚"与"有大志于齐"的歧见;其次,他作为阖闾时期的重臣,按前文所引《史记·伍子胥列传》记载,在"诸公子争立"时,伍子胥曾"以死争之于先王",从而使得夫差成功上位而立为太子。出于感激,夫差亦曾欲"分吴国"[1]予伍子胥。伍子胥参与吴国权力核心的事件,必然会引起夫差的忌讳——在即位并权力稳固后,夫差不能不担心伍子胥与其分享权力的政治勒索。而当夫差对吴国"兴霸成王"战略欲作"大志于齐"的"北进"调整时,伍子胥的"灭越"谏言不但不会被接受,且会被视为政治勒索的另一种形式,即对其战略调整的干扰及对其权力的挑战。而"吴王不听,听太宰嚭,卒许越平"[2]的结果,既反映吴王夫差对他认为的这一政治勒索的拒绝,更反映了吴国内部的政治歧见已发展到难以相容的地步。吴国权力结构的改变,既预示着吴国"兴霸成王"战略向"北进争霸"的调整之势已经形成,更预示着在为这一战略调整提供权力支撑的组织架构中,伍子胥已被排斥、疏远而边缘化。

二、吴楚战略对抗的延续与吴楚争夺于陈

尽管吴王夫差在伐越并处理越国存留时,已显现出将吴国"兴霸成王"战略从"西抗强楚"调整为"北进争霸"的端倪,但楚国对吴王阖闾伐楚时的盟国及姻亲之国——蔡国、胡国等所进行的政治、军事报复,迫使吴王夫差不得不循着阖闾时的"西抗强楚"战略做惯性运行,从而对楚国针对吴国的灭胡、"围蔡"等动作做出反应。

(一)吴伐陈

前文叙述,吴王阖闾伐楚时,伍子胥曾派使者召见陈国国君陈怀公,想要拉拢他加入反楚联盟。陈怀公在采用全民公决的方式后,接受陈国大夫逢滑"楚未可弃,吴未可从"[3]的中立意见而未加入吴、唐、蔡等国组成的反楚联盟。

吴军伐楚返归后,陈国又倒向了楚国。公元前496年(吴阖闾十九年)"顿

---

[1] 司马迁:《史记》卷六十六《伍子胥列传》中华书局1959年,第2180页。
[2] 司马迁:《史记》卷三十一《吴太伯世家》中华书局1959年,第1469页。
[3] 《左传·哀公元年》,见《春秋左传正义》,北京大学出版社1999年,第1613页。

子牂欲事晋,背楚而绝陈好。二月,楚灭顿"[1]。意即在阖闾南下伐越并战死前,顿国国君牂想要亲附晋国,便叛楚而断绝与陈国的关系。于是,楚国便灭了顿国。显然,此时陈国已成为与楚关系密切的楚国属国。吴王阖闾死后的次年(指吴夫差元年,前495),楚对与吴国有联姻关系的胡国进行报复并"楚子灭胡,以胡子豹归"[2]事,前文介绍上海博物馆藏"獣叔乍吴姬簠"铜器时,已做介绍,此处不赘。除上述楚国相继灭顿、灭胡外,本年(指吴夫差二年,前494)楚又纠集其属国"围蔡",而陈国作为楚国属国也参与其中。因此,在南服越国以后,针对楚国的"灭胡""围蔡",吴王夫差也找出了陈国当年在吴王阖闾伐楚时不肯与吴国结盟的旧怨,于是在本年秋季八月,出兵侵袭陈国。这就是《左传·哀公元年》记载的"夫差克越,乃修旧君之怨。秋,八月,吴侵陈,修旧怨也"[3]。即吴国伐陈,是为了重新清算过去的怨恨。显然,这是吴国对楚国纠集诸国"灭胡""围蔡"而做出的反应。

十二年前的旧账,成为吴、楚军事攻防中的你来我往的借口。楚国针对吴国的"楚围蔡"及吴国针对楚国的"吴伐陈",方法、方式如出一辙。而通过攻打对方盟国,吴、楚间的军事对抗又一次形成。在战争心理方面,吴国对楚占有明显优势,此番又是挟胜越之余威。而尚未从十二年前吴伐楚并攻入郢都阴影中走出来的楚国官员,他们在心理上的畏惧,明显表现出来。"吴师在陈,楚大夫皆惧,曰:'阖庐惟能用其民,以败我于柏举。今闻其嗣又甚焉,将若之何?'"[4]即吴国军队驻在陈国,楚国的大夫们都很恐慌,说:"昔日吴王阖闾凭善于使用他的民众,就在柏举把我们打败了。现在听说他的继承人又比他更厉害,我们将拿他怎么办呢?"

面对这一情况,楚昭王的庶兄子西(公子申)对楚国官员进行心理疏导说:"二三子恤不相睦,无患吴矣。"[5]意即,诸位只需担心相互间不能和睦相处就行了,用不着害怕吴国。接着,他以一个政治家的眼光,将阖闾和夫差在生活和勤政方面进行比较,说:"昔阖庐食不二味,居不重席,室不崇坛,器不彤镂,宫室不观,舟车不饰,衣服财用,择不取费。在国,天有菑疠,亲巡其孤寡而共其乏困。在军,熟食者分,而后敢食。其所尝者,卒乘与焉。勤恤其民,而与之劳逸,是以

---

[1]《左传·定公十四年》,见《春秋左传正义》,北京大学出版社1999年,第1602页。
[2]《春秋经·定公十五年》,见《春秋左传正义》,北京大学出版社1999年,第1604页。
[3]《左传·哀公元年》,见《春秋左传正义》,北京大学出版社1999年,第1613页。
[4]《左传·哀公元年》,见《春秋左传正义》,北京大学出版社1999年,第1614页。
[5]《左传·哀公元年》,见《春秋左传正义》,北京大学出版社1999年,第1614页。

民不罢劳,死知不旷。吾先大夫子常易之,所以败我也。今闻夫差,次有台榭陂池焉,宿有妃嫱嫔御焉。一日之行,所欲必成,玩好必从。珍异是聚,观乐是务,视民如仇,而用之日新。夫先自败也已。安能败我?"〔1〕意为,从前阖庐(阖闾)吃饭不吃两道菜,居坐不垫两层席子,住宅不造在高坛上,器物不刻花纹不涂色彩。宫室不造亭台楼阁,车辆船只不加装饰,衣服和用具,取其实用而不尚虚华。在国内,逢到自然灾害和病疫流行时,他亲自巡视灾区安慰孤寡,供给他们衣食以救济困难。在军队中,食物煮熟了非要等到士兵都分到后才敢自己享用,他所品尝的美味,步卒骑兵都能分享。他能勤勉地体恤他的民众,和他们同甘共苦,所以民众不辞疲劳,都知道就是死了也不会白死。而那时执掌我国政权的已故令尹子常(即囊瓦)的做法正好相反,因此阖庐(阖闾)能打败我们。现在听说他的接班人夫差可就差远了。夫差住宿的地方有楼台池塘陈设,睡觉必有嫔妃宫女侍候,即使是出游一天的行程,所想满足的欲望非得达到目的,所爱好的玩物一定要带上;积聚珍奇罕物,追求感官享受,看待民众如同仇人一般,没完没了驱使他们每天给自己翻新花样。夫差他是先把自己打败了,又怎么能打败我们呢?子西的话不无安抚军心并树立战胜吴军信心的目的,但这场吴伐陈之战,《左传》却未记载其结果。但从楚国大夫们对夫差的恐惧——"今闻其嗣又甚焉"来看,吴王夫差的治国能力和处事风格,显然比其父阖闾更为强悍。

(二) 蔡迁于州来及吴、楚围绕蔡国的博弈

吴夫差二年(前494)楚"围蔡"后,蔡国请求吴国,要把国都迁到吴国的控制区域去。到了次年(吴夫差三年,前493),当吴国从越国腾出手且在陈国与楚国对抗后,即开始实施让蔡国迁于州来的计划。"吴泄庸如蔡纳聘,而稍纳师。师毕入,众知之。蔡侯告大夫,杀公子驷以说,哭而迁墓。冬,蔡迁于州来。"〔2〕即吴国派泄庸赴蔡,并乘机让吴国军队慢慢地渗透而进入了蔡国国都。到了这时,亲吴国的蔡昭侯才向国内公布国都迁往吴国控制区域的计划,同时处死了反对迁都的王室成员公子驷以取悦于吴国,然后哭泣着迁走祖墓。这年冬季十一月,蔡国迁国都到州来。其时,蔡昭侯与吴国的姻亲关系,为考古实物"吴王光鉴"所证实(前文已及),在蔡国亦当为国人知晓。而其借重于吴国的军事力量及采用突然方式宣布迁都,并处死反对迁都的王室成员公子驷。所有这些,既说明蔡

---

〔1〕《左传·哀公元年》,见《春秋左传正义》,北京大学出版社1999年,第1614—1615页。
〔2〕《左传·哀公二年》,见《春秋左传正义》,北京大学出版社1999年,第1623页。

国王室内部已分裂成亲吴与亲楚的两个集团；同时，也显示蔡国的亲楚势力，已足以成为掣肘蔡昭侯意欲与吴国强化关系的阻力。

吴夫差四年（前492），据《春秋经·哀公三年》载："蔡人放其大夫公孙猎于吴。"[1]在惜字如金的《春秋经》中，记载蔡国人同意放行一位公孙大夫到吴国去打猎，这似乎有违"常事不书"[2]的原则。其实，这一记载大有深意。"蔡人"，指蔡国的亲楚势力，而"大夫公孙"指蔡国亲吴的公孙氏成员，这位公孙大夫去吴国打猎，显然只是个托词，其真实目的是为蔡昭侯下年访吴打前站。而亲楚的"蔡人"欲阻，但对方以打猎为借口，故予"放"行。《春秋经》记载的吴、楚围绕着蔡国的博弈，已渐趋白热化。

吴夫差五年（前491）春天，蔡昭侯准备到吴国去访问。蔡国的亲楚派恐怕他又要迁移国都，于是跟着蔡昭侯的护卫公孙翩追赶蔡昭侯，并且用箭射他。被箭矢射中的蔡昭侯，"入于家人而卒"[3]。即逃进路边的民居家中就死了。而担任蔡昭侯护卫的公孙翩也被杀死。公孙翩死后，其家族成员公孙姓、公孙盱（即公孙霍）等，相继被蔡国亲楚势力杀害，公孙辰则被亲楚势力驱逐而逃亡至吴国。《春秋经·哀公四年》记载的"盗杀蔡侯申。蔡公孙辰出奔吴。……夏，蔡杀其大夫公孙姓、公孙霍"[4]即指此事。但从上下文来看，上述《春秋经》中的"蔡侯申"当指蔡昭侯。姑且不论"盗杀"二字所表现出的贬义色彩，杜预注指出："宣十七年（指《春秋经·宣公十七年》）蔡侯申卒，是文侯也。今昭侯是其玄孙，不容与高祖同名，未详何者误也。"[5]显然，这是《春秋经》中又一处类于吴王僚之子"吴大子诸樊"[6]式的与前人同名的错讹。

蔡国亲楚、亲吴两派的内斗，在蔡昭侯准备出访吴国时终于摊牌。尽管蔡昭侯特意安排了亲吴的公孙氏家族成员担任护卫，但亲楚派为阻止其访问吴国，终采取刺杀措施，并予以肉体清除。蔡国亲楚政变的成功及亲吴的公孙氏家族的被杀及被放逐，标志着亲楚势力在蔡国占了上风。其后，亲楚派拥立蔡昭侯之子朔为国君，并将其作为政治傀儡。随着蔡国亲吴、亲楚力量的平衡被打破，楚国在这一地区也重新占据优势。吴国则在围绕着蔡国的博弈中，以失

---

[1]《春秋经·哀公三年》，见《春秋左传正义》，北京大学出版社1999年，第1625页。
[2]《公羊传·桓公四年》，见《春秋公羊传注疏》，北京大学出版社1999年，第79页。
[3]《左传·哀公四年》，见《春秋左传正义》，北京大学出版社1999年，第1629页。
[4]《春秋经·哀公四年》，见《春秋左传正义》，北京大学出版社1999年，第1628页。
[5] 杜预注，见杜预：《春秋经传集解》，上海古籍出版社1978年，第1729页。另，《春秋经·宣公十七年》记载："蔡侯申卒。夏……葬蔡文公。"见《春秋左传正义》，北京大学出版社1999年，第676页。
[6]《左传·昭公二十三年》，见《春秋左传正义》，北京大学出版社1999年，第1436页。

败告终。

三、吴再伐陈与吴楚的再次对峙

吴夫差五年(前491)二月,楚国在蔡国得手并恢复了在这一地区对吴国的战略均势。同年夏季,楚国又战胜了蛮族首领夷虎的叛乱,于是图谋向北方扩张,并以闪击手法一下灭掉了梁国和霍国。接着,楚国又围攻戎蛮国,戎蛮国的头领逃奔至晋国的阴地。楚国借此讹诈晋国,以"通于少习"[1]即打通少习山以与晋国的世仇——秦国联手而相威胁。晋国内战正酣,故不得不接受楚国的胁迫,诱捕戎蛮国头领以引渡给楚国。

楚国渐渐恢复元气,又露出了霸王之相。尽管楚国"乃谋北方"的矛头所向是身边小国和北方晋国。对位于楚国东面的吴国来说,楚国尚未构成威胁,两国也并未形成正面相撞态势。然而,前述中原列国剧变及混战,既催生出吴王夫差的"大志于齐",也催生出楚人的"乃谋北方"[2],故吴、楚两国的战略方向一致及吴国在蔡国的与楚国争夺中失败并失去蔡国,都对吴王夫差产生影响。

(一) 吴伐陈以示衅楚,吴、楚再次对峙

吴夫差七年(前489)出于对失去蔡国的报复,吴国再次借攻打楚国的盟国陈国,并以此向楚国示衅。"吴伐陈,复修旧怨也。楚子曰:'吾先君与陈有盟,不可以不救。'乃救陈,师于城父。"[3]意即,吴国攻打陈国,这是再次提起旧日的恩怨。楚昭王说:"我们先君和陈国有过盟约,不能不去救援。"于是楚昭王率兵救援陈国,驻扎在城父。

楚昭王所说的"与陈有盟",杜预注指为"陈盟在昭十三年"[4],即40年前的吴馀眛十五年(前529)"蔡侯庐归于蔡。陈侯吴归于陈"[5],意指楚平王上台后恢复陈、蔡国号,并让蔡、陈两国嗣子归其故国主其政事。楚国在让陈、蔡复国时,或曾与他们订有盟约等,但《春秋经·昭公十三年》《左传·昭公十三年》均无记载。而前文曾说,"楚围蔡"时,吴国也曾"侵陈""在陈"。是时,楚国官员只是"皆惧",而楚国令尹子西说了通抚慰大臣也抚慰自己的话,却矢口未提"先君

---

[1]《左传·哀公四年》,见《春秋左传正义》,北京大学出版社1999年,第1630页。
[2]《左传·哀公四年》,见《春秋左传正义》,北京大学出版社1999年,第1629页。
[3]《左传·哀公六年》,见《春秋左传正义》,北京大学出版社1999年,第1635页。
[4] 杜预注,见杜预:《春秋经传集解》,上海古籍出版社1978年,第1739页。
[5]《春秋经·昭公十三年》,见《春秋左传正义》,北京大学出版社1999年,第1310页。

与陈有盟"之类。此次,楚国或许自感力量恢复及心理上也已从吴国当初的打击中有所恢复,故楚昭王口气转为强硬而一变为"不可以不救"了。这里的所谓维护盟约,只是决定某项军事行动时的外交口实而已。它根据是时自身力量强弱大小,从而决定是否使用这一口实。而当楚国使用这一口实时,吴、楚军事力量又发展到对抗阶段。在这对抗中,一方是吴王夫差指挥下的吴军攻伐陈国;另一方是楚昭王亲率的楚国救陈的军队屯于城父。双方虎视眈眈,两国军事力量正面对抗的局面又一次形成。

(二) 楚昭王之死

楚昭王在显示存在的同时,十七年前吴国伐楚并攻入郢都的阴影,却依然笼罩在他的心头。秋季七月,楚昭王屯兵城父而准备救援陈国时,让巫师占卜,占卜结果是"卜战不吉,卜退不吉"[1]。意即,进攻不吉利,撤退也不吉利。故此,身处进退两难的楚昭王,此时连死的心都有了,说:"然则死也。再败楚师,不如死。弃盟逃仇,亦不如死。死一也,其死仇乎!"[2]即楚昭王说:"这样看来,只有死路一条了。要是这一回再让吴国军队把楚军打败,那还不如一死;而如果背弃盟约,逃避仇敌,那也不如一死!同样都是死,那就和仇敌战死吧!"

楚平王与秦女所生的楚昭王,是吴王阖闾伐楚入郢时想抓获的目标,但未如愿。此刻,楚昭王由于对战争的胜利缺乏自信,更兼之占卜后的"战不吉"和"退不吉"的结果,已怀有死之心的他,不能不考虑到自己死后楚国王位的继统了。此时,他身边的三位楚国大臣均为楚平王庶子、也同时是其同父异母的庶兄子西(公子申)、子期(公子结)和子闾(公子启)。在这种情况下,楚昭王拟采取"弟终兄及"的传承方式,于是命令公子申(子西)准备继任楚王,公子申不同意;昭王便又命令公子结(子期)准备继任,公子结也不同意;楚昭王再命令公子启(子闾)继任,公子启推辞了五次,这才答应下来。而准备和吴军开战时,楚昭王一病不起。当楚昭王下令进攻大冥这个地方时,"卒于城父"[3],即死在了城父。前文曾述,吴王僚四年(前523)正月,其母秦女从秦国抵达楚国后成为楚平王夫人。故楚昭王即使最早的当年十月出生,至公元前489年(鲁哀公六年)楚昭王死于城父时,年龄最大也不会超过34岁。

---

[1]《左传·哀公六年》,见《春秋左传正义》,北京大学出版社1999年,第1636页。
[2]《左传·哀公六年》,见《春秋左传正义》,北京大学出版社1999年,第1636页。
[3]《左传·哀公六年》,见《春秋左传正义》,北京大学出版社1999年,第1636页。

吴、楚两国的战争,从吴寿梦二年(前584)"吴始伐楚"[1]时起,至本年(夫差七年,前489)已延续了95年。其间,楚国有两位君王死于军事前线,分别为楚灵王和楚昭王。而吴国亦有两位君王死于军事前线,分别为死于伐楚战场的吴王诸樊和死于伐越战场的吴王阖闾。倘若包含死于越俘刀下的吴王余祭,则吴国有三位君王死于与楚国及其盟国越国的争夺之中。

楚昭王去世,临时接任楚王的子闾下令退兵,并和子西、子期商量,迎接楚昭王和越国女子所生之子熊章,立为国君,然后退兵回国。而由于楚昭王去世及楚国退兵,陈国又成了吴国属国。这从3年后"楚人伐陈,陈即吴故也"[2]的记载中可以看出。

子闾(公子启)下令撤军后,楚昭王之子熊章被立为楚王,史称楚惠王。因其父楚昭王死时不超过34岁,故楚惠王其时的年龄,充其量也只能是个十几岁的孩子。楚昭王当初与越国女子的联姻,本就含有楚国"联越制吴"的政治因素。因此,楚国王权更迭,虽传递出楚、越之间加强政治联系的信号,但随着楚国王权的变化,吴国周边——西面的楚国、南面的越国等都已不再构成对吴国的威胁。这为吴王夫差北进争霸提供了适宜的外部条件和助推动力。

第二节 夫差执政中期的吴国政治与军事

夫差执政中期的吴国"北进争霸"战略的成型与实施,乃是中国社会从春秋晚期向战国时代悄然转变时期的重大事件。在这一时期中,吴国实施"北进争霸"战略,试图继承春秋早、中期的霸主政治以改变中原列国的政治版图。这一战略的成型与实施相继由吴征百牢、吴鲁战争、吴齐战争及黄池盟会等历史事件体现出来。

一、夫差"北进争霸"战略与吴、鲁关系

(一)吴国势力出现在北方中原地区

公元前488年(吴夫差八年)春天,中原列国爆发宋国与郑国、晋国与卫国的战争。正是在这一列国混战的背景下,夏天时,吴国出现在了中原地区。

《春秋经·哀公七年》《左传·哀公七年》均以相同的文字记载了吴、鲁国君

---

[1]《左传·成公七年》,见《春秋左传正义》,北京大学出版社1999年,第729页。
[2]《左传·哀公九年》,见《春秋左传正义》,北京大学出版社1999年,第1650页。

于鄫地会见的事件——"夏,公会吴于鄫。"[1]

鄫城,地望为"在今山东枣庄市东,苍山县西稍北"[2]。对两国国君的鄫城会见及吴国出现在北方中原地区,杜预注直言其实质为"吴欲霸中国"[3]。即吴国想要在北方中原地区称霸。

吴国出现在北方中原地区,对吴国来说,吴寿梦二年(前584)吴王寿梦攻伐鲁国属国郯国相隔96年后的又一次实质性的北进。

96年前吴国仅仅是北进而向北方跨了一小步而并未出现在黄河流域的中原核心地区,但在次年(吴寿梦三年,前583)晋国因郯国顺服吴国,故组织起由晋、齐、鲁、邾等国组成的联军攻打郯国,从而既从吴国手中夺走对郯国的控制权,更为间接敲打吴国,并迫使吴国把北进伐郯所获利益吐出,从而为吴国明确划设了一条不得北进侵犯中原列国的军事红线。

其时,已开始崛起但国力尚弱的吴国,只能以拒绝参加晋国主持的盟会,以示不满。而这条无形的军事红线,使得从寿梦历诸樊、馀祭、馀眛、吴王僚直到阖闾,即夫差前的多位吴王执政时,吴国一直恪守而未曾北进一步。吴王僚时的借兵与宋国华登,也只能是吴国北进的试水,还不能称为严格意义上的北进。因此,春秋末期,值中国社会向战国时期悄然转变之际的"公会吴于鄫"及其签订的吴、鲁"鄫地盟约",可说是吴国"北进争霸"战略已然成型并开始实施的标志。

(二) 吴国北进的原因

吴国"北进争霸"有其深刻的内部原因,更有其复杂的外部原因。

1. 内部原因

吴国"北进争霸"战略的成型和实施,首先是吴国自身发展及国家实力不断壮大的结果。经历代吴王近百年的经营,吴国已然崛起,并通过吴国的对楚战争,尤其是吴王馀眛、吴王僚时期的对楚屡战屡胜及吴王阖闾时期的伐楚并攻入楚国国都等标志性事件显现出来。吴王夫差执政后,随着"今闻其嗣又甚焉"[4],即夫差更甚于其父吴王阖闾成为传说而在列国间流传;更随着吴王夫差的南服越国及在与楚国军事对峙中的楚昭王死于前线,所有这些,更使得种种

---

[1]《春秋经·哀公七年》《左传·哀公七年》,见《春秋左传正义》,北京大学出版社1999年,第1639、1640页。

[2] 杨伯峻:《春秋左传注》,中华书局1990年,第1639页。

[3] 杜预注,见杜预:《春秋经传集解》,上海古籍出版社1978年,第1747页。

[4]《左传·哀公元年》,见《春秋左传正义》,北京大学出版社1999年,第1614页。

传说与实践的互为印证,从而构成吴国北进的有效宣传和强势威慑。

2. 外部原因

吴国北进的外部原因,是中原列国关系的变化。这一变化,既为吴国北进提供了适宜的外部条件,更提供了诱因。在吴国两次北进所相距的近百年中,中原列国关系从晋、楚争霸的集团性双边对抗,发展为多元混战的列国关系。其间历经两次列国"弭兵"等标志性盟会。尤其是第二次列国"弭兵"盟会所建立起的奉晋、楚为共同霸主、且吴国被排斥在外的列国秩序,随着吴王馀眛、吴王僚时的对楚战争的屡战屡胜及吴王阖闾时吴军进入楚都及夫差时期楚昭王死于与吴国对峙的陈国前线,楚国的霸主地位已轰然倒塌。而中原地区的另一传统霸主晋国,因内部卿族争斗等原因,国力持续衰落,以致在中原晋国集团内部产生出以齐国为首,并有郑、卫、鲁、宋等国参与的反晋集团。吴王夫差执政以来,中原列国的混战日益加剧。而吴夫差六年(前490)的齐景公去世,对吴王夫差产生的直接影响无疑是,夫差欲借以填补政治强人去世后留下的权力真空了。

吴国北进选择鲁国作为突破对象,其原因,首先是与上述中原列国关系剧变有关。鲁国的军事实力一向不强,而在这以前,它追随晋国,使得晋国成为其保护伞。在中原列国关系剧变后,鲁国背晋而从齐,这就失去晋国的保护而自毁干城。其次,吴国与鲁国地理相近或相接。在鲁国已与齐国结盟的情况下,鲁国既成为吴国踏进中原地区的首站,又成为进攻齐国的跳板。而从北上的时间来看,夫差在齐景公去世后即予以实施,则反映出其北进的谨慎与急迫。再次,在文化上,鲁国是周朝姬姓国中身份、地位较高的国家,且西周的文化、礼制等在鲁国也保存得最为完备,故向有"周礼尽在鲁矣"[1]之说。其时,吴国为西周姬姓诸侯国中地处长江下游的"蛮夷"之国。吴王夫差北进而欲霸中原,必不为中原文化的"裔不谋夏,夷不乱华"[2]等所容,并被视为"裔谋夏"及"夷乱华"的违反礼制行为。因此,长期压抑下的文化自卑,在吴国崛起且国力增强时引发的文化反弹中,吴国多年聚积起的压抑也借吴国北进争霸得以释放,并同时转化为文化挑战的形式。浅层次的表象为吴国北进争霸需要理由和借口,而深层次的原因则是吴国对身处被歧视的"蛮夷"文化地位的不满,并意图对中原文化的话语霸权进行挑战了。所有这些,既构成了吴国北进争霸时的心路历程,也构成了那一时期的中国南方长江文明与北方黄河文明所进行的文明对话和文化交融形式,更

---

[1]《左传·昭公二年》,见《春秋左传正义》,北京大学出版社1999年,第1172页。
[2]《左传·定公十年》,见《春秋左传正义》,北京大学出版社1999年,第1587页。

成为《春秋经》《左传》中文明对话和文化交融的罕见记载。

（三）鄫城会见时的"吴来征百牢"与"鄫盟"——《鄫地盟约》

《左传·哀公七年》记载"夏,公会吴于鄫"后又记载说："吴来征百牢。"〔1〕即吴国人要求鲁国给予"百牢",即一百头牛、一百头羊、一百头猪的超高规格来接待吴王夫差。

"牢"为古代祭祀与宴饮时享燕品的数量单位,即牛、羊、豕(猪)三牲各一为一牢。故古代以牛、羊、猪三牲宴饮宾客的接待礼节,又称为"牢礼"。"牢礼"有着以接待对象的爵位等级而与之相应数量享燕品的接待规格。裴骃《史记集解》引"贾逵曰：'周礼,王合诸侯享礼十有二牢,上公九牢,侯伯七牢,子男五牢。'"〔2〕故按周礼规定,天子享有十二牢、公爵享有九牢,侯伯爵享有七牢,子男爵享有五牢。因此,吴王"子"爵一级只能享受五牢,即五头牛、五头羊、五头猪的接待标准。然而,吴国人要求"百牢",竟超过天子级别"十二牢"标准的8倍以上。

吴国以"征百牢"的文化挑战方式发难,既是为北进寻找借口,也与吴国对自身被认定较低级别的爵位表达不满。对吴国的超规格、超级别接待要求,鲁国大臣子服景伯表示为难说："先王从没有制定过这种礼仪啊！"而吴国人则回答说："宋百牢我,鲁不可以后宋。"〔3〕即"我们在访问宋国时,宋国就已用这种'百牢'规格来接待我们吴王了。鲁国在接待规格和标准上总不能落后于宋国吧。""且鲁牢晋大夫过十,吴王百牢,不亦可乎？'"〔4〕即你们鲁国过去接待晋国大夫时,接待规格就已超过了"十牢"。既然如此,那接待我们吴王,用"百牢"规格,不也是可以的么！

被吴国人抓住把柄而难以解释的鲁国大夫子服景伯,终无奈地说："晋国正卿范鞅(又作士鞅,范献子)贪婪而背弃礼义,恃仗大国的地位来威胁我们,所以敝国以'十一牢'的规格来接待他。现在你们背弃周礼说非要'百牢',那我们也只有照你们的要求办了。"于是,为避免吴国的恃强加害,鲁国最终给了吴王夫差"百牢"级的接待规格。

吴王夫差提兵北上,并非为争个接待规格,而是为求取霸权。从鲁国最终答

---

〔1〕《左传·哀公七年》,见《春秋左传正义》,北京大学出版社1999年,第1640页。
〔2〕裴骃：《史记集解》,见司马迁：《史记》,中华书局1959年,第1471页。
〔3〕《左传·哀公七年》,见《春秋左传正义》,北京大学出版社1999年,第1640页。
〔4〕《左传·哀公七年》,见《春秋左传正义》,北京大学出版社1999年,第1640页。

应吴国的"百牢"要求中也可看出,鲁国其实也明了吴国北进求取霸权的目的。《左传·哀公十七年》另以"诸侯盟,谁执牛耳?季羔曰:'鄫衍之役,吴公子姑曹'"[1]的记载,补叙了吴、鲁鄫地会见时的那一次盟约(指《鄫地盟约》),执牛耳的是吴国公子姑曹。由《左传·哀公十七年》的这一补叙可知,吴、鲁国君于鄫地会见及吴国以"征百牢"的方式迫使鲁国屈服后,吴国又迫使鲁国签订了两国间的《鄫地盟约》。

关于《鄫地盟约》的内容,《左传》未载,但通过《左传》其后的记载则可看出,在《鄫地盟约》中,吴国迫使鲁国承认将邾国划入了吴国的势力范围,并以此禁断鲁国对邾国的干预。

其后,鲁国正卿(首相)季康子出于错误判断而对《鄫地盟约》反悔,并轻率地做出攻打邾国的决定。秋季时,鲁国攻打邾国,并把邾国国君曹益带回了鲁国。邾国的亲吴人士茅成子(茅夷鸿)用五匹帛和四张熟牛皮作为进见礼,独自去吴国面见吴王夫差并请求救援。经茅成子游说,吴王夫差终决定攻打鲁国。

(四)吴伐鲁之战与《莱门盟约》

吴夫差九年(前487)三月,吴国开始攻打鲁国。吴军攻克武城后,继续挺进,攻下东阳。前进至五梧宿营。次日,吴军在蚕室宿营。鲁军将领公宾庚、公甲叔子在夷地和吴军作战,公甲叔子和析朱锄战死,吴军得到了他们的尸体,并向吴王夫差献功。吴王夫差得知这两位鲁将战死的经过说:"此同车,必使能,国未可望也。"[2]意为,"这可是乘同一辆战车并肩战死的人。鲁国一定是很善于用人,所以将士能如此舍命死战。看来鲁国还不能轻易地指望得到!"显然,从鲁国将领的同车而死中,吴王夫差看到了鲁军的士气,更看到了占领鲁国的困难。

次日,吴军在庚宗宿营,接着便驻扎在泗水河,这里离鲁国都城曲阜已不远。鲁国将领微虎想要夜袭吴王的住处,故从七百名部下中准备挑选出三百人,孔子的学生有若也在其中。当这三百人的突击队行进到稷门——都城曲阜的南城门时,有人对鲁国正卿季康子说,这次行动不足以害吴,反而会葬送我国的壮士,不如停止。于是季康子下令停止了这次行动。而"吴子闻之,一夕三迁"[3]。意即,吴王夫差得知这一消息后,一个晚上搬了三次住处。

---

[1]《左传·哀公十七年》,见《春秋左传正义》,北京大学出版社1999年,第1700页。
[2]《左传·哀公八年》,见《春秋左传正义》,北京大学出版社1999年,第1647—1648页。
[3]《左传·哀公八年》,见《春秋左传正义》,北京大学出版社1999年,第1648页。

吴王夫差劳师远征北伐鲁国，其所要达到的战略目标，为迫使鲁国与吴结盟，并成为吴国的盟国。这是因为占领、吞并鲁国的风险、难度极大。吴国"蛮夷"占领、吞并中原姬姓列国中身份、地位都极为显赫的鲁国，很可能引发齐、郑、卫等国、甚至是晋国的反应。尽管在这以前他们矛盾重重。故吴国发动伐鲁之战前，鲁国逃亡人士公山不狃对吴王夫差所说的"诸侯将救之，未可以得志"[1]，或即指此。而在与鲁国交战中，鲁军将领表现出的同车而死的团结及高昂士气，也使吴王夫差看到了占领及吞并鲁国的困难。在这种情况下，夫差决定迫使鲁国签"城下之盟"，从而进一步将鲁国划入吴国在中原地区构建的势力范围，并更紧密地将之捆绑在吴国的战车上。这就是《左传·哀公八年》所记载的"吴人行成，将盟"[2]。意即，吴国要求与鲁国签订和约，鲁国答应签署盟约。鲁国正卿季康子让子服景伯背着写着盟约条文的竹简盟书，来到鲁国国都曲阜外城城门——"莱门"。鲁国请求把子服景伯留在吴国当人质，吴国人答应了；鲁国又要求用吴王之子姑曹作为交换人质留在鲁国，吴王夫差不愿其子为质于鲁，于是双方停止互留人质。吴、鲁签订了《莱门盟约》，从而实现了将鲁国纳入吴国势力范围，同时也达到将鲁国绑在吴国战车上的目的。

二、夫差"北进争霸"战略与吴、齐关系

（一）齐鲁关系恶化导致吴国的介入

齐景公去世，使得齐国立刻陷入王权争夺之中。齐景公病倒时，即让齐国世袭贵族高、国二氏的高张和国夏拥立公子荼为太子，而把其他公子们安置到了莱邑。对之，齐国另两家卿族——陈氏和鲍氏，容忍不了高氏、国氏对王室的控制，于是发动军事政变，将高张和国夏拥立的公子荼赶下台，接着迎立居住在鲁国的公子阳生为齐国国君，史称齐悼公。

齐悼公为公子时逃亡鲁国，"季康子以其妹妻之"[3]。即鲁国正卿季康子把他的妹妹季姬嫁给了他。公子阳生被立为齐君而成为齐悼公后，派人来迎接季姬。然而，在他离开鲁国到齐国去争夺王位时期，季姬红杏出墙而与"季鲂侯通焉，女言其情，弗敢与也"[4]。杜预注："鲂侯，康子叔父。"[5]即季姬与叔父

---

[1]《左传·哀公八年》，见《春秋左传正义》，北京大学出版社1999年，第1647页。
[2]《左传·哀公八年》，见《春秋左传正义》，北京大学出版社1999年，第1648页。
[3]《左传·哀公八年》，见《春秋左传正义》，北京大学出版社1999年，第1649页。
[4]《左传·哀公八年》，见《春秋左传正义》，北京大学出版社1999年，第1649页。
[5] 杜预注，见杜预：《春秋经传集解》，上海古籍出版社1978年，第1758页。

季鲂侯私通。故当齐国派人迎接她回齐国时,她因害怕而向兄长季康子讲出了这一不伦之恋。于是,季康子也不敢把她送给齐国派来的迎亲使团了。这一有悖常理的做法,终使得季姬的风化丑闻为齐悼公知晓。于是"齐侯怒。夏,五月,齐鲍牧帅师伐我,取讙及阐"[1]。即齐悼公非常愤怒,在本年(吴夫差九年,前487)夏天五月,派遣鲍牧率师伐鲁,占取了鲁国的讙邑和阐邑。

齐、鲁间因一个女人的不贞而引发的战争就此而起。不仅如此,齐悼公显然了解吴、鲁已签有盟约的情况,为避免与吴国之间发生误判;同时,也为给鲁国施加更大压力,故先给吴国打招呼并约吴攻鲁——"齐侯使如吴请师"[2],即齐悼公派人到吴国请求发兵,相约共同攻打鲁国。

然而,到秋天时,鲁国与齐国媾和。九月,鲁国派臧宾如到齐国去出席换约仪式,齐国也派了闾丘明到鲁国来出席换约仪式,同时把齐悼公的鲁国夫人季姬迎回齐国。迎回季姬后,齐悼公甚是宠爱她。鉴于前已约吴攻鲁,于是"齐侯使公孟绰辞师于吴"[3]。即齐悼公又派了公孟绰出使吴国,撤销此前约吴国出兵攻鲁的请求。对之,吴王夫差显然产生被戏耍的感觉,而不乐意了。"吴子曰:'昔岁寡人闻命,今又革之,不知所从,将进受命于君。'"[4]即吴王夫差说:"去年,寡人听从了齐君要我们出兵伐鲁的命令,现在又改变了,不知应该听从什么。寡人打算进见贵国的大王,当面听听他的命令。"

吴王夫差阴沉的口气中,透逸着霸气。随着以盟约形式先后将邾国、鲁国纳进吴国在北方构建的势力范围圈,并不甘心止步于此的吴国,其再次北进需要理由。而齐国约吴攻鲁于先,撤销于后,就为吴王提供了讨要说法的借口。吴国北进战略下的战术目标,显然从助齐攻鲁迅即转换为夫差早就"大志于齐"[5]的齐国。

被再次燃起争霸热情的吴王夫差,旋即开始了北上伐齐的战争准备。

(二) 第一次吴、齐战争

1. 吴国的军事准备——开挖邗沟与"中国大运河"成功申遗

吴夫差十年(前486)吴国在伐齐的战争准备中,发生的日后对中国南北交

---

[1]《左传·哀公八年》,见《春秋左传正义》,北京大学出版社1999年,第1649页。
[2]《左传·哀公八年》,见《春秋左传正义》,北京大学出版社1999年,第1649页。
[3]《左传·哀公九年》,见《春秋左传正义》,北京大学出版社1999年,第1650页。
[4]《左传·哀公九年》,见《春秋左传正义》,北京大学出版社1999年,第1650页。
[5] 上海师范大学古籍整理研究所校点:《国语·吴语》,上海古籍出版社1998年,第595页。

通影响的大事件是开挖邗沟。

《左传·哀公九年》载:"秋,吴城邗,沟通江、淮。"[1]杜预注为:"于邗江筑城穿沟,东北通射阳湖,西北至末口入淮,通粮道也。今广陵韩江是。"[2]故《左传》上述记载意为,秋天时,吴国筑造邗城,并开挖邗沟把长江与淮河贯通起来。从杜预所说夫差开筑邗沟的目的是为了"通粮道也"可以看出,这里的"通粮道"当主要是指北进伐齐时军粮补给的水上运输。

然而,吴国的这一战备行为却是在中国历史上第一次把两条东西流向的天然河流——长江与淮河,用邗沟这一南北走向的人工运河连接了起来;同时,也把长江流域和淮河流域这两大经济区域联系了起来。其对后世南北经济的发展和南北文化的交融起到了积极的影响。到了隋代,隋炀帝开凿京杭大运河时,其中段便是利用了这条"邗沟"。

上述《左传·哀公九年》所记载的不起眼的八个字,在文化上意义更是深远。先秦时期的重要典籍,几乎都予以记载。

吴夫差十年(前486)吴王夫差开挖邗沟,并经《左传·哀公九年》记载,使之成为其后"中国大运河"确凿的历史起点。邗沟及其在后世的延伸与演变,导致相继出现"大运河""京杭大运河"乃至"中国大运河"等称呼的演变。然而,从"沟"到"中国大运河",不管称呼上如何变化,吴王夫差开挖的邗沟及其年代(前486)始终成为"中国大运河"不变的历史起点——距今2500余年。

2014年6月22日,在卡塔尔多哈举行的联合国教科文组织第38届世界遗产委员会会议上,"中国大运河"被批准列入《世界遗产名录》,成为我国第32处世界文化遗产和第46处世界遗产。

2. 吴国组成多国联军及第一次吴伐齐战争

(1)吴逼鲁伐齐及其原因

吴国的战争准备就绪后,吴夫差十年(前486)"冬,吴子使来儆师伐齐"[3]。儆:告诫,警告的意思。故《左传》上条意为,本年冬季,吴王夫差派出使者到鲁国,告诫鲁国出兵,共同攻打齐国。上文"儆"字表明,吴国显然是根据吴、鲁《莱门盟约》的相关军事条款,要求鲁国出兵并把鲁国当作可供驱使的属国了。吴国不但以"儆师"的形式对鲁国告诫和通知,它同时也告诫和通知了邾、郯等北方小国。

---

[1]《左传·哀公九年》,见《春秋左传正义》,北京大学出版社1999年,第1650页。
[2] 杜预注,见杜预:《春秋经传集解》,上海古籍出版社1978年,第1762页。
[3]《左传·哀公九年》,见《春秋左传正义》,北京大学出版社1999年,第1652页。

第五章 从称霸到失国（夫差时期）

　　吴夫差十一年（前485）春天："公会吴子、邾子、郯子伐齐南鄙,师于鄙。"[1]意为,鲁哀公会合吴王夫差及邾、郯两国国君,共同攻打齐国南部边境,四国联军驻扎在齐国的鄙地。由此可见,吴国北进而建立的势力范围又扩大到了郯国。上述《左传·哀公十年》措辞"公会吴子"等,似乎表达这场战争的主动者和主持者是鲁哀公。其实,这正是拥有话语权的鲁国史官的惯用语式,以此掩饰鲁国的诸多无奈而已。

　　吴国的强大压力,不仅迫使鲁国就范,更在齐国内部引发激变。"齐人弑悼公,赴于师。吴子三日哭于军门之外。"[2]意为,齐国人杀死齐悼公,向联军发出了讣告。吴王夫差在军门外边哭了三天。

　　齐悼公之死,据《左传·哀公十年》记载,只是含糊地记为"齐人"所"弑"。而《春秋经·哀公十年》则未使用"弑"字而记为"三月戊戌,齐侯阳生卒"[3]。与之不同的《史记·齐太公世家》的叙述,却记为因鲍牧与齐悼公有矛盾,关系不睦。齐悼公四年（吴夫差十一年,前485）,吴国、鲁国攻打齐国的南部地区时,"鲍子弑悼公,赴于吴"[4],即鲍牧杀死了齐悼公,并向吴国报丧。

　　又,《史记·田敬仲完世家》记载:"四年,田乞卒……鲍牧与齐悼公有郤,弑悼公。"[5]意指齐悼公四年（吴夫差十一年,前485）鲍牧动手弑齐悼公前,田乞（即陈乞、陈僖子）已死。而鲍牧与齐悼公有矛盾,于是杀死了悼公。《史记》此处记载与《左传·哀公十一年》中记写吴、齐艾陵之战时陈僖子（即陈乞、田乞）尚活着的记载"陈僖子谓其弟书"[6]明显相悖。且鲍牧弑悼公,亦与前述《左传》记载齐悼公杀鲍牧相悖。故齐悼公之死,在《左传》《史记》两部文献各自的叙述体系中颇不一致。

　　获知齐悼公死讯,"吴子三日哭于军门之外"[7]。齐悼公死后,夫差在军门外的三日飞泪,哭的是什么?是对政治对手的尊重?然三年前楚昭王死于与吴军对峙的城父时,却未见吴王夫差的一滴眼泪。此次,夫差何以对在这以前与之素无往来的齐悼公之死如此温情?

　　吴国纠集鲁、邾、郯攻伐齐国,在吴王夫差"大志于齐"的目标下,或为达到如

---

[1]《左传·哀公十年》,见《春秋左传正义》,北京大学出版社1999年,第1653页。
[2]《左传·哀公十年》,见《春秋左传正义》,北京大学出版社1999年,第1653页。
[3]《春秋经·哀公十年》,见《春秋左传正义》,北京大学出版社1999年,第1652页。
[4] 司马迁:《史记》卷三十二《齐太公世家》,中华书局1959年,第1508页。
[5] 司马迁:《史记》卷四十六《田敬仲完世家》,中华书局1959年,第1883页。
[6]《左传·哀公十一年》,见《春秋左传正义》,北京大学出版社1999年,第1658页。
[7]《左传·哀公十年》,见《春秋左传正义》,北京大学出版社1999年,第1653页。

下战略目的：其一，打破鲁、齐间任何政治联盟的可能性；其二，迫使齐国承认和接受吴国的势力范围，从而把齐国也纳进吴国在北方构建的势力范围圈中。然而，随着齐国的内部激变和齐悼公身死，夫差的战略部署被打乱。毕竟，和齐悼公对话总比和一个内部纷争不堪的齐国对话容易得多。因此，夫差哭的不是齐悼公，而只能是对吴国霸业追求中的命运多舛而落泪。

（2）吴国"舟师"的"自海入齐"——中国历史上的第一次海战

以吴国为首的四国联军伐齐，并未随着齐悼公之死而结束，但战争的形式却从陆上进攻转变成了海上进攻。"徐承帅舟师，将自海入齐，齐人败之，吴师乃还。"[1]意即，吴国大夫徐承率领吴国舟师，从海上进入齐国。齐国人把他打败了，吴军就退兵回国。吴国主持并由四国（含吴国）参加的第一次伐齐战争，由失败了的海上远征画上了句号。

对吴国舟师"自海入齐"及"齐人败之"，由于《左传》记载太简，后人难以知晓齐国是如何将吴国"舟师"击败的。但由于海上与内河、内湖航行的巨大差异，"自海入齐"的吴国"舟师"必然要涉及与航海有关的海上舰船制造技术、航海定位（其时指南针尚未出现）、海上军需给养的征集和保存、海洋气候的识别与处理等多项与海上航行及海上作战技术有关的要素。因此，"自海入齐"的吴国"舟师"，可说是中国历史上首次出现且具备后世海军这一军种性质的古代海军；而率领这支吴国"舟师"的吴大夫徐承，堪为中国历史上有名有姓且率领海上舰队进行军事实战的第一任海军将领了。而这一"自海入齐"的吴国"舟师"，显然是在伍子胥水战理论和实践下，吴国多年经营的成果。由于古代交通、通讯极不发达，吴国"舟师""自海入齐"的命令或在突发事件——齐悼公之死以前就已下达并被执行。它在映射着春秋时吴国造船业发达的同时，也映射着伍子胥水战理论和实践对吴国兵家文化的影响，尽管此时，伍子胥已被吴王夫差疏远。

3. 楚国伐陈的军事勒索及吴国的"舍陈安楚"

吴夫差十一年（前485）春天的第一次吴伐齐之战，无果而终。在未达到战略目标的情况下，吴王夫差又准备第二年伐齐战争。于是在同年秋天时，吴王夫差又派使者到鲁国，再次告诫鲁国准备再一次出兵攻打齐国。

伐齐的战争准备，需要时间。而随着吴国北进及兵力北投，使得楚国看到勒索并逼迫吴国让出对陈国控制权的机会。本年（指吴夫差十一年，前485）冬季，

---

[1]《左传·哀公十年》，见《春秋左传正义》，北京大学出版社1999年，第1653页。

楚国的子期(公子结)进攻陈国。"吴延州来季子救陈"[1],即吴国由季札领兵救陈。季札对楚国的统帅子期说,吴、楚两国的国君都不致力于德政,却用武力争夺于诸侯,可陷于战火中的百姓又有什么罪过?"我请退"[2],即我自请退兵,以此成就您的名声,以便您施行德政并安定百姓。

楚国抓住吴国即将再次伐齐的时间窗口期,实施敲诈式的勒索而伐陈,迫使吴国放弃在陈国的利益。从战争效果看,楚国的算计极为精准。对楚国伐陈,吴国领兵者为"延州来季子",即季札。季札至本年,实已高龄。杜预注对之匡算说:"季子,吴王寿梦少子也。寿梦以襄十二年卒,至今七十七岁。寿梦卒,季子已能让国,年当十五六,至今盖九十余。"[3]即九十多岁了。尽管对领兵者是否为季札,学者们存有不同看法,但这一时期,吴王夫差作北上第二次伐齐战争准备。在将领、兵员和战争物资紧张的情况下,为不干扰北进战略目标,夫差起用其高龄的叔祖(即其祖父诸樊之弟)季札领兵,完全可能。而吴王夫差起用季札时,或向其交底——相机可作"舍陈安楚"即放弃陈国以安定楚国的选择。是时,吴王夫差既深知楚国的目的为勒索并逼迫吴国放弃对陈国的控制权,为准备明年再次北上伐齐,故夫差无意与楚人纠缠。正因如此,季札领军才可能做出"我请退",从而将对陈国的控制权拱手相让给楚国的决定。

其后的历史证明,吴王夫差放弃局部利益以服从整体利益的"舍陈安楚",不啻是一个明智的战略选择。放弃陈国而满足了楚人的愿望后,吴国在与齐国的艾陵之战及其后吴国与晋人争霸于黄池时,楚国都未对吴国的北进形成掣肘和牵制。

(三) 第二次吴伐齐战争及艾陵之战

如前所述,吴夫差十一年(前485)"秋,吴子使来复儆师"[4]。即本年秋天时,吴王夫差又派使者到鲁国,再次告诫鲁国,准备出兵攻打齐国。对之,杜预注此曰:"伐齐未得志,故为明年吴伐齐传。"[5]显然,吴国第一次伐齐,并未达到迫使齐国承认吴国势力范围,进而将齐国圈进吴国势力范围的战略目的,故准备再次伐齐。

---

[1] 《左传·哀公十年》,见《春秋左传正义》,北京大学出版社1999年,第1654页。
[2] 《左传·哀公十年》,见《春秋左传正义》,北京大学出版社1999年,第1654页。
[3] 杜预注,见杜预:《春秋经传集解》,上海古籍出版社1978年,第1767页。
[4] 《左传·哀公十年》,见《春秋左传正义》,北京大学出版社1999年,第1654页。
[5] 杜预注,见杜预:《春秋经传集解》,上海古籍出版社1978年,第1767页。

1. 吴、鲁第二次伐齐之战的先声——齐伐鲁及齐鲁曲阜之战

就在吴国做着伐齐战争准备时,齐国先下手攻伐鲁国,从而揭开了吴、鲁第二次伐齐的战争序幕。吴夫差十二年(前484)春天,"齐为郧故,国书、高无㔻帅师伐我,及清"[1]。即齐国因上年鲁国伙同吴、邾、郯攻打齐国郧地的缘故,齐将国书、高无㔻带兵进攻鲁国,到达清地。齐国攻打鲁国的原因,既是对上年鲁国参与四国联军伐齐进行报复;同时,也是齐国获知吴、鲁准备再次伐齐时所做出的应激反应——先下手为强,并试图消弭正在准备中的吴、鲁联合伐齐于无形。

因地理因素,齐国伐鲁而吴国一时难以做出军事反应。于是鲁国只能独自承受这场"抗齐卫鲁"之战。在这场保卫鲁国的战争中,鲁国的各种政治力量团结在"抗齐卫鲁"的爱国旗帜之下。当齐军攻打至鲁国国都曲阜城郊时,齐、鲁两国揭开了"师及齐师战于郊"[2]的"曲阜之战"序幕。而此战的结果是,这场由鲁国独立进行的"曲阜之战",以鲁国取胜而告结束。

2. 吴齐艾陵之战

对春天时的齐、鲁"曲阜之战",《左传》没记载吴国其时的反应。但从夫差谋取霸权的雄心来看,他不会坐视不管。因此,《左传》记载的空白处,正隐藏着吴国进行伐齐的战争准备。然而长途远征,需要时间。因此,当春天过去,夏天五月刚刚到来时吴国军队就已出现在北方战场。这在当时状态下的兵力投送,当属反应极为快速了。"为郊战故,公会吴子伐齐。"[3]即因为春天时齐军侵入鲁国国都郊外从而发生了"曲阜之战"的缘故,鲁国国君鲁哀公同吴王夫差会见并共同攻打齐国。五月时,吴、鲁联军攻占博地。五月二十五日,到达嬴地。吴、鲁联军深入齐境从而与齐军的战争对峙状态终在艾陵形成。

艾陵地望,杨伯峻《春秋左传注》指出:"据江永《考实》,在今山东泰安县南六十里;据沈钦韩《地名补注》引《山东通志》,即艾邑,在莱芜县东境,此说较确。"[4]

《左传·哀公十一年》介绍了艾陵集结的双方战阵和战斗序列。吴、鲁联军一方:"中军从王,胥门巢将上军,王子姑曹将下军,展如将右军。"[5]意指联军

---

[1]《左传·哀公十一年》,见《春秋左传正义》,北京大学出版社1999年,第1655页。
[2]《左传·哀公十一年》,见《春秋左传正义》,北京大学出版社1999年,第1656页。
[3]《左传·哀公十一年》,见《春秋左传正义》,北京大学出版社1999年,第1658页。
[4] 杨伯峻:《春秋左传注》,中华书局1990年,第1657页。
[5]《左传·哀公十一年》,见《春秋左传正义》,北京大学出版社1999年,第1658页。

的中军跟从吴王夫差,吴国的胥门巢统帅上军,吴国的王子姑曹(即前文吴、鲁"鄫盟"时执牛耳者的公子姑曹)统帅下军,展如统帅右军。齐军一方:"齐国书将中军,高无㔻将上军,宗楼将下军。"[1]意指齐国的国书统帅中军,高无㔻统帅上军,宗楼统帅下军。

史家称之为"艾陵之战"的吴、齐战争,终揭开大幕:"甲戌,战于艾陵,展如败高子,国子败胥门巢。王卒助之,大败齐师。获国书、公孙夏、闾丘明、陈书、东郭书,革车八百乘,甲首三千,以献于公。"[2]意即,五月二十七日,双方战于艾陵。吴国右军统帅展如打败了齐国高无㔻统帅的上军;而齐国国书统帅的中军则击败了由胥门巢统帅的吴国上军。这时,吴王夫差统帅的中军驰援胥门巢,终扭转战况而大败齐军,并俘获了国书、公孙夏、闾丘明、陈书、东郭书等一大批齐国将领。

吴、鲁联合伐齐的"艾陵之战",以吴、鲁联军的胜利而结束,此战所获的军事战利品——缴获的齐军八百辆战车,及斩获的齐军三千甲士首级,吴王夫差全部送给了鲁哀公。而吴王夫差所要的政治、军事成果——迫使齐国承认和接受吴国已构建起的势力范围并纳入其中,文献并无记载。

齐国是春秋首霸的北方大国,近些年与晋国一直争夺中原地区的主导权,且与鲁国既有旧怨,近年又有合作,此番更有着鲁国联合吴国而大败齐国的新仇。随着齐国卿族争斗中鲍氏、高氏及国氏的衰落,齐国权力渐向陈(田)氏家族倾斜。所有这些,均构成艾陵之战后文献并无齐国与吴国结盟记载的原因。从这一意义上讲,吴王夫差的对齐战争虽争得了艾陵之战击败齐国的名声,但并未取得将齐国纳进吴国势力范围圈的实质性利益。

三、战略歧见与伍子胥之死

(一) 伍子胥与夫差意见相左

从吴夫差二年(前494)吴国伐越时起,伍子胥就因与夫差意见相左而被疏远。其后十余年中,伍子胥在吴国政坛上失去踪影,也失去了话语权。

吴国战略及其进击方向转变为"北进争霸",最大的受益者当为越国。正是吴国的这一改变,客观上减轻了对越压力,更给了越国休养生息,以图再起的历史机遇。因此,在第一次吴、齐战争及吴国准备第二次伐齐时,晋国、楚国做出的

---

[1]《左传·哀公十一年》,见《春秋左传正义》,北京大学出版社1999年,第1658页。
[2]《左传·哀公十一年》,见《春秋左传正义》,北京大学出版社1999年,第1659页。

反应,都是乘机获取本国利益。而越国则以输出小利的柔顺面貌出现。

《左传·哀公十一年》记载:"吴将伐齐,越子率其众以朝焉,王及列士,皆有馈赂。"[1]即吴国将要攻打齐国时,越王勾践率领他的臣子前来朝见,向吴王和吴国大臣们赠送财礼。

越人的柔顺和馈赂,背后隐藏着对吴王夫差穷兵黩武起推波助澜作用的祸心。在政治角力中,让政治对手犯错误乃至越犯越大,则自己的政治收益就愈大。吴王夫差不断消耗着吴国国力而北上征战,对一心以求复仇的越王勾践来说,却在等待着吴国伐齐战争发生逆转或吴国国力消耗殆尽时刻的到来。就在吴国君臣,因受越人馈赂而上上下下皆大欢喜时,被吴王夫差疏远了近十年的老臣伍子胥,却洞若观火地看出了越国的居心,"吴人皆喜,惟子胥惧,曰:'是豢吴也夫!'"[2]伍子胥感到了焦虑和忧惧,从而在多年沉寂后说出的第一句话就是揭穿越人阴谋的"是豢吴也夫!"即越国人的这一套动作,是想要把吴国养肥了好宰杀啊!

接着,伍子胥又在吴王夫差面前,翻起近十年前了而未了的争论而劝谏吴王说:"越国对于我们来讲,可是心腹之大患啊!土地相连而又对我们怀有着欲望。他们的顺从驯服,是为了求取他们的欲望。不如趁早对他们下手。"对吴王夫差正秣马厉兵准备着的伐齐战争,伍子胥唱反调地指出:"得志于齐,犹获石田也,无所用之。越不为沼,吴其泯矣。"[3]意为,得志于齐国,就好比得到一块全是石头的田,一点用处也没有。而不灭掉越国并让越国沦为沼泽,那吴国就一定会被越国灭掉。

伍子胥显然丝毫不顾及夫差的感受,又举起例子作喻说:"这就像让医生去治病,却又说'把病根留下吧'这样的事在生活中不会有吧!《尚书》中的《盘庚》篇告诫说:'诸臣有强傲不恭顺从命的,就应该斩尽杀绝,不留后患,更不让他的种族在这里延续下去。'这就是商朝能够兴起的原因。可大王现在的做法跟《盘庚》篇所说的恰恰相反,要想靠这种做法来称雄于诸侯霸业,不是太困难了吗?"

这位被吴王放逐多年了的老臣,既未改变他的性格,也未改变他十年前的政治见解。然而,正是他对吴国前途的忧虑和不计后果的直言,成就了他对吴国的忠贞。同时,这也必然地导致了他与吴王夫差君臣关系的难以协调。对伍子胥

---

[1]《左传·哀公十一年》,见《春秋左传正义》,北京大学出版社1999年,第1659页。
[2]《左传·哀公十一年》,见《春秋左传正义》,北京大学出版社1999年,第1659页。
[3]《左传·哀公十一年》,见《春秋左传正义》,北京大学出版社1999年,第1659页。

的劝谏,吴王夫差以"弗听"[1]二字作为回应。

对夫差来说,北进以谋取中原地区的霸权已成为其战略的基石。第一次伐齐,无果而终。为了再次伐齐,吴国不得已以舍弃陈国来安定楚国。更何况,十多年前,吴王夫差就有"大志于齐"的雄心壮志,而此刻伍子胥却大唱反调说:"越在我,心腹之疾也。……得志于齐,犹获石田也,无所用之。"[2]所有这些,不能不使吴王夫差视为对其"北进争霸"战略的挑战和否定,并以之发泄近十年中被疏远的怨气了。

伍子胥的灭越之策,与吴王夫差的北进战略本不矛盾。灭越消除后患后,再图北进,其实是个更好选项。再说,当日吴王阖闾之时,越人就曾"入吴"[3]——攻入吴国国都。这些历史教训,夫差并非不知。但从夫差起用其九十高龄的叔祖季札领兵去舍陈安楚来看,为准备第二次伐齐战争,在兵员调配上,吴王夫差实已是捉襟见肘。而听取伍子胥之言并采取灭越之策,则非但重回到十多年前关于"灭越""存越"的争论上,更使得十多年前吴王夫差"大志于齐"且现已在落实中的吴国整个战略进击方向重做调整。而在调整中,那已在中原地区建立的含鲁、邾、郯等国在内的吴国势力范围,又必然崩塌。为了北进,吴国不惜放弃陈国而安定楚国。如今为了对付南面已柔顺臣服的越国,焉能将北进取得的所有成果全然放弃?吴国已经启动运行的庞大战争机器及隆隆北进的战车、战船,实已是无法调头转向了。

正当吴国在为北进的得失陷入争论时,北方的齐国已对鲁国动手,从而发生了前述的齐鲁曲阜之战。这也说明,外部的情势已并非吴国所能控制。所有这些,也使得吴王夫差的北进,既无法回头,且只能顺势而进了。

在第二次伐齐前,吴王夫差派遣伍子胥"使于齐"[4],即出使齐国。在两国将再次发生战争之时,夫差派遣伍子胥出使齐国,其目的或为如下:其一,通过伍子胥在齐国的人脉,进行外交斡旋,迫使齐国就范,以实现不战而屈人之兵的战争效果。其二,让伍子胥在进行实地考察后,能改变看法从而对吴国"北进争霸"战略产生正面认同。毕竟,吴国在中原地区已成功构建起含鲁、邾、郯等国在内的势力范围。这在吴国历史上前所未有、且亦为夫差极为得意的霸业业绩。故通过派遣伍子胥"使于齐",意图改变其"得志于齐,犹获石田也,无所用之"的

---

[1]《左传·哀公十一年》,见《春秋左传正义》,北京大学出版社1999年,第1660页。
[2]《左传·哀公十一年》,见《春秋左传正义》,北京大学出版社1999年,第1659页。
[3]《左传·哀公十一年》,见《春秋左传正义》,北京大学出版社1999年,第1660页。
[4]《左传·哀公十一年》,见《春秋左传正义》,北京大学出版社1999年,第1660页。

认知。其三,吴王夫差不愿再听伍子胥的絮叨,图个耳根清净,故将其打发得远远的。上述诸种情况,均说明夫差遣伍子胥"使于齐",并无恶意。

(二) 夫差赐死伍子胥

吴王夫差酝酿多年的"大志于齐",且其后在存越、舍陈等方面分别对越国、楚国支付出成本,但两次伐齐并未取得迫使齐国就范的实质性成果。而夫差当初派遣伍子胥出使齐国,但伍子胥却乘"使于齐"之机,"属其子于鲍氏,为王孙氏"[1]。即伍子胥值出使于齐时,把儿子托付给齐国鲍氏,并让其子改姓为王孙氏。

伍子胥托子于齐鲍氏的原因,《左传》未及。因《左传》叙述系统中第一次吴、齐之战前,鲍牧已为齐悼公所杀,故上述"鲍氏"只能是鲍牧族人。而《史记》叙述系统为鲍牧弑杀悼公,故《史记·伍子胥列传》记载伍子胥托子于齐鲍牧时说:"子胥临行,谓其子曰:'吾数谏王,王不用,吾今见吴之亡矣。汝与吴俱亡,无益也。'乃属其子于齐鲍牧。"[2]即子胥临行时对他儿子说:"我屡次规劝大王,大王不听。我现在已看到吴国的灭亡了。你留在吴国和吴国一起灭亡,没什么好处。"于是就把他儿子托付给了齐国的鲍牧。

无论是《左传》或《史记》的叙述,伍子胥托子于齐,都反映了他因数次谏言未为吴王夫差所用,故对吴国的未来失去信心。是故,"反役,王闻之,使赐之属镂以死"[3]。即艾陵之战后,吴王夫差回国听说这件事,便派人把属镂宝剑赐给伍子胥,让他自杀。

夫差赐死先父老臣伍子胥,其中原因极为复杂。

其一,是伍子胥对吴王夫差"北进争霸"战略的对立情绪所致。对伍子胥来说,当日楚平王杀其父兄,构成了他奔吴而复仇的主要目的。楚平王死,楚国由楚平王与秦女所生的楚昭王执政,吴王阖闾伐楚时索楚昭王而不得,后在秦、楚联军攻击下,吴军返归,伍子胥实是带着遗憾离开楚国。其后,吴王阖闾伐越身死,吴王夫差"由此怨越而不西伐楚"[4]。再者,吴国国家战略一变为北进及"大志于齐",而由此派生出的"存越"已使其对吴王夫差"不西伐楚"的北进战略难以配合并极度不满。吴国第一次伐齐之战后接着准备第二次伐齐,而越人对

---

[1]《左传·哀公十一年》,见《春秋左传正义》,北京大学出版社1999年,第1660页。
[2] 司马迁:《史记》卷六十六《伍子胥列传》,中华书局1959年,第2179页。
[3] 司马迁:《史记》卷六十六《伍子胥列传》,中华书局1959年,第2179页。
[4] 司马迁:《史记》卷四十《楚世家》,中华书局1959年,第1717页。

吴王夫差的北进竭力推波助澜,故出于对吴国未来的忧虑,伍子胥直言指出越人实为"豢吴"的险恶用心。个中亦不乏意图再使吴国的国家战略回到"抗楚灭越"的轨道上来。正是这一思维,使得他对吴王夫差的伐齐准备大泼冷水地说:"得志于齐,犹获石田也,无所用之。越不为沼,吴其泯矣。"[1]在与吴王夫差的最后思想交锋中,伍子胥显然并不顾及吴王夫差的感受,也必然地导致了他与吴王夫差君臣关系的难以协调。如前所述,对伍子胥的劝谏,吴王夫差以"弗听"[2]二字作为回应,从而既表明了二人思想路线的最后决裂,也表明了吴王夫差维护其"北进争霸"这一政治路线的决心和意志。

其二,是吴王夫差两次对齐战争并未取得实质性进展的结果。值夫差返归心情不佳之时,闻伍子胥托子于齐而表现出对吴国未来丧失信心,从而激怒吴王夫差,并超越其容忍底线。如前所述,在吴国第二次伐齐前,吴王夫差派遣伍子胥出使齐国,其间,并无恶意。很难得出吴王夫差使其出使齐国并诱使伍子胥托子于齐的结论。不排除吴王夫差赐死伍子胥带有激情成分。但伍子胥值两国交兵之时而将子托于交战之敌国,虽说有对吴王夫差政治路线丧失信心的因素,但确也有欠妥之处。

其三,为战略路线之争纠缠下的历史恩怨。在夫差立为吴太子从而成为吴王的过程中,伍子胥参与太深,为日后引发夫差的猜忌埋下祸根。据《史记·伍子胥列传》记载,伍子胥临死前极为愤怒地对夫差说:"我令若(你)父霸。自若(你)未立时,诸公子争立,我以死争之于先王,几不得立。若(你)既得立,欲分吴国予我,我顾不敢望也。"[3]意为,我使你父亲阖闾称霸。而你还没确定为王位继承人时,公子们争着立为太子,我在先王面前冒死相争,你差一点儿不能立为太子。你立为太子后,要把吴国分国予我,我却一点也不存在要你报答的奢望。由此可以看出,伍子胥参与到吴国权力核心之事时,进行的是一种政治赌博式的下注——博夫差成为吴王后,自己依然能保持在吴国政坛上的影响力。如果夫差胸怀大志且有一整套吴国发展思路的话,伍子胥再三坚持地要求吴王夫差采纳其意见,就只能被夫差理解为意图对其政治路线进行绑架与控制。而为保证北进战略的推行,疏远伍子胥就成为夫差的唯一选择。在吴王夫差第二次伐齐前,面临楚国勒索式的"伐陈"时,夫差宁可起用高龄的叔祖季札,也未敢起用伍子胥。原因很简单,季札会忠实执行"舍陈安楚"之策,从而保证吴国北进

---

[1]《左传·哀公十一年》,见《春秋左传正义》,北京大学出版社1999年,第1659页。
[2]《左传·哀公十一年》,见《春秋左传正义》,北京大学出版社1999年,第1660页。
[3] 司马迁:《史记》卷六十六《伍子胥列传》,中华书局1959年,第2180页。

伐齐的战争准备顺利进行。而起用伍子胥,则变数很大。其中的一种可能是,伍子胥会因坚持与吴王夫差相悖的西抗强楚、南下灭越的路线,在对楚战争中把战争打大,从而牵制住吴王夫差的北进战略。而当越王勾践率越臣朝见,并上下送礼时,越人表现出的柔顺面貌及所包藏的祸心,其实已很明显。而伍子胥指出其是"豢吴",也一语中的。但由于吴王夫差和伍子胥君臣关系中存在着种种恩怨、成见和猜忌,使得吴王夫差对其一是"弗听",二是让其"使于齐",或是图个耳根清净。而伍子胥临死前将夫差立太子时的宫闱秘密揭出,更是触及宫廷政治的忌讳,从而构成了夫差痛下杀手的另一原因。

其四,是吴太宰伯嚭在其中煽风点火、挑拨离间引发的恶劣结果。《史记·伍子胥列传》记载:"吴太宰嚭既与子胥有隙,因谗曰:'子胥为人刚暴,少恩,猜贼,其怨望恐为深祸也。'"[1]即因伯嚭与伍子胥有矛盾,故在吴王面前进谗言说伍子胥为人刚烈强暴,缺少情义,而又猜忌狠毒,更说他的怨望之心恐怕要酿成深重的灾难。接着,伯嚭以两次吴、齐之间的战争为例,说前些时,大王要攻打齐国,伍子胥认为不可以,但大王终于发兵并且取得重大胜利。伍子胥因自己计谋没被采纳而感到受辱,反过来产生怨恨情绪。如今大王又要再次攻打齐国,伍子胥又独断刚愎地欲强行谏阻,以败坏、诋毁大王的北进事业,并且希望吴国打了败仗来证明自己的计谋高明。现在大王亲自出征,出动全国的兵力攻打齐国,而伍子胥的劝谏不被采纳,因此就中止上朝,假装有病不随大王出征。"王不可不备,此起祸不难。"[2]即大王不可以不加戒备,这很容易引起吴国祸端。接着,他更是将伍子胥出使齐国时托子于齐鲍氏上纲上线为里通外国式的"内不得意,外倚诸侯"[3]。伯嚭更狠毒地攻评伍子胥"自以为先王之谋臣,今不见用,常鞅鞅怨望。原王早图之"[4]。即伍子胥自认为是先王谋臣,现在不被重用,故常郁郁不乐而生怨恨之心。愿大王及早图之。伯嚭的挑唆对夫差产生了作用,吴王夫差说:"微子之言,吾亦疑之。"[5]即没有你这番话,我也已经怀疑他了。于是,"乃使使赐伍子胥属镂之剑,曰:'子以此死。'"[6]伍子胥自杀后,《史记·越王勾践世家》记载说"于是吴任嚭政"[7],即吴王重用了伯嚭来执掌吴国

---

[1] 司马迁:《史记》卷六十六《伍子胥列传》,中华书局1959年,第2179页。
[2] 司马迁:《史记》卷六十六《伍子胥列传》,中华书局1959年,第2179页。
[3] 司马迁:《史记》卷六十六《伍子胥列传》,中华书局1959年,第2179页。
[4] 司马迁:《史记》卷六十六《伍子胥列传》,中华书局1959年,第2179—2180页。
[5] 司马迁:《史记》卷六十六《伍子胥列传》,中华书局1959年,第2180页。
[6] 司马迁:《史记》卷六十六《伍子胥列传》,中华书局1959年,第2180页。
[7] 司马迁:《史记》卷四十一《越王勾践世家》,中华书局1959年,第1744页。

国政。由此亦揭示伯嚭进谗诋毁伍子胥的目的,乃是属意于吴国的权力。

其五,与伍子胥个人性格刚烈及不善通权达变有关。战国时燕国名将乐毅评论伍子胥时说,从前伍子胥的意见被阖闾采纳,吴王阖闾而能够远征楚国攻下郢都。夫差不赞成伍子胥的意见,赐他一死,装在皮口袋里丢进大江。所以夫差不考虑伍子胥以前的意见可以为吴国建功立业,故杀了伍子胥也不后悔。而"子胥不蚤见主之不同量,是以至于入江而不化"[1]。即伍子胥也不能及早发现阖闾与夫差的气量、抱负各不相同,因此致使被沉入江中而死不瞑目。伍子胥个人性格的刚烈,既表现出他对吴国的忠诚和矢志不渝,又极易使得吴王夫差产生猜忌,视其为难以合作和难以相处者。

(三) 伍子胥临死前的"越灭吴"预言

多部文献记载了伍子胥临死前的情怀,或为参透人生的哲理,或作情绪激烈的宣泄,或是大笑着与人生告别。

《左传·哀公十一年》记载夫差"赐之属镂以死",伍子胥"将死,曰:'树吾墓槚,槚可材也,吴其亡乎! 三年,其始弱矣。盈必毁,天之道也。'"[2]意为,伍子胥在临死前说:"在我的坟上栽上槚树,等槚树成材时,吴国大概就要灭亡了! 不出三年,吴国就要开始衰落。物盈必毁,这是无法改变的自然规律啊!"这里,伍子胥以一种参透人生的平和交代身后事。而在"吴其亡乎"、"三年,其始弱矣"等的预言中,他似乎一方面依然纠结于与夫差"灭越"与"存越"的争执;另一方面却将其愤懑情绪在"将死"之际宣泄、表达出来。而在行将走到生命尽头时,他更以一种阅尽人生沧桑的睿智,参透了人世间"物盈必毁"的哲理。

《史记》记载的伍子胥,临死前的情绪却异常激烈。《史记·吴太伯世家》记载伍子胥将死,曰:"树吾墓上以梓,令可为器。抉吾眼置之吴东门,以观越之灭吴也。"[3]梓,原指一种落叶乔木。后世"梓宫",特指皇帝、皇后的棺材。故张守节《史记正义》:"器谓棺也,以吴必亡也。"[4]因此,这里种于墓上的"梓"树,却是有着待其成材而为吴王夫差做一口棺材的诅咒意思了。《史记·越王句践世家》则记载伍子胥以"大笑"来面对死亡。当吴王夫差派人赐给伍子胥一把属镂剑,并让他自杀时,"子胥大笑曰:'我令而父霸,我又立若,若初欲分吴国半予

---

[1] 司马迁:《史记》卷八十《乐毅列传》,中华书局1959年,第2432页。
[2] 《左传·哀公十一年》,见《春秋左传正义》,北京大学出版社1999年,第1660页。
[3] 司马迁:《史记》卷三十一《吴太伯世家》,中华书局1959年,第1472页。
[4] 张守节:《史记正义》,见司马迁:《史记》,中华书局1959年,第2180页。

我,我不受,已,今若反以谗诛我。嗟乎,嗟乎,一人固不能独立!'报使者曰:'必取吾眼置吴东门,以观越兵入也!'"[1]意为,当吴王派人赐给伍子胥"属镂"剑让他自杀时,伍子胥大笑道:"我辅佐你的父亲称霸,又拥立你为吴王,你当初想与我平分吴国,我没接受,事隔不久,今天你反而因谗言而杀害我。唉,你一个人绝对不能支撑立国!"伍子胥告诉使者说:"一定要取出我的眼睛挂在吴国都城东门之上,以便能让我亲眼看到越军攻入吴国都城。"这里,伍子胥的"大笑"背后,蕴含着他对吴国未来的深深忧虑。

四、黄池盟会与吴国称霸

黄池盟会是吴王夫差北进争霸的顶峰。关于"黄池"地望,杜预《春秋经传集解》释为:"陈留封丘县南有黄亭,近济水。"[2]杨伯峻《春秋左传注》注释并以出土传世文物佐证说:"黄池当在今河南封丘县南,济水故道南岸。传世器,辉县出土有赵孟庎壶二器……二器皆作于此时。"[3]

(一) 黄池盟会前吴国的外交挫折——"会橐皋"与"会郧"

吴夫差十三年(前483),吴王夫差尽管在外交上遭遇种种挫折,文化上也遭遇种种抵制,但吴国"北上争霸"的战车,依着向前狂奔所积聚起的惯性,实已停不下来。吴王夫差争强好胜的个性,既决定其命运,也决定了吴国的命运。在强大军事力量的支持下,吴国再次进入中原。

唐代孔颖达评述这一时期吴国北上争霸历程说:"吴之强大,始于会(指鄫地会见),终于黄池(指黄池盟会)。凡三会(指会鄫、会橐皋、会郧)、三伐(指伐鲁及二次伐齐)、三盟(指《鄫地盟约》《莱门盟约》和《黄池盟约》)。"[4]鄫地会见导致了吴国迫鲁签订《鄫地盟约》,伐鲁之战使得吴国迫鲁再次签订《莱门盟约》。而"三会"中的另两次会见即"会橐皋""会郧"情况为《春秋经·哀公十二年》的记载:"夏,五月……公会吴于橐皋。秋,公会卫侯、宋皇瑗于郧。"[5]故这两次"会",均发生于吴夫差十三年(前483),简述如下:

吴国与鲁国签署的《鄫地盟约》《莱门盟约》或许是时效期渐至,故吴国需要

---

[1] 司马迁:《史记》卷四十一《越王句践世家》,中华书局1959年,第1743—1744页。
[2] 杜预:《春秋经传集解》,上海古籍出版社1978年,第1788页。
[3] 杨伯峻:《春秋左传注》,中华书局1990年,第1674页。
[4] 孔颖达疏,见《春秋左传正义》,北京大学出版社1999年,第1666页。
[5] 《春秋经·哀公十二年》,见《春秋左传正义》,北京大学出版社1999年,第1663页。

就再次确认或续签等做出安排。于是,吴夫差十三年(前483),吴、鲁国君再次会见。这就是前述《春秋经·哀公十二年》记载的"公会吴于橐皋"[1]。《左传》对此阐释说:"公会吴于橐皋,吴子使太宰嚭请寻盟。公不欲。"[2] 寻盟:杜预注释为"寻鄫盟"[3],即重温、重申鄫地会见时所达成的协议《鄫地盟约》。鲁哀公在橐皋会见吴国人时,吴王夫差派太宰伯嚭提出请求重温、重申过去达成的共识和盟约,但鲁哀公不愿意了。接着,鲁国派子贡去向伯嚭解释并说:"现在您(指伯嚭)说'一定要重温过去的盟约',如果可以重温,那它同样可以寒凉下去的。"于是就没有和吴国重温或续订该盟约。

对鲁国来说,五年前"吴来征百牢"时和吴国达成的《鄫地盟约》,事后就感到吃亏了,这才有反悔而伐邾的举动。可其后,当吴国以保护邾国的名义伐鲁并凭借军事力量强迫鲁国签订另一个城下之盟——吴、鲁《莱门盟约》时,在这一盟约中,吴国对鲁国政治压迫、经济索取和军事绑架的幅度无疑更大,以致鲁国成了屈从于吴国战争意志的属国,并两次被迫参与伐齐之战。所有这些,构成了鲁国拒绝吴国"寻盟"的主要原因。

前引《春秋经·哀公十二年》记载:"秋,公会卫侯、宋皇瑗于郧。"[4] 指秋天时鲁国国君鲁哀公与卫国国君卫出公、宋国大夫皇瑗共同会见于郧地。其实,此次为应吴国之约的一次多国会见。吴国约见的背景与直接原因是,吴国北上企图接管晋国霸权留下的真空,但随着两次伐齐并未达到迫使齐国加入吴国势力范围的预期,故吴王夫差又转而向中原地区的卫、宋等国开拓。这就是《左传·哀公十二年》记载的:"公及卫侯、宋皇瑗盟,而卒辞吴盟。"[5] 即鲁哀公和卫出公、宋皇瑗代表三国结盟,而最终辞谢了与吴国的结盟。杜预注此为"盟不书,畏吴窃盟"[6]。即《春秋经·哀公十二年》没记载鲁、卫、宋三国结盟事,是因为他们害怕吴国而私下里结了盟。

由此可以看出:吴王夫差主导的郧地会见,意图达到与鲁、卫、宋结盟,从而再迂回地制约住鲁国的离心倾向。但鲁、卫、宋三国私下结盟并拒绝与吴国结盟,既使得主导郧地会见的吴国的战略目的落空,更构成吴国北进以来继鲁不"寻盟"后遭受的又一次重大外交挫折。鲁、卫、宋三国的抱团及其对吴国的敬

---

[1]《春秋经·哀公十二年》,见《春秋左传正义》,北京大学出版社1999年,第1663页。
[2]《左传·哀公十二年》,见《春秋左传正义》,北京大学出版社1999年,第1665页。
[3] 杜预注,见杜预:《春秋经传集解》,上海古籍出版社1978年,第1783页。
[4]《春秋经·哀公十二年》,见《春秋左传正义》,北京大学出版社1999年,第1663页。
[5]《春秋经·哀公十二年》,见《春秋左传正义》,北京大学出版社1999年,第1663页。
[6] 杜预注,见杜预:《春秋经传集解》,上海古籍出版社1978年,第1785页。

而远之,吴王夫差不便与三国同时为敌,于是便将愤怒情绪发泄到了卫国国君卫出公头上。更何况历史上曾发生过"卫人杀吴行人且姚"[1],即卫国发生过杀害吴国外交官员且姚的事件。于是,"吴人藩卫侯之舍"[2],即吴国军队包围了卫出公下榻的馆舍。其后,鲁国大臣子服景伯让子贡去伯嚭处说项,终使得吴国释放了卫出公。正是在吴国外交屡遭挫折的情况下,吴王夫差依然坚持北上争霸的战略,并意图以与晋国交手的黄池盟会来确立吴国的霸主地位。

(二)黄池盟会的与会国

《春秋经·哀公十三年》:"夏……公会晋侯及吴子于黄池。"[3]《左传·哀公十三年》解释说:"夏,公会单平公、晋定公、吴夫差于黄池。"[4]上述文献均记载如下事实:吴夫差十四年(前482)夏天,周王室的代表单平公以及晋国国君晋定公、吴国国君夫差以及鲁国国君鲁哀公在黄池会见。

上引《春秋经·哀公十三年》"公会晋侯及吴子于黄池"的记载,显示与会者除周王室代表外,仅鲁、晋、吴三国。但《公羊传·哀公十三年》记载黄池盟会说:"吴在是,则天下诸侯莫敢不至也。"[5]即吴国在这里,那么天下诸侯就没有人敢不来了。该段文字,显示吴国以军事力量作为后盾召开黄池盟会时的威势。然而,它与本年《春秋经》《左传》记载的与会者仅鲁、晋、吴三国相悖。从而构成黄池盟会与会国的疑谜。

黄池盟会与会国不外存在如下两种情况:

其一,为上述三个国家,这则预示着多数国家或是不敢、或是不愿与会。近年,从"吴来征百牢"的吴、鲁鄫城会见后鲁国的遭遇,到郧地会见中吴国动用其军事力量包围卫出公下榻的馆舍,难以预测吴国在黄池会做出什么事来,故多国选择不与会了。

其二,与会国不止上述三个国家,但为鲁国史官"不书""不录"。关于鲁国史官的选择性记载,前文论述的吴、鲁于莱门结城下之盟事,《春秋经》就未予记载。后世,杜预注对此评述:"不书盟,耻吴夷。"[6]即鲁国史官之所以在《春秋经》不记载与吴国结盟,是因为羞耻于与吴国"蛮夷"结城下之盟。而从上引《公

---

[1] 《左传·哀公十二年》,见《春秋左传正义》,北京大学出版社1999年,第1666页。
[2] 《左传·哀公十二年》,见《春秋左传正义》,北京大学出版社1999年,第1667页。
[3] 《春秋经·哀公十三年》,见《春秋左传正义》,北京大学出版社1999年,第1668—1669页。
[4] 《左传·哀公十三年》,见《春秋左传正义》,北京大学出版社1999年,第1670页。
[5] 《公羊传·哀公十三年》,见《春秋公羊传注疏》,北京大学出版社,第616页。
[6] 杜预注,见杜预:《春秋经传集解》,上海古籍出版社1978年,第1758页。

羊传·哀公十三年》记载的"吴在是,则天下诸侯莫敢不至也"情况来看,参加黄池盟会的国家或当不止上述三个。另从《国语·吴语》记载黄池盟会时吴大臣王孙雒所说:"我既执诸侯之柄,以岁之不获也,无有诛焉,而先罢之,诸侯必说。"〔1〕意为,在我们执掌了诸侯长的大权后,以年成不好,不向诸侯索取贡赋来收买人心。同时,让各国诸侯先回去。这样,各国的诸侯一定会很高兴。按此记载,黄池盟会的参与国亦当不止于三国。故不能排除的情况是,出于文化原因,鲁国史官对黄池盟会的其他与会国作选择性地予以"不书""不录"了。

(三)黄池盟会时的越袭吴与夫差严密封锁国内发生的消息

《春秋经·哀公十三年》记载本年与吴国有关的事件,除与黄池盟会有关的"公会晋侯及吴子于黄池"外,另一则为"於越入吴"。〔2〕即越国军队再一次攻入吴国国都。

"於越入吴"只是个结果,其间伴随着的是吴国的过失与越国的谋算叠加起的过程。

1. 越国伐吴的战争准备——开挖越来溪及筑造越城

《史记·越王句践世家》记载,夫差杀伍子胥后过了三年,勾践召见范蠡说:"吴已杀子胥,导谀者众,可乎?"〔3〕意即勾践说"吴王已杀死了伍子胥,现在吴国善于阿谀奉承的人很多,我们可以攻打吴国了吗?"范蠡回答说:"不可以。"到第二年春天,吴王到北部的黄池去会合诸侯,吴国的精锐部队全部跟随吴王赴会了,唯独老弱残兵和太子留守吴都。勾践又问范蠡是否可以进攻吴国。范蠡说:"可以了。"

越国对吴国的谋算,早已开始,而标志性事件,即为越人在吴都近郊石湖畔造筑的军事城堡——越城及从太湖开挖连通石湖与越城的人工运河——越来溪。

南宋范成大《吴郡志》卷八记载:"越来溪,在越城东南,与石湖通。溪流贯行春及越溪二桥,以入横塘,清澈可鉴。越兵自此溪来入吴,故以名。《史记正义》:'越自松江北开渠至横山东北入吴,即此溪。'"〔4〕《吴郡志》卷十八记载:"越来溪,在横山下,与石湖连。相传越兵入吴时自此来,故名溪。上有越城,雉

---

〔1〕 上海师范大学古籍整理研究所校点:《国语·吴语》,上海古籍出版社1998年,第606页。
〔2〕 《春秋经·哀公十三年》,见《春秋左传正义》,北京大学出版社1999年,第1669页。
〔3〕 司马迁:《史记》卷四十一《越王句践世家》,中华书局1959年,第1744页。
〔4〕 范成大:《吴郡志》,江苏古籍出版社1986年,第106页。

堞宛然。"[1]

关于越来溪的战略价值,顾颉刚曾分析春秋时今苏州市吴江区(原吴江县)所处的军事要冲地位而指出:"故吴江者,虽无极险之名而有极险之实。此前于越入吴,一从越来溪,即石湖之南也;一从笠泽,即吴淞之口也。"[2]

与越来溪相连的越城,为越人在伍子胥死后在吴都城郊造筑的军事城堡。张守节《史记正义》引"《吴俗传》云'子胥亡后,越从松江北开渠至横山东北,筑城伐吴'"[3]。《吴郡志》卷八也记载说:"越城,在胥门外。……《史记正义》:'吴东门'解引《吴俗传》云:'子胥亡后,越从松江北开渠至横山东北,筑城伐吴。'据此文,即今越城正是旧迹。"[4]

上述张守节《史记正义》引《吴俗传》的关键时间节点均为"子胥亡后"。因此,吴王夫差杀伍子胥,实是助长越人的谋吴之算。善于伪饰的越人,在吴王夫差将伐齐前,表现出顺服姿态。与其同时,又对吴国进行战略渗透。唐代《吴地记》记载:"胥门……出太湖等道水陆二路,今陆废。门南三里有储城,越王贮粮处。十五里有鱼城,越王养鱼处。门西南有越来溪。"[5]从这些记载来看,越人把"越城"的军事作用竭力淡化,仅说成是"越王贮粮处"的"储城",即用于经济目的的一处贮粮仓库而已。而"越王养鱼处"竟然养到吴国都城外,更属极不正常。朱长文《吴郡图经续记》卷下另记载为:"鱼城,在吴县西横山下,遗址尚存。盖吴王控越之地,宜为吴城,谓之鱼城,误也。"[6]这里的今上方山"鱼城"作"控越之地",其实更不正常。吴"控越"当是在越国都城或边境要冲,监而"控"之。在吴国国都旁来"控越",则意味着越国所筑越城已对吴都构成威胁之态,故不得已而筑"鱼城"(吴城)以与之对峙。

这里透露出的一种情况是,当吴国大部军事力量随吴王夫差在中原地区角逐时,留守的吴军兵力已捉襟见肘,无以应付越人的威胁。尽管如此,在伍子胥被杀的阴影下,无人敢向吴王夫差直言,以免被指为干扰夫差的北进战略。而从吴人筑鱼城(今上方山)与山下的"越城"对峙的情况来看,可能出现的一种情况是,在这一特殊时期吴国的留守政治中心或已退守至苏州西南群山中的吴国离宫、离城及是时夫差所筑的姑苏台一带(阖闾时筑离宫、离城及夫差时筑姑苏台

---

[1] 范成大:《吴郡志》,江苏古籍出版社1986年,第257页。
[2] 顾颉刚:《苏州史志笔记》,江苏古籍出版社1987年出版,第40—41页。
[3] 张守节:《史记正义》,见司马迁:《史记》,中华书局1959年出版,第1473页。
[4] 范成大:《吴郡志》,江苏古籍出版社1986年,第106页。
[5] 陆广微:《吴地记》,江苏古籍出版社1986年,第17—30页。
[6] 朱长文:《吴郡图经续记》卷下,江苏古籍出版社1986年,第56页。

的情况,另见本卷第八章)。正因如此,朱长文《吴郡图经续记》卷上记载北宋前曾出现过的"流俗或传吴之故都在馆娃宫侧,非也"[1]。这种被《吴郡图经续记》断言否定的"流俗",其出现的原因,即如该书所说:"盖馆娃宫胥台,乃离宫别馆耳。"[2]明卢熊《苏州府志》卷第四在记载"今平江乃阖闾之都城,子胥所筑"时,也记载了被朱长文《吴郡图经续记》所否定的"流俗"说:"或传吴之故都在馆娃宫,盖馆娃、苏台,乃其离宫别苑耳。"[3]上述特殊时期吴国留守政治中心退守至西南群山中离宫、离城的推测,其基础仅是特殊时期所作特殊安排的非常态情况。故此,值吴军大部北上之际,留守的吴太子等或退守苏州西南群山中的离宫、离城,并以今上方山的鱼城"控越",这或是北宋前形成"流俗"的主要原因。

吴王夫差的一心北进,让近在咫尺的越国获得休养生息时机,进而养痈成患。而当在吴国都城的近郊出现了越人的"越城"时,则已是在吴都城头悬上了一把刀。其时,吴王夫差和他的近臣太宰伯嚭,犹仍专注于在黄池盟会上做争霸中原的最后一搏。

2. 越袭吴

吴王夫差北上,将吴国的资源悉数用于霸权争夺,却在吴国本土及国都"唯独老弱与太子留守"[4]。这对虎视眈眈的越王勾践来说,黄池盟会的即将召开,即是其等来的良机。于是,越王开始剑指吴国。据《左传·哀公十三年》记载,"夏,公会单平公、晋定公、吴夫差于黄池"时,"六月,丙子,越子伐吴"[5]。而"越子伐吴"进程的重要时间节点及相关事件,《左传·哀公十三年》记载如下:

① 六月丙子(六月十一日):越王勾践攻打吴国,兵分两路。一路由越国大夫畴无馀、讴阳率领,从南边进攻,并先期到达吴国国都的郊区。吴国的太子友、王子地、王孙弥庸、寿於姚在泓水上观察越军。王孙弥庸见到姑蔑的旗帜,情绪激动起来说:"那是我父亲的旗帜。我不能见到仇人而不杀死他们。"太子友说:"如果作战不能取胜,将会亡国,请等一等。"王孙弥庸不听,于是集合部下五千人出战,王子地帮助他。

太子友即夫差之子。"王子地",当和前文引《左传·哀公八年》言及的"王

---

[1] 朱长文:《吴郡图经续记》卷上,江苏古籍出版社1986年,第6页。
[2] 朱长文:《吴郡图经续记》卷上,江苏古籍出版社1986年,第6页。
[3] 卢熊:《苏州府志》卷第四,广陵书社2015年,第二册第77页。
[4] 司马迁:《史记》卷四十一《越王句践世家》,中华书局1959年,第1744页。
[5] 《左传·哀公十三年》,见《春秋左传正义》,北京大学出版社1999年,第1670页。

子姑曹"为同辈。而"王子姑曹"在《左传·哀公十七年》记载中,又称为"鄫衍之役"时"执牛耳"的"吴公子姑曹"[1]。故"王子地"即公子地,此处当是强调其亦为夫差之子的"王子"身份。公子地当为太子友之弟,与王子姑曹(公子姑曹)为同辈兄弟。而王孙弥庸,其"王孙"身份当为吴国王室中辈分为夫差孙辈。按此,则王孙弥庸之父,或为低夫差一辈的吴国王室成员。不排除的可能是,王孙弥庸之父在参与致阖闾身死的吴、越槜李之战时,因吴军战败,其所部标识的军旗为越人获之。此时越人打出此军旗,既为张扬昔日的对吴胜绩,亦有羞辱并激怒留守吴军之意。而王孙弥庸因年轻气盛,见越人举其父之军旗,故难以控制情绪而不听太子友的节制了。

② 六月"乙酉"(六月二十日):两军继续交战,王孙弥庸俘虏了畴无馀,王子地俘虏了讴阳。此时,王孙弥庸已夺回了其父的军旗。其时,越军另一路由越王勾践率军到达,王子地防守。由此可以看出,越军的非主力兵团从南方攻吴时,两位领兵将领畴无馀、讴阳,均为吴军俘获。但当越王勾践率越军主力军团从另一路方向进攻吴军时,吴军即转入防守。

③ 六月"丙戌"(六月二十一日):两军再次交战,越军大败吴军并俘虏了太子友、王孙弥庸、寿於姚。吴国留守兵团,本当依托西南群山或是吴都城池而固守。但越军以王孙弥庸之父的军旗诱使吴军出击。且上一日王孙弥庸不听太子友节制以及俘获越军领兵将领及夺回其父军旗的胜利,或使得吴军胜而骄地放弃固守而轻率出击,终招致被俘。本日除"王子地守"外,其余吴军留守将领,包括统帅大子友(太子友)及王孙弥庸、寿於姚等均为越军俘获。而他们所带领的吴军,亦为越军歼灭。这样,只有少量兵力而固守的王子地,则势必难挡越军的进攻了。

④ 六月"丁亥,入吴"[2]。指六月二十二日,越军攻破吴军退守至苏州西南群山中的吴国离宫、离城一带的留守政治中心,并"焚其姑苏"[3]即烧毁了姑苏台,从而进入了吴国国都内城。这是伍子胥所筑阖闾城(吴大城,即今苏州城)的第二次陷落。上次为吴阖闾十年(前505)吴王阖闾伐楚时。越王勾践和其父一样,乘吴国军事力量在中原地区而吴国国都空虚时,骤然发动伐吴之战,使得历史的一幕重演。如果说,23年前的"越入吴"还有为策应楚国因素的话,那本年(前482)的越人的行动,则是在伪装顺服之下,耐心等待、精心猎杀了如伍子

---

[1]《左传·哀公十七年》,见《春秋左传正义》,北京大学出版社1999年,第1700页。
[2]《左传·哀公十三年》,见《春秋左传正义》,北京大学出版社1999年,第1670页。
[3] 上海师范大学古籍整理研究所校点:《国语·吴语》,上海古籍出版社1998年,第604页。

胥所说"豢吴"[1]即豢养肥了的吴国。

据《国语·吴语》记载,吴王夫差约会晋侯在黄池举行盟会时,"越王句践乃命范蠡、舌庸,率师沿海泝淮以绝吴路。败王子友于姑熊夷。越王句践乃率中军泝江以袭吴,入其郛,焚其姑苏,徙其大舟"[2]。上海师范大学古籍整理研究所校点《国语》对之注曰:"沿,顺也。逆流而上曰泝。循海而逆入于淮,以绝吴王之归路。""姑熊夷,吴郊也。""江,吴江。"[3]故《国语·吴语》上条意为,值吴王夫差与晋定公在黄池举行盟会,于是越王勾践命令范蠡和舌庸,率兵沿海岸上行至淮河,以断绝吴军的归路。越军在吴都郊外的姑熊夷打败了吴王夫差的太子王子友。越王勾践率中军逆吴江而上,袭击吴国,攻陷吴都外城,烧毁了姑苏台,并运走了吴国的大船。

从《国语·吴语》对"越子伐吴"的叙述中,可见北上的吴军依托战船运输。深知吴军战法的越军,亦以战船循海而逆入于淮河,以绝吴王之归路。显然,同地处江南的越国和吴国一样,其军事力量亦依赖于水军战船。

上引《国语·吴语》"袭吴,入其郛,焚其姑苏"[4]句,"郛"指外城、外郭。而"焚其姑苏"当指越人焚烧、焚毁了吴国的姑苏台(关于姑苏台的建筑情况及"姑苏"一词的词义,另见下文)。

越人攻入吴国都城。对来自吴国国内的信使向吴王报告战败及越人攻入吴都的讯息,吴王夫差深恐诸侯听到这个消息,竟亲自动手接连把报信的七个信使(当为不同批次)杀死在帐幕里边。这就是《左传·哀公十三年》记载的"吴人告败于王,王恶其闻也,自刭七人于幕下"[5]。

吴王夫差亲自动手,目的是担心消息外传,从而在盟会上引起连锁反应及引起吴国将士的军心浮动。故此,夫差只能亲自操刀。而从夫差杀死多批次的七个信使来看,他显然处变不惊地继续要留在黄池进行霸主争夺。

(四)盟会上比祖先的地位之争

严密封锁了国内消息后,夫差像什么事都没发生一样,依然在黄池进行着霸权的争夺。"秋,七月辛丑,盟,吴、晋争先。吴人曰:'于周室,我为长。'晋人曰:

---

[1]《左传·哀公十一年》,见《春秋左传正义》,北京大学出版社1999年,第1659页。
[2] 上海师范大学古籍整理研究所校点:《国语·吴语》,上海古籍出版社1998年,第604页。
[3] 上海师范大学古籍整理研究所校点:《国语·吴语》,上海古籍出版社1998年,第604页。
[4] 上海师范大学古籍整理研究所校点:《国语·吴语》,上海古籍出版社1998年,第604页。
[5]《左传·哀公十三年》,见《春秋左传正义》,北京大学出版社1999年,第1670页。

'于姬姓,我为伯。'"[1]争先:杜预注指出说:"争歃血先后。"[2]

歃血为古代盟会中的重要仪式。关于歃血与盟会的核心内容——制定并宣读盟约(即盟誓、盟书、载、载书等,而宣读上述盟约,又称为"读书")的先后次序问题,学界存有争议。而关于歃血的方式,学界也存有争议。吴柱《关于春秋盟誓礼仪若干问题之研究》一文论及"关于歃血方式的分歧"时指出:"关于歃血的方式,早期的说法是统一且明确的,即以口饮血。"[3]该文论据,即孔颖达疏《春秋经·隐公元年》"公及邾仪父盟于蔑"[4]句时所说:"既告,乃尊卑以次歃,戎右传敦血,以授当歃者,令含其血。既歃,乃坎其牲,加书于上而埋之。此则天子会诸侯,使诸侯聚盟之礼也。"[5]接着,该文对日本汉学家竹添光鸿《左氏会笺》中提出的"涂唇说"——"歃非啜血之谓也。《说文》:'一曰盟者以血涂口旁曰歃。'此说是也。"及佐藤广治进而提出"盟誓中用手指蘸血涂在口唇边的做法来源于衅礼,目的是将口神圣化,期待盟誓中承诺的约定有不可虚言之意"[6]进行反驳,并指出:"歃血的方式应以传统'饮血说'为准。盟誓中杀牲取血,告誓神明,便是以神的名义对此次盟誓进行认证,使其具有至高无上的权威和力量。歃血之后,盟誓便正式生效,与盟者从此将接受人与神的共同监督,若有违背,神将降祸。这实际是借助神明的力量来约束与盟者,从而保证盟誓的质量。"[7]

按上引孔颖达疏《春秋经·隐公元年》中所说:"司盟之官乃北面读其载书,以告日月山川之神。既告,乃尊卑以次歃,戎右传敦血,以授当歃者,令含其血"[8]的次第顺序,故黄池盟会的礼仪程序为:盟约宣读后,进行歃血这一重要仪式。

显然,上引《左传·哀公十三年》的记载中,仅以一个"盟"字概括并跳过了制定并宣读盟约等的种种程序,接着就记载了"歃血"程序中吴晋双方的"争先"。

歃血时的次序先后,显示歃血者的身份及地位高低,先歃者则为盟主,故争先则为争盟主之地位。而"我为伯"句的"伯",通"霸",指春秋时诸侯的盟主。

---

[1]《左传·哀公十三年》,见《春秋左传正义》,北京大学出版社1999年,第1670页。
[2] 杜预注,见杜预:《春秋经传集解》,上海古籍出版社1978年,第1792页。
[3] 吴柱:《关于春秋盟誓礼仪若干问题之研究》,《中国史研究》2015年第4期。
[4]《春秋经·隐公元年》,见《春秋左传正义》,北京大学出版社1999年,第40页。
[5] 孔颖达疏,见《春秋左传正义》,北京大学出版社1999年,第41页。
[6] 吴柱:《关于春秋盟誓礼仪若干问题之研究》,《中国史研究》2015年第4期。
[7] 吴柱:《关于春秋盟誓礼仪若干问题之研究》,《中国史研究》2015年第4期。
[8] 孔颖达疏,见《春秋左传正义》,北京大学出版社1999年,第41页。

《史记·齐太公世家》记载:"昭公元年,晋文公败楚于城濮,而会诸侯践土,朝周,天子使晋称伯。"[1]张守节《史记正义》注"伯"曰:"音霸。"[2]故《左传·哀公十三年》的上条文字意为,秋季的七月初六,黄池之会正式订立盟约。吴国、晋国的国君争着以盟主的身份先歃血。吴国人说:"在周朝宗室中,我们吴国的始祖泰伯(太伯)为长子。"晋国人说:"在姬姓的诸侯中,我们晋国可是霸主。"

吴、晋两国国君在黄池盟会的霸主之争,值此转换成了祖先兄弟排行次序及在姬姓诸侯中地位的比拼。"吴人"所说的"于周室,我为长",其涵盖的吴国始祖泰伯(太伯)嫡长子地位及西周立国前的一段历史。晋国系出自泰伯之弟季历一脉、且为周成王时"桐封"的姬姓诸侯国及吴、晋的同祖同源。

先祖泰伯在周王室中嫡长子的血统地位及吴国地处长江下游的"蛮夷"地区,这使得历代吴王都处于一个尴尬的文化境地:一方面他们自豪于"于周室,我为长"的血缘地位;另一方面又因地缘原因承受着中原文化视之为"蛮夷"的文化歧视。"血缘"优势和"地缘"劣势的交错,使得春秋时期的吴国及其文化,处在了黄河流域中原文化与长江流域"蛮夷"文化间的冲突与融汇的交汇点上,从而构成既有别于他国的显著特点,又构成吴王夫差"北进争霸"的心路历程。由此再来认识吴王夫差北进时的作为——至宋、鲁这两个文化地位显赫的诸侯国家作"征百牢"式的文化挑战及在黄池盟会的霸主争夺中所宣示的"于周室,我为长"等,都反映了从寿梦到夫差的吴国王室在历史与文化的交错中感受到的祖先的辉煌与现实的备受歧视而产生出的困惑、无奈与抗争。

(五) 盟会背后的军事对抗

吴、晋两国的名分争夺,既是一种文化的冲突,也是吴、晋两国在各自发展后的文化交融,更是国家实力比拼与较量的结果。黄池盟会上吴、晋双方幕后的军事对抗,见诸下列不同文献的记载。

1.《左传》的叙述

当盟会上的文化比拼处于相持不下,且不能避让也无法进展时,晋国正卿赵鞅(即赵孟、赵简子)对盟会上的文化比拼不耐烦并试图以武力来打破这一僵持局面。《左传·哀公十三年》记载说,其时他把晋国大夫司马寅叫来对他说:"天色已晚,盟会歃血先后的大事还没定下。这是我俩的罪过。干脆击鼓列阵,我们

---

[1] 司马迁:《史记》卷三十二《齐太公世家》,中华书局1959年,第1495页。
[2] 张守节:《史记正义》,见司马迁:《史记》,中华书局1959年,第1495页。

俩上前和他们拼一死战,这样'长幼必可知也'。"[1]即老祖宗们谁长谁幼,就可以知道了。这里,赵鞅显然是针对吴人所说的"于周室,我为长",而意图以武力比拼决个高下。

对赵鞅的鲁莽,晋国大夫司马寅倒显得更为谨慎。毕竟,衰落的晋国早已没有了晋、楚争霸时的实力和底气,而对手吴国系新近崛起的"蛮夷",若与之武力相碰,谁胜谁负,实是未可知之。故司马寅说:"请让我先去观察一下吴国动静。"他察看后回来对赵鞅说:"现在吴王脸上发黑,气色惨淡无神。大概吴国是被敌人战胜,或者是太子死了吧?况且,这种来自不开化地区的人把德看得太轻,不能耐得长久。"对于和吴国硬拼,司马寅经察看后做出了"请少待之"[2]即请稍微再等待一下的意见。这最终使得晋国放弃了动用武力及放弃了在盟会上的争夺,更同时使得吴王夫差"乃先晋人"[3],即让吴王夫差在歃血时先歃而成为盟会霸主。

另从杜预注评述《左传·哀公十三年》记载的吴王"乃先晋人"[4]句时,指出"盟不书,诸侯耻之,故不录"[5]。即《春秋经·哀公十三年》之所以不记载黄池盟会的结果——吴人争得霸主地位,是因为这一结果让中原列国诸侯感到蒙受了莫大耻辱。故此,《春秋经·哀公十三年》就"不书""不录"即不记载这一结果了。

吴王夫差"乃先晋人"地成了黄池盟会霸主,《春秋经·哀公十三年》非但没有记载这一盟会结果,甚而至于连本年的盟会都未提及。其原因即如上文所引述的"诸侯耻之"[6]。即鲁国史官之所以不记载黄池盟会,是因为中原列国诸侯感到让吴国来发起并主持这一盟会是一次莫大耻辱,故而"不书""不录"即不记载此事了。

前文曾引孔颖达疏,个中也描述了鲁国史官对吴国北进争霸的文化偏见说:"吴之强大,始于会(指鄫地会见),终于黄池(指黄池盟会)。凡三会(指会鄫、会郧、会黄池)三伐(指伐鲁及二次伐齐)三盟(指鄫盟、莱门盟、黄池盟),唯书会伐而不书盟者,吴以盟主自居,而行其夷礼,礼仪不典,则盟神不蠲,非所以结信义、

---

[1]《左传·哀公十三年》,见《春秋左传正义》,北京大学出版社1999年,第1670—1671页。
[2]《左传·哀公十三年》,见《春秋左传正义》,北京大学出版社1999年,第1671页。
[3]《左传·哀公十三年》,见《春秋左传正义》,北京大学出版社1999年,第1671页。
[4]《左传·哀公十三年》,见《春秋左传正义》,北京大学出版社1999年,第1671页。
[5] 杜预注,见杜预:《春秋经传集解》,上海古籍出版社1978年,第1792页。
[6] 杜预注,见杜预:《春秋经传集解》,上海古籍出版社1978年,第1792页。

日昭明德,故不录其盟,不与其成为盟主也。"[1]

由此可见,"诸侯耻之"及"不录其盟,不与其成为盟主",就成为《春秋经·哀公十三年》不记载黄池盟会结果,甚至连黄池盟会都不提及的真正原因。

2.《国语》的叙述

和《左传》记载的晋国准备先动手不同的是《国语》的记载。《国语》对越王勾践乘吴王夫差与晋国争霸于黄池及越王勾践乘机伐吴的记载,更为详尽。而吴王夫差所率吴国军团在黄池的处境,亦更为险恶。

《国语·吴语》叙述,越军不仅在吴都阖闾城郊打败了夫差的太子王子友(大子友),而且还攻陷吴国国都的外城并烧毁姑苏台、运走吴国的大船等。同时,越军沿海岸上行至淮河,欲断绝吴军归路。正是在这种极为严峻且吴、晋两国在盟会上争当盟主之事尚未见分晓之时,"吴王惧,乃合大夫而谋"[2]。即吴王夫差对此感到恐惧,于是召集吴国大臣商量对策。

面对着越国攻击吴国后方的情况,夫差问众大臣说:"今吾道路修远,无会而归,与会而先晋,孰利?"[3]即现在我们回国的道路遥远。如果在不参加黄池盟会而立即回国和参加盟会而让晋国先歃血(即让晋国取得霸主地位)这两者间做个选择的话,哪种做法对吴国更为有利?

大夫王孙雒指出,两者对吴国都不利。不参加盟会就回国,会使越国的名声因此而更大,吴国百姓会害怕而逃亡,而我们这么赶回去却没有了投奔之处。而"齐、宋、徐、夷曰:'吴既败矣!'将夹沟而廖我,我无生命矣。"[4]即齐国、宋国、徐国和淮夷都会说:"吴国已经败了!"因此,他们将会一起夹击我们退走之路的邗沟,再从旁边乘机攻击我们,在这种情况下,我们就已没有生路了!而参加盟会让晋国先歃血,晋国执掌了诸侯长的权力就会来制约我们。同时,晋将以霸主的名义去朝见周天子,我们既不能等到它朝见了天子回来后再走,可这丢下了而远去又不甘心。如果越国的名声越来越大,吴国的百姓会因恐惧而背叛我们。所以"必会而先之"[5]。即不但要参加盟会,而且还要先歃血争得霸主地位。

王孙雒,《左传》《史记》均未记载此人。而和前文所及的"王孙弥庸"一样,其"王孙"身份或为吴国王室中辈分为夫差孙辈。王孙雒的意见显然为吴王夫差

---

[1] 孔颖达疏,见《春秋左传正义》,北京大学出版社1999年,第1666页。
[2] 上海师范大学古籍整理研究所校点:《国语·吴语》,上海古籍出版社1998年,第605页。
[3] 上海师范大学古籍整理研究所校点:《国语·吴语》,上海古籍出版社1998年,第605页。
[4] 上海师范大学古籍整理研究所校点:《国语·吴语》,上海古籍出版社1998年,第605页。
[5] 上海师范大学古籍整理研究所校点:《国语·吴语》,上海古籍出版社1998年,第605页。

所赞同。于是夫差问他说:"既要参加盟会,又要争得霸主地位,该怎么做?"

王孙雒提出,今晚就要向晋国挑战,当吴国上下都摆出一副拼命架势时,"彼将不战而先我,我既执诸侯之柄,以岁之不获也,无有诛焉,而先罢之,诸侯必说"[1]。即在这种情况下,晋国肯定不会应战而让我们先歃血。这样,在我们执掌了诸侯长的大权后,以年成不好,不向诸侯索取贡赋来收买列国诸侯的人心。同时,让列国诸侯先回去。这样,他们一定会很高兴。等到各国诸侯都回去了后,吴军就可从容地返归。

对王孙雒的意见,吴王夫差均予采纳并立即付诸实施。于是,当晚黄昏,吴王夫差下达命令,命令将士们吃饱饭喂饱战马。半夜时,命令将士们手持兵器,穿上铠甲。接着,吴国士兵排列出三个万人的方阵,造成强大的声势并做出进攻姿态。鸡鸣叫时,吴军在离晋军营寨一里路远的地方排列好了阵式。天没大亮时,吴王夫差亲自鸣钟、亲自擂鼓,军中也敲击着丁宁、錞于和金铎,军乐声激昂雄壮。三军将士同时大声呼喊着、吼叫着向前进发,声势惊天动地。

吴国骤然而起的军事恫吓,立刻取得了效果。晋军吓得不敢出来,只是围着军营四周加强防御。缓过神后,晋国国君命令晋国大夫董褐立即去打探并与吴人交涉。董褐来到吴王军前说:"两国国君曾议定不使用武力而友好相处,并约定中午时分举行盟会。现在贵国把这些约定踩在脚下,并且在我们晋国营寨前摆出进攻架势,我斗胆地问一声,这到底是为什么?"

吴王夫差在军中亲自回答说:"天子有命,周室卑约,贡献莫入,上帝鬼神而不可以告。无姬姓之振也。"[2]意即,周天子原来有命令要四方朝贡,但由于周王室卑弱,四方诸侯都不交纳贡品了,以致周王室连祭告天地鬼神的礼品都没有。众多姬姓诸侯国,没有一个想到要振兴周王室的事。而好多人来到吴国,向我们传达周天子要我们吴国振兴周王室的命令。正是在这种情况下,我夜以继日、不辞辛劳地赶来这里与晋君相会,但现在晋国国君非但不把周王室的事放在心上,却倚仗着晋国的兵多势广,不以此去征伐对周王室不恭顺的西戎、北狄以及楚、秦等国,也不念长幼的礼节,而是用武力征讨同为姬姓的兄弟国家。"孤欲守吾先君之班爵,进则不敢,退则不可。"[3]意即,本王我只想守住先君泰伯的爵位,既不敢超越,但也不想做任何后退。现在离会盟的日子越来越近,深恐大

---

[1] 上海师范大学古籍整理研究所校点:《国语·吴语》,上海古籍出版社1998年,第606页。
[2] 上海师范大学古籍整理研究所校点:《国语·吴语》,上海古籍出版社1998年,第611页。
[3] 上海师范大学古籍整理研究所校点:《国语·吴语》,上海古籍出版社1998年,第611页。

事不成,被各国诸侯耻笑。"孤之事君在今日,不得事君亦在今日"[1],即本王事奉你们国君之事,行得通在今天,行不通也在今天。因为贵国使者站得离我不远,因此本王亲自到贵军营门外来聆听贵国的命令。

尽管夫差在这里策略地以"尊王"姿态及辅佐周王室的旗号表达其"退则不可"的争霸决心,更表达出今日就要定出分晓及不达目的将不惜兵戎相见的意志。春秋早、中期时,在周王室式微及王权政治向霸主政治转移的过程中,齐桓公、晋文公等都曾打出"尊王攘夷"旗号,即尊崇周王室,而排斥周边的"四夷"——即西戎、北狄、东夷、南蛮,以使自身取得的霸业具有正当性和合法性。而吴国向被中原列国视作"蛮夷",故吴王夫差意欲继承春秋早中期的霸主政治时,也策略地以"尊王"作为旗号了。

其时,董褐听懂了夫差谦恭话语后的潜台词,可当他要回去复命时,吴王夫差却演出了血腥的送客一幕——吴王召唤其左部军吏说:"把少司马兹和五个王士执持来,坐在我的面前。"于是这六人便一齐向前,在董褐面前以集体自刎的方式送客。

吴军军士集体自杀的送客行为,似乎是吴王阖闾伐越时的槜李之战中,越军军士排成三行而集体自杀的吴国翻版。这一克隆复制,只不过是威吓晋国的伎俩。当董褐回营向晋君复命,并告知晋国正卿赵鞅说:"据臣下我察看吴王的脸色,好像是有大的忧虑在心中。小则可能是他的爱妾、太子死了,不然就是吴国遇到了大麻烦;而这往大的方面说,可能是越国进攻了吴国。""'将毒,不可与战。其许之先,无以待危,然而不可徒许也。'赵鞅许诺。"[2]即董褐说,在这种情况下,吴王将会非常残暴地荼毒生灵,我国不能与他们正面交战。您(指赵鞅)不如答应他先歃血,不要冒和吴国正面对抗的风险。然而,也不可让吴王轻易地夺得霸主地位。晋国正卿赵鞅(赵简子,赵孟)同意了。

(六) 政治筹码交换后的吴国称霸

《国语·吴语》中的这位晋国大夫董褐,《左传》未记载此人。他在获得晋国正卿赵鞅的首肯与授权后,与吴王夫差再次见面,重开谈判。董褐首先说:"寡君未敢观兵身见"[3],即我国君王不敢亲自露面来观看贵国显示兵力,故派我来回复。接着董褐说起晋国对尊王的责任及当初吴国与晋国的联系后,又暗讽吴

---

[1] 上海师范大学古籍整理研究所校点:《国语·吴语》,上海古籍出版社1998年,第611页。
[2] 上海师范大学古籍整理研究所校点:《国语·吴语》,上海古籍出版社1998年,第612页。
[3] 上海师范大学古籍整理研究所校点:《国语·吴语》,上海古籍出版社1998年,第613页。

国的作为说:"今君掩王东海,以淫名闻于天子,君有短垣,而自逾之,况蛮、荆则何有于周室?"〔1〕意即现吴国统治了东海一带,在周天子那儿有僭号称王超越位次的名声。君王您有礼仪的边界,却又自己超越了他,那荆蛮地区的各国对周王室还讲什么礼仪呢!董褐明里暗里批了僭号称王的吴国及其打出的"尊王"旗号后,接着开出了晋国的条件——吴国去除僭越所称的"王"而以吴公自称。对此,董褐表述为:"夫命圭有命,固曰吴伯,不曰吴王。诸侯是以敢辞。夫诸侯无二君,而周无二王,君若无卑天子,以干其不祥,而曰吴公,孤敢不顺从君命长弟!"〔2〕即天子册诸侯的命圭上早有命令,吴国的君主称为吴伯而不称吴王。吴国僭越称王,所以诸侯才敢不尊奉吴国。诸侯各国不可以事奉两个盟主,周王室也不可以有两个君王,贵国君如果不鄙视和冒犯天子,并以吴公自称的话,我们晋国怎敢不顺从您的命令而让您先歃血呢!

为避免和吴国正面冲突,晋国做全面让步。但在就坡下驴之际,晋国也找了个体面的台阶,这就是吴国必须去除僭越所称的"王"而以吴公自称。吴公,指的是"公爵"爵位。前文曾分析夫差"进则不敢,退则不可"的基准点是放在吴先君泰伯的"伯爵"爵位上。因此,董褐代表晋国所表示的吴国去除僭越所称的"王"而可得以以"公爵"爵位自称,这就超出吴国预期。且董褐代表晋国还表示可以让吴国先歃血,即让吴王夫差成为霸主,故吴王夫差同意了。杜预注对此评述为:"夫差欲霸中国,尊天子,自去其僭号而称子,以告令诸侯。"〔3〕此处"中国",指的是中原地区。

政治筹码交换且双方各做妥协后,终达成协议。于是,"乃退就幕而会。吴公先歃,晋侯亚之"〔4〕。即双方退下后在幕帐举行盟会。吴公(指夫差)先歃血,晋侯第二个歃血。就这样,夫差终得到了他"北进争霸"以来孜孜以求的霸主名分。同时,他和吴王阖闾一起,在后世不同文献记载的春秋"五霸"名单〔5〕

---

〔1〕 上海师范大学古籍整理研究所校点:《国语·吴语》,上海古籍出版社1998年,第613页。
〔2〕 上海师范大学古籍整理研究所校点:《国语·吴语》,上海古籍出版社1998年,第613页。
〔3〕 杜预注,引自杜预:《春秋经传集解》,上海古籍出版社,1978年出版,第1788页。
〔4〕 上海师范大学古籍整理研究所校点:《国语·吴语》,上海古籍出版社1998年,第615页。
〔5〕 后世关于春秋"五霸"的三份名单如下:①《吕氏春秋·当务》:"备说非六王五伯。"高诱注:"五伯,齐桓、晋文、宋襄、楚庄、秦缪也。"(高诱注,见陈奇猷校释:《吕氏春秋校释》,学林出版社1984年,第599页。)上述"秦缪",即秦穆公。②《荀子·王霸》:"虽在僻陋之国,威动天下,五伯是也……故齐桓、晋文、楚庄、吴阖闾、越句践,是皆僻陋之国也,威动天下,强殆中国。"(见《荀子选注》,天津人民出版社1975年,第154页。)③《汉书·诸侯王表》:"故盛则周、邵相其治,致刑错;衰则五伯扶其弱,与共守。"颜师古注:"伯读曰霸。此五霸谓齐桓、宋襄、晋文、秦穆、吴夫差也。"(颜师古注,见班固:《汉书》,中华书局1962年,第392页)

中,终也有了一席席位。

黄池盟会,吴国取得霸主即诸侯长的地位,也得到了周王朝的认可。

《国语·吴语》记载:"吴王夫差既退于黄池,乃使王孙苟告劳于周。"[1]即吴王夫差从黄池盟会返归,同时即派遣王孙苟向周天子报告,以取得王权的最终认可。

王孙苟,其辈分当和前文所说的王孙弥庸、王孙雒一样,为吴国王室中夫差孙辈。王孙苟以夫差名义向周王朝呈报的书面文书,不啻为颂扬吴国两代吴王且充满政治智慧的述职报告。该文书说:"昔者楚人为不道,不承共王事,以远我一二兄弟之国。吾先君阖庐不贳不忍,被甲带剑,挺铍搢铎,以与楚昭王毒逐于中原柏举。天舍其衷,楚师败绩,王去其国,遂至于郢。王总其百执事,以奉其社稷之祭。其父子、昆弟不相能,夫概王作乱,是以复归于吴。今齐侯壬不鉴于楚。又不承共王命,以远我一二兄弟之国。夫差不贳不忍,被甲带剑,挺铍搢铎,遵汶伐博,簦笠相望于艾陵。天舍其衷,齐师还。夫差岂敢自多,文、武实舍其衷。归不稔于岁,余沿江溯淮,阙沟深水,出于商、鲁之间,以彻于兄弟之国。夫差克有成事,敢使苟告于下执事。"[2]

显见,这完全是站在吴国两代国君立场上的一份报告,对历史事实的描述,均做了外交辞令且有利于吴国的剪裁。报告先说阖闾当政时,楚国人不遵守道义,不承担对周天子的贡献,并且疏远我们姬姓的兄弟国家。我们的先君阖闾对这事不能宽赦不能忍受,披甲带剑,率领将士仗着长矛振动金铎,和楚昭王在中原的柏举进行角逐。上天向吴国施舍福祉,使楚军大败。楚昭王也被迫离开郢都出逃,吴国军队于是占领了郢都。吴王阖闾会集百官,恢复楚国的祭祀。由于吴王父子、兄弟之间相处不和睦,夫概王兴起叛乱,于是阖闾又再回到吴国。接着,报告说起现今夫差当政时的情况:如今齐侯壬(指齐悼公之子齐简公,第二次吴伐齐时,齐简公为齐国国君)不以楚国的失败为前车之鉴,又不承担对周天子的贡献,疏远姬姓的兄弟国家。我夫差不能宽赦也不能忍受,只好披甲带剑,率领将士仗着长矛振动金铎,沿着汶水北上攻打博邑。我夫差不避风雨,戴着簦笠在艾陵与齐军苦战。上天再一次向吴国施舍福祉,齐军败退。我夫差不敢自夸功劳,当全是周代先王周文王、周武王降福祉给吴国啊!艾陵战后,我回国等不到年谷成熟,就又率领军队沿着三江逆淮河北上,凿通邗沟的深水,把它加长直达宋国、鲁国,来沟通与兄

---

[1] 上海师范大学古籍整理研究所校点:《国语·吴语》,上海古籍出版社1998年,第615页。
[2] 上海师范大学古籍整理研究所校点:《国语·吴语》,上海古籍出版社1998年,第615页。

弟国家的联系。我夫差取得了成功,不敢不派大夫王孙苟来向您报告。

吴王夫差继续策略地打出"尊王"姿态,美化吴国是一直在维护周王朝的权威和利益而东征西战。此时被奉为天子的周敬王当然知晓王孙苟前来,只不过是走个程序而已。于是,"周王答曰:'苟,伯父令女来,明绍享余一人,若余嘉之。'"[1]意为,王孙苟啊,伯父夫差命令你来,表明他要继承先王的传统,仍然拥戴我。我认为这样做很好呢!接着,周敬王说起周王朝的忧患历史,并联系现实指出:"今伯父曰:'勠力同德。'伯父若能然,余一人兼受而介福。伯父多历年以没元身,伯父秉德已侈大哉!"[2]意为,周敬王说:"现在伯父说:'愿与周王室协力同心。'伯父如果能这样,我个人真是备受大福祉了呢!愿伯父长寿长福,伯父秉持的德行真是伟大啊!"

周敬王此处口口声声喊"伯父",这一渊源当源自如夫差所说的"于周室,我为长",即吴国王室始祖为当日古公亶父长子泰伯,而周王室及周敬王出自泰伯之弟季历一脉的缘故。这里省略了辈分排算的程序,周敬王不乏讨好地称呼夫差为"伯父"了。与此堪为对比样本的是春秋霸主之一的晋文公上台之后,适逢周室内乱。他采纳狐偃"求诸侯,莫如勤王"[3]的进言,迎接周襄王入城复位。其后,晋文公朝见周襄王时请求死后能在墓前挖地下通道(即请求采用天子葬礼),周襄王不答应说,这是天子的葬礼。还没有取代周室的德行,却有两个天子,此"亦叔父之所恶也"[4]。即这也是叔父你所厌恶的。晋国在春秋史上空前规模的城濮之战击败楚国后,晋文公成为威震中原的霸主。晋文公到京师向周襄王献楚军俘虏,周襄王给了晋文公赏赐说:"王谓叔父,敬服王命,以绥四国,纠逖王慝。"[5]意即,周天子告诉叔父,恭敬地服从王命,靠它来安抚天下列国,惩治背叛周王室的邪恶。

上述,周襄王口口声声称晋文公为"叔父",与周敬王称呼夫差为"伯父"形成对比。而《左传·隐公五年》记载"臧僖伯卒。公曰:'叔父有憾于寡人'"[6]句时,杜预注为:"诸侯称同姓大夫,长曰伯父,少曰叔父。"[7]而孔颖达疏则引"《觐礼》载天子呼诸侯之称,曰:'同姓大国则曰伯父,其异姓则曰伯舅;同姓小

---

[1] 上海师范大学古籍整理研究所校点:《国语·吴语》,上海古籍出版社1998年,第617页。
[2] 上海师范大学古籍整理研究所校点:《国语·吴语》,上海古籍出版社1998年,第617页。
[3] 《左传·僖公二十五年》,见《春秋左传正义》,北京大学出版社1999年,第426页。
[4] 《左传·僖公二十五年》,见《春秋左传正义》,北京大学出版社1999年,第428页。
[5] 《左传·僖公二十八年》,见《春秋左传正义》,北京大学出版社1999年,第451页。
[6] 《左传·隐公五年》,见《春秋左传正义》,北京大学出版社1999年,第100页。
[7] 杜预注,见杜预:《春秋经传集解》,上海古籍出版社1978年,第36页。

邦则曰叔父,其异姓则曰叔舅。'"[1]这里,值得探讨的是:周襄王称晋文公为"叔父"时,晋非"同姓小邦";而周敬王称夫差为"伯父"时,已处于走下坡路的吴国或也称不上"同姓大国"。故周天子对晋文公和吴王夫差的不同称呼,固然有着不同历史时期的政治等因素制约,但主要当由同一血缘关系的祖先在兄弟次序中的排序所决定,而与国之大小、权势、影响并无多大关系。从这一意义上讲,周天子称夫差为"伯父",它体现的只是吴国先祖泰(太)伯的地位与荣光。

(七)"北进争霸"的历史尾声

1. 鲁国阻遏"吴人将以公见晋侯"

《黄池盟约》与黄池盟会的性质有关,而关于该盟会的性质,前引《春秋经·哀公十三年》为"公会晋侯及吴子于黄池",而《左传·哀公十三年》则记为"秋,七月辛丑,盟,吴、晋争先"[2]。个中"盟"字,已点出黄池盟会所具有的盟会性质。既是盟会,则当立盟约(即盟誓、盟书、载、载书等),否则又如何履行"读书"程序中的以"司盟之官乃北面读其载书,以告日月山川之神"[3]。再者,若无盟约,则歃血所表达的承诺则失去基础。而先秦盟礼仪程之一的"坎用牲埋书",即孔颖达疏所说的"既歃,乃坎其牲,加书于上而埋之"[4](指歃血后,将盟约放在取了血的牲上,埋入土中)的程序又如何进行?

前引杜预注评述《左传·哀公十三年》时,指出了"盟不书,诸侯耻之,故不录"[5]。而孔颖达疏中更明确点出其原因为:"不录其盟,不与其成为盟主也。"[6]因此,《春秋经·哀公十三年》《左传·哀公十三年》中不见《黄池盟约》的点滴记载并不奇怪。而可资对比的是,吴、鲁《鄫地盟约》在签署当年的《春秋经》《左传》中亦未有记载,而是其后由《左传·哀公十七年》予以补叙。

同样,对《黄池盟约》予以补叙的是《左传·哀公二十年》记载。而从该记载可知,吴、晋在黄池盟会上实是达成了"好恶同之"[7]即政治上同好共恶、军事上相互支援的盟约条款的。

黄池盟会,吴国虽夺取了霸主地位,但晋国毕竟是姬姓诸侯国中实力强大的

---

[1] 孔颖达疏,见《春秋左传正义》,北京大学出版社1999年,第100页。
[2] 《左传·哀公十三年》,见《春秋左传正义》,北京大学出版社1999年,第1670页。
[3] 孔颖达疏,见《春秋左传正义》,北京大学出版社1999年,第41页。
[4] 孔颖达疏,见《春秋左传正义》,北京大学出版社1999年,第41页。
[5] 杜预注,见杜预:《春秋经传集解》,上海古籍出版社1978年,第1792页。
[6] 孔颖达疏,见《春秋左传正义》,北京大学出版社1999年,第1666页。
[7] 《左传·哀公二十年》,见《春秋左传正义》,北京大学出版社1999年,第1703页。

老牌中原霸主。历史上,也正是晋国推行"联吴制楚"战略而将吴国纳入晋国集团,从而使得吴国崛起。而如前文所述,在本次盟会上吴、晋达成了"好恶同之"的盟约条款。因此,或是出于对晋国昔日的感恩、敬畏及修补当下与晋国争霸而受到伤害的双方关系,同时,也可能对"好恶同之"相关细节须进行磋商和明确,从而为吴军返归后的与越争夺留有获得晋国支持的空间。毕竟,其时晋国尚不知吴国国都为越人所入,而吴王夫差则心知肚明。故争得霸主地位后的吴王夫差,"将以公见晋侯"[1],即吴国人准备带着鲁哀公一同去进见晋侯晋定公。

对鲁国来说,吴王夫差准备拜访"侯"爵爵位的"晋侯"晋定公时,竟让"公"爵爵位的鲁哀公充当陪客与跟班,这使得鲁国君臣备感受辱和难以接受。同时,鲁国更担心的是,在吴、晋敲定"好恶同之"细节时,面对昔日的盟主晋国和本次盟会的盟主吴国,时已与晋国相处甚恶、且"卒辞吴盟"即与吴国关系也不太顺畅的鲁国,极可能又被圈绕进晋国或吴国的势力范围而成为晋国或吴国的属国。若此,吴、鲁两国国君橐皋会见时鲁国与吴国的"乃不寻盟"及郧地会见时鲁国与卫、宋等国的"畏吴窃盟"及"卒辞吴盟"等,将全部化为乌有,而这又将极大地损害鲁国利益。于是,鲁国开始针对吴国对中原盟誓礼仪不熟悉的弱点,充分运用其文化软实力的强项,以周礼典章制度阐释者的身份来搅局,从而达到阻止"吴人将以公见晋侯"的目的。

鲁国大臣子服景伯对吴国派来的使者提出异议说:"王合诸侯,则伯帅侯牧以见于王。伯合诸侯,则侯帅子男以见于伯。自王以下,朝聘玉帛不同,故敝邑之职贡于吴,有丰于晋,无不及焉,以为伯也。今诸侯会,而君将以寡君见晋君,则晋成为伯矣。"[2]意即,天子会合诸侯,是由诸侯长(即盟主)率领各国国君去晋见天子;而诸侯长会合列国诸侯,是由爵位较高的侯爵爵位诸侯,率领着爵位较低的子、男爵位诸侯去谒见诸侯长的。自天子以下,各国国君进行朝聘贡赋时所动用的玉帛等财礼也各不相同,所以公爵爵位的鲁国进献给盟主吴国的贡赋,比给侯爵爵位的晋国更为丰厚,而不会比给晋国的低。这是因为把吴国视为诸侯长即盟主的缘故。现在,如果吴国国君准备带着我国国君去谒见晋国国君,这样的话,"则晋成为伯矣"[3],即晋国就成为诸侯长即盟主了。

通晓周礼典章制度的子服景伯,说吴国国君已成为盟主,怎么能降尊纡贵地去见晋侯,而应该是晋侯前来谒见成为盟主的吴国国君。否则,则势必造成尊卑

---

[1]《左传·哀公十三年》,见《春秋左传正义》,北京大学出版社1999年,第1671页。
[2]《左传·哀公十三年》,见《春秋左传正义》,北京大学出版社1999年,第1671—1672页。
[3]《左传·哀公十三年》,见《春秋左传正义》,北京大学出版社1999年,第1672页。

次序的混乱。子服景伯的话语中,隐含着对吴国不熟悉周礼典章制度的嘲讽和鄙夷。接着,子服景伯又以因吴国人要带着鲁哀公一同去谒见晋定公,从而使晋国成为事实上的诸侯盟主而大做文章说,若是这样,则"敝邑将改职贡"[1],即鲁国就将要修改对吴国贡赋的额度了。这是因为,"鲁赋于吴八百乘。若为子男,则将半邾以属于吴,而如邾以事晋"[2]。即因吴国成为盟主,故鲁国给盟主的贡赋额度,是按供养八百乘兵车的军赋收入为标准来计算的。而从鲁伐邾后,邾国茅成子(茅夷鸿)晋见吴王夫差时所说"鲁赋八百乘……邾赋六百乘"[3]可知,"八百乘""六百乘"分别为鲁国、邾国军赋的总额。但若因"吴人将以公见晋侯"从而使得鲁国的地位降为子爵、男爵级别的话,那么鲁国将参照子爵级别的邾国每年六百乘兵车军赋收入标准的一半(即上述"半邾")三百乘,来作为交纳给吴国贡赋的额度,同时按邾国战车六百乘兵车军赋的全额(即上述"如邾")来事奉因"吴人将以公见晋侯"从而事实上成为盟主的晋国。

子服景伯搅局过程中的叙述,有着含混不清从而令后人难以理解之处。如吴为盟主,鲁国给吴国的贡赋为供养"八百乘"兵车的额度。而如果晋国成为事实上的盟主,鲁国给晋国的额度又成了"如邾"即"六百乘"额度的贡赋。两者何以不一? 其次,鲁国若事奉成为事实上盟主的晋国"如邾"的"六百乘"时,又为何"将半邾"即三百乘"以属于吴"? 而两者相加,鲁国的付出竟达到"九百乘",即超过鲁国供养本国军队军赋总额"八百乘"的数额。其三,由于文献记载的简略,并不清楚其交纳方式究系一次性交纳,还是分期或以其他方式交纳。

盟会中列国向盟主(诸侯长)交纳保护费即"贡赋""朝聘"的记载,《左传》多次出现。如吴寿梦二十一年(前565),晋国集团举行邢丘盟会,议题即为"以命朝聘之数,使诸侯之大夫听命"[4]。即颁布各国应向晋国贡纳财赋的数额,并让列国派大夫级官员前来听取这些指标。而邢丘盟会尚未召开前,鲁国国君就先期"如晋,朝,且听朝聘之数"[5],即鲁襄公前往晋国,一为朝见盟主;二则是听取晋国新给鲁国下达的贡赋指标。这是晋国在集团内对鲁国先期单独下达贡赋指标。而春秋时列国向盟主交纳"贡赋""朝聘"的数额,并无定规,全由主政晋国的晋国正卿决定。其实例即是先后担任晋国正卿的范宣子和赵文子(赵武)

---

[1]《左传·哀公十三年》,见《春秋左传正义》,北京大学出版社1999年,第1672页。
[2]《左传·哀公十三年》,见《春秋左传正义》,北京大学出版社1999年,第1672页。
[3]《左传·哀公七年》,见《春秋左传正义》,北京大学出版社1999年,第1643页。
[4]《左传·襄公八年》,见《春秋左传正义》,北京大学出版社1999年,第856页。
[5]《左传·襄公八年》,见《春秋左传正义》,北京大学出版社1999年,第855页。

对列国曾执行了不同贡赋标准。"范宣子为政,诸侯之币重。郑人病之。"[1]即晋国正卿范宣子执政,对盟国需索的贡赋非常繁重。郑国人深为这件事所苦。范宣子死后,"赵文子为政,令薄诸侯之币而重其礼"[2]。即赵文子(赵武)接替范宣子担任晋国正卿后,下令削减盟国对晋国的经济负担指标。

吴国由于长期被列国边缘化及游离于这些盟会之外,故对列国相关事务的礼仪、朝聘等情况均不熟悉,故无从对子服景伯的搅局提出意见。

然而,前述《国语·吴语》记载中,吴国大夫王孙雒提出吴国执掌了诸侯长大权后,"以岁之不获也,无有诛焉,而先罢之"[3],即以年成不好,不向诸侯索取贡赋,并让他们先回去。王孙雒提出的意见为夫差认可并得以执行。故子服景伯的纠缠,只是缘于"吴人将以公见晋侯"的情况下,据以往盟会"贡赋"惯例对吴人进行的搅局。其目的是阻止"吴人将以公见晋侯"的实现。而《国语·吴语》的另一则记载为叙述楚国申包胥赴越并与越王勾践讨论对付吴国时说:"夫吴,良国也,能博取于诸侯。"[4]意为,吴国是一个强大的国家,能够向诸侯各国收取贡赋。此处,时间上已在黄池盟会后吴、越力量发生逆转改变之时,申包胥说的也只是吴国"能博取",即可能性,但并未提及黄池盟会后吴国的实际"博取"。故黄池盟会夫差成为霸主后,吴国向他国收取"贡赋"事,或未成立。

因此,事关鲁国根本利益的目的和动机,掩藏在了对周礼典章制度的权威阐释之下。子服景伯为了鲁国利益,以周礼的规定而让吴国人端起盟主架子以等待晋侯的前来谒见。于是,"吴人乃止"[5],即吴国停止了由吴王夫差带着鲁哀公一同去见晋定公的计划。

《左传·哀公十三年》紧接着就记载吴国君臣的"既而悔之,将囚景伯"[6]。即吴国人很快就后悔,并认定这是子服景伯在捣鬼并准备逮捕他。吴人"既而悔之"的原因,显然掩藏在《左传》记载"吴人乃止"后省略的一些史实——吴国并未等到晋侯前来谒见的机会,而晋侯和晋国正卿等已归国。当吴人发现失去与晋国交流并敲定落实"好恶同之"的细节机会时,已无从补救。至此,吴人也终于明白子服景伯大谈子虚乌有的向盟主交纳"贡赋"的目的和居心——阻止吴、晋国君会面。于是,吴人极为恼怒了。

---

[1]《左传·襄公二十四年》,见《春秋左传正义》,北京大学出版社1999年,第1004页。
[2]《左传·襄公二十五年》,见《春秋左传正义》,北京大学出版社1999年,第1020页。
[3] 上海师范大学古籍整理研究所校点:《国语·吴语》,上海古籍出版社1998年,第606页。
[4] 上海师范大学古籍整理研究所校点:《国语·吴语》,上海古籍出版社1998年,第620页。
[5]《左传·哀公十三年》,见《春秋左传正义》,北京大学出版社1999年,第1672页。
[6]《左传·哀公十三年》,见《春秋左传正义》,北京大学出版社1999年,第1672页。

面对吴人的恼怒,子服景伯摆出一副释然姿态说:"我已经在鲁国立了继承人了,打算带两辆车子和六个随从跟随你们去,早走晚走,都听你们的命令。"吴国人于是囚禁了子服景伯,准备将他带回吴国去。子服景伯虽摆出一副死猪不怕开水烫的姿态,但若真将他囚之吴国,他还是极不愿意的。于是他又开始运用他的政治智慧,以求解脱。当吴军到达户牖(今河南兰考县东北)时,子服景伯欺骗吴国太宰伯嚭说:"鲁国将要在十月的第一个辛日祭祀天帝和先王,到最后一个辛日完毕。我们家世世代代都在祭祀中担任职务,从鲁襄公以来没有改变过。如果我不参加,主持祭祀的祝宗将会在祭祀时对老天说'是吴国不让子服景伯参加祭祀'。而且,贵国认为鲁国不恭敬,但也只逮捕了鲁国七个身份卑微的人(子服景伯及六个随从),这对鲁国能有什么损害呢?"于是,太宰伯嚭对吴王说:"逮捕子服景伯对鲁国不能造成什么实质损害,却让吴国背上坏名声,不如放他回去吧!"于是吴国人就放回了子服景伯。

两年后的吴夫差十六年(前480),这位放归鲁国的对吴外交事务专家,在和子贡出访齐国时,为拉近和齐人关系,他授意子贡翻历史老账说"吴人加敝邑以乱,齐因其病,取讙与阐"[1]。意即吴国人把战祸强加给我们,齐国这才乘我危难,夺取讙邑与阐邑的。如前文所述,齐国"取讙与阐"完全是因齐悼公夫人季姬的生活作风而致"齐侯怒。夏,五月,齐鲍牧帅师伐我,取讙及阐"[2]。此事与吴国本毫无关系,尽管它为其后吴国顺势介入齐、鲁事务提供了机缘,并最终发展成吴国逼迫鲁国共同进行针对齐国的战争。但在齐国"取讙与阐"七年后,本是了解这段历史的子贡和子服景伯,基于现实外交的考虑,却将责任推到了吴国头上。这从另一个角度也预示着吴国其时的衰落。

2. 返归途中的吴申叔仪"乞粮"之歌

政治争夺、军事比拼和文化碰撞背后,是国家间经济力量的较量。吴王夫差执政下的吴国连年劳师远征,国内的经济已捉襟见肘,难以支撑。吴王夫差为争霸权,参加黄池盟会时所带吴国军团每天物质的消耗需要补充。而取得霸权后的吴国,为笼络诸侯,以年成不好为台阶而主动放弃了向诸侯索取贡赋。吴国硬撑住了面子,但撑不住粮食危机所带来的饥饿。于是在黄池盟会后竟出现了吴国大臣以歌声为隐语,向鲁国大臣求取粮食的极富戏剧性的一幕:"吴申叔仪乞粮于公孙有山氏。曰:'佩玉繠兮,余无所系之。旨酒一盛兮,余与褐之父睨

---

[1]《左传·哀公十五年》,见《春秋左传正义》,北京大学出版社1999年,第1686页。
[2]《左传·哀公八年》,见《春秋左传正义》,北京大学出版社1999年,第1649页。

之。'"[1]縶,下垂貌。上述吴国大夫申叔仪向鲁国大夫公孙有山氏求取粮食,以歌声向对方暗示的意思说:"佩玉往下垂呀,我没有地方系住它。美酒斟得满呀,我和贫苦的老翁只能斜眼看着它。"

鲁国大夫公孙有山听懂了对方求取粮食的意思,也以歌声给予对方一个文学的幽默:"梁则无矣,粗则有之。若登首山以呼曰,庚癸乎! 则诺。"[2]意为,鲁国大夫公孙有山也以歌声唱道:"细粮已没有了,粗粮还有一些。如果你们登上首山高喊着说:'给点下等的粮食吧!'那就答应你。"

取得霸主地位的吴国,为接受鲁国的劣质粮食,是否屈辱地去首山上高喊了,《左传》无下文记载。但仅此一笔,吴国霸权背后的经济窘境,已是昭然若揭。

3. 归途中的伐宋

吴国军团在返归的路上,经过宋国。一年前当吴王夫差与鲁国国君鲁哀公、卫国国君卫出公以及宋国大臣皇瑗在郧地会面时,鲁、卫、宋三国背着吴国私下结盟而拒绝与吴国结盟。对这一冷落吴国的行为,吴王夫差当时就先对卫国进行报复——包围卫出公的住所,并将其扣留。黄池盟会后,吴国又拘捕鲁国的大臣子服景伯,将他关在囚车里一度准备带回国。相继对卫、鲁出手后,郧地会面而得罪吴国的三个国家中,吴国尚未施行报复的即为宋国。尽管历史上宋国与吴国曾有姻亲关系,但郧地会面时,已故阖闾"勾敔夫人"的兄长宋景公并未参加,而只是让一个大臣出席,且在会上与吴国唱反调。故吴王夫差在黄池盟会后吴国军团返归的路上,又欲行报复,攻打宋国国都了。但从当时吴国所处环境来看,第一要务当为急速返归,以定国内。再者,吴国军团远离本土,处境已渐趋险恶,粮草供应等也已出现困难。在这种情况下,又节外生枝地攻伐宋都,无疑是给自己再添异数。更何况宋国都城在晋、楚争霸时曾受楚国围城达九月之久,以致城中发生"易子而食,析骸以爨"[3]的惨烈状况时都未曾屈服。吴国军团返归时想顺便攻打宋都,其效果如何? 大可存疑。故此,文献对吴人返归时的攻打宋都即"伐宋",存在着"未遂"与"既遂"的两种不同记载。

其一"未遂",即吴国想攻打宋都,但权衡后未行攻打。记载这一情况的为《左传·哀公十三年》:"王欲伐宋,杀其丈夫而囚其妇人。太宰曰:'可胜也,而弗能居也。'乃归。"[4]意为,返归时吴王夫差还想攻打宋国都城,把宋国的男子

---

[1]《左传·哀公十三年》,见《春秋左传正义》,北京大学出版社1999年,第1673页。
[2]《左传·哀公十三年》,见《春秋左传正义》,北京大学出版社1999年,第1673页。
[3]《左传·宣公十五年》,见《春秋左传正义》,北京大学出版社1999年,第668页。
[4]《左传·哀公十三年》,见《春秋左传正义》,北京大学出版社1999年,第1673页。

杀掉,而把他们的妇女俘虏过来。太宰伯嚭说:"虽然我们能够打下宋国都城,可不能老守在这里啊!"吴王夫差听了,故未行攻打而归去。

其二、"既遂",即吴国攻打了宋国都城并焚其外城。记载这一情况的为《国语·吴语》:"吴王既会,越闻愈章,恐齐、宋之为己害也,乃命王孙雒先与勇获帅徒师,以为过宾于宋,以焚其北郛焉而过之。"[1]意为,吴王参加黄池盟会,越国的声威更大了,吴王恐怕齐、宋两国给他造成危害,便派王孙雒先和勇获率领步兵,以回国路过为名兵临宋国国都,焚烧了宋都北面的外城作为恫吓,然后才过境。

对吴王夫差率领下的吴国军团,返归时攻打宋都与否,因文献记载相悖,并不能确定。前文曾述,吴国出现在鲁国并"吴来征百牢"时,曾说"宋百牢我,鲁不可以后宋"[2]。故吴国北进而出现在中原时,其第一个"征百牢"的对象即为宋而非鲁。而吴国军团返归途经宋都时,无论攻打与否,都预示着文献记载的吴国北进战略实肇始于宋而又终于宋,历史循环地回到原点并由此归去而画上句号。

吴王夫差自此过宋而离开中原后,再也没能回来,直至吴国灭亡。

4. 吴越媾和

《左传·哀公十三年》记载:"冬,吴及越平。"[3]即吴夫差十四年(前482),吴王夫差从黄池返归国后,即与越国媾和。面对吴国的求和,"越自度亦未能灭吴,乃与吴平"[4]。即越王评估自己目前也没有力量能灭亡吴国,故而应允与吴国媾和。

吴越媾和的细节文献虽无记载,但吴国势必接受了极为不利的苛刻盟约,一如吴国当初与越、鲁所签的苛刻盟约。其间,越国的经济索取,同样一如吴国当日对鲁国的经济索取,而这无疑更加重了吴国的经济负担。其后的日子,吴国昔日的王者风范,荡然无存。吴国从"北进争霸"的顶峰——黄池盟会成为霸主急速滑下,一蹶不振。

5. 吴国衰落的原因

吴国一蹶不振的主要原因当为北进争霸的连年战争所产生的影响。

其一表现为跟随吴王夫差争霸的吴国军团,因长期滞留中原地区的损耗。对之,《史记·越王句践世家》阐释为吴国"轻锐尽死于齐、晋"[5]。即吴国精锐部队尽死于与齐国、晋国的争夺。其中还包括吴国军团返归途经列国时所受攻

---

[1] 上海师范大学古籍整理研究所校点:《国语·吴语》,上海古籍出版社1998年,第615页。
[2] 《左传·哀公七年》,见《春秋左传正义》,北京大学出版社1999年,第1640页。
[3] 《左传·哀公十三年》,见《春秋左传正义》,北京大学出版社1999年,第1673页。
[4] 司马迁:《史记》卷四十一《越王句践世家》,中华书局1959年,第1744页。
[5] 司马迁:《史记》卷四十一《越王句践世家》,中华书局1959年,第1745页。

击而减员。这也就是前文所述,黄池盟会时面对着越国攻击吴国后方的情况,夫差问众大臣说"今吾道路修远"[1],在不参加黄池盟会而立即回国和参加盟会而让晋国取得霸主地位的两者间做选择的话,哪种做法对吴国更为有利。吴大夫王孙雒指出两者对吴国都不利。不参加盟会就回国,会使越国的名声因此而更大,吴国百姓会害怕而逃亡,而我们这么赶回去却没有了投奔之处。而"齐、宋、徐、夷曰:'吴既败矣!'将夹沟而廖我,我无生命矣。"[2]即齐国、宋国、徐国和淮夷都会说:"吴国已经败了!"因此,他们将会一起夹击我们退走之路的邗沟,再从旁边乘机攻击我们,在这种情况下,我们就已没有生路!其后,吴虽先歃血而取得霸主地位,但越人攻入吴都事当已渐为列国知晓,故吴国军团返归时,难以避免列国的攻击。更何况,其间还有归时吴国伐宋"未遂"与"既遂"两种不同的记载。若是"既遂",也难免发生吴国军团减员,毕竟是在远离故国的别国作战。

其二则表现为吴国经济已被北进争霸的连年战争拖垮。前文述吴国军团返归途中,吴申叔仪以歌声为隐语,向鲁国大臣求取粮食事,即已揭示吴国在黄池夺取霸权后所面临的经济窘境。除此以外,吴军返归后的吴国,还要面对越人的窘迫和索取。《史记·吴太伯世家》记载这一情况说,夫差"引兵归国。国亡太子,内空,王居外久,士皆罢敝,于是乃使厚币以与越平"[3]。即指出吴王夫差归国后,吴国所面临的种种严峻情况——没有了太子,国内空虚,因吴国军事力量在远离吴国的北方连年争夺,既使吴国将士疲惫不堪,厌战情绪日渐滋生;同时,也使得支撑连年战争的国内百姓士子日感疲惫。所有这些,使得从黄池归来的吴军战力、信心大衰,吴王夫差只能选择以"厚币",即众多财物来与越人媾和,这无疑又加重了吴国国民的经济负担。

第三节　夫差执政晚期的吴国政治与军事

一、吴楚再争夺于陈

吴夫差十五年(前481),据《春秋经·哀公十四年》载:"陈宗竖奔楚。……冬,陈宗竖自楚复入于陈,陈人杀之。"[4]意即,陈国的宗竖逃奔到楚国去。冬

---

[1] 上海师范大学古籍整理研究所校点:《国语·吴语》,上海古籍出版社1998年,第605页。
[2] 上海师范大学古籍整理研究所校点:《国语·吴语》,上海古籍出版社1998年,第605页。
[3] 司马迁:《史记》卷三十一《吴太伯世家》,中华书局1959年,第1474页。
[4] 《春秋经·哀公十四年》,见《春秋左传正义》北京大学出版社1999年,第1767页。

季时,他又从楚国回到陈国,陈国人把他杀了。

吴、楚争夺陈国距此时最近一次的战争是发生在四年前的吴夫差十一年(前485)。那次战争中,楚国的子期(公子结)率兵攻打陈国。是时,忙于伐齐的吴国起用了高龄的公子季札领兵援救陈国。其后,季札主动退兵,吴国把对陈国的控制权让给了楚国。从前引《春秋经·哀公十四年》的记载可以看出,其后,陈国又叛楚而倒向了吴国。其过程文献未载,但当属吴国人运用外交等渗透方式,培植陈国的亲吴力量,从而将陈国运作成亲吴派掌权。面对这一情势,楚国不得不在陈国寻找政治代理人宗竖,试图翻盘。然而,宗竖在陈国却待不下去,不得已"奔楚"。而后,复在楚国支持下,又回到陈国。然而,陈国人把这位楚国代理人宗竖给杀了。宗竖被杀,让楚人难以接受。于是,在宗竖被杀次年(即吴夫差十六年,前480),楚国又开始攻打吴国。"夏,楚子西、子期伐吴,及桐汭。"〔1〕即楚国的子西(公子申)和子期(公子结)率领军队攻打吴国,一直打到桐水的弯曲处。此战,《左传·哀公十五年》未交代其结果。这或反映了吴国因国力大衰而未与楚军正面接触。

二、"吴人伐慎"及吴楚百年战争的最后一战

吴夫差十七年(前479),吴、楚间又发生了两国间的最后一场战争,且此战为吴国主动伐楚。这就是《左传·哀公十六年》记载的:"吴人伐慎,白公败之。"〔2〕即吴国攻打楚国的慎县(今安徽颍上),楚国白地的地方官员熊胜,击败了吴国。

这一时期的吴国,已处在衰落与困顿之中。是时,对吴国生存威胁最大的为越国。因此,在挽救吴国并避免进一步滑向灭亡的现实前提下,吴国并无主动攻打楚国的意向和必要。且从上年"楚子西、子期伐吴"而吴国避免正面接触来看,楚国实力已有所恢复,而吴国由于北进耗尽国力,且处在越人的打击之下,故两国实力已是此消彼长。因此,此时(指吴夫差十七年,前479)吴国也不具备攻打楚国的实力,且伐楚的后果极可能引发楚、越两面夹攻的严峻局面。故这场系吴国主动挑起的吴"伐慎"之战,其战争的原因、过程、目的等要素,在上引"吴人伐慎,白公败之"的简略记载中并不得而知,从而使得这场战争充满着吊诡。然而,一反常态的此战背后,或都与将吴人"败之"的"白公"有关。

----

〔1〕《左传·哀公十五年》,见《春秋左传正义》,北京大学出版社1999年,第1683页。
〔2〕《左传·哀公十六年》,见《春秋左传正义》,北京大学出版社1999年,第1692页。

白公,即熊胜,楚平王嫡子太子建之子、楚平王嫡孙。伍子胥逃亡吴国时,带着幼小的他一起逃亡到了吴国。伍子胥奔吴为公元前522年(吴王僚五年),而从该年至吴国"伐慎"时,已过了43年。故熊胜此时已成为一个成年壮汉。熊胜由伍子胥带至吴国之初,当由伍子胥抚养。三年后的吴王僚八年(前519),楚平王原配夫人、太子建生母,同时也是熊胜嫡亲祖母的蔡女,由吴王僚之子诸樊迎接到吴国。故是时,熊胜才有了与直系亲属一起生活的可能。而他在吴国长大的岁月中,分别经历吴王僚、阖闾、夫差三位吴王。由于身份的特殊,在熊胜身上纠缠着极为复杂的关系。

其一,他是在楚国的敌国——吴国长大的。吴王僚及吴王阖闾、吴王夫差时,吴国与楚国已为世仇,这不能不在他的童年、青年或壮年后的生活中产生影响。其二,当初把他带往吴国并最初抚养他的人为伍子胥,而伍子胥却又是他的祖父——楚平王的不共戴天仇敌。其祖母来吴后,或许使他的童年有了些许亲情。然而这位祖母,却又是其祖父楚平王所抛弃的怨妇,且在吴、楚的政治斗争中以叛离楚国的不正常方式来到吴国。其三,对其生活影响最大者为伍子胥,在生活中既充当其养父,又充当其政治导师的角色。伍子胥在吴国的经历,从吴王僚时期参与公子光政变并辅佐公子光成为吴王阖闾,到吴王阖闾时深受信任和得以重用,再到吴王夫差时因政见之争而遭疏远乃至被杀。伍子胥的命运浮沉,不能不对熊胜的生活乃至个人性格的形成产生重要影响。其四,吴王僚、阖闾、夫差时期,吴国与楚国的任何一场战争,都会使熊胜对自己的身份认同产生困惑。而阖闾时期吴国伐楚并攻入郢都时,伍子胥寻仇报复的对象正是其祖父楚平王以及其父太子建的同父异母兄弟楚昭王。吴伐楚并攻入郢都时,他已成为一个十六七岁的青年。吴伐楚入郢都后,吴军竭力搜捕楚昭王,或即意图以熊胜取代楚昭王并扶植其执政楚国。其后的局势发展,使得吴国这一变更楚君计划胎死腹中。楚惠王时,时任楚国令尹的子西觉得熊胜寄居于吴,多有不妥,故"欲召之"[1],即意欲召熊胜回楚国。对此,楚国大夫叶公诸梁不以为然,并担心此举会给楚国带来祸害。但其时子西"弗从"[2],即听不进叶公诸梁的劝阻而召回了熊胜,并安排他在吴、楚两国交界的白县担任地方行政长官。

关于熊胜归楚事,《史记·伍子胥列传》另记为:"吴王夫差之时,楚惠王欲召胜归楚。叶公谏曰……惠王不听。遂召胜,使居楚之边邑鄢,号为白公。白公

---

[1]《左传·哀公十六年》,见《春秋左传正义》,北京大学出版社1999年,第1691页。
[2]《左传·哀公十六年》,见《春秋左传正义》,北京大学出版社1999年,第1691页。

归楚三年而吴诛子胥。"[1]由此可知:召熊胜归楚的主导者,《左传》记作令尹子西,而《史记》则记作楚惠王。而熊胜归楚的确切时间,《左传》未明确记载;而《史记》则作"白公归楚三年而吴诛子胥",即"吴诛子胥"的三年前。而伍子胥被吴王夫差赐死的时间为公元前484年(吴夫差十二年,楚惠王五年),故按《史记》叙述,熊胜归楚的具体时间当为公元前487年(吴夫差九年,楚惠王二年)。按此,到吴夫差十七年(前479)吴、楚间发生"吴人伐慎,白公败之"的这一战事时,熊胜归楚已整整8年了。在这种种因素叠加下,熊胜的成长环境及个人思想形成时期,始终处在一种极不正常的政治与生活环境中。阴谋、报复、杀戮、仇恨等,都在他身上化作成种种不良诱因,从而使得他生成了阴冷、偏执、仇恨、残忍等种种变异人格。所有这些,构成了日后这位"白公"内乱楚国的个性基础。

其时,楚国的内政情况相对清明。如前文述,楚昭王死于与吴国对峙的军事前线。而临死前,楚昭王欲将楚国王位相继传至公子申(子西)、公子结(子期),但均遭拒绝。其后强行命令公子启(子闾)接位,公子启推辞了五次,才答应下来。楚昭王死后,子闾即和子西、子期商量,立楚昭王之子熊章为楚王即楚惠王。由上可见,楚昭王后,楚国宫廷这三位均为"白公"熊胜叔父的王室成员,都具有推辞君位而无恋栈权力的君子之风。同时,在吴伐楚并入郢后的楚国动荡中,这三位君子先后协助他们的同父异母弟楚昭王及其侄楚惠王共同收拾楚国山河,并在其中起到了中流砥柱的作用。

归楚后的熊胜,因其父太子建当日在郑国被杀,故对郑国积郁多年仇恨。回到楚国后,他就向令尹子西请求讨伐郑国。子西对他说:"如今楚国的政令还未走上正轨,不然的话,我也是不会忘记郑国人的这个仇的。"过了些日子,熊胜又来请求讨伐郑国。这一次,子西答应了。楚国还没来得及出兵,就发生了晋国侵袭郑国的战争。子西为了维护楚国利益,同时出于制衡晋国的战略需要而派兵援救郑国,并同郑国缔结了盟约。子西的这一维护楚国国家利益的做法无意中激怒了胸怀狭隘且一心欲报父仇的熊胜,熊胜愤怒地说,郑国的盟友原来就在这里,我的杀父仇人离我不远呢!熊胜在这里所说的"仇"人,指的就是他的两个叔父:当政楚国的令尹子西(公子申)和掌管楚国军事的司马子期(公子结)。

《左传·哀公十六年》记载了一个历史细节:一天,熊胜独自一个人在埋头磨剑,子期的儿子子平走过来看见,问他说:"王孙为什么自己动手磨剑啊?"熊胜说:"我向来以说话直率闻名,我今天如果不告诉你,那还算得上什么直率呢?

---

[1] 司马迁:《史记》卷六十六《伍子胥列传》,中华书局1959年,第2181—2182页。

我这磨剑,就是想要杀了你父亲。"熊胜磨刀霍霍的行为和杀气腾腾的话语,使得子平不敢把这话告诉自己的父亲——楚国司马子期(公子结),而是悄悄告诉了他的伯伯——楚国令尹子西。子西听了,并未引起注意,仅付之一笑说:"熊胜就像只鸟蛋,只有在我的翅膀翼孵下它才能长大。按照楚国接班的次第顺序,我死了,执掌楚国行政、军事的令尹、司马这些职位,不是熊胜,那还能是谁呢?"然而,这番充满亲情且并无恶意的话,熊胜听了,竟然极为反感地说:"这位令尹可真狂妄啊!他要是能有好死,我就不是我!"对此,子西还是没有引起警觉。这时,熊胜却开始寻找帮手并结成了死党。

就在熊胜针对其叔叔子西、子期的仇恨发酵和阴谋进行之时,发生了"吴人伐慎,白公败之"的吴、楚战争。故这场由吴国主动挑起的吴"伐慎"之战,其战争原因、目的以及幕后的交易等隐情,从战争各有关方的现实境遇中都可予以分析并推算出来——那就是这一战争乃系"白公"(熊胜)与吴人合谋下的政治、军事双簧——吴国发动"伐慎"之战并以一场失败给熊胜进京发动政变的机会。对吴国来说,假装战败的战争成本不大,但若是造成楚国内乱,必然会减轻吴国来自楚国的压力。而对熊胜来说,他对子西、子期的仇恨及为实现其政治野心,都需要一个进入国都以发动政变的借口和理由。而一场对吴战争的胜利,则满足了这些政治需求。故此,吴国人以自己的"假败"送给了熊胜一场对吴战争的胜利。吴国的军事谋略与熊胜的政治盘算在交互运作中高度统一。这也说明,困顿中的吴王夫差还是企图扭转局面,也企图有所作为。其目的和意图,即是为吴国的生存这一国家利益而改变吴国不利的外部环境。

吴国"伐慎"并失败后,熊胜则"请以战备献"[1],即请求到国都呈献打败吴国时所缴获的战利品。对此,杜预注指出:熊胜的动机是"欲因以为乱"[2]。而子西见熊胜打败吴人,难免欣慰,于是"许之"[3],即同意了他到京城来呈献战利品的要求。楚都的大门一旦对熊胜打开,"白公"之乱就揭开了帷幕。于是,熊胜借进京呈献战利品之机,发动政变,并相继杀死了子西、子期,劫持了国君楚惠王。其时,熊胜企图让子闾(公子启)代惠王而为楚国国君,以使楚国政局处于自己掌控之中。他的这一要求,被子闾拒绝后,熊胜又杀死了子闾。至此,他的三位叔叔,同时也是楚国朝廷的三位栋梁之臣均死于其刀下。而《史记·楚世家》则记载熊胜劫持惠王,并把他囚禁在高府后,想杀死他。楚惠王的随从背着

---

[1]《左传·哀公十五年》,见《春秋左传正义》,北京大学出版社1999年,第1692页。
[2] 杜预注,见杜预:《春秋经传集解》,上海古籍出版社1978年,第1824页。
[3]《左传·哀公十六年》,见《春秋左传正义》,北京大学出版社1999年,第1692页。

楚惠王逃到昭王夫人的宫殿后,"白公自立为王"[1]。即熊胜自己登位做了楚王。熊胜作乱时间并不长,楚惠王其后被救出,楚国大夫叶公诸梁带着军队进入国都,平定熊胜叛乱。而熊胜战败逃到山里后,上吊而死。从吴寿梦二年(前584),晋国推行"联吴制楚"战略及"吴始伐楚"[2]时起,到吴王夫差十七年(前479)"吴人伐慎"时止,吴楚两国前后延续了105年的战争,由"吴人伐慎"之战最终画上了句号。

三、笠泽之战:吴、越间的战略决战

吴夫差十五年(前481),《春秋经》《左传》记载,小邾国、陈国、宋国、齐国相继发生反叛国君的事件;晋国的赵鞅(赵简子、赵孟)率师伐卫;楚国支持陈国的宗竖妄图颠覆陈国等,然而,在这些复杂纷纭的列国事件中,却没有"诸侯长"的吴国出面维持秩序的任何作为。显见,在春秋早、中期的霸主政治渐行渐远时,吴王夫差在黄池盟会上力争得的霸主之名,已成为一个虚名而已,并被社会潮流无情抛弃。

吴、晋黄池争霸,使得越国终于等待到复仇时机。黄池返归后,争得霸主之名的吴国,只能独自面对越国。而吴国北进时所结怨的中原列国,无一对吴国施以援手。黄池盟会上签署且有"好恶同之"等盟约条款的《黄池盟约》,亦无异于一纸空文。

随着中国社会从春秋向战国时期的转变,这一时期成为霸主的吴王夫差,既已无法与历史上的齐桓公、晋文公、楚庄王等强势霸主可比,更无法与春秋早、中期霸主政治下叱咤风云的时代等量齐观。更何况,吴、越地处东南,因地理、气候、风俗、民情及语言等文化差异,使得中原国家对东南地区的吴、越之争并无兴趣。所有这些,导致吴国留下了称霸未久即遭遇断崖式的滑落及灭亡的话题。尽管,在苟延残喘的最后九年中,吴王夫差及其执政下的吴国,犹力图扭转被动和劣势,但历史机遇已不再给予吴国。

吴夫差十八年(前478),吴、越之间关乎吴国命运的最后一场大战——吴、越"笠泽之战",终于爆发。"笠泽"的多重含义之一,即为太湖别名。嘉靖《吴江县志》卷之二对之论述时,引王鏊说指出:"《左传》'越伐吴,吴子御之笠泽'是也。"[3]而关于吴、越笠泽之战的具体位置,《松陵镇志》第四章《兵事》指出说:

---

[1] 司马迁:《史记》卷四十《楚世家》,中华书局1959年,第1718页。
[2] 《左传·成公七年》,见《春秋左传正义》,北京大学出版社1999年,第729页。
[3] 嘉靖《吴江县志》卷之二,广陵书社2013年,第42页。

"周元王三年(前473)越灭吴。当年,松陵以南为笠泽水域,是吴越攻战的战场,从南库周围出土的众多吴越兵器看,战争多数为水战。"[1]今苏州市吴江区松陵镇有"笠泽路",即为既纪念吴江(松江)又纪念春秋时"笠泽之战"古战场之意。

(一)《左传》记载

公元前478年(吴夫差十八年),三月,越王勾践发兵进攻吴国,"吴子御之笠泽,夹水而陈"[2]。即吴王夫差在笠泽(今苏州吴江区)抵御,两军隔着笠泽水域摆开阵势。越王将越军编成左、右两支部队,让他们在夜里忽左忽右,击鼓呐喊前进。吴军则分兵抵御。越王带领三军偷渡,向吴国的中军击鼓发起进攻。"吴师大乱,遂败之。"[3]即在这场关乎吴国未来命运的两国间的战略决战中,吴军大乱,越军打败了吴军。

《左传》上述记载异常简洁,但其中的"夹水而陈"的记述,使得此战成了中国古代战争中双方依托江河施行进攻、防御的早期著名战例。

(二)《国语·吴语》记载

《国语·吴语》较为详细记载了黄池盟会后吴、越间围绕"笠泽之战"所进行的准备及此战双方展开的攻防。

《国语·吴语》记载说:"吴王夫差还自黄池,息民不戒。越大夫种乃唱谋曰:'吾谓吴王将涉吾地,今罢师而不戒以忘我,我不可以怠。'"[4]

上述"今罢师而不戒以忘我"中"忘我"一词,一可作动宾结构的"他忘记了我们"解。黄永堂译注《国语全译》即取此并将该句译成:"现在他休兵而且不戒备好像忘掉了我们,我们越国却决不可以懈怠。"[5]这一译文的前提是吴国实力依然在越国之上。可当时的实际情况是,吴王夫差在黄池争霸时,国内遭越人突袭,国都被陷,太子被俘,且吴国经济也遇有极大困难。在将士疲惫、厌战等对吴国极不利情况下,吴国付出惨重代价(即前文引《史记·吴太伯世家》所说的"使厚币")或文献未记载的两国签订了对吴国极为不利的盟约或条约后,才得以与越国媾和。这一时期,两国力量对比呈现出的是越强而吴弱。否则,若是时吴强

---

[1]《松陵镇志》第四章《兵事》,广陵书社2013年,第588页。
[2]《左传·哀公十七年》,见《春秋左传正义》,北京大学出版社1999年,第1696页。
[3]《左传·哀公十七年》,见《春秋左传正义》,北京大学出版社1999年,第1696页。
[4] 上海师范大学古籍整理研究所校点:《国语·吴语》,上海古籍出版社1998年,第618页。
[5] 黄永堂译注:《国语全译》,贵州人民出版社1995年,第704页。

而越弱,仅因越国在这以前的种种欺诈及黄池盟会时的发难,吴王夫差只怕也早已出手了。

上述"忘我"一词,另一做主谓倒置的"我忘"即"(让)我们忘记他"解。故"今罢师而不戒以忘我,我不可以怠"句,有学者释为:"现在他休兵不动,毫不戒备,想使我们忘了他,我们不可因此而懈怠。"[1]就当时情境而言,"罢师而不戒"句,似乎是吴王夫差全无作为,但前述吴王夫差的与熊胜间政治交易导致的楚国内乱,显示吴国并非如此不作为。而吴王夫差表面低调的背后,是使越王君臣放松警惕而忘记他的存在。而背后,却暗暗使劲并意图改变吴国的困境。但对勾践、文种来说,昔日就是以韬光养晦的策略才使吴国忘记了越国的存在,从而咸鱼翻身地从几乎灭国走到今日。故当吴王夫差欲以同样手段韬光养晦时,越国君臣就洞若观火,引起高度警觉了。因此,此处只能作夫差休兵而且不加戒备解。但夫差伪装出的无意于作为以掩藏真实意图的伎俩,并未瞒过越国大夫文种的眼睛,他以"我不可以怠",在道出越国应对之策的同时,更显示了越国的警惕。

接着,文种向勾践面陈对吴国现状分析的意见,并向勾践提出攻打吴国以"无使夫悛"[2],即不让吴国有改变被动处境的机会。在具体战术上,文种提出:"吾用御儿临之。吴王若愠而又战,奔遂可出。若不战而结成,王安厚取名而去之。"[3]即我们用驻守在靠近吴国边境的御儿(又作檇李、槜李、醉李、就李、语儿等)的军队去对付他们。吴国如果恼怒又与我国交战,我们趁机就可以赶走他们。如果吴王夫差不再应战而请求结盟讲和,大王就可以坐享其成,并提出苛刻的条件才放过他。

和吴王夫差曾经拒绝伍子胥灭越意见不同的是,越王勾践接受了文种灭吴的建议,"越王曰:'善哉!'乃大戒师,将伐吴"[4]。意即,听了文种的建议后,越王说:"太好了!"于是大规模动员军队,准备攻打吴国。

吴国与熊胜间的政治交易导致楚国内乱,也对楚、越关系产生了影响。楚惠王之母为越女。故楚、越本就为有着姻亲关系的盟国。在越国准备攻伐吴国之时,"楚申包胥使于越"[5],即楚国大夫申包胥,出使到越国。申包胥即为27年

---

[1] 郭万青:《〈国语〉中的"曰"字与"云"字分析》,见甘肃中国传统文化研究会:《国学论衡》(第四辑),中国藏学出版社2007年,第334页。
[2] 上海师范大学古籍整理研究所校点:《国语·吴语》,上海古籍出版社1998年,第618页。
[3] 上海师范大学古籍整理研究所校点:《国语·吴语》,上海古籍出版社1998年,第618页。
[4] 上海师范大学古籍整理研究所校点:《国语·吴语》,上海古籍出版社1998年,第618页。
[5] 上海师范大学古籍整理研究所校点:《国语·吴语》,上海古籍出版社1998年,第619页。

前吴王阖闾伐楚并攻入楚都时,哭秦庭而得以使得秦国出兵的楚国大夫。此时,他出使于越,显然与上年吴国"伐慎"导致楚国"白公之乱"有关。

越王勾践问申包胥说:"吴国不行正道……现在我已准备好了车马、武器装备和士兵,就只差没有动手了,请问还要具备什么条件才能动用军队去进攻吴国?"面对越王勾践的发问,申包胥推却说"不知道。"后越王再三问他,他才回答说:"夫吴,良国也,能博取于诸侯。"[1]意即,申包胥回答说:"吴国很强大,能凭实力取得诸侯国的贡赋。冒昧地问一声,君王您凭什么跟它开战?"

当勾践条陈自己如何与越人同甘共苦,如何爱惜民众,宽厚待民,如何与周边国家保持良好关系等时,申包胥道出了他认为战胜吴国最重要的三点——智慧、仁义和勇猛。显然,在对付两国共同的敌人吴国时,楚国以申包胥出使越国,并以其对吴国的了解和经验而提醒越人,在与吴国作战时首先就必须动脑。他提供的破解吴国的三个建议,体现了在其时长江以南的吴、楚、越三角关系中,楚国对越国攻打吴国的道义支持。

在对外与楚国协调的基础上,在内政方面,越王勾践又相继做出广泛听取大夫意见;协调内宫以避免后宫干扰及军事方面的整饬军令与对士兵怀柔政策交替进行的三个举措,以协调越国内部关系,保证伐吴战争的进行。

正是在做了充分的战争准备后,越王勾践"乃之坛列,鼓而行之……至于御儿"[2]。御儿,即前文所说的吴王阖闾战死处的槜李。其地为春秋时的吴、越分界处,即今浙江嘉兴。

《国语》未留下"笠泽之战"前吴国相关情况的记载,当越兵起兵至吴、越分界处的御儿时,"于是吴王起师,军于江北,越王军于江南"[3]。即吴王夫差也起兵驻扎在笠泽水域北岸的今吴江境内以迎敌。而其时,越军驻扎在南岸。两军隔江对峙。

越王把军队分成左右两军,把亲近他又有志气的六千士兵组编成中军。第二天将在江上进行船战,到黄昏时,越王便命令左军衔枚,逆江上行五里待命;又命令右军衔枚,沿江下行五里待命。夜半时,命令左右两军同时击鼓渡江,在中流待命。夜半时,吴军听到越军左右两军敲出的鼓声,大为惊骇。惊骇中吴王夫差做出了错误判断,以为越军是分为左右两部分来夹击吴军的。于是,不等到天明,吴军把军队也分成两部分,准备分头抵抗越军。其时,吴王夫差并不知越

---

[1] 上海师范大学古籍整理研究所校点:《国语·吴语》,上海古籍出版社1998年,第620页。
[2] 上海师范大学古籍整理研究所校点:《国语·吴语》,上海古籍出版社1998年,第624页。
[3] 上海师范大学古籍整理研究所校点:《国语·吴语》,上海古籍出版社1998年,第626页。

军还留有一支精干的中军队伍。在吴王夫差的判断失误时,越王命令中军衔枚偷偷渡江,不击鼓,不喧哗,奇袭敌人,"吴师大北"[1],即吴军大败。

越国主动发起的"笠泽之战",其战争目的即如前文所说"无使夫悛"[2],意即不让吴国有喘息的机会。为此,越国做了精心的准备。相比之下,国家经济被连年战争掏空了的吴国,文献未有其整军备战的记载,但如前所述,吴国即使整军备战也只能是在不引起越人注意的情况下悄悄进行。因此,越国在精心准备后对吴国的猛然一击,猝不及防的吴国,仓促应战中再加以判断失误,使得吴国的军事力量在"笠泽之战"中消失殆尽。

"笠泽之战"为春秋时期以"舟战于江"为特点的水战为主、步兵为辅而依托江河进行攻防作战的著名战例。而出土器也印证文献的记载,这从前引《松陵镇志》所说"松陵以南为笠泽水域,是吴越攻战的战场,从南库周围出土的众多吴越兵器看,战争多数为水战"[3]而得以证实。在吴、越两国相争的历史上,此战为具有关键意义的战略决战。越胜吴败的战争结果是吴国精锐军事力量消失殆尽,从而为其后越国灭亡吴国奠定了基础。此战后,吴国已再无力量向越国发起进攻和挑战了。

(三)《史记》记载

《史记》的《吴太伯世家》和《越王句践世家》均对吴越"笠泽之战"作有叙述。

《史记·吴太伯世家》循《左传》《国语》叙述,作"(吴夫差)十八年,越益彊(强)。越王句践率兵伐败吴师于笠泽。楚灭陈"[4]。即吴夫差十八年(前478)时,越国益发强大。越王勾践率兵伐吴,大败吴兵于笠泽。同年,楚国灭了陈国。

《史记·越王句践世家》记载吴王夫差返归"其后四年,越复伐吴"[5]时,并未提及笠泽之战,但在叙述"大破吴,因而留围之三年,吴师败,越遂复栖吴王于姑苏之山"[6]时,却记载了既异于《左传》亦同时异于《史记·吴太伯世家》的情节说:"吴王使公孙雄肉袒膝行而前,请成越王曰:'孤臣夫差敢布腹心,异日尝

---

[1] 上海师范大学古籍整理研究所校点:《国语·吴语》,上海古籍出版社1998年,第626页。
[2] 上海师范大学古籍整理研究所校点:《国语·吴语》,上海古籍出版社1998年,第618页。
[3] 《松陵镇志》第四章《兵事》,广陵书社2013年,第588页。
[4] 司马迁:《史记》卷三十一《吴太伯世家》,中华书局1959年,第1475页。
[5] 司马迁:《史记》卷四十一《越王句践世家》,中华书局1959年,第1745页。
[6] 司马迁:《史记》卷四十一《越王句践世家》,中华书局1959年,第1745页。

得罪于会稽,夫差不敢逆命,得与君王成以归。今君王举玉趾而诛孤臣,孤臣惟命是听,意者亦欲如会稽之赦孤臣之罪乎?'句践不忍,欲许之。"[1]即吴王派公孙雄脱去上衣露出胳膊跪着而前行,以请求与越王媾和说:"孤立无助的臣子夫差冒昧地表露自己的心愿,从前我曾在会稽得罪您,我不敢违背您的命令,得以与君王您媾和后撤军回国。今天君王您投玉足前来惩罚孤臣,我对您将唯命是听,但我私下的心意是希望如会稽山媾和那样来赦免我们吴王夫差的罪过吧!"句践不忍心,于是想答应吴王。后为范蠡提醒,终使"吴使者泣而去"[2]。

四、夫差之死与吴国灭亡

笠泽之战后,从《春秋经》《左传》并无越人"入吴"即攻入吴都的记载来看,吴王夫差凭借吴都城墙,作消极防御而抵挡住了越军。但由于吴国有生力量在笠泽之战中被歼灭,故越军兵临城下,吴国只能如前文文种所说"不战而结成"[3]——不再应战而请求结盟讲和。在这种情况下,越人久攻不下,或也按照战前拟定的预案——"安厚取名而去之"[4],即提出苛刻的条件而放过他。

当初差一点被吴国灭国的越王句践,在翻了个儿调换位置时,肯定会比放了他一马的吴人懂得该如何更狠地整治对方。

(一) 越、楚矛盾的公开化与"误吴"

吴国陷入了自吴王寿梦崛起以来的最大危机。在危机中,吴国也曾有转圜的机遇。吴夫差二十年(前476),一件标志着越国与楚国盟国关系瓦解、进而发生战争冲突的事件发生。这就是《左传·哀公十九年》记载的"十九年春,越人侵楚,以误吴也。夏,楚公子庆、公孙宽追越师,至冥,不及,乃还"[5]。杜预注:"误吴,使不为备。""冥,越地"。[6]杨伯峻《春秋左传注》对上述记载亦注曰:"《吴世家》(指《史记·吴太伯世家》)谓此年'句践复伐吴',与《传》(指《左传·哀公十九年》)及《越世家》(指《史记·越世家》)皆不合,不知何据?""据顾

---

[1] 司马迁:《史记》卷四十一《越王句践世家》,中华书局1959年,第1745页。
[2] 司马迁:《史记》卷四十一《越王句践世家》,中华书局1959年,第1745页。
[3] 上海师范大学古籍整理研究所校点:《国语·吴语》,上海古籍出版社1998年,第618页。
[4] 上海师范大学古籍整理研究所校点:《国语·吴语》,上海古籍出版社1998年,第618页。
[5] 《左传·哀公十九年》,见《春秋左传正义》,北京大学出版社1999年,第1701页。
[6] 杜预注,见杜预:《春秋经传集解》,上海古籍出版社1978年,第1837页。

祖禹《方舆纪要》，冥地盖在苦岭关（在今安徽广德县东南七十里）与泗安镇（即今浙江长兴县西南之泗安镇）之间。""越侵楚之原意仅在'误吴'，故其退速。"〔1〕故《左传·哀公十九年》上条文字意为，越国出兵侵袭楚国以迷惑吴国。夏季，楚国的公子庆、公孙宽带兵追击越军，到了冥地（今安徽广德县东南七十里），没能追上，便撤兵回国。

越人为"误吴"而发动的"侵楚"之战，到了秋天时，楚人开始报复："秋，楚沈诸梁伐东夷，三夷男女及楚师盟于敖。"〔2〕对之，杜预注为"报越"〔3〕，即报复越国。杨伯峻《春秋左传注》对"三夷"注曰："江永《考实》（即江永撰《春秋地理考实》）谓三夷当在今浙江宁波、台州、温州三地区间。敖，东夷地，东夷亦在浙江滨海处。"〔4〕故《左传》上条文字意为，秋天的时候，楚国的叶公诸梁（即沈诸梁）攻打东夷，三夷（今浙江省宁波、台州、温州三地区之间）的男女和楚军在敖地结盟。

越国为了"误吴"而发动"侵楚"之战，无论是上述《左传》的记载，抑或是后世注家的注释，都有着许多说不通之处。

首先是"误吴"，按前引杜预说"误吴，使不为备"，即越人通过"侵楚"之战，使吴国放松警惕，懈怠而不加防备。司马贞《史记索隐》对此批驳说："哀十九年左传（即《左传·哀公十九年》）曰：'越人侵楚，以误吴也。'杜预曰：'误吴，使不为备也。'无伐吴事。"〔5〕这里，司马贞《史记索隐》以该年"无伐吴事"，从而否定"误吴，使不为备也"的猜测。其逻辑很简单，该年无与吴国有关的战事，亦无吴国被"误"的后果产生，则"误吴，使不为备"的前提并不能成立。由此可见，从实际效果来看，吴国该年被"误"之后果，并未在文献记载中体现出来。

其次是越国"侵楚"的原因。如前述，因"越人侵楚，以误吴也"并不能成立，故"越人侵楚"当另有原因。就楚、越关系而言，在这以前，楚、越间有着近百年的盟友关系。在吴、楚对峙时，越国总是站在楚国一边而牵制吴国。而拥有范蠡、文种等一流军事谋略人才的越国，如何会如此轻率而不顾及与楚国的关系去"侵楚"，且其目的又仅仅是为"误吴"。再者，楚惠王之母为越女，即这一时期，楚、越间存在着姻亲关系。因此，楚、越间的这场战争，"误吴"或是出自越人托

---

〔1〕 杨伯峻：《春秋左传注》，中华书局1990年，第1714页。
〔2〕 《左传·哀公十九年》，见《春秋左传正义》，北京大学出版社1999年，第1701页。
〔3〕 杜预注，见杜预：《春秋经传集解》，上海古籍出版社1978年，第1837页。
〔4〕 杨伯峻：《春秋左传注》，中华书局1990年，第1714页。
〔5〕 司马贞：《史记索隐》，见司马迁：《史记》，中华书局1959年，第1475页。

词,但绝非本场战争的真正原因。而个中原因,只能从楚、越双方的战略关系来认识。

吴国强大时,楚国及其属国越国同时承受着吴国的压力。且楚国一直利用越国来牵制吴国。而当越国强大到击败吴国时,东南地区吴、楚、越之间的关系即开始发生变化。越国自恃击败春秋后期的盟主即"诸侯长"地位的吴国后,在规划后吴国时代时表现出企图承接吴国全部权利和政治资产时,其中即包括吴国与楚国在江淮地区争夺时所获得的利益或是楚国认为被吴国侵占、抢夺去的利益。越国的这一姿态与诉求,无疑触犯了楚国的利益。而楚国对越国意图独吞吴国的权利和政治资产表现出的不予接受,终导致楚、越矛盾开始表面化和公开化。两国龃龉从相邻、相近的"冥地"等小规模摩擦开始,其后发展为两国较大规模的战事。楚国的军事力量竟深入到越国核心区域的南部沿海"三夷",即今浙江宁波、台州、温州地区,并和当地的土著居民在敖地结盟。在这已深度触及越国核心利益的大动作中,均显示了楚国警示越国的目的,这就是在承接及分配吴国政治资产的过程中,须利益均沾而不能置楚国的愿望于不顾,更不得侵犯楚国的实际利益。

越、楚间产生矛盾及其公开化,对吴国来说,或已是在越国窘迫下的最后翻盘机会。但从现存文献记载来看吴王夫差并未抓住这有利时机,更未做有利于吴国生存的任何动作。

(二)"吴人杀庆忌"

越、楚间矛盾公开化,对吴国的影响在次年(吴夫差二十一年,前475),以吴国内部政治势力分化的形式表现出来。

《左传·哀公二十年》记载说:"吴公子庆忌骤谏吴子曰:'不改,必亡。'弗听。出居于艾,遂适楚。"[1]意为,吴国公子庆忌多次劝谏吴王夫差说:"如果不改正现在的做法,那一定会亡国。"夫差不听。于是,庆忌离开吴国都城住到了靠近楚国的艾邑,接着就到了楚国。

关于本年的"吴公子庆忌",杨伯峻《春秋左传注》注曰:"余疑吴或有二庆忌,或同一庆忌,战国以后传说互异。……《吕氏春秋·忠廉》篇与《吴越春秋》皆以庆忌为吴王阖庐时人,为要离所杀。"[2]显然,此处的"吴公子庆忌",绝非

---

[1]《左传·哀公二十年》,见《春秋左传正义》,北京大学出版社1999年,第1702页。
[2] 杨伯峻:《春秋左传注》,中华书局1990年,第1715页。

前文所说为要离所杀的吴王僚之子庆忌。文献记载吴国同名者情况并非个案。如前文曾述吴王僚大子为"诸樊",竟与吴王阖闾之父——二十世吴王诸樊同名。故虽不知本年的"吴公子庆忌"在吴国王室中的世系、地位为何,但从"吴公子"称呼可知,此"庆忌"当为吴国王室成员。

值吴国存亡之际,吴国王室成员庆忌竭力呼吁吴王夫差要进行"改",即改变现行吴国同时与楚、越为敌的方针政策。而从其"适楚"来看,不排除他要求吴王夫差改变目前乃至吴国沿袭多年的与楚对抗政策,并充分利用楚、越间矛盾,以图吴国生存。

庆忌适楚,当与楚国上层人士有接触。楚国对吴国当年伐楚入郢,或仍耿耿于怀。鉴于当时主持伐楚的吴王阖闾、伍子胥皆已过世,这笔账已无法再算。而吴、楚争夺于陈时,楚昭王死于对峙前线,故是时执政于楚的昭王之子楚惠王,必不容忍吴王夫差及吴国权臣太宰伯嚭。而伯嚭,本为楚国叛臣,且阖闾伐楚时,其亦参与。

正是在这一情势下,由于文献记载阙如,故只能对"适楚"的庆忌所可能的作为,作一猜测。庆忌与楚上层人士接触时,楚国出于从根本消除吴国对楚威胁的目的,或提出以去除夫差、伯嚭为条件,扶植庆忌或其他王室成员为吴国国君,从而改变吴国权力结构的方案。这一方案,对庆忌来说执行难度太大,而他也根本无能力执行。同时,庆忌借重楚国力量改变吴国权力结构的方案,即使成功,他日后在吴国或也被视为挟外制内而无法执政。故几经讨价还价,最后或达成保存夫差但必须去除伯嚭为条件的政治交易。毕竟,楚国还面临着越国意图独吞吴国政治资产的诉求,故作适当让步,以制衡越国。但在改变吴国政治结构并将吴国变成楚国属国——一如当日吴伐楚时,吴国意图改变楚国政治结构而欲以熊胜代楚昭王一样。

《左传·哀公二十年》接着记载:庆忌"闻越将伐吴,冬,请归平越,遂归。欲除不忠者以说于越。吴人杀之。"[1]意为,正在楚国的吴国公子庆忌,听说越国要攻打吴国,于是就在本年冬天,请求回国和越国媾和,于是就回国了。回国后,他想除掉不忠的人来讨越国的喜欢。吴国人杀了庆忌。

庆忌是在楚国时"闻越将伐吴"的,其在楚国的讯息来源,只能是楚国的上层人士。而楚国上层人士向其透露这一讯息,正是出于对越国全盘接收吴国政治资产的担心。而"冬,请归平越,遂归"则表明,庆忌是在向楚国请求回归吴国去

---

〔1〕《左传·哀公二十年》,见《春秋左传正义》,北京大学出版社1999年,第1703页。

和越人媾和,并在得到楚国批准后,他这才"遂归"地得以回国。尽管,也存在着他是向吴国"请归"并获允准,这才得以归国的可能性。

庆忌归吴后所"欲除"之"不忠者",杨伯峻《春秋左传注》指出:"疑指太宰嚭之流,受越贿且谄媚夫差者,越恃之而伐吴。"[1]吴国太宰伯嚭,一个昔日因贪腐受贿而保存下越国的吴国权力核心成员。如前分析,庆忌适楚时,或已与楚人达成去除伯嚭,以改善吴、楚关系的政治交易。

庆忌归吴而"欲除"太宰伯嚭的说辞和理由是"以说于越",即以此取悦于越国。吴国在对越关系上,曾发生"灭越"与"存越"的不同路线之争。在当日吴王夫差与伍子胥在这一问题上意见相左而发生争论时,越人就曾对伯嚭予以贿赂。其后,伯嚭以损害吴国根本利益的"存越"方式既作为对夫差的阿谀,又作为对越人的回报。但当吴国北进而耗尽国力且越人击败吴国时,双方在媾和谈判的种种交涉中,越人对这位更换了角色的吴太宰伯嚭,显然会极端地鄙视。更何况越人当时哀求吴国保存下越国时"请委国为臣妾"[2]的种种情态,伯嚭了解得太多。因此,庆忌所"欲除"的"不忠者"并"以说于越",即指说越国人对去除此"不忠者"也会感到喜悦之意。

然而,庆忌"欲除"的伯嚭,在吴国政坛上不仅以谄媚而深得吴王夫差宠信,而且更是深耕已久。更何况其时夫差已将其与伯嚭紧紧地捆绑在一起。对伯嚭的否定,即是对其北进以来一系列方针路线、治国措施的否定。故此,庆忌打虎不成,反被虎伤。杜预注评述庆忌伤及自身而被"吴人杀之"时为"言其不量力"[3]。

作为吴国王室成员的庆忌,并非要追究吴王夫差的责任而夺其位,只是要吴王夫差在非常时期,改变策略而韬光养晦,从而以退为进地保存下吴国。但在伯嚭问题上,如前所述,伯嚭不为楚所容。故当伯嚭已成为吴国的负资产时,庆忌或高估了自己为挽救吴国、去除伯嚭的能力,自以为这一建议能为夫差接受。实际情况却是如杜预所说的"其不量力"。同时,夫差宁可死也不愿变通、不愿隐忍而屈辱活下去的个性,或也成为夫差不接受庆忌改变策略并"除不忠者以说于越"的性格原因。其间,不能排除夫差对庆忌游走于楚、越间及与楚、越达成对己(指夫差)不利约定的猜忌与怀疑。

因此,庆忌被杀,乃是多种因素形成的合力所致。其中一个主要因素,即是

---

[1] 杨伯峻:《春秋左传注》,中华书局1990年,第1716页。
[2] 司马迁:《史记》卷三十一《吴太伯世家》,中华书局1959年,第1469页。
[3] 杜预注,见杜预:《春秋经传集解》,上海古籍出版社1978年,第1839页。

吴国处于危亡之际,选择何种挽救危亡对策从而引发的矛盾。杀庆忌,既是在去除吴五王夫差所认为的楚国安插在吴国的代理人的同时,实也拆除了与楚人交往以牵制越国的政治沟通管道。

夫差杀庆忌后,到了"十一月,越围吴"[1]。意为,到了十一月时,越国军队包围了吴国国都。前文提及,庆忌是在楚国时"闻越将伐吴,冬,请归平越,遂归"。因此,这说明其在楚国所获信息、情报的准确。而从其归时的具体时间"冬",到"越围吴"的"十一月",其间并没有多少时间。这说明,庆忌"请归"以挽救吴国危亡时的时间急迫及心情迫切。而夫差杀庆忌,则否定了吴国与楚、越媾和及与两国分别媾和时取悦越人的政治先决条件——杀伯嚭。

另从"越围吴"并未遭遇任何抵抗来看,"笠泽之战"后的吴国,或已仅剩下防守吴国国都的有限兵力了。

(三) 赵襄子降丧食,使楚隆问吴王

夫差杀庆忌后的同年(吴夫差二十一年,前475)"十一月,越围吴"[2]。

黄池盟会时晋国正卿赵鞅的继承人赵无恤(又作赵毋恤,赵襄子),对东南地区的吴、越态势,感到了道义上的心理压力。

赵鞅(赵简子)在黄池盟会后的吴夫差二十年(前476)过世,其庶子赵无恤承袭晋卿之职,为晋国大夫。据黄池盟会签署的《黄池盟约》,晋国与吴国等本有"好恶同之"[3]的军事盟约条款。故此番越人包围吴都,据盟约条款晋国本该出兵救吴。然而,由于地理相距遥远,且由于黄池盟约签订者赵鞅去世,晋国正卿由知氏的知伯瑶(即知瑶、荀瑶)取代。知伯瑶获得权力后,竭力发展自家势力,从而成为晋国当时尚存的知氏、赵氏、韩氏、魏氏这四大卿族中权力最大、实力最强者。而赵氏卿族及其宗主赵无恤,其时正忍辱负重地承受着来自知氏的压力。因此,由晋国来践行黄池盟会"好恶同之"的盟约,已绝无可能。而对赵无恤来说,父亲当初以晋国名义签署的盟约和承诺,作为儿子的他,道义上父债子还地仍有着执行的义务,但在无权执行的情况下,赵无恤只能以降低自己饮食数量的方式来父债子还地替父还债了。

赵襄子(赵无恤)降低了饮食数量比为他父亲赵鞅服丧时吃得还要少。他的这一做法,引起了赵氏家臣楚隆的关注。在楚隆问他为何这样做时,赵无恤说:

---

[1]《左传·哀公二十年》,见《春秋左传正义》,北京大学出版社1999年,第1703页。
[2]《左传·哀公二十年》,见《春秋左传正义》,北京大学出版社1999年,第1703页。
[3]《左传·哀公二十年》,见《春秋左传正义》,北京大学出版社1999年,第1703页。

"黄池之役,先主与吴王有质,曰:好恶同之。今越围吴,嗣子不废旧业而敌之,非晋之所能及也,吾是以为降。"〔1〕即黄池盟会时,我的父亲(指赵鞅)代表晋侯和吴王夫差签订过盟约,约定两国要"同好共恶"。现在越国包围吴国,我作为父亲的继承人本不应该废弃盟约而应当出兵救吴,可这盟约规定的义务却又不是晋国的力量所能达到的。所以,我只好用降低饮食的数量来抒发我的心情了。楚隆于是提议,让吴王夫差能了解您(指赵无恤)的心情,并自请出使吴国。

楚隆南下,经越王勾践同意而抵达被越人包围的吴都。他见着吴王夫差说:"黄池之役,君之先臣志父得承齐盟,曰:好恶同之。"〔2〕即黄池结盟时,我国君王的先臣志父(指时任晋国正卿的赵鞅)也参加了那次盟会。盟会的誓约上说:与会的各国要"同好共恶"地有福同享,有难同当。现在大王您处在危难之中,我国本应履行盟约,我国老臣赵无恤(赵襄子)也不敢害怕辛劳,然而,这又不是晋国的力量所能达到的。因此,赵无恤谨派他的家臣楚隆前来向大王您报告,并披陈他的心情。

作为黄池盟会的政治对手——晋国正卿赵鞅虽已过世,可其子赵无恤(赵襄子)值吴国即将国破之时,还能派家臣前来慰问。谨此已足令吴王夫差感激不尽了。于是吴王夫差竟然向这位赵氏家臣下拜磕头说:"寡人没有才能,不能事奉越国,因而让贵国大夫忧虑了。谨此拜谢您的光临。"吴王夫差此时披陈的"不能事越"之言,已将这位盟会霸主不肯低头的贵族心理,表露无遗。正是这一贵族性格,决定了他不会苟且而生的命运。其时他也清楚意识到自己的处境,故又对楚隆说:"勾践将生忧寡人,寡人死之不得矣。"〔3〕即越国国君勾践要让寡人我委屈地活着受罪,寡人想好好地死都不可能了。

应答完毕楚隆的因公使命之辞后,吴王夫差又和楚隆私聊起来说:"快淹死的人必然强作欢笑,但我有个疑惑想要问你,那位史黯为什么能成为君子?"

吴王夫差此时感而发问之事,为三十八年前晋国史官所作的一个预言。即前文所述的吴阖闾五年(前510)吴国攻伐越国时,晋国的史墨说:"不出四十年,越国大概就会占有吴国了吧!越国得到岁星的临照而吴国去攻打它,吴国一定会受到岁星降下的灾祸。"在这神秘预言即将应验之时,无疑给吴王夫差带来了宿命般的敬畏和困惑,而他对楚隆的发问,正是欲将内心的敬畏和困惑企图能借此倾吐而得以消释。

---

〔1〕《左传·哀公二十年》,见《春秋左传正义》,北京大学出版社1999年,第1703页。
〔2〕《左传·哀公二十年》,见《春秋左传正义》,北京大学出版社1999年,第1703页。
〔3〕《左传·哀公二十年》,见《春秋左传正义》,北京大学出版社1999年,第1703页。

楚隆此时不便也不愿提及那句"不及四十年"的神秘预言,于是打哈哈地说,史黯(史墨)这个人做官时没有人讨厌他,不做官时也没有人诽谤他。听了楚隆对史黯的评价,吴王夫差只是感慨地说了声:"宜哉!"[1]太恰当了。难以捉摸夫差的"宜哉",到底是对楚隆回答的评价,还是对史黯(史墨)应该成为君子的感慨。

《史记·赵世家》以"赵襄子元年,越围吴。襄子降丧食,使楚隆问吴王"[2]概述了上述史实。赵鞅(赵简子)庶子赵襄子,因才华出众而被立为赵氏宗主,从而成为赵氏家族的首领。公元前453年,赵襄子联合韩氏、魏氏而灭知伯瑶。这就是煌煌一部《左传》最后的记载文字:"知怕不悛,赵襄子由是慭知伯,遂丧之。知伯贪而愎,故韩、魏反而丧之。"[3]即知伯瑶不肯改悔,赵襄子(赵无恤)因此而憎恨知伯瑶,知伯瑶就想要灭亡赵襄子。知伯瑶贪婪而刚愎自用,所以韩、魏反过来与赵襄子合谋灭亡了他。而曾给予吴王夫差最后日子临终关怀的赵襄子,也成为战国时赵国的实际创始人。而赵襄子灭知伯瑶时,已是吴灭国及夫差自缢而死的整整20年后。

(四)吴国灭亡

当吴王夫差及其执政下的吴国陷于困顿之中时,越王勾践已开始收割吴国当初北进争霸的政治果实。

吴夫差二十二年(前474)"夏,五月,越人始来"[4]。对此,杜预注曰:"越既胜吴,欲霸中国,始遣使适鲁。"[5]即意为,本年夏天五月,越人第一次来到鲁国。

曾经成为吴国和鲁国最早争夺对象的邾国,现在也靠拢了越国这股新兴政治势力。前文曾述,吴夫差八年(前488)夏天,当吴国出现在中原地区及"公会吴于鄫"[6]时,杜预注曰:"吴欲霸中国。"[7]15年过去,当越人也出现在中原地区时,杜预亦注曰:"越既胜吴,欲霸中国。"[8]是时,吴国累积的政治资产,已

---

[1]《左传·哀公二十年》,见《春秋左传正义》,北京大学出版社1999年,第1704页。
[2] 司马迁:《史记》卷四十三《赵世家》,中华书局1959年,第1793页。
[3]《左传·哀公二十七年》,见《春秋左传正义》,北京大学出版社1999年,第1718页。
[4]《左传·哀公二十一年》,见《春秋左传正义》,北京大学出版社1999年,第1704页。
[5] 杜预注,见杜预:《春秋经传集解》,上海古籍出版社1978年,第1840页。
[6]《春秋经·哀公七年》,见《春秋左传正义》,北京大学出版社1999年,第1639页。
[7] 杜预注,见杜预:《春秋经传集解》,上海古籍出版社1978年,第1747页。
[8] 杜预注,见杜预:《春秋经传集解》,上海古籍出版社1978年,第1840页。

为越人所获。吴国北进之初时,为控制邾国,囚禁邾隐公而扶植其子——太子曹革(太子革)为君,即邾桓公。后,邾隐公逃奔齐国,接着又于吴夫差二十三年(前473)夏季四月,从齐国逃奔到越国说:"吴国无道,拘捕了父亲而扶植儿子做邾国国君。"越国人把他送回邾国复位,而现任邾国国君邾桓公(即太子革)出逃,竟也跑到越国来了。越人在邾国两面下注,娴熟地运用政治手段来取代吴国在该国获取的政治利益。而吴国对邾国曾有过的政治影响力,是时已完全被越国覆盖。

越人没收并承继了吴国政治资产,而对吴国的处置,则毫不拖泥带水。"冬,十一月,丁卯,越灭吴,请使吴王居甬东。辞曰:'孤老矣,何能事君?'乃缢。越人以归。"[1]对此,杜预注曰:"甬东,越地,会稽句章县东海中洲也。"[2]杨伯峻《春秋左传注》指出:"甬东,今浙江定海县东之翁山。"[3]而关于"越人以归",杜预注曰:"以其尸归。"[4]故《左传·哀公二十二年》的上述文字意为,本年(指吴夫差二十三年,前473)冬季十一月二十七日,越国灭掉了吴国,并要求吴王夫差搬迁到甬东(今舟山市定海区)去居住。夫差辞谢说:"我老了,哪能再事奉贵国君主呢!"接着,他就上吊自尽了。

《史记·吴太伯世家》的记载大体相同:"越王句践欲迁吴王夫差于甬东,予百家居之。吴王曰:'孤老矣,不能事君王也。吾悔不用子胥之言,自令陷此。'遂自刭死。"[5]相较《左传》,《史记》的记载,一是多了夫差临死前后悔不用伍子胥"灭越"之言;二是夫差自杀方式,非上吊自"缢",而是以刀、剑割脖式的"自刭"。

随着夫差的自杀,商末泰伯建立的吴国,传二十五世后,从历史中消失。

吴国自鲁宣公八年(前601)和越国同时在《左传》的记载中出现,其时前文推测为寿梦之父——十八世吴王去齐执政。而自吴寿梦元年(前585)十九世吴王寿梦执政,吴国始有确切纪年。吴夫差二十三年(前473),吴亡,春秋吴纪年止。

春秋时的吴国留下以下一组数据:

① 自公元前601年吴国在《左传》中出现,至公元前473年(吴夫差二十三

---

[1] 《左传·哀公二十二年》,见《春秋左传正义》,北京大学出版社1999年,第1705页。
[2] 杜预注,见杜预:《春秋经传集解》,上海古籍出版社1978年,第1842页。
[3] 杨伯峻:《春秋左传注》,中华书局1990年,第1719页。
[4] 杜预注,见杜预:《春秋经传集解》,上海古籍出版社1978年,第1842页。
[5] 司马迁:《史记》卷三十一《吴太伯世家》,中华书局1959年,第1475页。

年,鲁哀公二十二年)吴国灭亡,共 128 年。

② 自公元前 585 年(吴寿梦元年)吴国始有确切纪年,至公元前 473 年(吴夫差二十三年,鲁哀公二十二年)吴国灭亡,共 112 年。

③ 而再延后两年至吴国灭国后的公元前 471 年(鲁哀公二十四年),《左传》中最后一个出现的吴国官员,为曾任吴大宰的伯嚭。

④ 吴国都城(今苏州城)自公元前 514 年(吴阖闾元年)始建至今为 2 530 余年。

⑤ 其后的《左传》记载,又延续至末篇《左传·哀公二十七年》。该篇最后的文字记载鲁哀公之子鲁悼公四年(前 463)时,晋"荀瑶帅师围郑"[1]事,并以赵襄子联合韩、魏二氏灭知氏作结。由此,赵、魏、韩"三晋灭智伯,分其地有之"[2],从而开始了"三家分晋"的解体过程。而"三家分晋"向被传统史家视作划分春秋与战国两个不同历史阶段的标志之一(另一为齐国的田氏代吕氏)。自此以后,中国开始了进入战国时期的历史历程。是时,吴国已消亡 20 余年,而曾经的吴都——故吴旧都苏州,却依然在原址存在并进入战国时期。

第四节　夫差时期的历史文化遗存

一、夫差墓

(一) 文献记载

后世有诸多典籍记载夫差的墓在吴地。谨以宋代以前(含宋代)的文献记载来看,情况如下:

东汉《吴越春秋》卷五载:"越王乃葬吴王以礼,于秦馀杭山卑犹。"[3]

东汉《越绝书》多处提及夫差葬处。如《越绝书》卷第二载:"秦馀杭山者,越王栖吴夫差山也,去县五十里。山有湖水,近太湖。夫差冢,在犹亭西卑犹位。越王候干戈人一累土以葬之。近太湖七里。"[4]《越绝书》卷第五记载越王让吴王自杀时说:"越王与之剑,使自图之。吴王乃旬日而自杀也。越王葬于卑犹

---

[1] 《左传·哀公二十七年》,见《春秋左传正义》,北京大学出版社 1999 年,第 1717 页。
[2] 司马迁:《史记》卷三十三《鲁周公世家》,中华书局 1959 年,第 1546 页。
[3] 赵晔:《吴越春秋》卷五,江苏古籍出版社 1986 年,第 75 页。
[4] 袁康、吴平:《越绝书》卷第二,上海古籍出版社 1985 年,第 15 页。

之山。"[1]

南朝宋裴骃《史记集解》引《越绝书》曰:"夫差冢,在犹亭西卑犹位,越王使干戈人一矻土以葬之。近太湖,去县五十七里。"[2]

唐陆广微《吴地记》未记载夫差墓,却记载了夫差义子的坟墓说:"馀杭山,又名四飞山,在吴县西北三十里。……东三里有夫差义子坟十八所。"[3]

唐司马贞《史记索隐》:"犹亭,亭名。'卑犹位'三字共为地名,《吴地记》曰'徐枕山,一名卑犹山'是。矻音路禾反,小竹笼,以盛土。"[4]

北宋朱长文《吴郡图经续记》卷下:"吴王夫差墓,在吴县西北四十里馀杭山犹亭卑犹之位,今名阳山者是也,地近太湖。"[5]

南宋范成大《吴郡志》卷第八《古迹》引《吴越春秋》曰:"秦馀杭山,即今阳山。越破吴,夫差遁去,昼驰夜走,三日三夕,达秦余杭山,馁甚,顾得生稻而食之,伏北(地)而饮水焉。"[6]今本《吴越春秋》,无此记载。另,《吴郡志》卷三十九《冢墓》:"吴王夫差墓,在阳山。《越绝书》谓:'越王栖吴夫差于余杭山,去吴县五十里,即今名阳山。'"[7]

综合上述记载可知,吴王夫差墓在位于太湖畔的今苏州虎丘区阳山(即秦馀杭山、馀杭山),而太宰伯嚭墓亦葬其傍。

宋代以后的苏州地方史志,记载与上类同,不录。

(二)夫差墓在吴地方志记载中出现的原因

前述,《左传》记载夫差死后,晋杜预注指出,越国军队把他的尸体运回越国,何以苏州的历代方志却不绝如缕地记载夫差墓在吴地的情况?形成这一状况的原因,或为以下数种推测:

其一,前引晋杜预注"以其尸归",未被后世采信。

其二,吴地夫差墓为衣冠冢。

其三,后世吴人不忍夫差外葬于越,且已不知越地夫差墓之确切所在情况下,另在吴地为其立纪念性质的墓。后世记载,相沿袭之。

---

[1] 袁康、吴平:《越绝书》卷第五,上海古籍出版社1985年,第39页。
[2] 裴骃:《史记集解》,见司马迁:《史记》,中华书局1959年,第1475页。
[3] 陆广微:《吴地记》,江苏古籍出版社1986年,第70页。
[4] 司马贞:《史记索隐》,见司马迁:《史记》,中华书局1959年,第1475页。
[5] 朱长文:《吴郡图经续记》卷下,江苏古籍出版社1986年,第67页。
[6] 范成大:《吴郡志》,江苏古籍出版社1986年,第98页。
[7] 范成大:《吴郡志》,江苏古籍出版社1986年,第547—548页。

其四，后世吴人不忍夫差外葬于越，且在已知越地夫差墓之确切所在情况下，把夫差尸体或骨骸偷运回苏州安葬。其时间或在当时（指春秋末吴亡后）、或在其后（指战国越亡于楚之前后，甚至更后的时期），文献对之未留下记载。

其五，后世东汉时文人士子出于对夫差落叶归根的愿望，作无任何依据的记载。

上述推测，并无文献支持。然而不管系何种情况，后世屡屡出现夫差墓的记载，使得夫差墓已成为与春秋吴国有关的一种纪念性质的文化。

二、夫差纪念地及与夫差有关的列入世界遗产的项目

作为吴国的最后一位亡国之君，除前述夫差墓外，文献还记载了其在吴地和他处的多处纪念性质的祠庙。

唐陆广微《吴地记》记载了常熟吴王夫差庙与越王勾践庙并立海虞山（即虞山）的情况说："山西北三里有越王勾践庙。郭西二里有夫差庙，拆姑苏台造。"[1]

南宋《吴郡志》卷第十二《祠庙》："吴王夫差庙，今村落间有之，旧庙无考。《鉴诫录》云：'世传此庙拆姑苏台木创成。'唐陈羽秀才尝题夫差庙，时人谓之题破此庙。陈羽：姑苏台畔千年木，刻作夫差庙里神。幡盖寂寥尘土满，不知箫鼓乐何人。"[2]

明《姑苏志》卷第二十七《坛庙上》："夫差庙在姑苏山东北，《鉴诫录》云：'折（拆）姑苏台木为之。'今村落间多有此庙，一在常熟县西二里，一在昆山县新安乡。"[3]

清康熙重修《常熟县志》卷之十三《坛庙》也有相同记载说："吴王夫差庙在城西二里虞山南麓，旧传越王勾践庙在城西北七里虞山北麓。二庙并熙宁间道士李则正建，今越庙已废，吴庙犹有遗迹。"[4]

清顾震涛《吴门表隐》卷四："吴王夫差庙在姑苏山东北，村落多有之。"[5]

除了上述吴地的夫差庙外，清乾隆间李斗撰《扬州画舫录》记载扬州的"邗沟

---

[1] 陆广微：《吴地记》，江苏古籍出版社1986年，第54页。
[2] 范成大：《吴郡志》，江苏古籍出版社1986年，第165页。
[3] 王鏊：《姑苏志》卷第二十七《坛庙上》，苏州方志馆藏本。
[4] 康熙重修《常熟县志》卷之十三，苏州方志馆藏本。
[5] 顾震涛：《吴门表隐》卷四，江苏古籍出版社1986年，第53页。

大王庙":"邗沟大王庙在官河旁,正位为吴王夫差像,副位为汉吴王濞像。《左传》哀公九年,秋,吴城邗沟通江、淮,此今之运河自江入淮之道也。自茱萸湾通海陵、如皋、蟠溪,此吴王濞所开之河,今运盐道也。运道在《左传》称邗沟;《国语》称深沟;《吴越春秋》称为渠;《水经注》称干江;汉晋间称漕渠,或曰合渎渠,或曰山阳池;隋称山阳渎;郡志称山阳沟。河名不一,徙复无常,郡县志乘,载而弗详。"[1] 如前文述,邗沟开筑纯为吴国伐齐的军事战备行为。然而,无意中吴王夫差却把自己的名字与后世的"京杭大运河"及"中国大运河"联系了起来。

当"中国大运河"被批准列入《世界遗产名录》并成为我国第 32 处世界文化遗产和第 46 处世界遗产时,与苏州有关的"苏州端午习俗"也已入选世界非物质文化遗产项目(见下文叙述),这一"非遗"项目也与夫差杀伍子胥并"取子胥尸盛以鸱夷革,浮之江中"[2]有关。这样,我们就看到现今苏州三处与世界遗产有关的项目——① "苏州园林"1997 年列入世界遗产名录;② 与吴掘邗沟有关的"中国大运河"2014 年列入世界遗产名录;③ 含"苏州端午习俗"在内的"中国端午节" 2009 年列入世界非物质文化遗产名录——其中竟有两项与吴王夫差有关。尽管,其中有些举措(如杀伍子胥),吴王夫差并不拥有道义,也并非站在道德高地之上,然而,当从吴王夫差给后世留下如此"世界遗产"的角度来看,无论是以春秋时期吴国的诸位君王,或是以春秋时期列国的诸多君王做对比样本,或概莫有过之者。

三、吴王夫差现存用器

现今留存于世的吴国青铜器,其中尤其是兵器,以夫差时期为多。其中最著名者,为夫差矛。

(一)夫差矛

夫差矛是现存吴王夫差留存于世最著名的兵器,现藏湖北省博物馆。该矛出土情况为:1983 年位于湖北荆州江陵县马山镇联山村 10 组的砖瓦厂取土时,发现一墓葬,该墓葬内仅出土该器——夫差矛。

关于该矛何以在湖北江陵出土,谨推测如下:越灭吴时,该矛为越人所获。后,越亡于楚时,该矛又为楚人所获。从该墓无其他青铜礼器出土且只有该矛出土来推测,楚灭越时,该矛或为楚军的一低阶军官所获,后携至楚国。该低阶军

---

[1] 李斗:《扬州画舫录》,中华书局 1960 年,第 15 页。
[2] 司马迁:《史记》卷六十六《伍子胥列传》,中华书局 1959 年,第 2180 页。

官死后,葬于今湖北荆州江陵县马山镇联山村的墓内,历经 2 500 多年后,被当地砖瓦厂取土时发现。考古时,该墓被编为"马山 5 号墓"。该器全长 29.5 厘米,器身装饰华美,遍饰菱形花纹。

该矛身近箍处有错字铭文两行八字,存有不同释读。据董楚平《吴越徐舒金文集释》一书介绍:"张舜徽等隶定为:吴王夫差,自乍甬(用)鏦。……《文物》一九九一年第十二期发表王人聪《江陵出土吴王夫差矛铭新释》,认为此字右旁上部是从字反写,下部是止字讹变。《说文》:鏦,矛也。"[1]夏渌、傅天佑《说鎞——吴王夫差矛铭文考释》释为"鎞,《广韵》:'鎞,銷(稍)也。稍,矛也。'"[2]咏章《释吴王夫差矛铭文中的器名之字》释为:"本铭文末字隶定为'鍅',理由是此字右旁与长沙楚帛书、江陵天星观楚简的於字'相近'。"[3]

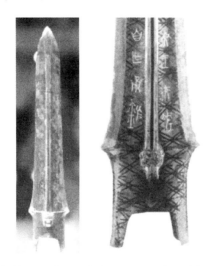

图5-1　湖北省博物馆展出的吴王夫差矛(左)及该器铭文细部(右)(吴恩培摄)

(二) 夫差剑

吴王夫差时期,国力强盛,冶铸业发达。且随着其时的吴国北进,使得吴王夫差剑留存于世不但数量较多、且后世出土及发现地也分布较广。关于夫差剑的数量,各类论著的统计不一,周亚《春秋时期吴王室有铭青铜剑概述》一文认为含著录在内的"吴王夫差剑共 13 件"[4]。而吴王夫差剑的出土和发现地,迄

---

[1] 董楚平:《吴越徐舒金文集释》,浙江古籍出版社 1992 年,第 133—134 页。
[2] 夏渌、傅天佑:《说鎞》——吴王夫差矛铭文考释》,《语言研究》,1985 年第 1 期。
[3] 咏章:《释吴王夫差矛铭文中的器名之字》,《江汉考古》1987 年第 4 期。
[4] 周亚:《春秋时期吴王室有铭青铜剑概述》,《上海博物馆集刊》2012 年。

今为止有河南辉县、河南洛阳、山东平度、湖北襄阳等地。这些出土和发现的吴王夫差剑,除湖北襄阳蔡坡12号墓中出土的吴王夫差剑现藏湖北省博物馆而未公开展出、无法采集图片外,其他均在各地博物馆展出。而传世吴王夫差剑见诸著录者亦有多柄,个中论述意见并不统一,且有些并不知实物现在何处。故为免错讹、重复,本卷谨录目前国内博物馆公开展出的吴王夫差剑,如下:

1. 于省吾旧藏的吴王夫差剑与中国国家博物馆展出的吴王夫差剑

李学勤《古越阁所藏青铜兵器选粹》一文论及古越阁所藏的吴王夫差剑(该剑现为苏州博物馆征集,另见下文)时,提起香港中文大学张光裕先生列举该剑出现以前所见吴王夫差剑实物,计有5件:(1)《双剑誃古器物图录》上41,现中国历史博物馆藏,长58.4厘米;(2)传河南辉县琉璃阁出土[1],长59.1厘米;(3)湖北襄阳蔡坡出土[2],长37厘米;(4)河南洛阳中州中路出土[3],长48.8厘米;(5)山东省博物馆藏,长57.8厘米"[4]。

关于上述"《双剑誃古器物图录》上41"所录,且为"现中国历史博物馆藏"的吴王夫差剑,彭林《文物精品与文化中国》论及存世的吴王夫差剑时也指出说:"著名古文字学家、古器物学家于省吾教授藏有稀世名剑两把,故以'双剑誃'作为室名。其中一把是吴王夫差剑,相传1935年出土于安徽寿县西门内。此剑通长58.9厘米(该长度与上引李学勤《古越阁所藏青铜兵器选粹》一文所说"长58.4厘米"稍异),宽5.3厘米,圆首,圆柱状茎上有两道圆箍,剑格嵌有绿松石,饰简化兽面纹,刀锋锐利。器身有'攻吴王夫差自乍其元用'十个字的铭文。现藏中国历史博物馆。"[5]

董楚平《吴越徐舒金文集释》则指出该剑其后的流变情况说,该剑"一九三五年安徽寿县西门内出土,于省吾旧藏,著录于《双剑誃古器物图录》上卷第四一页(一九四零年),称'春秋攻敔王夫差剑'。建国后,于省吾将此剑献给故宫博物院,一九五九年由故宫博物院拨给中国历史博物馆"[6]。

2003年2月,中国历史博物馆与中国革命博物馆合并成立中国国家博物馆。中国历史博物馆升格为中国国家博物馆后,在该馆展出的一把"吴王夫差"青铜

---

[1] 崔墨林:《河南辉县发现吴王夫差铜剑》,《文物》1976年第11期。
[2] 襄阳首届亦工亦农考古训练班:《襄阳蔡坡12号墓出土吴王夫差剑等文物》,《文物》1978年第11期。
[3] 洛阳市文物工作队:《洛阳C1M3352出土吴王夫差剑等文物》,《文物》1992年第3期。
[4] 李学勤:《古越阁所藏青铜兵器选粹》,《文物》1993年第4期。
[5] 彭林:《文物精品与文化中国》,清华大学出版社2002年,第188页。
[6] 董楚平:《吴越徐舒金文集释》,浙江古籍出版社1992年,第136页。

剑,展出的标牌文字为:"'吴王夫差'青铜剑,春秋·吴,1976年河南辉县出土。此剑为吴王光之子、吴王夫差自作用器。"展出时的拓本显示,该剑剑身有阴刻铭文"攻敔王夫差自乍其元用"10字。从该剑标牌文字介绍为"1976年河南辉县出土"来看,该剑显与"1935年出土于安徽寿县西门内"且"建国后,于省吾将此剑献给故宫博物院,一九五九年由故宫博物院拨给中国历史博物馆"的于省吾旧藏并非为同一把剑。

笔者于2011年和2016年两次在中国国家博物馆拍摄此剑,该剑标牌文字介绍均为如上,仅是2016年的标牌右上角增加了适应现代手机扫一扫功能的二维码。而按上述文献论述和国家博物馆的展示标牌,则显示国家博物馆或藏有两把吴王夫差剑:一为于省吾旧藏剑,未展出;另一为展出且为"1976年河南辉县出土"之吴王夫差剑。

上述,在既无法确定于省吾旧藏的吴王夫差剑与国家博物馆展出的"吴王夫差"青铜剑为同一关系且国家博物馆或藏有两把吴王夫差剑[1]的情况下,笔者

---

[1] 关于国家博物馆(含其前身中国历史博物馆)收藏两把吴王夫差剑,学界曾有肯定与否定的意见记载。其一为肯定,即认为国家博物馆收藏两把吴王夫差剑。杜洒松《春秋吴国具铭青铜器汇释和相关问题》一文介绍吴王夫差剑时,论述了湖北襄阳出土、河南辉县征集的吴王夫差剑后接着说:"另一柄传世吴王夫差剑(原文加注:《双剑誃古物图录》卷上·41)。茎双箍,剑格嵌有松石,铭在剑身后部一面的两坡上。又据《金文著录简目》一书载,中国历史博物馆收藏一件以往未著录的吴王夫差剑。"(见江苏省吴文化研究会:《吴文化研究论文集》,中山大学出版社1988年,第138—139页)王恩田《吴王夫差剑及其辨伪》一文也指出:"吴王夫差剑凡六器,其中山东、河南、湖北出土和征集各一器,于省吾先生旧藏一器,中国历史博物馆藏一器。此外尚有已经著录但尚未被识别者一器。"而该文对这两把剑的情况则分别介绍为:"剑四 于省吾旧藏。有首,剑有双箍,剑身有花纹,字迹清晰,为诸器冠。拓本长57.8厘米。铭文字数,款式同上。唯差字从右为异。剑五 中国历史博物馆藏,未著录(原文加注:孙稚雏:《金文著录简目》401页,中华书局1981年)。"(见江苏省吴文化研究会:《吴文化研究论文集》,中山大学出版社1988年,第147、148、152页)董楚平《吴越文化新探》一书论及吴王夫差剑时也曾说:"吴王夫差剑(之一)藏中国历史博物馆。(沈文华《吴王夫差用的宝剑》,《北京晚报》1961年10月8日)……吴王夫差剑(之五)建国以前出土,著录于省吾《双剑誃古物图录》上册第41页。铭文字数和内容都与湖北襄阳蔡坡12号墓出土的相同。"(见《吴越文化新探》,浙江人民出版社1988年,第338—340页)其二为否定,即认为国家博物馆仅藏有于省吾旧藏吴王夫差剑。董楚平《吴越徐舒金文集释》一书指说其前著的"错误"并予纠正说:"拙书《吴越文化新探》第六章《吴越青铜器铭文集录简释》,将此器分称为《吴王夫差剑》'之一'与'之五',即将中国历史博物馆的藏品与《双剑誃古物图录》著录之器当作两件不同的夫差剑。这一错误也常见于其他同仁著文,如《吴文化研究论文集》第138—139、147—148页。承吾友曹锦炎、李先登先后指出这一错误,得以在此书中纠正。"(见《吴越徐舒金文集释》,浙江古籍出版社1992年,第136页)由此可见,《金文著录简目》所录吴王夫差剑,与"于省吾旧藏"且在《双剑誃古物图录》被称为"春秋攻敔王夫差剑"的吴王夫差剑实为同一剑,因出自不同著录,而被学者误认为两把剑了。董楚平纠正了自己前著中"将中国历史博物馆的藏品与《双剑誃古物图录》著录之器当作两件不同的夫差剑"的错误,也同时将杜洒松、王恩田二文中的相同错误一并指出并予"纠正"。董楚平认为国家博物馆仅收藏《双剑誃古物图录》著录之器",即"于省吾旧藏"的吴王夫差剑。而国家博物馆近年展出的"1976年河南辉县出土"的"'吴王夫差'青铜剑",既未见相关考古文献,同时在上引杜洒松、王恩田、董楚平、李学勤诸文中,均未被提及。

无法指说该"1976年河南辉县出土"的"吴王夫差"青铜剑即为于省吾旧藏的吴王夫差剑。尽管与"1976年""河南辉县""吴王夫差铜剑"等关键词重合的为另有其剑,即下文将叙述的河南省博物院收藏并展出的吴王夫差剑,但为免偶然巧合的情况(指国家博物馆适藏有另有来源的"1976年河南辉县出土"的"'吴王夫差'青铜剑")发生,是故,谨将上述李学勤、彭林、董楚平及杜廼松、王恩田等所述于省吾旧藏的吴王夫差剑与中国国家博物馆展出的"吴王夫差"青铜剑一并分别介绍。

图5-2 中国国家博物馆展出的"吴王夫差"青铜剑(左)、展出时的标牌说明(说明文字为:"'吴王夫差'青铜剑,春秋·吴,1976年河南辉县出土。此剑为吴王光之子、吴王夫差自作用器。")及标牌说明所附的该剑剑身铭文拓本(右)(吴恩培摄)

2. 河南省博物院展出的吴王夫差剑

上文所引李学勤《古越阁所藏青铜兵器选粹》一文提及香港中文大学张光裕先生列举该剑出现以前所见吴王夫差剑实物,计有5件时,曾提及河南省博物院展出的吴王夫差剑为"传河南辉县琉璃阁出土,长59.1厘米"[1]并另加注以说明文献来源为:"崔墨林:《河南辉县发现吴王夫差铜剑》,《文物》,1976年第11期。"

崔墨林《河南辉县发现吴王夫差铜剑》一文指出:"1976年2月,辉县百泉文物保管所在废品回收部门工人同志的协助下,在拣选杂铜时从中发现吴王夫差铜剑一柄。此剑全长59.1,剑身宽5厘米。柄上有箍两道。隔手上有兽面花纹,镶嵌松绿石。剑身满布花纹,有阴刻篆字铭文十字:'攻吾王夫差自作其元

---

[1] 李学勤:《古越阁所藏青铜兵器选粹》,《文物》1993年第4期。

用'。锋锷仍甚锋利。"[1]关于该剑相关情况,崔墨林《河南辉县发现吴王夫差铜剑》一文另提供如下情况说:"据进一步了解,此剑可能出土于辉县东南一里许的琉璃阁附近的战国墓区,为盗墓人在解放前盗出。"[2]董楚平《吴越徐舒金文集释》对此进一步阐释并认为:"此剑可能出于辉县东南一里许的琉璃阁或辉县西南赵固附近战国墓区,是盗墓人在建国前盗出,后人当废铜卖给回收部门。剑全长五九·一、身宽五厘米。柄上有箍两道。剑身满布花纹,剑格镶嵌绿松石兽面纹。锋锷至今犀利。剑身近格处有两行十字阴刻铭文,系凿款:攻敔王夫差,自乍其元用。"[3]

该剑现为河南省博物院收藏并展出,展出时的说明标牌文字为:"'吴王夫差'铜剑,春秋(公元前770—前476年),1976年辉县市百泉征集。"

图5-3 河南省博物院展出的吴王夫差铜剑(左)、剑身铭文细部(中)及展出时的说明标牌(右)(吴恩培摄)

3. 山东省博物馆展出的吴王夫差剑

该剑为山东省博物馆展出,展出时的说明标牌文字为:"吴王夫差剑,春秋(BC770—476),1965山东平度废品收购站征集,短柄有阑,剑中起脊,两面刃。近阑处铭文2行10字:'攻吴王夫差自乍其元用',意思是吴王夫差的佩剑。目前所知传世和出土的吴王夫差剑共七件。此剑出于胶州湾平度,据考证当与齐吴战争有关,应为齐国战利品,吴国兵器在当时亦负盛名,历史上更有季札挂剑的故事,说明吴国宝剑之珍贵。"王恩田《吴王夫差剑及其辨伪》一文指出:该剑"原残断为六截,后经修复。扁茎、素面,蚀较重。长57.7、纵宽54厘米,铭十字,双行,行五字:

---

[1] 崔墨林:《河南辉县发现吴王夫差铜剑》,《文物》1976年第11期。
[2] 崔墨林:《河南辉县发现吴王夫差铜剑》,《文物》1976年第11期。
[3] 董楚平:《吴越徐舒金文集释》,浙江古籍出版社1992年,第137页。

'攻敔王夫差,自乍其元用。'攻字仅存左旁工字,敔右旁仅存一竖。自、乍二字稍泐。元字上通误作夫"[1]。此剑为何出现于山东平度?该文说,该剑"系由平度县废品收购站征集。该器周身满布坚硬绿锈,知非传世之'熟坑',而应是当地新出土者。平度邻近莱州湾……古代应是齐国的出海口。据《左传·哀十年》记载:吴大夫'徐承帅舟师,将自海入齐,齐人败之,吴师乃还'。这是我国见于记载的第一次海军远征。吴军究竟是在登陆后为齐军所败,还是在海上受挫于齐之海军,由于记载简略,难言其详。不过有一点是清楚的。山东海岸线很长,可以停靠船舶的港口也很多。但'自齐入海'的最短通道非莱州湾莫属。吴王夫差剑在濒临莱州湾的平度发现不是偶然的,应与吴军被齐军所败有关,很可能是齐军俘获的一件战利品。"故,此剑"有可能是吴王赏赐给部下徐承等将领所用的"[2]。

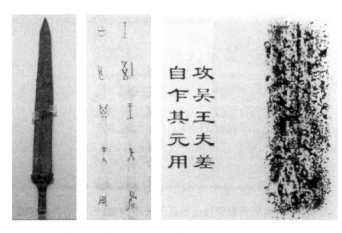

图5-4　山东省博物馆展出的吴王夫差剑(左)(吴恩培摄)、该剑铭文摹本(中)[3]及该剑展出时展示的铭文拓本及释文(右)(吴恩培摄)

4. 洛阳市博物馆展出的吴王夫差铜剑

洛阳市博物馆展出的吴王夫差剑,据洛阳市文物工作队《洛阳C1M3352出土吴王夫差剑等文物》介绍,该剑"1991年8月出土于洛阳市东周王城内的一座战国早期墓葬"[4]。现藏洛阳博物馆。该剑通长48.8厘米,宽4.2厘米,茎长9.2厘米,首径4.1厘米。剑身有阴刻铭文"攻敔王夫差自乍其元用"10字,目前

---

[1] 王恩田:《吴王夫差剑及其辨伪》,见江苏省吴文化研究会:《吴文化研究论文集》,中山大学出版社1988年,第147页。
[2] 王恩田:《吴王夫差剑及其辨伪》,见江苏省吴文化研究会:《吴文化研究论文集》,中山大学出版社1988年,第150—152页。
[3] 董楚平:《吴越徐舒金文释》,浙江古籍出版社1992年,第138页。
[4] 洛阳市文物工作队:《洛阳C1M3352出土吴王夫差剑等文物》,《文物》1992年第3期。

仅可见敔王夫差……其元用"7字。

图5-5　洛阳博物馆展出的"吴王夫差"铜剑(左)、剑身铭文细部(右)(吴恩培摄)

5. 苏州博物馆展出的吴王夫差剑

该剑为2014年由苏州市人民政府出资4 250万元征集的58件台湾"古越阁"旧藏青铜兵器之一。剑身近格处铸有阴刻铭文两行10字："攻敔王夫差自乍其元用"。

图5-6　苏州博物馆展出的吴王夫差剑(左)(吴恩培摄)、剑身铭文细部(右)[1]

---

[1] 李学勤:《古越阁所藏青铜兵器选粹》,《文物》1993年第4期。

据彭林《文物精品与文化中国》一书介绍:"1991年,香港古董店拍卖一把精美无比的吴王夫差剑,后被台湾古越阁主人王振华、王淑华购藏。……此剑保存完好,剑相高贵,为迄今所见夫差剑中最精美的一件,为领袖群伦的剑中极品。"[1]

(三)夫差鉴

留存于世的吴王夫差鉴,据董楚平《吴越徐舒金文集释》一书考证,先后共有五器。其情况为:

其一,清同治年间山西代州蒙王村出土,地在夏屋山之阳,新中国成立前曾在北京,现下落不明。该器曾著录于光绪《山西通志》、邹安《周金文存》、罗振玉《贞松堂集古遗文》等。另,研究该器的著名论文有罗振玉《攻吴王夫差鉴跋》、王国维《攻吴王夫差鉴跋》等。

其二,相传1940年(或曰1943年)河南辉县琉璃阁出土。原藏上海博物馆,后拨中国历史博物馆(今中国国家博物馆),著录于《商周金文遗录》《商周青铜器铭文选》等。中国国家博物馆展出的吴王夫差鉴,即为此器。

图5-7 中国国家博物馆展出的"吴王夫差"青铜鉴(左)及展出时的说明标牌(右),标牌的文字为:"'吴王夫差'青铜鉴,春秋·吴,传河南辉县琉璃阁出土,器内铭文12字,记载此鉴为吴王夫差(吴王光之子)自作用鉴。鉴是盛行于春秋时期的水器。"(吴恩培摄)

其三,上海博物馆藏。1988年3月在清洗去锈时发现铭文13字,中有"攻吴王夫差"等字样。

其四,上海博物馆尚有一只青铜鉴,形制与其三全同。铭文漫漶不清,其中夫差二字可辨,当是夫差鉴。

---

[1] 彭林:《文物精品与文化中国》,清华大学出版社2002年,第189—190页。

5-8 上海博物馆展出的吴王夫差鉴(左)及展出时的说明标牌(右),标牌的文字为:"吴王夫差鉴,春秋晚期(公元前6世纪上半叶—前476年),传河南辉县出土。"(吴恩培摄)

其五,系残片,北京故宫博物院藏。中华人民共和国成立后购自河南古董商万云路,陈邦怀等藏有拓本。[1]

(四)夫差盉

盉:古代酒器。青铜制。大腹敛口、前有长流,后有鋬,有盖,下多为三足。盛行于商、周时。上海博物馆展出吴王夫差盉时,在说明标牌上写着:"春秋晚期(公元前6世纪上半叶—前476年),何鸿章先生捐赠。"该器"高27.8厘米 口径11.7厘米……盉肩部有一条弧形提梁,整个提梁是一条龙,龙体中空,由无数条小龙相互纠缠交接的形式组成,称为透雕交龙纹。盖面及器腹饰细密规整的变形蟠蛇纹。腹部呈扁圆形,前有龙角翘出,后有龙尾卷曲。器腹下承三个略外撇的兽蹄足,足的上部是变形兽面纹。盉的肩上有一周铭文'敔王夫差吴金铸女子之器吉',铭文大意是吴王夫差用诸侯敬献给他的青铜,为一位女子铸了这件

图5-9 上海博物馆展出的"吴王夫差盉"(左)(吴恩培摄)、该器肩上的一周铭文"敔王夫差吴金铸女子之器吉"(中)及"敔王夫差"铭文细部(右)[2]

---

[1] 董楚平:《吴越徐舒金文集释》,浙江古籍出版社1992年,第71—75页。
[2] 《苏州文物菁华》编委会:《苏州文物菁华》,古吴轩出版社2004年,第27页。

盉。此盉是一件有名的吴国青铜礼器"[1]。而更值得一说的是,此乃现存唯一一件在铭文中将春秋吴国国号"敔"与"吴"同时并存于一器的吴国青铜器;也是唯一一件吴王夫差自称为"敔王"的吴国青铜器。相比众多地下出土且具"攻敔王夫差"铭文的吴器,此器特立独行,并不寻常。

(五) 禺邗王壶

与吴王夫差黄池盟会有关且佐证黄池盟会文献记载的青铜壶为"禺邗王壶"。

该壶于20世纪20年代,出土于河南辉县附近。该壶两件并出,形制完全相同,花纹也基本一致。二器后流至英国为喀尔兄弟所藏,现藏于英国伦敦大不列颠博物馆。壶高48.3厘米,盖外缘四周有铭文19字。据《吴越徐舒金文集释》一书,铭文如下(括号内小字为该书所作释文,原文如此):

"禺(吴)邗王于黄池,为(因)赵孟介(予)邗王之惥(敬)金,以为(作)祠(祭)器。"[2]

上述"赵孟",即黄池盟会时晋国正卿赵鞅(赵简子),亦即前文赵无恤(赵襄子)之父。关于此器的释文与解读,陈梦家、唐兰、闻一多、刘节、童书业、杨树达等学者均有论证,但意见相左。"主要分歧是首字'禺'。一读作吴,名词;一读作遇,动词。这个分歧,关系到此壶是否为吴器的重大问题。"[3]

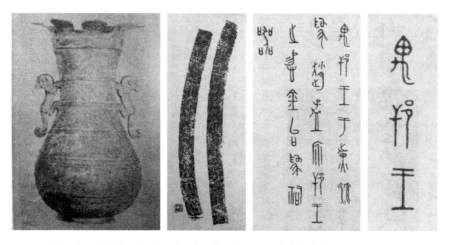

图5-10　禺邗王壶(左一)、铭文拓本(左二)及摹本(右一、右二)[4]

---

[1]《苏州文物菁华》编委会:《苏州文物菁华》,古吴轩出版社2004年,第27页。
[2] 董楚平:《吴越徐舒金文集释》,浙江古籍出版社1992年,第76页。
[3] 董楚平:《吴越徐舒金文集释》,浙江古籍出版社1992年,第76页。
[4] 董楚平:《吴越徐舒金文集释》,浙江古籍出版社1992年,第77页。

陈梦家、闻一多等，读"禺"为"吴"。而唐兰读"禺"作动词"遇"，并"释读为：'禺（遇）邗王于黄池，为赵孟㢘（傧介），邗王之惕（锡）金，台（以）为祠器。'依唐兰的读法，作器人是赵孟的宾介，铭文中没有注出他的名字……杨树达断句与唐兰同，读惕为赐，称《赵孟㢘壶》"[1]。董楚平从陈梦家等说，认为："邗（干）本越族一个邦国。吴灭干后，袭其国号，或单称邗，或复称吴干。本铭始称禺邗，后称邗，不足怪。本铭字体修长，线条宛转柔和，完全是南方书风，与中原晋器迥异。"[2]

按上述陈梦家、闻一多、董楚平等说，"禺邗王壶"即为"吴邗（干）王壶"。其间涉及的"邗"通"干"及"吴灭干之战"。吴灭干后，作为历史记忆，语言文字中出现的"吴""干"互文现象，在该器中也体现出来。

四、伍子胥纪念地与"苏州端午习俗"入选世界"非遗"项目

伍子胥纪念地除前述"胥门"外，后世苏州出现了一系列以伍子胥名字命名的地理实体、祠庙等物质形式的纪念地以及非物质形式出现且与伍子胥有关的"苏州端午习俗"。现分述如下：

（一）胥江与胥口

清徐崧、张大纯《百城烟水》卷之二"胥江"条记载说："胥江，在胥门外，以吴伍大夫得名。"[3]《苏州民间故事》收录的《伍子胥之死》故事也说："伍子胥死后，夫差命人把他的尸体装入布袋抛到河里，浮到太湖口。当地老百姓怜惜他，把他的尸体打捞埋葬。后人为了纪念他，便把挂人头的城门叫'胥门'，把投入他的尸体的河叫'胥江'，把湖口称为'胥口'。"[4]

（二）胥山

《史记·伍子胥列传》载，当吴王夫差派人赐属镂剑给伍子胥，并让他自杀时，伍子胥极为愤怒，对吴王夫差不仅揭其争位时的老底，还对他说了番诅咒式的预言。"吴王闻之大怒，乃取子胥尸盛以鸱夷革，浮之江中。吴人怜之，为立祠

---

[1] 董楚平：《吴越徐舒金文集释》，浙江古籍出版社1992年，第78页。
[2] 董楚平：《吴越徐舒金文集释》，浙江古籍出版社1992年，第78页。
[3] 徐崧、张大纯：《百城烟水》卷之二，江苏古籍出版社1986年，第104页。
[4] 金煦：《苏州民间故事》，中国民间文艺出版社1989年，第55页。

于江上,因命曰胥山。"[1]

南朝刘宋裴骃《史记集解》引张晏说:"胥山在太湖边,去江不远百里,故云江上。"[2]唐代张守节《史记正义》也引《吴地记》云:"胥山,太湖边胥湖东岸山,西临胥湖,山有古丞胥二王庙。"[3]由此可见,《史记》中的"胥山",指的是苏州太湖边上的胥山。

西汉枚乘撰写的汉大赋名篇《七发》,中有"弭节伍子之山,通厉胥母之场"[4]句,其中"伍子之山"指因伍子胥而得名的山,即太湖畔胥山。而唐代李善对此句却错误地注曰:"《史记》曰:吴王杀子胥,投之于江,吴人立祠于江上,因名胥母山。"[5]

李善注《七发》并将《史记》中的苏州太湖畔"胥山"改作"胥母山",百多年后的唐德宗时,卢元辅为杭州刺史时,写下了《胥山庙铭》一文,将杭州的吴山称为"胥山"。杭州"胥山"由此开始出现。宋代王安国撰《胥山庙碑铭》云:"胥山庙者,吴人奉祀已千百余年矣!"[6]清翟灏等辑《湖山便览》载"吴山"条曰:"吴山,本名胥山……《名胜志》言:以伍子胥讹伍为吴,故郡志亦称胥山,其说近是。"[7]《湖山便览》另载"伍公山"说:"古称吴山为胥山,以伍子胥立庙于此得名也。"[8]韩湘亭《历代郡县地名考》释"吴山"条也说:"在浙江杭州府城内西南隅,旧名胥山,山上有伍子胥祠。"[9]

由于苏州太湖畔胥山及杭州"胥山"(吴山)的出现,后世形成文坛争讼。游国恩《两汉文学史参考资料》释枚乘《七发》赋中关于"伍子之山"和"胥母之场"句时,对"胥山"的浙地杭州说及吴地苏州说,以注释形式予以评述,表达了当代学者对"胥山"不同诠释的臧否和认定。该注释说:"'伍子之山',因伍子胥而得名的山;'胥母之场',祭祠伍子胥的祠庙。按,今浙江杭县有吴山,亦称胥山;而江苏吴县西南又有胥母山。前人因此二地名,乃疑前文'广陵之曲江'为浙江省之钱塘江。汪中作《广陵曲江证》,首先证明吴王投伍子胥于江,是投于吴境

---

[1] 司马迁:《史记》卷六十六《伍子胥列传》,中华书局1959年,第2180页。
[2] 裴骃:《史记集解》,见司马迁:《史记》,中华书局1959年,第2181页。
[3] 张守节:《史记正义》,见司马迁:《史记》,中华书局1959年,第2181页。
[4] 枚乘:《七发》,见萧统:《文选》,中华书局1977年影印本,第483页。
[5] 李善注,见萧统:《文选》,中华书局1977年影印本,第483页。
[6] 王安国:《胥山庙碑铭》,见光绪二年刻本《吴山伍公庙志》卷三。另,《中国道观志丛刊》(广陵书社2004年出版)第16册,收有该刊本。
[7] 翟灏:《湖山便览》,上海古籍出版社1998年,第322—323页。
[8] 翟灏:《湖山便览》,上海古籍出版社1998年,第347页。
[9] 韩湘亭:《历代郡县地名考》,北京图书馆出版社2002年,第264页。

的松江而非越境的浙江,故此处的'伍子之山'和'胥母之场'显与浙江无涉,不得引以为据。……又梁章钜《文选旁证》引俞思谦说:'……伍子之山、胥母之场,皆在苏州境内。文人兴到,推广言之,不必泥也。'亦属近情之论,故录以备考。"[1]

后世,浙江的嘉兴、嘉善等地也相继出现"胥山"。光绪《嘉兴府志》记载嘉兴的"胥山"说:"胥山,一名张山,在县东南三十里,高一十五丈,周二里。旧经云:伍子胥伐越,经营于此,故名……山与嘉善分属。相传子胥伐越,驻兵于此。"[2] 光绪《嘉兴府志》还同时记载嘉善县的"胥山":"在治南十三里,半属嘉兴县,乃硖石山之余支。"[3] 上述,嘉兴、嘉善的"胥山",实是同一座山,二地分属。

韩湘亭《历代郡县地名考》对"胥山"地名释之为:"胥山:有三,一在江苏吴县西南,有子胥祠;一在浙江嘉兴县东二十七里,去嘉善县西南十三里,本名张山,子胥伐越,经此因名;一即杭县吴山。"[4]

由此可知,上述苏州、杭州及嘉兴、嘉善的"胥山",均为与伍子胥有关的纪念地名。

自唐以降,苏州周边"胥山"林立。然而,今苏州境内已无"胥山"。昔日吴县(今吴中区)境内太湖畔的"胥山",在苏州市地名委员会编、2005年出版的《江苏省苏州市地名录》上,其标准地名已被"清明山"覆盖[5],甚至连"曾用名"的"胥山"都已不再另行标注。形成的原因,盖因山下有村名为"清明村",故此山被粘连呼为"清明山"了。关于胥山变身为"清明山"的时间,清乾隆以前的苏州历代方志,均有胥山的记载,同时,也均无"清明山"的说法。如清乾隆《吴县志》卷四《山》关于"胥山"的记载为:"胥山,在县西四十里,或云即姑苏山。……胥山,在今太湖口,舟行自此入太湖,故又名胥口。"[6] 由此可知,清乾隆前,胥山并无他名。

清乾隆后,冯桂芬总纂的清同治《苏州府志》,情况发生了变化。据该《志》

---

[1] 游国恩:《两汉文学史参考资料》,高等教育出版社1959年,第25—26页。
[2] 光绪《嘉兴府志》卷十二,苏州图书馆藏本。
[3] 光绪《嘉兴府志》卷十二,苏州图书馆藏本。
[4] 韩湘亭:《历代郡县地名考》,北京图书出版社2002年,第524页。
[5] 苏州市地名委员会:《江苏省苏州市地名录》,福建省地图出版社2005年,第407页。
[6] 乾隆《吴县志》卷四,苏州图书馆藏本。

记载:"胥山,在香山东南太湖口,今名清明山。"[1]由此可知,历乾隆后的嘉庆、道光、咸丰三朝,至清同治(1861—1874)时,"胥山"名称有了"清明山"的另一名称。

民国二十二年(1933)面世的曹允源等总纂的民国《吴县志》,情况则进一步变化。民国《吴县志》卷十九虽亦相沿而记载为:"胥山在香山东南,西北踞太湖口,今名清明山。"[2]但该《志》其他卷在言及"清明山"时,均已不标注原名"胥山"而均记作"清明山"。如该《志》言及兵防及"汛地四十三处"时提及"庄汛交界西九里至清明山庙"[3];记载金兰(字子春,自号碧螺山人)"论辨清明山有淫祠作威福,愚民争趋之"[4];及记载"同治季年,胥口清明山淫祀颇作威福,愚民趋之若鹜"[5]等,均已以"清明山"替代"胥山"。由此可见,民国二十二年(1933)时,苏州的"胥山",已渐为"清明山"覆盖,但"胥山"之名尚犹并存。殆至当代,则如前文所说,在2005年出版的《江苏省苏州市地名录》中已完全丢失了"胥山"。吴文化地名,是苏州的非物质文化遗产。而苏州太湖畔"胥山",系司马迁《史记·伍子胥列传》所载,诞生于春秋时期。其诞生时间,与阖闾城(又作吴大城,即苏州城)几乎同时,且与苏州城的建造者——伍子胥有密切关联。从这一意义上讲,这一苏州的历史地名,印证着苏州春秋时期的一段历史。时至今日,面对这一蕴含着久远历史文化且已丢失的历史地名,今人所能做的就是启动并履行变更地名的行政程序,把这一失落的"胥山"重新找回来。

(三)伍子胥祠庙

胥山上的伍员庙,为纪念伍子胥的最早祠庙。历经岁月变迁,该庙至南宋时犹存,且盘门又建有祠庙,从而成为"双庙"。这就是南宋范成大《吴郡志》所记载的:"伍员庙,在胥口胥山之上。盖自员死后,吴人即此立庙。乾道间复修之,规制犹陋。盘门里又有员庙,即双庙是也。"[6]

---

[1] 同治《苏州府志》卷六,见《中国地方志集成江南府县志辑⑦·同治苏州府志》,江苏古籍出版社1991年,第180页。
[2] 民国《吴县志》卷十九,苏州方志馆藏本。
[3] 民国《吴县志》卷五十三,苏州方志馆藏本。
[4] 民国《吴县志》卷六十六下,苏州方志馆藏本。
[5] 民国《吴县志》卷七十九,苏州方志馆藏本。
[6] 范成大:《吴郡志》,江苏古籍出版社1986年,第166页。

图 5-11　苏州盘门内的伍相祠(左)(吴恩培摄)及"文革"中被毁的胥口胥王庙[1]

胥口镇上的胥王庙,据清代徐崧、张大纯《百城烟水》卷之二记载,为"明正德间重建"[2]。民国《吴县志》记载胥口胥王庙的兴废情况说:"吴相伍大夫庙,在胥口胥山上。子胥死,吴人于此立祠,俗称胥王庙。宋元嘉二年(425),吴令谢珣移庙城中。唐狄仁杰为采访使废江南淫祠,惟此庙与大禹、泰伯、季札三祠并存。乾道间(1165—1173)复建故处。明正德间(1506—1521)重修。清乾隆中(1736—1795),里人张绍能重修,咸丰十年(1860)毁。同治间(1862—1874),里人张达言募赀重建。一在洞庭东山杨湾即灵顺宫,创自唐贞观二年(628)。宋高宗南渡,扈跸官军分道经湖,风涛不可航,祷神立应,加封为王,遣官葺治。嗣

图 5-12　1986 年在胥江西岸靠近香山嘴公路旁所建伍子胥墓前镌刻着"吴故伍相国员鸥夷藏处"的墓碑(吴恩培摄)

里人杨嗣兴拓地重建。元时,有王烂钞者又重建之。至正间(1341—1368)毁。明初,里人王万一捐赀重建。清顺治中(1644—1661),里人重修。今存一在盘门内,俗称南双庙。宋建中靖国初,知苏州吴伯举修。元大德三年(1299),尝著灵异回海潮,敕封号为'忠孝感惠显圣王'。至正间(1341—1368),廉访佥事李

---

[1] 陆文夫著文:《老苏州·水乡寻梦》,江苏美术出版社 2000 年,第 48 页。
[2] 徐崧、张大纯:《百城烟水》卷之二,江苏古籍出版社 1986 年,第 126 页。

仲美,别立庙于胥门上。其后仍立旧庙,明成化十五年(1479)毁。巡按御史刘魁、知府刘瑀重建。万历四十年(1612),裔孙伍袁萃移胥门朱家园,即督粮同知废署改建,祀连尹奢、棠君尚于寝。清康熙五十六年(1717),裔孙伍大钧重修,咸丰十年(1860)毁。"[1]

上述文献记载的明正德间(1506—1521)重建,且清代时多次重修的胥王庙,1966年"文革"初期被毁。毁后,该庙故址曾建胥口石灰厂。

1986年,苏州纪念建城2500周年时,当地政府(指当时的吴县胥口乡)在胥江西岸靠近香山嘴公路旁另建伍子胥墓。后又因公路扩建,该墓又再次拆去。其时墓前所立之镌刻着"吴故伍相国员鸱夷藏处"的墓碑,曾一度置放于胥口文化站门前。

图5-13　1995年前后,胥口民众自发集资所建的民间小庙(吴恩培摄)

1995年前后,胥口民众自发集资,于故址东侧重修规模狭小,陈设简陋的民间小庙,内祀伍子胥及本府等神像。2005年,苏州市胥口镇动工重建胥王庙。重建后的胥王庙分为墓区、祠区、园区、园外园四部分。2006年11月19日胥王庙建成并举行开园仪式。

(四)与伍子胥有关且入选世界非物质文化遗产项目的"苏州端午习俗"

关于端午习俗,戈春源2004年发表的《端午节起源于伍子胥考》一文,提出"苏州应是端午节的重要发源地之一,赋予端午节纪念意义的人物首推伍子胥,

---

[1] 民国《吴县志》卷三十三,苏州方志馆藏本。

而不是屈原"[1]的学术观点。该文指出：南朝梁代"宗懔在《荆楚岁时记》中讲竞渡来源时引邯郸淳《曹娥碑》云，'五月五日，时迎伍君。逆涛而上，为水所淹'，并言'斯又东吴之俗，事在子胥，不关屈平也。'(《荆楚岁时记》'五月五日'条)。十分明确地提出，龙舟竞渡在于纪念伍子胥，这从时代上讲，要大大领先于屈原"[2]。

鉴于"苏州端午习俗"的独特文化风貌，2008年苏州市单独申请的"苏州端午习俗"入选《第一批国家非物质文化遗产名录》。2009年5月，中国启动端午节申报世界非物质文化遗产程序，申报的遗产名称为"中国端午节"，由湖北秭归县的"屈原故里端午习俗"、黄石市的"西塞神舟会"及湖南汨罗市的"汨罗江畔端午习俗"、江苏苏州市的"苏州端午习俗"四部分内容组成，申报材料由三省联合"打包"。2009年10月，中国向联合国教科文组织递交了申报表和相关材料。2009年9月30日，联合国教科文组织保护非物质文化遗产政府间委员会第四次会议在阿联酋阿布扎比审议并批准了"中国端午节"列入世界非物质文化遗产名录，端午节成为中国首个入选世界非物质文化遗产的节日。

五、伯嚭及伯嚭墓

(一)《左传》记载吴国灭亡两年后伯嚭仍周旋于列国间

吴国灭亡后，据时隔两年的《左传·哀公二十四年》记载："闰月，公如越，得大子适郢，将妻公，而多与之地。公孙有山使告于季孙。季孙惧，使因大宰嚭而纳赂焉，乃止。"[3]杜预注曰："嚭，故吴臣也。季孙恐公因越讨己，故惧。"[4]由此理解《左传》上条的文字，意为：吴灭亡后两年的公元前471年，鲁哀公出访越国，和越国太子适郢关系相处得很融洽。适郢准备把女儿嫁给鲁哀公并送给他大片的土地。随同鲁哀公访越的鲁国大臣公孙有山连忙派人将此事告诉鲁国正卿季康子。季康子显然担心鲁哀公借助于越国力量来打倒鲁国卿族"三桓"(指鲁国孟孙氏、叔孙氏和季孙氏)的用心，于是他连忙派人通过原吴国的太宰伯嚭向越国贿赂，这才阻止了这场政治联姻。

从《左传》此条记载来看，吴国灭国之时，夫差自杀，但伯嚭并未死，也未被越

---

[1] 戈春源：《端午节起源于伍子胥考》，《苏州科技学院学报》2004年第4期。
[2] 戈春源：《端午节起源于伍子胥考》，《苏州科技学院学报》2004年第4期。
[3] 《左传·哀公二十四年》，见《春秋左传正义》，北京大学出版社1999年，第1708页。
[4] 杜预注，见杜预：《春秋经传集解》，上海古籍出版社1978年，第1846页。

人杀之。吴国灭亡两年后,他仍利用当初担任吴大宰职务时积累下的人脉,游刃有余地在鲁、越两国间周旋。从季康子"使因大宰嚭而纳赂"以阻止鲁哀公成为越王勾践孙女婿来看,吴亡后,他或许已逃往鲁国。由此再来看吴国灭亡前两年的公元前475年(吴夫差二十一年),吴国王室成员公子庆忌骤谏吴王夫差时"欲除不忠者",或许是庆忌已知晓伯嚭利用吴大宰职务为自己广积人脉、私下里干着叛吴勾当的种种事实。然而,从夫差杀庆忌则又看出,伯嚭在谄媚及侍奉吴王而深得宠信方面,的确有过人之处。而前文所说,吴国公子庆忌欲杀伯嚭以取悦于越人。但越灭吴后,伯嚭并未死于越人之手。吴未亡前,伯嚭或已逃亡至鲁国。

伯嚭一生先背楚后叛吴,因个人贪腐而置吴国利益于不顾地为吴国留下后患。当吴国处于不振时及早为自己留下后路,至吴国灭国时则远遁而去,以至成为如前文所述的《左传》记载吴国灭国后所出现的最后一个吴国官员。

一个身处高位的官员从贪腐开始而给一个国家造成的负面影响,在伯嚭身上尽然表现出来。

(二)《史记》《吴越春秋》等典籍,均指说伯嚭在吴灭国时为越人所杀,其墓在夫差墓旁

和《左传》记载不同的是,《史记》《吴越春秋》等典籍,均指说伯嚭在吴灭国时为越人所杀,其墓在夫差墓旁。相关文献记载如下:

《史记·吴太伯世家》:"越王灭吴,诛太宰嚭,以为不忠。"[1]《史记·越王句践世家》:"越王乃葬吴王而诛太宰嚭。"[2]《史记·伍子胥列传》:"越王句践遂灭吴,杀王夫差;而诛太宰嚭,以不忠于其君,而外受重赂。"[3]《吴越春秋》:"吴王……乃伏剑而死,越王谓太宰嚭曰:'子为臣,不忠无信,亡国灭君。'乃诛嚭并妻子。……越王乃葬吴王以礼于秦余杭山卑犹……宰嚭亦葬卑犹之旁。"[4]

杨伯峻《春秋左传注》对此指出:"吴越世家(指上述《史记·吴太伯世家》《史记·越王句践世家》)以及《越绝书》《吴越春秋》俱言吴亡,越诛嚭;《吕氏春秋·顺民》篇言'戮吴相',吴相即嚭。沈钦韩《补注》(指《左传补注》)谓'独此

---

[1] 司马迁:《史记》卷三十一《吴太伯世家》,中华书局1959年,第1475页。
[2] 司马迁:《史记》卷四十一《越王句践世家》,中华书局1959年,第1746页。
[3] 司马迁:《史记》卷六十六《伍子胥列传》,中华书局1959年,第2181页。
[4] 赵晔:《吴越春秋》卷五,江苏古籍出版社1986年,第75页。

《传》(指《左传·哀公二十四年》)称吴亡而犹用事于越,未详。'孙志祖《读书脞录》五则谓'越之诛嚭,当在季孙纳赂之后',斯盖调停之论。……战国以后人述春秋事不同于《左氏》(指《左传》)者,多不足信也。"[1]

显然,按孙志祖《读书脞录》所说,战国以后人述春秋事不同于《左传》者,多不足信的观点,后世典籍的撰述者,融入了他们个人的道义情感和他们所处时代的价值观念,故而认为伯嚭向夫差进谗而害死伍子胥,同时也导致吴国灭亡,故他不能不对此负责。况且,从封建时代的道德伦理出发,君王和良臣皆死,独此贪腐、奸佞之臣活,且活得游刃有余,故后人难以接受这一史实。于是要将他处死,并把他的墓置于夫差墓旁了。显然,这一结果就是"不足信也"。

六、孙武墓

关于孙武墓,《左传》未载孙武事迹,故无孙武的相应记载。而孙武事迹见于《史记》卷六十五《孙子吴起列传》。该《传》所述孙武吴宫教战斩杀阖闾二妃事,前文已述。接下该《传》记载说:"于是阖庐知孙子能用兵,卒以为将。西破强楚,入郢,北威齐晋,显名诸侯,孙子与有力焉。"[2]显见,这里是以概述语言叙述孙子为吴国所用并"卒以为将"后"孙子与有力焉"的作为。而关于孙武后来的情况,如何时去世及葬于何处等,并无明确记载。

《史记》后的史籍最早提及孙武墓葬地者为东汉《越绝书》。《越绝书》卷之二明确记载:"巫门外大冢,吴王客、齐孙武冢也,去县十里。善为兵法。"[3]唐代陆广微《吴地记》记载"平门"时亦指出:"平门,北面有水陆通毗陵。子胥平齐大军从此门出,故号平门。东北三里,有殷贤臣申公巫咸坟,亦号巫门。西北二里有吴偏将军孙武坟。"[4]曹林娣校注《吴地记》"孙武墓"时,引民国《吴县志》卷第四十一《舆地考·冢墓二》说:"《越绝书》云:'在巫门外大冢,去县十里。'《后汉书》引《皇览》云:'在吴县东门外。'《吴地记》云:'在平门西北二里,地名永昌。'清嘉庆庚申阳湖孙星衍尝买舟访墓,至巫门外,地名雍仓,得古冢,有柏树甚古。土人呼为孙墩。因作《巫门访墓图》且系以诗。惟案《吴地记》云:'在平门西北二里',则与今永昌里数不合,恐不足据。今依乾隆《元和志》载此。"[5]

---

[1] 杨伯峻:《春秋左传注》,中华书局 1990 年,第 1723—1724 页。
[2] 司马迁:《史记》卷六十五《孙子吴起列传》,中华书局 1959 年,第 2162 页。
[3] 袁康、吴平:《越绝书》卷第二,上海古籍出版社 1985 年,第 12 页。
[4] 陆广微:《吴地记》,江苏古籍出版社 1986 年,第 30 页。
[5] 曹林娣校注,见陆广微:《吴地记》,江苏古籍出版社 1986 年,第 31 页。

唐代陆广微《吴地记》后,北宋元丰七年(1084)朱长文撰《吴郡图经续记》时,在《吴郡图经续记》卷下《冢墓》中尚有"巫咸坟"[1]等的记载,但已无孙武大冢的记载文字了。此后,南宋范成大撰《吴郡志》中,孙武冢也同样阙如。由此可以推断,孙武墓当毁于唐宋交替之时,到了宋代时,因墓园已毁,地方史志已不再提及。

另,民国《吴县志》卷第三十五《舆地考·坛庙祠宇三》亦提及孙星衍的访墓及其为"孙武祠"所写的《孙子祠记》说:"孙子祠在虎邱山浜,内祀吴将孙武子。清嘉庆十一年孙星衍即一榭园改建。咸丰十年毁。清孙星衍《孙子祠记》略曰:吴东门外有孙子冢,见《越绝书》云巫门外大冢者,吴王客齐孙武冢也,去县十里。又见《郡国志》引《皇览》在吴县下。明卢熊《苏州府志》引《吴地记》云:在平门西北二里,吴俗传其地名永昌。今求其冢不得,惟长洲之雍仓有冢,土人呼孙墩。雍、永,声相近,道远未敢定之。"[2]

2000年冬,笔者撰写《孙武大冢的湮灭和寻访》调研报告时曾来到200多年前孙星衍"未敢定之"的时为吴县陆慕镇虎啸村,"据说孙武的墓就在这里,村里的范书记热情地陪我去探访。初冬的夕阳下,我们来到当地人称为'孙墩'的一个土墩前。黑色的泥土垒成的坟头上,杂乱地爬满了已枯萎了的野草藤蔓。坟前立有一碑,碑上的文字为'吴王客齐孙武冢'系采自《越绝书》。旁另立一碑,刻着《重修孙武冢记》,时为一九九五年十一月,署名为陆慕镇政府"[3]。其后,这一当初孙星衍谨慎地"未敢定之"后亦未列入文物保护单位的"孙墩",因其地理位置"位于沪宁高速公路旁的虎啸村,正在建设中的苏嘉杭高速公路也从这里经过"[4],使得"孙墩"难免受影响。而从原"吴县市"析分出的相城区,为留存住《越绝书》记载的本辖区境内"齐孙武冢"的历史记忆,在今相城区阳澄湖西路南、文灵路西侧建"孙武纪念园"。该园于2014年12月开工建设,2016年5月建成开园。

---

[1] 朱长文:《吴郡图经续记》,江苏古籍出版社1986年,第65页。
[2] 民国《吴县志》卷第三十五,苏州方志馆藏本。
[3] 吴恩培:《孙武大冢的湮灭和寻访》,《苏州职业大学学报》2001年第1期。
[4] 吴恩培:《孙武大冢的湮灭和寻访》,《苏州职业大学学报》2001年第1期。

第六章 战国时期的吴地

第一节　吴地入越

公元前473年吴灭国后,故吴疆域及故吴旧都的苏州并入越国版图。

一、越国北进争霸

历经越灭吴的战争,故吴旧都的苏州不可避免地遭受战火摧残。前文言及,吴亡后阖闾墓曾被越人发掘。战国时期的文献《吕氏春秋·知化篇》对此更记载说:"越报吴,残其国,绝其世,灭其社稷,夷其宗庙。"[1]故战国后期,楚春申君治吴时,"因城故吴墟,以自为都邑"[2]。从这一记载中可以看出,历经战火,故吴旧都的苏州已成废墟。

随着吴国的灭亡,曾经与吴国进行军事、政治争夺的北方大国齐国、晋国南下,而继承吴国政治资源的越国,亦"乃以兵北渡淮,与齐、晋诸侯会于徐州"[3]。这是《左传》记载的越国军事力量在历史上第一次渡过淮河,并在徐州与齐、晋诸侯会合。

此时的越国,全面继承吴国政治资源的同时,并获得东周王朝的认可。《史记·越王勾践世家》记载,此时越人"致贡于周。周元王使人赐句践胙,命为伯。"[4]即越国向周王室进献贡品。东周朝廷的周天子——周元王派人赏赐祭祀肉给勾践,并称他为"伯"。唐司马贞《史记索隐》对此评述说:"越在蛮夷,少康之后,地远国小,春秋之初未通上国,国史既微,略无世系,故纪年称为'於粤

---

[1] 陈奇猷校释:《吕氏春秋·知化篇》,学林出版社1984年,第1553页。
[2] 司马迁:《史记》卷七十八《春申君列传》,中华书局1959年,第2394页。
[3] 司马迁:《史记》卷四十一《越王句践世家》,中华书局1959年,第1746页。
[4] 司马迁:《史记》卷四十一《越王句践世家》,中华书局1959年,第1746页。

子'。据此文,句践平吴之后,周元王始命为伯,后遂僭而称王也。"[1]

前文曾说,黄池盟会时,晋国以吴国"不曰吴王"[2],即以去除僭越所称的"王"号而以吴公自称为条件,让吴国先歃血,从而让吴王夫差成为霸主。而越国在继承了吴国政治资产时,并未继承吴国放弃僭越称王的这一政治资产。与其同时,越国更以退让获取周边列国对越国继承吴国政治权利的承认。这就是《史记·越王句践世家》中所记载的"句践已去,渡淮南,以淮上地与楚,归吴所侵宋地于宋,与鲁泗东方百里"[3]。即勾践离开徐州,渡过淮河南下,把淮河流域送给楚国,把吴国侵占宋国的土地归还给宋国。把泗水以东方圆百里的土地给了鲁国。

显见,勾践灭吴后,首先是"以淮上地与楚"来满足楚国的利益要求,并主动放弃与楚国在淮河流域的争夺来获得楚国的承认。联系到吴国亡国前的吴夫差二十年(前476),标志着越国与楚国发生战争的"越人侵楚,以误吴也"[4],即越人为"误吴"而发动"侵楚"之战。秋天时楚人即予报复,楚国的军事力量一度竟深入越国核心区域的南部沿海"三夷",即今浙江宁波、台州、温州地区,并和当地的土著居民在敖地结盟。楚人以战争方式对越国施行的警示表明,越国在承接及分配吴国政治资产的过程中,既必须利益均沾而不能置楚国于不顾,更不得占有楚国曾经被吴国侵犯、抢夺的实际利益。正是文献未记载的越人的退让或承诺,这才使得越灭吴过程中,楚国未予干涉。

故吴国灭亡后,越国在承接吴国全部权利和政治资产时,不能不考虑让利给楚国,使得楚国的利益得到尊重。这其中即包括吴国与楚国在江淮地区历年争夺时所侵占的楚国利益或是楚国认为被吴国侵占、抢夺的利益。

越人的"以淮上地与楚",导致了楚国梦寐以求的向东扩张。如《史记·楚世家》所说:"是时,越灭吴而不能正江、淮北。楚东侵,广地至泗上。"[5]唐张守节《史记正义》对此疏曰:"正,长也。江、淮北谓广陵县,徐、泗等州是也。"[6]自此,楚东拓疆土至泗水之上,尽有江淮以北之地。同时,这也导致越国在中原地区影响的削弱,如近代学者所指出的"越虽灭吴,不能正江淮之土,其

---

[1] 司马贞:《史记索隐》,见司马迁:《史记》,中华书局1959年,第1746页。
[2] 上海师范大学古籍整理研究所校点:《国语·吴语》,上海古籍出版社1998年,第613页。
[3] 司马迁:《史记》卷四十一《越王句践世家》,中华书局1959年,第1746页。
[4] 《左传·哀公十九年》,见《春秋左传正义》,北京大学出版社1999年,第1701页。
[5] 司马迁:《史记》卷四十《楚世家》,中华书局1959年,第1719页。
[6] 张守节:《史记正义》,见司马迁:《史记》,中华书局1959年,第1719页。

地皆入于楚,所以仍和北方的大局无关"[1]。

由此,将吴王夫差昔日的北进,与继承吴国政治权利的越王勾践的北进进行比较,则可看出:吴王夫差以文化和战争等方式北进争霸,求取的是在列国秩序中的主导权;而越王勾践的"争霸"则以退让——把淮河流域让给楚国,把吴国侵占宋、鲁等国的土地等一一归还的方式,来求取列国对其继承吴国霸业的承认,故虽不能正江淮之地,但也获得成功。毕竟仅是击败其时凶悍的吴国,则已令中原列国不敢对其侧目而视了。故"当是时,越兵横行于江、淮东,诸侯毕贺,号称霸王"[2]。尽管如此,如前引越国"仍和北方的大局无关",即是时越国的影响并未扩大到北方中原地区。

二、越国迁都与苏州

《越绝书》卷第八记载:"句践小城,山阴城也。周二里二百二十三步,陆门四,水门一。今仓库是其宫台处也。周六百二十步,柱长三丈五尺三寸,溜高丈六尺。宫有百户,高丈二尺五寸。大城周二十里七十二步,不筑北面。而灭吴,徙治姑胥台。"[3]

由此可见,越灭吴后的"徙治"即迁都,主要原因即是越国原来的都城"句践小城"规模较小,而越国治所的"宫台",更是空间狭促。故灭吴后,越王勾践将其国都迁往故吴旧都(今苏州),而其治所,即原处于"句践小城""宫台处"的国家行政治理机构,则迁往了"姑胥台"。

前述,越"袭吴,入其郛,焚其姑苏"[4]句时,曾指出越人焚毁了吴国的姑苏台。故越人"徙治姑苏台",当为越人将其国家行政治理机构迁徙至吴都郊外含姑苏台在内的"离城"。不排除的另一种情况是,在"徙治姑苏台"句中,"姑苏台"为代指故吴旧都(今苏州)。按此,则《越绝书》上条记载意为,灭吴后,越国将国都自大越(今绍兴)迁至"吴"(今苏州)。

其后,"句践,大霸称王,徙琅琊,都也"[5]。即勾践称霸之时,又将国都自苏州迁至琅琊。作为印证,《吴越春秋》卷十亦有"越王既已诛忠臣,霸于关东,

---

[1] 吕思勉:《中国史》,上海古籍出版社2006年,第29页。
[2] 司马迁:《史记》卷四十一《越王句践世家》,中华书局1959年,第1746页。
[3] 袁康、吴平:《越绝书》卷第八,上海古籍出版社1985年,第58页。
[4] 上海师范大学古籍整理研究所校点:《国语·吴语》,上海古籍出版社1998年,第604页。
[5] 袁康、吴平:《越绝书》卷第八,上海古籍出版社1985年,第58页。

徙都琅邪,起观台,周七里,以望东海"[1]的记载。

"琅琊"地望,《史记·秦始皇本纪》"南登琅邪"[2]句,裴骃《史记集解》:"今兖州东沂州、密州,即古琅邪也。"[3]韩湘亭《历代郡县地名考》中有"琅邪,故城在山东诸城县东南有琅邪山"[4],而《吴越春秋全译》则释为:"琅琊,郡名,秦置。地在今山东胶南县、诸城县一带。"[5]

由此可以认定的是,越人此次北迁都至"琅琊",当与越国的北进战略及意图将越国的影响扩大到北方中原地区有关。

勾践去世后,越国君位传数代后,发生权力争斗。据唐司马贞《史记索隐》引《纪年》曰:"翳三十三年迁于吴,三十六年七月太子诸咎弑其君翳,十月粤杀诸咎。粤滑,吴人立子错枝为君。"[6]从这段文献可知,越王翳三十三年(前379年)时,越国又将都城自琅琊(琅琊)迁回吴(即故吴旧都苏州)。而越国王室此时发生夺位纷争。先是太子诸咎弑杀其父越王翳。三个月后,粤又杀了诸咎(粤的身份不详,当为越王室成员)。关于"粤滑"之"滑",三国吴韦昭注《国语·周语下》"滑夫二川之神"句指出:"滑,乱也。"[7]因此,粤在其引发的动乱中并未获得王权,而是由"吴人立子错枝为君"。这一记载,在一定程度上反映吴入越后,吴、越文化的交融状况,以及"吴人"族群在君位选择中已拥有一定的话语权和支配权。

对越国第三次迁都即再度迁都于吴(苏州)的时间,唐司马贞记为越王翳三十三年,即公元前379年。《越国纪年新编》亦作此年并另引"《竹书纪年》:安王'二十三年(公元前379年),於越迁于吴'"[8]的记载以证。但杨宽《战国史》附录《战国大事年表》中关于"越国迁都于吴"的时间为"公元前378年"[9]。

---

[1]《吴越春秋》卷十,见张觉译注:《吴越春秋全译》,贵州人民出版社1993年,第432页。另《吴越春秋》江苏古籍版,此句作"越王既已诛忠臣,霸于关东,从琅邪起观台,周七里以望东海"。见《吴越春秋》,江苏古籍出版社1986年,第150页。
[2] 司马迁:《史记》卷六《秦始皇本纪》,中华书局1959年,第244页。
[3] 裴骃:《史记集解》,见司马迁:《史记》,中华书局1959年,第244页。
[4] 韩湘亭:《历代郡县地名考》,北京图书馆出版社2002年,第697页。
[5] 张觉译注:《吴越春秋全译》,贵州人民出版社1993年,第318页。
[6] 司马贞:《史记索隐》,见司马迁:《史记》,中华书局1959年,第1747页。
[7] 韦昭注,见徐元诰:《国语集解》,中华书局2002年,第98页。
[8] 陈瑞苗、陈国祥:《越国纪年新编》,宁波出版社1999年,第70页。
[9] 杨宽:《战国史》,上海人民出版社1998年,第705页。

第二节　吴地入楚

一、楚灭越

公元前342年,越王无彊即位后,越国国势一度强盛,"兴师北伐齐,西伐楚,与中国争彊(强)"[1]。其后,齐、楚矛盾表面化,越乘机举兵攻齐。齐国为把祸水引向楚国,派人前往越国游说,越遂释齐而伐楚。楚威王兴兵伐之,大败越,杀越王无彊,尽取故吴地至浙江,越国遂亡。

(一)楚灭越时间的不同说法

关于楚灭越的具体时间,有两种不同说法,其间相差27年。

1.《史记》记载的楚威王七年(前333)

《史记·楚世家》记载:楚威王七年(前333)时,"楚威王伐齐,败之于徐州"[2]。南朝宋裴骃《史记集解》引晋人徐广曰:"时楚已灭越而伐齐也。"[3]与此相印证的《史记·越王句践世家》说:"楚威王兴兵而伐之,大败越,杀王无彊,尽取故吴地至浙江,北破齐于徐州。而越以此散。"[4]

2.杨宽《战国史》所说的楚灭越的时间为公元前306年(楚怀王二十三年)

杨宽《战国史》则指出:"公元前三〇六年(楚怀王二十三年),楚国乘越内乱,把越国灭亡了,把江东建设为郡。"[5]在本段文字的注解中,杨宽引用《史记》《战国策》等文献的记载,补充说:"楚的灭越必在楚怀王十七年后……必在楚怀王二十三年或稍前。"[6]而《史记·越王句践世家》"误以为是楚威王时事"[7]。

(二)楚灭越后,故吴疆域入楚

楚灭越,故吴疆域和故越疆域均并入楚国版图。而随着昔日由春秋时的晋

---

[1] 司马迁:《史记》卷四十一《越王句践世家》,中华书局1959年,第1748页。
[2] 司马迁:《史记》卷四十《楚世家》,中华书局1959年,第1721页。
[3] 裴骃:《史记集解》,见司马迁:《史记》,中华书局1959年,第1721页。
[4] 司马迁:《史记》卷四十一《越王句践世家》,中华书局1959年,第1751页。
[5] 杨宽:《战国史》,上海人民出版社1998年,第364页。
[6] 杨宽:《战国史》,上海人民出版社1998年,第364—365页。
[7] 杨宽:《战国史》,上海人民出版社1998年,第364页。

国所析分出的韩、赵、魏三国,即史家所说的"三家分晋"及随着楚、齐、秦对周边国家的兼并及地处河北的燕国日强,天下遂分为战国七雄。这一时期,史称战国时期。是时,故吴、故越之地已尽为楚国所有。

二、黄歇治吴

(一) 战国时期的楚都数度东迁与"吴为东楚"

战国时期,楚都数度东迁。楚顷襄王时,楚都郢都为秦攻陷,楚于是"东徙治于陈县"[1](今河南淮阳),史称"陈郢"。楚考烈王时,又"去陈徙寿春"[2](今安徽寿县),史称"寿郢"。秦汉之际,项羽"自立为西楚霸王,王九郡,都彭城"[3](今江苏徐州)。由此,后世遂产生出西楚、东楚等地域的概念。唐张守节《史记正义》引《史记·货殖列传》云:"淮以北,沛、陈、汝南、南郡为西楚也。彭城以东,东海、吴、广陵为东楚也。衡山、九江、江南、豫章、长沙为南楚。"又引"孟康云:'旧名江陵为南楚,吴为东楚,彭城为西楚。'"[4]战国时期因楚都东迁,江南的故吴疆域等均属东楚范畴。

(二) 黄歇其人及其治吴的时间

1. 黄歇其人

战国后期,楚在东楚故吴之地的封邑之君为春申君黄歇。故吴地入楚后,疗治战争创伤,修复故吴旧都的责任就落到了黄歇身上。

楚春申君黄歇,与齐孟尝君田文、赵平原君赵胜、魏信陵君魏无忌,并称为战国四公子。而黄歇为四公子中唯一的非王室中人。

据《史记·春申君列传》记载,楚人黄歇,曾周游各地从师学习,知识渊博。是时,楚怀王囚死于秦,其子楚顷襄王接位,楚国日益衰弱。在韩、魏两国臣服于秦、且秦昭王已命令秦国著名将领白起将率韩国、魏国一起进攻楚国时,黄歇"适至于秦,闻秦之计……乃上书说秦昭王"[5]。意为,黄歇恰巧来到秦国,听到了秦国命白起率军将要攻打楚国的这个计划,于是上书劝说秦王。黄歇极力陈述

---

[1] 司马迁:《史记》卷七十八《春申君列传》,中华书局1959年,第2387页。
[2] 司马迁:《史记》卷七十八《春申君列传》,中华书局1959年,第2387页。
[3] 司马迁:《史记》卷七《项羽本纪》,中华书局1959年,第317页。
[4] 张守节:《史记正义》,见司马迁:《史记》,中华书局1959年,第319—320页。
[5] 司马迁:《史记》卷七十八《春申君列传》,中华书局1959年,第2387页。

秦攻楚为不智行为,并说:"天下莫强于秦、楚。今闻大王欲伐楚,此犹两虎相与斗。"[1]秦昭王读罢黄歇的信,情不自禁曰"善",于是,下令秦将白起退兵。

其后,黄歇与楚太子完作为人质留在秦国十年。公元前263年,楚顷襄王病。是时,太子完与黄歇尚在秦国。几经交涉,秦昭王应允黄歇先回楚国"问楚王之疾,返而后图之"[2]。即让黄歇先回去探问一下楚王的病情,回来后再作计议。黄歇担心楚顷襄王一旦去世,太子完未归,国内诸公子争立发生变故,于是让太子完打扮成楚国使者的车夫,逃出关卡。"度太子已远,秦不能追"[3]时,黄歇这才朝见秦昭王,向他禀报此事,并说:"歇当死,愿赐死⋯⋯昭王大怒,欲听其自杀也。"[4]是时,秦相范雎劝秦王说:"黄歇作为臣子,为主子忠心耿耿不惜献出自己的性命。楚顷襄王要是死了,这逃归的太子必定继位为楚王,到时候他肯定会重用黄歇。因此,现在不如不追究黄歇的罪责而放他回去,来日他定会感恩,对秦国友好。"故秦昭王同意让黄歇回国。黄歇回国三个月后,楚顷襄王卒。

2. 黄歇治吴的时间

公元前262年,"太子完立,是为考烈王。考烈王元年,以黄歇为相,封为春申君,赐淮北地十二县"[5]。即楚考烈王即位后,以黄歇为楚相(春秋时楚该官职名《左传》记为令尹),封为春申君,并赐给他淮北地十二县为封邑。"后十五岁,黄歇言之楚王曰:'淮北地边齐,其事急,请以为郡便。'因并献淮北十二县。请封于江东。考烈王许之。春申君因城故吴墟,以自为都邑。"[6]即过了十五年后的公元前248年(楚考烈王十五年),黄歇向楚考烈王进言道:"淮北地区靠近齐国,那里情势紧急,请把这个地区划为郡治理更为方便。"他献出当初封给他的淮北十二个县的封邑,并请求另封到江东去。楚考烈王答应了他的请求。春申君就以历经越灭吴之战及楚灭越之战,其时已成为废墟的故吴旧都(即苏州城)作为自己封邑的"都邑"即中心城市,从而开始了战国后期苏州城的修复和重建。而《史记·六国年表》亦标示:楚考烈王"十五年(前248),春申君徙封于吴"[7]。

---

[1] 司马迁:《史记》卷七十八《春申君列传》,中华书局1959年,第2387页。
[2] 司马迁:《史记》卷七十八《春申君列传》,中华书局1959年,第2394页。
[3] 司马迁:《史记》卷七十八《春申君列传》,中华书局1959年,第2394页。
[4] 司马迁:《史记》卷七十八《春申君列传》,中华书局1959年,第2394页。
[5] 司马迁:《史记》卷七十八《春申君列传》,中华书局1959年,第2394页。
[6] 司马迁:《史记》卷七十八《春申君列传》,中华书局1959年,第2394页。
[7] 司马迁:《史记》卷十五《六国年表》,中华书局1959年,第750页。

黄歇相楚时,列国纷争不断。黄歇曾率兵救赵攻秦。其后,又北伐灭掉鲁国,使楚国曾一度中兴。其后,五国联合攻秦,楚国国君担任五国盟约之长,并让春申君当权主事。五国联军到达函谷关,秦军出关应战,五国联军战败而逃。于是,楚考烈王把叩函谷而作战失利归咎于春申君,春申君因此渐被疏远,并"由此就封于吴,行相事"[1]。即春申君由此到了其封邑——故吴旧都(苏州),同时还担任楚国宰相的职务。

楚考烈王无子。对此,黄歇很忧虑。于是找宜于生子的女人进献给楚王。虽找了很多,但始终没生下儿子。其时,赵人李园携其女弟(即妹妹)原想进献给楚王,但听说楚王没有生育能力后,怕妹妹送到楚王那儿因无子久而失宠。于是,他转而投靠黄歇。成为黄歇舍人的李园,把他的妹妹献给黄歇做侍妾。在得知其妹怀上黄歇的孩子后,李园便与其妹密谋,让其妹说服黄歇同意将她送给楚考烈王。如愿后,李园妹来到楚考烈王身边,并生下一对男性双胞胎,长为熊捍,次为熊犹。有了儿子的楚考烈王喜不自禁,随立熊捍为太子,李园妹为王后。是时,开始参与楚国朝政的李园担心知晓这一切的黄歇说漏秘密而且愈加骄矜,于是秘密私养死士。

楚考烈王二十五年(前238),"考烈王卒"[2],即楚考烈王病逝。黄歇在前去奔丧时,李园豢养的刺客"刺春申君,斩其头,投之棘门外"[3]。即李园豢养的刺客为封黄歇之口而刺杀了他,并斩下他的头,扔到棘门外面。与其同时,李园还派人把春申君家满门抄斩。李园妹妹原先与黄歇所孕并入宫后所生的儿子熊悍,被立为楚王。这就是楚幽王。

黄歇死的这一年(指楚考烈王二十五年,前238),秦始皇二十二岁,即位已九年。而如前述,黄歇于楚考烈王十五年(前248)徙封于吴。至楚考烈王二十五年(前238)死,共十年。

而《越绝书》提及战国时黄歇及其子"假君"治吴事。所谓"假君",即代理君主之意。《越绝书》卷第二载:"春申君,楚考烈王相也。烈王死,幽王立,封春申君于吴。三年,幽王徵春申为楚令尹,春申君自使其子为假君治吴。十一年,幽王徵假君,与春申君并杀之。二君治吴凡十四年。"[4]

如上分析,黄歇于公元前248年(楚考烈王十五年)徙封于吴。至楚考烈王

---

[1] 司马迁:《史记》卷七十八《春申君列传》,中华书局1959年,第2396页。
[2] 司马迁:《史记》卷四十《楚世家》,中华书局1959年,第1736页。
[3] 司马迁:《史记》卷七十八《春申君列传》,中华书局1959年,第2398页。
[4] 袁康、吴平:《越绝书》卷第二,上海古籍出版社1985年,第17—18页。

二十五年(前238)死,共十年。故《越绝书》卷第二所说的黄歇及其子"二君治吴凡十四年"的判断,明显有误。且上引《越绝书》卷第二关于"幽王征假君与春申君,并杀之"的记载,亦与《史记·春申君列传》记载相悖。如《史记·春申君列传》所述,黄歇于楚考烈王二十五年(前238)死。故楚考烈王后的楚幽王所立之年,黄歇已被李园刺杀,既无从再由"幽王徵春申为楚令尹",更无从再由"幽王徵假君与春申君,并杀之"了。

(三)黄歇及其子"假君"治吴的作为

撇开上述时间上的错讹,战国时期,黄歇父子主持了对苏州的重建和修复还是可以认定的。

黄歇父子治吴的作为,主要体现在开挖、疏通苏州城内河道和重修苏州城墙及疗治战争创伤、恢复苏州的城市功能上。分述如下:

1. 作为之一:开掘、疏通苏州城内河道——"大内北渎,四从五横"及其留下的苏州城市文化印记

黄歇治吴是其政治生涯中的一段。前已述,公元前248年黄歇徙封于吴(今苏州)。《史记·春申君列传》记载春申君黄歇改"请封于江东,考烈王许之。春申君因城故吴墟,以自为都邑"[1]。唐代张守节《史记正义》对之注释为:"墟音虚。今苏州也。于城内小城西北别筑城居之,今圮毁也。又大内北渎,四从五横,至今犹存。又改破楚门为昌门。"[2]

由此可知,历经越灭吴及楚灭越之战,故吴旧都的苏州,至战国后期黄歇治吴时,已成为"故吴墟"的废墟之地。黄歇正是以这"故吴墟"为都邑,着力营建,并构建为其封地的政治、经济中心。

先秦时期的苏州乃至整个江南地区,适如《越绝书》卷第八记载"孔子有顷姚稽到越"并与勾践对话时勾践所说:"水行而山处,以船为车,以楫为马。"[3]即江南地区以船、楫为主要交通工具,就像北方黄河流域的车和马一样(上述孔子到越并与勾践对话事,或为《越绝书》杜撰,姑且存疑)。因此,苏州城内的河道,承担着交通运输的功能。一旦淤塞而不通畅,即无异于今日的交通堵塞。因此,开挖和疏浚河道,就成为当时城市经营的基础性建设。

上引唐代张守节《史记正义》说黄歇治吴时:"又大内北渎,四从五横,至今

---

[1] 司马迁:《史记》卷七十八《春申君列传》,中华书局1959年,第2394页。
[2] 张守节:《史记正义》,见司马迁:《史记》,中华书局1959年,第2394—2395页。
[3] 袁康、吴平:《越绝书》卷第八,上海古籍出版社1985年,第58页。

犹存。"[1]个中透露了一个十分重要的讯息——"至今犹存",即战国时黄歇在苏州城内开掘的河道"大内北渎,四从五横",至唐代时"犹存"——还存在着。与此能形成印证关系的为唐陆广微《吴地记》。《吴地记》对城内水道并未作专门记述,但却详细记载了当时的桥梁。而由该书所记载的桥梁推知唐代时苏州河道的存在情况,则是顺理成章的事。后世南宋《平江图》上,苏州城内的河道体系一目了然。

到了清代中叶,苏州城内河道体系已演变成"三横四直"的河道体系。这一"三横四直"的实证,为现存于苏州景德路城隍庙工字殿墙上的《苏郡城河三横四直图碑》。该碑分正反两面,正面刻《重浚苏州城河记》,记载了清代嘉庆元年(1796)8月至次年5月,苏州城内全面疏浚河道的经过。反面刻有《苏郡城河三横四直图》,图的上部刻有《苏郡城河三横四直图说》。

古代城市的建筑等易受自然及外界力量改变,而城市河道体系与城市交通、物资运输及市民的生活紧密相连,且因挖掘或改变这些河道需耗费大量民力,故多系官方行为。因此,在生产力低下的古代,一个城市的河道体系一旦形成,往往不易作重大改变,从而相对稳定地成为这座城市特殊的文化印记。

因此,战国黄歇治吴时开挖的"大内北渎,四从五横"、唐代时"犹存"及南宋《平江图》直观反映的河道体系与《苏郡城河三横四直图碑》上苏州清代"三横四直"的河道体系,与今日苏州城内尚存的这一河道体系,就构成了这座城市历经2 200多年的历史文化印记。

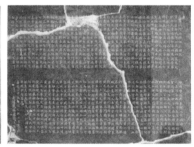

图6-1　20世纪30年代苏州景德路城隍庙的仪门、牌楼[2](左)及现存于苏州景德路城隍庙工字殿墙上的《苏郡城河三横四直图碑》全图(中)及该碑上部镌刻的清代嘉庆二年(1797)"苏郡城河三横四直图说"(右)

对此,我们如果采用倒溯的叙述方法,则可表述为:今日苏州城内的河道体

---

[1] 张守节:《史记正义》,见司马迁:《史记》,中华书局1959年,第2394—2395页。
[2] 苏州市地方志办公室:《老苏州·百年旧影》,江苏人民出版社1999年,第71页。

系,为清代"三横四直"河道体系的遗存;而清代"三横四直"河道体系为南宋《平江图》上描绘的河道体系遗存;南宋《平江图》上的河道体系,为唐代时"犹存"的苏州古城"四纵五横"河道体系遗存;而唐代时"犹存"的"四纵五横"河道体系,又系战国时期黄歇治吴时"大内北渎,四从五横"所遗留。

所有这些,既有今日苏州古城河道的实物印证,又有汉、唐时的文献记载,更有南宋《平江图》及清代《苏郡城河三横四直图碑》的图绘实物印证。其源头指向即为黄歇治吴时的"大内北渎,四从五横",从而成为苏州河道体系最早的开掘和疏浚。

上述文献记载及实物印证,其意义在于:它在证实苏州战国时期黄歇治吴历史的同时,也证实黄歇治吴是以春秋时的故吴旧都城址——"吴墟"为其中心城邑,更证实苏州古城的城址在今古城区范围内从未移位。

2. 作为之二:重修苏州城墙——"楚门,春申君所造"及"改破楚门为昌门"等

《越绝书》卷第二记载:"楚门,春申君所造。楚人从之,故为楚门"[1]。另,唐代张守节《史记正义》指出黄歇父子重修苏州城墙"改破楚门为昌门"[2]。而《吴越春秋》记载伍子胥造筑的苏州城门中无"楚门",但有"破楚门"的两处记载:一为:"立阊门者,以象天门通阊阖风也……阖闾欲西破楚,楚在西北,故立阊门以通天气,因复名之破楚门。"[3]另一为:"诸将既从还楚,因更名阊门曰破楚门。"[4]故吴王阖闾时期,"阊门"乃"复名之破楚门"。同时,吴伐楚归来后,为纪念破楚入郢,曾将"阊门"另更名为"破楚门"。

春申君黄歇治吴时,故吴疆域已入楚境。在这种情况下,"阊门"再称为"破楚门"显然已不适宜。而从"楚门"为"春申君所造"来看,是时,"阊门"在战火中或已毁坏、或已倾颓,故春申君重修苏州城墙时,当是在原"阊门"的废址上,重修阊门。

因在原址重建,故极易在民间唤起"阊门"的"复名"记忆——"破楚门"的历史记忆,尤其是在楚人治吴这一社会动荡、族群矛盾激化时期。而这一历史记忆又会激活吴人心中曾有过的历史辉煌并借之表达对楚人治吴现实的不满。因此,为免民间再呼之曰"破楚门",而将之命名为"楚门",或就是一个非常必要的

---

[1] 袁康、吴平:《越绝书》卷第二,上海古籍出版社1985年,第17页。
[2] 张守节:《史记正义》,见司马迁:《史记》,中华书局1959年,第2394—2395页。
[3] 赵晔:《吴越春秋》卷四,江苏古籍出版社1986年,第25页。
[4] 赵晔:《吴越春秋》卷四,江苏古籍出版社1986年,第47页。

政治、文化举措了。是故,这一时期,阊门虽名为"楚门",但原有的"阊门"名称也同时存在。这从《越绝书》记载"楚门"的同时,另提及"阊门"的记载,如:"邑中径从阊门到娄门"[1],"阊门外高颈山东桓石人,古者名'石公',去县二十里。阊门外郭中冢者,阖庐冰室也。阖庐冢,在阊门外,名虎丘"[2],"阖庐子女冢,在阊门外道北"[3]等,可以看出。而唐代张守节《史记正义》说黄歇治吴"又改破楚门为昌门"[4]及《越绝书》所说的春申君造"楚门"等,均记载了黄歇治吴时的一个历史事实——重修苏州城墙。

记录着春秋时期吴国征伐楚国这一辉煌历史的"破楚门",在后世的方志文献中常常出现,如唐陆广微《吴地记》:"阊门,亦号破楚门,吴伐楚,大军从此门出。"[5]宋范成大《吴郡志》:"阊门,《文选注》:'吴王阖闾立阊门,象天阊阖门。'《吴越春秋》曰:'城立昌(阊)门者,象天通阊阖风也。'《南史》及传记中或书作昌门,盖字之讹。《吴越春秋》又曰:'昌(阊)门亦名破楚门,吴伐楚,自此门出也。"[6]等等,即是。然而,黄歇治吴时重修并命名的"楚门"名称,其后却再也没出现。其原因即在于该城门本有其始建名称"阊门",且吴人也很难接受有着楚文化烙印的"楚门"这一城门名称。

除黄歇重修苏州城墙、城门并命名"楚门"外,文献还记有一处与黄歇治吴时苏州城门巫门(即平门)有关的建筑——"罘罳"。《越绝书》卷第二记载:"巫门外罘罳者,春申君去吴,假君所思处也。去县二十三里。"[7]俞继东《越绝书全译》释"罘罳"为:"门外之屏,此指城门当门的墙。"[8]是故,上句意为,巫门外的屏墙,是春申君离开吴地,其子假君思念其父的地方,距离苏州二十三里。

另,唐代《吴地记》记载说:"蛇门,南面有陆无水,春申君造以御越军。"[9]因楚灭越后黄歇请求另封到江东,这才来到吴地。其时,越国已亡于楚,故上述将黄歇造蛇门的目的记为"以御越军"并不合情理。但黄歇治吴时修复蛇门,却并非不可能。

由此可见,文献记载了黄歇治吴时的除挖掘、疏浚城内河道外的另一大作

---

[1] 袁康、吴平:《越绝书》卷第二,上海古籍出版社1985年,第10页。
[2] 袁康、吴平:《越绝书》卷第二,上海古籍出版社1985年,第11页。
[3] 袁康、吴平:《越绝书》卷第二,上海古籍出版社1985年,第11页。
[4] 张守节:《史记正义》,见司马迁:《史记》,中华书局1959年,第2395页。
[5] 陆广微:《吴地记》,江苏古籍出版社1986年,第17页。
[6] 范成大:《吴郡志》,江苏古籍出版社1986年,第21页。
[7] 袁康、吴平:《越绝书》卷第二,上海古籍出版社1985年,第18页。
[8] 俞纪东译注:《越绝书全译》,贵州人民出版社1996年,第65页。
[9] 陆广微:《吴地记》,江苏古籍出版社1986年,第22页。

为——修复苏州城墙。这也构成并印证了苏州城墙为春秋时伍子胥筑、战国时黄歇重修的历史事实。

三、春秋战国时期苏州城墙修建的考古印证

城墙是城市历史的实物见证,是城市文明和文化的象征之一。如前文所述,苏州城墙春秋时建、战国时重修。而该城墙始建与重修年代与苏州古城(即文献记载的"吴大城""阖闾城")的始建与重修年代既有密切联系,更具有同一性特点。

考古作为一门学科传入中国,时间并不长。在考古学出现并传入中国之前的两千多年里,苏州古城及围圈起古城四周的城墙,主要依赖于文献(含历代方志)的记载而得以延续。而考古学引入中国后,考古与文献记载的关系必然出现如下三种情况:

其一,相合,即考古和文献记载互为印证、互相契合。

其二,有文献记载,但无考古实证。此类情况甚多,如《左传·襄公十九年》记载鲁襄公曾将一只"先吴寿梦之鼎"[1]以及其他物件转赠送给晋国的大臣荀偃。时至今日,此鼎已湮灭于历史之中。而欲以出土"先吴寿梦之鼎",来证实"先吴寿梦之鼎"的文献记载真实性,如果不是迂腐得近乎历史虚无,则就是意图以考古来争夺历史解释的话语权了。

其三,无文献记载,但有考古实证。对春秋吴国而言,这方面的出土铜器铭文而补吴国文献之阙的实例,如前文叙述证实春秋吴蔡间存在联姻关系的"吴王光鉴"(安徽寿县出土)、证实春秋吴宋间存在联姻关系的"宋公栾作其妹勾敔夫人季子媵簠"(河南固始出土)、证实春秋吴胡间存在联姻关系的传世器"獣叔乍吴姬簠"(上海博物馆藏)等。上述,均无文献记载,故考古实物以实证方式弥补了文献记载的不足。而乾隆年间出土且年代早于寿梦时的吴国青铜器者减钟,其铭文"工獻王"既说明寿梦前吴国已僭越称王,也补正了《史记·吴太伯世家》所说的"寿梦立而吴始益大,称王"[2]的史实记载。

考古与文献记载呈现出的上述复杂情况,必然催生出相应的学术理论。国学大师王国维 1925 年在清华大学国学研究院编撰的讲义《古史新证》"总论"中首次提出了著名的"二重证据法",即为在这一学术领域的理论建树。该"二重

---

[1]《左传·襄公十九年》,见《春秋左传正义》,北京大学出版社 1999 年,第 956 页。
[2] 司马迁:《史记》卷三十一《吴太伯世家》,中华书局 1959 年,第 1447 页。

证据法"表述如下:"吾辈生于今日,幸于纸上之材料外更得地下之新材料。由此种材料,我辈固得据以补正纸上之材料,亦得证明古书之某部分全为实录,即百家不雅驯之言亦不无表示一面之事实。此二重证据法惟在今日始得为之。虽古书之未得证明者不能加以否定,而其已得证明者不能不加以肯定,可断言也。"〔1〕

上述,"纸上之材料"即传统的文献典籍,"地下之新材料"即考古发现的新材料。因此,"二重证据法"就是研究文献典籍和考古材料相互关系的学术理论。该理论要点如下:

其一,"地下之新材料"(即考古实证材料)具有对"纸上之材料"的"补正"和"证明"作用。此即上述考古实证(指吴王光鉴、宋公栾作其妹勾敔夫人季子媵簠与獣叔乍吴姬簠等)弥补了文献记载的不足。

其二,"古书之未得证明者不能加以否定",即文献所记载的事件(如上述《左传》记载的"先吴寿梦之鼎")虽未得到考古实物出土器的"证明",但也不能对这一文献记载加以否定。

其三,"其已得证明者不能不加以肯定,可断言也",意指,如果文献记载得到了考古实物的证明,则可"加以肯定"、可"断言",即予以认定、肯定之意。

李学勤先生在《"二重证据法"与古史研究》一文中提出了国际上近期流行的"原史时期"概念:"'原史时期'是介乎'史前时期'和'历史时期'间的阶段。研究'历史时期'以文献材料为主,研究'史前时期'以考古学、人类学方法为主,而'原史时期'则文献、考古并重。中国的夏商西周三代,或许还包括更早一段,看来很适合这样讲的'原史时期'。"〔2〕

梳理上述李学勤先生三个时期划分及其相应的研究方法,当为如下:

史前时期:以考古学、人类学方法为主。

原史时期(中国的夏商西周三代,或许还包括更早一段):文献、考古并重。

历史时期:以文献材料为主。历史时期的具体年代,当以"西周"后的东周(春秋、战国)开始。这一时期,历史文献如《春秋经》《左传》《国语》等,都已出现。

对春秋时期的吴国史研究来说,这一划分理论有着极其重要的指导意义。而综合王国维、李学勤两位大师关于考古与文献相互关系的学术理论则可以看出,对春秋时期的苏州史及吴国史研究来说,首先当"以文献材料为主";其次,

---

〔1〕 王国维:《古史新证》,清华大学出版社1994年,第2页。
〔2〕 李学勤:《"二重证据法"与古史研究》,《清华大学学报》2007年第5期。

也要注重"地下之新材料"(即考古实证材料)所具有对"纸上之材料"(文献材料)的"补正"和"证明"作用。

对文献记载的"苏州城墙春秋时建、战国时重修",前文均已作叙述。现谨分为"春秋时建"和"战国时重修"两部分,分别梳理如下:

1. 关于苏州城墙春秋时建的文献记载

(1)《春秋经》《左传》记载春秋时越国两次进入吴都内城的"入吴"

按《春秋经》《左传》的记载惯例,凡记载进入列国国都外城,为"入郛"或"入其郛"。而进入内城,其表示情况较为复杂。分为:一、若该国都有名称,如晋国"命曰绛,始都绛"[1],即晋国国都名"绛"。在这种情况下进入其国都内城,则以"入绛"表示。晋国卿族栾盈在齐国帮助下率领曲沃军士"以昼入绛"[2],即是。吴伐楚,进入其国都"郢",《春秋经·定公四年》记为"吴入郢"[3],亦是。二、若该国都无名称,则多以其国号代指。《春秋经·隐公十年》的"卫人入郑"[4]、《春秋经·宣公十一年》的"楚子入陈"[5]、《左传·隐公十年》的"郑伯入宋"[6]、《春秋经·庄公十四年》的"荆入蔡"[7]等均是。

关于进入吴国国都内城的"入吴",《春秋经》《左传》的记载如下:《春秋经·定公五年》记载"於越入吴"[8]、《左传·定公五年》记载"越入吴"[9]、《春秋经·哀公十三年》记载"於越入吴"[10]。《左传·哀公十三年》记载"丁亥,入吴"[11]。上述《春秋经》《左传》记载的"入吴",既表明了春秋时期吴都(今苏州城)的真实存在,且两次被越人进入其内城。

(2)《国语》记载越国进入吴都外城的"入其郛"

《国语·吴语》记载:"越王句践乃率中军泝江以袭吴,入其郛焚其姑苏,徙其大舟。"[12]此记载,前文已有论述。而由此记载可见,春秋时"吴都"不但有内城,且还有外城——"郛",亦即"郭"或"外郭"。

---

[1] 司马迁:《史记》卷三十九《晋世家》,中华书局1959年,第1641页。
[2] 《左传·襄公二十三年》,见《春秋左传正义》,北京大学出版社1999年,第988页。
[3] 《春秋经·定公四年》,见《春秋左传正义》,北京大学出版社1999年,第1542页。
[4] 《春秋经·隐公十年》,见《春秋左传正义》,北京大学出版社1999年,第118页。
[5] 《春秋经·宣公十一年》,见《春秋左传正义》,北京大学出版社1999年,第627页。
[6] 《左传·隐公十年》,见《春秋左传正义》,北京大学出版社1999年,第120页。
[7] 《春秋经·庄公十四年》,见《春秋左传正义》,北京大学出版社1999年,第250页。
[8] 《春秋经·定公五年》,见《春秋左传正义》,北京大学出版社1999年,第1559页。
[9] 《左传·定公五年》,见《春秋左传正义》,北京大学出版社1999年,第1559页。
[10] 《春秋经·哀公十三年》,见《春秋左传正义》,北京大学出版社1999年,第1669页。
[11] 《左传·哀公十三年》,见《春秋左传正义》,北京大学出版社1999年,第1670页。
[12] 上海师范大学古籍整理研究所校点:《国语·吴语》,上海古籍出版社1998年,第604页。

(3)《史记》记载春秋时吴都城墙的外在观感为"夫吴,城高以厚"

《史记·仲尼弟子列传》记写孔子批准其弟子子贡进行外交时,子贡到了齐国并怂恿齐国田常攻打吴国说:"'不如伐吴。夫吴,城高以厚,地广以深。'"[1]意为,子贡到了齐国,游说田常说:"您不如去攻打吴国。吴国,它的城墙高大而厚实,护城河宽阔而水深。"由此从子贡口中可见,春秋吴王夫差时期吴国都城城墙的外在观感是"城高以厚"。

(4)《越绝书》关于"吴大城"规模的记载

《越绝书》卷第二记载"阖庐(阖闾)所造"的"吴大城"时说:"吴大城,周四十七里二百一十步二尺。陆门八,其二有楼。水门八……阖庐所造也。吴郭周六十八里六十步。"[2]

(5)《吴越春秋》记载的春秋时伍子胥筑苏州城

《吴越春秋》记载了伍子胥筑城的年代和经过说,吴阖闾元年(前514),阖闾与伍子胥在"与谋国政"的谈话中,伍子胥提出了"必先立城郭"的强国之策,阖闾听了很高兴并说"寡人委计于子"[3],即将筑城之事委托给伍子胥。正是在这一情况下,伍子胥受命而"相土尝水,象天法地,造筑大城"[4]。春秋时伍子胥筑苏州城的经过情况,前文已及,不赘。

(6)张守节《史记正义》中"阖闾城"概念的提出及其明确地望——"今苏州也"

唐张守节《史记正义》诠释:"寿梦卒,诸樊南徙吴。至二十一代孙光,使子胥筑阖闾城都之,今苏州也。"[5]张守节此处提出了"阖闾城"概念,并明确指出其地望为"今(指唐代时)苏州城"。

文献记载的"阖闾城"概念,实是有三:一为上述唐代张守节《史记正义》所说的"阖闾城",即"吴都"苏州。二为元王仁辅纂至正《无锡志》所记载的与"阖闾大城在姑苏,即今之平江是也"而相对的无锡"阖闾城",即"小城在州西北富安乡"[6]。该"阖闾城"实为吴都"卫城"性质的军事城堡。三为南宋绍熙《云间志》所记载的今上海境内"阖闾所筑,备越处"的"阖闾城"[7]。其性质同上,为

---

[1] 司马迁:《史记》卷六十七《仲尼弟子列传》,中华书局1959年,第2197页。
[2] 袁康、吴平:《越绝书》卷第二,上海古籍出版社1985年,第9—10页。
[3] 赵晔:《吴越春秋》卷四,江苏古籍出版社1986年,第25页。
[4] 赵晔:《吴越春秋》卷四,江苏古籍出版社1986年,第25页。
[5] 张守节:《史记正义》,见司马迁:《史记》,中华书局1959年,第1445页。
[6] 王仁辅纂:元至正《无锡志》,见《无锡文库》第一册,凤凰出版社2012年,第54页。
[7] 《云间志·阖闾城》,见《宋元方志丛刊》第一册《云间志》,中华书局1990年,第18页。

吴都"卫城"性质的军事城堡。因此,"阖闾城"概念中,除"阖闾城都之,今苏州也"而明确标示为春秋吴都性质外,其余"阖闾城",如无锡阖闾城、昆山南武城及今上海境内"阖闾所筑,备越处"的"阖闾城"等,均为以"阖闾"在位年代为时间标示,标记其诞生年代为吴王阖闾执政时期而已。

2. 关于苏州城墙战国时重修的文献记载

关于苏州城墙战国时重修的文献记载,具体如下:

(1)《越绝书》

《越绝书》卷第二记载:"楚门,春申君所造。楚人从之,故为楚门。"〔1〕明确记载并证实,苏州古城及其城墙在战国时重修的历史事实。

(2)张守节《史记正义》的诠释——"又改破楚门为昌门"

唐张守节《史记正义》诠释《史记·春申君列传》中"春申君因城故吴墟,以自为都邑"〔2〕句时,罗列黄歇治吴时的种种作为说:"又改破楚门为昌门"〔3〕,从而阐释了苏州古城及其城墙在战国时重修的历史事实。

3. 史学界关于苏州为春秋吴都的主流学术意见

前文曾述,以"吴"为名称代指的吴国都城及以苏州别名"姑苏"等与春秋时"吴都"及今日苏州古城之间显然存在着同一关系。在中国春秋古城中,如苏州这样2 500余年间未有位移,且有着众多、延绵不断之文献记载者,并不多见。按照王国维"二重证据法"之"虽古书之未得证明者不能加以否定"这一说法,即使苏州古城并未有相应的考古印证,即考古"未得证明者",也不能轻率地"加以否定",更何况苏州古城有着其考古的印证和证明(另见下文)。而按照前引李学勤的春秋时期"以文献材料为主"的论述,苏州城的春秋古城性质也已不言而喻。

上述文献记载的苏州城墙春秋时建、战国时重修及其印证的苏州古城即为春秋"吴都"的学术结论,向为史家采信,并构成史学界的主流学术意见。如:

范文澜《中国通史》:"寿梦死后,长子诸樊迁都吴(江苏吴县)。"〔4〕

蒙文通《越史丛考》:"《史记》言吴、越皆古国……吴居今苏南,都于吴(今江苏苏州)。"〔5〕

---

〔1〕 袁康、吴平:《越绝书》卷第二,上海古籍出版社1985年,第17页。
〔2〕 司马迁:《史记》卷七十八《春申君列传》,中华书局1959年,第2394页。
〔3〕 张守节:《史记正义》,见司马迁:《史记》,中华书局1959年,第2395页。
〔4〕 范文澜:《中国通史》第一册,人民出版社1978年,第122页。
〔5〕 蒙文通:《越史丛考》,人民出版社1983年,第17页。

李学勤《东周与秦代文明》:"吴国的国都姑苏,在今江苏苏州。"[1]

白寿彝《中国通史》记写黄池盟会时,"夫差正得意扬扬的时候,忽然听到越兵已乘虚进入吴的国都姑苏(今苏州)"[2]。

杨宽《战国史》:"越王勾践灭吴后,国都曾迁琅琊(今山东胶南西南琅琊台),到公元前三七八年(越王翳三十三年)迁回吴(今江苏苏州)。"[3]

顾德融、朱顺龙《春秋史》在论述"各国城邑的普遍兴起"时指出"周天子的王城(今河南洛阳)……楚国的郢(今湖北江陵);吴国的吴(今江苏苏州);越国的会稽(今浙江绍兴)"[4]。

另,前文就无锡"阖闾城"的性质、地位,本书曾引无锡现存最早的地方文献——元王仁辅纂至正《无锡志》记载予以论述。值此,本书另引清代康、雍、乾时治《春秋》的一位无锡籍大家及其著名著作——顾栋高及其《春秋大事表》,以认识这位著名学者研读《春秋经》《左传》并对春秋吴都等所做的相关论述。

顾栋高其人及其在学界的地位,《春秋大事表》篇首所列吴树平《顾栋高和他的春秋大事表》一文做了较详尽的论述,并指出说:"顾栋高,字复初,又字震沧,又自号左畬,无锡人,生于康熙十八年(公元一六七九年)。四十三岁成进士,授内阁中书。……乾隆十六年(公元一七五一年)十一月,皇太后圣寿节,顾栋高入京祝嘏,受到召见,拜起令内侍扶掖。顾栋高奏对。首及三吴敝俗,请以节俭风示海内。陛辞,赐七言律诗两首。……乾隆皇帝于二十二年(公元一七五七年)南巡,顾栋高又蒙召见,加二秩为祭酒,赐'传经耆硕'四字。……由于顾栋高对《春秋》学的特殊贡献,使他知名当世,从乾隆皇帝那里得到了特殊的荣誉,成为儒学士林的一面旗帜。……几十年的日积月累,使顾栋高对《春秋》学有了深厚而坚实的基础,他在学术上已经成熟了,终于经过长期的努力写出了《春秋大事表》。"[5]

现谨将《春秋大事表》相关论述罗列于下:

(1)《春秋大事表·春秋舆图》"苏州府吴县"条:"吴县　吴姑苏,阖闾迁都此。夫椒在县西南八十五里,即今西洞庭山,在太湖中。"[6]

---

[1] 李学勤:《东周与秦代文明》,上海人民出版社2007年,第120页。
[2] 白寿彝:《中国通史》第三卷中古时代(下),上海人民出版社1989年,第1035页。
[3] 杨宽:《战国史》,上海人民出版社1998年,第279页。
[4] 顾德融、朱顺龙:《春秋史》,上海人民出版社2001年,第245页。
[5] 吴树平:《顾栋高和他的春秋大事表》,见顾栋高:《春秋大事表》,中华书局1993年,第2—6页。
[6] 顾栋高:《春秋大事表》,中华书局1993年,第2694页。

（2）《春秋大事表·春秋列国疆域表》卷四"吴"（吴国）条："泰伯始居勾吴。今江南常州府无锡县东南三十里有泰伯城。迁于姑苏。今为苏州府治长洲县。阖闾始迁都于此。"[1]原表横排如下：

表6-1 《春秋大事表》"吴国"条

| 泰伯始居勾吴。
今江南常州府无锡县东南三十里有泰伯城。 | 迁于姑苏。
今为苏州府治长洲县。阖闾始迁都于此。 |

（3）《春秋大事表·春秋列国爵姓及存灭表》卷五与"吴国"相关的文字如下："国于梅里，今江南常州府无锡县东南三十里有太伯城。诸樊南徙吴，阖闾筑大城都之，今苏州府治是。"[2]原表横排如下：

表6-2 《春秋大事表》"春秋列国爵姓及存灭表"之"吴国"

国	爵	姓	始封	都	存灭
吴	子按《国语》本伯爵	姬	太王子太伯	国于梅里，今江南常州府无锡县东南三十里有太伯城。诸樊南徙吴，阖闾筑大城都之，今苏州府治是。	入《春秋》一百二十二年始见《传》。宣八。又十七年，寿梦二年始见《经》。成七。夫差十五年获麟。后八年灭于越。

4. 考古对"苏州城墙春秋时建、战国时重修"的"补正"和"证明"

2 500多年前就已经客观存在的苏州城，在后世不能不留下痕迹和遗存。对春秋时期的苏州史及吴国史研究来说，在强调"以文献材料为主"的同时，也要注重王国维所说的"地下之新材料"（即考古实证材料）所具有对"纸上之材料"（文献材料）的"补正"和"证明"作用。

（1）1957年南京博物院主持的平门考古，实际已完成苏州城墙文献与考古相契合的学术论证

1957年南京博物院主持的平门考古，是苏州历史上最早一次由考古部门（南京博物院）主持进行的严格意义上的考古调查。在该考古调查基础上产生的考古学专业报告——《苏州市和吴县新石器时代遗址调查》（以下简称《1957年考古报告》），刊于《考古》1961年第3期。这是苏州历史上最早的一篇考古学文献。其考古调查时，苏州城墙尚未拆去。因此，这次考古调查后，随着该考古报告中所说的苏州平门"完全是土城"的城墙消失，它已无法再次进行考古。从这

---

[1] 顾栋高:《春秋大事表》,中华书局1993年,第542页。
[2] 顾栋高:《春秋大事表》,中华书局1993年,第566页。

一意义上讲,它已不可复制。

《1957年考古报告》做如下叙述和结论:"苏州城四周外缘均环运河,内缘又有环城河,城墙筑于两河之间,从吴国建城以来,其变迁不大,历代修城,只在原城基上再增筑。我们采集的遗物多半是城墙下层的,如果这一层是吴越建城时的城墙,那么这些遗物就是吴越时代的东西,而其中又以印纹硬陶最多,这就给印纹硬陶的时代问题提出比较可靠的证据。""如文献记载说两地为春秋时代的越城及平门属实的话,则下层为新石器时代,上层为春秋末期无疑。所以,从已普遍发现为春秋战国时代的遗物来反证文献,同时也从文献记载来对证遗物,我们认为以几何形印纹硬陶为代表的遗址属于春秋战国时代是非常可能的。整个说来,本地区遗址的时代:新石器时代遗址约当西周至春秋时期,以几何形印纹硬陶为代表的遗址约当春秋战国时期。"[1]

图6-2 发表于《考古》1961年第3期,署名为南京博物院的《苏州市和吴县新石器时代遗址调查》(罗宗真执笔)一文首页书影

---

[1] 南京博物院:《苏州市和吴县新石器时代遗址调查》(罗宗真执笔),《考古》,1961年第3期。

由此可见,1957年考古在平门的"城墙下层"发掘出了"约当春秋战国时期"的"印纹硬陶"[1]。这一考古结论,与历代文献关于苏州古城建于春秋的文献记载相契合。按照王国维的"二重证据法"之"其已得证明者不能不加以肯定,可断言也"[2]的论述,故可断苏州为春秋城之言。因此,历经1957年考古,苏州城墙及苏州城的城址、年代,实际上已完成了它的学术论证。

(2)2005年苏州博物馆主持的平四路考古,其成果构成对"苏州城墙春秋时建、战国时重修"的考古论述链条

2005年苏州博物馆考古队对平四路垃圾中转站工地进行了调查和抢救性发掘。市政公用局规划建设的平四路垃圾中转站系市政府2005年实事工程,位于平门桥西约600米平四路北侧。为了处理好城市建设和文物保护的关系,摸清地下文物遗存的分布情况,为工程建设提供合理的选址,苏州博物馆受苏州市文物局委托,派出考古队(领队:闻惠芬;发掘:王霞、张铁军、金怡、姚晨辰、周官清)于2005年6月27日至11月5日对平四路垃圾中转站工地进行调查和抢救性发掘。本次考古成果为署名"王霞、金怡、姚晨辰、周官清"的考古报告《平四路垃圾中转站抢救性发掘简报》(以下简称《2005年平四路考古报告》),刊于苏州博物馆编《苏州文物考古新发现——苏州考古发掘报告专辑(2001—2006)》一书,由古吴轩出版社2007年出版。

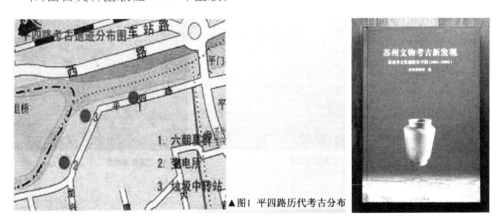

图6-3 《2005年平四路考古报告》所附"平四路历代考古分布"图(左)及苏州博物馆编《苏州文物考古新发现——苏州考古发掘报告专辑(2001—2006)》书影(右)

《2005年平四路考古报告》记述"第三期抢救性发掘"时说:"在下挖三号探

---

[1] 南京博物院:《苏州市和吴县新石器时代遗址调查》(罗宗真执笔),《考古》,1961年第3期。
[2] 王国维:《古史新证》,清华大学出版社1994年,第2页。

沟40厘米左右,发现坚硬黄土层分布,土中出有几何印纹陶片,根据其特征判断,时代为战国时期。为了弄清战国遗存和汉代城墙的关系,我们将二号探沟的北半部分与三号探沟地层同时下挖,发现汉代城墙叠压战国时期的黄土层,后经进一步的发掘,发现黄土层下有夯窝现象。在黄土层下发现战国时期的器物,其下为生土。苏州古城据文献记载具有2 500年的历史,但是至今拿不出依据,这次汉代城墙下压的有大片层叠夯窝的春秋战国时期夯土层的发现,非常重要。"[1]

"汉代城墙分地面和基槽两部分,基槽下挖破坏了战国文化层,战国文化层土质坚硬,我们在揭露时发现在两个层面下有夯窝现象,推测为人工堆筑并略经夯筑的遗迹,其下分布的五件陶器,是战国时代的遗物。"[2]

"二号探沟内汉代城墙下压的③—⑥层内陆续出土了一些几何印纹陶片、红褐色夹砂陶片、黑皮泥质软陶及原始瓷片。几何印纹陶中的麻布纹,规整的小窗格纹、小席纹以及黑皮软陶的出现等都是春秋战国时代的特征,这几层人工堆筑的层位应属战国春秋时期。"[3]

▲图12 二号探沟出土的战国陶罐

▲图11 二、三号探沟出土的几何印纹陶片

图6-4 《2005年平四路考古报告》所附二号探沟出土的战国陶罐(左)及二、三号探沟出土的几何印纹陶片(右)

联系上下文来看,以上引文最后一句的"战国春秋",或是为表达该"几层人

---

[1] 王霞、金怡、姚晨辰、周官清:《平四路垃圾中转站抢救性发掘简报》,见苏州博物馆:《苏州文物考古新发现——苏州考古发掘报告专辑(2001—2006)》,古吴轩出版社2007年,第328页。

[2] 王霞、金怡、姚晨辰、周官清:《平四路垃圾中转站抢救性发掘简报》,见苏州博物馆:《苏州文物考古新发现——苏州考古发掘报告专辑(2001—2006)》,古吴轩出版社2007年,第328页。

[3] 王霞、金怡、姚晨辰、周官清:《平四路垃圾中转站抢救性发掘简报》,见苏州博物馆:《苏州文物考古新发现——苏州考古发掘报告专辑(2001—2006)》,古吴轩出版社2007年,第330页。

工堆筑的层位"的年代顺序，或是"春秋战国"的行文笔误，但这并不致影响内容的表达。其描述的"二号探沟内汉代城墙下压的③—⑥层内陆续出土了一些几何印纹陶片、红褐色夹砂陶片、黑皮泥质软陶及原始瓷片。几何印纹陶中的麻布纹，规整的小窗格纹、小席纹以及黑皮软陶的出现等都是春秋战国时代的特征"，尤其是"这几层"系"人工堆筑的层位"其年代"应属春秋战国时期"。

这一段文字将平四路垃圾中转站处城墙的考古年代——春秋、战国已表述得非常清晰。本次考古的价值和意义即在于，它再次印证了文献关于苏州古城春秋时建、战国时重修的记载。

夯窝为夯杵夯土时留下的痕迹，以不同的排布夯实土层。各地文博、考古单位，对表明自己城市建城年代的夯土层极为珍惜。下列《2005 年平四路考古报告》所附夯窝照片、山东济南博物馆陈列的城子崖岳石文化晚期城墙的夯窝图片及郑州博物馆展出的郑州商城城墙夯土标本，谨录之以作参照、对比式的说明。

▲图5 二号探沟夯窝

○城子崖岳石文化晚期城墙的夯窝

图 6-5 《2005 年平四路考古报告》所附二号探沟夯窝照片（左）及
济南博物馆展出的山东城子崖岳石文化晚期城墙的夯窝图片（右）

图 6-6 郑州博物馆展出的郑州商城城墙夯土实物标本（左）及该标本说明标牌（右）（吴恩培摄）

上述《2005 年平四路考古报告》所附二号探沟夯窝照片，为我们留下了苏州古城的历史记忆。

平四路垃圾中转站位于平门桥西约 600 米平四路北侧，距平门不远。因此，这里的考古发现及成果与1957年"平门遗址"考古成果,实是互为印证。既构成了对"苏州城墙春秋时建、战国时重修"的考古论述链条,也打破了孤证不立的状况。

然值得一说的是,今苏州城墙博物馆展出的"早期城墙夯窝"实物标本,当为此次考古所留。然而令人困惑的是,前引且已公开出版的本次考古报告——《2005年平四路考古报告》中,已明确指出该"夯窝"的考古年代为"汉代城墙下压的有大片层叠夯窝的春秋战国时期夯土层"[1]。但展出时,其年代竟变成了"晚于战国"这一极为模糊的时间概念。显然,"晚于战国"或是指秦,或是指汉,或是指更后的时期了。且"晚于战国"的城墙"夯窝"与前列图片所示"二号探沟出土的战国陶罐",恰也形成如下悖论——"晚于战国"的城墙上出土了战国时期的陶罐。

图6-7　苏州城墙博物馆展出的"早期城墙夯窝"实物标本(左)
及该标本说明标牌(右)(吴恩培摄)

上述情况,本文不做展开。相关论述,另参阅笔者其他相关文献[2]。

(3) 2011年苏州市考古研究所对阊门北码头等古城墙的考古勘探发现战国时期堆积层

2011年6月,阊门北码头古城墙下发现战国时堆积层的消息见诸报端。这一"考古勘探"的发现,至今未见相关考古报告。相关内容,出自苏州纸质媒体报道。

其一,《苏州日报》的报道。

---

[1] 王霞、金怡、姚晨辰、周官清:《平四路垃圾中转站抢救性发掘简报》,见苏州博物馆:《苏州文物考古新发现——苏州考古发掘报告专辑(2001—2006)》,古吴轩出版社2007年,第328页。
[2] ① 吴恩培:《春秋"吴都"之争与苏州古城的历史地位》,《社会科学文摘》2016年第4期。② 吴恩培:《春秋"吴都""三都并峙"现状与苏州古城历史文化地位的叙述——近三十年来有关苏州古城历史的争论述论兼及纪念苏州古城建城二千五百三十周年》,《苏州教育学院学报》2016年第1期。该文另刊于徐静:《纪念苏州建城2530年学术研讨会文集》,古吴轩出版社2016年,第125—171页。③ 吴恩培:《文献典籍、考古材料相互关系下的苏州古城样本——兼及苏州城墙及苏州古城春秋时建、战国时修的考古印证》,《苏州教育学院学报》2013年第1期。

2011年6月17日《苏州日报》发表《苏州阊门北码头古城墙下发现战国时堆积层》(记者：吕继东，责任编辑：单晓冰)一文说："苏州阊门北码头古城墙下发现战国时期堆积层！这是从昨天在南园宾馆举行的'苏州吴越文化考古座谈会'上传来的消息。座谈会由中国考古学会理事长张忠培发起，来自苏浙皖沪等地的十余位考古专家学者各抒己见，就吴越文化考古的相关问题进行了深入的探讨。座谈会上，苏州市考古研究所的工作人员还就苏州阊门北码头古城墙考古勘探调查与发掘做了专题报告。据介绍，为了配合苏州古城墙修复工程及木渎春秋古城考古工作，苏州市考古研究所的工作人员分三期对阊门北码头、平门及相门段古城墙进行考古勘探。日前，考古工作人员对阊门北码头古城墙选取三段进行了考古勘探。据苏州市考古研究所工作人员介绍，阊门北码头城墙以土为主，混有砖块及石灰渣，主要修筑于明清时期。在对其中一段城墙进行剖面分析时发现，城墙上面几层为明代堆筑，其余的土层均为战国时期的。"

图6-8　苏州市考古研究所工作人员介绍，这段城墙剖面现出的土层是战国时期的(左)及专家们来到阊门北码头考古现场进行实地查看(右)[1]

其二，《姑苏晚报》的报道。

同日(2011年6月17日)《姑苏晚报》发表的该报记者李婷撰写的《阊门北码头城墙遗址发现战国堆积层》一文说："昨天，为配合苏州古城墙修复工程而进行的阊门北码头古城墙考古有了新发现，一段长约300米的明代古城墙直接'跨'在了一段战国堆积层上。据市考古研究所的工作人员介绍，在苏州现存的古城墙遗址中，阊门一带的地表上有三处遗存。不久前，考古人员针对此三处遗存进行了勘探调查与发掘。在总共8个工作点上，考古人员对B段北端的5号点、南端的2号点以及A段的3号点进行了挖掘。5号点城墙段南北走向，最高

---

[1]《苏州日报》，2011年6月17日。

处约8米,宽12—14米,东部是居民区的围墙,西部是明朝城墙外包的石条。地表以下的明代土层并不太厚,其下就是高约5米的战国堆积层。'因为从这个堆积层中发现了战国时期的印纹陶片,所以初步判断这个堆积层的时代为战国。'考古项目的负责人表示。在过去针对苏州古城墙的考古勘探与调查中,曾经在平门和相门古城墙遗址处发现了汉代城墙与水城门的遗迹。此次在城墙遗址中出土战国时期印纹陶片,尚属首次。"

上述报道中所称的"考古项目的负责人"所说的"此次在城墙遗址中出土战国时期印纹陶片,尚属首次",其实并不准确。无论是前文介绍的1957年南京博物院所做的平门遗址考古,抑或是2005年苏州本土考古工作者所做的平四路垃圾中转站抢救性考古发掘,都曾发现过印纹陶片。

综合上引两报(指《苏州日报》和《姑苏晚报》)报道,可见如下事实:

其一,苏州市考古研究所对阊门北码头等古城墙的作为是一次"考古勘探"行为。

其二,作为"考古勘探"的成果——"对其中一段城墙进行剖面分析时发现,城墙上面几层为明代堆筑,其余的土层均为战国时期的。"(《苏州日报》)"阊门北码头古城墙考古有了新发现,一段长约300米的明代古城墙直接'跨'在了一段战国堆积层上。""西部是明朝城墙外包的石条。地表以下的明代土层并不太厚,其下就是高约5米的战国堆积层。'因为从这个堆积层中发现了战国时期的印纹陶片,所以初步判断这个堆积层的时代为战国。'"(《姑苏晚报》)所有这些,都揭示阊门北码头古城墙与"战国时期的印纹陶片"和"战国堆积层"有着联系。

其三,成果发布或披露是在"苏州吴越文化考古座谈会"这一正式学术会议场合。

由于该段城墙的"考古勘探",在2011年4月苏州三段城墙(即相门段、阊门北码头段和平门段)修复工程正式开工前。而在该三段城墙修复时,上述报道中所称的阊门北码头段"高约5米的战国堆积层"等重新固化在北码头已修复的城墙之中。考古学是门科学,具有可验证的特点。而固化在北码头已修复的城墙之中的这一段"战国堆积层",无疑就成为苏州城墙和苏州古城能标明其出生年代、且可查验的检材和实证。

阊门北码头城墙位于平四路垃圾中转站西南,相距千余米,故这里城墙遗址发现的战国堆积层,与1957年平门城墙考古、2005年平四路城墙考古发现的春秋、战国遗存一起,共同构成了考古证据链条,也共同印证了前述的命题——"苏州城墙春秋时建、战国时重修",同时也印证了苏州古城春秋时建、战国时重修的命题。

四、黄歇修复古城的其他举措

黄歇重修的战国时的苏州古城,使得城市功能得以恢复。它表现在民居闾巷和宫室的恢复修建上。

(一) 民居闾巷

《越绝书》卷第二记载说:"吴诸里大闬,春申君所造。"[1]闬,巷门。故上句意为苏州诸多闾巷的门,为春申君所造。从这里可见,黄歇治吴时,苏州人口急剧增加,城市的闾巷、民居得以修复。

而唐陆广微《吴地记》则从微观的角度记载了战国时和春申君齐名的孟尝君食客冯驩迁居于吴的住宅并因其而得名的"弹铗巷"说:"冯驩宅,在吴县东北二里五十步。驩,孟尝君门下客,今有弹铗巷,其坟在侧,石碑见存。"[2]孟尝君门下食客冯驩,又作冯谖、冯煖,其"弹铗"事迹,见诸《史记·孟尝君列传》《战国策·齐策四》等文献记载。冯驩听说孟尝君乐于招揽宾客,便投奔了他。投奔后,冯驩"弹其剑而歌曰'长铗归来乎,食无鱼'"[3]。即冯驩说:"长剑啊,咱们回家吧!吃饭没有鱼。"孟尝君满足了他吃饭有鱼的要求后,冯驩"复弹剑而歌曰'长铗归来乎,出无舆'"[4]。即冯驩又弹着剑唱道:"长剑啊,咱们回去吧,出门没有车。"而孟尝君再次满足了他出行有车的要求后,冯驩再次"弹剑而歌曰'长铗归来乎,无以为家'。孟尝君不悦"[5]。而冯驩又弹着剑唱道:"长剑啊,咱们回家吧,没有办法养活家。"孟尝君听了很不高兴,但依然派人给冯驩的母亲送去衣食费用。其后,孟尝君让这位反复"弹铗"的食客去薛地收债。当冯驩问起,债务收完后,买些什么东西回来时,孟尝君让他"视吾家所寡有者"[6],意为,买点家中所缺的东西回来。冯驩(冯谖)到了封邑薛地后,"矫命以责赐诸民,因烧其券"[7]。即假托孟尝君之命,把这些债都还给了这些债民,并当场烧掉了这些欠条、借条之类的债券。回来后,孟尝君问他收债情况,并问他买了什

---

[1] 袁康、吴平:《越绝书》卷第二,上海古籍出版社1985年,第17页。
[2] 陆广微:《吴地记》,江苏古籍出版社1986年,第43页。
[3] 司马迁:《史记》卷七十五《孟尝君列传》,中华书局1959年,第2359页。
[4] 司马迁:《史记》卷七十五《孟尝君列传》,中华书局1959年,第2359页。
[5] 司马迁:《史记》卷七十五《孟尝君列传》,中华书局1959年,第2359页。
[6] 《战国策·齐策四》,见王锡荣、韩峥嵘译注:《战国策译注》,吉林文史出版社1998年,第283页。
[7] 《战国策·齐策四》,见王锡荣、韩峥嵘译注:《战国策译注》,吉林文史出版社1998年,第283页。

么东西回来。冯骥(冯谖)回答说,您说让我买些家里没有的。我私下思度,您宫中珍宝堆积、狗马充斥外厩,美女也充斥宫中,而"君家所寡有者以义耳!窃以为君市义"[1]。意为,您宫中缺少的是"义",故我私下里已为您买来了"义"。其时,孟尝君心中并不高兴,可一年后,当孟尝君被废而回到封邑薛地时,还差百里未到时,民众扶老携幼,已在道旁迎接他了。此时,孟尝君回头对冯骥(冯谖)说:"先生为我买的'义',我现在看到了。"这位孟尝君的门人食客,其后来到了春申君黄歇主政下的苏州,并"在吴县东北二里五十步"建其住宅。而该住宅所在的巷子,也因其事迹而称为"弹铗巷"。

北宋朱长文《吴郡图经续记》记载这一巷名说:"长铗巷,一名弹铗巷,在吴县东北二里。巷有冯煖宅。煖,客有齐孟尝君之门弹长铗而歌者也。"[2]接着又记载说:"旧传郡郭三百余巷,盖皆有名而失之,惜哉。"[3]意为和"弹铗巷"同时的苏州内城和外城,旧传有三百多条间巷,且这些间巷,都像"弹铗巷"一样而有着巷名名称。可惜的是,这些名称后来都丢失而湮灭了。

民国《吴县志》和近代王謇《宋平江城坊考》都对"弹铗巷"的地址进行了考证。民国《吴县志》卷第四十一《冢墓二》记载说:"冯煖墓,在弹铗巷,即煖所居,死葬其侧。至唐,墓碣犹存。互见第宅坊巷。按冯《志》,冯煖墓后有卫公子墓,今移入吴县。"[4]另,民国《吴县志》卷第二十四下《坊巷下》对上述"冯煖墓后有卫公子墓,今移入吴县"句,提出异议说:"铗弹巷,《吴地记》'冯骥宅,在吴县东北二里五十步。骥,孟尝君门下客,今有弹铗巷,其坟在侧,石碑见存。互见《冢墓门》。按:吴县迁近治在元、明之际,宋龙兴寺也。南宋在流化坊。北宋前,在东白塔子巷东口打急路桥。此云'东北',当在娄门附近。"[5]而参近代王謇《宋平江城坊考》的"弹铗巷"条,该条录上述唐陆广微《吴地记》:"'冯骥宅,在吴县东北二里五十步。骥,孟尝君门下客,今有弹铗巷,其坟在侧,石碑见存。'互见《冢墓门》。"[6]并予评述:"案:元明之际,吴县始迁近治,故龙兴寺也。南宋在流化坊。北宋前,在东白塔子巷东口打急路桥。此云'东北',当在娄门附近,惟冯骥墓当在齐(指齐门),不当在吴中,未知何以有此强有力之传说,或吴中

---

[1]《战国策·齐策四》,见王锡荣、韩峥嵘译注:《战国策译注》,吉林文史出版社1998年,第283页。
[2] 朱长文:《吴郡图经续记》卷下,江苏古籍出版社1986年,第61页。
[3] 朱长文:《吴郡图经续记》卷下,江苏古籍出版社1986年,第61页。
[4] 民国《吴县志》卷第四十一,苏州方志馆藏本。
[5] 民国《吴县志》卷第二十四下,苏州方志馆藏本。
[6] 王謇:《宋平江城坊考》,江苏古籍出版社1986年,第283页。

别有冯姓之人而沿误耶？"[1]由此可见，上述民国《吴县志》卷第二十四下《坊巷下》对"冯煖墓……今移入吴县"提出异议的文字为出自参与民国《吴县志》编纂的王謇（佩诤）之手。且王謇《宋平江城坊考》认为"弹铗巷"当在"娄门附近"。

综上，可以探窥出黄歇治吴的战国时期，苏州的民居闾巷曾达三百多条。而位于今娄门附近且因孟尝君门客冯驩宅于此而得名为"弹铗巷"的小巷，只不过是这众多闾巷留存于后世的一条而已。今苏州地名中已无"弹铗巷"。

（二）故吴旧都宫室的修复和城市公共设施的建设

故吴旧都苏州，历经越灭吴战争及楚灭越战争，昔日吴国的宫室和民居，历经战火破坏，已荒蔽不堪，成了"吴墟"。黄歇"以自为都邑"时，在故吴旧都城址的基础上，除进行了上述开掘、疏浚河道，修复城墙、城门的事宜外，还大建宫室，修复古城民居和城市公共设施。这些作为，见诸《越绝书》中的如下记载：

"南城宫，在长乐里，东到春申君府。"[2]

"胥女南小蜀山，春申君客卫公子冢也，去县三十五里。白石山，故为胥女山，春申君初封吴，过，更名为白石。去县四十里。"[3]

"今太守舍者，春申君所造，后壁屋以为桃夏宫。"[4]

"吴两仓，春申君所造。西仓名曰均输，东仓周一里八步。后烧。更始五年，太守李君治东仓为属县屋，不成。吴市者，春申君所造，阙两城以为市。在湖里。吴诸里大闲，春申君所造。吴狱庭，周三里，春申君时造。土山者，春申君时治以为贵人冢次，去县十六里。楚门，春申君所造。楚人从之，故为楚门。路丘大冢，春申君客冢。不立，以道终之。去县十里。"[5]

"今宫者，春申君子假君宫也。前殿屋盖地东西十七丈五尺，南北十五丈七尺。堂高四丈，十霤高丈八尺。殿屋盖地东西十五丈，南北十丈二尺七寸。户霤高丈二尺。库东乡屋南北四十丈八尺，上下户各二。南乡屋东西六十四丈四尺，上户四，下户三。西乡屋南北四十二丈九

---

[1] 王謇：《宋平江城坊考》，江苏古籍出版社1986年，第283页。
[2] 袁康、吴平：《越绝书》卷第二，上海古籍出版社1985年，第9页。
[3] 袁康、吴平：《越绝书》卷第二，上海古籍出版社1985年，第16页。
[4] 袁康、吴平：《越绝书》卷第二，上海古籍出版社1985年，第17页。
[5] 袁康、吴平：《越绝书》卷第二，上海古籍出版社1985年，第17页。

尺,上户三,下户二。凡百四十九丈一尺。檐高五丈二尺。霤高二丈九尺。周一里二百四十一步。春申君所造。"[1]

从以上记载可以看出,在苏州已成"吴墟"的凋敝情况下,黄歇及其子"假君"来到吴地,修复被战火毁坏的苏州城。在这一修复过程中,黄歇父子不仅建"城宫""府""舍"等官府建筑,同时还建有屯集物资的"仓"以及发展经济和用于商品交易的"吴市"。在城市管理方面,除前述吸引人口,建设民居外,更建设了与法治有关的"狱庭"即监狱,以及不同社会阶层人士使用的公共设施——墓地,即上述的"贵人冢"和"路丘大冢"等。在农业生产上,黄歇父子一方面倡导有着浓厚农耕文明色彩的民间祭祀活动——以牛祀历山;另一方面,在农田改造和农田水利建设上,施行"立塘""治以为陂"以及"凿语昭渎以东到大田"、"凿胥卑下以南注大湖,以写(泻)西野"等举措,从而有效地医治战争创伤,恢复并发展农业生产。

(三)司马迁百年后的南游"适楚""观春申君故城"的直观印证

对黄歇父子修复被战火毁坏的苏州城,西汉时司马迁在《史记·春申君列传》中说:"吾适楚,观春申君故城,宫室盛矣哉!"[2]对黄歇父子修复故吴旧都的宫室故城,既做出了形象的描述,更做出了积极的评价。而司马迁"适楚"距"黄歇治吴"的时间,梳理一下即可算出:

前述,公元前248年,黄歇请封江东至楚考烈王二十五年(前238),共十年。故黄歇治吴的具体时间为:公元前248年至公元前238年。

司马迁出生于汉景帝中元五年(前145),20岁时,司马迁游历各地,时为元朔三年(前126)左右。因此,公元前126年,司马迁游历时,距黄歇治吴的最后一年——公元前238年,相距112年。

这意味着,黄歇在原阖闾城址的基础上重修苏州古城百余年后,司马迁来此"观春申君故城",并做出"宫室盛矣哉"的评价。百余年的时间并不长,尽管是时历经秦汉相争的战火,苏州古城也难免再遭破坏。但司马迁"宫室盛矣"的直观印证,还是较客观地反映了战国晚期时黄歇治吴的作为。而司马迁曾经到过江东,即到过今天苏州一带考察,在《史记》中有多处叙述。如:《史记·太史公

---

[1] 袁康、吴平:《越绝书》卷第二,上海古籍出版社1985年,第17页。
[2] 司马迁:《史记》卷七十八《春申君列传》,中华书局1959年,第2399页。

自序》中司马迁说自己:"二十而南游江、淮,上会稽,探禹穴……"[1]而在《史记·河渠书》中司马迁又说:"余南登庐山,观禹疏九江,遂至于会稽太湟,上姑苏,望五湖……"[2]这些文字,与前引司马迁所说"吾适楚,观春申君故城,宫室盛矣哉!"实是互为印证,从而证实司马迁"上姑苏,望五湖"及"适楚,观春申君故城"等的实地考察活动。

五、后世吴地对黄歇的纪念

黄歇治吴,为战国时期江南地区及苏州城的复兴,做出了贡献,因而受到了当地民众的爱戴。前及《越绝书》中"白石山,故为胥女山,春申君初封吴,过,更名为白石"。"今宫者,春申君子假君宫也"以及"假君所思处"[3]等带有纪念性质的山名、宫室等,之所以流传后世,并为《越绝书》所记载,正是反映了这种社会情绪。

《越绝书》的前述记载,在后世苏州的方志记载中,又进一步沉淀和发展。如《越绝书》中提及的"陶夏宫",乾隆《吴县志》记载说:"《卢志》[4]云楚春申君所建,今迷其处。"[5]而在另一处中,则又粘连上汉代朱买臣的故事说:"府署旧名桃夏宫,春申君子假君殿。朱买臣载故妻到太守舍置园中给食,即其处。"[6]

明正德《姑苏志》卷第二十七记载后世的春申君庙说:"春申君庙,在子城内西南隅,祀楚黄歇也。唐天宝十载,郡守赵居贞重修,自唐以来,祀为城隍神,今废。惟东城土社神,犹称春申君云。"[7]乾隆《吴县志》记载了这一祠庙的具体位置及变迁:"春申君庙在钱驸马桥南,祀楚黄歇也。唐天宝十年,郡太守赵居贞重修,后祀为城隍神明移庙,今所尊为土社神。"[8]

同时,乾隆《吴县志》还记载了江南地区以黄歇之"黄"姓及春申君之"春申"等个人标记而命名的一些农田水利工程。如:"烈王十五年,楚春申君黄歇城故吴墟内,北渎四从五横,治水松江导流入海(后人因其姓黄,曰黄浦,亦曰春申浦)开港溉田(今曰黄浦港)开浦置上下屯(今曰申浦)。"[9]

---

[1] 司马迁:《史记》卷一三〇《太史公自序》,中华书局1959年,第3293页。
[2] 司马迁:《史记》卷二十九《河渠书》,中华书局1959年,第1415页。
[3] 袁康、吴平:《越绝书》卷第二,上海古籍出版社1985年,第18页。
[4] 指明洪武年间卢熊编纂的《苏州府志》。因苏州历史上以《苏州府志》命名的同名志书有多种。卢熊编纂的《苏州府志》或因编修年代被称为《洪武府志》,或因编纂者姓氏称为《卢志》。
[5] 乾隆《吴县志》卷二十二,苏州图书馆藏本。
[6] 乾隆《吴县志》卷二十九,苏州图书馆藏本。
[7] 王鏊:《姑苏志》卷第二十七,苏州方志馆藏本。
[8] 乾隆《吴县志》卷八十二,苏州图书馆藏本。
[9] 乾隆《吴县志》卷十六,苏州图书馆藏本。

今苏州王洗马巷内的春申君庙,建于明代,清同治间重修,一落三进,临街有戏楼,内有配殿、大殿和后殿等。而今苏州相城区另有古镇名"黄埭",即相传春申君黄歇曾动员民众于此兴修水利,筑成堰埭,故该地名初为春申埭,后改为黄埭而沿袭至今。另,今黄埭镇南的"春申湖",亦为纪念春申君黄歇的地理名称。

黄歇在吴地的其他地区,亦影响巨大。历史上,在无锡惠山下立有春申君祠,以春秋祭祀。惠山脚下的"黄公涧"(又称"春申涧")以及"黄埠墩"等,都因春申君黄歇而得名。此外,黄公涧还留有"春申君饮马处"的遗迹,该遗迹亦因附会春申君在此歇息饮马而得名。在江阴,相传黄歇开凿了申浦河、黄田港。而江阴的申港、黄田港之名,亦因春申君黄歇而得名。当地传说春申君死后葬于江阴君山西麓,故此山称为黄山。现山麓有清代乾隆年间所立墓碑,上镌"楚春申君黄歇之墓"。

而上海的简称"申",即源于楚春申君黄歇。今上海嘉定区黄渡镇,其得名民间传有两种说法。第一种说法是,春秋战国时期,治吴的黄歇受命伐秦,在此率军渡江而得名。另一种说法则是黄歇治吴时,曾率领部众出巡吴淞江,随后从陆皎浦摆渡过江。其摆渡处,被后人称"黄歇渡"或"横渡",后变迁为"黄渡"。今人熟知的上海黄浦江,又称为歇浦、黄歇浦。马学强《上海通史》第2卷(古代)指出,春申君治吴"有所政绩。黄浦江相传为春申君开凿,故又称春申浦"。但"此说显系后人牵强附会,因为战国之时黄浦江还未形成。不过,其时上海西部已经成陆,春申君到他的领地游历巡视,倒是完全可能的"[1]。

图6-9 苏州"王洗马巷"巷内的"春申君庙"(左)与今上海相传与黄歇有关而得名的"黄浦江"外滩(右)(吴恩培摄)

---

[1] 马学强:《上海通史》第2卷(古代),上海人民出版社1999年,第49页。

战国时期治吴的黄歇,在今日的苏南和上海地区留下了诸多烙上了"黄""申"等人个印记的纪念地。而历代的流传,则反映了后世对黄歇治吴、开发江南这一历史功绩的肯定与评价。

第三节　吴地入秦

秦国地处西陲,春秋时期和晋、齐、楚等被称为"四强"。这就是《史记·齐太公世家》所记载的"周室微,唯齐、楚、秦、晋为彊(强)"[1]。由于地处西部边远地区而远离中原,故春秋时秦和吴、楚、越等被中原文化视为"蛮夷"一样而被视为"戎狄"。战国时期,自秦孝公时任用商鞅变法革新,秦国崛起,因秦国执行重农、贪利(重视经济效益)、重视人才等政策,被关东六国视为"虎狼之国"。《史记·屈原贾生列传》中就记载:"屈平曰:'秦虎狼之国,不可信。'"[2]公元前246年,秦王嬴政执政。这一时期,经过春秋和战国长期的兼并战乱,中国社会逐渐向全国统一的趋势发展。而随着秦灭六国统一战争的开始,中国历史上第一个强大统一的帝国——秦帝国,即将在统一战争中诞生。

一、秦灭楚及吴地入秦

(一) 秦灭六国及灭楚的过程

秦灭六国及灭楚的过程见下表。为与前文所述的"黄歇治吴"作联系,从而有助建立起相应的时间和地域空间的对应,故该表时间起自黄歇徙封于吴,而止于秦统一六国。

表6-3　秦灭六国过程表

	楚纪元及其间大事记	秦纪元及秦灭六国过程
前248	楚考烈王十五年 【文献记载】《史记·六国年表》: "春申君(黄歇)徙封于吴。"[3]	
前246	楚考烈王十七年	秦王嬴政元年

---

[1] 司马迁:《史记》卷三十二《齐太公世家》,中华书局1959年,第1491页。
[2] 司马迁:《史记》卷八十四《屈原贾生列传》,中华书局1959年,第2484页。
[3] 司马迁:《史记》卷十五《六国年表》,中华书局1959年,第750页。

(续表)

	楚纪元及其间大事记	秦纪元及秦灭六国过程
前238	楚考烈王二十五年 【文献记载】《史记·楚世家》:"考烈王卒。"[1]《史记·六国年表》:"李园杀春申君(黄歇)。"[2]	秦王嬴政九年
前237	楚幽王元年	秦王嬴政十年
前230	楚幽王八年	秦王嬴政十七年——秦灭韩。 【文献记载】《史记·韩世家》:韩王安"九年,秦虏王安,尽入其地,为颍州郡。韩遂亡"[3]。《史记·六国年表》:"秦虏王安,秦灭韩。"[4]
前228	楚幽王十年 【文献记载】《史记·六国年表》:楚"幽王卒,弟郝立,为哀王。三月,负刍杀哀王"[5]。《史记·楚世家》:"哀王立二月余,哀王庶兄负刍之徒袭杀哀王而立负刍为王。"[6]	秦王嬴政十九年——秦虏赵王迁。 【文献记载】《史记·赵世家》:赵王迁"七年,秦人攻赵……以王迁降"[7]。《史记·六国年表》:"秦翦虏王迁邯郸,公子嘉自立为代王。"[8]
前227	楚王负刍元年 【文献记载】《史记·六国年表》:"负刍,哀王庶兄。"[9]	秦王嬴政二十年
前226	楚王负刍二年 【文献记载】《史记·六国年表》:"秦大破我(楚国),取十城。"[10]	秦王嬴政二十一年 【文献记载】《史记·六国年表》:"王贲击楚。"[11]
前225	楚王负刍三年	秦王嬴政二十二年——秦灭魏。 【文献记载】《史记·魏世家》:魏王假"三年,秦灌大梁,虏王假,遂灭魏以为郡县"[12]。

---

[1] 司马迁:《史记》卷四十《楚世家》,中华书局1959年,第1736页。
[2] 司马迁:《史记》卷十五《六国年表》,中华书局1959年,第752页。
[3] 司马迁:《史记》卷四十五《韩世家》,中华书局1959年,第1878页。
[4] 司马迁:《史记》卷十五《六国年表》,中华书局1959年,第754—755页。
[5] 司马迁:《史记》卷十五《六国年表》,中华书局1959年,第755页。
[6] 司马迁:《史记》卷四十《楚世家》,中华书局1959年,第1736页。
[7] 司马迁:《史记》卷四十三《赵世家》,中华书局1959年,第1832页。
[8] 司马迁:《史记》卷十五《六国年表》,中华书局1959年,第755页。
[9] 司马迁:《史记》卷十五《六国年表》,中华书局1959年,第755页。
[10] 司马迁:《史记》卷十五《六国年表》,中华书局1959年,第756页。
[11] 司马迁:《史记》卷十五《六国年表》,中华书局1959年,第756页。
[12] 司马迁:《史记》卷四十四《魏世家》,中华书局1959年,第1864页。

(续表)

	楚纪元及其间大事记	秦纪元及秦灭六国过程
前 224	楚王负刍四年 【文献记载】《史记·六国年表》："秦破我(楚国)将项燕。"[1]《史记·楚世家》：楚王负刍"四年，秦将王翦破我军于蕲，而杀将军项燕"[2]。	秦王嬴政二十三年 【文献记载】《史记·六国年表》："王翦、蒙武破楚，杀其将项燕。"[3]
前 223	楚王负刍五年 【文献记载】《史记·楚世家》：楚王负刍"五年，秦将王翦、蒙武遂破楚国，虏楚王负刍，灭楚名为郡云"[4]。《史记·六国年表》："王翦、蒙武破楚，虏其王负刍。"[5]	秦王嬴政二十四年——秦灭楚。 【文献记载】《史记·六国年表》："秦虏王负刍，秦灭楚。"[6]
前 222	楚纪元止，吴地入秦，秦置会稽郡，并于"故吴旧都"(苏州)置郡治"吴县"。本年(前 222)为东周之"战国时期"的最后一年。 【文献记载】《史记·秦始皇本纪》：秦王嬴政"二十五年……王翦遂定荆江南地；降越君，置会稽郡"[7]。	秦王嬴政二十五年——秦灭燕、灭赵。 【文献记载】《史记·燕召公世家》：燕王喜"三十三年，秦拔辽东，虏燕王喜，卒灭燕。是岁，秦将王贲亦虏代王嘉"[8]。《史记·六国年表》："王贲击燕，虏王喜，又击得代王嘉。""秦将王贲虏王嘉，秦灭赵。""秦虏王喜，拔辽东，秦灭燕。"[9]
	本年(前 222)为史称"战国时期"的最后一年，且"战国时期"于本年结束。	
前 221	秦王嬴政二十六年——秦灭齐。 【文献记载】《史记·田敬仲完世家》：齐王建"四十四年，秦兵击齐。齐王听相后胜计，不战，以兵降秦。秦虏王建，迁之共。遂灭齐为郡。天下壹并于秦，秦王政立号为皇帝"[10]。《史记·六国年表》："秦虏王建，秦灭齐。""王贲击齐，虏王建，初并天下，立为皇帝。"[11]《史记·秦本纪》："秦王政立二十六年，初并天下为三十六郡，号为始皇帝。"[12] 天下壹并于秦，即秦王朝统一中国，秦王嬴政"号为始皇帝"。由此，中国历史进入大一统的"秦朝"。故上年(前 222)与本年(前 221)，虽相隔一年，但已分别为两个不同历史时期的结尾和开头。即上年为"战国时期"之尾，而本年为六合一统后的"秦朝"的开头之年。	

---

[1] 司马迁：《史记》卷十五《六国年表》，中华书局 1959 年，第 756 页。
[2] 司马迁：《史记》卷四十《楚世家》，中华书局 1959 年，第 1737 页。
[3] 司马迁：《史记》卷十五《六国年表》，中华书局 1959 年，第 756 页。
[4] 司马迁：《史记》卷四十《楚世家》，中华书局 1959 年，第 1737 页。
[5] 司马迁：《史记》卷十五《六国年表》，中华书局 1959 年，第 756 页。
[6] 司马迁：《史记》卷十五《六国年表》，中华书局 1959 年，第 756 页。
[7] 司马迁：《史记》卷五《秦始皇本纪》，中华书局 1959 年，第 234 页。
[8] 司马迁：《史记》卷三十四《燕召公世家》，中华书局 1959 年，第 1561 页。
[9] 司马迁：《史记》卷十五《六国年表》，中华书局 1959 年，第 757 页。
[10] 司马迁：《史记》卷四十六《田敬仲完世家》，中华书局 1959 年，第 1902 页。
[11] 司马迁：《史记》卷十五《六国年表》，中华书局 1959 年，第 757 页。
[12] 司马迁：《史记》卷五《秦始皇本纪》，中华书局 1959 年，第 220 页。

从上表可以清晰地看出：

1. 秦灭六国的过程及先后次序

秦王嬴政十七年(前230)，秦灭韩。

秦王嬴政十九年(前228)，秦虏赵王迁，时赵公子嘉自立为代王。

秦王嬴政二十二年(前225)，秦灭魏。

秦王嬴政二十四年(前223)，秦灭楚。

秦王嬴政二十五年(前222)，秦灭燕，并随着王贲虏赵代王嘉而灭赵。

秦王嬴政二十六年(前221)，秦灭齐，天下壹并于秦，秦国完成中国历史的首次统一大业并转化为秦王朝。

2. 吴地入秦

吴地入秦，指的是春秋故吴地疆域并入"战国七雄"之一的秦国。这里的"故吴地"，见诸《史记·越王句践世家》记载楚威王兴兵伐越时，"大败越，杀王无疆，尽取故吴地至浙江"[1]。而"故吴地"所"入"之"秦"，其时为"战国七雄"(秦、楚、齐、赵、魏、韩、燕)之一的秦国。

如前表所述，公元前223年(楚王负刍五年，秦王嬴政二十四年)随着秦灭楚及楚国政治实体的消失，楚地地域整体地被秦国并吞。而曾经相继入越、入楚的"故吴地"，又随同楚地地域并入秦国。此时的秦国，尚未统一列国，即并未转化成为六合一统后的秦王朝。是时，尽管它已并吞了韩、赵、魏以及楚国，但赵公子嘉自立为代王的赵国尚未被灭，且燕国、齐国两国国体建制尚存。

而"秦国"和"秦朝"(即秦王朝、秦帝国)，为两个既有着区别，又有着联系的不同概念。其区别为本质区别，即二者分别为处于不同历史时期的两个既有区别，又相统一的政治实体。前者"秦国"为处于"先秦""东周"或"春秋""战国"等历史时期且为中国统一前的诸侯国；而后者"秦朝""秦王朝"、秦帝国等，则为中国历史上首先实现了大一统后的帝国。而二者的联系为：秦国在完成其统一大业后，随之华丽转身为大一统的秦帝国，即成为秦朝——秦王朝。

因此，"故吴地"并入秦国后，随着公元前221年(秦王嬴政二十六年)秦灭齐"天下壹并于秦"，即秦国完成其华丽转身而成为大一统的秦王朝后，"故吴地"又随之并入秦王朝，并成为秦王朝下属的一个地方性郡县行政区域。

3. 从黄歇徙封于吴到吴地入秦

公元前248年楚春申君黄歇徙封于吴，到公元前223年吴地入秦，其时相距

---

[1] 司马迁：《史记》卷四十一《越王句践世家》，中华书局1959年，第1751页。

25年。而从公元前238年楚春申君黄歇被刺,到公元前223年吴地入秦,其时相距15年。

二、秦置"会稽郡"与秦置"吴县"

(一) 秦推行郡县制

秦始皇灭六国并推行郡县制,将全国分为三十六郡(后另有增加)。郡县制,为中国古代继宗法血缘分封制度之后出现的以郡统县的两级地方行政制度。秦始皇兼并六国建立了统一的中央集权的封建王朝,并推行一整套从中央到地方的政治制度和行政制度来维持国家机器的运行。《史记·秦本纪》记载:"秦王政立二十六年,初并天下为三十六郡,号为始皇帝。"[1]《史记·秦始皇本纪》亦记为:"海内为郡县,法令由一统。"[2]"分天下以为三十六郡,郡置守、尉、监。"[3]

须指出的是,秦国推行的郡县设置,是与秦国兼并列国过程同步推行,而并非是秦王朝建立后才设置的。从实际情况来看,从公元前230年(秦王嬴政十七年)秦灭韩开始,至公元前221年(秦王嬴政二十六年)秦灭齐而统一中国止,十年中秦国成为秦王朝,其间大量被兼并的列国地域,随着原有的治理体系的崩溃和废除,亟须新的国家管理体系来替代并进行实际管理。而从上列表中也可以看出,吴、越地区(也包括其他地区)的郡县设置,在秦王朝建立前即已完成。故秦置"会稽郡"与"吴县",实际上先为秦国所置,而后为由秦国转身而成的秦王朝认可并继承。

(二) 秦置"会稽郡"秦置与"吴县"

公元前223年,秦将王翦率60万大军攻楚,俘虏楚王负刍。公元前222年,秦军攻占下楚地及是时尚未完成统一大业的秦国,于秦王嬴政"二十五年……置会稽郡"[4]。故秦置会稽郡为秦王朝建立前夜,并由秦国作为执行主体所施行的国家行政作为,其后为秦王朝认可并继承。是故,顾颉刚、史念海《中国疆域沿革史》将这一行政作为记载为"始皇二十五年(前222)置"[5]会稽郡。

---

[1] 司马迁:《史记》卷五《秦本纪》,中华书局1959年,第220页。
[2] 司马迁:《史记》卷六《秦始皇本纪》,中华书局1959年,第236页。
[3] 司马迁:《史记》卷六《秦始皇本纪》,中华书局1959年,第239页。
[4] 司马迁:《史记》卷六《秦始皇本纪》,中华书局1959年,第234页。
[5] 顾颉刚、史念海:《中国疆域沿革史》,商务印书馆2000年,第64页。

郡,为连接中央朝廷与地方县之间的行政机构,相当于后世的行省。故置郡必置郡治(相当于后世的省会)。该郡治往往为该郡首县。秦置"会稽郡"与该郡首县"吴县"及其他辖县的记载,见于《汉书·地理志上》,如下:

"会稽郡,秦置……县二十六:

吴,故国,周太伯所邑。具区泽在西,扬州薮,古文以为震泽。南江在南,东入海,扬州川。莽曰泰德。

曲阿,故云阳,莽曰凤美。

乌伤,莽曰乌孝。毗陵,季札所居。江在北,东入海,扬州川。莽曰毗坛。

余暨,萧山、潘水所出。东入海。莽曰余衍。

阳羡。

诸暨,莽曰疏虏。

无锡,有历山,春申君岁祠以牛。莽曰有锡。

山阴,会稽山在南。上有禹冢、禹井,扬州山。越王勾践本国。有灵文园。

丹徒。

余姚。

娄,有南武城,阖闾所起以候越。莽曰娄治。

上虞,有仇亭。

柯水,东入海。莽曰会稽。

海盐,故武原乡,有盐官。莽曰展武。

剡,莽曰尽忠。

由拳、柴辟,故就李乡,吴、越战地。

大末,穀水东北至钱唐入江。莽曰末治。

乌程,有欧阳亭。

句章,渠水东入海。

余杭,莽曰进睦。

鄞,有镇亭,有鲒埼亭。东南有天门水入海。有越天门山。莽曰谨。

钱唐,西部都尉治。武林山,武林水所出,东入海,行八百三十里,莽曰泉亭。

鄮，莽曰海治。

富春，莽曰诛岁。

冶。

回浦。南部都尉治。"[1]

上述含首县"吴县"在内的"县二十六"，均实录原文，为看清二十六县县名，作县名在句首前的排列。

战国时的秦国"置会稽郡"并于"故吴地"置郡治"吴县"，其县名为"吴"的原因，如顾颉刚所说："这地方的名称，称为吴县，从秦朝起，这因春秋之季吴国建都于此之故。"[2]

顾颉刚的判断，建立在以下基础上：公元前223年（秦王嬴政二十四年）秦灭楚并置"吴县"时，距公元前473年的吴国灭国整整250年；距上述公元前248年楚春申君黄歇徙封于吴，并以故吴旧都的"吴墟"为其封邑的中心城市时，相隔25年。而距春申君黄歇被刺，才15年。因此，秦于"故吴旧都"置"吴县"，不可能将其地望搞错。

相隔秦置"吴县"2 200余年后，有学者对前文所述无锡"阖闾城"进行"考古"后，宣称是处"初步推断阖闾城遗址为春秋时期吴王阖闾的都城"[3]。而其后在无锡举行的"无锡阖闾城遗址全国考古专家论证会"上，"国家文物局考古专家组组长黄景略代表专家组在无锡宣布，无锡'阖闾城遗址'可初步认定为公元前515年—公元前496年之间春秋时期一代吴王阖闾的都城"[4]。这些宣称或宣布的意思很明确：无锡"阖闾城"为"吴王阖闾的都城"即为春秋吴都。

然而，秦于"故吴旧都"置"吴县"，且"吴"县与"无锡"县在《汉书·地理志上》"会稽郡"所列"县二十六"中分列首县与第七的位置，却是流传近两千年。因此，2 500年后的上述"考古"结论，其实隐含着对秦置"吴县"进行否定的判断命题。这一判断命题是，太湖北岸的今无锡"阖闾城"为"吴王阖闾的都城"，故2 200余年前秦于太湖东南岸置"吴县"时，就将地望搞错了。其后中国历史上第一个中央政府秦王朝的对此认定，也连带着错了。而近2 000年前的东汉班固撰《汉书·地理志上》时，将"会稽郡""县二十六"中的"吴"县置为首县的郡治

---

[1] 班固：《汉书·地理志上》，中华书局1962年，第1590—1591页。
[2] 顾颉刚：《苏州的历史和文化》，见苏州市地方志编纂委员会办公室、苏州市档案局：《苏州史志资料选辑》第2期（内部发行，1984年9月编印），第1页。
[3] 张敏：《阖闾城遗址的考古调查及其保护设想》，《江汉考古》2008年第4期。
[4] 林杉：《阖闾城揽胜》，古吴轩出版社2013年，第93页。

位置,而将"无锡"县置于第七,更是记载错了。

然而,是 2 200 余年前的秦于"故吴旧都"置"吴县"将地望搞错,是 2 000 年前的东汉班固撰《汉书·地理志上》记载"县二十六"时位置记错,还是吴灭国 2 500 余年后的带有明显倾向性的"考古"结论错,答案其实是不言自明的。毕竟,古人并无文化资源争夺的概念。中国古代史家秉笔直书的学术传统,似不应置疑。

秦置"吴县"的行政认定,为中国历史上第一个中央政府在 2 200 多年前对"故吴旧都"(吴都)即为"吴县"的行政认定。以"吴"为名称的春秋吴国都城(吴都苏州)与"姑苏"及后世的"吴县"间的同一关系,向为史家采信并构成史学界的主流意见,前文"吴地入楚"章节已做相关论述,此处不再重复。而"吴县"的出现,也意味着秦置"吴县"与其后的"苏州"名称长期等同或并存。

附录:今日中央政府即国务院对"苏州,春秋时为吴国都城"的行政认定

1981 年,侯仁之、郑孝燮和单士元等专家进言,并经当时的国家基本建设委员会、国家文物事业管理局和国家城市建设总局采纳,1981 年 12 月 28 日,上述三部委向国务院上报《关于保护我国历史文化名城的请示》,在请示中提议将北京等 24 个有重大历史价值和革命意义的城市作为国家第一批历史文化名城,加强管理和保护。苏州为其中之一,简述的入选理由为:"苏州,春秋时为吴国都城"等。

1982 年 2 月 8 日,国务院下发《国务院批转国家基本建设委员会等部门关于保护我国历史文化名城的请示的通知》〔国发(1982)26 号〕。文件所附《国家第一批历史文化名城名单(24 个)》中,苏州名列第五。国务院批准并公布时,有关苏州古城历史地位的定义,即前述的"春秋时为吴国都城"[1]。因是国务院下发文件,故如今各地档案馆均藏有该文件(苏州市档案馆入藏该文件的相关数据为:卷宗《中央领导同志和国务院有关保护苏州古城风貌和今后建设方针的部分批示、文件》,第 24—26 页,1984 年 1 月 21 日。档号 C1—1—332)。

上述三部委的请示,经国务院批转后,呈文中的意见即已转化为国务院即中央政府的意见,从而体现为国家的意志了。而从秦置"吴县"及其所含的对"故吴旧都"即"吴县"的行政认定与今日中央政府即国务院对苏州"春秋时为吴国都城"的行政认定,其间文化精神的一脉相承,清晰而明了。

---

[1] 苏州市档案馆:《中央领导同志和国务院有关保护苏州古城风貌和今后建设方针的部分批示、文件》,第 24—26 页,1984 年 1 月 21 日。档号 C1—1—332。

第七章 吴国社会状况

第一节　农耕文明

春秋后期，第十九世吴王寿梦在晋国"制吴制楚"战略的推动下，相应制定了"联晋抗楚"国家战略。其后，吴国在对楚战争中，开始全面崛起，其中即包括吴国经济的提升。从吴王寿梦时期的"联晋抗楚"，到吴王阖闾时期的"兴霸成王"，再到吴王夫差"北上争霸"的前期，吴国的经济、包括吴国的农业、吴国的兵器制造等行业支撑住了上述不同时期的吴国对外战争。如前文述，夫差时期当在中原的吴国军团竟以歌声为隐语向鲁国大臣"乞粮"即乞讨式地求取粮食时，吴国的经济已支撑不住吴国的对外战争了。

以下，谨就吴国经济的不同层面做一分析。

一、农耕与蚕桑

（一）农耕

1. "其谷宜稻"与"善稻"

吴地的农耕稻作，有着历史渊源。早在新石器时代的马家浜时期，这一地区就出现了人工栽培稻和有灌溉系统的稻田。到过了几千年的春秋、战国时期，苏州及太湖地区的农耕稻作，作为当时人们获取食物来源的最基本的生产活动，得以传承和发展。

《周礼·职方氏》记载说："东南曰扬州……其谷宜稻"[1]，即反映了吴地当时有别于北方地区的水稻生产状况。吴王寿梦时期，吴国的领土已抵达今苏北淮泗一带。淮泗地区的盱眙，春秋时为吴地，名"伊缓"。春秋后期，晋国打算

---

[1]《周礼·职方氏》，见《周礼注疏》，北京大学出版社1999年，第870页。

为吴国加盟召开盟会时,派遣鲁国孟献子和卫国孙文子前往伊缓与吴国会面。他们对吴地地名"伊缓"竟"嫌从夷号"[1],"故不言伊缓,而言善稻"[2]。善稻,《春秋经》作"善道"。而《公羊传》《穀梁传》均作"善稻"。晋范宁《集解》对此所注的:"善稻,吴谓之伊缓。"[3]虽然反映了当时中原文化优势意识指导下对吴国"蛮夷"文化的歧视,但从《公羊传》《穀梁传》均作"善稻"来看,春秋时,吴地擅长稻作生产,或已为世人所知。

2. 开垦荒地与火耕水耨

吴国的农耕稻作生产取得的发展,与土地的开垦有关。阖闾上台之初和伍子胥"与谋国政"的谈话中曾说起吴国的种种不利因素,其中即有"仓库不设,田畴不垦"[4]。而其时伍子胥提出的多项对策中亦有"实仓廪"[5]的举措,意指鼓励开垦荒地,扩大种植面积,以解决吴国的粮食问题。而在鼓励开垦荒地的举措上,甚至吴国王室成员都予以参与。《越绝书》中即有关于王室成员采田的记载,如:"地门外塘波洋中世子塘者,故曰王世子造以为田。塘去县二十五里";"吴北野禹栎东所舍大畻者,吴王田也,去县八十里";"吴西野鹿陂者,吴王田也。今分为耦渎,胥卑虚,去县二十里";"吴北野胥主畻者,吴王女胥主田也,去县八十里"等。[6]这些记载或都是吴王或王室成员亲自指导开辟土地,所以称为"吴王田""吴王女胥(女婿)主田"[7]等。

上述的"畻",指的是烧种,即当时采用的主要耕作方式——火耕水耨。这种耕作方式是先把田中的草木用火焚烧,然后再撒谷下种。司马迁在《史记·货殖列传》中谈到当时长江流域的社会生活状况时,将其描绘成"楚越之地,地广人稀,饭稻羹鱼,或火耕而水耨"[8]。张守节《史记正义》对之注释说:"言风草下种,苗生大而草生小,以水灌之,则草死而苗无损也。耨,除草也。"[9]以这样的耕作方式耕种的田,即叫作"畻田"。这种耕作方法至西汉时,还屡见文献记载。如司马迁《史记·平准书》记载汉武帝时,山东等地遭受黄河水灾,数年颗粒无收,在方圆一二千里之间,竟发生人吃人的极端事件。故汉武帝下诏书说:"江

---

[1] 范宁:《集解》,见《春秋穀梁传注疏》,北京大学出版社1999年,第247页。
[2] 范宁:《集解》,见《春秋穀梁传注疏》,北京大学出版社1999年,第247页。
[3] 范宁:《集解》,见《春秋穀梁传注疏》,北京大学出版社1999年,第246—247页。
[4] 赵晔:《吴越春秋》卷四,江苏古籍出版社1986年,第24页。
[5] 赵晔:《吴越春秋》卷四,江苏古籍出版社1986年,第25页。
[6] 袁康、吴平:《越绝书》卷第二,上海古籍出版社1985年,第13页。
[7] 袁康、吴平:《越绝书》卷第二,上海古籍出版社1985年,第13页。
[8] 司马迁:《史记》卷一二九《货殖列传》,中华书局1959年,第3270页。
[9] 张守节:《史记正义》,见司马迁:《史记》,中华书局1959年,第3270页。

南火耕水耨,令饥民得流就食江淮间,欲留,留处。"[1]意指,江南地区火耕水耨,命饥民可流亡到江淮之间寻口饭吃,想留在那里的,可在那里定居。对上述"江南火耕水耨",南朝刘宋裴骃《史记集解》引东汉应劭说法:"烧草,下水种稻,草与稻并生,高七八寸,因悉芟去,复下水灌之,草死,独稻长,所谓火耕水耨也。"[2]

《国语·吴语》记载夫差还自伐齐时责备伍子胥时所说:"昔吾先王体德明圣,达于上帝,譬如农夫作耦,以刈杀四方之蓬蒿。"[3]指的就是阖闾当年鼓励农民披荆斩棘、开垦荒地的情景。

有学者从江南各地出土的青铜农具这一视角指出:"在今江苏苏州、仪征、溧水、丹徒、丹阳、六合、昆山、武进,浙江海宁、嘉善、长兴,上海金山,安徽贵池、舒城、怀宁等地出土了大量的青铜农具,计有镰、锄、䦆、铚等器物。铜镰正面多置箆纹,形成整齐而密集的沟槽,刃部呈锯齿形,弥补了铜镰缺乏利刃的不足。铜䦆呈角状的V形,两翼正面有竖向平行的箆文,延长至刃部成锯齿,背部多平整光素,两翼中间有连铸的楔形銎部及横栏。这些农具的进步,促使吴国农业的发展。"[4]而"从春秋战国到明清,是我国漫长的封建社会时代,也是吴地的农业经济逐渐由落后走向先进,由单一走向多元,由纯粹的农业型走向复合的农商型的重要时期,这具体表现在当时吴地的农业在作物结构上逐渐由单一的稻作农业向稻麦混合农业,然后再向稻麦豆油桑棉等多元农业发展;在耕作制度上逐渐由刀耕火种向火耕水耨,再向犁耕转化,然后再向水耕和旱作结合转化;在生产方式上逐渐由单一的自给自足自然经济向自给自足与商品贸易相结合的农商经济转型等等方面。这些方面的种种变化,充分反映了吴地的农业经济逐渐由落后走向先进,由传统走向现代的事实,充分展示了吴地人民在开创农业文明史上所走过的道路"[5]。

3."与越粟万石"与"禾稼登熟"

《吴越春秋》卷九记载,吴王夫差曾一次就"与越粟万石"[6]即一次就借贷

---

[1] 司马迁:《史记》卷三十《平准书》,中华书局1959年,第1437页。
[2] 裴骃:《史记集解》,见司马迁:《史记》,中华书局1959年,第1437页。
[3] 上海师范大学古籍整理研究所校点:《国语·吴语》,上海古籍出版社1998年,第601页。
[4] 戈春源、叶文宪:《吴国史》,人民出版社2001年,第185页。
[5] 蔡丰明:《吴文化概论·吴地的农耕蚕桑》,见吴恩培:《吴文化概论》,东南大学出版社2006年,第75—76页。
[6] 赵晔:《吴越春秋》卷九,江苏古籍出版社1986年,第125页。

给越国稻谷"万石"。到了次年,"越王粟稔,拣择精粟而蒸,还于吴"[1],意即越国稻谷丰收,挑选了上等的稻谷把它们蒸熟再还给吴国。而不知越人之计的吴王夫差,将越国还来的这些已蒸过的稻谷作为种子,结果吴国这年大闹饥荒。这一文献资料尽管反映的是吴、越争战时,以破坏对方的农业经济作为削弱对方国力的一种手段,但是吴国一次就能贷出数量庞大的稻谷"万石",也足见当时吴国的水稻生产已达相当的水平。而从《越绝书》记载的"吴王夫差之时,其民殷众,禾稼登熟"[2]则可看出,这一时期吴国的农业发达和百姓生活的富足。

如前文述,当身处中原的吴国军团竟向鲁国大臣"乞粮"时,不排除其中吴国军粮运输中出现的问题,但连年战争导致的吴国农业已无法支撑吴国对外用兵,却是不争的事实。

(二) 蚕桑与丝织品生产

吴地养蚕植桑的历史十分悠久。前文所述的古代文献记载的中国最早因争蚕桑而引发的经济战争,就发生在吴、楚之间。《史记·吴太伯世家》《史记·楚世家》和《史记·伍子胥列传》等,都记载了吴、楚间这场名为"争桑之战"或"蚕桑之战"的经济战争。

《史记》记载的这一战争说明,春秋时期,吴、楚两地的百姓都因养蚕而在民间发生"争桑相攻"终引发两国间的战争。在这一战争背后,可以窥见种桑养蚕,在春秋时期已成为吴国重要的经济产业。

蚕桑业的发展,直接促进了吴地丝织业的发展。春秋时期,吴国的丝织生产水平已有了很大提高,丝织品的品种已经有了"缟"的名称。吴王馀昧执政之初,派遣其弟公子季札访问中原列国。季札到郑国访问,见到子产,像是老相识一般,他向子产赠送了白绢大带,子产也回赠他麻织的衣裳。缟带,即白色的绢带。这就是《左传·襄公二十九年》记载的季札"聘于郑,见子产,如旧相识,与之缟带,子产献纻衣焉"[3]。晋杜预《春秋经传集解》对之注曰:"吴地贵缟,郑地贵纻,故各献己所贵,示损己而不为彼货利。"[4]后世以"缟纻"和"缟纻之交"来比喻交情笃深和朋友间的互相馈赠。

唐代陆广微《吴地记》记载了当时吴都(今苏州)城内因吴国官营纺织机构

---

[1] 赵晔:《吴越春秋》卷九,江苏古籍出版社1986年,第125页。
[2] 袁康、吴平:《越绝书》卷第十,上海古籍出版社1985年,第73页。
[3] 《左传·襄公二十九年》,见《春秋左传正义》,北京大学出版社1999年,第1108页。
[4] 杜预注,见杜预:《春秋经传集解》,上海古籍出版社1978年,第1129页。

所在地形成的地名说:"织里,今织里桥,在丽娃乡,俗呼失履桥、利娃乡,讹也。"〔1〕

吴地丝织业的发展,直接导致丝织品服饰的发展。吴王僚执政时,晋国国君晋平公派老臣叔向出使吴国。对叔向的到来,吴人举行了盛大的欢迎仪式。在欢迎的人群中,"有绣衣而豹裘者,有锦衣而狐裘者"〔2〕。从吴地欢迎人群服饰中的这些"绣衣""锦衣"来看,当时已出现华丽而又各式各样的丝织品服饰。

二、水利与交通

(一) 水上交通及农田灌溉

先秦时吴地地处太湖流域的水网地区,湖泊众多。在这样的自然条件下,吴地的交通工具为"水行山处,以船为车,以楫为马"〔3〕,故当时,船舶便成为江南及吴地最主要同时也是最普遍的交通工具。这一时期吴地的水利工程,更多是出于利于水上交通运输的考虑。在保持交通运输功能的同时,这些水利工程也成为江南农田灌溉水系的一部分。

1. 沟通苏、锡间的水道——泰伯渎

吴国早期著名的人工运河为泰伯渎。泰伯渎,简称伯渎,又称伯渎河、伯渎港。相传是泰伯南奔后,为备民之旱涝而开凿的一条人工河道,是现今江南最古老的人工运河之一。今泰伯渎全长24公里,从无锡市区南门开始,东南流经坊前、梅村、荡口诸镇,注入今苏州境内的漕湖。漕湖现位于苏州相城区北桥镇境内,与常熟、无锡交界,水面1.02万亩。古代的泰伯渎同时也是沟通苏、锡两地间的一条重要水道,延续至今。

2. 沟通太湖与江淮地区间的水上航道

春秋时,吴、楚战争中吴国水军战船从太湖至两国争夺的江淮地区,当有以下三条水道:

其一,因历史上的淮河是一条独流入海的河流,故其时战船从太湖入淮,当经太湖下泄水道(松江、娄江等),经长江口入海。入海后,再北上绕至淮河入海处,溯淮而上。

前文叙述吴王夫差黄池盟会时,《国语·吴语》记载越王勾践乘吴国后方空

---

〔1〕 陆广微:《吴地记》,江苏古籍出版社1986年,第40页。
〔2〕 刘向:《说苑·正谏》,见刘向著、钱宗武译:《白话说苑》,岳麓书社1994年,第405页。
〔3〕 袁康、吴平:《越绝书》卷第八,上海古籍出版社1985年,第58页。

虚而伐吴,且"越王句践乃命范蠡、舌庸,率师沿海泝淮以绝吴路"〔1〕。意即越王勾践命令范蠡和舌庸,率兵沿海岸上行至淮河,以断绝吴军的归路。越军所选以绝吴军后路的或即为这一水道。

其二,战船从太湖下泄水道至长江口,不入海溯江而上,在今芜湖西北含山县东关镇境内濡须口,入巢湖、居巢等,进入淮河流域。

吴王寿梦时,在晋国"联吴制楚"战略作用下,吴、楚同盟关系瓦解,"吴始伐楚,伐巢,伐徐"〔2〕。其后,吴王诸樊时伐楚并战死于"巢"。因沟通太湖至长江的水道——胥溪,其时尚未开凿,故是时吴国战船运输兵员、物资等而至淮河流域,极可能由此水道进入。这一时期的吴国战船,主要承担运输兵员、物资的非作战任务,故与前文所说吴诸樊十二年(前549)"楚子为舟师以伐吴"〔3〕为春秋时期第一次使用水军作战的文献记载,并不相悖。其后,吴王馀眛、吴王僚时,吴、楚争夺于淮河流域曾发生多场战争,在这多场战事中吴国运输兵员、物资等的战船,均可能由此水道而进入淮河流域。

其三,沟通太湖与长江的水道——胥溪。前文所述吴王阖闾时的伐楚入郢,吴军即由此水道而长途奔袭楚国。

这一从太湖至芜湖而注入长江的水道,为从太湖进入长江中游地区的最短水道,但其中一段需人工开挖以沟通。这一人工开挖的水道即"胥溪运河,又名伍堰河,又名中河。介于江苏高淳、溧阳两县之间,西连固城、石臼、丹阳诸湖在安徽芜湖市通于长江,东接荆溪由江苏宜兴通于太湖"〔4〕。对之,清代地理学家胡渭在《禹贡锥指》中从历史、地理的角度,阐释这条水道系春秋时吴王阖闾所掘,他说:明代"韩邦宪《广通坝考》曰:广通镇在高淳县东五十里。世所谓五堰者也。西有固城、石臼、丹阳南湖,受宣、歙、金陵、姑孰、广德及大江水,东边三塔湖、长荡湖、荆溪、震泽,中有三五里颇高阜。春秋时吴王阖庐(即阖闾)伐楚,用伍员(即伍子胥)计,开渠以运粮。今尚名胥溪及旁有伍牙山。《左传》襄公三年:楚子重伐吴,克鸠兹,至于衡山。哀公十五年(指《左传·哀公十五年》),楚子西、子期伐吴,及桐汭。盖由此道。镇西有固城邑遗址,则吴所筑,以拒楚者也。自是湖流相通,东南连两浙,西入大江,舟行无阻矣。而汉、唐来言地理者,遂以为水源本通。《汉书·地理志》云:中江出芜湖县西南,至阳羡入海。《后汉

---

〔1〕 上海师范大学古籍整理研究所校点:《国语·吴语》,上海古籍出版社1998年,第604页。
〔2〕 《左传·成公七年》,见《春秋左传正义》,北京大学出版社1999年,第729页。
〔3〕 《左传·襄公二十四年》,见《春秋左传正义》,北京大学出版社1999年,第1005页。
〔4〕 魏嵩山:《胥溪运河的形成过程》,《复旦学报》历史地理专辑,1980年增刊。

书·郡国志》云：中江在芜湖县西。孔颖达《书义疏》(即《尚书义疏》)亦引汉史为证。盖皆指吴所开者。为《禹贡》三江故道耳。邦宪字子成，高淳县人。嘉靖乙未进士，官屯田员外郎，著为此论，真前人所未发。或曰胥溪为吴开，出何典记？曰：《河渠书》(指《史记·河渠书》)云：于楚，西方则通渠汉川、云梦之际，东方则通沟江淮之间；于吴，则通渠三江、五湖。盖通江于淮，即夫差所开之邗沟，通湖于江，即阖庐(阖闾)所开之胥溪也。韩氏之言信而有征矣"[1]。这段文献记载，把春秋时吴王阖庐伐楚，采用伍子胥之计，开掘胥溪以运粮，表述得十分清楚。而《太湖备考》卷一则记载说："胥溪在广通镇，即广通坝水。春秋时，吴伐楚，伍员开此运粮，由芜湖达震泽。……中间十八里即伍员所开之胥溪，苏、常之水利一大关锁也。"[2]因此，这一人工凿成的胥溪，尽管是吴王阖闾时期为吴伐楚战争所开的运粮水道，但其作为一项水利工程，在农业灌溉中的作用不言而喻。

而在苏州境内，"早在春秋时期，江南的水利工程就已开始进行。吴王阖闾命伍子胥开挖了胥溪。太湖湖口到横塘胥江的河道，就是胥溪的一部分"[3]。按此，苏州境内自胥门经吴中区胥口镇入太湖的水道——胥江，当亦为胥溪之一段。

从当时吴、楚争斗的形势看，吴国开凿这条运河，和吴王夫差时开挖邗沟一样，完全是为军事战备需要。而从开凿的时间来看，当在公元前506年(吴阖闾九年)"吴伐楚"前。另从其作用、效能来看，正是在吴王阖闾时的伐楚之战时，吴军从太湖经胥溪而入长江，抵达吴国所控制的江淮地区后"舍舟于淮汭，自豫章与楚夹汉"[4]。即吴军抵达淮河流域后，把船停在淮河弯曲处，从豫章进发，和楚军隔着汉水对峙，从而证实了吴国开掘胥溪的军事目的。再从这一水利工程的可行性来讲，相对于后世吴国开挖的邗沟，胥溪开挖的工程量并不大。前引胡渭在《禹贡锥指》所说的"通湖于江"不过是"中有三五里颇高阜"；而即使如《太湖备考》卷一所说，也不过"中间十八里"而已。因此，这条不太长的人工运河开挖，无论是从当时的生产工具水平，还是从当时吴国的生产力发展状况等来看，当都不存在任何困难。

---

[1] 胡渭：《禹贡锥指》，上海古籍出版社2006年，第161页。
[2] 金友理：《太湖备考》卷一，江苏古籍出版社1998年，第37—38页。
[3] 岳俊杰、蔡涵刚、高志罡：《苏州文化手册》，上海人民出版社1993年，第20页。
[4] 《左传·定公四年》，见《春秋左传正义》，北京大学出版社1999年，第1553页。

3. 胥浦

乾隆《吴县志》记载,春秋时伍子胥还开凿了一条"胥浦":"周敬王二十五年,吴行人伍员凿河自长泖接界泾,而东尽纳惠高、彭巷、处士、沥渎诸水,后人颂其功名曰胥浦。"[1]

周敬王二十五年,为公元前495年(吴夫差元年);"界泾",今上海青浦有"界泾港"地名,或与上述记载的"界泾"有关。故从其地理位置及时间点分析,胥浦的开掘极有可能与吴王夫差执政之初对越战争需要有关。当然,也不排除为构建当时吴国农田灌溉水系的可能。

4. 沟通太湖与石湖的水道——越溪

越溪,又名越来溪。越溪与越城俱为春秋时吴、越争战之旧迹。越溪为春秋时期越国开凿的从太湖通往石湖以与越城保持联系的一条人工运河,开凿目的与胥溪等相同,均为战争时期的交通运输而凿。所不同的是,此溪开凿主体为越国,故名为越溪、越来溪等。后世,该溪在联结太湖、保持航运功能的同时,也成为江南农田灌溉水系的一部分。

5. 沟通长江与淮河的水道——邗沟

前文已述,春秋时期,吴国最著名的水利工程为吴王夫差时期所开凿的邗沟。该工程地处长江以北的吴国境内,为中国最早沟通江(长江)淮(淮河)的一段人工运河。尽管其开凿目的是为了吴国伐齐战争时"通粮道也"[2],但后世以此为基础而南北延伸为京杭大运河后,该水道对中国南北经济、交通的影响,无法以经济价值估算。京杭大运河始掘于春秋时期,完成于隋朝,繁荣于唐宋,取直于元代,疏通于明清的人工运河,从吴王夫差于吴夫差十年(前486)始凿,至公元1293年全线通航,前后共持续了1779年。作为世界上开凿最早、最长的一条人工河道目前仍是我国仅次于长江的第二条"黄金水道"。

6. 自海入齐的海上航行

作为春秋时期吴国水上交通而征战的一个特例,吴王夫差第一次伐齐时,"徐承帅舟师,将自海入齐,齐人败之,吴师乃还"[3]。其意义如前文所述,它已不属内河、内湖航行,而为文献记载的中国历史上的第一次海战。

---

[1] 乾隆《吴县志》卷十六,苏州图书馆藏本。
[2] 杜预注,见杜预:《春秋经传集解》,上海古籍出版社1978年,第1762页。
[3] 《左传·哀公十年》,见《春秋左传正义》,北京大学出版社1999年,第1653页。

(二) 苏州城内的水系与航道

苏州城(吴大城、阖闾城)的城内河道水系,多是出于城内水上交通运输的需要。如前文所述黄歇治吴时的"大内北渎,四从五横"[1]即在苏州城内挖掘、疏浚城内河道体系。

这些城内河道体系的功能,主要有二:其一,为承担城内物资运输、物资交换的航运交通功能。战国时黄歇开掘的"四从五横"河道体系,已初步显示出苏州古城的水城性质及其星罗棋布的水网格局雏形。对城中临水而居的市民来说,其生活资料(粮食、炊事燃料及菜蔬等),主要依赖于这一河道体系的物资运输功能。而从《吴越春秋》"水行山处,以船为车,以楫为马"[2]及《越绝书》的类似记载来看,也不排除人们的出行也依赖于城内这些河道体系。其二,城内这些河道体系同时承担着城内的排涝和太湖水等的下泄功能。

(三) 春秋时期吴国与中原联系的陆上交通

吴国地处东南沿海,与中原地区的交通主要依赖于陆上通道,即学者所说吴"通晋之道"[3]。这些陆上通道某些节点即战略要点的控制,往往伴随着战争。现仅对前文已叙述的春秋时期吴、晋间存在着的陆上通道做一梳理和总括。

1."郯道""莒道"与"东道"

吴寿梦二年(前584),吴国北上伐郯。其因可能有二:一为晋、楚争霸政治格局下的代理人战争;另一种则系吴国自身需求——打通与中原国家的联系通道。故有学者对此指出说,吴"伐郯之役,盖欲启通晋之道,与'上国'之盟会,非欲侵犯中原也"[4]。其后,晋国联合齐、鲁、邾国一同伐郯。其目的即是从吴国手中夺回对郯国的控制权,同时,将这条经过郯国通往吴国陆上通道——"郯道",控制在自己手里。

吴伐郯的次年(即吴寿梦三年,前583),申公巫臣为执行晋国"联吴制楚"战略,从晋国南下而"假道于莒"[5],即借道从莒国通过。有学者指出:"是时吴、晋通路在莒,故巫臣如吴'假道于莒'。"[6]这条与"莒""郯"相连的道路,其向

---

[1] 张守节:《史记正义》,见司马迁:《史记》,中华书局1959年,第2394页。
[2] 赵晔:《吴越春秋》卷十,江苏古籍出版社1986年,第151页。
[3] 童书业:《春秋左传研究》,上海人民出版社1980年,第79页。
[4] 童书业:《春秋左传研究》,上海人民出版社1980年,第79页。
[5] 《左传·成公八年》,见《春秋左传正义》,北京大学出版社1999年,第734页。
[6] 童书业:《春秋左传研究》,上海人民出版社1980年,第79页。

北延伸段即与齐、与鲁相连。

这一条与齐、鲁相连通道的今山东境内段,为历史上就曾存在且为多部文献记载过的南北通道——"东道"。文献记载并出现的这一"东道",与齐桓公走向称霸之时的家庭生活矛盾所引发的齐、蔡国家关系有关。《左传·僖公三年》载:"齐侯与蔡姬乘舟于囿,荡公。公惧,变色。禁之,不可。公怒,归之,未绝之也。蔡人嫁之。"[1]即齐桓公二十九年(前657),齐桓公与夫人之一的蔡姬乘船游玩。蔡姬熟悉水性,故摇晃船只,调情式地颠簸桓公。桓公害怕而命她停止,可玩疯了的她仍不停止。下船之后,齐桓公极为恼怒,于是把这位玩得太过火的蔡姬送归其娘家蔡国,但又不断绝婚姻关系。对这"未绝之也",《史记·齐太公世家》表述为"弗绝"[2]。它无非指两种情况:一为齐桓公或只是想对蔡姬加以惩处,但还不想恩断义绝;二是让这婚姻关系处于不死不活的冷冻状态而把蔡姬挂起来,让你不好再嫁人。对此,蔡姬的哥哥蔡缪侯无法接受,于是《左传》上述的"蔡人嫁之",在《史记·管蔡世家》中就明确地表述为"蔡侯怒,嫁其弟"[3],即蔡姬的哥哥蔡缪侯发怒而将妹妹蔡姬去另嫁人了。但,这又让婚姻关系"未绝之也"的齐桓公接受不了了——把尚存婚姻关系的我的夫人又嫁给别人,这让我情何以堪、颜面何在?于是"齐桓公怒,伐蔡;蔡溃,遂虏缪侯"[4]。这一夫妻间嬉闹的家事,终逐步升级为有着姻亲关系间的国家战争。而充满霸气的齐桓公,非但把舅大爷蔡缪侯给逮起来,在蔡国被击溃后,又把因地缘关系是时已控制蔡国的楚国顺带给打了。这就是《左传·僖公四年》记载的:"齐侯以诸侯之师侵蔡。蔡溃。遂伐楚。"[5]而这一切背后的政治原因,则是"齐桓公始霸,楚亦始大"[6]。即齐桓公始霸时,楚国也开始崛起。齐、楚间对中原地区的争夺,处于均势下的对峙,故后双方只能坐下来谈而"盟于召陵"[7]——在召陵(今河南郾城县东)双方签订了和约。签约后,双方退兵。齐国联军进兵时,陈国或已受扰匪浅,故其时陈国大夫辕涛涂担心齐国联军退兵时使陈国再次受扰,于是对郑国的申侯说,列国军队仍取原道退回,那我们陈、郑两国还得为军队提供物资、军粮,还得挨累受扰。而"若出于东方,观兵于东夷,循海而归,其可

---

[1] 《左传·僖公三年》,见《春秋左传正义》,北京大学出版社1999年,第327页。
[2] 司马迁:《史记》卷三十二《齐太公世家》,中华书局1959年,第1489页。
[3] 司马迁:《史记》卷三十五《管蔡世家》,中华书局1959年,第1567页。
[4] 司马迁:《史记》卷三十五《管蔡世家》,中华书局1959年,第1567页。
[5] 《左传·僖公四年》,见《春秋左传正义》,北京大学出版社1999年,第329页。
[6] 司马迁:《史记》卷四十《楚世家》,中华书局1959年,第1696页。
[7] 《春秋经·僖公四年》,见《春秋左传正义》,北京大学出版社1999年,第328页。

也"[1]。即如果齐国军队向东边回师,同时向东夷炫耀武力,并循着海道回国,这样就好了。申侯说:"好!"辕涛涂以为和有着共同利益的郑国协调并达成了一致意见,于是就把这意见去告诉齐桓公,齐桓公同意了。但申侯又去进见齐桓公说:"军队在外头久了,如果往东走(即走辕涛涂所说的"循海而归"之道)而遇到敌人,恐怕是不能打硬仗了。如果取道陈国和郑国之间,由两国供给军队粮食、军鞋,这就可以了。"齐桓公听了很高兴,为奖励郑国申侯对齐国的忠诚,于是将虎牢关奖赏给他,而把出了馊点子的辕涛涂给抓了起来。

这一故事,各家文献记载并不一致。《史记·陈杞世家》将此道记为"东道"说:"陈大夫辕涛涂恶其过陈,诈齐令出东道。东道恶,桓公怒,执陈辕涛涂。"[2]即这一"东道"是条道路状况不好的"恶"道。而《史记·齐太公世家》则记载齐军"过陈,陈袁涛涂诈齐,令出东方,觉。秋,齐伐陈"[3]。即齐桓公途经陈国,陈国大夫袁涛涂欺骗桓公,让齐军走东线难行之路,被齐国发觉。秋天,齐国讨伐陈国。《公羊传·僖公四年》则记载了齐军受骗而走了这一条道,以致陷入沛泽泥淖的困境中说:"于是还师滨海而东,大陷于沛泽之中。"[4]而唐杨士勋疏《穀梁传·僖公四年》"齐人执陈袁涛涂"[5]句时则说:"《公羊》《左氏》皆以为涛涂误军道,故齐侯执之。此《传》与注竟无误军道之言,则以涛涂不敬齐命,故执之也。"[6]

上述,尽管文献对同一事件记载不一,甚至连主事者的姓名也分别作"辕涛涂""袁涛涂"。但陈国大夫辕(袁)涛涂出于保护本国利益而献计让齐军走位于陈国之东的"东道",却是各文献均给予了肯定,从而证明了春秋早期时这一条南北向道路就已存在。

前文叙述,逃晋楚臣申公巫臣为执行晋国的"联吴制楚"战略,自晋国南下而"假道于莒"[7]。史念海《春秋以前的交通道路》一文对此解读说:"莒国在鲁国正东,鲁莒之间雄峙着蒙山,交通是有一定的困难的。申公巫臣假道于莒,就必须先假道于齐。申公巫臣所走的这条道路正是辕涛涂向齐桓公所建议的循海道路。齐桓公如果走这条道路,那是由南趋北,申公巫臣却是反其道而行之。等

---

[1]《左传·僖公四年》,见《春秋左传正义》,北京大学出版社1999年,第333页。
[2] 司马迁:《史记》卷三十六《陈杞世家》,中华书局1959年,第1578页。
[3] 司马迁:《史记》卷三十二《齐太公世家》,中华书局1959年,第1489页。
[4]《公羊传·僖公四年》,见《春秋公羊传注疏》,北京大学出版社1999年,第214页。
[5]《穀梁传·僖公四年》,见《春秋穀梁传注疏》,北京大学出版社1999年,第115页。
[6] 杨士勋疏,见《春秋穀梁传注疏》,北京大学出版社1999年,第115页。
[7]《左传·成公八年》,见《春秋左传正义》,北京大学出版社1999年,第734页。

到申公巫臣走到徐时,就可再循吴季札出使中原的道路,一直走到吴国。"[1]而吴王夫差时期,吴国的伐鲁、伐齐战争,很可能都是利用了这一条道路北上。

由此,大致可勾勒出吴国通向北方中原地区的一条陆上通道,其北端即为上述文献记载的"东道",而一并其南延所构成的线路,或为:齐(今山东临淄)——莒(今山东莒县)——郯(今山东郯城)——钟吾(今江苏新沂)——徐(徐国,今江苏泗洪)——伊缓(即善道,又作善稻,今江苏盱眙)——吴(今江苏苏州)。

这或就是春秋时晋通吴且自鲁、齐至吴的通路之一。公元前582年(吴寿梦四年),"楚子重自陈伐莒……克其三都"[2]。即楚国相继攻克莒国的渠丘、莒城和郓城这三个都城。其目的即为"盖欲截断吴、晋之通路"[3]。

2. "偪阳""善道"与彭城(徐州)平道

彭城平道为经由彭城的通鲁、通晋之道。彭城地望,杨伯峻《春秋左传注》注为:"彭城即今江苏徐州市。"[4]《左传·成公十八年》记载,楚国为切断彭城(徐州)平道"以塞夷庚。……毒诸侯而惧吴、晋"[5]。"夷庚",杨伯峻《春秋左传注》注为:"车马往来之平道。"[6]故《左传》上条意为,阻塞各国之间来往的彭城平道,尤其让利害相关的吴国、晋国感到恐惧。正是这一背景,晋、楚间其后爆发了靡角之谷之战,晋国夺这一彭城平道的控制权,并交由其盟国宋国管理。

彭城向东或由"钟吾国"(今江苏新沂)抵达徐国(今江苏泗洪),再经由伊缓(即善道,又作善稻,今江苏盱眙)而通春秋时的吴(今江苏苏州)。而彭城平道的向北延伸段,则为与彭城平道控制权密切相关的为"偪阳"。

偪阳,又作傅阳,本为一个默默无闻的小国。其地望为"今邳县西北,即山东峄城(峄县废治)南五十里"[7],亦即今山东省枣庄市台儿庄西南侯孟乡境内。在当时晋、楚争霸情况下,并无文献记载其亲楚立场,然其所处地理位置为彭城平道北段。该彭城平道为吴国进入北方的另一条通道。故在公元前563年(吴寿梦二十三年,鲁襄公十年)晋国集团举行相地盟会时,决定攻打偪阳国。这就是《春秋经·襄公十年》记载的:"夏,五月,甲午,遂灭偪阳。"[8]对此,童书业

---

[1] 史念海:《春秋以前的交通道路》,《中国历史地理论丛》1990年第3期。
[2] 《左传·成公九年》,见《春秋左传正义》,北京大学出版社1999年,第739页。
[3] 童书业:《春秋左传研究》,上海人民出版社1980年,第79页。
[4] 杨伯峻:《春秋左传注》,中华书局,1990年出版,第911页。
[5] 《左传·成公十八年》,见《春秋左传正义》,北京大学出版社1999年,第809页。
[6] 杨伯峻:《春秋左传注》,中华书局1990年,第912页。
[7] 杨伯峻:《春秋左传注》,中华书局1990年,第973页。
[8] 《春秋经·襄公十年》,见《春秋左传正义》,北京大学出版社1999年,第879页。

认为:"灭偪阳,以与宋,盖亦启通吴之路。"[1]谭戒甫也认为:"柤地是徐淮的屏蔽,由北往南的咽喉。春秋时晋楚争霸,吴楚相仇,因而晋吴联合,遂构成十三国会于柤的壮举。他们乘势把偪阳灭掉,并送给宋国,使他掌握住这条南北交通的大路。"[2]上述均说灭偪阳是为了保证晋国集团对彭城平道北段这一通吴之路的控制权。而对偪阳国来说,适如《左传·桓公十年》所说的"匹夫无罪,怀璧其罪"[3]。这个"璧",就是其所处扼彭城平道要冲的地理位置。

图7-1　今山东省枣庄列为全国重点文物保护单位的
偪阳故城遗址残迹(左)及其文物保护碑(右)(吴恩培摄)

而彭城平道向南即其南段,亦可能连接吴国境内的"伊缓"。这就是前文所述,鲁国的孟献子(仲孙蔑)和卫国的孙文子(孙林父)受命去吴国伊缓(今盱眙)这个地方与吴人会面时,他们对吴地"伊缓"地名,"嫌从夷号"[4]而将之改名。所改之名,《公羊传》《穀梁传》作"善稻",而《春秋经》《左传》作"善道"[5]。杨伯峻《春秋左传注》:"善道,今江苏省盱眙县北"[6]。上述"善道",或指与吴国联结并通往彭城平间存在的一条路况较好的通道。这条连接彭城(徐州)平道并作为该通道位于彭城以南、吴国境内的一个节点并著录于《春秋经》《左传》的原因,并非如偪阳是因为发生过争夺道路控制权的战争,而是因晋国集团与吴国的一场外交活动有关。这就是《春秋经·襄公五年》记载的"仲孙蔑、卫孙林父会吴于善道"[7],《左传·襄公五年》记载的"孟献子、孙文子会吴于善道"[8],即鲁国的孟献子(仲孙蔑)、卫国的孙文子(孙林父)奉晋国之命在这里与吴国人

---

[1] 童书业:《春秋左传研究》,上海人民出版社1980年,第80页。
[2] 谭戒甫:《周初矢器铭文综合研究》,《武汉大学人文科学学报》1956年第1期。
[3] 《左传·桓公十年》,见《春秋左传正义》,北京大学出版社1999年,第192页。
[4] 范宁:《集解》,见《春秋穀梁传注疏》,北京大学出版社1999年,第247页。
[5] 《春秋经·襄公五年》:"仲孙蔑、卫孙林父会吴于善道。"《左传·襄公五年》:"孟献子、孙文子会吴于善道。"《春秋左传正义》,北京大学出版社1999年,第842、843页。
[6] 杨伯峻:《春秋左传注》,中华书局1990年,第941页。
[7] 《春秋经·襄公五年》,见《春秋左传正义》,北京大学出版社1999年,第842页。
[8] 《左传·襄公五年》,见《春秋左传正义》,北京大学出版社1999年,第843页。

3. 吴国屈孤庸出使晋国的"通路"使命

以上叙述的通吴、晋之道,或有重叠及互连。同时,这些通道由于经过诸多国家,而各国亦因政治、军事发生变化的原因而致通道阻塞。公元前542年(吴馀昧二年),为沟通与晋国的联系,"吴子使屈孤庸聘于晋,通路也"[1]。意为,本年吴王馀昧又派屈孤庸出使晋国,出访目的如杜预所注释的是为了"通吴、晋之路"[2]。从屈孤庸出访目的为"通路"来看,这一时期,吴国、晋国间的交通,或因种种原因,处于壅塞不通的状况,故屈孤庸赴晋协商,显然是意图借助晋国的影响而打通这些通道。至于是解决上述吴、晋通道中的哪一条,因《左传》未做进一步记载,后世已不得而知。

第二节 生活习俗与民风

一、先秦长江流域"蛮夷"文化的定位

本书前文曾述,先秦时地处长江流域的吴国文化,被中原文化定位为备受歧视的"蛮夷"文化。这一定位即为中原文化对吴国文明程度所做的总体评价。

这一评价的客观标准为商周时期列国疆域与中原王畿的距离远近;而主观标准,则为拥有历史记载话语权的鲁国史官们的认知及情感好恶,并表现在先秦时期中原文化对吴国"夷蛮"文化的认知上。而这一认知,则既包含政治(如诸侯爵位,长江流域的楚、吴、越等均为级别较低的"子爵")、地理(距离王畿较远)等因素,也包含生活方式、习俗、语言等文化因素。正是这些因素的差异,构成了中原文化将吴国文化定位为备受歧视的"蛮夷"文化。

这一定位,首先是在文献的记载中体现出来。吴寿梦二年(前584)"吴伐郯"后,鲁国正卿季文子即斥"吴伐郯"为"蛮夷入伐"[3]。而司马迁在《史记·吴太伯世家》记太伯南奔地为"荆蛮"[4]。其后,又在《史记·太史公自序》里调整为"太伯避历(季历),江蛮是适"[5]。即把"荆蛮"改为"江蛮"。"江"者,长

---

[1]《左传·襄公三十一年》,见《春秋左传正义》,北京大学出版社1999年,第1131页。
[2] 杜预:《春秋经传集解》,上海古籍出版社1978年,第1162页。
[3]《左传·成公七年》,见《春秋左传正义》,北京大学出版社1999年,第727页。
[4] 司马迁:《史记》卷三十一《吴太伯世家》,中华书局1959年,第1445页。
[5] 司马迁:《史记》卷一三〇《太史公自序》,中华书局1959年,第3306页。

江也。故这里的改动,更强调的是地理的因素,从而将"蛮夷"之"蛮"与"江"即长江下游地区作更准确及更直接的联系。

春秋时期,吴国在与中原列国的互动中,既表现出承受中原文化的歧视,也表现出吴国对这一文化歧视的强烈反弹。吴王夫差时期的北上至宋、鲁而"吴来征百牢"就是这一反弹的集中体现。

本章节所述的先秦时期的吴国文化,即是因地理、气候、物产等外部环境主导下吴国立国前后的生活习俗、语言乃至文学、教育等层面的精神、物质成果积累。而这一文化的源头,当追溯到太湖流域新石器时代的马家浜、崧泽、良渚乃至其后的马桥文化时期。如前文引李学勤先生所说:"良渚文化的下限已接近由文献推算的夏代,继之而起的文化,有学者称为马桥文化,已有铜器出现。泰伯、仲雍遇到的荆蛮,很可能与这种文化有关。"[1]

泰伯、仲雍所遭遇的太湖流域的本土文化,即为前述新石器时代递进发展的诸文化。其文化主体为江南土著,即其时太湖流域的原住民。他们的生活习俗与吴地远古历史的人文及地理、气候等自然因素有着密切关系,它表现在下文所及的诸方面。

二、食俗——饭稻羹鱼

(一) 饭稻——以米为主食

本书第一章已述,太湖流域早在马家浜时期的文化层已发现炭化稻谷,并确定为人工栽培稻。同时,这一时期(指马家浜时期)已出现了有灌溉系统的古稻田及相关的蓄水坑、水沟、水口等农田灌溉系统。因此,长江下游太湖流域的历史、地理、气候、物产等决定了这一地区土著居民的生存环境和生活方式。司马迁《史记》论及这一地区的生活习俗,称为是"饭稻羹鱼,或火耕而水耨"[2]。范成大《吴郡志·风俗》则表述为"江南之俗,火耕水耨,食鱼与稻,以渔猎为业"[3]。

吴地"饭稻",即以米为主食的食俗,当溯自远古马家浜时期。故"饭稻"即食用稻米,已成为江南吴地最主要的食俗特点。时至今日,苏州人家的一日三餐也依然偏好米食。

---

[1] 李学勤:《良渚文化的多字陶文——吴文化历史背景的一项探索》,见吴县政协文史资料委员会:《吴地文化一万年》,中华书局1994年,第3页。
[2] 司马迁:《史记》卷一二九《货殖列传》,中华书局1959年,第3270页。
[3] 范成大:《吴郡志》,江苏古籍出版社1986年,第8页。

（二）羹鱼——食鱼习俗及与鱼有关的特产

关于"羹鱼"，鱼与江南水网地区的自然奉献——渔猎有关。江南水网地区，水多鱼也多。对先秦吴国的渔猎生产来说，鱼是自然对土著居民的奉献，并由此形成相应的食俗和穿戴习俗，更重要的是，鱼在先秦吴国的政治生活和社会生活中有着无与伦比的特殊意义。清乾隆年间江西出土的吴国青铜器"者减钟"，其铭文"工𢻣"二字，为目前所知吴国最早的国号之一，而其所表达的意思即指擅长捕鱼的族群或国度。而未见于文献记载，且与文献记载的先秦吴国国号"吴"呈现出文化背离现象的吴国青铜器铭文中的吴国国号"𢻣""虞""敔""禺"等，其吴方言发音均与苏州方言土语中的"鱼"音有关（上述已远超出"生活习俗与民风"范畴的相关情况，本章不做深入探讨，另参《苏州通史》导论卷所刊《春秋吴国国号及苏州城市符号的"吴"及其溯源》的有关章节）。

关于江南的食鱼习俗，《吴越春秋》记载阖闾有一个女儿说："吴王有女滕玉，因谋伐楚，与夫人及女会蒸鱼，王前尝半而与女，女怒曰：'王食鱼辱我，不忘久生。'乃自杀。"[1]意即，吴王阖闾有个女儿叫滕玉，因商量讨伐楚国之事，吴王阖闾与夫人及女儿一起吃蒸鱼。其时，吴王将一条鱼先吃了一半，然后把另一半夹给女儿吃，女儿滕玉为此却怨恨地说："父王给我吃剩下的鱼，并以此来侮辱我，我不能再忍气吞声地活下去。"于是，她竟然自杀了。爱女自杀，"阖闾痛之，葬于国西阊门外，凿池积土，文石为椁，题凑为中，金鼎玉杯、银樽珠襦之宝，皆以送女"[2]。意思说，痛失爱女的阖闾非常伤心，于是就把她葬于国都西面的阊门之外。掘土成池，而积土成山，用有纹理的石头做成外椁，并以"题凑"的葬式，即椁室为四周用木枋（为方形木，若该木为黄心的柏木，就是所谓的"黄肠"）堆成的框型结构。枋木的端头皆指向内（指四壁所垒筑的枋木与同侧椁室壁板面呈垂直方向，若从内侧看，四壁都只见枋木的端头），以黄金制成的宝鼎及玉石制成的杯子、金银制成的酒樽和珍珠镶饰的短袄之类宝物，都用来送给女儿作陪葬器。

今苏州吴中区三山岛有"娘娘庙"。据庙前的说明标牌介绍："娘娘庙，此庙为吴王阖闾爱女胜玉所建的吴祀祠，俗称娘娘庙，初建于唐，明嘉靖重修。此庙香火之盛，为三山诸庙之最。娘娘菩萨被岛民们视为他们的保护神。"这里的

---

[1] 赵晔：《吴越春秋》卷四，江苏古籍出版社1986年，第36页。
[2] 赵晔：《吴越春秋》卷四，江苏古籍出版社1986年，第36页。

"胜玉",显为《吴越春秋》中的"滕玉",或为音转原因而作此。

图 7-2　苏州吴中区三山岛的"娘娘庙"庙前的说明标牌(左)及"娘娘庙"内的塑像(右)(吴恩培摄)

《吴越春秋》卷四还记载了吴军伐楚归时,吴王阖闾制作鲙鱼的故事。该故事说,伍子胥班师归吴时,吴王听说三军将要到来,便剖鱼制成"鲙"——切细的鱼肉。在三军将到来的那天,却时间过了还没来到,那些制成的鱼鲙都已发臭了。过了些时,伍子胥他们三军到了,阖闾就端出这些鱼鲙让他们吃,而伍子胥他们吃了,并不觉得鱼鲙的臭味。于是,吴王阖闾又重新做了些鱼鲙,它的味道依然如故——即闻起来臭,吃起来却并不觉得有臭味。因此,"吴人作鲙者,自阖闾之造也"[1]。即吴国做鱼鲙,就是从阖闾开始的。

《吴越春秋》里记载的"自阖闾之造"的"鱼鲙",在后世苏州方志的记载中又演变为苏州的特产——"鲞"鱼。据《吴郡志》卷五十记载,"阖闾十年,国东有夷人侵逼吴境",吴王阖闾"点军"并"亲征"时,夷人"不敢敌,收军入海,据东洲沙上",而"吴亦入海逐之,据沙洲上"。两军对峙"相守一月",吴军粮草出现问题"粮不得度",吴王阖闾焚香祷天后,见金色鱼群,"逼海而来,绕吴王沙洲百匝,所司捞漉得鱼,食之美",而"夷人一鱼不获"。在这种情况下,夷人降。吴王阖闾将鱼腹肠肚,以咸水淹之,送与夷人。吴王回军以后,想起捕捞于海中的所食之鱼,便问剩下的鱼在哪儿?下面的人回奏说,剩下的鱼全晒干了。"吴王索之,其味美。因书美下着鱼,是为'鲞'字。"[2]今苏州老字号"采芝斋"的特产"虾子鲞鱼",或即由此传承而来。

三、"裸国"与"断发文身"

"裸国",指不以衣蔽形而冬夏不衣的"裸体"习俗。多部文献记载了先秦吴

---

〔1〕 赵晔:《吴越春秋》卷四,江苏古籍出版社 1986 年,第 46—47 页。
〔2〕 范成大:《吴郡志》,江苏古籍出版社 1986 年,第 663—664 页。

国的这一习俗。如:《左传·哀公七年》:"大伯端委以治周礼,仲雍嗣之,断发文身,裸以为饰。"[1]意为,泰伯穿着玄端的衣服戴着委貌的帽子来推行周礼,仲雍继承他,把头发剪断,身上刺上花纹,作为裸体的装饰,从而道出泰伯欲以中原服饰改造吴地而仲雍却入乡随俗地依江南土著习俗"断发文身,裸以为饰"。这一语境的背景,是孔子学生子贡向吴太宰伯嚭讲起的吴国先祖的情形,故不可能为虚构。而《列子·汤问》则记载:"南国之人,祝发而裸。"[2]意即,南方国家的人,截断头发而裸露身体。孔子后裔孔鲋所做的《孔丛子》第二卷说:"孔子曰:夫吴越之俗,男女无别,同川而浴。"[3]东汉王充《论衡·书虚》篇记载:"禹时,吴为裸国,断发文身。"[4]而《论衡·恢国》甚至记写:"夏禹倮入吴国。"[5]倮,同"裸"。意指夏代大禹也入乡随俗地裸着身子而进入吴国。因夏禹时吴国尚未出现,故这里的"吴国"当指后世吴国所处的地域——长江下游太湖流域地区。

关于"断发文身",本书第二章记述泰伯、仲雍南奔后建立勾吴国的过程,曾引《史记·吴太伯世家》的记载说:"泰伯、仲雍二人乃奔荆蛮,文身断发,示不可用,以避季历。"[6]尽管这里将泰伯、仲雍依从当地"文身断发"的习俗,作不与季历争夺周族部族领导权的政治解读,但还是客观记载了太伯、仲雍奔吴时,吴地土著居民"文身断发"的习俗。《史记·越王句践世家》亦有"文身断发,披草莱而邑焉"[7]的记载,《越绝书》则记为"吴越二邦,同气共俗"[8],而《吕氏春秋·知化》篇则记为"吴之与越也,接土邻境,壤交道属,习俗同,言语通"[9]。

由此,大致可以看出"裸国"中的土著居民"披草莱而邑焉"的生活场景和生存状态。从伦理道德的角度看,每一个土著居民,自小就生活在这样一个裸体和"披草莱而邑焉"的环境中,这种生活方式对他们来说已成为一种习惯。尚未开化的文化形态,使他们并无文明道德范畴内的认识和羞耻观念。而"裸国"或"裸以为饰",则表明其时生产力极其低下,原始而落后的生产方式根本无法满足人们穿衣的需要,而南方温暖湿润的气候条件,使得裸体并不妨碍人们最起码

---

[1]《左传·哀公七年》,见《春秋左传正义》,北京大学出版社1999年,第1641页。
[2]《列子·汤问》,见《二十二子》,上海古籍出版社1986年,第210页。
[3]《孔丛子》第二卷,中华书局2009年,第52页。
[4]《论衡·书虚》,见袁华忠、万家常译注:《论衡全译》,贵州人民出版社1993年,第242页。
[5]《论衡·恢国》,见袁华忠、万家常译注:《论衡全译》,贵州人民出版社1993年,第1218页。
[6] 司马迁:《史记》卷三十一《吴太伯世家》,中华书局1959年,第1445页。
[7] 司马迁:《史记》卷四十一《越王句践世家》,中华书局1959年,第1739页。
[8] 袁康、吴平:《越绝书》卷第七,上海古籍出版社1985年,第49页。
[9]《吕氏春秋·知化》,见陈奇猷:《吕氏春秋校释》,学林出版社1984年,第1552页。

的生存状态。刘宋裴骃《史记集解》引"应劭曰：'常在水中,故断其发,文其身,以象龙子,故不见伤害'"[1],则反映"文身断发"的习俗,既与江南水网地区的生产劳作有关,也与土著居民"以象龙子"的原始崇拜有关。

到了战国时,吴、越俱已亡国多年后,赵武灵王为改胡服与臣下议论时,还说起已不存在了的吴国和越国是"被发文身,错臂左衽,瓯越之民也；黑齿雕题,鳀冠秫缝,大吴之国也"[2]。《史记·赵世家》对之亦记为："翦发文身,错臂左衽,瓯越之民也。黑齿雕题,鳀冠秫缝,大吴之国也。"[3]司马贞《史记索隐》："错臂,亦文身,谓以丹青错画其臂。"[4]故以上记载的意思均为,剪掉头发,身上和手臂上刺上花纹,衣襟向左掩,这是越国的习俗。而染黑牙齿,在额头雕上花纹,头戴鳀鱼皮制成的帽子,身穿缝纫粗拙的衣服,这是吴国的习俗。

吴国"断发"即上述"被发"或"翦发"的习俗,延续至春秋时,依然如此。吴、齐艾陵之战时,齐将"公孙挥命其徒曰：'人寻约,吴发短'"[5],即每人准备一根八尺长的绳子,因为吴国人的头发短（意为以此绳而贯吴人之首）而得以印证。吴国这一习俗,也延及他国。吴国灭徐国后。"徐子章禹断其发,携其夫人,以逆吴子。"[6]即徐国国君章禹将头发剪断,其间除了前文所说的以断发示刑,示惧外,或还有在文化上示以顺服于吴国习俗之意。

《礼记·王制》篇中以生活习俗作"蛮夷"的界定标准说："东方曰夷,被发文身,有不火食者矣。南方曰蛮,雕题交趾,有不火食者矣。"[7]由此来对照前述"裸国""断发文身"或"被发文身""错臂左衽""黑齿雕题""鳀冠秫缝""男女同川而浴"等记载,江南土著居民的生活习俗,尤其是"左衽"——上衣前襟向左掩,从而有别于中原地区前襟向右掩的"右衽"习俗。孔子《论语·宪问》篇说："微管仲,吾其被发左衽矣。"[8]意为,如果没有管仲,恐怕我们也要披散着头发,衣襟向左掩了。在孔子及其代表的中原文化意识中,"左衽"的生活习俗也成为吴越地区野蛮落后的标志和象征了。

---

[1]　裴骃：《史记集解》,见司马迁：《史记》,中华书局1959年,第1446页。
[2]　《战国策·赵策二》,见王锡荣、韩峥嵘译注：《战国策译注》,吉林文史出版社1998年,第517页。
[3]　司马迁：《史记》卷四十三《赵世家》,中华书局1959年,第1808页。
[4]　司马贞：《史记索隐》,见司马迁：《史记》,中华书局1959年,第1809页。
[5]　《左传·哀公十一年》,见《春秋左传正义》,北京大学出版社1999年,第1658页。
[6]　《左传·昭公三十年》,见《春秋左传正义》,北京大学出版社1999年,第1518页。
[7]　《礼记·王制》,见《礼记正义》,北京大学出版社1999年,第398页。
[8]　《论语·宪问》,见《论语注疏》,北京大学出版社1999年,第192页。

四、民风尚武

先秦时,地处长江下游太湖流域的吴地民风尚武。《汉书·地理志》记载说:"吴粤(越)之君皆好勇,故其民至今好用剑,轻死易发。"[1]范成大《吴郡志·风俗》中引"《郡国志》云:'吴俗好用剑轻死……'按诸说吴俗,盖古如此"[2]。

"好用剑轻死"的先秦吴俗,一方面使得吴国铸剑业异常发达,铸剑工艺亦异常精湛。《太平寰宇记》说:"吴俗好用剑轻死,盖湛卢、属镂、干将、要离之遗风。"[3]前文已述,现今出土留存于世的春秋名剑,大多出自吴、越地区。作为吴地文化精神在社会生活中的反映,这一时期,与"好用剑轻死"的先秦吴俗相关的词汇,也应运而生。如春秋时吴国的铸剑冶炼,被称为"吴冶";原指春秋吴国的干将剑,后世以之泛指宝剑的词汇"吴干";吴地生产的铠甲为"吴甲";吴地所产的兵器,有"吴戈""吴钩"等。这些带有吴地尚武文化色彩的词汇,其后融入中国古代文化,并成为中国古代文化的组成部分。

另一方面,这一时期吴国所出的人才,也多为武将与"轻死"的刺客。班固《汉书·地理志》记载说:"自寿梦称王六世,阖闾举伍子胥、孙武为将,战胜攻取,兴伯(霸)名于诸侯。"[4]而这一时期"好剑轻死"的吴俗,在《左传》中留下了鱄设诸(专诸)刺王僚的记载,在《吴越春秋》中也留下了要离刺庆忌的记载。而《战国策·魏策四》里记载的魏国大臣唐且威胁秦王时所说的"布衣之怒"[5],其所列举的春秋以来的三大刺客中竟有二人出自吴地。这两人分别就是上述刺杀吴王僚的专诸及刺杀吴王僚之子庆忌的要离。

在盛产兵器、武将、刺客的"好用剑轻死"的吴地民风影响下,这一时期的吴地文化,在全国并不占据主流文化的地位。有学者指出"先秦时期","在中国文化的版图上",吴地文化只是"处于边缘地带"时说:"春秋战国时期,儒、道、法、名、阴阳五家,共有代表人物124人,其中鲁国最多,46人,其次是齐、楚、魏、卫,各有10人至18人不等,今上海地区所属的吴国排在第十位,也是倒数第二位,仅有2人,占总数的1.61%。"[6]

西晋时,吴地"好用剑轻死"的民风已发生变化,但左思《吴都赋》说起先秦

---

[1] 班固:《汉书·地理志》,中华书局1962年,第1667页。
[2] 范成大:《吴郡志》,江苏古籍出版社1986年,第8页。
[3] 《太平寰宇记》卷九十一,中华书局2000年,第101页。
[4] 班固:《汉书·地理志》,中华书局1962年,第1667页。
[5] 《战国策·魏策四》,见王锡荣、韩峥译注:《战国策译注》,吉林文史出版社1998年,第796页。
[6] 熊月之:《上海通史》第1卷《导论》,上海人民出版社1999年,第11—12页。

吴地民风时,还在说着吴人"骄材悍壮,捷若庆忌,勇若专诸。危冠而出,竦剑而趋"[1]。

正是先秦吴地强悍的民风及吴地出产的兵器,使得春秋晚期吴国在对楚、对齐等与春秋大国的战争中,胜多败少。其背后的原因,除了吴国的综合国力强盛外,吴地"好用剑轻死"的民风熏陶下为吴国对外战争输送强悍兵员或也是原因之一。

---

[1] 左思:《吴都赋》,见《文选》,中华书局1977年,第89页。

第八章 吴国的文化

第一节 科 技

先秦时期吴地的科技,在造船、冶铸等方面都体现出了当时的较高水平。同时,在建筑与园林等方面,也已表现出个性化的特点。

一、造 船

(一) 江南地区悠久的造船历史

自古以来,舟楫、船舶既是人类最重要的发明,也是人类最重要的水上交通工具。位于长江下游太湖流域的苏州,境内大小河流纵横交错,湖泊沼泽星罗棋布,向被称为水乡泽国。在这水网地区,其陆地被切割成一块块的小岛。这一地理状况,决定了它的交通工具,必须且主要依赖于舟楫、桨橹。《越绝书》记载,吴越地区"水行而山处,以船为车,以楫为马"[1]。这说明,早在古代时,船只就已是吴越地区的主要交通工具了。而考古表明,最早船只在江南地区的出现时间,远超乎人们的想象。

距今8 000年前新石器早期的江南地区,吴、越等地域概念尚未出现。其时,在今杭州萧山的跨湖桥遗址,2002年第三次考古发掘中出土了一只独木舟。该舟由整根松木剖半烧灼后再用石器挖凿加工而成。据跨湖桥遗址博物馆介绍:"碳十四数据和地层位置都表明独木舟已有8 000年的历史,是迄今发现的世界上年代最早的独木舟。"

---

[1] 袁康、吴平:《越绝书》卷第八,上海古籍出版社1985年,第58页。

图 8-1　跨湖桥遗址博物馆内展出的独木舟（吴恩培摄）

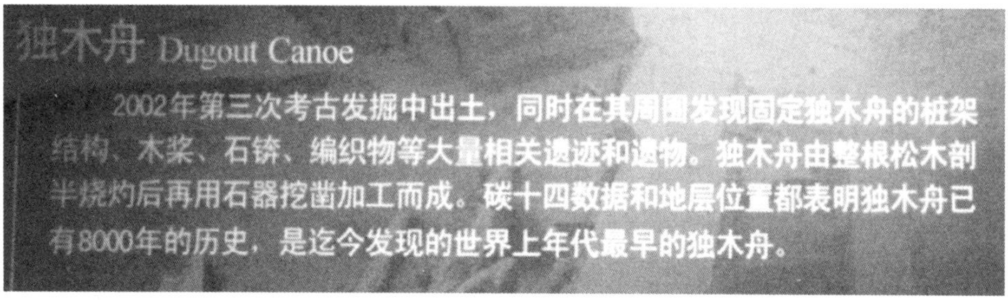

图 8-2　跨湖桥遗址博物馆展板关于独木舟的介绍文字（吴恩培摄）

在太湖流域的新石器遗址中，如常州圩墩遗址的马家浜文化层中，不但出土木桨，还出土了木橹。

图 8-3　常州圩墩遗址博物馆展示的该遗址出土的木浆（桨）（复制）（左）及展出时的说明标牌（右），标牌上的文字为："木浆（桨）（复制），马家浜文化，1985年常州圩墩遗址出土。"（吴恩培摄）

图 8-4　常州圩墩遗址博物馆展示的1985年该遗址木橹出土情况的图片

桨、橹等为舟楫、船只的配套工具。船桨置于舟楫或船只的两侧，像鱼鳍那样划动，为舟楫、船只提供前进的动力。而橹则安装在船尾，靠其左右摆动使舟船像鱼儿摆尾那样前进。橹靠一绳状物连接在船尾，摇橹者掌控着橹的划动，而其助手则运力于绳上,苏州乡间称为"吊帮"。"橹"在摇动时,会有节奏地发出声音,这就是充满江南韵味而又屡见诸古代诗人笔下的"橹声"。唐代刘禹锡《步出武陵东亭临江寓望》诗中的"戍摇旗影动,津晚橹声促"[1];明代桑悦《题凤洲草堂效吴体》诗中的"枕边惊闻橹声过,槛外浮看云影浮"[2]等,均是。

(二)春秋吴国的船舶制造

地处太湖流域水网地区的吴地,湖泊众多。在这样的自然条件下,船舶成为吴地最主要同时也是最普遍的交通工具。由于船舶在社会生活中的重要作用,因此,早在春秋时期,吴越的造船业就已经非常发达,尤其以制作战船最为著名。吴国在对外战争中,战船更是吴国军队重要的军事装备。这些战船在文献中又记为"戈船"(关于戈船,本章吴国"兵学"章节另作叙述)。

所有这些,反映了吴国造船业的发达。而由于地理因素,春秋时期的吴国造船,尤其是航海的海船制造上处于领先的地位。梳理前文与吴国战船相关的历史史实如下:

1. "长岸之战"中的"馀皇"号战舰

吴王僚二年(前525),吴、楚爆发"长岸之战",吴军将领为公子光(后为吴王阖闾)。其时,吴军曾丢失后又抢回吴国先王所乘的"馀皇"号舰。

2. 伐楚时吴军"舍舟于淮汭"

吴阖闾九年(前506)吴伐楚时,吴军"舍舟于淮汭"[3],即把战船停在淮河弯曲处。如前文分析,本次吴军乘战船系从太湖经胥溪入长江,再抵淮河流域。

3. 吴伐齐时开掘邗沟及吴国舟师"自海入齐"

吴夫差十一年(前485)吴作伐齐战争准备时,开掘邗沟。其目的即是开掘作为船舶进行后勤运输的"通粮道也"[4]。而在本次伐齐之战中,吴军的进攻,从陆上转变为海上。"徐承帅舟师,将自海入齐。"[5]即吴国大夫徐承帅率领吴国舟师,从海上进入齐国。如前文所述,这已是具备海军军种性质的吴国"舟师",也是中国历史上首次出现并用于作战的海军。而由于海上与内河、内湖航行的巨大差异,"自海入齐"的吴国"舟师",其船舶体量,无疑更大;而制造技

---

[1] 刘禹锡:《步出武陵东亭临江寓望》,见《全唐诗》,上海古籍出版社1986年,第890页。
[2] 桑悦:《题凤洲草堂效吴体》,见朱彝尊:《明诗综》卷二十四(清康熙四十四年清来堂刻本),苏州大学图书馆藏本。
[3] 《左传·定公四年》,见《春秋左传正义》,北京大学出版社1999年,第1553页。
[4] 杜预注,见杜预:《春秋经传集解》,上海古籍出版社1978年,第1762页。
[5] 《左传·哀公十年》,见《春秋左传正义》,北京大学出版社1999年,第1653页。

术,则要求更高。

由上可以看出,当吴国在战争中利用自然及人工开凿的水系,以船舶运输兵员及粮草等军用物资时,其背后必然有着较高的造船技术及庞大的造船产业。

二、冶　铸

春秋时吴人善冶,故吴国的冶铸又称为"吴冶"。《淮南子·修务训》:"夫宋画吴冶,刻刑镂法,乱修曲出,其为微妙,尧舜之圣不能及。"[1]意指宋国的画图、吴国的冶铸等形成的精巧神妙,是圣人都比不上的。

冶铸的首要前提为原料。《周礼·考工记·序》记载说:"吴粤(越)之金锡,此材之美者也。"[2]意指青铜冶炼的原料主要是铜(先秦称铜为"金")和锡。春秋后期,吴、楚军事争夺始终在两淮地区展开,军事争夺背后的经济因素,即为淮河流域出产当时发展生产、制造兵器等青铜器所需要的战略物资——铜矿资源。而有学者指出:"先秦时期,南方盛产铜、锡,而且材质精美。如江西瑞昌从商代起就有了大型铜矿的开采,江苏无锡的锡山曾经是名闻天下的锡矿产地。"[3]

前文述,吴国境内出土的吴国最早青铜器为西周康王时的宜侯夨簋,而铸造于十九世吴王寿梦之前的吴国最重要的出土青铜器为"者减钟"。宜侯夨簋的生产地,因学界存有争议而姑且不论,但从江西出土的"者减钟",到《左传》记载的"先吴寿梦之鼎",再到现存的吴国出土青铜器,尤其是兵器,它们均显示了先秦时期吴国冶铸已达到较高的生产技术水平。

(一) 者减钟

历史上明确记载出土时间最早且同时也是现存吴国最重要的青铜器为者减钟。董楚平《吴越徐舒金文集释》指出:"此编钟最初著录于《西清续鉴》甲编第十七卷。据《西甲》(即《西清续鉴》甲编)记载:'乾隆二十有六年(1761),临江民耕地,得古钟十一。大吏具奏以进。'临江即今江西省清江县。清廷于西宛建'韵古堂'藏之。后散失于英法联军之役。今犹存实物四件。北京故宫博物院与上海博物馆各收藏一件,台北的中央博物院、故宫博物院各藏一件。……上海博物馆所藏的一件……铭文如下:'隹正月初吉丁亥,工𢿡王皮鞁之子者减自稱

---

[1] 《淮南子·修务训》,见刘文典:《淮南鸿烈集解》,中华书局1989年,第644页。
[2] 《周礼·考工记·序》,见《周礼注疏》,北京大学出版社1999年,第1061页。
[3] 彭林:《文物精品与文化中国》,清华大学出版社2002年,第184页。

(瑶)钟,子子孙孙,永保用之。'第三行'自'下当缺'乍'字。"[1]铭文大意为,某年正月丁亥日这个好日子,工𫷷王皮𪛌之子者减自作了这口钟,愿子子孙孙,永远保存而使用下去。

上之所说"临江",为江西临江府。临江府为明洪武二年(1369)置,辖清江、新淦、新喻三县。清沿袭明制。其后,历经行政变迁,清江县今为宜春市下属樟树市(县级市);新喻县则为江西的新余市(地级市);而新淦县则今为吉安市下属的新干县。明清时曾为府名的"临江",今则成了樟树市下属"临江镇"的一个镇名。故清代时曾出土"者减钟"的临江府,现已析分为江西的三个地级市——宜春市、吉安市、新余市。而在宜春市下属的樟树市(即前文所述者减钟出土地的清江县)和吉安市下属的新干县两地交界处的不大的范围内,20世纪的七十、八十年代却有了震惊国内考古学界的发现——1973年发现的"吴城商代遗址"和1989年发现的"新干大洋洲商墓",为当时发现的江南地区最为重要的青铜文化遗存。

图 8-5　江西吉安市博物馆展出的"新干县大洋洲商代大墓位置图"(吴恩培摄)

图 8-6　樟树市吴城镇列为全国重点文物保护单位的"吴城商代遗址"(左)及江西省博物馆展出的 1989 年新干县大洋洲商代大墓出土的商双面神人青铜头像(右)(吴恩培摄)

---

[1] 董楚平:《吴越徐舒金文集释》,浙江古籍出版社 1992 年,第 26—29 页。

吴城遗址被学者称为"异军突起的江西商时期青铜文化……它是自早商以来与商文化平行发展的一支南方文化"[1]。而"洋洋大观的新干商墓……其中最引人注目的是青铜器有475件之多"[2]。

吴城遗址与新干商墓,相距不过20多千米。它们(指吴城遗址与新干商墓)与樟树市临江镇及与樟树市,也只在20至30千米距离的范围内。而与春秋吴国关系密切的者减钟,如前文述,也在这一地域的"清江县"即今樟树市出土。者减钟于乾隆年间出土时并没有留下相关的考古资料,从而既为后世探讨者减钟与吴城遗址及新干商墓所出青铜器之间的关系增添了困难;但也因它们(指者减钟与吴城遗址及新干商墓所出青铜器)出土地点的同一性,故隐然揭示了二者之间的联系。虽然目前还不能明确其间的联系究竟是什么?本书第二章在分析"泰伯、仲雍所奔地望的争议"时,曾引述顾颉刚《苏州史志笔记》的论述。该论述即以者减钟为据,做出了"疑吴始立国于江、汉,其后迁于鄱阳湖滨,最后乃迁至无锡、苏州也"[3]的推测。

而者减钟铭文中提及的"工䣌王皮难"及其子"者减",究竟为谁?学界争论很大。现据董楚平《吴越徐舒金文集释》一书论述,将学者们所做的不同对应,列表如下[4]:

表8-1 学者对"工䣌王皮难"及其子"者减"的不同解释

	工䣌王皮难	者减	《吴越徐舒金文集释》所列出处
王国维	颇高(寿梦曾祖)皮难王为春秋初叶		《观堂集林》898页,中华书局1984年
容庚	同上		《善斋彝器图录》一四考释
杨树达	转		《积微居金文说》143页
温廷敬		诸樊	《者减钟释》(《中山大学文学研究院月刊》三卷二期63页,1934年)
郭沫若	柯转即此皮难也	者减与颇高为兄弟,大约当春秋初年,鲁国桓庄之世也	《大系》

---

[1] 彭林:《文物精品与文化中国》,清华大学出版社2002年,第96—97页。
[2] 彭林:《文物精品与文化中国》,清华大学出版社2002年,第97页。
[3] 顾颉刚:《苏州史志笔记》,江苏古籍出版社1987年,第14—15页。
[4] 董楚平:《吴越徐舒金文集释》,浙江古籍出版社1992年,第37—39页。

(续表)

	工𫊣王皮鱳	者减	《吴越徐舒金文集释》所列出处
马承源	此钟和邾公轻钟近似,当作于春秋中期。皮鱳是毕轸的音假,毕轸即句卑。子去齐为吴王	者减与去齐并非一人,应与去齐为兄弟行 去齐在位年代可能在鲁文或鲁宣之间。者减钟的年代大概应与之相当	《关于翏生盨和者减钟的几点意见》(《考古》1979年第1期)
董楚平	皮鱳是毕轸的音假。皮鱳(毕轸、句卑)时已称王	者减即去齐	《吴越徐舒金文集释》,浙江古籍出版社1992年,39页

上表所示,学者们将吴世系与"工𫊣王皮鱳"及其子"者减"的种种对应和推测,其对象皆在十九世吴王寿梦之前。由此,可确定如下:

其一,如前所述,该器为除宜侯矢簋外的目前所知最早的吴国青铜器。

其二,从该器铭文来看,在十九世吴王寿梦之前,吴国已出现了"工𫊣王"即"吴王"的僭越称呼。正因如此,有学者已注意到它对文献的"补正"作用。如马承源《关于翏生盨和者减钟的几点意见》即指出说:"《史记》云:'去齐卒,子寿梦立。寿梦立而吴始益大称王。'于是从寿梦开始以后的诸王,《史记》中正式冠以王字,如王寿梦、王诸樊、王余祭等等。但是《史记》以为吴自寿梦始称王,这一点是和铭文相抵触的。铭文称'工𫊣王',工𫊣即句吴,皮鱳称王,早于寿梦二世。"[1]

其三,从该器出土于江西临江(今江西樟树)来看,十九世吴王寿梦前的"工𫊣王"时期,吴国疆域已达今江西境内。

其四,现今出土具铭文的诸多吴国青铜器,除宜侯矢簋外,无一早于者减钟。因此,者减钟及其铭文隐藏着文献未载且后人已无法知晓的吴国故事,而这些故事均发生于十九世吴王寿梦之前。

其五,者减钟制作时期的吴国国号为"工𫊣"。"工𫊣"指擅长于捕鱼的族群和国度。此国号名称亦即文献记载的"句(勾)吴"(关于吴国国号"𫊣"及其后世演变,另见《苏州通史·导论卷》相关论述)。

---

[1] 马承源:《关于翏生盨和者减钟的几点意见》,《考古》1979年第1期。

图8-7 上海博物馆藏"者减钟二"铭文拓本(左一)、铭文拓本局部"工䱷王皮黹之子者减自𩱽(瑶)钟"(左二)及其局部"工䱷"(左三)以及台北故宫博物院藏"者减钟一"铭文"工䱷王皮黹"(右)[1]

（二）青铜鼎

前及江西"吴城商代遗址"和"新干大洋洲商墓"出土青铜器表明：早在商代时，江南地区已出现造型与纹饰与中原青铜器相似，但器身上多见的燕尾纹、变形兽面纹等而又体现出浓郁地域特色的青铜器。而商朝末年，泰伯奔吴建勾吴国后，中原地区的青铜文化及其锻造技术又得以进一步传播到江南地区。《左传·襄公十九年》记载的吴国青铜鼎，为吴诸樊七年（前554）鲁襄公将"先吴寿梦之鼎"[2]以及其他物件转赠送给晋国正卿荀偃。而关于此鼎的来源，或为距该年22年前的吴寿梦十年（前576），吴王寿梦与鲁成公会晤"于钟离，始通吴"[3]时，由吴王寿梦赠送给鲁成公的。

这只与吴、鲁、晋三国都发生联系、且为《左传》唯一记载的吴国青铜鼎，无从得知其式样、型制，下列出土于古代吴国境内的青铜鼎中，或存在着与"先吴寿梦之鼎"型制相同的可能。

现今留存于世且出土于古代吴国境内的青铜鼎有多只，如下图：

---

[1] 上海博物馆：《商周青铜器铭文选》第二册，文物出版社1987年，第331、333页。
[2] 上海博物馆：《商周青铜器铭文选》第二册，文物出版社1988年，第334页。
[3] 《左传·襄公十九年》，见《春秋左传正义》，北京大学出版社1999年，第956页。

图 8-8　南京博物院展出的青铜鼎（西周,公元前 1100—前 771 年,1954 年江苏丹徒烟墩山出土）（左一）、青铜素鼎（西周,仪征市破山口墓出土）（左二）、青铜鼎（西周,镇江市丹徒区烟墩山墓出土）（左三）、夔纹铜鼎（周,南京板桥"九四二四"工地出土）（左四）及镇江博物馆展出的青铜鼎（西周,丹阳司徒窖藏出土）（右）（吴恩培摄）

图 8-9　南京博物院展出的青铜蚕纹鼎（春秋早期,南京市高淳区风岭出土）（左一）、环盖云纹鼎（春秋,公元前 770—前 476 年,1984 年江苏丹徒北山顶出土）（左二）、苏州博物馆展出的铜鼎（春秋,虎丘千墩坟出土）（左三）、镇江博物馆展出的青铜鼎（春秋,丹徒谏壁粮山出土）（左四）及青铜鼎（春秋,丹徒谏壁粮山出土）（右）（吴恩培摄）

上述均为出土于古代吴国境内的周代（含西周、东周）青铜鼎,年代、式样不一,有些形制明显受同一时期其他地区青铜鼎（如楚式鼎、越式鼎等）影响,不排除其中部分为其他诸侯国流入。但其中亦肯定存在着吴国所产的吴器,尽管目前无法确定"先吴寿梦之鼎"究竟是上述吴器中的哪一种式样。

（三）青铜兵器

春秋时期,吴国或以吴国冶铸技术生产并留存至今的著名青铜兵器,为前文提及或未提及的如下三器:

其一,为山西原平峙峪出土并至今在中国国家博物馆展出的剑身布满火焰形花纹的吴王阖闾用器"吴王光剑"。

图 8-10　中国国家博物馆展出的吴王阖闾剑剑身火焰纹（左、右）（山西原平峙峪出土）（吴恩培摄）

其二,为湖北江陵马山五号墓出土并至今在湖北省博物馆展出的"吴王夫差矛"。

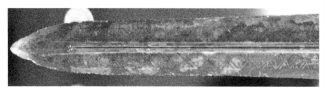

图8-11 湖北省博物馆展出的吴王夫差矛局部(左)及其矛身暗纹(右)(湖北江陵马山五号墓出土)(吴恩培摄)

其三,为湖北江陵望山一号墓出土并今在湖北省博物馆展出的越王勾践剑。吴亡于越后,吴国的冶铸技术为越国继承,故该剑为越器,其在生产过程中极可能吸收了吴国冶铸技术。该剑埋藏于地下两千余年,面世后依然寒光闪闪、锋利无比。有学者将此剑与"吴王光剑"作比较后指出:"山西原平峙峪出土的'吴王光剑'剑身有火焰形的花纹,与'越王勾践剑'的菱形花纹风格迥异,显示了吴、越两地的不同的地方特色,但两剑的铸造工艺是完全一致的。"[1]现今出土的吴、越兵器中,再也没有出现在技术上超越上述吴王光剑、吴王夫差矛和越王勾践剑的兵器,或已说明吴国青铜冶铸技术在越王勾践时为越所用,其后即渐渐失传。

图8-12 湖北省博物馆展出的越王勾践剑局部(左)
及其剑身暗纹(右)(湖北江陵望山一号墓出土)(吴恩培摄)

春秋吴国冶铸技术精湛并生产出上述名器的原因,与这一时期,吴国对外,尤其是对楚战争频繁有关。正是在吴国的对外战争中,吴国崛起。其中,孙武子、伍子胥等军事人才辈出及吴地尚武民风等,成了吴国冶铸技术不断精益求精的社会需求和助推动力。

战国前后,上述三器可能已陆续埋藏于地下,但吴国生产的青铜兵器当远不止于上述三器。正是吴国生产的兵器以其精湛质量,在后世产生深远影响。战国屈原《楚辞·九歌·国殇》诗中的"操吴戈兮被犀甲"[2]、唐代李贺《南园》诗

---

[1] 彭林:《文物精品与文化中国》,清华大学出版社2002年,第199页。
[2] 屈原:《楚辞·九歌·国殇》,见《离骚全图》,山东画报出版社2016年,第124页。

中的"男儿何不带吴钩"[1]等"吴戈""吴钩"等,既成为春秋时期吴国冶铸兵器的代名词,也构成了春秋吴国兵器的后世影响。《战国策·赵策三》说:"吴干之剑,肉试之则断牛马,金试则截盘匜。"[2]吴干,原指春秋时吴国的干将剑,后泛指宝剑。吴国出产的利剑,以肉试之,则可以砍断牛马的身体;用金属来试,则可以砍断青铜制作的盘和匜。而吴国诸多政治、文化事件亦与吴剑等吴国兵器有关。其中著名者有专诸刺王僚时使用的"鱼肠剑",吴王夫差赐伍子胥"以属镂以死"的"属缕剑"及季札挂剑不忘徐君之谊的苍凉故事等。

(四)春秋吴国冶铸工匠的代表人物干将、莫邪及春秋吴国的冶铸遗存

春秋时期,吴国冶铸工匠中的杰出代表为干将和他的妻子莫邪。《吴越春秋》记载,吴王阖闾时,干将、莫邪夫妇受命铸剑,于是"采五山之铁精、六合之金英",用大型冶炉"使童女童男三百人鼓橐装炭"("橐"是一种用皮革制成的口袋,鼓风用)以提高炉温,终铸成两把极为锋利的宝剑,"阳曰干将,阴曰莫邪。阳作龟文,阴作漫理。干将匿其阳,出其阴而献之"[3]。即干将夫妇铸成雌雄(即阴阳)二剑,雄剑上出现"龟纹",即有如乌龟壳上的花纹;而雌剑则出现"漫理",即有水波一般的花纹。干将藏匿起雄剑,而将雌剑送与了吴王阖闾。今虎丘山道旁的"试剑石",即附会了这一故事,说阖闾获剑后,为试其锋,对着这块石头手起剑落,将其一劈为二。

图8-13　虎丘山与阖闾试剑传说有关的"试剑石"(左)及其说明文字碑(右)(吴恩培摄)

今苏州从城东东环路经相门(匠门)而连接城西西环路,从而贯穿苏州东西两翼,即连接东部苏州工业园区与西部苏州国家高新技术产业开发区(苏州新

---

[1] 李贺:《南园》,见《全唐诗》,上海古籍出版社1986年,第975页。
[2] 《战国策·赵策三》,见王锡荣、韩峥嵘译注:《战国策译注》,吉林文史出版社1998年,第538页。
[3] 赵晔:《吴越春秋》卷四,江苏古籍出版社1986年,第26页。

区)的东西主干道,即以古代杰出工匠干将的名字命名为"干将路",而另一条以他妻子名字命名的"莫邪路"路,其南北走向段与"干将路"相交在苏州相门(匠门)外的相门桥堍下。

图8-14　苏州以"干将""莫邪"命名的干将路(左)和莫邪路(右)(吴恩培摄)

这座以"苏作""苏样"等手工工艺著称和著名的城市,正是以历史上的"匠门"(今相门)和当代的"干将路""莫邪路"等命名方式,纪念着这对古代著名工匠夫妇。

如前文所述,今苏州相门唐代陆广微《吴地记》记作"匠门,又名干将门"[1]。北宋朱长文《吴郡图经续记》记作"将门",并释之说"曰将门者,吴王使干将于此铸宝剑"[2]。另,常熟市郊有"莫城"镇,明正德《姑苏志》记载:"莫城在常熟县南十二里,相传莫邪铸剑之处,一谓剑城,一谓莫邪城。"[3]

春秋时吴国冶铸作坊的遗址、遗存,除上述干将铸剑处的苏州匠门(今相门)、莫邪铸剑处的常熟莫城外,另有昆山兵希镇盛庄。对之,有学者指出:"在昆山市兵希盛庄发现了一处春秋战国时期的青铜冶铸作坊遗址,共搜集到数十件青铜兵器和工具残件。同时,发现了半成品青铜七八十块,重24.2公斤。"[4]

南京城西的冶城山,蒋赞初据《建康实录》等史籍的相关记载指出:"公元前5世纪初叶,就在今日南京城西的冶城山上,建立了一所冶炼作坊。""在这所被后世称为'冶城'的场地上,曾经为吴王夫差(公元前495—前473年)铸造出不少锋利的宝剑。现在,冶城的遗迹虽已不易寻觅,但它无疑是南京土地上最早的

---

[1]　陆广微:《吴地记》,江苏古籍出版社1986年,第24页。
[2]　朱长文:《吴郡图经续记》卷上,江苏古籍出版社1986年,第12页。
[3]　王鏊:《姑苏志》卷第三十三,苏州方志馆藏本。
[4]　吴奈夫:《春秋吴都研究的若干问题》,《苏州大学学报》1992年第4期,后刊入《吴文化研究论丛》,苏州大学出版社1998年,第25页。原文另加注为:"陈兆弘:《昆山盛庄青铜器遗址考察》,苏州文物资料选编》,1980年9月(内部发行)。"

一组生产性的建筑群,只是并非正式的城池罢了。"〔1〕

（五）春秋吴越青铜剑制作技艺的"三绝"

剑在中国古代,极其珍贵,故又称为"宝剑"。《庄子·刻意》记载:"夫有干越之剑者,柙而藏之,不敢用也,宝之至也。"〔2〕干,即吴。本书前文曾说:干,原为西周晚期或春秋初期的方国,后为吴灭。吴灭干后,语言上出现"吴""干"通用的情况。唐陆德明《经典释文》指出:"'干越之剑',司马云:干,吴也。吴越出善剑也。"〔3〕故《庄子·刻意》上条文字记载的意思为,拥有吴、越宝剑的人,都会把宝剑锁藏箱匣,不敢随便妄用,把它视为珍贵的宝物。

关于吴国青铜剑铸造,除了前述《吴越春秋》的记载,王充《论衡·状留》篇亦有"干将之剑,久在炉炭,铦锋利刃,百熟炼历。久销乃见作留,成迟故能割断"〔4〕的记载,意思说,干将制造的宝剑,要在炉火中煅烧很久,锐利的锋刃,要经过无数次精细的冶炼磨光。由于经过长时间的熔炼,就显得形成非常迟缓,正因为形成非常迟缓,所以它才能够非常锋利而割断东西。

时至今日,吴越青铜剑留于后世的制作技艺的"三绝"——菱格形暗纹、剑首同心圆及青铜复合技术,均出自实物遗存。而关于类似"菱格形暗纹"的制作,除《吴越春秋》有干将、莫邪铸剑剑身的"龟文""漫理"的暗纹记载外,先秦两汉的其他文献均无相应记载。

（1）菱格形暗纹技术

所谓"菱格形暗纹",即前引《吴越春秋》中"阳作龟文,阴作漫理"〔5〕中"龟文""漫理"的现代表述。这一"菱格形暗纹"制作及防蚀技术,是在极原始的冶炼条件下完成,且制作产品埋在地下经历近2 500年依然如初。其高超制作及防蚀技术,至今仍充满着谜一般的神秘。有学者指出:"菱形纹饰有很强的附着力,用力擦拭不会磨损,但又不是用机械方式嵌入剑身的,似乎与当代的'电镀'工艺相仿佛。吴越匠师是如何将花纹'镀'上去的? 这一问题引起了国内外许多学者的强烈兴趣。最早涉足这一难题的是美国弗利尔美术馆的齐思博士(W. T. Chase)和加拿大多伦多大学冶金和材料科学系弗兰克林教授(U. M. Franklin)。

---

〔1〕 蒋赞初:《南京城的历史变迁》,见《长江中下游历史考古论文集》,科学出版社2000年,第262页。
〔2〕 《庄子·刻意》,见《庄子集释》,中华书局1961年,第544页。
〔3〕 陆德明:《经典释文》,中华书局1983年,第381页。
〔4〕 《论衡·状留》,见袁华忠、万家常译注:《论衡全译》,贵州人民出版社1993年,第866页。
〔5〕 赵晔:《吴越春秋》卷四,江苏古籍出版社1986年,第26页。

他们利用美国旧金山亚洲艺术博物馆的一件菱形暗格纹矛作了检测分析,推测暗花纹的形成工艺是采用天然植物酸或天然酸性盐作蚀刻剂在兵器表面蚀刻出纹饰,因此称菱形暗格纹为'蚀刻纹饰'。然后采用'上釉和封闭'工艺,使兵器表面有一层玻璃态熔融物。两位学者同时强调,上述推测均须试验验证,因为埋藏过程中器物也会发生重大变化。"[1]

现存吴越青铜兵器中,暗纹技术达到最高水平者即为前文提及且在地下埋藏两千多年的三件出土实物器——吴王光(阖闾)剑、吴王夫差矛和越王勾践剑。

(2)剑首同心圆技术

剑首同心圆技术,如下图所示,剑首由厚仅0.2—0.8毫米,凸起约0.5—2.2毫米、间距仅0.3—1毫米不等的多圈薄壁状凸棱组成。十分规整,有的多达11圈之多。在同心圆的槽底,还分布着极细的凸绳纹,这种装饰即便在科技高度发达的现代亦非易事,当属绝技。即使在当时,也仅见少数的吴越名剑。薄壁同心圆凸棱的槽底有凸起的绳纹,应是铸造成型,而不可能由青铜车削制成(当时没有电、更没有高速旋转的车床,无法进行车削工艺)。薄壁同心圆凸棱的同心度相当高,表明其陶模或陶范的制造可能应用了类似轮制法成形工艺。

图8-15 湖北省博物馆展出的越王勾践剑剑首同心圆(左)、湖北荆州博物馆展出的越王鹿郢剑剑首同心圆(中)(吴恩培摄)及苏州博物馆新入藏的原台湾古越阁旧藏吴王夫差剑剑首同心圆(右)[2]

(3)复合剑技术

所谓复合剑,是指剑脊和剑刃用不同成分配比的青铜合金分别浇铸的青铜剑。故复合剑技术是用两种成分金属,以充分发挥金属的性能。其高硬度的剑刃以高锡青铜铸成,高韧性的剑脊用低锡青铜铸成,再通过二次铸造方法铸成一

---

[1] 彭林:《文物精品与文化中国》,清华大学出版社2002年,第196页。
[2] 苏州博物馆:《吴钩重辉》,文物出版社2014年,第62页。

件器物,使剑达到刚柔相济的效果。

复合剑的铸造方法也与普通青铜剑有别。普通剑之剑身系一次浇铸完毕,复合剑则是二次浇铸:先以专门的剑脊范浇铸剑脊,在剑脊两侧预留出嵌合的沟槽;再把铸成的剑脊置于另一范中浇铸剑刃,剑刃和剑脊相嵌合构成整剑。

在类似于今日土作坊的铸造条件下,无鼓风吹氧设备,亦无辨热电偶等测量炉火温度的仪表设备,更无分析铜、锡含量的测量设备,正是在这种原始条件下,春秋时的吴国工匠制作出了今日现代冶炼技术都无法制作出的精湛的复合剑。

三、建筑与园林

(一) 建筑

春秋吴国及吴都苏州的建筑,分为以下部分:

1. 吴都古城与城墙

春秋时吴国最重要的建筑为具有城市功能的吴都古城(今苏州城,又作"吴大城""阖闾城")及围圈起该古城四周的城墙。春秋吴国的宏大建筑之一的城墙(含城门),为春秋吴王阖闾时建、战国黄歇治吴时重修。该城墙建筑,既为吴都古城的重要组成部分,同时亦兼具军事性质的城市防御功能。

除上述吴都古城外,前文言及文献记载的吴王寿梦时期所建"寿梦城"及"都驿""都亭"等,均传为春秋时期的吴国王家建筑。

2. 吴王阖闾所建吴都城内外的离宫、离城及吴王夫差时在离城范围内增筑姑苏台

春秋晚期,吴王阖闾筑吴都的同时,在吴都城内及城外分别建有苑囿游憩之地和离宫别苑性质的离城。

范成大《吴郡志》卷十七记载吴都城内的苑囿游憩之地说:"苑桥,在报恩光孝寺之西。故传:阖庐有苑囿,在其傍定跨桥下。长洲县前,旧为阖庐故迹,县前东南故传皆阖庐苑囿游憩之地。"[1]

《越绝书》卷第二则记载了吴都城外的离宫、离城:"巫栅城者,阖庐所置诸侯远客离城也,去县十五里。"[2]"古城者,吴王阖庐所置美人离城也,去县七十里。"[3]明正德《姑苏志》卷第三十三记载:"虞城,在常熟县北五里,石城东。

---

[1] 范成大:《吴郡志》,江苏古籍出版社1986年,第235页。
[2] 袁康、吴平:《越绝书》卷第二,上海古籍出版社1985年,第13页。
[3] 袁康、吴平:《越绝书》卷第二,上海古籍出版社1985年,第14页。

世传吴王游乐石城,又建离宫扈跸,故名扈城。今有扈城村。"[1]

由此可知,吴王阖闾所建离城,并不止一处,其中规模最大且为后世文献记载者为吴都城郊灵岩山一带所建之"离城"。文献亦已指出其"离宫"性质,如朱长文《吴郡图经续记》记载:"石城,在吴县东北,故为离宫。"[2]范成大《吴郡志》卷第八记载:"《吴地记》云:石城,吴王离宫。"[3]因此,这一离宫实为一组含宫苑、园囿、亭池及类乎"石城"等小城在内的王家建筑群。其功能为吴王及吴国王室成员休憩,兼作处理政务的休闲、游乐场所。因其位置在今吴中区木渎镇灵岩山一带,故有考古文献称之为"木渎古城"[4]"灵岩古城"[5]等。这些离宫别苑的建筑、宫苑、园囿、亭池等,同时亦为苏州早期的王家园林。阖闾后的吴王夫差时,将这离城的范围,又予扩大而增筑姑苏台。

春秋各国诸侯造筑宫馆、园囿,乃是普遍现象。《春秋经·庄公元年》记载鲁国"筑王姬之馆"[6]《左传·襄公三十一年》则既记载"公作楚宫"[7],即鲁襄公建造楚国样式的宫殿,又记载晋国"筑诸侯之馆"[8],即造筑接待列国诸侯的宾馆。而《春秋经》三次记载鲁国建筑园囿的情况分别为:《春秋经·成公十八年》记载"筑鹿囿"[9]、《春秋经·昭公九年》记载"筑郎囿"[10]、《春秋经·定公十三年》记载"筑蛇渊囿"[11]等。这些宫、馆、园囿,与吴王阖闾造筑的离宫、离城,其功能、性质,并无大的差异。

3. 军事防御建筑

吴国的军事防御建筑,除前述苏州城墙外,另有吴王阖闾时期在不同地点建筑的拱卫吴都的军事城堡,情况如下:

其一,为前文叙述的吴王阖闾伐楚返归时在今无锡、常州境内所建"阖闾城"。该"阖闾城遗址"在2013年国务院公布的第七批全国重点文物保护单位

---

[1] 王鏊:《姑苏志》卷第三十三,苏州方志馆藏本。
[2] 朱长文:《吴郡图经续记》卷下,江苏古籍出版社1986年,第56页。
[3] 范成大:《吴郡志》,江苏古籍出版社1986年,第98页。
[4] 中国社会科学院考古研究所、苏州市考古研究所,苏州古城联合考古队:《江苏苏州市木渎春秋城址》,《考古》2011年第7期。
[5] 陆雪梅、钱公麟:《春秋时代吴大城位置再考——灵岩古城与苏州城》,《东南文化》2006年第5期。
[6] 《春秋经·庄公元年》,见《春秋左传正义》,北京大学出版社1999年,第216页。
[7] 《左传·襄公三十一年》,见《春秋左传正义》,北京大学出版社1999年,第1125页。
[8] 《左传·襄公三十一年》,见《春秋左传正义》,北京大学出版社1999年,第1130页。
[9] 《春秋经·成公十八年》,见《春秋左传正义》,北京大学出版社1999年,第800页。
[10] 《春秋经·昭公九年》,见《春秋左传正义》,北京大学出版社1999年,第1265页。
[11] 《春秋经·定公十三年》,见《春秋左传正义》,北京大学出版社1999年,第1596页。

名单中被列为全国重点文物保护单位,同时也成为目前唯一列入"国保"名单的春秋吴国遗址。国务院公布时的相关资讯如下表:

表8-2 阖闾城遗址列为全国重点文物保护单位的相关资讯

序号	编号	名称	时代	地址
151	7-0151-1-151	阖闾城遗址	春秋	江苏省无锡市滨湖区,常州市武进区

其二,为昆山南武城。关于此城,文献记载如下:南宋范成大《吴郡志》卷第八:"南武城,在海渚,阖闾所筑,以御见伐之师。"[1]明王鏊《姑苏志》卷第三十三:"武城,在昆山县西北。《汉书》'娄县'注云:'有南武城。'"[2]《昆新两县续修合志》卷十二《古迹》:"武城,在县西北,《汉书·地理志》注'娄县',有南武城,阖闾所起,以候越。"[3]

其三,为今上海境内"阖闾所筑,备越处"的"阖闾城"。南宋绍熙四年(1193)的《云间志》(又作《绍熙云间志》)"阖闾城"条引《寰宇记》说:"袁崧城东三十里,夹江又有二城相对,阖闾所筑,备越处。"[4]此即地处今上海境内"阖闾所筑,备越处"的"阖闾城"。此城,在北宋元丰七年(1084)朱长文撰《吴郡图经续记》中记为:"袁山松城,在沪渎江侧……袁山松城东三十里,夹江又有二城相对,阖庐所筑以控越处。"[5]

因此,作为吴国军事防御建筑设施,无论是扼守吴都(吴大城)西北的无锡"阖闾城",还是扼守其东部及东南部的昆山"南武城"及今上海境内的"阖闾城",它们在军事功能上互为犄角,共同承担着拱卫吴都的军事职责。而它们在构成吴都防御圈战略纵深的同时,亦各有侧重。无锡"阖闾城"为吴军伐楚返归时为防御楚国报复而筑;而昆山"南武城"及今上海境内"阖闾城"的防御对象如上引《昆新两县续修合志》《云间志》等所说的"候越"及"筑以控越",即为防御越国而筑。

由上亦可知,文献记载的"阖闾城",实是有三:一为唐代张守节《史记正义》所说的"二十一代孙光,使子胥筑阖闾城都之,今苏州也"[6]的"吴都"苏州;二为元王仁辅纂至正《无锡志》所记载的与"阖闾大城在姑苏,即今之平江是也"而

---

[1] 范成大:《吴郡志》,江苏古籍出版社1986年,第107页。
[2] 王鏊:《姑苏志》卷第三十三,苏州方志馆藏本。
[3] 《昆新两县续修合志》卷十二《古迹》,苏州方志馆藏本。
[4] 《云间志·阖闾城》,见《宋元方志丛刊》第一册《云间志》,中华书局1990年,第18页。
[5] 朱长文:《吴郡图经续记》卷下,江苏古籍出版社1986年,第58页。
[6] 张守节:《史记正义》,见司马迁:《史记》,中华书局1959年,第1445页。

相对的无锡"阖闾城",即"小城在州西北富安乡"[1];三为南宋绍熙《云间志》所记载的"阖闾所筑,备越处"的"阖闾城"[2]。个中,除"阖闾城都之,今苏州也"而明确标记为春秋吴都外,其余二者的"阖闾城"含义,均为标记其诞生年代,即如上引"阖闾所筑""阖闾所起"所揭示的时间概念。

4. 民居建筑

先秦苏州的民居建筑,由于文献记载较少,难以做出全面论述。但从现存有限的文献记载来看,先秦苏州的民居建筑,已形成如下特点:

(1)文献记载先秦时著名的政治、文化人物的宅居,已具备后世吴地民居庭院装饰的基本要素

前文论及战国时黄歇修复古城时曾指出说,其时苏州城市闾巷、民居得以修复,出现民居闾巷达三百多条,并出现以孟尝君门客冯谖宅于此而得名的"弹铗巷"。除此以外,文献还记载了春秋时期其他著名人物的宅居。如《吴地记》记载:"胥门,本伍子胥宅,因名。"[3]《吴郡图经续记》因袭记为:"伍子胥宅,故传在胥门旁。"[4]同时,《吴郡图经续记》记载:"言偃宅,在常熟县西北。宅中有井,阔三尺,深十丈。井傍有坛,坛北百步有浣沙石,方四尺。"[5]由此可以看出,春秋时的言偃宅,其庭院有实用及装饰的"井",井傍有种植花草的"坛",坛旁有既作浣洗实用、亦作装饰用的"石"等,从而初步具备了后世吴地民居庭院花草、赏石等装饰的基本元素。而上述"冯谖宅""伍子胥宅",文献虽未记写其庭院装饰的详情,但与言偃宅或不会有太大的区别。

(2)民居多临水而筑,枕河而居

黄歇治吴时"大内北渎,四从五横"[6],即在苏州城内挖掘、疏浚城内河道体系。由此来推测,城中《吴郡图经续记》所说的"旧传郡郭三百余巷"[7]即有三百多条闾巷。这些闾巷及民居,从方便生活的需要出发,当均位于内河河道两旁,夹河而居。故后世吴地民居临水而筑、枕河而居的特点,在先秦时期实已呈现出来。而这一民居特点,早在新石器时代的良渚早期,从太湖流域考古发现的原始聚居村落(如吴江龙南村落遗址)已有体现。先秦吴地民居多临水而筑,枕

---

[1] 王仁辅:《无锡志》,见《无锡文库》第一册,凤凰出版社2012年,第54页。
[2] 《云间志·阖闾城》,见《宋元方志丛刊》第一册《云间志》,中华书局1990年,第18页。
[3] 陆广微:《吴地记》,江苏古籍出版社1986年,第19页。
[4] 朱长文:《吴郡图经续记》卷下,江苏古籍出版社1986年,第60页。
[5] 朱长文:《吴郡图经续记》卷下,江苏古籍出版社1986年,第61页。
[6] 张守节:《史记正义》,见司马迁:《史记》,中华书局1959年,第1445页。
[7] 朱长文:《吴郡图经续记》卷下,江苏古籍出版社1986年,第61页。

河而居的特点,乃系江南水乡条件下的地理制约及文化继承。

(二) 园林

春秋时期吴国的离宫别苑或王家宫苑,与后世苏州私家园林及当代园林,无论外延、内涵,都有着很大差异。同时,由于园林与建筑有着密不可分的联系,故前文所述,春秋时期,吴王阖闾建筑的离宫别苑性质的"离城",亦当为苏州早期的吴国王家园林。

1. 吴国王家园林

(1) 以水为依托的造园特点

吴国最早的王家宫苑,为吴王寿梦时的夏驾湖。关于该湖,本卷前文论及与寿梦有关的宫苑、建筑时,已作论述,此处不赘。

吴阖闾九年(前506),吴王阖闾伐楚。伐楚返归后,《吴越春秋》记写吴王阖闾在这一段时期的悠闲岁月时,有一段记载说:"立射台于安里,华池在平昌,南城宫在长乐。阖闾出入游卧,秋冬治于城中,春夏治于城外,治姑苏之台。且食鲲山,昼游苏台,射于鸥陂,驰于游台,兴乐石城,走犬长洲,斯且阖闾之霸时。"[1]这段不长的文字,记写的"城外"所"治姑苏之台"及"苏台",实为前述"离城"的另一表述(它与夫差时所筑"姑苏台"并非同一,叙述另见下文)。

而在这离城中,有"射台""华池""鸥陂""石城""长洲"等多处吴国王家苑囿。这些名称,与前述鲁国筑造的鹿囿、郎囿及蛇渊囿等的名称、内容不同的是,它多为与水有关的"池"(水塘)"陂"(池塘)"洲"(水中陆地)等相连,从而显现出吴地以水为依托和底色的造园特点。

(2) 戏说历史的西施化现象

关于"西施"及西施化现象,究其本质,只是一个与吴越争战本无关联的美女,后世穿越走进历史并试图改变历史的文化现象。

春秋后期,国力强大的吴国竟然为国力远弱于其的越国所灭,仅此,已足以引发后世的关注与兴趣。故后世的人们在探讨吴国灭亡的历史教训,同时也为了给予民间大众一个普遍能够被接受的解释时,越国的阴谋混杂着夫差因宠爱西施而亡国的传说故事,遂由此产生,并由此陷入将夫差失国的历史责任归结于重色亡国的历史窠臼之中。

正是在这一背景下,东汉时期的《越绝书》《吴越春秋》等戏说和虚构的故

---

[1] 赵晔:《吴越春秋》卷四,江苏古籍出版社1986年,第47—48页。

事,开始出现和流行。这里,当指出的是:

其一,《春秋经》《左传》《国语》乃至《史记》等史学著作在记载吴、越争战时,均无西施的相关记载。

其二,在这一传说中有着历史的影子。一是前引楚国子西所说,"今闻夫差,次有台榭陂池焉,宿有妃嫱嫔御焉"[1]。即夫差生活奢侈,住必有亭池楼阁;宿必有嫱嫔幸御。二是,《国语》记载吴伐越时,吴大宰伯嚭曾接受过越人所送八个美女的性贿赂。这些历史的真实,经文学编排,嫁接上了先秦诸子著作中提及的历史人物西施,从而组合成了夫差与西施的传说故事。

其三,"西施"为一历史真实人物。先秦诸子著作中对之多有提及。如:《管子·小称》云:"毛嫱、西施,天下之美人也。"[2]《墨子·亲士》云:"西施之沈(沉),其美也。"[3]《孟子·离娄下》云:"西子蒙不洁,则人皆掩鼻而过之。"[4]东汉赵歧注:"西子,古之好女西施也。蒙不洁,以不洁污巾帽蒙其头面。面虽好,以蒙不洁,人过之皆自掩鼻,惧闻其臭也。"[5]《荀子·正论》云:"譬之是犹以人之情,欲富贵而不欲货也,欲美而恶西施也。"[6]《庄子·天运》云:"故西施病心而颦其里,其里之丑人见之而美之,归亦捧心而颦其里。"[7]《战国策·齐策四》云:鲁仲连谓孟尝君曰:"君后宫十妃,皆衣缟纻,食粱肉,岂有毛嫱、西施哉。"[8]《战国策·齐策四》:先生王斗造门而欲见齐宣王,云:"世无毛嫱、西施,王宫已充矣。"[9]由上述可见,"西施"这一历史真实人物,战国时即有两种截然不同的描述与评价。一为外形长得姣美的"美女";另一则为"面虽好",但"人过之皆自掩鼻,惧闻其臭"的体味甚浓(或患有狐臭,又名腋臭)的"美女"。后,西施成为"美女"的抽象概念,而其体味不佳的记载却被弱化。上述先秦诸子著作中,对西施亦仅说其外形之美,但对其籍贯、故里,并无记载,更没有将之与吴、越争战做任何联系。

---

[1]《左传·哀公元年》,见《春秋左传正义》,北京大学出版社1999年,第1615页。
[2]《管子·小称》,见谢浩范、朱迎平译注:《管子全译》,贵州人民出版社1996年,第437页。
[3]《墨子·亲士》,见周才珠、齐瑞端译注:《墨子全译》,贵州人民出版社1995年,第6页。
[4]《孟子·离娄下》,见《孟子注疏》,北京大学出版社1999年,第230页。
[5] 赵歧注,见《孟子注疏》,北京大学出版社1999年,第230页。
[6]《荀子·正论》,见《荀子选注》,天津人民出版社1975年,第377页。
[7]《庄子·天运》,见《庄子集释》,中华书局1961年,第515页。
[8]《战国策·齐策四》,见王锡荣、韩峥嵘译注:《战国策译注》,吉林文史出版社1998年,第289页。
[9]《战国策·齐策四》,见王锡荣、韩峥嵘译注:《战国策译注》,吉林文史出版社1998年,第287页。

其四,东汉时的《越绝书》,将西施这一人物具体化为勾践所献与吴王夫差的美女,从而既与吴、越争战嫁接,又虚构出一个大致完整情节的故事,并成为后世此类戏说故事的最早滥觞。其后,《吴越春秋》一书承接并在情节上有所发展,非真实的臆造历史开始以戏说故事的艺术形式出现。

其五,明代时,冯梦龙编著的历史小说《东周列国志》,使得上述戏说故事更为精致,更符合小说的种种要素,从而在大众中也更为普及。而在这以前就已出现的西施故里等的文化争夺,那已是《越绝书》《吴越春秋》等虚构的戏说故事在文化酱缸里的发酵了。发酵所起的作用,不容低估。它表现为:一方面,这一发酵后的文化又反馈至吴地,并在吴地的方志记载中被接受、认可并转化为以与西施有关的旧迹等历史遗迹面貌出现,从而对春秋时吴王阖闾造筑的吴都离城及吴王夫差造筑的姑苏台等作类乎"馆娃宫"式的西施化改造和渗透;另一方面,作为国人钟情的美女文化,西施"美女"的抽象概念经艺术处理为具象的美人形象。而这一美人和勾践、夫差及范蠡的多角的政治爱情关系,依次为不同时代的勾栏、瓦舍及戏曲、评弹等接受和吸纳,从而在更大的范围内得以传播。时至今日,更成为电影、电视等艺术形式经久不衰的抢手题材。并非历史的戏说故事,也早已完成其华丽转身,并成为支撑起旅游行业的文化。

因此,与吴、越争战本无联系的历史人物西施,在东汉《越绝书》和《吴越春秋》中,相继完成了与吴王夫差对接的过程,从而既被导入了吴国的离宫别苑和王家苑囿,也同时呈现出西施化的文化现象和文化过程。体现这一现象和过程的相关文献记载为:《越绝书》卷第八:"美人宫……句践所习教美女西施、郑旦宫台也。女出于苎萝山,欲献于吴。"[1]"乃饰美女西施、郑旦,使大夫种献之于吴王……吴王大悦。"[2]《吴越春秋》卷九:"越王谓大夫种曰:'孤闻吴王淫而好色,惑乱沉湎,不领政事,因此而谋,可乎?'种曰:'可破。夫吴王淫而好色,宰嚭佞以曳心,往献美女,其必受之。惟王选择美女二人而进之。'越王曰:'善。'乃使相者国中得苎萝山鬻薪之女,曰西施、郑旦。饰以罗縠,教以容步,习于土城,临于都巷。三年学服而献于吴。乃使相国范蠡进曰:'越王勾践窃有二遗女,越国洿下困迫,不敢稽留,谨使臣蠡献之。大王不以鄙陋寝容,愿纳以供箕帚之用。'吴王大悦,曰:'越贡二女,乃勾践之尽忠于吴之证也。'"[3]

上述《越绝书》和《吴越春秋》,均记载了越国将西施等献于吴王夫差的戏说

---

[1] 袁康、吴平:《越绝书》卷第八,上海古籍出版社1985年,第59页。
[2] 袁康、吴平:《越绝书》卷第十二,上海古籍出版社1985年,第84页。
[3] 赵晔:《吴越春秋》卷九,江苏古籍出版社1986年,第122页。

故事,既为吴亡于越找到一个重色亡国的世俗解释,更为春秋时吴国在郊外所建王家宫苑注入并开始了西施化的先河。其后的苏州方志中,这一西施化的现象愈演愈烈。唐代《吴地记》始出现"馆娃宫"这一与西施明确勾连的宫苑名称:"花山,在吴县西三十里。……山东二里有胥葬亭,吴王阖闾置。亭东二里有馆娃宫,吴人呼西施作娃,夫差置,今灵岩山是也。"[1]不仅如此,《吴地记》还不合情理地记载范蠡献西施自越于吴时,不长的道路竟走了三年,且二人有染,半道中竟生出个儿子来的说法:"勾践令范蠡取西施以献夫差,西施于路与范蠡潜通,三年始达于吴,遂生一子。至此亭,其子一岁能言,因名语儿亭。"[2]

宋代《吴郡志》卷第八也将春秋时吴国的离宫别苑与西施作了联系,"《越绝书》云:石城者,阖庐所置,美人离城也。《吴地记》云:石城,吴王离宫,越王献西施于此"[3](以上《吴郡志》所引《越绝书》《吴地记》内容,今本《越绝书》《吴地记》均无)。

西施化现象的产生原因,无非是中国历史上红颜祸水的吴地版本叙述。同时,也不乏后世美人效应的发酵,即对臆造与吴国历史有关的这一美人的追捧、崇拜而已。其对苏州后世的影响,却极为负面。东汉时开始的这一戏说故事,后世覆盖并代替了《春秋经》《左传》《史记》等记载的春秋吴国后期的真实历史。唐宋后的苏州方志及其他著述在屡屡重复着夫差与西施的臆造戏码的同时,实也是束缚了这些方志、文献撰者对"夫差失国"等历史事件的理性探讨与冷静思考。众口铄金,积毁销骨之下,使得春秋吴国后期的历史,在如前引王鏊主纂的明正德《姑苏志》及清乾隆《吴县志》中,竟以同样字句说夫差"日与西施为嬉"[4]的不堪故事中结束。苏州乃至吴国的这一段春秋后期的历史,在被歪曲、娱乐的同时,更染上一层绯色。然而,这一切并非出于当代戏说玩家之手,而是如王鏊这些封建时代精通典籍(其间包括《春秋经》《左传》)的饱学之士及地方士绅们,在皓首穷经且正襟危坐间擘画完成。

(3)吴国王家园林在春秋时出现的意义

作为苏州早期园林的吴国王家园林,其春秋时期的出现,在苏州园林发展史上有着重要意义。它表现在:

其一,春秋时期,在苏州不仅已经出现临水建轩阁以观景的夏驾湖,同时也

---

[1] 陆广微:《吴地记》,江苏古籍出版社1986年,第66页。
[2] 陆广微:《吴地记》,江苏古籍出版社1986年,第46—47页。
[3] 范成大:《吴郡志》,江苏古籍出版社1986年,第98页。
[4] 王鏊:《姑苏志》卷三十三,苏州方志馆藏本。乾隆《吴县志》卷二十二,苏州方志馆藏本。

出现了下文将叙述的高山筑台以凭眺的"姑苏台"。春秋时期苏州王家园林利用自然山水形制的特点,为后世继承。因此,苏州园林诞生之初,便呈现出与西方规则图案式的园林有着泾渭分明的区别,从而对后世苏州写意山水园林产生深远影响。

其二,春秋以后,吴地王家园林在江南水多树茂等适宜造园的自然条件及经济、文化等社会条件下,逐渐转型为封建士大夫式的私家园林,并借以延续、发展。

2. 姑苏台

(1)台的概念与春秋时列国筑台的文献记载

台,汉代高诱注《吕氏春秋·仲夏记》"可以处台榭"[1]句时指出:"积土四方而高曰台。"[2]故中国先秦时期的"台",即为挖四方土而堆积起的土台子。不排除的是,在土台为主体的此类建筑中,另有以木、石等建筑材料在土台表面或四周建有其他附属和辅助建筑。

由此可知,在砖瓦尚未成为建筑的主要材料时,筑台与造筑城墙一样,乃是一项耗费大量民力的行为。故农耕时代,此类工程多在农闲时进行,否则会遭到非议。《左传·襄公十七年》:"宋皇国父为大宰,为平公筑台,妨于农功。"[3]即宋国皇国父做太宰,征调民工给宋平公筑台,妨碍了农作物的及时收割。

除上述宋国"妨于农功"而筑台外,《春秋经》《左传》也多次记载了春秋列国的"筑台"情况,如《春秋经·庄公三十一年》记载:"三十有一年,春,筑台于郎。夏四月,薛伯卒。筑台于薛。……秋,筑台于秦。"[4]由此可见,一年之中,竟有鲁、薛、秦诸国分别筑台。而《左传·庄公三十二年》也记载说:"公筑台,临党氏,见孟任,从之。"[5]《左传》本条,记载鲁庄公当年追求党氏家族平民女子孟任的爱情故事说,当初鲁庄公建造高台,可以看到党家。在台上,他望见党氏的女儿孟任,便向她求爱。孟任闭门拒绝。庄公答应立她为夫人后,两人才成佳话。杨伯峻《春秋经传注》将此台称为"庄公台",并指出该"庄公台在曲阜县东北八里"[6]。另,《左传·昭公七年》记载:"楚子成章华之台,愿以诸侯落

---

[1]《吕氏春秋·仲夏记》,见陈奇猷:《吕氏春秋校释》,学林出版社1984年,第242页。
[2]《吕氏春秋·仲夏记》,见陈奇猷:《吕氏春秋校释》,学林出版社1984年,第254页。
[3]《左传·襄公十七年》,见《春秋左传正义》,北京大学出版社1999年,第944页。
[4]《春秋经·庄公三十一年》,见《春秋左传正义》,北京大学出版社1999年,第296页。
[5]《左传·庄公三十二年》,见《春秋左传正义》,北京大学出版社1999年,第300页。
[6] 杨伯峻:《春秋左传注》,中华书局1990年,第252页。

之。"[1]即楚灵王建成章华之台,希望和诸侯一起举行落成典礼。其后,鲁为之捧场,而晋不满并以杞田说事而责难鲁国。

在春秋列国的"台"中,规模较大的即为楚章华台,而堪与楚章华台齐名及媲美者,为吴国的姑苏台。

(2)《国语·吴语》记载伍子胥谏言中与"章华台"并称的"姑苏台"

《国语》向被称为《春秋外传》,此乃相对于《左传》被称为《春秋内传》而言。《国语》偏重记言,而与偏重记事的《左传》互相表里。故其堪与《左传》等同的历史文献价值,不言而喻。

《国语·吴语》以记言方式记载姑苏台的建造情况说:"吴王夫差既许越成,乃大戒师徒,将以伐齐。"[2]即吴王夫差答应越人求和而保存下越国后,下令通告全体将士,准备攻打齐国。正是在这一"将以伐齐"的背景下,申胥(伍子胥)予以谏阻并说起"昔楚灵王不君,其臣箴谏以不入。乃筑台于章华之上……罢弊楚国"[3],即昔日楚灵王不行君道,不听臣下劝谏,滥用民力筑章华台,使得楚国民力疲惫不堪。接着,伍子胥又言及吴国业已建成的姑苏台说:"今王既变鲧、禹之功,而高高下下,以罢民于姑苏。"[4]徐元诰《国语集解》指出:"王,夫差。变,易也。高高,起台榭。下下,深污池。姑苏,台名,在吴西,近湖。"[5]故《国语》上条意为,如今大王改变鲧、禹父子相承治水的功德,一改先王节俭恤民的做法,在高处筑台榭,在低处掘湖池,使吴国的民力在姑苏台的建造中疲惫不堪。上述伍子胥谏言中出现的"姑苏",即"姑苏台",为该台最早的历史文献记载。

(3)姑苏台系吴王夫差筑,与吴王阖闾无关

如上所述,吴将伐齐而伍子胥进谏时,姑苏台已经筑成。故姑苏台系吴王夫差筑,而与吴王阖闾无关。其具体时间,当为吴伐齐战争前。吴首次伐齐战争为吴夫差十一年(前485)。故姑苏台筑成时间当为该年(指吴夫差十一年,前485)。其时,吴王阖闾去世已11年。

东汉文献《吴越春秋》《越绝书》,均记载了姑苏台系吴王夫差所筑,而与吴王阖闾无关的情况,从而印证《国语·吴语》的记载。

《越绝书》卷第十二记载说,越王勾践与大夫文种共同制定"伐吴九术"即破

---

[1]《左传·昭公七年》,见《春秋左传正义》,北京大学出版社1999年,第1238页。
[2] 上海师范大学古籍整理研究所校点:《国语·吴语》,上海古籍出版社1998年,第579页。
[3] 上海师范大学古籍整理研究所校点:《国语·吴语》,上海古籍出版社1998年,第598页。
[4] 上海师范大学古籍整理研究所校点:《国语·吴语》,上海古籍出版社1998年,第599页。
[5] 徐元诰:《国语集解》,中华书局2002年,第542页。

吴的九大策略后,开始实施。与《吴越春秋》献大木不同的是,《越绝书》中越国献的是"策楯"并"婴以白璧,镂以黄金,类龙蛇而行者"[1]。即将饰有文采的栏杆,用白璧作装饰,还镶嵌有黄金,形状如同龙蛇舞动一般。当越王勾践派遣越国大夫文种将这一诱使吴王夫差筑姑苏台的器物"献之于吴"且"吴王大悦"[2]时,"申胥谏曰:'不可。王勿受。昔桀起灵门,纣起鹿台,阴阳不和,五谷不时,天与之灾,邦国空虚,遂以之亡。大王受之,是后必有灾'"[3]。与《吴越春秋》记载比较,《越绝书》中伍子胥谏阻时,也说起"桀起灵门,纣起鹿台"的历史教训,并同时也指出"大王受之,是后必有灾"的相同严重后果。而吴王夫差的反应也是相同为"吴王不听,遂受之而起姑胥台。三年聚材,五年乃成。高见二百里。行路之人,道死尸哭"[4]。

《吴越春秋》卷九也做类似记载说,越王勾践与大臣商量攻灭吴王夫差的方略时,文种提出:"吴王好起宫室,用工不辍。王选名山神材,奉而献之。"于是"越王乃使木工三千余人入山伐木",后终寻得"天生神木一双,大二十围,长五十寻"。然后乃派遣越国大夫文种将此大木"献之于吴王……吴王大悦"。对越人的阴谋,伍子胥劝谏吴王夫差说,大王不要接受越人献来的大木,"昔者,桀起灵台,纣起鹿台",即夏代的桀王筑灵台,商代的纣王筑鹿台,都导致了灭国的后果。而"大王受之,必为越王所戮"。即接受越人送的大木而筑台,必导致吴国为越所灭的后果。但"吴王不听,遂受而起姑苏之台。三年聚材,五年乃成,高见二百里。行路之人,道死巷哭,不绝嗟嘻之声,民疲士苦,人不聊生"[5]。

(4)"姑苏"与姑苏台

"姑苏"一词,有二义。

其一,"姑苏"为苏州别名。这一苏州别名出现很早,战国时先秦诸子著作中已不止一处出现。如:《荀子·宥坐》篇:"女以谏者为必用邪?吴子胥不磔姑苏东门外乎!"[6]意指,你认为劝谏的人就一定会被任用的吗?吴国的伍子胥不是被碎尸于姑苏城东门外吗!又,《韩非子·喻老》篇:"勾践入宦于吴,身执干戈为吴王洗马,故能杀夫差于姑苏。"[7]意为,勾践到吴国服贱役,亲自拿着兵器

---

[1] 袁康、吴平:《越绝书》卷第十二,上海古籍出版社1985年,第83页。
[2] 袁康、吴平:《越绝书》卷第十二,上海古籍出版社1985年,第83页。
[3] 袁康、吴平:《越绝书》卷第十二,上海古籍出版社1985年,第83页。
[4] 袁康、吴平:《越绝书》卷第十二,上海古籍出版社1985年,第83页。
[5] 赵晔:《吴越春秋》卷九,江苏古籍出版社1986年,第119—120页。
[6] 章诗同:《荀子简注》,上海人民出版社1974年,第322页。
[7] 《韩非子》校注组:《韩非子校注》,江苏人民出版社1982年,第223页。

为吴王洗马而做吴王前驱,所以后来能在姑苏把夫差杀死。

关于"姑苏"一词的渊源,张紫琳《红兰逸乘》卷一记载说,汉王符"《潜夫论·边议篇》云:'范蠡收债于姑胥。'盖胥者,舜臣名,佐禹治水有功,封于吴者也。故名其地曰故胥,后世转音为姑苏,而胥门之名见于《左氏春秋》(即《左传》),非因伍子胥得名也。姑苏台,《图经》亦作姑胥台"[1]。又,对上述《红兰逸乘》引文中的"范蠡收债于姑胥"句,彭铎校正《潜夫论笺校正》则记为"范蠡收责于姑胥"[2]。责,通"债"。

按此可知,夏代以前"佐禹治水有功"的舜之臣"胥",其封地后世称为"故胥"。从上引战国时先秦诸子著作中已出现"姑苏"一词来看,战国时"故胥"已经音转为"故苏"和"姑苏"。因此,"姑苏"为苏州最早地名,其得名渊源当追溯至中国古代"五帝"之一的帝舜之臣"胥"那里,并在战国时已传播开来。

在苏州先秦历史的叙述语境中,帝舜之臣"胥"与春秋时的伍子胥极易混淆,故上引张紫琳《红兰逸乘》郑重其事地澄清说,苏州"胥门""非因伍子胥得名"。

帝舜之臣"胥"与春秋时伍子胥易相混淆的另一案例为"胥山"之名。

《越绝书》卷第二有"阖庐之时,大霸,筑吴越城。城中有小城二。徙治胥山"[3]的记载,即吴王阖庐(阖闾)之时,称霸于世,建造吴越城。城中有两座小城,后来移治胥山。此处记写阖闾筑吴越城,徙治胥山时,伍子胥正为阖闾重用,不可能以其为山名。故这一"胥山",指的是与"姑胥""姑苏"地名有关的"姑胥山"。

《史记·伍子胥列传》记载伍子胥死后,其尸"浮之江中。吴人怜之,为立祠于江上,因命曰胥山。"[4]这一《史记》记写且与伍子胥有关联的太湖畔"胥山",今名清明山,位于今吴中区胥口镇。

经厘清可知,《越绝书》卷第二所记之"胥山"与帝舜之臣"胥"即与前述的"故胥""姑苏"有关,亦与由此而来的苏州得名之山——"姑苏山"有关,而与《史记·伍子胥列传》记载的与伍子胥有关联的"胥山"无关。

故,张宗祥校注《越绝书》时指出说:"'胥'即'苏',姑苏山一名姑胥,一名姑馀,此即后来姑苏、苏州之名所由起。"[5]显见,张宗祥注与张紫琳《红兰逸乘》所说,为同一个意思。后世,"姑苏"转化成为苏州这座城市的雅称。明正德

---

[1] 张紫琳:《红兰逸乘》,见王稼句:《苏州文献丛钞初编》,古吴轩出版社2005年,第271页。
[2] 彭铎校正:《潜夫论笺校正》,中华书局1985年,第274页。
[3] 袁康、吴平:《越绝书》卷第二,上海古籍出版社1985年,第9页。
[4] 司马迁:《史记》卷六十六《伍子胥列传》,中华书局1959年,第2180页。
[5] 张宗祥校注:《越绝书》,商务印书馆1956年,第2页。

《姑苏志》王鏊为《序》时指出:"姑苏山名在城西南,昔以名郡,故今以名其《志》。"〔1〕王鏊在这里指出《姑苏志》之所以"姑苏"这一雅称为其《志》名,皆因"城西南,昔以名郡"的"姑苏山"所致。

后世,出于对伍子胥忠吴而死的崇敬,民间将"胥门"与伍子胥的联系历代流传,并成了一种文化。苏州市地名委员会编《江苏省苏州市地名录》关于"胥门"条时,很好地兼顾了上述两种情况说:"胥门:位于城西,又名姑胥门,因姑胥山得名。相传伍子胥宅在近处,且后又悬头于此门,故名胥门。"〔2〕

《史记》提及"姑苏"的记载,为前文引《史记·吴太伯世家》中记写吴王阖闾伐越失败而死的"败之姑苏"〔3〕及吴王夫差复仇而战胜越国的"报姑苏也"〔4〕。这里的"姑苏",均代指春秋时"吴"之城即吴都,进而代指吴国。

这是因为,吴阖闾十九年(前496)夏,吴兵伐越,越王勾践带兵在檇李抗击且越兵自杀于阵前时,"吴师观之,越因伐吴,败之姑苏,伤吴王阖庐指,军卻七里。吴王病伤而死"〔5〕。此处"姑苏",古代注家明指或隐指"姑苏台"。如裴骃《史记集解》引:"《越绝书》曰:'阖庐起姑苏台,三年聚材,五年乃成,高见三百里。'"〔6〕司马贞《史记索隐》:"姑苏,台名,在吴县西三十里。"〔7〕然而,参阅《左传》等记载,此战越军并没有深入到吴国国都附近。上述《史记》记载"伤吴王阖庐指"后,吴军"军卻七里"("卻"同"却")即退却七里的记载,也支持这一说法。由此可知,吴军仅退却七里,越军并没有深入到吴境,更没有兵临至吴国国都附近。而如前述,姑苏台系吴王夫差时筑,既与吴王阖闾无关,且阖闾时亦无姑苏台。因此,"败之姑苏"既非指越军在姑苏台大败吴军,亦非指越军在吴都郊外的离城大败吴军。《史记·吴太伯世家》记载吴王夫差"二年,吴王悉精兵以伐越,败之夫椒,报姑苏也"〔8〕。即吴夫差二年(前494)吴王出动全部精兵伐越,在太湖中的西山夫椒(即西洞庭山,今苏州吴中区金庭镇)大败越军,终于报了吴国的失败之仇。这里"报姑苏也"中的"姑苏",其意与上述"败之姑苏"相同,均代指春秋时"吴"之城即吴都,进而代指吴国。

---

〔1〕 王鏊:《姑苏志·序》,苏州方志馆藏本。
〔2〕 苏州市地名委员会:《江苏省苏州市地名录》,福建省地图出版社2005年,第479页。
〔3〕 司马迁:《史记》卷三十一《吴太伯世家》,中华书局1959年,第1468页。
〔4〕 司马迁:《史记》卷三十一《吴太伯世家》,中华书局1959年,第1469页。
〔5〕 司马迁:《史记》卷三十一《吴太伯世家》,中华书局1959年,第1468页。
〔6〕 裴骃:《史记集解》,见司马迁:《史记》,中华书局1959年,第1468页。
〔7〕 司马贞:《史记索隐》,见司马迁:《史记》,中华书局1959年,第1468页。
〔8〕 司马迁:《史记》卷三十一《吴太伯世家》,中华书局1959年,第1469页。

其二,"姑苏"另一义指姑苏台。前引《国语·吴语》记载的"今王既变鲧、禹之功,而高高下下,以罢民于姑苏"[1]及"越王句践乃率中军泝江以袭吴,入其郛,焚其姑苏"[2]等,其中"姑苏",均指姑苏台。

"姑苏台"与帝舜之臣"胥"及"姑苏""姑胥"等有着密不可分的联系,故前引张紫琳《红兰逸乘》卷一说,"姑苏台,《图经》亦作姑胥台"[3]。而明正德《姑苏志》亦记载姑苏台的另一别名说:"姑苏台一名胥台……越伐吴,吴太子友战败,遂焚其台。"[4]

(5)姑苏台的筑造时间

由《吴越春秋》《越绝书》记载相同的"遂受(之)而起姑苏之台。三年聚材,五年乃成"[5],即花了三年时间收集材料,造了五年才造成来看,参前文姑苏台筑成时间为吴夫差十一年(前485)。故由此倒推,则可看出吴王夫差造筑姑苏台的具体时间为:自吴夫差三年(前493)起,至吴夫差十一年(前485)筑成,前后共8年。

近代学者卫聚贤在《姑苏台》一文所阐释的姑苏台存在时间:"姑苏台自吴王阖闾十年建,至吴王夫差十四年被焚,共计二十四年的历史。"[6]这里,显是受后世关于姑苏台"阖闾所造,夫差增筑"的错误结论影响所致。且按此说,姑苏台的造筑时间为"阖闾十年"(前505)始建。但吴阖闾十年(前505),吴军伐楚而滞留楚国,且本年中,相继发生如下事件:

其一,中原列国以向蔡国输粟方式,间接支援吴、蔡、唐联合伐楚。

其二,越乘吴伐楚,袭吴,进入吴都,从而楚、秦、越联手从不同方向分击吴国的态势形成。

其三,申包胥带着秦军到达,秦楚联军相继在沂地之战、军祥之战中击败吴军。

其四,秋季七月,秦、楚联军灭亡了吴国盟国——唐国。

其五,九月,吴军发生内讧——阖闾之弟夫概叛归国中,自立为王。阖闾引兵归,并击败夫概。夫概逃亡至楚国。

其六,滞楚吴军与秦、楚联军正激战未酣——吴军在雍澨打败楚军,秦军赶到

---

[1] 上海师范大学古籍整理研究所校点:《国语·吴语》,上海古籍出版社1998年,第599页。
[2] 上海师范大学古籍整理研究所校点:《国语·吴语》,上海古籍出版社1998年,第604页。
[3] 张紫琳:《红兰逸乘》,见王稼句:《苏州文献丛钞初编》,古吴轩出版社2005年,第271页。
[4] 王鏊:《姑苏志》卷第三十三,苏州方志馆藏本。
[5] 赵晔:《吴越春秋》卷九,江苏古籍出版社1986年,第120页。
[6] 卫聚贤:《姑苏台》,见王稼句:《先秦吴越文化研究资料汇编》,古吴轩出版社2015年,第136页。

后又打败了吴军。吴军在雍澨河附近的糜地扎营,楚军放火焚烧吴军。吴军败退。其后,吴军与秦楚联军团在公壻之溪展开大战而吴军大败,吴军返归回国中。

其七,吴军返归时,因担心秦楚联军尾追而入吴境内及对"吴都"进行报复,故未雨绸缪预为之计地在太湖北岸的今无锡筑军事城堡。该城堡后世又称无锡阖闾城,现为国家重点文保单位。

其八,考古发现且为吴王阖闾媵妾的"勾敔夫人"——宋国国君宋公栾的妹妹季子随阖闾伐楚死,暂厝而尚未下葬。

在这无论是国事还是家事均千头万绪,且吴国与秦、楚的战争正在进行的战时状态下,吴王阖闾又如何能在此年(吴阖闾十年,前505)造筑姑苏台?

(6)吴王夫差一改先王阖闾节俭恤民的做法筑姑苏台,也证实姑苏台系吴王夫差筑

吴王阖闾的节俭恤民,从下列文献可以得知:一为前文引述《左传·哀公元年》记载:"昔阖庐食不二味,居不重席,室不崇坛,器不彤镂,宫室不观,舟车不饰,衣服财用,择不取费。……今闻夫差,次有台榭陂池焉,宿有妃嫱嫔御焉。一日之行,所欲必成,玩好必从。珍异是聚,观乐是务。"[1]由此可见,夫差筑姑苏台乃是吴国国力强盛后的效法楚灵王之举。其目的,既与夫差为张扬吴国国力而一改先王阖闾节俭恤民做法有关,也与夫差"次有台榭陂池焉,宿有妃嫱嫔御焉"等追求个人享乐的生活习惯有关。

(7)姑苏台造筑者的文献记载流变

前文论及姑苏台系吴王夫差筑,与吴王阖闾无关,其文献依据即为《国语·吴语》的记载。而这一记载,后世却经历了姑苏台造筑者从清晰到模糊的流变,其所涉及的"姑苏台"始建年代也变得模糊起来。对此,不能不予厘清。而在厘清过程中,本文因试图对文献全面爬梳,故与前文难免形成引用资料与论述的重复,而顾此又会失彼地因论述不清给阅读带来困难,故不避重复了。谨做说明。

为全面记录文献记载流变过程的痕迹,下面分如下几点予以爬梳。

其一,《越绝书》《吴越春秋》自相矛盾的混杂记载。

《越绝书》记载越国献"策楯"、《吴越春秋》记载越国献"神木"等诱使吴王夫差筑"姑胥台"或"姑苏之台"及吴王夫差"遂受"的文字稍异[2],但二者(指

---

[1]《左传·哀公元年》,见《春秋左传正义》,北京大学出版社1999年,第1614—1615页。
[2] 二者差异为:《越绝书》作"遂受之而起姑胥台"(见袁康、吴平:《越绝书》卷第十二,上海古籍出版社1985年,第83页)而《吴越春秋》作"遂受而起姑苏之台"(见赵晔:《吴越春秋》卷九,江苏古籍出版社1986年,第120页)。

《越绝书》《吴越春秋》)所记载的结果相同,均为"三年聚材,五年乃成"[1]。这些记载,既与《国语·吴语》记载的姑苏台造筑者为夫差而相同,又与《国语·吴语》互为印证。

然而,由于《越绝书》《吴越春秋》同时亦混杂着"姑胥之台""姑苏之台"等与吴王阖闾发生关联的记载,且这些记载,南朝时为《史记》三家注之一的裴骃《史记集解》(以下简称裴骃注)采用并作"《越绝书》曰:'阖庐起姑苏台,三年聚材,五年乃成,高见三百里'"[2]的注文,从而使得姑苏台系吴王夫差筑造的结论,变得模糊而呈现出不确定性。为了对裴骃注以前的汉代文献关于"姑苏台"记载的流变做细致的分析。现再分以下诸点论述:

1)《越绝书》《吴越春秋》记载夫差筑"姑胥之台""姑胥台""姑苏之台"等的情况。

《越绝书》《吴越春秋》记载夫差筑姑苏台,前文已作论述,现另以列表形式作直观显示。(表中引文版本为:袁康、吴平:《越绝书》,上海古籍出版社1985年出版;赵晔:《吴越春秋》,江苏古籍出版社1986年出版。表中另以方括号标示页码、卷数及内容。)

表8-3 《越绝书》《吴越春秋》记载夫差筑"姑胥台""姑苏之台"情况表

	越人诱使夫差筑台的过程	夫差"遂受""而起"的结果
《越绝书》	【第83页,《越绝书》卷第十二:记越人以"策楯",诱使夫差"起宫室高台"及伍子胥进谏的过程】 昔者,越王句践问大夫种曰:"吾欲伐吴,奈何能有功乎?"大夫种对曰:"伐吴有九术。……五曰遗之巧匠,使起宫室高台,尽其财,疲其力……"越王曰:"善。"于是作为策楯,婴以白璧,镂以黄金,类龙蛇而行者。乃使大夫种献之于吴,曰:"……窃为小殿,有余财,再拜献之大王。"吴王大悦。申胥(伍子胥)谏曰:"不可。王勿受。……大王受之,是后必有灾。"	【第83页,《越绝书》卷第十二:记夫差在越人诱使下的结果——拒伍子胥谏而起姑胥台】 吴王不听,遂受之而起姑胥台。三年聚材,五年乃成。高见二百里。

---

[1] 袁康、吴平:《越绝书》卷第十二,上海古籍出版社1985年,第83页。赵晔:《吴越春秋》卷九,江苏古籍出版社1986年,第120页。

[2] 裴骃:《史记集解》,见司马迁:《史记》,中华书局1959年,第1468页。

(续表)

	越人诱使夫差筑台的过程	夫差"遂受""而起"的结果
《吴越春秋》	【第118—120页,《吴越春秋》卷九:记越人以"神木",诱使夫差"起宫室以尽其财"及伍子胥进谏的过程】 大夫种曰:"夫欲报怨复仇,破吴灭敌者,有九术,君王察焉?"越王曰:"……虽有九术,安能知之?"大夫种曰:"夫九术者……五曰遗之巧工良材,使之起宫室以尽其财……"越王曰:"善。"……种曰:"吴王好起宫室,用工不辍。王选名山神材,奉而献之。"越王乃使木工三千余人,入山伐木……一夜,天生神木一双,大二十围,长五十寻。……乃使大夫种献之于吴王。……吴王大悦。子胥谏曰:"王勿受也。……大王受之,必为越王所戮。"	【第120页,《吴越春秋》卷九:记夫差在越人诱使下的结果——拒伍子胥谏而起姑苏之台】 吴王不听,遂受而起姑苏之台。三年聚材,五年乃成,高见二百里。

上述"策楯",俞纪东《越绝书全译》注为:"钱培名《札记》:'策'《吴都赋注》作'荣',与《吴越春秋》合。《水经·浙江水注》亦云:'勾践使工人伐荣楯,欲以献吴。'荣楯,指饰有文采的栏杆。"[1]

2)《越绝书》《吴越春秋》同时记载"姑胥之台""姑胥台""姑苏之台"等与吴王阖闾发生关联的情况。

现存《越绝书》《吴越春秋》无"姑苏台"记载,而有与"姑苏台"相近的"姑胥之台""姑胥台"(《越绝书》)、"姑苏之台""苏台""姑胥之台""姑胥台"(《吴越春秋》)的记载。

《越绝书》《吴越春秋》的记载中,也同时出现"姑胥之台""姑苏之台"等与吴王阖闾相关联,从而与上引姑苏台系夫差所筑相悖的情况。这些记载如下:

《越绝书》卷第二:"胥门外有九曲路,阖庐造以游姑胥之台,以望太湖。"[2]

《吴越春秋》卷四:"阖闾出入游卧,秋冬治于城中,春夏治于城外,治姑苏之台。旦食鲲山,昼游苏台,射于鸥陂,驰于游台,兴乐石城,走犬长洲,斯且阖闾之霸时。"[3]

上述记载表述的"阖庐造以游姑胥之台"及"阖闾之霸时"阖闾已"治姑苏之台""昼游苏台"等,既与前引《越绝书》卷第十二的"吴王(夫差)不听,遂受之而起姑胥台"及《吴越春秋》卷九的"吴王(夫差)不听,遂受而起姑苏之台"等抵

---

[1] 俞纪东:《越绝书全译》,贵州人民出版社1996年,第230页。
[2] 袁康、吴平:《越绝书》卷第二,上海古籍出版社1985年,第9页。
[3] 赵晔:《吴越春秋》卷四,江苏古籍出版社1986年,第48页。

悟,亦与《国语·吴语》记载的夫差筑姑苏台相悖。

相关情况,分别列表如下:

表 8-4 《越绝书》记载"姑胥之台""姑胥台"及与阖庐(阖间)产生关联的情况表

序号	页码、卷数与内容
1	【第 9 页,《越绝书》卷第二】 秋冬治城中,春夏治姑胥之台。旦食于纽山,昼游于胥母,射于躯陂,驰于游台,兴乐越,走犬长洲。
2	【第 12 页,《越绝书》卷第二】 胥门外有九曲路,阖庐造以游姑胥之台,以望太湖。
3	【第 36 页,《越绝书》卷第五】 胥,先王之老臣,不忠不信,则不得为先王之老臣。君王胡不览观夫武王之伐纣也?今不出数年,鹿豕游于姑胥之台矣。
4	【第 58 页,《越绝书》卷第八】 灭吴,徙治姑胥台。
5	【第 73 页,《越绝书》卷第十】 道于姑胥之门,昼卧姑胥之台。
6—8	【第 74 页,《越绝书》卷第十】(本页记载有三): ① 车驰诣姑胥之台。 ② 上车不顾,遂至姑胥之台,谒见吴王。 ③ 吴王劳曰:"越公弟子公孙圣也,寡人昼卧姑胥之台,梦入章明之宫。"
9	【第 83 页,《越绝书》卷第十二】 吴王不听,遂受之而起姑胥台。

(表中引文版本同上,《越绝书》共 7 处均记为"姑胥之台",2 处记为"姑胥台"。表中以方括号标示页码、卷数。括号后为含上述词语的内容。)

为免被指为选择性列举,故上表将《越绝书》中记载"姑胥之台"的 7 处及记载"姑胥台"的 2 处,悉数列举。但从以上 9 处来看,真正与阖庐(阖间)产生关联的为序号 1、序号 2 所记载的内容,即《越绝书》卷第二记载的"秋冬治城中,春夏治姑胥之台"句及"胥门外有九曲路,阖庐造以游姑胥之台"句。而这两处内容与前列《越绝书》卷第十二记载的越献"策楯",从而诱使吴王夫差"遂受之而起姑胥台"相悖,且二者不能兼容。

序号 3 及其序号后所列内容,与阖庐(阖间)无关联,不做论述。

第八章 吴国的文化

表 8-5 《吴越春秋》记载"姑苏之台""苏台""姑胥之台""姑胥台"情况表

序号	页码、卷数与内容
1—2	【第 48 页,《吴越春秋》卷四】 阖闾出入游卧,秋冬治于城中,春夏治于城外,治姑苏之台。旦食鲗山,昼游苏台,射于鸥陂,驰于游台,兴乐石城,走犬长洲,斯且阖闾之霸时。
3	【第 58 页,《吴越春秋》卷五】 子贡返鲁,吴王果兴九郡之兵,将与齐战。道出胥门,因过姑胥之台,忽昼假寐于姑胥之台而得梦。
4	【第 59 页,《吴越春秋》卷五】 王乃遣王孙骆,往请公孙圣曰:"吴王昼卧姑胥之台,忽然感梦,觉而怅然,使子占之,急诣姑胥之台。"
5	【第 60 页,《吴越春秋》卷五】 公孙圣曰:"愚哉!女子之言也。吾受道十年,隐身避害,欲绍寿命,不意卒得急召,中世自弃,故悲与子相离耳。"遂去,诣姑胥台。
6	【第 68 页,《吴越春秋》卷五】 越王闻吴王伐齐,使范蠡、泄庸率师屯海通江,以绝吴路。败太子友于始熊夷,通江淮转袭吴,遂入吴国,烧姑胥台,徙其大舟。
7	【第 124 页,《吴越春秋》卷九】 子胥曰:"臣闻狼子有野心,仇雠之人不可亲。夫虎不可餧以食,蝮蛇不恣其意。今大王捐国家之福,以饶无益之仇,弃忠臣之言,而顺敌人之欲,臣必见越之破吴,豸鹿游于姑胥之台,荆榛蔓于宫阙,愿王览武王伐纣之事也。"
8	【第 135 页,《吴越春秋》卷十】 以乙酉与吴战,丙戌遂房杀太子。丁亥入吴,焚姑胥台。吴告急于夫差,夫差方会诸侯于黄池,恐天下闻之,即密不令泄。已盟黄池,乃使人请成于越。

(表中引文版本同上,《吴越春秋》共 8 处分别记为"姑苏之台""苏台""姑胥之台""姑胥台"。表中以方括号标示页码、卷数。括号后为含上述词语的内容。)

同样,为免被指为选择性列举,故上表将《吴越春秋》中凡 8 处记载"姑苏之台""苏台""姑胥之台""姑胥台"处,悉数列举。但从以上 8 处来看,真正与阖闾产生关联的为序号 1—2 所记载的内容,即《吴越春秋》卷四记载的"阖闾出入游卧,秋冬治于城中,春夏治于城外,治姑苏之台。旦食鲗山,昼游苏台,射于鸥陂,驰于游台,兴乐石城,走犬长洲,斯且阖闾之霸时"。而这一内容与前列《吴越春秋》卷九记载的越献"神木",从而诱使吴王夫差"遂受而起姑苏之台"相悖,且二者无法兼容。

序号 3 至序号 8 的所列内容,均为记载吴王夫差时事而与阖闾无关联,不做论述。

其二,裴骃注(南朝宋裴骃《史记集解》注)的错讹及其影响。

《越绝书》中出现的"阖庐造以游姑胥之台"等与吴王阖闾相关联的内容,后世经裴骃注采用并作"《越绝书》曰:'阖庐起姑苏台,三年聚材,五年乃成,高见三百里'"[1]的注文。该注"阖庐起姑苏台"句不见于今本《越绝书》。这里可能出现的情况为二:一为出于南朝宋时流传的《越绝书》版本并为裴骃采用,而该版本今已佚。二为裴骃的撰写。

从上述所列文献记载的比较中,则可见裴骃注乃是脱胎并嫁接于如下文献记载:①《越绝书》卷第二:"胥门外有九曲路,阖庐造以游姑胥之台,以望太湖。"②《越绝书》卷第十二:"吴王不听,遂受之而起姑胥台。三年聚材,五年乃成。高见二百里。"③《吴越春秋》卷九:"吴王不听,遂受而起姑苏之台。三年聚材,五年乃成,高见二百里。"

如前所述,《越绝书》《吴越春秋》中未出现"姑苏台",而只是出现与"姑苏台"相近的"姑胥之台""姑胥台"(《越绝书》)及"姑苏之台""苏台""姑胥之台""姑胥台"(《吴越春秋》)等。因此,裴骃注中乃是将这些与"姑苏台"相近的"姑胥之台""姑胥台""姑苏之台""苏台"等,改为"姑苏台"。

裴骃注"阖庐起姑苏台"的形成原因,首先是《越绝书》《吴越春秋》因混记而产生的自相矛盾的结果。

上述《越绝书》《吴越春秋》相互矛盾的记载,既构成姑苏台造筑者究系为吴王阖庐(阖闾)抑或是吴王夫差的疑谜,随之也带来姑苏台始建年代的疑谜。同时,更构成两部文献(指《越绝书》《吴越春秋》)无论是自证或是互证都无法得出结论的状况。从这一意义上讲,裴骃注"阖庐起姑苏台"式的错讹,既源于《越绝书》《吴越春秋》自身的错讹,同时也将这一错讹放大。而裴骃注的错讹,除引发前述姑苏台造筑者的模糊不清,也直接影响了南朝后苏州历代方志关于"姑苏台"记载的混乱。

裴骃生活的年代为南朝宋(又称刘宋),处于东汉后,隋、唐前。故其错讹直接影响并导致唐代《吴地记》的记载:"姑苏台,在吴县西南三十五里。阖闾造,经营九年始成。"[2]

唐代后的苏州地方文献,因袭裴骃注及《吴地记》的错误,形成姑苏台或为"阖闾造"或为"始基于阖庐,而新作于夫差"、"阖闾所造,夫差增筑"的种种说法(另见下文)。所有这些,均可从唐代《吴地记》后的苏州方志记载中寻迹。

唐代《吴地记》后苏州方志的相关记载,部分如下:

---

[1] 裴骃:《史记集解》,见司马迁:《史记》,中华书局1959年,第1468页。
[2] 陆广微:《吴地记》,江苏古籍出版社1986年,第37页。

北宋《吴郡图经续记》:"传言阖庐作姑苏台,一曰夫差也。……盖此台始基于阖庐,而新作于夫差也。以全吴之力,三年聚材,五年而后成。"[1]

南宋《吴郡志》:"《山水记》云:'阖闾作,春秋(夏)游焉。'又云:'夫差作台,三年不成,积材五年乃成。'……《越绝书》云:'阖庐造九曲路,以游姑胥之台。'……《洞冥记》云:'吴王夫差筑姑苏之台,三年乃成。'……《吴地记》云:'阖闾十一年,起台于姑苏山,因山为名。'……盖此台始基于阖庐,而成于夫差。可以合传记之说云。"[2]

明洪武《苏州府志》卷第四十三,有两段关于"姑苏台"的记载:①"射台、华池、南城宫、姑苏台、魱山、鸥陂、游台、石城、长洲、林园、石龙,以上悉吴阖闾故迹"[3];②"姑苏台,一名胥台,在吴县横山西北麓姑苏山上,吴王夫差造。或云阖闾所造"[4]。

明正德间王鏊主纂《姑苏志》卷三十三记载:"姑苏台,一名胥台,在姑苏山。《旧图经》云:在吴县西北三十里。《续图经》云:三十五里。一名姑苏,一名姑余。《史记正义》云:在吴县西南三十里横山西北麓姑苏山上。《山水记》云:'阖闾作,春夏游焉。'又云:'夫差作台,三年不成,积材五年乃成。造九曲路高见三百里。勾践欲伐吴,于是作栅楣,婴以白璧,镂以黄金,状如龙蛇,献吴王。吴王大悦,受以起此台。'《越绝书》云:'阖庐造九曲路以游姑胥之台,子胥谏不听,又于台上别立春宵宫,为长夜之饮。作天池,以泛青龙舟,舟中盛致妓乐,日与西施为嬉。作海灵馆、馆娃阁,皆铜沟玉槛,饰以珠玉。'按此,则姑苏台始于阖闾,成于夫差也。后越伐吴,吴太子友战败,遂焚其台。"[5]

清乾隆《吴县志》卷二十二记载:"姑苏台,在姑苏山,又名胥台。《旧图经》云:'在县西三十里。'《续图经》云:'一名姑苏,一名姑余。'《史记正义》云:'在县西南三十里横山西北麓姑苏山上。'《山水记》云:'阖闾作,春夏游焉。'《越绝书》九术篇:'句践用大夫文种计,作栅楣(栅楣之义未详),婴以白璧,镂以黄金,类龙蛇而行者。使种献于吴。夫差大悦,遂起姑胥台,三年聚材,五年乃成,高见三百里。造九曲路以游姑胥之台,子胥谏不听。'《洞冥记》云:'夫差于台上别立春宵宫,为长夜之饮;作天池,以泛青龙舟。舟中盛致妓乐,日与西施为嬉。又于

---

[1] 朱长文:《吴郡图经续记》,江苏古籍出版社1986年,第42页。
[2] 范成大:《吴郡志》,江苏古籍出版社1986年,第99—100页。
[3] 卢熊:洪武《苏州府志》,广陵书社2015年,第543页。
[4] 卢熊:洪武《苏州府志》,广陵书社2015年,第546页。
[5] 王鏊:《姑苏志》卷三十三,苏州方志馆藏本。

宫中作海灵馆、馆娃阁,皆铜沟玉槛,饰以珠玉。后,越伐吴,吴太子友战败,遂焚其台。'"[1]

前列《越绝书》卷第二"胥门外有九曲路,阖庐造以游姑胥之台,以望太湖"句,在明正德《姑苏志》卷三十三中竟流变成:"姑苏台,一名胥台,在姑苏山。……《山水记》云:'阖闾作,春夏游焉。'又云:'夫差作台,三年不成,积材五年乃成。造九曲路高见三百里。'"个中,"造九曲路"者,似乎变成了夫差。

而到了清乾隆《吴县志》卷二十二中又变成:"姑苏台,在姑苏山,又名胥台。……《山水记》云:'阖闾作,春夏游焉。'《越绝书》九术篇:'句践用大夫文种计,作栅楣(栅楣之义未详),婴以白璧,镂以黄金,类龙蛇而行者。使种献于吴。夫差大悦,遂起姑胥台,三年聚材,五年乃成,高见三百里。造九曲路以游姑胥之台,子胥谏不听。'"这里,《越绝书》记载的"胥门外有九曲路,阖庐造以游姑胥之台",竟成了"造九曲路以游姑胥之台,子胥谏不听"了。伍子胥谏阻的对象,到底是夫差还是阖闾,至此竟也模糊起来。

上述行文比较,难免烦琐,但可清晰看出其中的变化。而变来变去,连方志的撰者都搞不清者,不止于上述。《越绝书》卷第十二记载的越人诱使夫差"起宫室高台"所献之"策楣",到明代《姑苏志》中变成了"栅楣";而再到了清乾隆《吴县志》中,因袭前志记作"栅楣"时,因搞不清该"栅楣"之义,故另加了一注曰:"栅楣之义未详"。

到了近代,这一状况并未有改变,民国《吴县志》卷第三十二记载为:"姑苏台,一名胥台。《史记正义》:'在吴县西南三十里横山西北麓姑苏山上。吴王阖闾所造,夫差增筑。及越入吴,焚之。'"[2]

显然,在姑苏台的记载上,自南朝刘宋以来的1500多年中的苏州历代方志,多为因袭前志,人云亦云。以致姑苏台为何人所筑及始建年代等,竟成为一个弄不清楚的学术问题。

其三,"姑胥台"造筑者与阖闾产生关联的原因分析。

从《国语·吴语》伍子胥谏言中"高高下下,以罢民于姑苏"[3]的明确记载,到《越绝书》《吴越春秋》的混杂记载,再到裴骃注及唐、宋、清乃至近代文献的记载,其流变过程,使得《国语·吴语》最早关于夫差造筑姑苏台的结论,演变且淹没在后世既不确定又不确切的模糊记载之中。本是明确的记忆,其后竟流变成

---

[1] 乾隆《吴县志》卷二十二,苏州方志馆藏本。
[2] 民国《吴县志》卷第三十二,苏州方志馆藏本。
[3] 上海师范大学古籍整理研究所校点:《国语》,上海古籍出版社1998年,第599页。

无法说清的历史。

要说清这一问题,首先当梳理《越绝书》《吴越春秋》记载的"姑胥台"等与阖闾产生关联的原因。如前所述,形成上述现象的原因,首先为《越绝书》《吴越春秋》的自相矛盾的混杂记载所致。这一前后不一的矛盾记载,使得无论是《越绝书》《吴越春秋》的各自自证或两部文献的互证,均可因各持一端而无法得出"姑胥台"等造筑者为哪位吴王的定论,也无法探究出"姑胥之台"如何与阖闾产生关联的原因。

其次,在无其他先秦、两汉文献佐证的情况下,《越绝书》《吴越春秋》记载的"姑胥台"等与阖闾产生关联的其他原因,只能做某些推测。

《越绝书》《吴越春秋》记载的"姑胥之台""姑胥台""姑苏之台""苏台"等,或为吴王阖闾在吴都郊外所筑离宫、离城所建建筑物的别称、另名。这些建筑物即为阖闾所筑离宫、离城的一部分。因这些建筑物距姑苏山(姑胥山)不远,故同质化的名称极易与其后夫差时所筑的姑苏台混淆,从而导致东汉《越绝书》《吴越春秋》对此的混记和误记,进而构成《越绝书》《吴越春秋》记写阖庐(阖闾)与"姑胥之台"或"姑苏之台"等产生联系的原因。

其四,《国语·吴语》关于夫差造筑姑苏台的再认识。

要厘清"姑苏台"的始建年代且其筑造者究系吴王阖闾还是吴王夫差,历经1 500年的混乱记载后,还得再回到文献最早记载姑苏台的《国语·吴语》中来。

《国语》成书年代,学界存有争议。王树民、沈长云为徐元诰《国语集解》(修订本)所撰写的《前言》说:"《国语》各篇的成书年代最迟不得晚于战国末叶。"[1]谭家健《试论〈国语〉的文学价值》一文说:"《国语》的成书时代为春秋末年战国初年。"[2]学者们的论述,尽管存有差异,但其成书"最迟不得晚于战国末叶"即为战国时期的著作,还是可以肯定的。

因此,战国时的《国语·吴语》中"吴王夫差既许越成,乃大戒师徒,将以伐齐"[3]时,伍子胥谏阻并说起楚灵王"筑台于章华之上……罢弊楚国"[4]且"今王既变鲧、禹之功,而高高下下,以罢民于姑苏"[5]的记载,无疑就成为权威性、可信性远高于东汉时《越绝书》《吴越春秋》的记载。更何况,《国语·吴语》

---

[1] 王树民、沈长云:《国语集解·前言》,见徐元诰:《国语集解》(修订本),中华书局2002年,第4页。
[2] 谭家健:《试论〈国语〉的文学价值》,《江淮论坛》1983年第6期。
[3] 上海师范大学古籍整理研究所校点:《国语》,上海古籍出版社1998年,第597页。
[4] 上海师范大学古籍整理研究所校点:《国语》,上海古籍出版社1998年,第598页。
[5] 上海师范大学古籍整理研究所校点:《国语》,上海古籍出版社1998年,第599页。

中明确记载了"姑苏台"始建年代为吴王夫差"将以伐齐"时。由此,足可以否定《越绝书》卷第二"阖庐造以游姑胥之台"及《吴越春秋》卷四"阖闾出入游卧,秋冬治于城中,春夏治于城外,治姑苏之台。且食鲲山,昼游苏台"等的记载;也足可以否定裴骃注"阖庐起姑苏台"及后世诸如"传言阖庐作姑苏台,一曰夫差也"[1]及"吴王阖闾所造,夫差增筑"[2]等的说法。

对历史久远、文化资源丰厚且以文化为强项的古城苏州来说,弄不清与自身别名"姑苏"有着密切联系且为春秋时著名建筑姑苏台为何人所筑及其始建年代,实在是说不过去的。

(8) 姑苏台与吴国离城的关系

吴王夫差效法楚灵王筑章华台而筑姑苏台,故姑苏台地处吴王阖闾所筑离宫别苑建筑群的"离城"之中。因此,楚灵王所筑"章华之台"与楚国"章华之宫"的关系,可供研究姑苏台与吴国离城关系时参考。

《左传·昭公七年》记载:"楚子之为令尹也,为王旌以田。……及即位,为章华之宫,纳亡人以实之。……楚子成章华之台,愿与诸侯落之。"[3]意即,楚灵王做令尹的时候,打了楚王用的旌旗去打猎。等到楚灵王即位,建造章华宫,接纳逃亡的人安置在里面。……(楚灵王六年,前535)楚灵王建成章华之台,希望和诸侯一起举行落成典礼。正是上述《左传》记载中同时出现的"章华之宫"与"章华之台",故有学者论述二者关系为:"可知章华既是宫名,又是台名。章华宫是一组巨大的宫殿建筑群,章华台只是章华宫内的一座主体建筑。"[4]而楚灵王筑章华台的时间,长不过6年。与吴王夫差筑姑苏台"三年聚材,五年乃成"的8年时间相比,略微短些。

故由此来认识夫差时筑姑苏台与阖闾时筑吴国离宫别苑建筑群的"离城"之间的关系,可推测的情况是,吴王阖闾在苏州西部山区的灵岩山一带建筑离城,即离宫别苑建筑群;至吴王夫差执政时,在这建筑群范围内,增建姑苏台以作其主体建筑。

(9) 姑苏台的被"焚"及其真实存在的历史印证

《国语·吴语》记载姑苏台的建造,接着又记载了姑苏台的焚毁。这就是前文提及的吴王夫差与晋侯在黄池举行盟会时,越王勾践命令越军伐吴。在击败

---

[1] 朱长文:《吴郡图经续记》,江苏古籍出版社1986年,第42页。
[2] 民国《吴县志》卷第三十二,苏州方志馆藏本。
[3] 《左传·昭公七年》,见《春秋左传正义》,北京大学出版社1999年,第1236—1238页。
[4] 石泉:《楚国历史文化辞典》,武汉大学出版社1996年,第379页。

吴王夫差的太子王子友后,"越王句践乃率中军泝江以袭吴,入其郛,焚其姑苏"[1]。意即越王勾践率中军逆吴江而上,袭击吴都,进入其外城,并烧毁了姑苏台。

前文论述西汉时的司马迁曾来到苏州"观春申君故城",并做出"宫室盛矣哉"[2]的评价。而司马迁南来时,亦曾登上姑苏台遗址,以望太湖。这就是《史记·河渠书》所记载的:"余南登庐山,观禹疏九江,遂至于会稽太湟,上姑苏,望五湖。"[3]对"上姑苏"的诠释,后世乾隆《吴江县志》说:"太史公登姑苏台,望五湖是也。"[4]故"上姑苏",即指登姑苏台遗址。因"五湖"指太湖,故至西汉时,司马迁南来苏州,曾登上尚存的姑苏台遗址。这说明,至西汉时,姑苏台遗址尚存。

姑苏台历史上的真实存在,还得到《越绝书》"徙治姑苏台"的印证。前文引《越绝书》卷第八记载越"灭吴,徙治姑胥台"[5]时,曾予以分析说,越灭吴后,因"姑苏台"在吴、越争战中已被越兵焚毁,故越人将其国家行政机构迁徙至吴都郊外含姑苏台在内的"离城"。另一种情况则是,在"徙治姑苏台"句中,"姑苏台"代指故吴旧都吴大城(今苏州)。上述,越"灭吴,徙治姑胥台",不管做何诠释,都印证了"姑胥台"曾经的真实存在。

(10) 历史层累下的姑苏台规模、位置等的疑谜

春秋晚期,吴王夫差在吴王阖闾时所筑吴国离宫别苑建筑群的"离城"中,另建姑苏台。筑成后,越国乘吴国军事力量在黄池争霸而发动的伐吴之战中姑苏台被焚毁。上述《国语·吴语》的叙述,经历史的层累,至唐、宋时,已呈现出极复杂的状况。因苏州历代方志甚多,难以一一所及,故谨以较早的唐、宋间文献为例,并参以部分后世方志,做一梳理。

其一,规模的夸饰记载。

唐代《吴地记》记载说:"姑苏台,在吴县西南三十五里。阖闾造,经营九年始成。其台高三百丈,望见三百里外,作九曲路以登之。"[6]北宋《吴郡图经续记》:姑苏台"高可望三百里,虽楚'章华',未足比也"[7]。南宋《吴郡志》:姑

---

[1] 上海师范大学古籍整理研究所校点:《国语·吴语》,上海古籍出版社1998年,第604页。
[2] 司马迁:《史记》卷七十八《春申君列传》,中华书局1959年,第2399页。
[3] 司马迁:《史记》卷二十九《河渠书》,中华书局1959年,第1415页。
[4] 乾隆《吴江县志》卷之二,苏州方志馆藏本。
[5] 袁康、吴平:《越绝书》卷第八,上海古籍出版社1985年,第58页。
[6] 陆广微:《吴地记》,江苏古籍出版社1986年,第37页。
[7] 朱长文:《吴郡图经续记》卷中,江苏古籍出版社1986年,第42页。

苏台"高见三百里"[1]。上述文献记载的规模,极为夸饰。以"台高三百丈"来看,其基础支撑面将有多大、工程量又有多大? 如此可看出后世的层累记载已夸饰到不合情理的地步。

其二,台址位置的不同说法。

姑苏台的台址位置,文献记载存有多种说法,总括起来分为两种:一为与横山(七子山)相连的"姑苏山"说;另一为与清明山(即《史记·伍子胥列传》所记,并与伍子胥有关的胥山)相连的"皋峰山"说。苏州西南郊外含高峰山(皋峰山)在内的清明山,与含姑苏山在内的七子山(即横山)为两座并不相连的山系。

图8-16 《苏州市吴文化地保护名录》标为"苏州得名之源的姑苏山"[2]

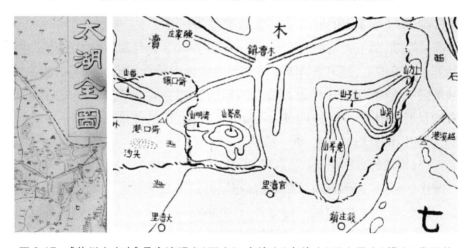

图8-17 《苏州山水志》录含清明山(胥山)、高峰山(皋峰山)及七子山(横山)位置的"太湖全图"局部(左)以及清明山、高峰山及七子山的位置图(右)[3]

---

[1] 范成大:《吴郡志》,江苏古籍出版社1986年,第99页。
[2] 苏州市民政局等:《苏州市吴文化地保护名录》,古吴轩出版社2015年,扉页彩图。
[3] 张振雄:《苏州山水志》,广陵书社2010年,扉页插图"太湖全图"。

图 8-18 《苏州山水志》录"苏州西部山丘分布图"局部所示清明山(胥山)与七子山(横山)诸峰标高及位置图[1]

先论及姑苏台的"姑苏山"说。"姑苏山"是与"苏州"城市定名密切相关的山名。明正德《姑苏志》卷第七指出:"隋开皇九年改苏州,以姑苏山为名。"[2]故诸多地方文献,对之均作记载。北宋《吴郡图经续记》记载:"姑苏山,在吴县西三十五里,连横山之北,或曰姑胥,或曰姑馀,其实一也。……昔太史公尝云:'登姑苏,望五湖。'而今人殆莫知其处。尝欲披草莱以访之,未能也。"[3]由此可知,至北宋时,姑苏山上的姑苏台遗址已失而"殆莫知其处"。其后,南宋《吴郡志》亦作大同小异的类似记载。而前引明王鏊《姑苏志·序》,也指出"姑苏"二字在苏州文化上的分量说:"姑苏,山名,在城西南,昔以名郡,故今以名其《志》。"[4]即明正德年间王鏊主撰的《姑苏志》以"姑苏"为《志》名的缘由。民国时期,张郁文等辑《木渎小志》卷一指出姑苏山在近代的俗名:"姑苏山在木渎东四里,连横山西北。……吴王夫差得神木筑姑苏台于其上,俗曰和合山,有夫差庙在下。"[5]清同治《苏州府志》记载姑苏山又称为"胥台山"说:"姑苏山在府西三十里连横山西北,事名姑胥,又名姑馀,卢熊《志》(即明洪武《苏州府志》)《淮南子》云:'挟昆鸡于姑馀',今人亦称胥台山。"[6]

上述诸文献,多指出姑苏山"连横山"即与横山相连。民国《吴县志》卷第十九指出:"横山,《旧志》阴、横二山与西山北之金铎山相望。《太湖备考》或曰湖

---

[1] 张振雄:《苏州山水志》,广陵书社 2010 年,扉页彩图"苏州西部山丘分布图"。
[2] 王鏊:《姑苏志》卷第七,苏州方志馆藏本。
[3] 朱长文:《吴郡图经续记》卷中,江苏古籍出版社 1986 年,第 41—42 页。
[4] 王鏊:《姑苏志·序》,苏州方志馆藏本。
[5] 张郁文等:《木渎小志》卷一,苏州职业大学图书馆藏本。
[6] 同治《苏州府志》卷六,见《中国地方志集成江南府县志辑⑦·同治苏州府志》,江苏古籍出版社 1991 年,第 179 页。

中山皆首尾南北,此山独横故名。"〔1〕"横山距城西南十五里……上有七墩,俗称七子山,又名踞湖山。"〔2〕

近代学者卫聚贤《姑苏台》一文,指说横山即为姑苏山:"七子山为吴县最大最高之山,以此山为句吴国最大之山而名为句吴山,音转为姑苏山。姑苏山上建台为姑苏台,因其山高,立在台上,太湖除西角一小隅处,全部可望见。而所谓'高见三百里'相同,正峰有五六里,所谓'横亘五里'相符。……是七子山为姑苏山,其上之台为姑苏台。"〔3〕

由此可见,"姑苏山"说其实包含着"和合山"说和"七子山顶"说两种。而"七子山顶"说,则借助于七子山主峰近 300 米的高度,或试图体现《吴地记》所说的"其台高三百丈,望见三百里外"的记载,以弥补其不合常理之处。

次论及姑苏台的"皋峰山"说。冯桂芬总纂的清同治《苏州府志》记载说:"皋峰山,在尧峰西三里。山阴石壁有宋米芾书'皋峰奥区'四字。旧传尧峰因帝尧省方巡览震泽而名,皋陶从帝銮驾曾于此听断,故名皋峰。山顶有石筑基址,传为吴王殿基,或云即是姑苏台址。旧《志》台在姑苏山,误!《太湖备考》'胥山条'下辨之甚详。"〔4〕民国《吴县志》卷第十九几乎重复上述同治《苏州府志》记载说:"皋峰山,在胥山东南,东距尧峰甚近,山阴石壁有宋米芾书'皋峰奥区'四字。旧传尧峰因帝尧省方巡览震泽而名,皋陶从帝曾于此听断,故名皋峰。山顶有石筑基址,传为吴王殿基,或云即是姑苏台址。冯《志》(即上引冯桂芬总纂同治《苏州府志》)云:旧《志》台在姑苏山,误!《太湖备考》'胥山条'下辨之甚详。"〔5〕而清乾隆间金友理撰《太湖备考》卷二"胥山"条则记载为:"胥山,在县(指吴县)西南三十五里。胥口在其下,东连皋峰。……《水经注》:'胥山有坛,长老云胥神所治也。'或云即姑苏山,姑苏台在其上。"〔6〕

---

〔1〕 民国《吴县志》卷第十九,苏州方志馆藏本。
〔2〕 民国《吴县志》卷第十九,苏州方志馆藏本。
〔3〕 卫聚贤:《姑苏台》,见王稼句:《先秦吴越文化研究资料汇编》,古吴轩出版社 2015 年,第 140 页。
〔4〕 同治《苏州府志》卷六,见《中国地方志集成江南府县志辑⑦·同治苏州府志》,江苏古籍出版社 1991 年,第 178 页。
〔5〕 民国《吴县志》卷第十九,苏州方志馆藏本。
〔6〕 金友理:《太湖备考》卷二,江苏古籍出版社 1998 年,第 105 页。

图8-19 清明山（即胥山）次峰皋峰山[1]

（11）尚未开发的丰厚历史遗产

姑苏台为后世苏州，既留下一笔丰厚的历史文化遗产，也同时留下一本难以理清的乱账。

首先，"姑苏"为苏州历史悠久的别称和典雅的另名。故"姑苏台"对苏州的文化意义即在于"姑苏"二字。北宋时姑苏台遗址虽已失而"殆莫知其处"，可南宋时，却在胥门旁出现了一座"新姑苏台馆"。这就是《吴郡志》卷第三记载的："胥门，伍子胥宅在其傍。……此门出太湖道也，今水陆二门皆塞，而新姑苏台馆乃据其上。"[2] 这一"新姑苏台馆"，《吴郡志》卷第七作"姑苏馆"而记为："姑苏馆，在盘门里河西城下。绍兴十四年（1144），郡守王唤建。体势宏丽，为浙西客馆之最。中分为二，曰南馆、北馆。绍兴间，始与虏通和，使者岁再往来此馆，专以奉国信。贵客经由，亦假以舣船。登城西望，吴山皆在指顾间，故又作台于城上，以姑苏名之。虽非故处，因馆而名，亦以存旧事也。"[3] 对之，明初卢熊撰洪武《苏州府志》时记为："绍兴中，王唤作驿馆据其上，亦号姑苏台。"[4] 南宋造驿馆以"姑苏台"为名。这一异地再造方式，既作历史继承地"以存旧事"，但避开了对姑苏台遗址"莫知其处"的寻访认定，从而反映了宋代苏州人士对"姑苏台"剪不断的特殊情结。

其次，时至今日，当代苏州不仅要面对姑苏台"台高三百丈"之类当代人难以接受的夸饰记载，同时，还遇有台址位置至少三种（和合山、七子山顶和皋峰山）

---

[1] 张振雄：《苏州山水志》，广陵书社2010年，第73页。
[2] 范成大：《吴郡志》，江苏古籍出版社1986年，第23页。
[3] 范成大：《吴郡志》，江苏古籍出版社1986年，第95页。
[4] 卢熊：洪武《苏州府志》卷第四，广陵书社2015年，第82页。

的不同说法。认定哪一种,都会遭遇另两种意见的抵制。2015年出版的《苏州市吴文化地保护名录》对姑苏台两处位置,采取了均予记载的态度,分别为:一、姑苏山:"姑苏山,为七子山西北余脉。……为横山北出最西之峰。""民国《吴郡西山访古记》称和合山,今称姑苏山,一名和合山。唐张守节《史记正义》和范成大《吴郡志》都记载吴国姑苏台在横山(西)北麓姑苏山上。……宋荦在《游姑苏台》中记载:'未至木渎二里许,由别港过两小桥,遂抵台下。'民国元老李根源登和合山(姑苏山),见'石池石壁,皆人工造作,非天然物,台四周隐隐有建筑遗迹。宋与李所记的姑苏台位置正是今姑苏山。"[1]二、皋峰山:该条引民国《吴县志》记载:"山顶有石筑基址,传为吴王殿基,或云即是姑苏台遗址。"[2]

相比与姑苏台齐名的楚章华台所遭遇的湖北潜江龙湾镇说(龙湾遗址为全国重点文物保护单位)、荆州沙市章华寺说(章华寺为湖北省重点文物保护单位)以及监利说、武汉说甚至湖南说等,苏州姑苏台址尽管存不同说法,但毕竟均在苏州西部山区的今吴中区境内。

第二节　语言、文学与教育

一、语　言

吴语,又称为吴方言。典型的吴方言,以苏州话为代表。

(一)《左传》记载的卫出公"效夷言"

前文曾述,吴王夫差主导的郧地会见时,吴国意图与鲁、卫、宋结盟,但鲁、卫、宋三国抱团并采取对吴国敬而远之的态度拒绝与吴国结盟,同时,三国私下里结盟。其时,吴王夫差不便与三国同时为敌,于是便将愤怒情绪发泄在了卫国国君卫出公头上。其报复的明面理由就是卫国过去曾杀死吴国外交官且姚,对吴国不友好,故吴国军队包围了卫出公下榻的馆舍,将卫出公囚禁起来。

吴军包围卫出公下榻馆舍,近年来与吴国一直打交道且陪同鲁哀公与会的鲁国大臣子服景伯,于是催促颇有辩才的子贡去见吴国的太宰伯嚭。经子贡游说,吴国终释放了卫出公。被吴国释放而归的卫出公,归国后,竟学讲起吴方言来。这就是《左传·哀公十二年》记载的"卫侯归,效夷言。子之尚幼,曰:'君

---

[1] 苏州市民政局等:《苏州市吴文化地保护名录》,古吴轩出版社2015年,第12页。
[2] 苏州市民政局等:《苏州市吴文化地保护名录》,古吴轩出版社2015年,第46页。

必不免,其死于夷乎! 执焉,而又说其言,从之固矣'"〔1〕。意即,卫出公回到卫国国都后,学说着吴国的方言。王室的成员子之年纪尚幼,故童言无忌地说:"君王一定不能免于祸难,恐怕会死在吴国那块蛮夷之地的。被他们拘禁了,而又学着说那儿的话,这跟从他们可是够坚决的。"

卫出公接触到的"夷言",当是被囚禁时来自看守他的吴国士兵,或是接待他生活起居的吴国杂役人员。从前文看,囚禁期并不长,但生长于中原地区的卫出公接触到他从未听过的南方语言时,显然产生了极大的兴趣,以致当时就可能向他身边的吴人面对面地学习了"夷言"。正因有着这一段语言学习经历,故其归后,依然沉湎在这一学习经历中而"效夷言"。

(二) 文献记载"效夷言"的意义

《左传》记载的卫出公"效夷言"的故事,在吴地语言的发展史上,有着重大意义。

1. 表明"夷言"的吴方言在春秋时的客观存在

卫出公"效夷言"是先秦文献中罕见记载的吴地地方方言,即吴方言。此段文献记载证实了春秋时被中原列国视为"夷言"的吴方言的客观存在。

2. 表明与北方中原语音有着较大差异的"夷言"这一"特殊方言"语音的客观存在

由于声音材料的无法保存,后人无法知晓现代吴语语音和古代吴语语音有着多大差异。但上述与春秋吴国被称为"蛮夷"〔2〕而相连的"夷言",其一是说明,春秋时期中原地区对吴国"蛮夷"的歧视,其中也包括对与北方中原语音发音有着较大差异的吴方言的歧视;其二也说明,春秋时吴国"蛮夷"的"夷言"即吴方言,与北方中原语音有着较大差异。

对吴语与北方中原语音的较大差异,蒙文通《越史丛考》指出:"《史记》言吴、越为古国,吴为周太王长子太伯之后,越为夏少康庶子之裔。吴居今苏南,都于吴(今江苏苏州);越居今浙北,都会稽。二国王室虽皆'华夏'之裔,而二国语言则显与华夏不同。……《经典释文》云:'善稻,吴谓之伊缓。'是吴语与华夏之异亦至显也。"〔3〕是故,《越史丛考》在论及"吴、越"等"都是比较特殊的方言"(罗常培、周祖谟《汉魏晋南北朝韵部演变研究》)时所说:"此类'特殊方言'

---

〔1〕《左传·哀公十二年》,见《春秋左传正义》,北京大学出版社1999年,第1667页。
〔2〕《左传·成公七年》,见《春秋左传正义》,北京大学出版社1999年,第727页。
〔3〕 蒙文通:《越史丛考》,人民出版社1983年,第17页。

之形成,正以其地原为少数民族居住区之故。此种特殊方言实为该地区原住少数民族语言之遗存。"[1]

对这一"特殊方言",古代学者承接《左传》的记载,对之定义为"夷言"或"夷语",并将其音读称为"夷言发声"或"夷语之发声"。

如孔颖达疏《左传·宣公八年》"盟吴、越而还"[2]句时指出:"《谱》云,吴,姬姓,周太王之子大伯、仲雍之后。大伯、仲雍让其弟季历,而去之荆蛮,自号句吴,句或为工,夷言发声也。"[3]这里,孔颖达一是将春秋时的吴国与商末南奔的泰伯、仲雍作了关联。二是指出"自号句吴,句或为工"。故由此可知,"句(勾)吴"或为"工吴"。三是"句(勾)吴"或"工吴"的音读,均为"夷言发声",即春秋时长江流域"蛮夷"地区"特殊方言"的吴方言语音。

再如,唐司马贞《史记索隐》注《史记·吴太伯世家》"太伯之奔荆蛮,自号句吴"[4]时,亦指出说,唐"颜师古注《汉书》,以吴言'句'者,夷语之发声"[5]。

显然,唐代学者孔颖达、颜师古都在不同场合从语音角度指出了客观存在的"夷言发声"和"夷语之发声"。且孔颖达还说"自号句吴,句或为工",即指出了与"工"搭配、组合的"夷言发声"之字、词。而这些字、词,即为现存吴国青铜器铭文中的"工""工䱷"以及"工(攻)敔""勾(句)敔"及文献记载的"勾吴""句吴"等(相关情况,另参《苏州通史·导论卷》关于《春秋吴国国号及苏州城市符号的"吴"及其溯源》的论述)。

关于与吴国国号相关的"者减钟"铭文中的"工䱷"之"䱷",东汉学者郑玄注《周礼·天官·叙》:"䱷人"时说"䱷,音鱼,本又作鱼,亦作鮌,同,音御。"[6]而清代《康熙字典》释"䱷"为"音鱼,同渔"[7],从而指出"䱷"字等分别与"鱼"的北方音读 yú 及吴方言音读——纯鼻音的 ng 音有关。而作为古代吴方言语音的保留,至今"鱼""吴"等字,依然保存着古代吴方言 ng 的音读。古代吴方言语音,多以口口相传的方式传承,故有其稳定性。尽管这种稳定性,在社会动乱时期,会因人口迁徙时的外来人口大量流入而有所改变。

关于现代吴语的语音,林语堂《中国人》(旧译为《吾国吾民》)一书,在将中

---

[1] 蒙文通:《越史丛考》,人民出版社 1983 年,第 17 页。
[2] 《左传·宣公八年》,见《春秋左传正义》,北京大学出版社 1999 年,第 619 页。
[3] 孔颖达:《正义》,见《春秋左传正义》,北京大学出版社 1999 年,第 619 页。
[4] 司马迁:《史记》卷三十一《吴太伯世家》,中华书局 1959 年,第 1445 页。
[5] 司马贞:《史记索隐》,见司马迁:《史记》,中华书局 1959 年,第 1446 页。
[6] 郑玄注,见《周礼注疏》,北京大学出版社 1999 年,第 11 页。
[7] 《康熙字典》,中华书局 1958 年,第 1475 页。

国文化进行南北风格的比较时,曾言及苏州乐曲和苏州语言:"苏州乐曲的低声吟唱,介乎于叹息与鼾声之间,喉音和鼻音很重,很容易使人联想到一个精疲力竭的气喘病人,那习惯性的叹息和呻吟已经变成了有节奏的颤抖。在语言上……苏州妇女则轻柔、甜蜜地唠唠叨叨,用一种圆唇元音,婉转的声调,其强调的力量并不在很大的爆破音,而在句尾拖长了的有些细微差别的音节。"[1]从这些描述中,依然可见古代吴方言语音的遗存和保留。

3. 表明吴侬软语为春秋时吴方言区外的人所喜欢乃至效仿的最早文献记载

《左传》记载的卫出公"效夷言"故事,是春秋时期不同方言区进行交融且留于后世极罕见的文献记载事例。它足以佐证吴方言在春秋时期的存在和基本成型。须指出的是,《左传》的记载,并非是鲁国史官为保存这一文化交融材料而特意撰写并意在留传后世。其目的乃是欲借一童子之口,指责、讥讽卫出公被吴国人囚禁竟还在学着吴国人的语言,从而对卫出公对吴国"从之固矣"的情感做出批判。是时,中原文化对吴国"蛮夷"文化的反感乃至排斥,于此亦可见一斑。而卫出公"效夷言"并不表示其在政治上追随吴国,如前文所述卫与宋、鲁结盟,而与吴国却盟即为明证。然而,这位卫国国君"效夷言"的记载,却又是春秋时的吴侬软语为吴方言区外的人所喜欢乃至效仿的最早的历史文献记载。这段史料与同为先秦时孟子将长江流域操持南方较难懂的语言之人称为是像鸟儿弄舌啼聒的"南蛮鴃舌之人"[2],多少还是有些区别。

(三)吴方言的分布

今日吴方言分布于上海市、江苏省长江以南镇江以东地区(不包括镇江)、南通的小部分地区、浙江省大部分地区、江西东北部、安徽南部和福建西北角。在汉语各大方言中,使用吴方言的人口仅次于北方方言,在中国排第二位,使用人口目前已超过一亿,占汉族人口的百分之八点五。

但春秋时期的吴方言分布情况,首先当涉及这一地区的文化发展情况。长江下游的江南地区,历经新石器时代的马家浜、崧泽、良渚乃至马桥等不同时期的文化,其土著居民为被中原文化视为"蛮夷"的南方民族。夏、商时期,随着"越为禹后"和"吴为周后"的文化交融,至春秋时这一地区形成了吴、越国家形

---

[1] 林语堂:《中国人》,学林出版社1994年,第34页。
[2] 《孟子·滕文公上》,见《孟子注疏》,北京大学出版社1999年,第148页。

态。从前引记载公元前601年史事的《左传·宣公八年》"楚为众舒叛,故伐舒蓼,灭之。……盟吴、越而还"〔1〕来看,春秋中叶时,吴、越两国同时作为诸侯国的国家形态已出现于《左传》的记载中。

从语言上讲,吴、越地区的语言、风俗等有着很大的相同性。诸多文献均记载了这一情况。如:"吴之与越也,接土邻境,壤交道属,习俗同,言语通"〔2〕,"吴越二邦,同气共俗"〔3〕。故有学者推测:"当时整个淮河和长江流域,使用的应都是大体相近的语言:吴语和楚语。他们应有相当共同之处。有一个很有趣的现象,楚语的后代,今天的湖南湘语,仍跟吴语有显著的共同之处:都保留浊声母。这应该不是偶然的。也许当时的吴语中,非汉语的成分还会多些。以致吴地、楚地人被山东人孟子讥为'南蛮鴃舌之人'。'鴃舌',跟鸟叫一样!但随着吴地跟中原联系的不断增加,中原文化和语言也必定会不断注入古吴语,从而使吴语成为自具特色的汉语方言之一。"〔4〕同时,也有学者指出:"秦汉以前广大的江南地区主要是古越族的居住地,他们所使用的古越语跟古代汉语的前身相差很远,不能通话。在逐渐形成的南方相互歧异的六大方言中,最早形成的是吴语和老湘语。"〔5〕

今日苏南地区以镇江以东的丹阳作为江淮方言区与吴方言区的分界。对今日的江苏省来说,其语言的复杂情况在全国都是少有的。它表现在,其一是以苏州方言为基础的苏州评弹,在今日的江苏难以跨越长江。其二是同一省内的语言沟通障碍。如果以一直生活在农村而未与其他方言语音有深度接触的两个老农,一为今江苏南部的苏州某县区,一为今江苏北部的徐州某县区,若将他们置于一处而就某个话题交流时,极有可能的情况就是互相听不懂对方的语言而难以沟通。而这种同一省、同一民族间语言难以沟通的情况,在其他省区或都是难以想象的。

时至今日,随着普通话的普及,作为苏州昆曲、评弹语音基础的苏州方言日渐式微。这也引发了人们对吴方言丢失的忧虑。各级政府和教育部门,在坚持以普通话为课堂教学语言的这一前提下,也以多种方式开展在青少年中讲苏州方言的各类活动。毕竟在普通话中仄声字消失的今天,相当多的古音及仄声字

---

〔1〕《左传·宣公八年》,见《春秋左传正义》,北京大学出版社1999年,第619页。
〔2〕《吕氏春秋·知化》,见陈奇猷:《吕氏春秋校释》,学林出版社1984年,第1552页。
〔3〕 袁康、吴平:《越绝书》卷第七,上海古籍出版社1985年,第49页。
〔4〕 汪平:《吴文化概论·吴地的方言》,见吴恩培:《吴文化概论》,东南大学出版社2006年,第333页。
〔5〕 周振鹤、游汝杰:《方言与中国文化》,上海人民出版社1986年,第9页。

还在吴方言中被保存着。

二、文　学

（一）诗歌

在中国这个古老的诗国里,诗是最早发达的一种文学体裁。先秦吴地最早出现的文学样式,也为诗歌和民间歌谣。清代沈德潜编撰的《古诗源》中,入选两首被编入"古逸"[1]的传为春秋时期的吴地诗歌。

1.《渔父歌》

《渔父歌》:"日月昭昭乎寖已驰,与子期乎芦之漪。日已夕兮,予心忧悲。月已驰兮,何不渡为? 事寖急兮将奈何。芦中人,岂非穷士乎。"[2]

沈德潜编选此诗时,据《吴越春秋》的记载加《序》曰:"《吴越春秋》:伍员奔吴,追者在后。至江,江中有渔父。子胥呼之,渔父欲渡,因歌云云。子胥止芦之漪,渔父又歌云云。既渡,渔父视之有饥色,曰:'为子取饷。'渔父去,子胥疑之,乃潜深苇之中。父来,持麦饭鲍鱼羹盎浆,求之不见,因歌而呼之云云。子胥出,饮食毕,解百金之剑以赠。渔父不受,问其姓名,不答。子胥诫渔父曰:'掩子之盎浆,无令其露。'渔父诺,胥行数步,渔者覆船自沉于江。"[3]

由此可知,该诗是《吴越春秋》记载伍子胥亡命奔吴时,在逃亡途中渡河时,渔父所唱的歌。歌分三阕。

首阕的背景为子胥逃亡吴国时,"追者在后。至江,江中有渔父。子胥呼之,渔父欲渡,因歌云云"[4]。由此可见,歌之首阕写伍子胥呼渔父摆渡,而渔父正准备要将他摆渡过江时,恰巧有人在一旁窥测,于是,渔父便带有暗示地唱道:"日月昭昭乎寖已驰,与子期乎芦之漪。"[5]意思是说,日月明亮啊渐渐地已奔向前面。我和你相约啊在芦苇的岸边。

次阕歌谣承上,"子胥止芦之漪,渔父又歌云云"。意为,听懂了渔父暗示的伍子胥,于是就停留在了芦苇的岸边。此时,渔父又唱道:"日已夕兮,予心忧悲。月已驰兮,何不渡为? 事寖急兮将奈何。"意为,太阳已经下山了,我的心忧

---

[1] 沈德潜:《古诗源》卷一目录,中华书局1963年,第1页。
[2] 沈德潜:《古诗源》,中华书局1963年,第17页。
[3] 沈德潜:《古诗源》,中华书局1963年,第17页。
[4] 沈德潜:《古诗源》,中华书局1963年,第17页。《吴越春秋》今本与之稍异,为"渔父欲渡之,适会旁有人窥之,因而歌曰"。(见《吴越春秋》,江苏古籍出版社1986年,第15页)
[5] 沈德潜:《古诗源》,中华书局1963年,第17页。

伤悲哀。月亮已经升上来了,你为什么还不上船来?事情越加紧急了该怎么办?沈德潜《古诗源》以"既渡"二字,概括了渡河的过程。而《吴越春秋》则详细地记载了是时人物的心理活动:"子胥入船,渔父知其意也,乃渡之千浔之津。"即此时,渔父已经知晓伍子胥其意——逃亡之身,唯恐为人所知,于是把他渡到了极远的渡口。

末阙歌谣是在"既渡"之后,其背景如沈德潜《序》所云:"渔父视之有饥色,曰:'为子取饷。'渔父去,子胥疑之,乃潜深苇之中。父来,持麦饭鲍鱼羹盎浆,求之不见,因歌而呼之",即本诗之末阙:"芦中人,岂非穷士乎。"意思是说,藏在芦苇中的人儿,你难道不是个走投无路的贤士吗?在这种情况下,"子胥出,饮食毕,解百金之剑以赠。渔父不受,问其姓名,不答"。在《吴越春秋》的记载中,渔父已知伍子胥的身份,于是:"子胥曰:'请丈人姓字。'渔父曰:'今日凶凶,两贼相逢,吾所谓渡渔父楚贼也。两贼相得,得形于默,何用姓字为?子为芦中人,吾为渔丈人。'"意为,今日惊恐,两个贼人相逢。我就是今后人们所说的那个把楚国的贼人渡过江的渔父了。两个贼人互相投合,这种投合表现为一种默契,为什么还要知晓双方的姓名呢?你就是那个芦中人,我就是老渔翁。在这种情况下,伍子胥显然还不放心渔父会在无意中透露他的行踪,于是"诫渔父曰:'掩子之盎浆,无令其露。'渔父诺,胥行数步,渔者覆船自沉于江"。老渔翁选择了自我了断式的灭口,以使伍子胥放心。

这首与伍子胥奔吴有关的吴地歌谣,尽管渔父渡子胥处的地望,后世有多种说法[1],但是这首歌谣所表现出来的吴、楚之地蕴含着"义"的刚烈民风,以及对人物内心活动的细致描述,还是非常值得注意的。在艺术上,《古诗源》编选此诗时,诗后附上了编选者沈德潜对此诗声律上的评论:"合上章为韵,其声愈促。"[2]

从该诗与东汉《吴越春秋》的密切程度来看,此诗或产生于东汉时期。

2.《吴王夫差时童谣》

《吴王夫差时童谣》:"梧宫秋,吴王愁。"[3]诗前沈德潜有《序》曰:"《述异记》:吴王有别馆在句容,楸梧成林,故名梧宫。或云即馆娃宫,宫有梧

---

[1] 据张觉《吴越春秋全译》(贵州人民出版社1993年出版,第75页)介绍,渔父渡子胥处,有安徽和县、江苏溧水、江苏仪征及浙江建德等多种说法。
[2] 沈德潜:《古诗源》,中华书局1963年,第17页。
[3] 沈德潜:《古诗源》,中华书局1963年,第19页。

桐园。"[1]

前文论及春秋时吴国王家园林的西施化现象时,提及唐代《吴地记》始出现"馆娃宫"这一与西施明确勾连的宫苑名称,并将之与春秋吴国离城的苏州灵岩山相连。其后,《吴郡志》卷第八也明确记载:"馆娃宫,《吴越春秋》《吴地记》皆云阖闾城西有山,号砚石山。山在吴县西三十里,上有馆娃宫。又《方言》曰:吴有馆娃宫,今灵岩寺即其地也。"[2]而"梧桐园"亦见于《吴郡志》卷第八:"梧桐园,在吴宫,本吴王夫差园也。一名琴川。语云:'梧宫秋,吴王愁。'"[3]

沈德潜为《吴王夫差时童谣》作《序》时,交代此诗选自《述异记》。并指出"《述异记》:吴王有别馆在句容,楸梧成林,故名梧宫。或云即馆娃宫,宫有梧桐园"[4]。即将此诗或对应于句容名为"梧宫"的吴王别馆;或对应于苏州灵岩山的馆娃宫梧桐园。皆因二地的宫园与诗中的"梧宫"切合。显然,上述沈德潜将"梧宫"做"或云即馆娃宫"的诠释,显为受唐代以后吴国王家园林西施化的影响所致。

沈德潜《古诗源》编选此诗时,在诗后附有对此诗内容的评述:"国家愁惨之状。尽于六字中。不啻闻雍门之弹矣。秋,隐语也。"[5]

"国家愁惨之状",乃是铺陈吴王夫差失国时,国家社稷破亡之状。吴王夫差是一位既建立吴国春秋霸业,同时又是把吴国带入灭国境地的末代君主。《述异记》中记载的《吴王夫差时童谣》:"梧宫秋,吴王愁",以及沈德潜在《古诗源》中加的《序》:"吴王有别馆在句容,楸梧成林,故名梧宫。或云即馆娃宫,宫有梧桐园",反映了一种家破国亡的愁惨情绪。而沈德潜对此诗的评论:"国家愁惨之状。尽于六字中。不啻闻雍门之弹矣。秋,隐语也。"更是指出了此诗内容、形式上的一些特色。

雍门之弹,又作雍门之琴。雍门,指战国时齐国琴家雍门周。他居住在齐国国都西门,时称为"雍门",故以之为号,亦称雍门子或雍门子周。雍门之弹的故事见诸汉刘向《说苑·善说》篇:"雍门子周以琴见乎孟尝君。孟尝君曰:'先生鼓琴,亦能令文悲乎?'"[6]意思是说,雍门周给孟尝君弹琴,孟尝君问道:"你能用琴声让我悲哀吗?"雍门周做了"不能"的答复后,接着就和孟尝君拉家常,

---

[1] 沈德潜:《古诗源》,中华书局 1963 年,第 19 页。
[2] 范成大:《吴郡志》,江苏古籍出版社 1986 年,第 103 页。
[3] 范成大:《吴郡志》,江苏古籍出版社 1986 年,第 105 页。
[4] 沈德潜:《古诗源》,中华书局 1963 年,第 19 页。
[5] 沈德潜:《古诗源》,中华书局 1963 年,第 19 页。
[6] 刘向:《说苑·善说》,见刘向著、钱宗武译:《白话说苑》,岳麓书社 1994 年,第 426 页。

谈到孟尝君抗秦伐楚,终招祸患,谈到人生无常,年华易逝,直谈得"孟尝君泫然,泣涕承睫而未殒"时,雍门周这才"引琴而鼓之,徐动宫徵,微挥羽角,切终而成曲。孟尝君涕浪汗增欷,下而就之曰:'先生之鼓琴,令文立若破国亡邑之人也。'"[1]雍门之琴,凄人心脾,竦人毛发,缠绵凄咽,终使得孟尝君动于所感,说:"听了你弹的琴曲,我立刻像是一个国破家亡的人了。"沈德潜借此典说《吴王夫差时童谣》像是雍门之琴一样,令人"立若破国亡邑之人",即产生国破家亡之感。可以说,作为吴地早期诗歌,该诗切入春秋晚期吴越争战主题,描述了吴国灭国后的愁惨之状。此诗引入战国时的"雍门之典",则说明该诗并非完全出于"吴王夫差"时的"春秋时期",而为战国及战国后至《述异记》成书时的南朝前,经后人加工过的作品。

在艺术上,"梧宫秋,吴王愁"一诗巧妙运用汉字拆分的原理,在"愁"和"秋"上做文章。"何处合成愁,离人心上秋。"[2]诗中的"梧宫"之"秋",较之"吴王"之"愁",乃是无心也。故沈德潜说:"秋,隐语也。"

3. 吴地最早的文人诗

《左传·哀公十三年》记载,黄池争霸后,吴军出现了粮食短缺危机,于是"吴申叔仪乞粮于公孙有山氏,曰:'佩玉䌹兮,余无所系之。旨酒一盛兮,余与褐之父睨之。'对曰:'粱则无矣,粗则有之。若登首山以呼曰:庚癸乎!则诺。'"[3]这位吴国大夫申叔仪的《乞粮诗》可以说是吴国乃至吴地历史上的第一位有名有姓的文人创作的诗歌。该诗的意思是说:"佩玉往下垂呀,我没有地方系住它。美酒斟得满呀,我和贫苦的老翁只能斜眼看着它。"而鲁国大夫公孙有山的歌则是对新夺得霸主地位的吴国予以嘲讽和奚落,该诗的意思是说:"细粮已没有了,粗粮还有一些。如果你们登上首山高喊着说:'给点下等的粮食吧!'那就答应你。"

从诗歌表达的内容来说,吴申叔仪的《乞粮诗》,呈现了黄池盟会的霸主在强大背后的虚弱一面。而就艺术表现而言,它委婉含蓄,尤其是后两句"旨酒一盛兮,余与褐之父睨之",借一个斜睨的眼神,将欲言又止的困窘充分地表现出来了。

这两首唱和诗的相同之处为同产生于春秋晚期,内容都是与当时两国间的现实政治斗争有关,而不同之处为一是南方文人诗,另一是北方的文人诗。从形式上看,吴申叔仪的《乞粮诗》句尾两次出现语气助词"兮";而鲁公孙有山的唱

---

[1] 刘向:《说苑·善说》,见刘向著、钱宗武译:《白话说苑》,岳麓书社1994年,第427页。
[2] 吴文英:《唐多令·惜别》,见《梦窗词》,上海古籍出版社1988年,第206—207页。
[3] 《左传·哀公十三年》,见《春秋左传正义》,北京大学出版社1999年,第1673页。

和诗,非但无此特点,相反却呈现出散文化的倾向。

作为南方诗歌代表的为后世战国时的《楚辞》。其形式上的一个重要特点是句式长短不一,形式比较自由,句尾多用语气助词"兮"。由此来看吴申叔仪的《乞粮诗》,上述《楚辞》形式上的这一重要特点在《乞粮诗》中已露端倪,尤其是其句尾出现的语气助词"兮",更是比《楚辞》要早两百余年。前文曾引文说屈原的生卒年一般认为是约公元前339年至公元前278年,而吴申叔仪《乞粮诗》的产生时期为公元前482年。因此可以认为,吴申叔仪的《乞粮诗》已最早体现了周代时南方诗歌句尾多用语气助词"兮"的这一特点。

(二) 散文

中国文学的初创期,文、史、哲不分家,诗、乐、舞相融合。《史记·仲尼弟子列传》说:"孔子以为子游(言偃)习于文学。"[1]《论语·先进》篇中,孔子论及他的学生的特点,也是把言偃归结于擅长文学的范畴说:"文学:子游、子夏。"[2]上述"文学"的概念与今有别,它是泛指包括政治、哲学、历史、文学等在内的一切学术,也包括这一时期诸如文诰、编年、国别、谱牒、典、谟、训、诰、誓、命以及书信、盟誓、祝文、祝词、箴、诔、铭文等各种文体。

这一时期吴地此类文体的书面文本,后世留存不多。黄池盟会后,"吴王夫差既退于黄池,乃使苟告劳于周",《国语·吴语》记载下的这份报告词,既是一篇外交文件,同时也是一篇应用散文。

该报告词相关内容如下:"昔者楚人为不道,不承共王事,以远我一二兄弟之国。吾先君阖庐不贳不忍,被甲带剑,挺铍搢铎,以与楚昭王毒逐于中原柏举。天舍其衷,楚师败绩,王去其国,遂至于郢。王总其百执事,以奉其社稷之祭。其父子、昆弟不相能,夫概王作乱,是以复归于吴。今齐侯壬不鉴于楚。又不承共王命,以远我一二兄弟之国。夫差不贳不忍,被甲带剑,挺铍搢铎,遵汶伐博,簦笠相望于艾陵。天舍其衷,齐师还。夫差岂敢自多,文、武实舍其衷。归不稔于岁,余沿江溯淮,阙沟深水,出于商、鲁之间,以彻于兄弟之国。夫差克有成事,敢使苟告于下执事。"[3]

报告以夫差的口吻完全站在吴国两代国君(阖庐、夫差)的立场进行历史的叙述,不啻为吴国两代吴王的充满政治智慧的一份述职报告。就文体而言,该文

---

[1] 司马迁:《史记》卷六十七《仲尼弟子列传》,中华书局1959年,第2185页。
[2] 《论语·先进》,见《论语注疏》,北京大学出版社1999年,第143页。
[3] 上海师范大学古籍整理研究所校点:《国语·吴语》,上海古籍出版社1998年,第615页。

相当于后世的章、表、奏、议,即今日上行文中的报告类文体;就内容叙述而言,该报告对历史事实作了外交辞令式且有利于吴国的剪裁。相关解读,本书前文已作阐释,此处不再重复。

春秋时吴国在与中原诸国的争霸或争夺中,此类既是外交文件又是应用散文的文本应当不少,且文献中也都留下撰写此类文本的记载。如吴、鲁鄫地会盟时留下的"鄫盟"[1];吴、鲁莱门下签订盟约时,反对签此约的子服景伯被惩罚性地"景伯负载,造于莱门"的《莱门盟约》;在黄池盟会上,吴国和晋国有着"好恶同之"[2]的盟约;等等,但是上述这些盟约及其具体内容,文献中都未留下记载。

（三）文学评论与文学比较

馀祭四年(前544),吴王馀祭死于越俘之手,馀昧接任。为解决吴国当时的外交被边缘化的局面,吴王馀昧派遣其弟公子季札出访列国。季札的出访,在以文字简约为记事特点的《左传》中,记载得甚为详细。其中,季札来到鲁国,"请观于周乐"的记载,本书前文亦已作详尽阐释,此处仅从文学的角度,予以评述。

作为和孔子同时代的季札,他在观乐时对为他演唱用各国乐曲谱写的弦歌时所作评论,可说是最早对诗歌总集《诗经》的评论之一。同时,也是中国现存最早的文学和文艺评论之一。因此,两千五百多年前季札所做的这些评论,堪称是中国区域文化最早的横向比较研究,同时也堪称是中国最早的比较文学研究。值得注意的是,他的这种比较研究,不只囿于纯艺术的领域,更多的是拓展到社会和政治的多重领域之中。故杜预说:"季札贤明才博,在吴虽已涉见此乐歌之文,然未闻中国雅声,故请此周乐,欲听其声,然后依声以参时政,知其兴衰也。"[3]

季札在出访中表现出的对中原文化极其精通的文化素养,使得他后世成为吴国文化的代表人物。今苏州泰伯庙正殿中,三座塑像中,季札与其先祖泰伯、仲雍共同接受祭祀,其因概出于此。

三、教 育

春秋时期,吴地的教育表现在两个层面,分别为广义和狭义的教育。

---

[1] 杜预注,见杜预:《春秋经传集解》,上海古籍出版社1978年,第1783页。
[2] 《左传·哀公二十年》,见《春秋左传正义》,北京大学出版社1999年,第1703页。
[3] 杜预注,见杜预:《春秋经传集解》,上海古籍出版社1978年,第1128页。

（一）广义的教育——对民众的"教化"

春秋后期，吴地的教育，首先表现在广义的教育，即对民众的"教化"。中国古代的"教化"，不仅强调"教"（教育）的过程，还同时强调"教"的结果——"化"。

春秋后期，吴地的"教化"，主要通过以下几个方面进行：

首先以吴地先贤的人格魅力和道德力量为民众楷模，从而起一种带有本土文化烙印的"教化"作用。商、周时吴地的先贤，有泰伯、季札等。关于先贤给予民众的表率和"教化"作用，南宋朱熹《论语集注》指出："子曰：'泰伯，其可谓至德也已矣！三以天下让，民无得而称焉。'泰伯，周大王之长子。至德，谓德之至极，无以复加者也。……夫以泰伯之德，当商周之际，固足以朝诸侯有天下矣，乃弃不取而又泯其迹焉，则其德之至极为何如哉！"[1]东汉糜豹《泰伯墓碑记》说："至德之感人有如是乎。斯举也，不惟皇上尊崇古圣，有关于当世之教化良多，即万代之后，其功德宁有尽耶。"[2]而北宋朱长文《吴郡图经续记》也说："泰伯逊天下，季札辞一国，德之所化远矣。"[3]

其次是王权结合其他文化区域代表人物的传入来推行"教化"，通过传播各种知识、技能和社会生活经验，以开启民智，移风易俗。这里，王权与其他文化区域代表人物的结合，主要体现在前文论述吴王阖闾时为执行"兴霸成王"国家战略时而采取的强国举措——推行"阖庐之教"与"子胥之教"。其深远影响，表现在吴王阖闾及吴王夫差时期吴国综合国力的强盛上。对此，后世学者，对吴国推行"阖庐之教""子胥之教"与吴国的霸业均做了因果联系。《吕氏春秋·上德》篇记载说："阖庐之教，孙、吴之兵，不能当矣。"[4]意思是说："阖庐（阖闾）的教化，孙武、吴起的军队，都是抵挡不住的。"《越绝书》卷第一则说："吴有子胥之教，霸世甚久。"[5]"子胥居吴三年，大得吴众。"[6]这些记载，都说明吴国施行"阖庐之教"和"子胥之教"的社会改革，既获得民心，更取得强国强军的社会效果。

（二）狭义的教育——对人才的培养

春秋时吴地对人才培养的狭义教育，表现在贵族教育与平民教育这两个

---

[1] 朱熹：《论语章句集注》，见《四书五经》上册，天津市古籍书店影印1988年，第32页。
[2] 糜豹：《泰伯墓碑记》，见吴恩培点校：《至德志》，上海古籍出版社2013年，第34页。
[3] 朱长文：《吴郡图经续记》卷上，江苏古籍出版社1986年，第10页。
[4] 《吕氏春秋·上德》，见陈奇猷：《吕氏春秋校释》，学林出版社1984年，第1255页。
[5] 袁康、吴平：《越绝书》卷一，上海古籍出版社1985年，第2页。
[6] 袁康、吴平：《越绝书》卷一，上海古籍出版社1985年，第7页。

层面。

1. 贵族教育

文献没有春秋时期关于吴国王室教育的记载。故这一时期吴国的王室教育即贵族教育，主要是通过吴国王室成员在政治、军事、外交等方面表现出的学养和知识而间接体现出来。

吴王寿梦四子——公子季札，其对王位的舍弃态度及出访列国时所表现出的对中原文化极其精通的学养，前文已多有叙述，此处不再重复。透过季札的这些作为，预示着吴国在王室教育方面，或许已具有与中原列国的王室教育同步的教育体系，其中包括教育机构、教育内容等。否则，无从解释季札出访中原列国时所表现的知识和学养。

如果说季札是出访中原列国及在鲁国"观周乐"时表现对中原文化的精通的话，那寿梦庶子公子蹶由则是在对楚战争的前线，在与楚灵王正面交锋中表现他对先秦时期"占卜"文化的深刻理解和熟练运用。

前文曾述，吴、楚鹊岸之战后，同样受吴王馀昧的派遣，吴公子蹶由前往楚军犒师，从而被置于了一个极为严峻且充满肃杀气氛的战场上去与楚灵王进行心理层面的对抗。一番关于占卜文化的对话后，楚灵王不敢杀蹶由而把他带回楚国囚禁。14年后的吴王僚四年（前523），时为楚国令尹的子瑕（阳匄）对楚平王说项后，蹶由被放归吴国。回国后的蹶由，文献再无记载。

作为寿梦庶子的蹶由，为吴公子季札的庶兄或庶弟，故其在吴国接受教育的方式及程度，当与季札相同。前文曾提及，季札出访鲁、齐等国，表现出了对中原历史、文化极其精通的文化修养。而吴公子蹶由的表现也表明，吴国贵族教育培养出季札这样的人才，并非个别孤案。至少在吴国王室成员中，吴国本土教育培养出的人才当有一批。但他们的表现平台或有不同，季札受吴王馀昧派遣，得以在中原列国的宏大平台上表现出其对历史、文化、艺术的通晓才能和个人魅力；而同样受吴王馀昧的派遣，蹶由则在另一个战场与楚灵王进行文化与心理的对抗。在与楚灵王的对话中，他表现出的对古代占卜文化的精通及娴熟运用，如臻化境，既不辱使命地维护住了吴国的尊严，同时也挽救了自己的生命。如果说季札是在国家权力——王权的取舍上表达出他的崇高情怀和学养智慧的话，而蹶由则是在生命的取舍上，视死如归般地表现出他的崇高情怀和学养智慧。两位公子，都共同体现出春秋时期吴国的贵族教育及其人才培养成果。

2. 平民教育

春秋时期吴国的平民教育，主要从言偃北学这一行为中得以体现。言偃，字子游,曾受业于孔子,为孔子七十二得意门生之一。受业后返归南方,成为启发东南文化之先驱,被后世尊称为"南方夫子"。

据《史记·仲尼弟子列传》记载:"言偃,吴人,字子游。少孔子四十五岁。"[1]而另据《史记·孔子世家》记载:"鲁襄公二十二年而孔子生。"[2]鲁襄公二十二年为公元前551年,故由此可推算出言偃生于吴阖闾九年(前506)。此年,吴王阖闾和孙武、伍子胥指挥的吴国远征军正在楚国和楚军进行着著名的柏举之战,其后入郢。而吴国灭亡,夫差自杀时的鲁哀公二十二年(前473),言偃正值三十三岁。因此,言偃从出生之年到而立之年,正值吴国从鼎盛走向灭亡的衰变时期。这一时期,年轻的言偃到北方的孔子处求学。孔子自少即教授于鲁。关于他的弟子,《吕氏春秋·遇合》篇说:"委质为弟子者三千人,达徒七十人。"[3]《史记·孔子世家》则说是:"孔子以《诗》《书》《礼》《乐》教,弟子盖三千焉。身通六艺者七十有二人。"[4]《史记·仲尼弟子列传》载"七十有七人"(七十七人)[5]。柳诒徵《中国文化史》中的一则数据统计资料说,《史记·仲尼弟子列传》记载的"七十七人中,鲁人凡三十八",占了近一半。其余则是"卫国六人"、"齐国六人"、"楚国三人"、"秦国二人"、"陈国二人"、"晋国二人"、"宋国一人"、"吴国一人","其余不著籍者,尚不知其属于何国"[6]。由此可见,两千五百年前,孔子门生中唯一从南方的吴国到北方的鲁国来求学的学生,就是言偃。

关于言偃的学业专长,《史记·仲尼弟子列传》评价说:"孔子以为子游习于文学。"[7]《论语·先进》篇中,孔子论及他的学生的特点,也是把言偃归结于擅长文学的范畴。该篇说:"德行:颜渊,闵子骞,冉伯牛,仲弓。言语:宰我,子贡。政事:冉有,季路。文学:子游、子夏。"[8]如前所述,春秋时期的"文学"概念与今有别,它泛指包括文、史、哲在内的一切学术,也包括这一时期的各种文体。言偃故里常熟的"言子墓道"牌坊后有一桥,桥名即为"文学桥",故乡常熟的里人,即以之来纪念这位"习于文学"的吴地先哲。

---

[1] 司马迁:《史记》卷六十七《仲尼弟子列传》,中华书局1959年,第2201页。
[2] 司马迁:《史记》卷四十七《孔子世家》,中华书局1959年,第1905页。
[3] 《吕氏春秋·遇合》,见自陈奇猷:《吕氏春秋校释》,学林出版社1984年,第815页。
[4] 司马迁:《史记》卷四十七《孔子世家》,中华书局1959年,第1938页。
[5] 司马迁:《史记》卷六十七《仲尼弟子列传》,中华书局1959年,第2185页。
[6] 柳诒徵:《中国文化史》,上海东方出版中心1988年,第248页。
[7] 司马迁:《史记》卷六十七《仲尼弟子列传》,中华书局1959年,第2202页。
[8] 《论语·先进》,见《论语注疏》,北京大学出版社1999年,第143页。

图 8-20　常熟的"言子墓道"牌坊(左)及牌坊后的"文学桥"(右)(吴恩培摄)

图 8-21　苏州文庙中的言子石刻像(左)、常熟虞山上的言子墓碑(中)及墓(右)(吴恩培摄)

苏州历史上,真正作为一个学人外出而求学,且列为孔子最有成就的学生之一者,言偃当为第一人。更何况他求学的导师,乃是中国古代最伟大的教育家和思想家孔子。因此,言偃对吴地文化的影响就是他的行为本身——"北学于圣人"。后世论及东南学风,必推泰伯和言偃,归功于他们的导引。明代姜渐在《吴县修学记》中说:"昔三代之有天下,文莫备于周,而泰伯实启之;教莫盛于孔子,而言偃实师之。自泰伯以天下让,而吴为礼义之邦;自言偃北学于圣人,而吴知有圣贤之教。由周而降,天下未尝无乱也,惟吴无悖义之民;由汉以来,天下未尝无才也,惟吴多名世之士。虽阅千数百载而泰伯、言偃之风,至于今不泯。噫!教化之感人心而善民俗也如此。"[1]

若把言偃"北学于圣人"的行为放在春秋时期南、北文化交融的角度来看,则无疑显示:春秋时,当黄河流域的中原文化与长江流域的"蛮夷"文化在文明

---

[1] 姜渐:《吴县修学记》,见乾隆《吴县志·艺文》,苏州图书馆藏本。

发展程度的不对称的情况下,文明程度较高者对文明程度较低者表现出文化的输出,而后者的文化输入,则是以言偃"北学于圣人"的形式得以完成的。其后,言偃回到故里吴地,去世后葬于常熟虞山。

第三节 兵 学

文献记载春秋时期的吴王诸樊、吴王僚、吴王阖闾、吴王夫差都曾有领兵征战的军事实践,但吴国的兵学理论,则主要体现在伍子胥、孙武等外来人才在吴国这一军事平台上所建立起的兵学学说体系,显示这一学说体系的为或散失或留存至今的兵学著作。而从伍子胥与孙武或散失或留存的兵学著作来看,前者着重于水战,而后者则着重于陆战。二人在吴国这一军事平台上,堪为春秋后期在军事理论与军事实践上熠熠生辉的双子星座。

一、伍子胥与水军

前文言及,吴王阖闾时期进入吴国权力核心层的伍子胥,在辅佐阖闾,推行政治、法制诸多领域改革的同时,还在军事领域提出了要"选练士,习战斗"[1]的具体战术训练要求,一方面要求士卒做到陆战的"习术战,骑射御之巧"[2];另一方面则是结合吴国具体实际而注重于水战战术的演习。伍子胥在兵学理论上的建树主要体现在水战军事理论及其在开发"水战之具"军事实践上所做出的贡献。

(一)失传的《伍子胥书》(又称《伍子胥水战兵法》《伍子胥水战法》等)

关于水战,最早源于楚国。本书第三章叙述吴王诸樊时的吴诸樊十二年(前549),因"晋将嫁女于吴"引发"楚子为舟师以伐吴,不为军政,无功而还"[3]。即楚王出动水师对吴国动武,只是由于楚军内部原因,无功而还。楚国的这一"舟师以伐吴",虽说"无功而还",但其在中国军事史上却有着重大意义——它是文献记载的中国古代第一次使用水军作战的军事行动。而24年后的吴王僚二年(前525),时公子光(后为吴王阖闾)在指挥"长岸之战"时曾丢失而又抢回吴国先王所乘的"馀皇"号战舰,即说明此时吴国也已有了用于水军作战的战舰。

---

[1]《吕氏春秋·首时》,见陈奇猷:《吕氏春秋校释》,学林出版社1984年,第768页。
[2] 赵晔:《吴越春秋》卷四,江苏古籍出版社1986年,第25页。
[3]《左传·襄公二十四年》,见《春秋左传正义》,北京大学出版社1999年,第1005页。

距"长岸之战"三年后的吴王僚五年（前522），"员如吴"〔1〕，即伍员（伍子胥）逃亡来到了吴国。出身于楚国贵族世家的伍子胥，在长江中游地区的楚国长大，当他来到长江下游地区的吴国时，适宜水战的相同地理条件，使得他将楚国的水战传统移植于吴国，并在吴国水网密布、湖泊众多的条件下将楚国的水战传统发展为水战军事理论。

关于伍子胥在水战军事理论上的建树，近代学者余嘉锡《四库提要辨证》卷七载清代洪颐煊在其《读书丛录》卷二十中说："杂家《五子胥》八篇，兵家《五子胥》十篇，图二卷。颐煊案，《武帝纪》臣瓒曰：'《伍子胥书》有戈船，又曰：《伍子胥》有下濑船，此当在兵技巧家十篇中。《史记正义》引《七录》云：《越绝》十六卷，或云伍子胥撰，《艺文志》无《越绝》，疑即杂家之《伍子胥》八篇，后人并为一，故《文选·七命》李善注引《越绝书》《伍子胥水战兵法》一条，《太平御览》三百一十五引《越绝书》《伍子胥水战法》一条，引《伍子胥书》皆以《越绝》冠之，今本《越绝》无《水战法》，又篇次错乱，以末篇证之，《越绝》本八篇：泰伯一……兵法七……与杂家《五子胥》篇数正同。"〔2〕

上述，洪颐煊《读书丛录》卷二十虽说是论述《越绝书》的版本渊源，但从中我们亦可看出失传了的伍子胥关于水战军事理论的记载。民国《吴县志》引相关文献记载为《伍子胥书》，并予阐述说："《伍子胥书》有戈船，以载干戈，因谓之戈船也。《史记·南越尉佗传》集解又《吴都赋》注引《越绝书》伍子胥船有戈，今本无之。"〔3〕

上引民国《吴县志》提及的"《史记·南越尉佗传》集解"，实为指《史记·南越列传》"主爵都尉杨仆为楼船将军，出豫章，下横浦；故归义越侯二人为戈船、下厉将军"〔4〕句，及南朝宋裴骃《史记集解》引"瓒曰：'《伍子胥书》有戈船，以载干戈，因谓之戈船也'"〔5〕句。

由于伍子胥的军事理论著作《伍子胥书》（又称兵家《五子胥》十篇或《伍子胥水战兵法》《伍子胥水战法》等），由于种种原因散佚而失传，使得后人无法对其军事著作进行阐释和解读。尽管如此，伍子胥依据吴国的独特地理条件，加强吴国的水军建设并付诸实践，还是留下了文献曾予记载的痕迹。相比之下，下文

---

〔1〕《左传·昭公二十年》，见《春秋左传正义》，北京大学出版社1999年，第1389页。
〔2〕余嘉锡：《四库提要辨证》第一册卷七，中华书局2007年，第381页。
〔3〕民国《吴县志》卷第七十八，苏州方志馆藏本。
〔4〕司马迁：《史记》卷一一三《南越列传》，中华书局1959年，第2975页。
〔5〕裴骃：《史记集解》，见司马迁：《史记》，中华书局1959年，第2975页。

将论及孙武的《孙子兵法》十三篇,却缺少关于水军和水战方面的论述。同时,文献记载的伍子胥军事理论著作的真实存在,既是源于江南水网地区地域特点的产物,也是吴、楚在水战领域军事文化交融的结果。伍子胥正是在吴、楚军事文化融合的基础上,又进一步发展了吴国的兵家文化。

(二)伍子胥的水战军事实践

伍子胥在水战领域的军事实践,由下列历史事实得以体现:

1. 对"水战之具"即战船的开发、改造

关于伍子胥对"水战之具"即战船的开发、改造,余嘉锡《四库提要辨证》卷七说:"盖古之兵书,言水战者,自子胥始,故其书有'戈船'、'下濑船'。《太白阴经·水战具篇》云:'水战之具,始自伍员,以舟为车,以楫为马。'"[1]另,《四库提要辨证》卷七在叙述"《兵法》一篇今已亡失"后,摘引散见于其他典籍的相关记载说:"李善《文选注》三十五引《越绝书·伍子胥水战占领法内经》曰:'大翼一艘长十丈,中翼一艘长九丈六尺,小翼一艘长九丈。'""《太平御览》三百一十五引《越绝书》曰:'《伍子胥水战法》:大翼一艘,广丈六尺,长十二丈,容战士二十六人,棹五十人,舳舻三人,操长钩戈矛四吏仆射长各一人,九十一人当用长钩矛长斧各四,弩各三十二,矢三千三百,甲兜鍪各三十二。"[2]同时,该文又摘《太平御览》七百七十引《越绝书》曰:"阖闾见子胥:'敢问船运之备何如?'对曰:'船名大翼、小翼、突冒、楼舡、桥舡。今舡军之教,比陵军之法,乃可用之。大翼者,当陵军之车;小翼者,当陵军之轻车;突冒者,当陵军之冲车,楼舡者,当陵军之行楼车也;桥舡当陵军之轻足剽定骑也。此可见子胥水战之具。"[3]

前文所说的"《伍子胥书》有戈船,又曰:《伍子胥》有下濑船"等,都说明了伍子胥对"水战之具"的开发。但这一开发是在楚国"舟师以伐吴"的"舟师"及吴国先王所乘的"馀皇"号战舰的基础上发展并完成的。上文已提及的吴伐齐战争时,吴国大夫徐承帅率领吴国舟师,从海上进入齐国,从而在中国历史上首次出现用于作战的海军。而这一用于海上作战的海军战船的出现,无疑是伍子胥"水战之具"开发、改造的结果。

2. 对吴国舟师的训练

关于伍子胥主持对吴国舟师的训练,民国《吴县志》记载说:"吴县西南渔洋

---

[1] 余嘉锡:《四库提要辨证》第一册卷七,中华书局2007年,第381页。
[2] 余嘉锡:《四库提要辨证》第一册卷七,中华书局2007年,第382页。
[3] 余嘉锡:《四库提要辨证》第一册卷七,中华书局2007年,第383页。

山麓有教场,相传伍子胥教练水军所筑。此外即太湖或泊船处也。"[1]

3. 吴国舟师的水战实践及其与同一时期的西方海战比较

伍子胥在水战军事理论指导下的吴国水战实践,是通过吴国对外战争中的两场水战表现出来的。

第一场水战,为本书第五章论及夫差时期的吴伐越之战——公元前494年(吴夫差二年)"吴王悉精兵以伐越,败之夫椒,报姑苏也"[2]。即吴王夫差率精兵在太湖中的"夫椒"即今西山(又名西洞庭山,今苏州吴中区金庭镇),击败越国水军,报了吴国因吴王阖闾伐越时的槜李之战战败身亡之仇。其后,吴军兵临越都城下。这一时期,伍子胥尚未因灭越、存越问题与吴王夫差产生歧见,也尚未被吴王夫差疏远。

第二场水战,发生在吴夫差十一年(前485)第一次吴伐齐战争时。其时,伍子胥已被吴王夫差疏远,但伍子胥当日在吴国训练的水军却滞后性地显示出质的演变——在内湖、内河进行水战的吴国舟师转变成了海上进攻的军事力量。这就是《左传·哀公十年》记载的"徐承帅舟师,将自海入齐,齐人败之,吴师乃还"[3]。意即,吴国大夫徐承帅率领吴国舟师,从海上进入齐国。齐国人把他打败了,吴军就退兵回国。齐国打败吴国舟师,或为以下两种情况:一是吴国舟师为齐国近海舟师所击败;二是吴国舟师军士登陆后为齐军陆上军队所击败。吴国主持并由四国(含吴国)参加的第一次伐齐战争,由失败了的海上远征画上了句号。由于《左传》记载太简,既无从得知吴国的海上"舟师"系从长江入海北上,还是借不久前吴国开凿的邗沟由淮河入海北上;也无从得知吴国的海上"舟师"的规模,诸如共有多少船只组成这一"舟师";等等。但不能否认的是,这已是具备海军军种性质的吴国"舟师",也是中国历史上首次出现并用于作战的海军。由于海上航行与内河、内湖航行的巨大差异,"自海入齐"的吴国"舟师",其船舶体量,无疑更大;而制造技术,则要求更高。因此,《左传》记载的发生于2500多年前的这次海战,无疑是中国有文献记载的第一次海战。

而堪为比较的一个样本,为距这次吴伐齐海战6年后的吴王夫差十六年(前480),在今爱琴海域发生的著名海战——萨拉米斯海战。"交战的一方是波斯帝国,另一方是以雅典为首的希腊城邦。这场战争断断续续,前后历时43年,最后波斯帝国失败,被迫承认雅典的海上霸权。这场东西方的第一次较量,历史上称

---

[1] 民国《吴县志》卷第七十八,苏州方志馆藏本。
[2] 司马迁:《史记》卷三十一《吴太伯世家》,中华书局1959年,第1469页。
[3] 《左传·哀公十年》,见《春秋左传正义》,北京大学出版社1999年,第1653页。

为希波战争。"[1]希波战争中,波斯军队先后三次大举入侵希腊。双方经历了包括萨拉米斯海战在内的多次战役。由此看上述中外的两次海战,相同处在于,都是发生在距今2500多年前的几乎同一时期;军事行为的形式上都为海战形式;而在军事作战的协同上,都并非为孤立的海洋作战而同带有海陆协同作战的特点。故两次海战也都成为反映当时交战方关于船舶制造、航海科技等发展水平状况的标志。

二、孙武与《孙子兵法》

孙武,2500多年前的中国古代大军事家,其撰著的兵学名著《孙子兵法》又称《孙武兵法》《吴孙子兵法》《孙子兵书》《孙武兵书》《兵法十三篇》等,共十三篇,六千余字。作为中国古代军事文化遗产中的璀璨瑰宝,《孙子兵法》是中国古代军事思想精华的集中体现。而春秋时期的吴王阖闾,既为这一兵学巨著,提供了流传后世的平台,也为孙武提供了军事实践的平台。本书第四章关于吴王阖闾时期的历史叙述中,介绍了孙武自齐奔吴,来吴后为伍子胥七荐于吴王阖闾,其后,孙武教场斩妃而终为吴王阖闾所用并参与吴伐楚入郢的军事实践。

(一)《孙子兵法》的内容

1. 篇章

《孙子兵法》又称《兵法十三篇》,其篇章共十三篇,分别为:始计第一(有些著作称为"计篇",因其为首篇而加"始"字,另因其序号而作"第一",以下类推)、作战第二、谋攻第三、军形第四、兵势第五、虚实第六、军争第七、九变第八、行军第九、地形第十、九地第十一、火攻第十二、用间第十三。

2. 内容归纳与概说

综上十三篇,其主要论述内容为以下四大类:其一,战前的战略运筹;其二,战时的作战指挥和临阵机变;其三,与战争有关的军事地理论述;其四,战争中的特殊战法和行为。现分述如下:

(1) 战前的战略运筹

这一部分内容,属战略层面的思考,主要在"始计第一、作战第二、谋攻第三"等篇中论述,对应的为春秋时期战争的三个阶段——庙算、野战和谋攻。

"始计第一"篇的"计",其本义指的是计算、估计,本篇指论述战前的战略谋

---

[1] 何山、雯莉:《影响人类文明与历史进程的101件世界大事》,长安出版社2006年,第22页。

划。作为《孙子兵法》首篇,本篇为全书孙武军事思想的高度浓缩和概括,并从宏观角度对决定战争胜负的政治、军事等各项基本条件进行比较、分析和研究,从而对战争的发展进程和最终结局进行预测。强调用兵前的周密谋划对战争胜负所起的决定作用。故本篇论述"庙算"即庙堂之算所指出的"夫未战而庙算胜者,得算多也;未战而庙算不胜者,得算少也"[1]。即指动兵前在庙堂上就要对敌我双方进行各种条件的比较,以估算战事胜负的可能性。

"作战第二"篇,为论述庙算后的野战用兵之法,并从战争对国家人力、财力、物力的依赖后指出"兵贵胜,不贵久"[2]的用兵原则。

"谋攻第三"篇,着重论述谋划进攻的原则。其中提出的"夫用兵之法,全国为上,破国次之"[3],意即未诉诸兵刃而使敌国举国屈服,这才是用兵策略的最高境界。以此类推的"全军为上,破军次之;全旅为上,破旅次之;全卒为上,破卒次之;全伍为上,破伍次之"等,均体现了这一"谋攻"原则。故本篇提出的"百战百胜,非善之善也;不战而屈人之兵,善之善者也"[4]。意即,即使百战百胜,也不是最好的。通过震慑等手段,不战而使对方屈服,这才是战争的最高境界。而以下的"故上兵伐谋,其次伐交,其次伐兵,其下攻城。攻城之法,为不得已"[5]等,说的都是同一个道理。

(2)战时的作战指挥和临阵机变

这一部分内容,属战术层面的思考,主要在"军形第四""兵势第五""虚实第六""军争第七""九变第八""行军第九"等篇中进行论述。

"军形第四"篇,为论述有关军事实力的"形",即军队形制、规模乃至国土幅员、军赋多寡等国家综合实力等的一系列问题。

"兵势第五"篇,为论述军事的"势",即军事将领在利用现有客观条件基础上,充分发挥个人主观能动性,巧出奇正。"凡战者,以正合,以奇胜。故善出奇者,无穷如天地,不竭如江海。"[6]意即大凡作战,都是以正兵作正面交战,而用奇兵去出奇制胜。善于运用奇兵的人,其战法的变化就像天地运行一样无穷无尽,像江海一样永不枯竭。而"善战人之势,如转圆石于千仞之山者,势也"[7]。

---

[1]《孙子兵法·计篇》,见周亨祥译注:《孙子全译》,贵州人民出版社1992年,第9页。
[2]《孙子兵法·作战篇》,见周亨祥译注:《孙子全译》,贵州人民出版社1992年,第18页。
[3]《孙子兵法·谋攻篇》,见周亨祥译注:《孙子全译》,贵州人民出版社1992年,第18页。
[4]《孙子兵法·谋攻篇》,见周亨祥译注:《孙子全译》,贵州人民出版社1992年,第18页。
[5]《孙子兵法·谋攻篇》,见周亨祥译注:《孙子全译》,贵州人民出版社1992年,第18页。
[6]《孙子兵法·势篇》,见周亨祥译注:《孙子全译》,贵州人民出版社1992年,第38页。
[7]《孙子兵法·势篇》,见周亨祥译注:《孙子全译》,贵州人民出版社1992年,第42页。

意即,善于指挥打仗的人所造就的"势",就像让圆石从极高极陡的山上滚下来一样,来势凶猛。这就是所说的军事上的"势"。

"虚实第六"篇,为论述军事上的真真假假、虚虚实实问题。所谓"兵之形,避实而击虚。……故兵无常势,水无常形,能因敌变化而取胜者,谓之神"〔1〕。意即用兵的规律是避开敌人坚实之处而攻击其虚弱的地方。……作战没有固定不变的程式方法,就像水流没有固定的形态一样;能依据敌情变化而变化以取得胜利,就可称得上是用兵如神了。

"军争第七"篇,为论述两军争夺战场主动权的问题。该篇说,用兵之法,将领接受君命后,从召集军队,安营扎寨,到开赴战场与敌对峙,其间"莫难于军争。军争之难者,以迂为直,以患为利"〔2〕。即没有比率先争得战场主导权更难的事了。而"军争"中最困难的地方,就在于以迂回进军的方式实现更快到达预定战场的目的,把看似不利的条件变为有利的条件。

"九变第八"篇,为论述战场上的无穷机变而领军将领须灵活应对的问题。正面论述后,该篇还列举了将帅不知灵活权变的五种致命弱点分别是:一为勇而无谋,一味死拼;二为临阵畏怯,贪生怕死;三为急躁易怒,刚忿偏激;四是矜于名节,被敌侮辱时失去理智;五为过于仁慈,而被敌烦扰陷于被动。

"行军第九"篇,为论述带领军队行军、扎营、作战等过程中,如何处置军队的问题。该篇中列举三十二种情况来阐释如何判断敌情,以及在带兵附卒时用道义等手段教育士卒,用军纪、军法等方法来统一步调。

(3)与战争有关的军事地理论述

这一部分的内容,论述人与自然环境的军事地理范畴,主要在"地形第十""九地第十一"等篇中予以展开并论述。

"地形第十"篇,孙武将地形分为"通""挂""支""隘""险""远"等六类,并论述在这六类不同地形条件下军事将领的用兵原则。并指出造成六种情况的失败,"非天之灾,将之过也"〔3〕。即都不是由于天灾造成的,而是由于将帅的过失所致。最后,该篇以"知彼知己,胜乃不殆;知天知地,胜乃不穷"〔4〕作结,从而表达了了解敌方、了解自己、了解天时、了解地利就能处于不败之地的军事思想。

---

〔1〕《孙子兵法·虚实篇》,见周亨祥译注:《孙子全译》,贵州人民出版社1992年,第52页。
〔2〕《孙子兵法·军争篇》,见周亨祥译注:《孙子全译》,贵州人民出版社1992年,第54页。
〔3〕《孙子兵法·地形篇》,见周亨祥译注:《孙子全译》,贵州人民出版社1992年,第82页。
〔4〕《孙子兵法·地形篇》,见周亨祥译注:《孙子全译》,贵州人民出版社1992年,第86页。

"九地第十一"篇,孙武按用兵的规律,论述战地可分为散地、轻地、争地、交地、衢地、重地、圮地、围地、死地等九类复杂的情况。而与上篇的自然地形相比,本篇所说之"地",已更多带有人文环境的因素。

(4)战争中的特殊战法和行为

关于战争中的特殊战法,主要是火攻和间谍行为。

"火攻第十二"篇所说的火攻,是在火药尚未发明前,在战场上使用火作为辅助进攻的手段。在《孙子兵法》诞生的同时,吴国在对楚战争中也曾遭遇对方的火攻。本书第四章论述吴王阖闾伐楚入郢前,楚昭王带了他的两个妹妹季芈和畀我逃出郢都,徒步渡过睢水。时楚臣鍼尹固和楚昭王同船,吴军在后面追赶。为了阻遏吴军的追赶,"王使执燧象以奔吴师"[1]。即楚昭王让鍼尹固在大象尾巴上点上火,让其冲入吴军。这一"火象阵",既使用火,也同时使用大型动物——象,故当属火攻的一种特例。

"用间第十三"篇,"用间",指使用间谍,即了解敌方或战略性的国情、军情;或侦查敌方战术性战役军事部署等的己方情报人员。其目的,即如《孙子兵法·谋攻》篇所说的"知彼知己者,百战不殆"[2]。意即了解对方也了解自己,就能在战争中百战不败。春秋时期,信奉鬼神,故列国均通常以占卜来决定军事行动。本书第三章叙述吴王僚二年(前525)冬天吴、楚战争时,"阳匄为令尹,卜战,不吉"[3]。即楚国令尹阳匄,在战前占卜并得出不吉利的结果。对这一结果,楚国主管军事的司马子鱼提出"我请改卜"[4],即请求重新采用"龟卜"形式进行占卜。而同一历史时期的孙武,却在本篇(指《孙子兵法·用间》)中提出"先知者,不可取于鬼神"[5]的唯物主义思想。认为,要事先了解敌情,不可用迷信鬼神和占卜等方法取得,而只能从了解敌情的人那儿来取得。从这一意义上讲,孙武的军事思想,在当时也属超越同时代人且更唯物主义地贴近战争本身的先进思想。

(二)《孙子兵法》的影响与意义

《孙子兵法》问世以后,在中国历代的政坛和兵坛上,都产生了极其深远的影响。早在战国时期,《孙子兵法》就已广泛流传。《韩非子·五蠹》篇记载说:

---

[1]《左传·定公四年》,见《春秋左传正义》,北京大学出版社1999年,第1555页。
[2]《孙子兵法·谋攻篇》,见周亨祥译注:《孙子全译》,贵州人民出版社1992年,第27页。
[3]《左传·昭公十七年》,见《春秋左传正义》,北京大学出版社1999年,第1369页。
[4]《左传·昭公十七年》,见《春秋左传正义》,北京大学出版社1999年,第1369页。
[5]《孙子兵法·用间篇》,见周亨祥译注:《孙子全译》,贵州人民出版社1992年,第106页。

"境内皆言兵,藏孙、吴之书家者有之。"〔1〕而汉代司马迁评述时指出,"世俗所称师旅,皆道孙子十三篇"〔2〕。秦末时,《孙子兵法·九地》篇中的"焚舟破釜"〔3〕,直接导致了秦末项羽的"破釜沉舟",这就是《史记·项羽本纪》记载的"项羽乃悉引兵渡河,皆沉船,破釜甑,烧庐舍,持三日粮,以示士卒必死,无一还心"〔4〕。北宋熙宁五年(1072),北宋朝廷作为官书颁行的兵法丛书,同时也是中国古代第一部军事教科书的《武经七书》,其首选兵书即为《孙子兵法》,而其余则分别为《尉缭子》《吴子》《司马法》(即《司马穰苴兵法》)、《六韬》(又称《太公六韬》《太公兵法》《素书》等)、《三略》(又名《黄石公三略》)、《李卫公问对》(又称《唐太宗李卫公问对》《李靖问对》等)。可以说,《孙子兵法》培养、哺育了中国古代乃至现当代的一代又一代的政治家、军事家和外交家。其中有战国时著名的军事家孙膑;秦末名将项羽;西汉名将韩信;三国时的政治家、军事家曹操及诸葛亮、司马懿;唐代的唐太宗李世民和唐初著名军事统帅李靖;宋代的抗金名将岳飞、韩世忠;明代反击倭寇的著名将领戚继光;清代的曾国藩、左宗棠;民国时期的革命先行者孙中山;新中国的开国领袖毛泽东等,几乎中国历史上的所有重要的军事哲人都从《孙子兵法》中获取了军事智慧和政治教益。毛泽东在《中国革命战争的战略问题》一文中说:"中国古代大军事家孙武子书上'知彼知己,百战不殆'这句话,是包括学习和使用两个阶段而说的……我们不要看轻这句话。"〔5〕毛泽东对孙武"知彼知己,百战不殆"的评价,在我们今后的军事斗争中,依然有着深刻的指导意义。

《孙子兵法》在中国春秋时期产生以后,也相继传至他国,并在军事领域产生世界性的影响。据学者们研究,"唐开元二十三年(735年),日本奈良时代(710—784)的著名学者吉备真备,将《孙子兵法》带回了日本,淳仁天皇闻讯后,特地派官员春日部三关等六人,到九州大宰府向吉备真备学习这一著名兵书。此后,日本的许多名将,如八幡太郎、武田信玄、丰臣秀吉等,都曾在战争中成功地运用过《孙子兵法》的思想和原则。时至今日,日本出版的研究《孙子兵法》的专著竟有近二百种之多……清乾隆三十七年(1772),法国神父约瑟夫·阿米欧将《孙子兵法》与其他几部中国军事名著译成法文在巴黎出版,题名《中国军事艺术》。此后,《孙子兵

---

〔1〕《韩非子·五蠹》,见《韩非子选》,上海人民出版社1974年,第14页。
〔2〕司马迁:《史记》卷六十五《孙子吴起列传》,中华书局1959年,第2168页。
〔3〕《孙子兵法·九地篇》,见周亨祥译注:《孙子全译》,贵州人民出版社1992年,第95页。
〔4〕司马迁:《史记》卷七《项羽本纪》,中华书局1959年,第307页。
〔5〕毛泽东:《中国革命战争的战略问题》,见《毛泽东选集》第一卷,人民出版社1991年,第182页。

法》的其他文本,如俄文本、英文本、德文本等,也先后在亚、欧、美等洲的许多国家陆续出版。目前,《孙子兵法》共有近三十种语言文本,其中有中国的汉、满、西夏、女真、蒙古、维吾尔语六种,其余外语文本二十余种"[1]。

《孙子兵法》在当今世界的研究和应用,早已远远超出了军事范畴而拓展到经济、商业、外交、体育等领域。许多经济学者和企业管理者,从研究《孙子兵法》中寻求经济发展和企业管理的最佳途径及方法。

---

[1] 李兴斌、杨玲:《孙子兵法新译·前言》,齐鲁书社2001年,第4页。

先秦时期的吴国与苏州大事记

旧石器时代（距今 10 000 年前） 苏州太湖中的三山岛已有人类活动。

新石器时代 江南地区的新石器时代,分为马家浜时期（距今约 7 000—6 000 年）、崧泽时期（距今约 6 000—5 000 年）、良渚时期（距今约 5 000—4 000 年）和有学者称为的马桥时期（距今约 4 000—3 000 年）。

马家浜时期,苏州先民的渔猎活动,是他们维系生存的重要物质来源。其时,原始畜牧业已出现,原始农业也已出现并体现在水稻等作物的种植上。在农业水田开发等方面,出现了有灌溉系统的古稻田。社会生活方面,远古先民完成从穴居野处到平地起筑居室这一生活方式的重大转变,并开始在地面建筑的房屋中定居。这一时期的手工制作主要为陶器与玉器。陶器多为与先民日常生活有关的容器、炊器等。而玉器则多为玉玦、玉璜等生活装饰品。这一时期,人工原始的纺织品织物也已出现。苏州草鞋山遗址为苏州及太湖流域最重要的马家浜文化遗址。

崧泽时期的苏州先民,聚集居住在茅舍村落中。这一时期的手工制作,也主要为陶器、玉器以及石器等。随着轮制陶器技术的运用,陶器的生产数量亦较前有大幅提高并出现彩绘形式。而玉器制作,品种丰富。在社会生活方面,社会已有明显的贫富分化,出现了明显的社会分层。苏州重要的崧泽文化遗址为张家港东山村遗址,该遗址作为崧泽文化的高等级大墓所在地,填补了长江下游地区崧泽文化时期没有高等级大墓的空白。

良渚时期的苏州,经济和社会发展都达到了一个新的高度。这一时期的苏州农业,已出现石镰、石斧等石制农具。农作物的品种,沿袭马家浜、崧泽时期的农业,以水稻生产为主。而这一时期的社会生活,不但出现了依河而居的原始聚居村落,还出现了不同部落、族群间的战争。且从崧泽时期明显的社会分层,发展为严重的社会分层。在家庭及婚姻关系上,一夫多妻已经出现。在意识形态上,这一时期出现了与文字有着某种联系的人为刻符及原始宗教信仰,而出现的抽象艺术图形,更表达出原始而复杂的民族思维。在手工制作上,这一时期,苏州除出现了象牙制品外,玉器制作更出现了对后世产生重大影响的冠状饰、玉双龙牌饰、琮、璧等玉器器型及其蕴含的天圆地方观念。而这观念为三代(夏、商、周)时保留下来,并成为三代礼器的规范、标准形态。苏州玉器上出现的兽面纹等装饰图形,不但对良渚中晚期玉器器型图案产生影响,更成为商、周时青铜器兽面纹(又称饕餮纹)的最早源头。常熟罗墩遗址、昆山赵陵山遗址和吴中区张陵山遗址都是苏州最重要的良渚文化遗址。

马桥时期,已有铜器出现。在太湖流域的新石器时期诸文化中,马桥文化是目前已经发现的最早的青铜时代文化。在苏州的考古文献中,无单一的马桥文化遗址出现,而多为与良渚文化遗址伴生。李学勤先生指出:"良渚文化的下限已接近由文献推算的夏代,继之而起的文化,有学者称为马桥文化,已有铜器出现。太伯、仲雍遇到的荆蛮,很可能与这种文化有关。"[1]商末泰伯、仲雍南奔至太湖流域,终引起江南社会生活的改变。泰伯、仲雍所遭遇的太湖流域的本土文化,即前述马桥文化或后马桥文化。其文化主体——江南土著,即为其时的太湖流域原住民。

商武乙三年(前1145)到商武乙二十一年(前1127)间　位于今陕西岐山周原的周部族首领古公亶父欲传位于三子季历并及姬昌,其长子太伯(泰伯)、次子仲雍南奔太湖流域,建立勾吴国(春秋时为吴国)。

周武王元年(前1046)至周武王四年(前1043)　周武王克殷,建立西周,求太伯、仲雍之后,吴五世周章受封。

周康王时期(约吴四世叔达、五世周章及六世熊遂时,前1020—前996)　吴铸铭文12行约130字(现其中16字残泐不清)的"宜侯夨簋"。该器是吴国最早的青铜器,1954年6月在江苏镇江大港镇烟墩山出土。该器铭文记周康王省视武王、成王伐商图和东国图,并在宜地举行祭祀活动;王册封夨于宜地为宜侯,赏赐以礼器、土田和奴隶;宜侯夨颂扬王的美德,制作此器以纪念亡父虞公。该铭文为迄今为止出土青铜器铭文中唯一记载了西周天子分封诸侯的重要文献,从而也成为出土青铜器中考释得最多的一件。唐兰对该器所作考释以为,被徙封于宜的宜侯夨,即吴国事实上的始封之君周章(《宜厌夨殷考释》,《考古学报》1956年第2期)。而李学勤考释则将上述人物辈分关系下挪一辈,"周章是吴国

---

[1] 李学勤:《良渚文化的多字陶文——吴文化历史背景的一项探索》,见吴县政协文史资料委员会:《吴地文化一万年》,中华书局1994年,第3页。

事实上的始封之君,簋铭'虞(吴)公'很可能是他,而矢是辈分相当康王的熊遂"(《宜侯矢簋与吴国》,《文物》1985年第7期)。

西周晚期或春秋初期 吴灭干,并吞干国。

周襄王七年(鲁僖公十五年,前645)前后 吴国攻打齐国的榖地。其后,齐桓公"东救徐州"时对吴国采取了严厉的裂解手段"分吴半"。

周定王六年(鲁宣公八年,前601) 楚与吴、越于滑汭结盟,吴为楚国属国。

周简王元年(吴寿梦元年,前585)前 吴铸铭文有"工𠂤王"的"者减钟",表明寿梦之前但不能明确其具体年代的这一时期,吴国已僭越称王。而国号"工𠂤",即意为擅长捕鱼的族群和国度。

周简王二年(吴寿梦二年,前584) 吴伐郯之战——吴国攻打楚国属国郯国,迫使郯国向吴国请求讲和。鲁国对此反应激烈,鲁国正卿(首相)季文子首次开始称呼吴国为"蛮夷"。同年,晋推行"联吴制楚"战略,遣逃晋楚臣申公巫臣携军事装备等来吴,吴王寿梦对之反应积极,吴、楚联盟瓦解,吴国开始攻打楚国,并攻入楚邑州来。

周简王三年(吴寿梦三年,前583) 晋、齐、鲁、邾四国伐郯之战——因吴伐郯及郯国顺服吴国,晋、齐、鲁、邾四国共同伐郯。

周简王四年(吴寿梦四年,前582) 晋国集团召开蒲地盟会,原准备作为中原列国和吴国国君会见的开始,但因上年晋、齐、鲁、邾四国共同伐郯,为表述不满,"吴人不至",即吴国没有参加该盟会。

周简王七年(吴寿梦七年,前579) 晋、楚两大集团第一次列国"弭兵"(又称华元弭兵、西门之盟),即签署停战协定。晋、楚"弭兵"目的,均为腾出手来分别对付秦国和吴国,故本次"弭兵"与吴国利害关系极大,但吴国并未参加此次"弭兵"盟会。

周简王十年(吴寿梦十年,前576) 三月,晋国集团召开戚地盟会。十一月,晋国集团"会吴于钟离,始通吴也",即吴国正式加盟晋国集团并由此开始了与中原国家的交往。

周简王十三年(吴寿梦十三年,前573) 晋楚战于靡角之谷——楚国为切断晋、吴间的联系,攻打彭城,并护送宋国叛将到此,以切断吴、晋联系。楚国此举,威胁晋国"联吴制楚"战略实施。此战,楚败。

周灵王二年(吴寿梦十六年,前570) 楚伐吴之战——楚令尹(首相)子重率兵伐吴,攻克鸠兹(今安徽芜湖一带),一直打到吴国腹地衡山(今南京江宁近郊)。吴军在衡山进行抵抗。其后,战争演变为吴军攻打楚国并夺取了楚国上等

447

的城邑,楚军统帅子重因兵败而致心病死。

同年,晋国集团召开鸡泽盟会。晋侯派人到淮水边上去迎接吴王寿梦,但吴王寿梦未来。

周灵王四年(吴寿梦十八年,前568) 吴王寿梦派寿越到晋国,解释前年没有参加鸡泽盟会的缘故,并请求听从晋国的命令加盟晋国集团。为此,晋国集团打算再为吴国的加盟召开一次盟会,并先行派遣鲁国的孟献子(仲孙蔑)、卫国的孙文子(孙林父)前往吴国,并与吴人会晤于善道。九月时,晋国集团列国再次召开"盟于戚,会吴"的戚地盟会。

周灵王九年(吴寿梦二十三年,前563) 晋国集团的中原列国诸侯与吴王寿梦在柤地会面。其后,晋国集团攻占偪阳,并将偪阳作为封地给了宋国的向戌。其目的即是打通并保持中原列国与吴国之间的交通,从而扶植吴国继续与楚国对抗,并以之牵制楚国。

周灵王十一年(吴寿梦二十五年,前561) 十九世吴王寿梦去世,在位二十五年。二十世吴王诸樊即位(纪年自下年始)。

周灵王十二年(吴诸樊元年,前560)至周灵王二十四年(吴诸樊十三年,前548) 诸樊南徙吴,即吴王诸樊将处理公务及休闲生活有关的离宫别苑向南迁徙至"吴"地。这一地域与后世阖闾时所建之吴都阖闾城(今苏州城)地域重合,故史籍以"吴"称之。

周灵王十二年(吴诸樊元年,前560) 吴、楚庸浦之战——因楚共王去世及楚共王太子出奔吴。吴王诸樊乘机而"伐楚丧",两国在庸浦交战。此战,楚胜吴败。

周灵王十三年(吴诸樊二年,前559) 晋国集团举行向城会见。吴国向晋国报告,伐楚战败。晋国为帮助吴国策划攻打楚国事宜,举行列国向城会见,但因吴"伐楚丧"的道德原因,晋国范宣子斥退吴人,并"不为伐楚"。因军事、外交的失败,诸樊为承担责任主动让位于其弟季札,遭季札推辞。同年,吴、楚间又发生皋舟之战。楚令尹子囊(公子贞)率军伐吴,吴军在皋舟大败楚军。子囊伐吴失败,归国后身死。

周灵王十八年(吴诸樊七年,前554) 鲁襄公将"先吴寿梦之鼎"转赠于晋国正卿荀偃。该鼎可能为钟离盟会时吴王寿梦赠送于鲁国先君鲁成公之物。

周灵王二十二年(吴诸樊十一年,前550) 晋国将把王室女子嫁到吴国。此举,既引发晋国卿族栾盈发动内乱,并攻入晋国国都——绛都,又引发晋、齐太行之战。因栾盈被灭,齐军退兵。

周灵王二十三年(吴诸樊十二年,前549) 因"晋将嫁女于吴",引发楚国对晋吴间的政治联姻作出反制。楚王出动水师对吴国动武,只是由于楚军内部原因,无功而还。为对此报复,同年,吴策动舒鸠叛楚。楚出兵,舒鸠周旋,楚退兵。

周灵王二十四年(吴诸樊十三年,前548) 舒鸠再次叛楚,吴军介入并战败,楚灭舒鸠。吴王诸樊遂再次伐楚,并战死在楚国巢邑城下。诸樊之弟馀祭即位,为二十一世吴王。

周灵王二十五年(吴馀祭元年,前547) 吴国遭遇来自楚、秦的未遂战争。

周灵王二十七年(吴馀祭三年,前545) 齐前首相庆封逃亡吴国。吴王馀祭将其安置在朱方(今江苏镇江市东丹徒镇南)。

周灵王二十八年(吴馀祭四年,前544) 吴伐越并俘获越人。吴人让他们看守船只。吴王馀祭察看时,被越俘弑杀。馀祭之弟馀眛即位,为二十二世吴王。馀眛执政后即派遣季札去中原列国访问,为吴国新立国君向列国通好。

季札访晋归后某年 晋平公派晋国大夫叔向出使并访问吴国,受到热烈欢迎。

周景王三年(吴馀眛二年,前542) 吴派遣主管外交的"行人"屈孤庸出使晋国,目的是为保持吴、晋两国交往陆上通道的通畅。

周景王七年(吴馀眛六年,前538) 楚召开申地盟会及楚伐吴、围朱方并诛杀齐逃臣庆封。同年冬天,吴对此进行报复而伐楚,攻入楚棘、栎、麻三邑。

周景王八年(吴馀眛七年,前537) 吴、楚鹊岸之战发生,楚国纠集蔡、陈、许等六国伐吴,双方战于鹊岸,吴胜而楚败。

周景王九年(吴馀眛八年,前536) 吴、楚发生房钟之战。楚国攻打徐国,吴国出兵援徐。楚国令尹子荡(薳罢)率领军队进攻吴国,吴军在房钟将楚军击败。

周景王十五年(吴馀眛十四年,前530) 楚发动围徐慑吴之战。楚灵王到州来打猎,并派遣荡侯、潘子、司马督、嚣尹午、陵尹喜等楚国将领带兵包围徐国以威慑吴国。

周景王十六年(吴馀眛十五年,前529) 吴、楚发生豫章之战。因楚国内发生政变,楚灵王自杀,公子弃疾上台为楚平王。而上年由楚灵王派往围攻徐国的楚军,获讯慌忙撤退,在豫章被吴国军队打败,五个楚军将领,均为吴军俘虏。同年,晋欲重新恢复晋国集团,并告之于吴国。秋季,晋昭公到良地打算会见吴王,因水路不通,吴王馀眛辞谢不来,晋昭公乃回。接着,晋国主持召开意图重新恢复晋国集团的平丘盟会,吴国未参加。又,吴伐楚攻灭州来,楚平王避吴锋芒而采取了退让策略。

周景王十八年（吴馀昧十七年，前527） 吴王馀昧去世，其子吴王僚即位，为二十三世吴王。此举，引发其堂房兄弟的诸樊之子——公子光（后为吴王阖闾）不满。吴国孕育着内政危机。

周景王十九年（吴王僚元年，前526） 齐景公伐徐，徐国被迫求和并与齐国结盟。面对齐国从吴国手中夺取对徐国的控制权，刚刚执政的吴王僚采取忍让态度。

周景王二十年（吴王僚二年，前525） 吴、楚发生长岸之战。冬，吴公子光率吴军伐楚，并与楚军战于吴、楚交错沿江地区的长岸。此战，吴军先败并致先王乘坐的"馀皇"号战舰为楚军获。后，公子光谋划夺回"馀皇"号战舰，并将之成为此战反败为胜的转折点。

周景王二十三年（吴王僚五年，前522） 楚太傅伍奢之子伍员（伍子胥）逃亡来到吴国。而宋国掌管军事的大司马华费遂之子华登也逃亡到吴国。两人均欲借兵杀回国内复仇。

周景王二十四年（吴王僚六年，前521） 吴王僚未借兵与伍子胥伐楚，而借兵与华登。华登率吴军奔宋救援国内华氏，被宋军及支援宋国公室的齐国援军联手击败，吴国的两个领兵将领——公子苦雒和偃州员被宋、齐联军俘虏，而华登则率领吴军余部击败了宋军。

周敬王元年（吴王僚八年，前519） 吴、楚发生鸡父之战。因吴伐州来，引发吴国又一次面对以楚国为首的七国（楚、顿、胡、沈、蔡、陈、许）联军。吴军在鸡父大败楚国联军。同年，吴王僚之子——"吴大子诸樊"，将楚平王原配夫人蔡女，从其娘家鄎城带至吴国。

周敬王四年（吴王僚十一年，前516） 楚平王去世，其子楚昭王即位。

周敬王五年（吴王僚十二年，前515） 吴王僚"伐楚丧"，派遣公子掩馀、公子烛庸率兵包围楚国潜邑。公子光乘机发动宫廷政变，着专诸刺王僚。吴王僚被弑杀，公子光即位，并成为二十四世吴王阖闾（又作阖庐）。

周敬王六年（吴阖闾元年，前514） 吴王阖闾委托伍子胥筑吴大城。

周敬王八年（吴阖闾三年，前512） 吴王阖闾追杀吴王僚亲信的吴国公子掩馀、烛庸，二公子逃往楚国。楚昭王收留，并打算利用他们来危害吴国。同年，吴灭徐。伍子胥向吴王阖闾献"疲楚"之策。

周敬王八年（吴阖闾三年，前512）前后 伍子胥向吴王阖闾举荐从齐国而来并隐居于吴地的军事家孙武。

周敬王九年(吴阖闾四年,前511) 吴实施"疲楚"之策及进行"侵楚、伐夷、侵潜、六"之战。

周敬王十年(吴阖闾五年,前510) 夏天,吴国攻打越国。晋国太史蔡墨对此战作出:"不出四十年,越国大概就会占有吴国"的预言。

周敬王十二年(吴阖闾七年,前508) 吴、楚发生第二次豫章之战。此战,吴胜楚败。

周敬王十四年(吴阖闾九年,前506) 冬天,吴国联合蔡国、唐国共同攻伐楚国,并在柏举之战中击败楚军。楚昭王从郢都出逃,并下令使用"火象阵"阻遏吴军追赶。吴军进入郢都。入郢后,阖闾之弟夫概为住进楚国二号人物令尹(首相)宅第,逼退吴王阖闾的儿子子山。同年,楚臣申包胥前往秦国请求出兵援救,秦出兵救楚。

周敬王十五年(吴阖闾十年,前505) 越乘吴伐楚,袭吴,进入吴都。申包胥带着秦军相继在沂地之战、军祥之战中击败吴军。七月,秦、楚联军灭亡了吴国盟国——唐国。九月,阖闾之弟夫概回国,自立为王。阖闾引兵归,击败夫概。夫概逃亡至楚国。吴军与秦、楚联军分别在雍澨等地作战,在公壻之溪之战中,吴军大败。其后,吴军返归。为防秦楚联军追击,返归时吴军在太湖北岸的今无锡筑军事城堡"阖闾城"。

周敬王十六年(吴阖闾十一年,前504) 吴再发动伐楚"取番"之战。此战或与安葬吴王阖闾的"勾敔夫人"即宋国国君宋公栾之妹季子有关。同年,吴复谋伐齐及迫使齐景公以女为质。齐女来吴后思念家乡,吴王阖闾为其筑望齐门(即齐门)。

周敬王二十四年(吴阖闾十九年,前496) 越王允常去世,其子勾践即位。吴王阖闾"伐越丧",并在樵李之战中,负伤身死。阖闾嗣子夫差即位,为二十五世吴王。

周敬王二十五年(吴夫差元年,前495) 吴国整军备战,意在报复越国。

周敬王二十六年(吴夫差二年,前494) 楚围蔡,意在牵制吴国伐越,同时也报复柏举之战时楚国被吴、唐、蔡联军打败的旧怨。蔡国与楚国周旋后,寻求吴国帮助。越王勾践不听范蠡劝阻而先下手伐吴,在太湖中战败。吴军乘势攻打越国并攻入越国国都。越王勾践带五千士兵,踞守越都城南会稽山,遣文种乞和。与其同时,越人对伯嚭行性贿赂,使得伯嚭成为吴国"存越"意见的提出者与越国的政治代理人。而吴王夫差深受北方中原列国形势剧变的诱惑,显现出意图将吴国国家战略从"兴霸成王"调整为"北进争霸"的思维端倪。伍子胥力主"灭越"意见被拒后,作出"越十年生聚,而十年教训,二十年之外,吴其为沼乎"的政治预言。吴国同意保存越国并与越国媾和。同年,吴国对楚反制而攻打陈国。

周敬王二十七年(吴夫差三年,前493) 吴国实施让蔡国迁都于州来的计划。蔡国国内亲吴、亲楚势力的斗争日益尖锐和表面化。

周敬王二十八年(吴夫差四年,前492) 蔡国亲吴的公孙氏成员去吴国打猎,吴、楚围绕着蔡国的博弈,渐趋白热化。

周敬王二十九年(吴夫差五年,前491) 蔡昭侯准备到吴国访问,为蔡国亲楚派刺杀。

周敬王三十一年(吴夫差七年,前489) 吴伐陈,楚昭王率兵救陈并死于军事对峙的前线,楚退兵。同年,齐国发生内乱,公子阳生被齐国卿族陈氏、鲍氏立为国君,史称齐悼公。

周敬王三十二年(吴夫差八年,前488) 吴国始实施"北进争霸"战略,吴王夫差相继出现在宋国、鲁国并"征百牢"。吴王夫差与鲁哀公在鲁国鄫城会面并签署"鄫盟"即《鄫地盟约》,迫使鲁国承认将邾国划入吴国的势力范围。同年,为政鲁国的鲁国正卿季康子对《鄫地盟约》反悔而攻打邾国。邾国茅成子(又作茅夷鸿)进见吴王夫差,说服吴国伐鲁。

周敬王三十三年(吴夫差九年,前487) 吴王夫差做伐鲁准备,并进行先期论证。三月,吴国攻打鲁国,并兵临鲁国都城下,迫鲁国签《莱门盟约》后返归。同年,因齐悼公夫人季姬的生活作风事,齐攻打鲁国,齐鲍牧率师占取了鲁国讙邑和阐邑。因吴、鲁已有盟约,为避免与吴国之间发生误判,齐悼公派人到吴国请求发兵,相约共同攻打鲁国。九月,齐、鲁关系改善,齐悼公迎回季姬,甚是宠爱她。与此同时,齐国向鲁国归还夏天时占取的讙邑和阐邑。

周敬王三十四年(吴夫差十年,前486) 春,齐悼公派公孟绰出使吴国,撤销此前约吴攻鲁的要求。吴王夫差对之极为不满,并表达出攻打齐国的意图。同年夏,楚国人进攻陈国,这是因为陈国投向吴国的缘故。秋天时,吴国进行伐齐的战争准备——开掘邗沟。冬天时,吴王夫差派出使者到鲁国,告诫鲁国出兵,共同攻打齐国。

周敬王三十五年(吴夫差十一年,前485) 吴将伐齐时,姑苏台落成。吴、鲁、邾联军伐齐南部边境,并驻扎在齐国的鄎地。齐国内部激变——齐国人杀死齐悼公,并向联军发出了讣告。吴王夫差在军门外边哭了三天。吴国"舟师""自海入齐",攻打齐国,这是中国历史上的首次海战。冬天,楚公子结帅师伐陈。吴公子季札领兵救陈并作退让，舍陈而安楚。

周敬王三十六年（吴夫差十二年，前484） 吴将再次伐齐，越王勾践率领臣子前来朝见，并向吴王和吴国大臣们赠送财礼，伍子胥道破越人想要把吴国豢养肥了好宰杀的居心，并对吴王夫差进谏。吴王夫差不听。吴再伐齐前，吴王夫差遣伍子胥出使齐国，伍子胥托子于齐鲍氏。齐伐鲁，两国爆发"曲阜之战"。此战，鲁胜齐败。接着，吴、鲁联军伐齐，并在艾陵之战中大败齐军。艾陵之战后，吴王夫差赐死伍子胥。

周敬王三十七年（吴夫差十三年，前483） 夏天，鲁国已故国君鲁昭公娶自吴国的夫人吴"孟子卒"。鲁、吴两国国君再次会见于橐皋。吴王派太宰伯嚭提出请求"寻盟"，即重温、重申过去在鄫城等地所达成的共识和盟约。鲁哀公拒绝，最终"乃不寻盟"。吴、鲁、卫、宋四国举行郧地会见，鲁、卫、宋三国私下里结盟却拒绝与吴国结盟。吴为此囚卫出公，但卫出公放归回国后"效夷言"，即学讲吴地方言。

周敬王三十八年（吴夫差十四年，前482） 夏天，黄池盟会召开。与其同时，越乘机袭吴烧毁姑苏台并进入吴国国都。对此，夫差严密封锁这一消息，继续与会并在盟会中与晋国争夺盟主地位。后，吴军返归并与越国媾和。

周敬王三十九年（吴夫差十五年，前481） 陈国亲楚的宗竖逃奔楚国。冬季，他从楚国回到陈国，陈国人杀之。

周敬王四十年（吴夫差十六年，前480） 楚伐吴至桐汭。同年，陈国派公孙贞子率外交使团去吴国慰问，但半道上公孙贞子去世。外交使团准备抬着公孙贞子的棺材进入吴都，以示完成国君托付的外交使命。吴王夫差派太宰伯嚭前往城外去慰劳，并婉拒灵柩入城。经双方交涉，吴国最终同意接纳灵柩入城。

周敬王四十一年（吴夫差十七年，前479） 吴国攻打楚国的慎县，楚国白地的行政官员白公（即熊胜）击败吴国。其后，熊胜借进京呈献战利品之机，发动政变，相继杀死楚令尹子西（公子申）、楚司马子期（公子结）及子闾（公子启），并劫持了楚君楚惠王。后，熊胜为乱被叶公诸梁等平定，熊胜上吊自杀。

周敬王四十二年（吴夫差十八年，前478） 越伐吴。吴、越在笠泽大战，越胜吴败。同年，楚灭陈。

周敬王四十四年（吴夫差二十年，前476） 越侵楚，楚追击越师及攻伐东夷、三夷。

周元王元年（吴夫差二十一年，前475） 夫差杀吴国公子庆忌。同年十一月，越围吴。晋赵襄子降丧食，使楚隆问吴王夫差。

周元王二年(吴夫差二十二年,前474)　越人来到鲁国,接收吴国的政治资产。

周元王三年(吴夫差二十三年,前473)　越人继续接收吴国的政治资产,并在邾国的两股政治势力间两面下注。同年冬季十一月二十七日,越国灭掉吴国,吴王夫差上吊自尽。吴亡,故吴旧地及故吴旧都(即今苏州)入越。

周元王三年(前473)后数年　越"灭吴,徙治姑胥台",苏州首次为越都。其后,越王勾践称霸之时,越将国都又自苏州迁至琅琊(今山东胶南县、诸城县一带)。

越王翳三十三年(前379),另一作公元前378年　越国将都城自琅琊再迁回"吴",苏州再次为越都。

楚威王七年(前333),另一作楚怀王二十三年(前306)　楚灭越,故吴旧地及故吴旧都(即今苏州)入楚。而历经战火,故吴旧都的"吴"(即今苏州)已为"故吴墟"。

楚考烈王十五年(前248)至楚考烈王二十五年(前238)　楚春申君黄歇治吴。

楚考烈王二十五年(前238)　楚春申君黄歇被刺身死。

秦王嬴政二十三年(前224)至秦王嬴政24年(前223)　秦灭楚,故吴旧地及故吴旧都(即今苏州)入战国七雄之一的秦国。

秦王嬴政二十五年(前222)　秦国于故吴、故越地置会稽郡并于故吴旧都置郡治"吴县"(即今苏州)。同年,秦灭燕、赵。

秦王嬴政二十六年(前221)　秦灭齐,统一中国并建立了中国历史上的第一个中央集权王朝——秦王朝。其时,吴县(即今苏州)为秦辖治的会稽郡郡治及该郡首县。

参考文献

《春秋左传正义》,北京大学出版社1999年。
杜预:《春秋经传集解》,上海古籍出版社1978年。
杨伯峻:《春秋左传注》,中华书局1990年。
童书业:《春秋左传研究》,上海人民出版社1980年。
童书业:《春秋史》,山东大学出版社1987年。
沈玉成:《左传译文》,中华书局1981年。
王守谦、金秀珍、王凤春译注:《左传全译》,贵州人民出版社1990年。
完颜绍元:《语文版春秋左传》,上海书店出版社1998年。
《十三经今注今译》,岳麓书社1994年。
《十三经直解》,江西人民出版社1993年。
上海师范大学古籍整理研究所校点:《国语》,上海古籍出版社1998年。
徐元诰:《国语集解》,中华书局2002年。
黄永堂译注:《国语全译》,贵州人民出版社1995年。
王锡荣、韩峥嵘译注:《战国策译注》,吉林文史出版社1998年。
《春秋公羊传注疏》,北京大学出版社1999年。
《春秋穀梁传注疏》,北京大学出版社1999年。
《尚书正义》,北京大学出版社1999年。
《周礼注疏》,北京大学出版社1999年。
《礼记正义》,北京大学出版社1999年。
《仪礼注疏》,北京大学出版社1999年。
《毛诗正义》,北京大学出版社1999年。
《论语注疏》,北京大学出版社1999年。
《孟子注疏》,北京大学出版社1999年。
《尔雅注疏》,北京大学出版社1999年。

司马迁：《史记》，中华书局 1959 年。

梁玉绳：《史记志疑》（全三册），中华书局 1981 年。

班固：《汉书》，中华书局 1962 年。

范晔：《后汉书》，中华书局 1965 年。

陈寿：《三国志》，中华书局 1959 年。

房玄龄等：《晋书》，中华书局 1974 年。

欧阳修：《新唐书》，中华书局 1975 年。

陆德明：《经典释文》，中华书局 1983 年。

陈奇猷：《吕氏春秋校释》，学林出版社 1984 年。

（宋元人注）《四书五经》上册，天津市古籍书店影印 1988 年。

《荀子简注》，上海人民出版社 1974 年。

王孝鱼点校：《庄子集释》，中华书局 1961 年。

《韩非子选》，上海人民出版社 1974 年。

《二十二子》，上海古籍出版社 1986 年。

周才珠、齐瑞端译注：《墨子全译》，贵州人民出版社 1995 年。

周亨祥译注：《孙子全译》，贵州人民出版社 1992 年。

谢浩范、朱迎平译注：《管子全译》，贵州人民出版社 1996 年。

刘文典：《淮南鸿烈集解》，中华书局 1989 年。

刘安等著、许匡一译注：《淮南子全译》，贵州人民出版社 1993 年。

刘向著、石光瑛校释：《新序校释》，中华书局 2001 年。

刘向著、钱宗武译：《白话说苑》，岳麓书社 1994 年。

王充：《论衡》，上海人民出版社 1974 年。

王充原著、袁华忠、万家常译注：《论衡全译》，贵州人民出版社 1993 年。

王符著、汪继培笺、彭铎校正：《潜夫论笺校正》，中华书局 1985 年。

《孔丛子》，中华书局 2009 年。

黄寿祺、梅桐生译注：《楚辞全译》，贵州人民出版社 1984 年。

《山海经·穆天子传》，岳麓书社 1992 年。

袁康、吴平：《越绝书》，上海古籍出版社 1985 年。

张宗祥校注：《越绝书（附清钱培名、俞樾札记二种）》，商务印书馆 1956 年。

俞纪东：《越绝书全译》，贵州人民出版社 1996 年。

赵晔：《吴越春秋》，江苏古籍出版社 1986 年。

张觉译注：《吴越春秋全译》，贵州人民出版社 1993 年。

《通志》(影印本),浙江古籍出版社2000年。

马端临:《文献通考》,浙江古籍出版社2000年。

《王士性集》上册,浙江古籍出版社2013年。

《王文公文集》,上海人民出版社1974年。

《顾炎武全集》,上海古籍出版社2011年。

陆广微:《吴地记》,江苏古籍出版社1986年。

朱长文:《吴郡图经续记》,江苏古籍出版社1986年。

范成大:《吴郡志》,江苏古籍出版社1986年。

卢熊:洪武《苏州府志》,广陵书社2015年。

王鏊:《姑苏志》,苏州方志馆藏本。

乾隆《吴县志》,苏州图书馆藏本。

《中国地方志集成·江苏府县志辑⑦·同治苏州府志》,江苏古籍出版社1991年。

民国《吴县志》,苏州方志馆藏本。

王謇:《宋平江城坊考》,江苏古籍出版社1986年。

顾震涛:《吴门表隐》,江苏古籍出版社1986年。

金友理:《太湖备考》,江苏古籍出版社1998年。

光绪《嘉兴府志》,苏州图书馆藏本。

《昆新两县续修合志》,苏州方志馆藏本。

《吴邑志·长洲县志》,广陵书社2006年。

嘉靖《吴江县志》,广陵书社2013年。

《云间志》,《宋元方志丛刊》第一册,中华书局1990年。

张郁文等辑:《木渎小志》,苏州职业大学图书馆藏本。

俞樾:《春在堂全集》(光绪刻本),苏州图书馆藏本。

苏州市地方志编纂委员会:《苏州市志》,江苏人民出版社1995年。

苏州市地方志编纂委员会:《苏州市志》(1986—2005),江苏凤凰科学技术出版社2014年。

苏州市金阊区地方志编纂委员会:《金阊区志》,东南大学出版社2005年。

《沧浪区志》编纂委员会:《沧浪区志》,上海社会科学院出版社2006年。

吴江市地方志编纂委员会:《吴江县志》,江苏科学技术出版社1994年。

吴江市地方志编纂委员会:《吴江市志》(1986—2005),上海社会科学院出版社2013年。

苏州地区文化局、苏州市文物管理委员会、苏州博物馆：《苏州文物资料选编》（内部发行），1980年9月。

康熙《常熟县志》，苏州方志馆藏本。

苏州市档案局：《苏州年鉴·1987》，上海社会科学院出版社1988年。

苏州市地方志编纂委员会办公室、苏州市档案局：《苏州史志资料选辑》第2期（内部发行），1984年9月。

顾颉刚：《苏州史志笔记》，江苏古籍出版社1987年。

顾颉刚：《苏州的历史和文化》，苏州市地方志编纂委员会办公室、苏州市档案局：《苏州史志资料选辑》第2辑（内部发行），1984年9月。

苏州市地方志编纂委员会办公室：《老苏州·百年旧影》，江苏人民出版社1999年。

徐刚毅：《老苏州·百年历程》（全二卷），江苏古籍出版社2001年。

徐刚毅：《苏州往事图录》，广陵书社2008年。

王稼句：《苏州旧梦——1949年前的印象和记忆》，苏州大学出版社2001年。

陆文夫著文：《老苏州·水乡寻梦》，江苏美术出版社2000年。

吴县政协文史资料委员会：《吴地文化一万年》，中华书局1994年。

戈春源、叶文宪：《吴国史》，人民出版社2001年。

张振雄：《苏州山水志》，广陵书社2010年。

王稼句：《苏州文献丛钞初编》，古吴轩出版社2005年。

王稼句：《先秦吴越文化研究资料汇编》，古吴轩出版社2015年。

顾颉刚：《古史辨》，海南出版社2005年。

吴建华点校：《王鏊集》，上海古籍出版社2013年。

吴恩培点校：《至德志》（外二种），上海古籍出版社2013年。

吴恩培：《苏州城墙》，古吴轩出版社2012年。

苏州市地名委员会：《江苏省苏州市地名录》，福建地图出版社2005年。

苏州市民政局等：《苏州市吴文化地名保护名录》，古吴轩出版社2015年。

潘君明：《苏州街巷文化》，古吴轩出版社2007年。

岳俊杰、蔡涵刚、高志罡：《苏州文化手册》，上海人民出版社1993年。

徐静：《纪念苏州建城2530年学术研讨会文集》，古吴轩出版社2016年。

何振球、严明：《常熟文化概论》，苏州大学出版社1995年。

吴恩培：《吴文化概论》，东南大学出版社2006年。

姚承绪:《吴趋访古录》,江苏教育出版社 1993 年。

熊月之:《上海通史》第 1 卷(导论),上海人民出版社 1999 年。

马学强:《上海通史》第 2 卷(古代),上海人民出版社 1999 年。

无锡市地方志编纂委员会:《无锡市志》,江苏人民出版社 1995 年。

无锡县地方志编纂委员会:《无锡县志》,上海社会科学出版社 1994 年。

宗菊如、周解清:《无锡通史》,江苏人民出版社 2003 年。

林杉:《阖闾城揽胜》,古吴轩出版社 2013 年。

《无锡文库》第一册,凤凰出版社 2012 年。

严其林、程建:《京口文化》,南京大学出版社 2001 年。

镇江市地方志办公室:《镇江要览》,江苏古籍出版社 1989 年。

王健:《江苏通史》(先秦卷),凤凰出版社 2012 年。

王文清:《江苏史纲》(古代卷),江苏古籍出版社 1993 年。

吴文化研究促进会:《勾吴史集》,江苏古籍出版社 1998 年。

吴越史地研究会:《吴越文化论丛》,江苏研究会 1937 年。

陈桥驿:《吴越文化论丛》,中华书局 1999 年。

程德祺、郑亚楠:《吴文化研究论丛》,苏州大学出版社 1998 年。

江苏省地方志编纂委员会:《江苏吴文化志》,江苏科学技术出版社 2013 年。

江苏省吴文化研究会:《吴文化研究论文集》,中山大学出版社 1988 年。

陈瑞苗、陈国祥:《越国纪年新编》,宁波出版社 1999 年。

范文澜:《中国通史》(第一册),人民出版社 1978 年。

吕思勉:《中国史》,上海古籍出版社 2006 年。

白寿彝:《中国通史》,上海人民出版社 1994 年。

许倬云:《西周史》(增补二版),三联书店 2012 年。

许倬云:《西周史》(增补本),三联书店 2001 年。

翦伯赞:《先秦史》,北京大学出版社 1988 年。

杨宽:《西周史》,上海人民出版社 1999 年。

杨宽:《战国史》(增订本),上海人民出版社 1998 年。

王宇信、王震中、杨升南、罗琨、宋镇豪:《中国古代文明与国家形成研究》,云南人民出版社 1997 年。

方诗铭、王修龄:《古本竹书纪年辑证》,上海古籍出版社 1981 年。

胡渭:《禹贡锥指》,上海古籍出版社 2006 年。

曹书杰：《后稷传说与稷祀文化》，社会科学文献出版社 2006 年。

马银琴：《两周诗史》，社会科学文献出版社 2006 年。

《周公摄政称王与周初史事论集》，北京图书馆出版社 1998 年。

孙淼：《夏商史稿》，文物出版社 1987 年。

孟世凯：《夏商史话》，中国青年出版社 1986 年。

顾德融、朱顺龙：《春秋史》，上海人民出版社 2001 年。

魏昌：《楚国史》，武汉出版社 1996 年。

石泉：《楚国历史文化辞典》，武汉大学出版社 1996 年。

顾颉刚、史念海：《中国疆域沿革史》，商务印书馆 2000 年。

韩湘亭：《历代郡县地名考》，北京图书馆出版社 2002 年。

《中国历史年代简表》，文物出版社 1973 年。

《中国历史年代简表》，文物出版社 2001 年。

杜建民：《中国历代帝王世系年表》，齐鲁书社 1995 年。

蔡葵：《楚汉文化概观》，南京师范大学出版社 1997 年。

陈江：《吴地民族》，河海大学出版社 1999 年。

董楚平、金永平等：《吴越文化志》，上海人民出版社 1998 年。

董楚平：《吴越文化新探》，浙江人民出版社 1988 年。

董楚平：《吴越徐舒金文集释》，浙江古籍出版社 1992 年。

李斗：《扬州画舫录》，中华书局 1960 年。

李修松：《淮河流域历史文化研究》，黄山书社 2001 年。

李学勤、徐吉军：《长江文化史》，江西教育出版社 2011 年。

李学勤：《东周与秦代文明》，上海人民出版社 2007 年。

李学勤：《夏商周文明研究》，商务印书馆 2015 年。

萧统编、李善注：《文选》，中华书局 1977 年。

翟灏：《湖山便览》，上海古籍出版社 1998 年。

徐崧、张大纯：《百城烟水》，江苏古籍出版社 1986 年。

杨朝明：《鲁文化史》，齐鲁书社 2001 年。

叶书宗、马洪林、朱敏彦：《长江文明史》，上海教育出版社 2001 年。

游国恩：《两汉文学史参考资料》，高等教育出版社 1959 年。

余嘉锡：《四库提要辨证》第一册，中华书局 2007 年。

张智：《中国风土志丛刊》32 册，广陵书社 2003 年。

周向群：《吴文化与现代化论坛》，江苏古籍出版社 2002 年。

朱彝尊：《明诗综》卷二十四（清康熙四十四年清来堂刻本），苏州大学图书馆藏本。

朱永新：《吴文化读本》，苏州大学出版社 2003 年。

林语堂：《中国人》，学林出版社 1994 年。

柳诒徵：《中国文化史》，上海东方出版中心 1988 年。

何山、雯莉：《影响人类文明与历史进程的 101 件世界大事》，长安出版社 2006 年。

朱增泉：《战争史笔记》，人民文学出版社 2009 年。

赵希涛：《中国海岸演变研究》，福建科学技术出版社 1984 年。

沈德潜：《古诗源》，中华书局 1963 年。

沈约注、洪颐煊校：《竹书纪年》，中华书局 1985 年。

孙光宪：《北梦琐言》，上海古籍出版社 1981 年。

《光化县志》（天一阁明代方志选刊），1964 年 4 月上海古籍书店据宁波天一阁藏明正德刊本影印。

王国维：《古史新证》，清华大学出版社 1994 年。

夏商周断代工程专家组：《夏商周断代工程 1996—2000 年阶段成果报告》（简本），世界图书出版公司北京公司 2000 年。

《庆祝苏秉琦考古五十五年论文集》，文物出版社 1989 年。

彭林：《文物精品与文化中国》，清华大学出版社 2002 年。

高明、涂白奎：《古文字类编》（增订本），上海古籍出版社 2008 年。

中国社会科学院考古研究所：《中国考古学·两周卷》，中国社会科学出版社 2003 年。

《中国青铜器全集》编辑委员会：《中国青铜器全集》，文物出版社 1995 年。

朱凤瀚：《中国青铜器综论》，上海古籍出版社 2009 年。

《中国文物精华·1990》，文物出版社 1990 年。

《浙江博物馆典藏大系·史前双璧》，浙江古籍出版社 2009 年。

《上海博物馆·中国古代青铜馆》，上海博物馆内部印行。

《中国道观志丛刊》第 16 册，广陵书社 2004 年。

《中国画像石全集 1·山东汉画像石》，山东美术出版社、河南美术出版社 2000 年。

钱公麟、徐亦鹏：《苏州考古》，苏州大学出版社 2000 年。

苏州博物馆：《苏州文物考古新发现——苏州考古发掘报告专辑（2001—

2006)》,古吴轩出版社 2007 年。

苏州博物馆:《苏州博物馆藏出土文物》,文物出版社 2009 年。

《苏州文物菁华》,古吴轩出版社 2004 年。

《吴钩重辉——苏州博物馆新入藏青铜兵器》,文物出版社 2014 年。

常熟博物馆:《新中国常熟考古资料集成》,广陵书社 2010 年。

安徽省考古研究所:《潜山薛家岗》,文物出版社 2004 年。

甘肃中国传统文化研究会:《国学论衡》(第 4 辑),中国藏学出版社 2007 年。

河南省文物考古研究所:《固始侯古堆一号墓》,大象出版社 2004 年。

国际良渚学中心:《良渚学文集》(1949—2001,综论),国际良渚学中心 2011 年。

蒋卫东:《神圣与精致——良渚文化玉器研究》,浙江摄影出版社 2007 年。

蒋赞初:《长江中下游历史考古论文集》,科学出版社 2000 年。

良渚博物院:《良渚文化——实证中华五千年文明》,良渚博物院内部印行。

良渚文化博物馆:《良渚文化论坛》(良渚文化学术讨论会专辑),中国文化艺术出版社 2003 年。

良渚文化博物馆:《良渚文化论坛》,浙江古籍出版社 2002 年。

林华东:《良渚文化研究》,浙江教育出版社 1998 年。

上海博物馆:《商周青铜器铭文选》,文物出版社 1990 年。

马承源:《中国青铜器》,上海古籍出版社 1988 年。

南京博物院:《赵陵山——1990—1995 年度发掘报告》,文物出版社 2012 年。

全国政协文史和学习委员会:《中国大运河》,中国文史出版社 2010 年。

上海文物管理委员会:《上海考古精萃》,上海人民美术出版社 2006 年。

俞为洁:《饭稻衣麻:良渚人的衣食文化》,浙江摄影出版社 2007 年。

张家诚、林之光:《中国气候》,上海科学技术出版社 1985 年。

周膺:《美丽洲——良渚文化与良渚学引论》,中华书局 2000 年。

周振鹤、游汝杰:《方言与中国文化》,上海人民出版社 1986 年。

刘斌:《神巫的世界》,浙江摄影出版社 2007 年。

孙维昌:《崧泽文化玉器综论》,《长江文化论丛》2005 年 10 月。

南京博物院:《苏州市和吴县新石器时代遗址调查》(罗宗真执笔),《考古》1961 年第 3 期。

钱公麟：《春秋时代吴大城位置新考》，《东南文化》1989 年第 4/5 期。

钱公麟：《论苏州城最早建于汉代》，《东南文化》1990 年第 4 期。

魏嵩山：《春秋吴国迁都苏州所筑城邑考》，《历史教学问题》1991 年第 4 期。

魏嵩山：《伍子胥所筑阖闾城究竟在哪里》，《苏州大学学报》1992 年第 2 期。

吴奈夫：《春秋吴都研究的若干问题》，《苏州大学学报》1992 年第 4 期。

张照根：《苏州春秋大型城址的调查与发掘》，《苏州铁道师范学院学报》2002 年第 4 期。

陆雪梅、钱公麟：《春秋时代吴大城位置再考——灵岩古城与苏州城》，《东南文化》2006 年第 5 期。

张敏：《阖闾城遗址的考古调查及其保护设想》，《江汉考古》2008 年第 4 期。

中国社会科学院考古研究所、苏州市考古研究所、苏州古城联合考古队：《江苏苏州市木渎春秋城址》，《考古》2011 年第 7 期。

吴恩培：《苏州城墙春秋时建、战国时重修之文献考释》，《苏州教育学院学报》2012 年第 5 期。

吴恩培：《文献典籍、考古材料相互关系下的苏州古城样本——兼及苏州城墙及苏州古城春秋时建、战国时修的考古印证》，《苏州教育学院学报》2013 年第 1 期。

吴恩培：《春秋"吴都""三都并峙"现状与苏州古城历史文化地位的叙述——近三十年来有关苏州古城历史的争议述论兼及纪念苏州古城建城二千五百三十周年》，《苏州教育学院学报》2016 年第 1 期。

《苏州博物馆建馆四十周年纪念文集(1960—2000 年)》，《东南文化》2000 增刊 1。

丁金龙：《苏州史前文化概述》，《苏州文博论丛》2010 年(总第 1 辑)。

钱正、丛止：《吴王阖闾墓之谜》，《苏州杂志》1980 第 4 期。

《江苏丹徒北山顶春秋墓发掘报告》，《东南文化》1988 年第 3/4 期。

安志敏：《良渚文化及其文明诸因素的剖析》，《考古》1997 年第 9 期。

曹锦炎：《程桥新出铜器考释及相关问题》，《东南文化》1991 年第 1 期。

曹锦炎：《吴季子剑铭文考释》，《东南文化》1990 年第 4 期。

曹锦炎：《吴王寿梦之子剑铭文考释》，《文物》2005 年第 2 期。

陈淳：《太湖地区远古文化探源》，《上海大学学报》1987年第3期。

陈千万：《湖北谷城县出土"攻虞王敳钺此郘（郐）剑"》，《考古》2000年第4期。

程义、张军政：《苏州博物馆新入藏吴王余眛剑初探》，《文物》，2015年第9期。

褚绍唐：《中国海岸的历史变迁初探》，《历史地理》第2辑。

戴遵德：《原平县峙峪出土的东周铜器》，《文物》1972年第4期。

董珊：《新见吴王馀眛剑铭考证》，《故宫博物院院刊》2015年第5期。

杜金鹏：《良渚神祇与祭坛》，《考古》1997年第2期。

方向明：《崧泽文化玉器及其相关问题的研究》，《东南文化》2010年第6期。

高蒙河：《从江苏龙南遗址论良渚文化的聚落形态》，《考古》2000年第1期。

谷建祥、邹厚本、李民昌、汤陵华、丁金龙、姚勤德：《对草鞋山遗址马家浜文化时期稻作农业的初步认识》，《东南文化》1998年第3期。

焦天龙：《论马桥文化的起源》，《南方文物》2010年第1期。

李文明：《关于良渚文化的两个问题》，《考古》1986年第11期。

李之龙：《良渚文化社会形态探析》，《考古》2002年第9期。

林华东：《苏州吴国都城探研》，《南方文物》1992年第2期。

林留根：《从东山村遗址看长江下游社会复杂化进程》，《东南文化》2010年第6期。

洛阳市文物工作队：《洛阳C1M3352出土吴王夫差剑等文物》，《文物》1992年第3期。

南京博物院、用直保圣寺文物保管所：《江苏吴县张陵山东山遗址》，《文物》1986年第10期。

南京博物院、张家港博物馆：《江苏张家港东山村遗址M91发掘报告》，《东南文化》，2010年第6期。

南京博物院、张家港市文广局、张家港博物馆：《江苏张家港市东山村新石器时代遗址》，《考古》2010年第8期。

南京博物院：《江苏越城遗址的发掘》，《考古》1982年第5期。

南京大学历史系考古专业、常熟博物馆：《江苏常熟钱底巷遗址发掘报告》，《考古学报》1996年第4期。

欧潭生：《固始侯古堆吴太子夫差夫人墓的吴文化因素》，《中原文物》1991年第4期。

上海市文物管理委员会：《青浦福泉山遗址崧泽文化遗存》，《考古学报》1990年第3期。

上海市文物管理委员会：《上海市闵行区马桥遗址1993—1995年发掘报告》，《考古学报》1997年第2期。

苏州博物馆、常熟博物馆：《江苏常熟罗墩遗址发掘简报》，《文物》1999年第7期。

苏州博物馆、吴江县文物管理委员会：《江苏吴江龙南新石器时代村落遗址第一、二次发掘简报》，《文物》1990年第7期。

苏州博物馆、张家港市文物管理委员会：《江苏张家港徐家湾新石器时代遗址》，《考古学报》1995年第3期。

汤陵华、邹江石、王才林、李和标：《江苏梅堰龙南遗址古稻作的调查》，《农业考古》1992年第1期。

汪遵国：《琮璧在中国古代文化中的地位》，《江苏社联通讯》1980年第1期。

王恩田：《河南固始"勾吴夫人墓"——兼论番国地理位置及吴伐楚路线》，《中原文物》1985年第2期。

王书敏：《史前太湖流域的原始宗教》，《中原文物》2006年第3期。

王巍：《良渚文化玉琮刍议》，《考古》1986年第11期。

吴绵吉：《"青莲岗文化"长江南北之间的文化关系》，《厦门大学学报》1978年第2/3期。

吴苏：《圩墩新石器时代遗址发掘简报》，《考古》1978年第4期。

吴镇烽：《记新发现的两把吴王剑》，《江汉考古》2009年第3期。

吴柱：《关于春秋盟誓礼仪若干问题之研究》，《中国史研究》2015年第4期。

夏渌、傅天佑：《说鎬）——吴王夫差矛铭文考释》，《语言研究》1985年第1期。

夏鼐：《碳$_{14}$测定年代和中国史前考古学》，《考古》1977年第4期。

咏章：《释吴王夫差矛铭文中的器名之字》，《江汉考古》1987年第4期。

张颔：《万荣出土错金鸟书戈铭文考释》，《文物》1962年第4/5期。

张祖方、王闽闽：《三山岛哺乳动物化石》，《南京博物院集刊》第9集

1987年。

周亚:《春秋时期吴王室有铭青铜剑概述》,《上海博物馆集刊》2012年。

邹厚本:《江苏考古的回顾与思考》,《考古》2000年第4期。

左骏:《重说赵陵山遗址》,《中国文化遗产》2013年第1期。

后　记

2007年3月，《苏州史纲》作为苏州市哲学社会科学重大研究项目立项，笔者参与了"先秦吴国"章节的撰写。2010年《苏州史纲》出版。

2011年，苏州市社会科学研究重大项目《苏州通史》启动。在历经申报、公示、批准等学术程序后，中共苏州市委宣传部、苏州市哲学社会科学界联合会联合发出《关于苏州市社会科学研究重大项目〈苏州通史〉立项的通知》（苏宣通〔2011〕8号），明确各卷研究负责人，其中笔者承担《苏州通史》第二卷（先秦时期）（下称《苏州通史·先秦卷》）的撰写，由此开始进入撰稿的工作环节。

《苏州通史》相关卷不能写成《苏州史纲》相关章节的扩展版，故须全面搜集史料，其中含文献史料与考古资料。为此，撰稿过程实是历经资料搜集、撰写及评审与修改等工作。

一、资料搜集

资料搜集分以下三项：一为搜集与先秦苏州有关的纸质文献及相关论文等。二为赴相关博物馆查找与先秦苏州及春秋吴国有关的考古实物即该博物馆展出的出土器原件，并拍摄图片。书稿中关于历代吴王的出土器，如安徽省博物馆展出的吴王诸樊剑，中国国家博物馆展出的吴王馀祭剑、吴王光（阖闾）剑、吴王夫差剑，湖北省博物馆展出的吴王夫差矛，以及山东博物馆、河南博物院、洛阳博物馆、苏州博物馆展出的吴王夫差剑等，均是。三为寻访相关遗址，并拍摄图片。对一些重要出土器如湖北省博物馆展出的吴王夫差矛，笔者甚至寻访至其出土处——湖北荆州江陵县马山镇联山村10组的砖瓦厂，了解其1983年的出土经过并拍摄出土遗址的现状图片。而本卷所用图片，均一一列出来源。其中，既含引录，也含笔者拍摄；既表示对引录原作者的尊重，也表示引用材料的真实性和可查验性。

二、撰　写

历经数年搜集资料后,2013年春,始进入撰稿状态。2015年10月,完成一稿本时,已过了近三年。

三、评审与修改

(一) 2015年11月,一稿本经江苏师范大学王健教授(《徐州史纲》主编)进行第一轮专家评审。其后即就王健教授的评审意见及总主编王国平教授提出的意见进入第一轮大规模的调整、修改阶段。本轮修改,花时近九个月,至2016年7月下旬完成二稿本。

(二) 2016年8月,《苏州通史》编撰人员在东吴饭店开会,汇报撰写进度及修改情况并呈报完成稿本目录。同月13日,《苏州通史·先秦卷》二稿本目录经总主编王国平教授再做宏观调整并作定稿目录。其后,据二稿本定稿目录再次进行全书第二轮较大规模的调整、修改。本轮修改,至2016年11月下旬完成,是为三稿本。

(三) 2016年12月,三稿本打印并分送上海社科院历史研究所研究员马学强(《上海通史·古代卷》撰者)及苏州科技大学戈春源教授(《江苏通史》第五章"春秋战国时期江苏的政治军事"撰者)进行第二轮专家评审。

(四) 2016年12月下旬,第二轮专家评审完毕后,即据马学强研究员和戈春源教授提出的评审意见,进行第三轮调整、修改,至2017年2月下旬,完成四稿本。这一自2016年岁末至2017年春节期间的跨年度修改,键盘的敲击声中唯一与昔日辞旧迎新不同的是没有了扰人的鞭炮声。略显安谧的2017年元旦及春节的新年钟声中,笔者和参与《苏州通史》的诸位同仁一样,在完成一代学人对苏州历史所做判断的同时,也以一页页、一行行的文字描述并记录着苏州曾经的历史。

(五) 2017年3月中旬至下旬,总主编王国平教授从总体平衡角度对四稿本再做调整。嗣后,笔者对全文再做梳理,并于4月上旬完成五稿本,呈出版社。因字数限制,对曾付出诸多心血而未用入本书稿的内容,王国平教授、李峰教授等均建议笔者,今后这些内容可另作个人专著出版。

(六) 五稿本于2017年4月呈出版社后,即进入出版程序。这一期间,出版社相继于2017年7月10日和2017年10月19日两次出了排印本。笔者在与本书责编的多次沟通中,也多次做局部修改。

为防止书稿中出现重大硬伤,书稿呈出版社后,笔者分别自2017年5月至6月及10月,分别到江苏北部、山东、山西、湖北、河南、江西等地寻访春秋时与春秋吴国有交集的遗址和当地博物馆,以搜集并核实相关史料。

这些遗址和博物馆为:

春秋徐国所在地的江苏泗洪及张墩遗址(宿迁市文物保护单位)及泗洪"季札挂剑"塑像、古徐广场、宿迁博物馆、泗洪博物馆;

春秋钟吾国所在地的江苏新沂及新沂博物馆;

江苏连云港博物馆;

山东郯城"郯国故城"遗址(全国重点文物保护单位);

山东临沂博物馆;

山东莒县"莒国故城"遗址(山东省文物保护单位)及莒州博物馆;

山东莒县相传鲁、莒结盟处的浮来山(《春秋》记载鲁隐公八年"九月辛卯,公及莒人盟于浮来");

山东兰陵向城镇"鄫国故城"(全国重点文物保护单位)及兰陵博物馆(闭馆未入);

山东兰陵文峰山季文子庙(季文子即季孙行父,鲁国政治家,寿梦执政时为鲁国正卿,因"吴伐郯"斥吴为"蛮夷");

山东枣庄市台儿庄西南"偪阳故城"遗址(全国重点文物保护单位)及枣庄山亭区"小邾(倪)国故城遗址"、枣庄博物馆;

山东滕州"滕国故城"遗址(山东省文物保护单位)、"小邾(倪)国故城"遗址(滕州市文物保护单位)、滕州博物馆;

山东邹城"邾国故城"遗址(全国重点文物保护单位)及邹城博物馆;

江苏徐州云龙山"季札挂剑台"及徐州博物馆;

江苏盐城"中国海盐博物馆";

山西平陆"下阳城遗址"(全国重点文物保护单位)、虞国古城遗址(全国重点文物保护单位);

山西侯马"侯马晋国遗址"(全国重点文物保护单位);

山西曲沃"曲村——天马遗址"(全国重点文物保护单位)及曲沃晋国博物馆;

山西新绛县阳王镇"稷益庙"(全国重点文物保护单位,稷指后稷,为周人始祖、泰伯先祖。益指伯益,为秦人嬴姓始祖);

山西稷山县"稷王庙"(全国重点文物保护单位);

山西万荣县太赵村"稷王庙"(全国重点文物保护单位)、"万荣后土庙"(全国重点文物保护单位);

山西闻喜县吴吕村"后稷庙"(全国重点文物保护单位);

河南三门峡"虢国墓地"(全国重点文物保护单位)、"李家窑遗址"(全国重点文物保护单位,即西周晚期虢国都城——上阳城遗址)及虢国博物馆;

湖北麻城柏子山(湖北省文物保护单位,柏子山及麻城的"举水"为春秋时"吴伐楚"之"柏举之战"古战场)及麻城博物馆;

河南潢川"黄国故城"(全国重点文物保护单位)、黄国故城陈列馆及"楚相春申君黄歇之墓";

河南固始"番国故城遗址"(全国重点文物保护单位)、固始博物馆及吴王阖闾夫人出土器"宋公栾作其妹勾敔夫人季子媵簠"出土地——固始侯古堆原址;

河南淮滨期思镇"蒋国故城"遗址(全国重点文物保护单位)及淮滨"中国淮河博物馆";

河南平舆射桥镇"沈国故城"遗址(全国重点文物保护单位);

河南驻马店博物馆;

河南信阳博物馆;

河南上蔡县"蔡国故城"遗址(全国重点文物保护单位);

河南淮阳"太昊陵庙"(全国重点文物保护单位)及"陈楚故城"遗址(河南省文物保护单位);

河南周口博物馆;

河南濮阳"卫国故城遗址"(全国重点文物保护单位)、卫国孙林父封邑的"戚城遗址"(全国重点文物保护单位)、"蒯聩台遗址"(河南省文物保护单位)及濮阳博物馆、子路博物馆(子路坟);

河南新乡平原博物馆;

河南商丘"宋国故城"(全国重点文物保护单位)及商丘博物馆;

江西省博物馆、南昌市博物馆(闭馆未入)及南昌县博物馆;

江西吉安博物馆;

江西宜春樟树市"吴城商代遗址"(全国重点文物保护单位);

江西吉安新干县大洋洲镇"牛头城址"(全国重点文物保护单位)。

是时,还拟安徽、陕西一行,但改稿在即,已无法抽身了。而上述寻迹所获资料,在后来的排印本修改中大有裨益。而拍摄的图片,多数无法用入,只是为说清吴国最早的青铜器"者减钟"与"吴城商代遗址"是否存有关系及春秋吴国与中原地区的陆上通路时,酌情选用了"吴城商代遗址"及"偪阳故城"等数帧图片。其余,或只能留待今后再出版相关著作时使用了。

如前所述,撰写及评审过程中,荣幸地获得王健教授、马学强研究员及戈春源教授的指教。尤其是戈春源教授在夫人突然病逝的情况下,还认真负责地对拙稿进行评点并给予指教。其情其景,令人感动且感触良多。

《苏州通史》各卷撰者组成的团队,如王国平教授、李峰教授、戈春源教授、叶文宪教授、吴建华教授、朱小田教授、王玉贵教授、孙中旺研究员以及姚福年老师、徐刚毅老师、林锡旦老师、昝金生老师等,都在不同场合,给予本卷撰写或指教、或指点、或讨论等,使笔者获益良多。苏州图书馆及该馆古籍部主任孙中旺研究员、苏州大学图书馆及该馆副馆长李峰教授以及苏州市职业大学图书馆陈齐康等老师,苏州市职业大学信息中心董剑老师以及朱剑刚、曹继平老师等,更是为笔者查找资料、处理图片等提供了各种帮助。《苏州教育学院学报》副主编时新老师以及苏州市职业大学吴文化研究院徐静老师、陈璇老师、许凌雯老师,教育与人文学院蔡斌老师等,在笔者撰稿时均给予了或是查找、或是引文核对乃至网上代购相关书籍等诸多方面的帮助。苏州市民政局地名处莫俊洪处长,为笔者提供了《江苏省苏州市地名录》《苏州市吴文化地名保护名录》等地方文献资料。吴江档案馆的王来刚先生,为笔者提供了吴江编写的各类方志。2014年2月,在撰写常熟罗墩遗址的内容时,我去常熟调研并拍摄图片。我的大学同学、曾任常熟市委党校副校长的杨标先生,开车陪同我去该遗址考察,后又陪同我去常熟博物馆参观罗墩遗址出土的展器,并获该馆赠送的《新中国常熟考古资料集成》一书。最后,要特别感谢的是在书稿撰写中一直站在我身后默默付出的夫人潘青女士。值书稿即将付梓之际,谨对上述专家、朋友、同事、家人所给予的教益与帮助,致以衷心感谢。

吴恩培
2017年3月记,
2017年11月再改定于
园区月亮湾吴门苏槿轩